Fritz Steinwender
Der eine Weg zum wahren Leben

Fritz Steinwender

Der eine Weg zum wahren Leben

– Predigten für alle Sonn- und Feiertage des Kirchenjahres –

Missionsverlag
der Evangelisch-Lutherischen Gebetsgemeinschaften
Bielefeld
1989

ISBN 3 87857 248 4 (Verlag und Schriftenmission der Evang. Gesellschaft
für Deutschland)
TELOS-Präsente Nr. 2186

Herstellung: St.-Johannis-Druckerei C. Schweickhardt, 7630 Lahr-Dinglingen
Printed in Germany 25507/1989

Vorwort

Lange habe ich gezögert, der wiederholten Aufforderung von Hörern in Bibelwochen und Evangelisationsversammlungen und von befreundeten Zeugen des Evangeliums nachzukommen und eine Predigtsammlung zu veröffentlichen, obgleich die Frage selbst, nämlich das Erscheinen von neueren Predigtbüchern, mich seit Jahren bewegt. Öftere diesbezügliche Anregungen bei leitenden Brüdern im Werk der Evangelisation und Mission wurden zwar sehr positiv aufgenommen, die Durchführung aber wegen Arbeitsüberlastung immer wieder aufgeschoben und kamen schließlich, da der Herr seiner Gemeinde einen nach dem andern heimrief, nicht mehr zur Tat. So schwingt bei dem vorliegenden Beginnen von vornherein der ehrliche Wunsch mit, es möchte der Anstoß sein zum Erscheinen weiterer Bücher in diesem Bereich.

Daß es auf dem christlichen Büchermarkt an Predigtbüchern für alle Sonn- und Feiertage des Kirchenjahres, wie wir sie von den Vätern her kennen, fehlt, ist offenkundig. Man kommt in Verlegenheit, wenn man nach solchen gefragt wird. Es kann aber keine Frage sein, daß das Predigtbuch auch in der Zeit der elektronischen Medien und trotz vieler Rundfunksendungen und eines reichen Kassettenangebots von biblischen Ansprachen nicht überflüssig geworden ist und es auch nicht werden kann. Es bleibt das von Sendezeiten und allen technischen Geräten unabhängige und handlichste Mittel, das den Leser instandsetzt, zu jeder ihm genehmen oder überhaupt erst möglichen Zeit sich in eine Predigt zu vertiefen und ihm wichtig Gewordenes auch mehrmals zu lesen. Auch eignet sich gerade das Buch als passendes Geschenk zu mancherlei Anlässen. Ich denke an manchen in diesem Sinn geäußerten Wunsch von älteren und an das Haus gebundenen, aber auch von anderen reiferen Liebhabern des Wortes Gottes.

Daß in den hier veröffentlichten Predigten starke Ewigkeitsklänge hörbar werden, erklärt sich aber nicht daraus, daß der Verfasser etwa nur die ältere Generation im Blickfeld hätte, zu der er auch selbst gehört, sondern diese Klänge kommen, für jedermann nachprüfbar, aus dem biblischen Evangelium selber. Vom unverkürzten biblischen Evangelium ist der Verfasser in jungen Jahren ergriffen worden. Das Evangelium von

Christus Jesus hat ihm die bohrende Frage nach dem Sinn und Zweck und Ziel unsres Lebens beantwortet und sich dann in allen Lebenslagen, auch in den schwersten, als die befreiende, bewahrende und frohmachende Kraft Gottes erwiesen. Die Abwendung so vieler, besonders auch junger Menschen, vom Christentum und ihre Hinwendung zum Okkulten ist nach Meinung des Verfassers nicht zuletzt auch darauf zurückzuführen, daß in der heutigen Verkündigung der biblischen Botschaft die lebendige Hoffnung auf den wiederkommenden Herrn und die damit verbundene Vollendung, die in der urchristlichen Verkündigung so lebendig war, fast gänzlich fehlt. Zum Evangelium von der Gnade Gottes in Christus Jesus gehört aber der offene Himmel und das Zeugnis von der kommenden heilen Welt der Auferstehung und des Lebens so sehr dazu, daß der Apostel sagen kann: »Hoffen wir allein in diesem Leben auf Christus« – das heißt: gibt es das Jenseitige und Kommende des Evangeliums nicht – »dann sind wir« – die Christen – »die elendesten unter allen Menschen« (1. Kor. 15,19).
Wir gehen allesamt, jung und alt, der Zeit entgegen, in der nur der im vollen Evangelium verankerte Glaube alle endzeitlichen Versuchungen überwinden und das uns von Gott gesteckte Ziel, den Eingang in die ewige heile Welt des Reiches Gottes, erreichen wird.
Was mir zur Veröffentlichung dieser Auswahlpredigten, die mit ihren biblischen Texten dem Lauf des Kirchenjahres folgen, zuletzt den nötigen Auftrieb gab, war der Umstand, daß der Missionsverlag der Evangelisch-Lutherischen Gebetsgemeinschaften auf meine vorfühlende Anfrage sofort positiv reagierte und es sogar möglich machte, den Band schneller herauszubringen, als ich es erhoffen konnte. Dem Verlag sei dafür herzlich gedankt. Möge es Gott gefallen, diese Zeugnisse von seiner uns in Christus Jesus geoffenbarten Liebe durch die Kraft des Heiligen Geistes zu beglaubigen, so daß sie den Lesern zur Stärkung im Glauben, Hoffen und Bekennen seines Namens als des Namens über alle Namen dienen können! An ihn, der da war und der da ist und der da kommt, glauben und auf sein Hervortreten in Kraft und Herrlichkeit warten zu dürfen, ist in unsrer bewegten Zeit und zitternden Welt ein glückseliger Stand. Ja, möge das Buch auch in die Hand

manches suchenden und fragenden Menschen kommen und ihnen den Weg zum wahren Leben zeigen!

Der Verfasser

Pfingsten 1989

1. Advent

Die Botschaft ohnegleichen

Als sie nun in die Nähe von Jerusalem kamen, nach Betfage an den Ölberg, sandte Jesus zwei seiner Jünger voraus und sprach zu ihnen: Geht hin in das Dorf, das vor euch liegt, und gleich werdet ihr eine Eselin angebunden finden und ein Füllen bei ihr; bindet sie los und führt sie zu mir! Und wenn euch jemand etwas sagen wird, so sprecht: Der Herr bedarf ihrer. Sogleich wird er sie euch überlassen. Das geschah aber, damit erfüllt würde, was gesagt ist durch den Propheten, der da spricht (Sach. 9,9): »Sagt der Tochter Zion: Siehe, dein König kommt zu dir sanftmütig und reitet auf einem Esel und auf einem Füllen, dem Jungen eines Lasttieres.« Die Jünger gingen hin und taten, wie ihnen Jesus befohlen hatte, und brachten die Eselin und das Füllen und legten ihre Kleider darauf, und er setzte sich darauf. Aber eine sehr große Menge breitete ihre Kleider auf den Weg, andere hieben Zweige von den Bäumen und streuten sie auf den Weg. Die Menge aber, die ihm voranging und nachfolgte, schrie: Hosianna dem Sohn Davids! Gelobt sei, der da kommt in dem Namen des Herrn! Hosianna in der Höhe! Und als er in Jerusalem einzog, erregte sich die ganze Stadt und fragte: Wer ist der? Die Menge aber sprach: Das ist Jesus, der Prophet aus Nazareth in Galiläa. Matthäus 21,1–11

Wir wollen beim Eintritt in ein neues Kirchenjahr einmal die Frage stellen, warum die Christenheit das Kirchenjahr anders beginnt und schließt als das allgemeine Kalenderjahr; es also nicht vom 1. Januar bis 31. Dezember zählt, sondern vom 1. Advent bis zum Totensonntag. Nun, es liegt von den Vätern her ein tiefer Sinn darin: Das Kirchenjahr will uns immer neu daran erinnern, daß der Lauf unsrer Welt nach dem göttlichen Gesetz: »Solange die Erde steht, soll nicht aufhören Saat und Ernte, Frost und Hitze, Sommer und Winter, Tag und Nacht.«, nicht alles ist, was Gott auf Erden in Bewegung gesetzt hat; sondern es ist in diesen natürlichen Zeitlauf noch etwas anderes, weit Größeres hereingekommen, das unsern Weltlauf nun begleitet, und dies andere, Größere ist sogar dazu bestimmt, unsere alte Welt aus den Angeln zu heben und abzulösen und eine neue Welt heraufzuführen: eine Welt ohne Nacht und Not, ohne Leid und Tränen, ohne Tod und Gräberfelder.

Was ist hereingekommen in unsere Zeit? Ewigkeit ist hereingekommen! Große Taten Gottes sind geschehen, die er zur Rettung der Menschheit aus Sünde, Tod und Teufels Macht getan hat: Die Krippe von Bethlehem hat auf unserer Erde gestanden, und das Kreuz von Golgatha wurde eingerammt in diese Erde, und das Grab hat am Ostermorgen seine Beute hergeben müssen. Das alles hat nichts mit dem Lauf der Natur zu tun, sondern das sind entscheidende Taten Gottes im Reich der Gnade, die ihren eigenen Lauf haben.

Das macht sich auch an dem Unterschied bemerkbar zwischen dem, was wir sonst Geschichte nennen, und der Geschichte, deren Kern und Stern Jesus von Nazareth ist. Die Geschichte der Welt geschieht in allen ihren Teilen nur einmal und dann gehört sie der Vergangenheit an. Einmal hat zum Beispiel John F. Kennedy gelebt und gewirkt. Und so Großes er gewollt hat und so erschüttert die Welt von seinem plötzlichen Tod war und soviel Plätze und Straßen auch in unserem Land noch an ihn erinnern, niemand kann mehr in jene Geschichte zurück; sie gehört der Vergangenheit an und läßt sich für uns in keiner Weise neu lebendig machen.

Anders die Geschichte von Jesus. Sie ist unmittelbare Gottesgeschichte. Mit Jesus geht der Himmel über uns auf, und Ewigkeit leuchtet herein in unsre Welt, wie wir in Luthers Weihnachtslied singen:

> Das ewge Licht geht da herein,
> gibt der Welt ein'n neuen Schein.

Darum ist diese Geschichte immer neu lebendig und gegenwärtig. Immer noch können Menschen in diese Geschichte einsteigen und mit ihr »gleichzeitig« werden, wie Sören Kierkegaard es ausdrückt, das heißt: sie an Herz und Gewissen erleben. Ja schon rein äußerlich gesehen: Was ist unser Tannengrün und was ist die helle adventliche Beleuchtung in unseren Straßen? Ist das alles sündhafte Vergeudung, gegen die die Christen Front machen müßten angesichts der vielen Hungernden in der Welt? Oder hängt das alles doch mit dem zusammen, was wir im alten Adventsevangelium lesen: »Etliche aber hieben Zweige von den Bäumen und streuten sie auf den Weg«? Ich bin mir nicht sicher, ob Jesus unser Schelten gutheißen oder ob er nicht doch sagen würde: »Laßt sie doch! Wenn die Welt sonst nichts mitnehmen will von dem, was Advent bedeutet, laßt ihr doch wenigstens das bißchen Stimmung und Freude, das sie sich macht!« In der Tat: In einer Weise bezeugt auch unsre heutige Welt mit ihrem wochenlangen Lichterglanz in unsren Städten und allem adventlichen Schmuck, daß die Geschichte von Jesus unsterblich ist; auch wenn die Welt selbst das nicht so sieht. Sie ist auch noch nicht zu Ende, diese Geschichte von Jesus, sondern es kommt der Tag, da wird diese Frage unser ewiges Geschick entscheiden, wie wir mit der Adventsbotschaft umgegangen sind; ob wir uns von ihr haben mitnehmen lassen oder ob es nur bei äußerlichen und vorübergehenden Stimmungen geblieben ist, wie damals bei den meisten in Jerusalem. »Darum«, so höre ich Jesus sagen, »ruft ihr, meine Jünger, um so lauter und nachdrücklicher die Botschaft in eure Zeit und eure Welt hinein: ›Siehe, dein König kommt zu dir!‹ Denn diese Botschaft muß verkündigt werden in der ganzen Welt zu einem Zeugnis über alle Völker, und dann wird das Ende kommen«, nämlich der Abschluß dieser Weltzeit und der Anbruch der neuen Welt.

Das wollen wir an unsrem Teil auch tun und uns von dieser Botschaft ohnegleichen neu rufen und bewegen lassen und unter dem Beistand des Heiligen Geistes in ihr Geheimnis eintreten, indem wir uns drei Schwerpunkten in unsrem Evangelium zuwenden:

I.

Da tritt als erstes auch uns die alte Adventsfrage entgegen: *»Wer ist dieser?«*, der da in Jerusalem einzieht. Jerusalem kannte doch schon seinen Namen, hatte Jesus doch schon oft dort geweilt und im Tempel gesessen und gelehrt und mußte doch fragen, als Jesus in dieser Weise einzog: »Wer ist dieser?« Ja, wer ist denn dieser, der als Jesus von Nazareth über unsre Erde gegangen ist und dessen Name die Welt nicht mehr vergessen kann, so viele seither auch versucht haben, ihn vergessen zu machen; sondern dessen Name immer neu in der Völkerwelt aufleuchtet, gerade auch in unseren Tagen, und dessen Wort in der Gestalt der Bibel heute in die weite Welt hinausdringt wie nie zuvor; und das, weil Menschen in ihrer Not und Armut und ihrem Hunger nach Wahrheit und Gerechtigkeit nach Jesu Wort begierig geworden sind. Warum muß die Welt immer neu Stellung nehmen zu Jesus? Warum müssen Leute auch in unsrem Volk, die Jesus als Welterlöser ablehnen, doch immer wieder Aufsätze über ihn schreiben? Warum schreiben sie nicht lieber über Cäsar, Nero oder Zarathustra? Und warum gehen heute noch Tausende Menschen für ihren Glauben an Jesus in den Tod, was für die gewesenen Großen dieser Erde doch kein Mensch mehr tun würde? Die Bibel sagt es im Blick auf den damaligen Einzug Jesu in Jerusalem so: »Das geschah« – und wir fügen im Blick auf die eben gestellten Fragen hinzu: Das geschieht – »aber alles, damit erfüllt werde, was da gesagt ist durch den Propheten: ›Siehe, dein König kommt zu dir!‹«

Aber nun wird die Frage noch geheimnisvoller: »Dein König?« Die Zeit der Könige scheint doch ein für allemal vorbei zu sein. Ihre Kronen wurden ihnen vom Haupt genommen und die wenigen, die wir in der Welt noch haben, sind ohne wirkliche Macht und Regierungsgewalt. Doch seien wir ehrlich: Eine ungestillte Sehnsucht nach einer echten und gerechten Königsherrschaft geht trotzdem auch heute noch durch die Völkerwelt, nämlich die Sehnsucht nach einem Herrscher, der wirklich von Gottes Gnaden und in Gottes Vollmacht und Auftrag käme und die Geschicke der durcheinandergeratenen Welt in die Hand nähme und wahres Recht und Gerechtigkeit, Friede, Sicherheit und Wohlergehen auf Erden zuwegebrächte.

Diese stille Sehnsucht nach einem gerechten Königtum hat einen biblischen Grund; sie gehört zu dem heimlichen Sehnen und Harren der ganzen gefallenen Kreatur, von dem der Apostel in Römer 8 so eindrücklich spricht und die als Frucht und Folge von dem, was Jesus von Nazareth auf Erden begonnen hat, bei seiner Wiederkunft gestillt werden wird. Denn so sagt der Apostel dort: »Das ängstliche Harren der Kreatur wartet darauf, daß die Kinder Gottes offenbar werden . . . denn auch die Schöpfung wird frei werden von der Knechtschaft der Vergänglichkeit zu der herrlichen Freiheit der Kinder Gottes.« Das alles ist im Blick auf das Werk Jesu und seine Vollendung gesagt. Denn Advent und Weihnachten bringt die erste Antwort auf diese uralte Menschheitsnot und

Menschheitssehnsucht. »Siehe, dein König kommt zu dir!« Das heißt: Es kommt der zu uns, den die Welt braucht zu ihrer Wiedergeburt, der seit den Tagen des Sündenfalls des Menschen ihr auch verheißen ist als der Schlangenzertreter, als der Retter der Menschheit aus Sünde, Tod und Hölle; es kommt der von Gott Gesandte, der allein imstande ist, die ganze Weltschuld auf seine Schultern zu nehmen und alles Weltleid zu überwinden und etwas ganz Neues zu schaffen: das unvergängliche Reich des Friedens und der Gerechtigkeit. Ja, Gott selbst kommt in ihm zu uns.
Und dieser Jesus wird König sein über alle Lande immer und ewiglich. So bezeugen es die Propheten. Ganz gleich, wie sich der einzelne Mensch zu ihm und seinem Werk nun auch stellt, ganz gleich, wie du dich zu ihm stellst: Sein Siegeslauf ist nicht mehr aufzuhalten. Wieviel Gewaltige auf Erden noch immer von sich reden werden bis hin zu dem letzten Machthaber, dem Antichristen, der ausziehen wird zum Streit gegen diesen Einen, wie die Offenbarung lehrt; sie alle kommen und gehen, nur dieser Eine nicht! Von seinem Wiederkommen und Bleiben lesen wir in Matthäus 25: »Wenn aber der Menschensohn kommen wird in seiner Herrlichkeit und alle heiligen Engel mit ihm, dann wird er sitzen auf dem Thron seiner Herrlichkeit, und es werden vor ihm versammelt werden alle Völker der Erde. Und er wird sie voneinander scheiden, wie ein Hirte die Schafe von den Böcken scheidet.« Das heißt: Der Jesus von Nazareth, der Mann, der auf einem Esel reitend in Jerusalem einzog, um dort zu sterben, der Mann in der Dornenkrone, der sich zu diesem seinem Königtum vor Pilatus ausdrücklich bekannte und sich dafür kreuzigen ließ, der wird das letzte Wort sprechen über alle Völker, über alle Gewaltigen dieser Erde, über jeden einzelnen Menschen, auch über mich und dich!
Wer ist also dieser, um dessentwillen wir wieder Advent feiern? Es ist der, dem Gott alles untertan gemacht hat, heute schon im Verborgenen, und den er dann, wenn Gottes Stunde schlägt, auch sichtbar vor aller Welt als den König aller Könige und den Herrn aller Herren erscheinen lassen wird. Es ist der, dem niemand entrinnen kann, der sie alle findet, alle einholt, vor dem sie alle erscheinen müssen, wenn er sie ruft; von dem zuletzt auch alle teuflischen Gewalten werden sagen müssen:

»Er hat doch gesiegt, der Jesus von Nazareth!« – »Der Herr wird König sein!«

II.

Und dieser König kommt jetzt zu dir! Das ist das zweite, das wir hier hören. Sonst haben die Untertanen und Diener zum König zu kommen. Und einmal wird es auch so sein, wie wir eben gehört haben. Aber damit wir vor diesem Gang nicht zu erschrecken brauchen, sondern am Tage des Gerichts so vor ihm erscheinen können, daß wir in sein herrliches Reich hineinpassen, kommt dieser König erst zu uns. Und weil wir gefallene Menschen sind und dem göttlichen Wesen so entfremdet, muß er so tief herabsteigen und kann nicht anders kommen als in unserer Gestalt. Er will uns ja nicht mit Gewalt in die Knie zwingen, sondern er will unsre Herzen, unser Vertrauen gewinnen.

Wir kennen die Erzählung aus dem Leben von Franz von Assisi, diesem mittelalterlichen Menschenfreund, wie er als reicher Kaufmannssohn in eleganter Kleidung und hoch zu Roß, aber mit bester Absicht vor die Tore seiner Stadt hinaus ritt, um den Armen dort Geschenke zu bringen. Aber die Armen schauten ihn scheu an, sie glaubten nicht an seine Nächstenliebe und gewannen kein Vertrauen zu ihm, sondern witterten irgend eine Falle. Da erkannte Franz von Assisi: Ich muß es ganz anders machen. Er ritt zur Stadt zurück, legte sein herrliches Gewand ab und zog Bettlerkleider an und ging so nochmals zu den Armen. Und siehe da, nun war eine ganz andere Verbindung da. Nun konnte er mit ihnen reden und sie beschenken.

So hat es Jesus gemacht: »In unser armes Fleisch und Blut verkleidet sich das höchste Gut«, singen wir in einem Weihnachtslied. Darum brauchst du vor ihm nicht zu erschrecken noch zu verzagen, noch dein Gehirn zu quälen, um zu ihm zu gelangen und ihn zu empfangen. Du brauchst nur in kindlichem Glauben ihm dein Innerstes zu öffnen, weil er so kommt wie es Paul Gerhardt besungen hat:

> Er kommt, Er kommt mit Willen,
> ist voller Lieb und Lust,
> all Angst und Not zu stillen,
> die ihm an euch bewußt.

Gerade an diesem Punkt der Adventsgeschichte kannst du heute noch einsteigen; und das geschieht auch immer wieder: Da liegt ein junger Mann auf dem Sterbebett; er hat Krebs im Endstadium. Die pflegende Schwester will ihn trösten. Doch »Still!« sagt der Kranke, »Der König kommt!« Mit diesen Worten entschlief er. »Ich sehe die Engel Gottes!«, sagte ein alter, mir nahestehender Bruder in seinen letzten Zügen, als der Arzt ihn fragte, ob er etwas sehe. Engel sind dienstbare Geister im Reich dieses Königs. Zu ihren Aufgaben gehört nach der Schrift auch das Geleit der Kinder Gottes in ihre himmlischen Wohnungen, wenn sie die Augen für diese Welt schließen.

Und noch einmal: Wozu kommt Jesus in solchem Gewand zu uns? »Er kommt«, sagt der Prophet, »als ein Gerechter und ein Helfer.« Das heißt: Er kommt, um Menschen, die ihn aufnehmen, gerecht zu machen. Gerechtigkeit müssen wir vorweisen können, wenn wir in die Herrlichkeit Gottes eingehen wollen. »Die Ungerechten werden das Reich Gottes nicht ererben«, sagt die Bibel. Jesus kommt, um mich und dich mit einer Gerechtigkeit zu umkleiden, vor der auch alle Anklagen des Teufels und der Hölle verstummen müssen. »Wer will die Auserwählten Gottes beschuldigen? Gott ist hier, der da gerecht macht. Wer will verdammen? Christus ist hier, der gestorben, ja vielmehr, der auch auferweckt ist, welcher ist zur Rechten Gottes und vertritt uns!« so ruft nun der Apostel aus. Damit das so von allen denen gesagt werden kann, die sich diesem König anschließen, geht er erst in den Tod und bringt der Gerechtigkeit und Heiligkeit Gottes das gültige Sühneopfer für uns dar, damit das Wunder geschehen kann, daß Ungerechte für gerecht und Unreine für rein erklärt werden können und aus Sündern Gotteskinder werden. Und wo dieser Gerechte, dieser König Jesus, die Herrschaft über einen Menschen gewinnt, da wird etwas Rechtes aus ihm. Denn »ist jemand in Christus, dann ist er eine neue Kreatur. Das Alte ist vergangen, siehe, ein Neues ist geworden« (2. Kor. 5,17). Ein gefallener Sünder ist zum Kind und Erben Gottes gemacht worden.

Und Jesus kommt als ein Helfer zu uns. Er kommt, damit du in den tausend Nöten unsres Lebens einen Herrn habest, an den du dich halten kannst, der für alle deine Sorgen und Nöte zuständig ist. Er kommt, um uns zu sagen: »Siehe, ich bin bei euch alle Tage bis an der Welt Ende!« Ja, er kommt, um dich einzureihen in die Schar derer, die er sich bis zu seiner Wiederkunft sammelt und als seine Miterben und Mitregenten zubereitet für sein ewiges Königreich. So sollst du bei allen Prüfungen und Widerwärtigkeiten, die Jesus zu unsrem Besten und unsrem Reifen noch über uns kommen lassen kann, doch wissen:

Nach allen Leiden, nach aller Not
folgen ewge Freuden; gelobt sei Gott!

Bleibt nur noch die Frage an jeden von uns offen: Bist du dem Ruf dieses Königs schon gefolgt? Hast du dich schon einreihen lassen in dieses Volk um Jesus? Die Frage führt uns auf das dritte in unserem Abschnitt:

III.

»Das Volk aber, das voranging und nachfolgte, schrie und sprach: Gelobt sei, der da kommt, im Namen des Herrn!« Da ist also eine Gruppe, die vorangeht, und eine, die nachfolgt. Ich denke, daß einer unserer Väter recht hat, wenn er dazu bemerkt, daß es diese beiden Gruppen immer wieder geben wird, wo Jesus in seinem Wort und Geist durch die Welt zieht, also auch in jeder Kirche, jeder Gemeinschaft, jedem Bibelkreis: Menschen, die vorangehen, und Menschen, die sich nur hinten erst anschließen. Wir sollen sie beide an ihrem Platz gelten lassen.

Wir brauchen in der Gemeinde Jesu Menschen, die vorangehen, Bahn machen, als erste zugreifen, anpacken, sich verantwortlich wissen und nach dem Rechten sehen; Menschen, die auch Stöße und Enttäuschungen vertragen können, die auch den Mut haben, andere einmal zu fragen: »Wie sieht es innerlich bei dir aus? Wie stehst du eigentlich zu Jesus? Komm und sieh!« Gesegnet seien alle Brüder und Schwestern, die auch heute im Zuge dieses Königs vorangehen mit ihrem Zeugnis, ihren Gebeten, Gaben und Opfern, mit ihrem Verantwortungsbewußtsein für die Sache ihres Herrn auf Erden und das mit Freuden tun!

Aber übersehen wir nicht die andern, die sich hinten befinden. Das waren damals in Jerusalem wahrscheinlich die noch Zag-

haften, Ängstlichen, die Nikodemusseelen, die sich vor den Hohepriestern fürchteten, ihren Blicken, ihrem Spott, ihrem Haß gegen Jesus. Darum wagten sie sich nicht so weit nach vorn. Sie wollten dabeisein, aber hatten eine letzte Furcht wohl noch nicht ganz überwunden. Wir wollen sie nicht schelten. Die meisten von uns haben sicher auch eine Zeitlang zu dieser Gruppe gehört. Niemand wird ja gezwungen, mitzumachen. Das war und ist die Besonderheit der Gemeinde Jesu, daß alle ihre Glieder Freiwillige sind. Jesus hat auch mit diesen Menschen viel Geduld gehabt. Und viele von ihnen sind dann später nach vorn gerückt: ein Nikodemus, der bei der Nacht zu Jesus gekommen war, ein Josef von Arimathia, der auch erst ein heimlicher Jünger Jesu war aus Furcht vor den Juden. Nach dem Sterben Jesu aber treten beide hervor und sorgen dafür, daß Jesus sauber und in Ehren bestattet wird, und bekennen sich so zu ihm.
Darum die Frage an jeden von uns: Gehörst du vielleicht zu denen, die gleichsam Jesus erst am Schluß des Zuges ängstlich nachfolgen? Sieh, auch dir gilt der Adventsgruß: »Siehe, dein König kommt zu dir!« Er kommt, um dich ganz zu gewinnen für seine ewige Königsherrschaft! Er will auch dir das Größte schenken, was es auf Erden und im Himmel für uns gibt: ewige Geborgenheit am Herzen Gottes und einen festen Platz in dem Reiche dieses Königs für alle Ewigkeiten! Darum rück nach vorn, bekenne dich offen zu ihm als deinem Heiland und deinem Herrn! Er wird dich nicht enttäuschen! Denn dieser Jesus wird König sein immer und ewiglich. Amen.

Gebet: Ja, Du, Herr Jesus, wirst König sein immer und ewiglich. So sagt es uns Dein Wort. Du bist es schon heute im Verborgenen und wirst an Deinem großen Tage auch sichtbar hervortreten. So sei und bleibe Du auch der Herr und Heiland unsres Lebens, der unsre Schuld getragen und uns den Weg bereitet hat zum ewigen Leben, ja der sich selbst zum lebendigen Weg gemacht hat, auf dem wir in Gottes Reich und Herrlichkeit gelangen. Wir bekennen uns zu Dir und beten Dich an! Amen.

Lied: Wie soll ich dich empfangen und wie begegn' ich dir . . .

2. Advent

Jesus kommt ein zweites Mal

Sogleich aber nach der Bedrängnis jener Zeit wird die Sonne sich verfinstern und der Mond seinen Schein verlieren, und die Sterne werden vom Himmel fallen, und die Kräfte der Himmel werden ins Wanken kommen. Und dann wird erscheinen das Zeichen des Menschensohnes am Himmel. Und dann werden wehklagen alle Geschlechter auf Erden und werden sehen den Menschensohn kommen auf den Wolken des Himmels mit großer Kraft und Herrlichkeit. Und er wird seine Engel senden mit hellen Posaunen, und sie werden seine Auserwählten sammeln von den vier Winden, von einem Ende des Himmels bis zum andern. Von dem Tage aber und von der Stunde weiß niemand, auch die Engel im Himmel nicht, auch der Sohn nicht, sondern allein der Vater. Denn wie es in den Tagen Noahs war, so wird auch sein das Kommen des Menschensohnes. Denn wie sie waren in den Tagen vor der Sintflut – sie aßen, sie tranken, sie heirateten und ließen sich heiraten bis an den Tag, an dem Noah in die Arche hineinging, und sie beachteten es nicht, bis die Sintflut kam und raffte sie alle dahin –, so wird es auch sein beim Kommen des Menschensohns. Dann werden zwei auf dem Felde sein; der eine wird angenommen, der andre wird preisgegeben. Zwei Frauen werden mahlen mit der Mühle; die eine wird angenommen, die andre wird preisgegeben. Darum wachet; denn ihr wißt nicht, an welchem Tag euer Herr kommt. Das sollt ihr aber wissen: Wenn ein Hausvater wüßte, zu welcher Stunde in der Nacht der Dieb kommt, so würde er ja wachen und nicht in sein Haus einbrechen lassen. Darum seid auch ihr bereit! Denn der Menschensohn kommt zu einer Stunde, da ihr's nicht meint.

Matthäus 24, 29–31; 36–44

Jesu erstes Kommen zu uns in Armut und Niedrigkeit brachte die Antwort der Liebe Gottes auf die Frage, die nach dem Sündenfall wie ein Alpdruck auf unsrer Welt lag: Wie soll die Kluft zwischen der gefallenen Menschheit und dem dreimal heiligen Gott jemals wieder überbrückt werden? Oder mit Luther gefragt: »Wie kriege ich, der Sünder, einen gnädigen

Gott?« Die Antwort, die vom Kreuz auf Golgatha zu uns kommt, heißt: »Gott war in Christus und versöhnte die Welt mit sich selber und rechnete ihnen ihre Sünden nicht zu und hat unter uns aufgerichtet das Wort von der Versöhnung.« Darum: »Glaube an den Herrn Jesus Christus!« Denn »wer dem Sohn glaubt, der hat das ewige Leben!«

Jesu Wiederkunft in Kraft und Herrlichkeit, von der das Evangelium des 2. Advent spricht, bringt die Antwort Gottes auf die bange Frage, die noch auf der ganzen Schöpfung liegt, und die sich in der Endzeit mehr und mehr notvoll zuspitzen wird: Wird die Welt wirklich noch einmal von Menschen beherrscht werden, die Gottes Kinder geworden sind, wie es die ganze Schöpfung nach Römer 8 ersehnt, wo es heißt: »Das ängstliche Harren der Kreatur wartet darauf, daß die Kinder Gottes offenbar werden. Denn wir wissen, daß die ganze Schöpfung bis zu diesem Augenblick mit uns seufzt und sich ängstet.« Wird also wirklich noch einmal das Licht siegen oder doch die Finsternis, das Recht oder die nackte Gewalt? Soll auf dieser Erde am Ende doch der Unglaube triumphieren, der da sagt: »Gott? Der sind wir selber! Christus? Ein Mensch, der einmal war und das Beste wollte; aber was er nicht schaffte, das schaffen wir!« Oder wird auf dieser unserer Erde doch noch der Glaube den Sieg davontragen, der aus allem Erdendunkel der Endzeit emporblickt zu dem lebendigen Gott und dem Vater unsres Herrn Jesus Christus und in seinem Namen betet: »Dein Name werde geheiligt! Dein Reich komme! Dein Wille geschehe wie im Himmel so auf Erden!«
Es wird, wie die Bibel lehrt, noch sehr dunkel werden auf Erden, ehe der Herr kommt. Die ungläubige Welt wird das freilich gar nicht so empfinden. Jesus selbst beschreibt ihr Leben in den letzten Tagen so: »Sie aßen, sie tranken, sie heirateten und ließen sich heiraten.« Bei Lukas lesen wir noch den Zusatz: »Sie kauften und bauten.« Es läuft alles auf vollen Touren. Aber für alle wahren Christen, auch für das Volk Israel, wird dann eine große Trübsal und Bedrängnis anbrechen. Denn nachdem es dem letzten Weltherrscher, dem Antichristen, gelungen ist, alle politischen Gegensätze zu beseitigen, brauchen er und seine Helfer keine Rücksicht mehr zu nehmen auf andere Überzeugungen. Sie können jetzt, vom

Teufel geschürt, daran gehen, alles, was des biblischen Gottes und Christi Namen nennt und bekennt, mundtot zu machen auf Erden. Wer sich nicht offen zu dem neuen Geist bekennt und zu seinen Ideen, wird von allem öffentlichen Leben ausgeschlossen werden. So lesen wir es in der Offenbarung, dem letzten Buch der Bibel. Allerdings – am Ende der antichristlichen Zeit wird es offenbar auch den ungläubigen Menschen auf Erden angst und bange werden. »Sie werden verschmachten vor Furcht und Erwarten der Dinge, die da kommen sollen«, heißt es bei Lukas. Hier heißt es ähnlich: »Sogleich aber nach der Bedrängnis jener Zeit wird die Sonne sich verfinstern und der Mond seinen Schein verlieren, und die Sterne werden vom Himmel fallen, und die Kräfte der Himmel werden ins Wanken kommen.« Aber nun beginnt schon das Zuspät für die antichristliche Welt. Es ist jener Augenblick gekommen, da selbst die törichten Jungfrauen, die lauen und unvorbereiteten Christen, nichts mehr nachholen können. Denn, so fährt Jesus fort: »Und dann wird erscheinen das Zeichen des Menschensohns am Himmel. Und dann werden wehklagen alle Geschlechter auf Erden.« Was mit dem »Zeichen des Menschensohns« gemeint ist, kann heute niemand sagen. Einige unsrer Väter haben hier an die lichte Wolke gedacht, die in der Bibel oft das Zeichen der Gegenwart Gottes ist, andere denken an das Zeichen des Kreuzes, das ja im besonderen das Zeichen unsres Heilandes ist.

Auf alle Fälle wird Jesus so erscheinen, daß niemand mehr zu fragen braucht: »Wer ist der?« Denn mit großer Kraft und Herrlichkeit wird Jesus erscheinen, ganz anders als zu Weihnachten, ganz anders als bei seinem Einzug in Jerusalem. Auch in seinen Erdentagen ging Kraft von ihm aus, wenn er Kranke heilte, Tote auferweckte, wenn er lehrte. »Er redete gewaltig und nicht wie die Schriftgelehrten«, so heißt es am Schluß der Bergpredigt. Und er strahlte eine innere Herrlichkeit aus, so daß sein Jünger Johannes im Rückblick auf die Erdenzeit Jesu sagt: »Wir sahen seine Herrlichkeit, eine Herrlichkeit als des eingeborenen Sohnes vom Vater, voller Gnade und Wahrheit.« Ja, was gibt es Herrlicheres auf Erden als das Leben Jesu in seiner Reinheit, seiner Liebe und Güte, seinem vollkommenen Gottvertrauen, wie es uns die vier Evangelien beschreiben!

Und doch: Man konnte an Jesus auch vorbeigehen. Die meisten taten es auch. Denn Jesus kam zum ersten Mal, um unser Herz zu gewinnen. Und das geht niemals so, daß man es mit Glanz besticht oder mit Gewalt überfährt. Es geht nur so, daß man um es in Liebe wirbt und daß man alles aus dem Wege räumt, was das Zusammenkommen bisher verhindert hat. Das hat Jesus getan, indem er die Sünde der Welt auf sich nahm und damit ans Kreuz ging und so uns den freien Zugang zu Gottes Reich und Herrlichkeit bereitete.
Um die Gewinnung unsrer Herzen geht es ihm heute noch! Darum verzichtet der Herr auch heute auf Glanz und Gewalt. Er geht auch heute noch in der Gestalt schlichter Boten durch die Welt und bittet in seinem Wort: »Gib mir, mein Sohn, dein Herz, und laß deinen Augen meine Wege wohlgefallen!« Er sagt es auch jetzt im Advent:

> Ich klopfe an und bringe nichts als Heil
> und Segen für und für.
> Zachäus' Glück, Marias gutes Teil
> beschert ich gern auch dir,
> wie ich den Jüngern einst beschieden
> in finstrer Nacht den süßen Frieden,
> so möcht ich dir mit meinem Gruße nah'n:
> Ich klopfe an!

Du kannst solche Stimme überhören, wenn du willst. Du kannst heute sagen: »Ich glaube das alles nicht! Es interessiert mich auch nicht!« Aber wenn Jesus wiederkommt, dann kann niemand mehr an ihm so vorbeisehen. Dann kommt er in unverhüllter Herrlichkeit. »Es werden ihn sehen alle Augen, auch die ihn zerstochen haben, und werden heulen alle Geschlechter der Erde«, heißt es an andrer Stelle. Kein Ereignis wird seit den Tagen der Schöpfung so hineingreifen in den ganzen Bestand Himmels und der Erde wie das Ereignis seiner Wiederkunft. Kein Ereignis wird auch in unser persönliches Leben so eingreifen und mein und dein Schicksal auf ewig bestimmen wie der Anbruch des Tages der Wiederkunft Jesu. Auch der letzte derer, die Menschenantlitz tragen, wird es erfahren: Jetzt ruft mich der vor seinen Thron, der das entscheidende Wort über mich sprechen darf und sprechen wird. Damit stehen wir bei der Frage, die wir nun noch genauer behandeln wollen: Was haben wir aufgrund der ganzen Heiligen Schrift von Jesu Wiederkunft zu erwarten? Wir fragen: Was wird Jesu Wiederkunft

1. dem Teufel und seinen Engeln
2. der antichristlichen Welt
3. seinen Gläubigen

bringen?
Darauf antwortet uns der Herr in seinem Wort:

I.

Jesu Wiederkunft bringt dem Teufel die große Entmachtung. Damit wollen wir beginnen. Denn bis dahin hat der Teufel als der Lügner und Mörder von Anfang, wie Jesus ihn nennt, und als der große Verführer der Endzeit sein Werk auf Erden treiben dürfen. Gottes Gerechtigkeit hat auch diesem seinem Widersacher Gelegenheit gegeben, zu zeigen, was er kann, und zu offenbaren, was er wirklich ist. Auch teuflische Bosheit muß nach Gottes Willen reif werden. So hat der große Widersacher Gottes die Welt an den Rand des Abgrundes gebracht, indem er Gottes Gebote mit Füßen getreten und so eine dämonische Verwirrung auf Erden angerichtet hat, in der die von ihm verführten Menschen am Ende nicht mehr wußten, was rechts und links, was von oben und was von unten war. Nun wird dieser »Durcheinanderwerfer«, wie sein Name lautet, entmachtet. Die Offenbarung spricht bildhaft und plastisch davon, daß er zunächst von einem Engel in Ketten gelegt und in den Abgrund verschlossen wird. Einen Hinweis auf diese Entmachtung finden wir auch in den Worten Jesu hier: »Es wird erscheinen das Zeichen des Menschensohns am Himmel.« Nach dem Zeugnis des Apostels herrschen heute die bösen dämonischen Mächte »unter dem Himmel« oder »in den Luftgebieten« (Eph. 6), von wo aus sie ihren Kampf gegen Jesus und seine Gemeinde auf Erden führen. Und genau da erscheint nun Jesus mit seinem Heer und fegt das ganze Gespinst des Bösen hinweg.
O wir ahnen nicht, wie stark die Einflüsse des Bösen sind, denen unsre Welt heute ausgesetzt ist, was auch durch Presse, Rundfunk, Fernsehen täglich niederrieselt und noch niederrieseln wird an Staub und Schmutz und Inspiration aus dem Reich des Bösen, wenn der antichristliche Geist sich einmal dieser

Instrumente bedienen wird! Dann aber, wenn Jesus kommt, wird diese teuflische Macht verbannt und ausgeschaltet. Können wir uns in etwa vorstellen, welch ein Alpdruck von allen weichen wird, die unter dieser verderblichen Berieselung und unter der antichristlichen Gewissensvergewaltigung der Endzeit gelitten haben! Nun bricht für alle Menschen und Völker, die der Herr für würdig hält, die große Befreiung und das Reich des Friedens an, von dem schon die alttestamentlichen Propheten geweissagt haben, in dem man die Spieße zu Sicheln und die Schwerter zu Pflugscharen machen wird, weil kein Volk mehr gegen das andere Krieg führen wird. Wir kommen darauf noch zurück. Hier aber ist wichtig zu sehen, was zuallererst geschieht, wenn Jesus kommt: Die Macht des Bösen wird gebrochen; die satanischen Einflüsse auf unsre Welt werden ausgeschaltet. Es bricht »der erste Äon des ewigen Gottesreiches« an, wie ein begnadeter Schriftausleger dieses Friedensreich nennt, von dem Blumhardt gesungen hat:

Ja, Jesus siegt! Seufzt eine große Schar
noch unter Satans Joch,
die sehnend harrt auf das Erlösungsjahr,
das zögert immer noch:
so wird zuletzt aus allen Ketten
der Herr die Kreatur erretten!
Ja, Jesus siegt!

II.

Die Wiederkunft Jesu bringt der antichristlichen Welt ein großes Wehklagen und Erschrecken: »Es werden wehklagen alle Geschlechter der Erde.« Unter »Geschlechter der Erde« haben wir die Menschen zu verstehen, die an keinen Himmel glauben wollten, nachdem doch die künstlichen Satelliten und Weltraumschiffe nach ihrer Meinung bewiesen hatten, daß es einen Gott und einen Thron Gottes im Weltall nicht geben könne. Es sind die Menschen gemeint, die nach der Losung lebten: »Macht euch das Leben hier recht schön: kein Jenseits gibt's, kein Wiedersehn!« Sie erleben nun eine schauerliche Ernüchterung. Was sie abgelehnt, verlacht und verspottet und zuletzt verfolgt haben – das Zeugnis von dem gekreuzigten, auferstandenen und wiederkommenden Herrn –, erweist sich als Wahrheit und Wirklichkeit. Wir verstehen, wenn die Offenbarung sagt, sie werden dann ausrufen: »Ihr Berge, fallet über uns, und ihr Hügel, bedeckt uns vor dem Angesicht dessen, der auf dem Thron sitzt!« Denn nun bricht das Gericht über den Antichristen und seinen Anhang herein, von dem der Apostel Paulus sagt: »Der Herr wird ihn umbringen durch den Hauch seines Mundes«, und die Offenbarung bezeugt, er, der Antichrist, und der falsche Prophet wurden geworfen in den feurigen Pfuhl, der mit Feuer und Schwefel brennt; ein Bild für das scharfe Gericht, das der wiederkommende Herr halten wird über alle, die dafür reif geworden sind.

Gericht bedeutet aber nicht nur Strafe, sondern immer auch Scheidung. Recht und Unrecht, Wahrheit und Lüge, Gutes und Böses wird voneinander geschieden. Es wird bei der Wiederkunft Jesu nicht die ganze Welt untergehen. Der Herr wird ein gerechtes Gericht halten. Er wird gewiß einen Unterschied machen zwischen den Verführern und den Verführten, die in Unwissenheit gehandelt haben. Solche Unterschiede deutet der Herr an, wenn er an anderer Stelle sagt, es werde den Leuten von Sodom und Gomorra an jenem Tage erträglicher ergehen als denen, die Jesu Wort kannten und ihn dennoch abwiesen. Darum spricht die Bibel auch an andrer Stelle davon, daß in diesem Gericht bei der Wiederkunft Jesu ganze Völker übrig bleiben werden und daß für diese Völker das Gericht noch aufgeschoben wird, weil der Herr ihnen noch eine Gnadenzeit gewährt. Wir werden bei diesen Völkern, die noch verschont werden, vor allem an die großen Heidenvölker zu denken haben, die das Evangelium von der Gnade Gottes in Christus Jesus nicht so lange gekannt haben wie wir. Während also Jesus mit seiner Gemeinde in die obere Welt zurücktritt und von daher unsichtbar, aber doch spürbar das Regiment über die Welt führt, werden auf Erden unter dem mächtigen Eindruck der Ereignisse bei Jesu Wiederkunft ganze Völker sich zum Herrn bekehren, zuallererst Israel und durch seinen Dienst unter den Völkern auch viele andere. Von dieser Zeit singt Friedrich Adolf Krummacher:

O des Tags der Herrlichkeit:
Jesus Christus, du die Sonne,
und auf Erden weit und breit
Licht und Wahrheit, Fried und Wonne!

So groß das Geheimnis vom Tausendjährigen Reich – denn das ist hier gemeint – auch noch immer ist, wir haben es doch mit einem Wort Gottes dabei zu tun und es als solches zu ehren. Ja, wir dürfen uns freuen über solchen Ausblick, den Gott uns in seinem Wort schenkt. Solcher Ausblick nimmt aber den Worten nichts von ihrem Ernst, die denen gelten, die die frohe Botschaft von Jesus kannten und ihr nicht glaubten, nichts von dem Ernst des Wortes: »Schrecklich ist's, in die Hände des lebendigen Gottes zu fallen« (Hebr. 10,31), das denen gilt, die seine Gnade verschmäht und Jesus als ihren Retter abgewiesen haben. Gott bewahre auch den Letzten unter uns vor solchem Verhängnis!

III.

Jesu Wiederkunft bringt der Christenheit die große Sammlung, Erhöhung und Rechtfertigung vor aller Welt. So lesen wir hier: »Und er wird seine Engel senden mit hellen Posaunen, und sie werden seine Auserwählten sammeln von den vier Winden, von einem Ende des Himmels bis zum andern.«

Das ist sogar das vornehmste Ziel des wiederkommenden Herrn an seinem Tage. Nichts Eiligeres hat er zu tun, wenn er kommt, als seine über die ganze Erde zerstreuten Gläubigen durch seine Engel zu sammeln und sie zu sich zu erheben. Diese Sammlung greift, wie wir an andrer Stelle lesen, auch in die Welt der Toten hinein, derer, die uns im Glauben vorangegangen sind und am Ort der Seligen auf ihre letzte Vollendung noch warten. Bis dahin gehen und gingen die Kinder Gottes als die Verkannten und Verlachten und zuletzt Verfolgten durch die Welt. Nun aber wird vor aller Welt offenbar, daß sie und sie allein mit ihrem Glauben an den Gekreuzigten und mit ihrer Hoffnung auf den auferstandenen und wiederkommenden Herrn auf rechtem Wege waren und ihr, der Welt, Unglaube, Torheit und Sünde war.

Doch ehe es zu dieser Rechtfertigung und Verherrlichung der Gemeinde Jesu kommt, muß auch sie durch ein Gericht hindurch: »Dann werden zwei auf dem Felde sein; der eine wird angenommen, der andre preisgegeben. Zwei Frauen werden mahlen mit der Mühle; die eine wird angenommen, die andre wird preisgegeben.« Die klugen Jungfrauen werden von

den törichten, die treuen Knechte von den treulosen geschieden, wie es weiter heißt. Die einen werden angenommen und zum Herrn erhöht, die andern preisgegeben. Angenommen werden, das heißt: dem Herrn entgegengerückt werden, um bei ihm zu bleiben allezeit. Angenommen werden, das heißt: den Platz einnehmen dürfen, den der Herr jedem einzelnen seiner Nachfolger in seinem ewigen Reich bereitet hat. Und was heißt »preisgegeben« werden oder »verlassen« werden, wie die alte Lutherübersetzung sagt? Es kann für den einen oder andern im besten Fall vielleicht heißen: Zurückbleiben auf Erden, um in Christi Friedensreich noch bei denen zu sein, die die Erde bewohnen. Schon das wäre eine traurige Sache, wenn man mit den törichten Jungfrauen rufen und schreien und klopfen müßte: »Herr, Herr! Tue uns auf!« Aber der Himmel bleibt verschlossen. Doch die Sache ist noch viel ernster: So sehr wir für alle bis dahin übergangenen Menschen und Völker auch hoffen dürfen, so wenig Grund gibt uns die Bibel, auch für die zu hoffen, die das Evangelium kannten, es auch bejahten, aber dann doch die weltlichen Lüste lieber hatten als den Heiland. Sie werden, wie Jesus an andrer Stelle sagt, mit den Heuchlern hinausgetan werden, »da wird sein Heulen und Zähneklappen«. Wie ernst ist das!
Aber das soll uns keinen Augenblick das Große und Herrliche verdunkeln: daß Jesu Kommen allen wahren Kindern Gottes, allen seinen treuen Knechten und Mägden die über alle Maßen gewichtige Herrlichkeit bringt, die Teilhabe an seinem Reich und seiner Herrschaft nach dem Wort seines Apostels: »Was kein Auge gesehen und kein Ohr gehört hat und was in keines Menschen Sinn gekommen ist, was der Herr bereitet hat denen, die ihn liebhaben.«
Wir schließen: Mit solch reicher, wunderbarer Hoffnung beschenkt Jesus die Seinen, ehe er zum Vater zurückkehrt, damit sie ihm auf Erden getrost und freudig leben und dienen und auf ihn warten möchten. Welch ein Glanz der Ewigkeit fällt von daher nun auch auf das einfachste Leben auf Erden, das sich diesem Herrn ergibt! Nicht von ungefähr spricht Jesus deshalb auch hier von den Arbeitern auf dem Felde, von den an der Mühle mahlenden Frauen, von den Zweien, die auf einem Bett liegen, weil sie so arm sind oder krank sind. Diese läßt er als erste abholen, wenn er kommt. Damit will der Herr auch mir

und dir sagen: An welchem Platz du auch immer stehst auf Erden – er mag noch so bescheiden sein –: Er wird dich finden! Überall kannst du dich heute in der Treue zu ihm üben und sein Bekenner sein. Wenn dein Herz nur ihm gehört, darfst du auch auf dem bescheidensten Platz in der Vorfreude auf sein Kommen leben. So wie ein Arbeiter am Wochenende sich auf den schönen Sonntag freut, so darfst du im Blick auf das Ende deines Weges dich ungleich mehr freuen auf den Tag der Herrlichkeit, dem du entgegengehst. Nur, daß du ihm wirklich gehörst, und ich auch! Daß wir unser kleines Leben ihm übergeben haben als unserem Heiland und Herrn, daß er uns reinige und heilige und zubereite für jenen Tag, da er kommt! Denn wie der Magnet nur das anzieht, was ihm artverwandt ist, und alles andre wegläßt, so wird Jesus, wenn er kommt, nur die zu sich in seine Herrlichkeit erheben, die ihm gehören, die ihm artverwandt geworden sind, die seinen Geist empfangen haben, den Geist des Glaubens, der Wahrheit und der Liebe. »Wer aber Christi Geist nicht hat, der ist nicht sein.«
Laßt uns zusammen ihm, der uns liebt und ruft, als Antwort auf diese Botschaft des zweiten Advent geloben:

Dein sind wir, Jesus, Gottes Sohn,
und geht es auch durch Sterben,
du gingst ja selbst durch Kreuz zur Kron,
und wir sind deine Erben.
Wir können es nicht lassen,
zu stehen, Herr, zu dir;
und ob wir drob erblassen:
Dein sind und bleiben wir! (August Rücker) Amen.

Gebet: Herr Jesus Christus! Nimm solch Gelöbnis von uns an, und hilf uns durch die Kraft Deines Heiligen Geistes, Dir zu leben, Dich zu bekennen und Dir zu dienen an dem Platz, da Du uns hingestellt hast, und auf Deinen großen Tag zu warten in der Freude des Glaubens, die Du uns schenkst. Laß uns, lieber Herr, zu Deiner Rechten gestellt werden, wenn Du kommst in der Herrlichkeit Deines Vaters, damit wir bei Dir bleiben ewiglich! Amen.

Lied: Es ist gewißlich an der Zeit, daß Gottes Sohn wird kommen . . .

3. Advent

Adventshoffnung in der Anfechtung

Als aber Johannes im Gefängnis von den Werken Christi hörte, sandte er seine Jünger und ließ ihn fragen: Bist du es, der da kommen soll, oder sollen wir auf einen andern warten? Jesus antwortete und sprach zu ihnen: Geht hin und sagt Johannes wieder, was ihr hört und seht: Blinde sehen und Lahme gehen, Aussätzige werden rein und Taube hören, Tote stehen auf und Armen wird das Evangelium gepredigt, und selig ist, wer sich nicht an mir ärgert. Matthäus 11,2–6

Auf dem Weg zum heiligen Christfest werden wir, wenn wir unseren kirchlichen Bibellesungen folgen, jedesmal an der ernsten Gestalt Johannes des Täufers vorbeigeführt. Das hat seine Bedeutung. »Weihnachten feiern heißt die Lichter der Heimat sehen«, sagt F. von Bodelschwingh. In der Tat: Wer von uns spürte nicht in jedem Jahr neu beim Hören des wunderbaren Weihnachtsevangeliums und beim Gesang der vertrauten Weihnachtslieder jenen Hauch der ewigen Welt, die sich über Bethlehem auftat und die Hirten auf dem Felde den Lobgesang der himmlischen Heerscharen hören ließ: »Ehre sei Gott in der Höhe und Friede auf Erden und den Menschen ein Wohlgefallen!« Wer empfände nicht, wie die tiefsten Saiten unserer Seele dabei berührt werden, weil wir uns im Grunde alle nach solch einer Welt des Lichtes und des Lebens, des Friedens und der Freude sehnen. Sie ist auch kein kindlicher Traum, auch kein Wunschdenken weltmüder Erdenwanderer, sondern sie ist die uns von Gott zu Weihnachten geoffenbarte Wirklichkeit.

Aber, so sagt uns die Gestalt des Täufers: Der praktische Weg zu diesem ewigen Reich und zur Anbetung Gottes und seines Sohnes ist kein gemächlicher Spaziergang, begleitet nur von erhebenden Melodien und festlichen Stimmungen. Nein, sondern er ist ein Weg mit Hindernissen, auf dem man auch straucheln, zweifeln und fallen kann. Denn Not und Tod und Teufel umlauern diesen Weg und stellen sich uns entgegen und müssen überwunden werden. Nur Überwinder gelangen ans Ziel.

In unsrem Bibelabschnitt steht nicht irgend ein Wanderer im Schatten schwerer Zweifel an Weihnachten, sondern der, den Jesus selbst als den Größten bezeichnet unter allen, die von Müttern geboren wurden; war doch Johannes berufen, dem Heiland der Welt als sein Herold unmittelbar voranzugehen und ihm den Weg zu bereiten. Und mit welcher Hingabe an seine Berufung hat er das getan! Und eben dieser Johannes wird nun von Zweifeln bedrängt: Ist Jesus wirklich der Bringer des Reiches der Gerechtigkeit, des Friedens und der Freude? Wir wollen Gott danken, daß auch dieser Bericht in der Bibel steht; gibt es doch vielleicht überhaupt keinen wahren Christen, der es nicht auch einmal mit Zweifeln zu tun gehabt hat. Johannes hat gezweifelt. Thomas hat gezweifelt. Luther hat gezweifelt: »Sollte ich allein recht haben mit meinem Glauben und alle anderen unrecht?« Aber derselbe Luther sagt später: »Das müßte für jeden wahren Christen die größte Anfechtung sein, keine Anfechtung zu kennen.« Denn das könnte bedeuten, daß er entweder überhaupt noch kein wahrer Christ ist, oder daß er inzwischen so lau und träge geworden ist, daß der Teufel ihn in Ruhe läßt, weil er weiß: Den habe ich sowieso; denn der bleibt draußen, wenn Jesus sein ewiges Reich aufrichtet.

Nein, niemand unter uns braucht sich solcher Anfechtungen zu schämen. Johannes tat es nicht. Aber das tat er, und das wollen wir von ihm lernen: Er wandte sich in seiner Anfechtung an Jesus selbst, und das war der Weg zur Überwindung seiner Zweifel und zum Sieg des Glaubens. Wir fragen deshalb:

I.

Was hat diesen tapferen, unerschrockenen und ernsten Mann denn in solche Zweifel und Anfechtung gebracht? Das ist einmal der ganz andere Weg, den Jesus zur Rettung der Welt und zur Offenbarung seiner Herrlichkeit geht. In Israel lehrte man seit je: Wenn der Messias, der von Gott gesandte Weltheiland, erscheint, dann wird er nur zu sagen brauchen: »Ich bin!« und alles, was Menschenantlitz trägt, wird ihm zu Fuße fallen; die einen voll Anbetung, die andern mit Zittern und Zagen. So

wird er aller Bosheit und Gottlosigkeit mit einem Schlag ein Ende machen und Gottes Gerechtigkeit auf Erden aufrichten. Ähnlich hatte Johannes gedacht und es auch ausgesprochen: »Ich taufe mit Wasser, aber der nach mir kommt, der wird mit dem Heiligen Geist und mit Feuer taufen. Er wird die Tenne fegen und den Weizen in seine Scheunen sammeln, aber die Spreu wird er verbrennen mit unauslöschlichem Feuer.« Und nun? Gewiß, Jesus predigte gewaltig; er tat Wunder und Zeichen. Doch das hatten Männer Gottes vor ihm auch getan. Wo blieb aber die große Wende des Weltlaufs? Dazu kam die besondere Lage des Johannes: Er befand sich im Gefängnis, weil er dem ehebrecherischen König Herodes die Heiligkeit der Gebote Gottes vorgehalten hatte: »Es ist nicht recht, daß du deines Bruders Frau genommen hast!« Konnte Johannes nicht erwarten, daß Jesus nun etwas für seinen Herold tun würde? Doch es geschah nichts.
Wir erkennen: Das sind ja die Dinge, die der altböse Feind immer gern ins Feld führt und die darum auch uns je und dann zu schaffen machen können: Wenn Jesus der von Gott gesandte Retter ist, dem doch schon jetzt alle Gewalt gegeben ist im Himmel und auf Erden, wie die Bibel sagt –, warum gibt es dann noch soviel Leid und soviel himmelschreiendes Unrecht, soviel grausame Bosheit, soviel Not und Tod auf Erden? Und auch der Weg der gläubigen Gemeinde in der weiten Welt kann solche Fragen bei uns aufkommen lassen. Was mutet der Herr doch den Seinen noch alles zu! Wir denken an die anhaltenden Christenverfolgungen in vielen Ländern der Erde gerade auch in unserer Zeit.
Und heute kommt die Versuchung noch von einer anderen Seite, nämlich von der okkulten. Da hält man uns Berichte vor von Menschen, die durch ärztliche Kunst aus dem klinischen Tod zurückgebracht wurden und nun erzählen, wie schön es jenseits der Todespforte gewesen sei und welche Seligkeit sie dort umfing, obwohl sie auf Erden nicht einmal an ein Jenseits, geschweige denn an Jesus geglaubt hatten. Wir werden von dieser Seite noch manches zu hören bekommen; denn Spiritismus und Okkultismus breiten sich in unserem Volk und Land immer weiter aus. Wer da nicht fest in Jesu Wort gegründet ist, wird bald fragen: Vielleicht ist es doch anders mit dem Jenseits, als was Jesus darüber sagt. Wir wissen aus der Bibel, daß in der

Endzeit ein Heer von lügenhaften Kräften über unsre Welt ziehen wird, wobei auch die Auserwählten Gottes noch in große Versuchung kommen werden. Darum ist für uns die Frage so wichtig, wie wir uns darauf rüsten. Wir fragen deshalb weiter:

II.

Wie überwinden wir denn solche Anfechtung und wie rüsten wir uns auf die »Stunde der großen Versuchung«? Johannes wendet sich an Jesus selbst. Ihn selbst läßt er fragen: »Bist du, der da kommen soll, oder sollen wir eines anderen warten?« Johannes will also wissen, was Jesus selbst dazu sagt. Denn soviel ist ihm an Jesus deutlich geworden: Ein Lügner oder Schwärmer ist Jesus auf keinen Fall! Von Gott gesandt, das ist er. Das weisen seine Worte und Taten aus. Aber vielleicht ist er doch nur einer in der Reihe der Propheten, die Gott je und je zu Israel gesandt hat, so daß wir auf den einen noch warten müssen, der Israel und dann die ganze Welt erlösen und einen neuen Himmel und eine neue Erde heraufführen wird? Wenn Jesus ihm das auch jetzt bezeugt, daß er dieser Heiland ist, dann will Johannes alle Vernunft gefangennehmen, sich beugen unter Gottes Führung, aufs neue ja sagen zu Jesus und bei solchem Ja bleiben, koste es, was es wolle.

Wir sehen hier: Zweifeln und zweifeln ist nicht dasselbe, wie auch glauben und glauben nicht dasselbe sein muß. Es gibt unehrliche Zweifler, Menschen, die aus Grundsatz zweifeln, weil sie nicht glauben *wollen.* »Ich glaube nur, was ich sehe«, sagen sie. Schon das trifft nicht zu; denn in Wirklichkeit glaubt jeder Mensch mehr, als was er sieht. Es gibt aber auch ehrliche Zweifler. Diese möchten glauben, aber es steht ihnen so vieles im Wege; meist ist es ihr vom Sündenfall vermeintlich unberührt gebliebener Verstand, ihre vermeintlich intakte Logik und Vernunft. Solchen ehrlichen Zweiflern kann geholfen werden, geholfen auf dem Weg, den Johannes ging: durch Umgang mit Jesus selbst. Das heißt für uns: dadurch, daß wir fragend und forschend die Bibel lesen und auf das hören, was sie von Jesus sagt und was Jesus selbst sagt. So erzählte ein mir bekannter Christuszeuge, wie auch er durch das, was irregeleitete Lehrer an der Universität über Jesus sagten, in schwere innere Kämpfe geriet. Aber dann habe er, wenn er nach Hause kam, immer wieder das Neue Testament aufgeschlagen und Jesus selbst gefragt und gehört und dann vor der Frage stillgestanden: Ist es möglich, daß dieser Jesus, der bis in den Tod hinein sein hoheitsvolles »Ich bin!« bezeugt, dem seine Feinde noch am Kreuz bestätigen müssen: »Er hat Gott vertraut!«, ja dessen Wunder und Zeichen sie mit ihrem »andern hat er geholfen!« gelten lassen –, ein Schwärmer, ja ein Lügner gewesen ist? Und dann war auch jedesmal die Antwort da: Alles kann sein, aber das kann nicht sein. Das Bild, das die vier Evangelien von Jesus bringen, kann nicht von Menschen erdichtet sein; denn es ist größer als unser Herz. Seht, dieser Student ging den Weg des Johannes, des ehrlichen Zweiflers, der unter allen Umständen die Wahrheit hören und den rechten Weg wissen wollte, um ihn dann auch zu gehen, koste es, was es wolle. Und da erfüllt sich bis auf den heutigen Tag der Spruch: »Dem Aufrichtigen läßt es der Herr gelingen.« Denn was antwortet Jesus? »Sagt Johannes wieder, was ihr hört und seht!« Das heißt zum einen: Johannes, bleib nicht hängen bei dem, was nach deiner Meinung längst geschehen müßte, aber noch nicht geschieht, sondern achte auf das, was schon und immer wieder geschieht! Zwar stürze ich den Herodes noch nicht von seinem Thron, den Kaiphas hole ich noch nicht aus dem Tempel heraus und die falschen Lehrer auch nicht. Sie haben noch ihre Zeit. Aber wo aus gebeugten Herzen die Bitte kommt: »Herr, erbarme dich meiner!«, da helfe ich: »Blinde sehen, Lahme gehen, Aussätzige werden rein, Tote stehen auf und den Armen wird das Evangelium gepredigt«, ganz so, wie die Propheten das erste Werk des Welterlösers beschrieben haben.

Ist das nicht auch für uns wegweisend in unsren Tagen? Nicht stehen bleiben bei dem, was noch dunkel und rätselhaft ist, sondern achten auf das, was licht und hell und eindeutig ist: daß Gebundene frei werden, in Sünden und Schanden Verlorene den Weg zum Leben finden; daß Menschen um Jesu willen getrost in den Tod gehen und gerade dort, wo Leid und Not und Tod umgehen in den ärmsten Ländern der Erde, der Hunger nach dem Wort von Jesus am stärksten aufbricht und es die größten Erweckungen gibt; daß im Verborgenen auch heute manches Wunder an Gebetserhörungen und Errettung und

Heilung geschieht; vor allem aber auch, daß biblische Weissagungen und Jesu eigene Worte vor unsern Augen handgreiflich in Erfüllung gehen; wir denken an Jesu Rede über die Endzeit in Matthäus 24 und andere Worte der Heiligen Schrift.

Und das andere: »Saget Johannes wieder, was ihr *hört*!« Dieses Hören ist für unsre Weltzeit, bis Jesus wiederkommt, noch viel wichtiger als das Sehen; denn »Selig sind, die nicht sehen und doch glauben!«, glauben auf das Wort ihres Herrn hin, sagt Jesus als der Auferstandene dem Zweifler Thomas. Wir wissen nicht, was die Abgesandten des Johannes diesem über das Gehörte alles gesagt haben, als sie zurückkamen. Aber wir wissen, was alle erwählten Apostel, die Jesus gesehen und gehört haben, darüber berichten und was etliche von ihnen mit ihrem Tode besiegelt haben. Jesus hat von Anfang seiner Lehrtätigkeit an gesagt, daß er zu Weihnachten gekommen sei, der Menschen Seelen zu erretten, nicht um sie zu richten. Jesus hat es von Anfang an entschieden abgelehnt, schon jetzt als Richter und Rächer des Bösen aufzutreten. Überall hat Jesus bezeugt, daß die ganze Zeit bis zu seiner Wiederkunft im Zeichen der Gnade, der Langmut und Geduld Gottes steht. Damit unsre Seele heimkomme, geht Jesus erst als das Lamm Gottes den Weg zum Kreuz, um in seinem Sühnetod den Weg dazu zu bereiten und in seinem Blut das Mittel darzureichen, das uns Menschen von aller Sünde rein und tüchtig macht zum Eintritt in die Welt der Herrlichkeit Gottes. Und erst wenn das geschehen ist und diese Botschaft verkündigt worden ist unter allen Völkern der Erde und unter dieser Verkündigung eine Gemeinde gesammelt ist, die sich rufen und retten ließ, dann wird er in der Kraft und Herrlichkeit Gottes wiederkommen, zu richten die Lebenden und die Toten und sein ewiges Friedensreich aufzurichten. Dann wird er auch alle stolzen Herodesse stürzen und mit allen falschen Propheten ein Ende machen. Tut Buße und laßt euch versöhnen mit Gott!, das ist bis dahin die Aufforderung Nummer eins in Jesu Botschaft an die Welt.

Und Jesus sagt weiter, daß bis zu seiner Wiederkunft den Mächten der Bosheit und der Sünde noch Raum gelassen wird von Gott. Es soll ans Licht kommen, wie böse das Böse und wie verderblich die Sünde ist. Und nicht bloß ans Licht kommen

soll das Böse, sondern auch reif werden, ehe das Urteil über den Bösen selbst und seine Diener gesprochen und vollstreckt werden kann: So will es die Gerechtigkeit Gottes.
Und ein drittes hat Jesus ebenso klar ausgesprochen, nämlich, daß er den Seinen zumuten muß, bis dahin im Aufblick zu ihm, ihrem Heiland und Herrn, und in der Kraft seiner Gnade auch noch Dunkelheiten zu ertragen und ihn auch dort zu ehren, wo es hart und härter wird, ja sogar ihr Leben hinzugeben in solchem Kampf des Glaubens und im Dienst des Evangeliums in der Welt. So mutet Jesus auch Johannes zu, weiter im Gefängnis auszuharren. So mutet Jesus seinen Gläubigen auch heute zu, Leidenswege zu gehen, weil er überall Zeugen seiner Gnade braucht: in Gefangenenlagern, in Krankenhäusern, an Totenbahren und Gräbern und wo immer es ist. Er mutet uns solche Wege aber auch deshalb zu, weil er in seinem ewigen Reich und für die hohen und herrlichen Aufgaben dort Menschen heranbilden will, die in allen Prüfungen des Glaubens Gehorsam und das Dennoch! gelernt haben und so als Überwinder in die ewige Welt eingehen. »Wer überwindet, der soll es alles ererben!«, so ruft er deshalb auch als der Erhöhte seinen Gemeinden auf Erden wiederholt zu.

III.

Was Jesus noch sagt: Er grüßt den angefochtenen Herold mit einer Seligpreisung, die so wunderbar ist, daß wir sie besonders betrachten müssen. Sie heißt: »Selig ist, wer sich nicht an mir ärgert.« Mit diesem Gruß sagt Jesus dem angefochtenen Johannes: »Ich weiß um deine Lage; sie ist schwer; aber deine Gefängniszelle ist nicht das Ende der Wege Gottes mit dir, sondern nur Durchgang, Durchgang zur Seligkeit.« Denn sooft das Wort »selig« – eigentlich: »glückselig« – in der Bibel ertönt, schwingt immer auch das Letzte und Höchste mit, das dem Glauben verheißen ist: die ewige Seligkeit in der himmlischen Welt, wie wir es auch an andrer Stelle lesen: »Ihr werdet das Ende eures Glaubens davontragen, nämlich der Seelen Seligkeit« (1. Petr. 1,9).
Welch ein zarter, liebevoller Zuspruch ist es also, den Jesus den Boten für Johannes mitgibt. Jesus tadelt den Johannes nicht und schilt ihn nicht. Er sagt nicht etwa: »Sei tapfer, wie es sich

für dich als meinen Herold gehört!« Nein, Jesus überfordert die Seinen nicht. Er verlangt z. B. auch nicht, daß du in deinem Alter mit seinen Beschwerden oder auf deinem Krankenlager oder an Särgen und Gräbern lauter Halleluja singst. Er gestattet dir, daß du in Stunden der Anfechtung auch fragst und klagst und weinst. »Du zählst, wie oft ein Christe wein' und was sein Kummer sei; kein Zähr- und Tränlein ist so klein, du hebst und legst es bei.«, so singt Paul Gerhardt. Jesus fordert auch nicht von seinen Gläubigen, daß sie angesichts des Elends und der Unbußfertigkeit der Massen in der Welt und der Leiden der verfolgten Gemeinde immer nur mit freudestrahlendem Gesicht herumlaufen, weil sie selbst davon noch nicht betroffen sind. Er schilt gewiß nicht, wenn solche Nöte empfindsame Gemüter ernster stimmen und sich auch davon etwas in ihrem Angesicht spiegelt.

Nur zu einem mahnt Jesus den angefochtenen Johannes: »Laß deinen Glauben nicht fahren! Wirf dein Vertrauen nicht weg! Denn die große Wende kommt; sie kommt, wenn Gottes Stunde schlägt. Und für dich kann die Stunde der glückseligen Befreiung schneller kommen, als du ahnst!« Johannes hat es sich offenbar sagen lassen. Er hatte es auch wirklich nicht mehr weit bis zur ewigen Seligkeit. Denn nicht lange danach trat unversehens der Henker in seine Zelle und vollstreckte das Todesurteil, das ein gewissenloser Herodes auf die Forderung eines liederlichen Weibes in einer Stunde der Schwelgerei gefällt hatte. Hier unten sah es an jenem Tage freilich trübe aus, als habe die Bosheit und Ungerechtigkeit nun doch auch über Johannes gesiegt, weil Jesus nichts für ihn getan hatte. Die Jünger des Johannes waren erschüttert, als sie davon erfuhren, und kamen und begruben seinen Leichnam, gewiß unter viel Klagen und Weinen.

Aber welch ein Jubel muß in jener Stunde in der himmlischen Welt, der Welt von Weihnachten, erklungen sein! Wenn Engel im Himmel sich freuen über einen Sünder, der Buße tut und zum Glauben an Jesus kommt, wie werden sie sich dann auch freuen, wenn einer der Bußfertigen, dazu ein unerschrockener Zeuge der Heiligkeit und der Gnade Gottes nun aus allem harten Kampf und Streit als Überwinder heimkehrt in das ewige Vaterhaus, um dort zu »bleiben immerdar«, wie es der 23. Psalm sagt; wenn das in Erfüllung geht, was auf das

Dennoch des Glaubens schon im Alten Bund folgte: »Du nimmst mich am Ende in Ehren an!« (Ps. 73).
Und das gilt allen Kindern Gottes, allen, die sich um Jesus sammeln: Du magst stehen, wo immer du stehst –, wenn du dich nur an Jesus hältst und von ihm nicht läßt und dich zu ihm wendest auch in den schwersten Stunden deines Lebens, und sei es hier und dort auch mit Seufzen und Tränen, dann bist du doch selig. Denn dann stehst du unter dem offenen Himmel von Weihnachten und darfst dich unterwegs wissen »zu ewger Freud und Seligkeit«; ja dich schon heute verbunden wissen mit der Gemeinde der vorangegangenen Überwinder und mit ihnen der Stunde entgegenharren, da es heißen wird: »Siehe, er kommt in den Wolken des Himmels!« Er kommt, um sein herrliches Werk zu vollenden, an dessen Ende der neue Himmel und die neue Erde stehen, von der es heißt: »Siehe da, die Hütte Gottes bei den Menschen! Und er wird bei ihnen wohnen, und sie werden sein Volk sein, und er selbst, Gott, wird mit ihnen sein; und Gott wird abwischen alle Tränen von ihren Augen, und der Tod wird nicht mehr sein, noch Leid noch Geschrei noch Schmerz wird mehr sein; denn das Erste ist vergangen. Und der auf dem Thron saß, sprach: Siehe, ich mache alles neu!« Amen.

Gebet: »Herr, Du wirst kommen und all Deine Frommen, die sich bekehren, gänzlich dahin bringen, wo alle Engel ewig, ewig singen: Lobet den Herren!« Wir danken Dir, daß wir an Dich glauben und auf Dich hoffen dürfen, Du Heiland und Herr der Welt! Amen.

Lied: Wir warten dein, o Gottessohn, und lieben dein Erscheinen . . .

4. Advent

Geboren von der Jungfrau Maria

Und Maria sprach: Meine Seele erhebt den Herrn, und mein Geist freut sich Gottes, meines Heilandes; denn er hat die Niedrigkeit seiner Magd angesehen. Siehe, von nun an werden mich selig preisen alle Kindeskinder. Denn er hat große Dinge an mir getan, der da mächtig ist und dessen Namen heilig ist. Und seine Barmherzigkeit währt von Geschlecht zu Geschlecht bei denen, die ihn fürchten. Er übt Gewalt mit seinem Arm und zerstreut, die hoffärtig sind in ihres Herzens Sinn. Er stößt die Gewaltigen vom Thron und erhebt die Niedrigen. Die Hungrigen füllt er mit Gütern und läßt die Reichen leer ausgehen. Er gedenkt der Barmherzigkeit und hilft seinem Diener Israel auf, wie er geredet hat zu unsren Vätern, Abraham und seinen Kindern in Ewigkeit. Lukas 1,46–55

Ehe es Weihnachten wird, werden wir jedesmal durch die besinnlichen Wochen des Advent geführt; sie sollen der rechten Zubereitung auf das Christfest dienen. Das ist nicht eine rein menschliche Erfindung, sondern dazu werden wir von der Bibel selbst angeleitet. Denn nicht von ungefähr steht vor dem vertrauten Weihnachtsevangelium in Lukas 2 das lehrreiche Kapitel 1 mit den Adventsgestalten Zacharias, Elisabeth, Johannes, Josef und Maria; und nach der Weihnachtsgeschichte folgen der greise Simeon und die hochbetagte Hanna. Wir sollten sie nicht übersehen, diese »Stillen im Lande« und zugleich »Adventsboten im Tal der Todesschatten«, wie man sie auch schon genannt hat. Sie haben ihren ihnen von Gott gegebenen Platz in der Geschichte um das Geschehen zu Bethlehem.
Unter allen diesen Namen hat aber ein Name seinen besonderen Klang: Es ist Maria, die Mutter Jesu. Die katholische Kirche hat aus ihr leider eine alles überragende Himmelskönigin gemacht und ihr eine Hoheit und Herrlichkeit zugesprochen, die weit über die Schrift hinausgeht, und ihr eine Heilsvermittlungsrolle zuerkannt, die allein dem Herrn Christus eigen ist. Da kann niemand mitmachen, dem Gottes Wort

allein gilt. Aber aus lauter Ängstlichkeit, wir könnten einer solchen unbiblischen Verehrung zu nahe kommen, wenn wir ihrer gedenken, gehen wir meist über Maria zu schnell hinweg. Das ist auch gegen die Schrift. »Denn alle Schrift, von Gott eingegeben, ist nütze zur Lehre, zur Zurechtweisung, zur Besserung, zur Erziehung in der Gerechtigkeit, daß der Mensch Gottes vollkommen sei, zu allem guten Werk geschickt«, so lesen wir es im 2. Timotheusbrief. Das gilt ganz gewiß auch von dem, was die Bibel über Maria sagt.
Wir wollen sie deshalb in dem Licht betrachten, in dem sie uns im Worte Gottes gezeigt wird, nämlich als die hochbegnadete Magd des Herrn. Gerade so wird sie uns gleich am Tor zum Neuen Testament als hell leuchtendes Vorbild für schlichten Glauben und ganze Hingabe an Gottes Berufung vorgestellt. So gehört auch ihr Loblied, das wir vernommen haben, zu den schönsten Abschnitten der Adventsgeschichte und will uns zur rechten Einstimmung auf Weihnachten führen.
Wenn wir Marias Lobgesang aufs Ganze überschauen: Welch ein kindliches, demütiges und anbetendes Staunen vor Gott spricht doch aus allen ihren Worten: »Meine Seele erhebt« – wörtlich: macht groß – »den Herrn, und mein Geist freut sich Gottes, meines Heilandes.« Unsre Sünde ist es immer, Gott durch Zweifel, Mißtrauen und Ungehorsam klein zu machen: »Gott sieht nicht, Gott hört nicht, Gott tut nichts und kann nichts; Gott ist tot!« Darum gehen so viele Menschen Gott gegenüber stumm und gebetslos durchs Leben. Denn von einem kleinen, gar toten Gott kann man nichts erwarten. Nur einen großen Gott kann man anbeten; nur auf einen großen Gott läßt sich hoffen auch in dunkler, schwerer Zeit. Maria hat einen großen Gott. Im Licht von Advent sind ihr die Augen geöffnet für des großen Gottes Güte, Macht und Treue. Deshalb kann und will sie ihn erheben, Großes von ihm sagen und Gutes von ihm reden und in kindlichem Gehorsam und froher Erwartung auf ihn trauen.
O daß wir, die wir doch mit Ernst Christen sein wollen, auch lernten und treuer übten, in unsrer Zeit, in der Gottes Name gelästert und soviel Schlechtes über ihn gesagt oder er ganz verschwiegen wird, Großes und Gutes von ihm zu rühmen und so unsre höchste Lebensaufgabe zu erfüllen, nämlich etwas zu sein zu Gottes Lob auf Erden (Eph. 1,12). Von Maria kön-

nen wir es lernen. Denn so sehr bei ihr das eine Rolle spielt, daß sie den Weltheiland empfangen darf, so sind doch in ihrem Loblied Worte enthalten, die so oder ähnlich jedes wahre Kind Gottes nachsprechen könnte. Laßt uns auf sie hören!

I.

Was Maria aufs erste in solche Freude versetzt, ist nicht bloß die Tatsache, daß Gott sich überhaupt der verlorenen Menschheit angenommen hat. Nein, *was ihr Herz so singen macht, ist schon die Weise, wie er das vollbringt:* »Er hat die Niedrigkeit seiner Magd angesehen.« Man hätte doch meinen können: Wenn der große Gott, der König aller Könige und Herr aller Herren, sich nach einer Stätte auf Erden umsah, darauf der eingeborene Sohn und Retter der Welt gleichsam seinen Fuß setzen konnte, dann wären doch eigentlich nur zwei Stätten auf Erden in Betracht gekommen: Entweder Rom, die Stadt, in der alle Fäden der Weltmacht zusammenliefen, oder Jerusalem, die Hauptstadt des Heiligen Landes, der doch so viele Verheißungen gelten. Doch Gott geht einen ganz andern Weg: Er läßt die Kaiserpaläste und Königsburgen links liegen und steigt hinab in eine niedere Hütte, wo ein paar Menschen mitten in einem vom Feind besetzten Land und geknechteten Volk gerade so ihr Dasein fristen. Dort hat er sich eine arme Magd zum Gefäß seiner Barmherzigkeit, zur Mutter des Retters ihres Volkes und der ganzen Welt, erwählt. Das ist es, was Maria so bewegt. Darin sieht sie die Größe und den Reichtum der Barmherzigkeit Gottes hell aufleuchten, der, wenn er auf Erden etwas zu unserem Heil ausrichten will, von aller Menschenmacht und -herrlichkeit völlig unabhängig ist.

Denn das ist nicht nur jetzt, bei der Menschwerdung des Sohnes Gottes, seine Weise und sein Weg. Nein, Maria schaut mit Augen, die Gott erleuchtet hat, über die ganze Weltgeschichte hin und da werden ihr zwei Linien hell und deutlich: Gottes weltliches Regiment und Gottes Walten im Reich der Gnade. Da sieht sie mit hellem Blick, daß Gott für beide Werke ganz verschiedene Werkzeuge braucht: Wenn Gott Gewaltige vom Thron stürzen will, die ihre Zeit gehabt haben, und Gerichte über die Erde führen will, dann benützt er dazu

Werkzeuge wie von Stahl und Eisen, die zerschlagen, was zerschlagen werden muß und stürzen, was fallen soll. Gott läßt dann solche Männer aufsteigen wie Sterne am Himmel und läßt sie sinken, wenn sie ihren Auftrag erfüllt haben.
Aber neben diesem Werk der Gerechtigkeit und des Gerichts steht ein anderes: das Werk der Gnade, des Heils, der Erlösung einer gefallenen Menschheit. Und zu diesem großen Werk der Gnade gebraucht Gott auf Erden wunderbarerweise mit Vorliebe niedrige Werkzeuge, Menschen, die in dieser Welt keinen besonderen Namen und deshalb auch keinen Grund haben, auf ihren Stand und ihre Herkunft stolz zu sein; die deshalb Gott nicht im Wege stehen können mit ihrem Geltungsbedürfnis und Machtstreben. Er erwählt sich zur Vorbereitung seines Gnadenwerks auf Erden das kleinste unter allen Völkern, Israel, und eine Handbreit Erde nur, gemessen an den großen Ländern der Erde, und als es Weihnachten werden soll, eine arme Magd und einen Stall in der kleinsten der Städte Judas: Bethlehem.
Was bedeutet das für uns? O unendlich viel! Es bedeutet, daß auch der große Gnaden- und Freudenstrom, der vom Thron Gottes her zu Weihnachten in unsre Welt eintreten wird, talwärts fließen soll. Und das wiederum heißt: daß du und ich von ihm erfaßt werden sollen und in diesem Werk der Gnade Gottes dabeisein dürfen. Wenn Gott es anders gemacht, wenn er etwa bei den oberen Zehntausend angefangen hätte, wer von uns könnte sich darüber freuen? Wer könnte glauben, daß dieses Heil wirklich auch uns gilt? Aber nun fängt Gott ganz unten an, und Jesus selbst beginnt seinen Zeugendienst auf Erden so, daß er die Armen selig preist und ihnen den Himmel aufschließt.
Und das gilt auch heute. Wir meinen oft, was uns heute fehle, seien kluge Köpfe und große Namen. Gewiß hat Gott auch an sie gedacht, und die Geschichte der Erweckungsbewegungen in unsrem Volk kennt Grafen und Fürsten und Menschen von hohem Adel. Aber auch diese konnte Gott erst gebrauchen, als sie sich in Erkenntnis ihrer Verlorenheit zu den Armen und Niedrigen stellten. So wissen wir auch von zweien der gesegnetsten Männer der Bibel, dem am Königshof erzogenen Mose und dem hochstudierten Saulus, daß Gott den einen erst vierzig Jahre in die Wüste schickte und ihn dort die Schafe hüten ließ

und den anderen erst buchstäblich vor Damaskus in den Staub legte, ehe er sie für sein Gnadenwerk auf Erden gebrauchen konnte.
Ja, der Gnadenstrom, der mit der Sendung des Sohnes Gottes in unsre Welt hereingekommen ist, fließt immer noch talwärts. Nur wer zu den Niedrigen sich stellt, den Bußfertigen, den Menschen, die den Einen brauchen, »der uns hebe und halte, dieweil wir leben und uns die Hand unter den Kopf lege, wenn's ans Sterben geht« (M. Claudius), kann dieses Heils teilhaftig werden. Darum tun wir gut daran, uns zu dieser Schar zu zählen und zu halten. Um so gewisser dürfen wir dann sein, daß uns Gottes Gnade in Christus Jesus gilt, um so freudiger können wir in die weihnachtlichen Loblieder einstimmen!

II.

Das zweite, was Maria so jubeln macht, ist *die herrliche Schöpfermacht Gottes.* »Denn er hat große Dinge an mir getan, der da mächtig ist und dessen Name heilig ist«, so ruft sie aus und denkt dabei an das Wunder der Empfängnis, das ihr der Engel Gabriel verkündigt hat. Denn so hatte der Engel beim Abschied ihr geantwortet, als Maria fragte: »Wie soll das zugehen, da ich doch von keinem Manne weiß?«: »Der Heilige Geist wird über dich kommen, und die Kraft des Höchsten wird dich überschatten; darum wird auch das Heilige, das von dir geboren wird, Gottes Sohn genannt werden . . . Denn bei Gott ist kein Ding unmöglich.« Das hatte Maria auch sofort angenommen, indem sie sagte: »Siehe, ich bin des Herrn Magd; mir geschehe, wie du gesagt hast!« Sie kennt ja ihre Bibel; ihr Lobgesang ist ganz aus der Bibel geschöpft. Und die Bibel fing auch zu ihrer Zeit mit dem Satz an: »Am Anfang schuf Gott Himmel und Erde. Und die Erde war wüst und leer . . . und der Geist Gottes schwebte auf dem Wasser.« Und weil sie nun weiß, daß dieser Gott, der Schöpfer Himmels und der Erde, durch seinen Geist auch mit ihr ein Werk der Schöpfung vorhat, ist ihr Herz voll Anbetung und Lob der Allmacht und Weisheit Gottes.
Es ist in der Christenheit viel darüber nachgedacht worden, weshalb die Menschwerdung des Sohnes Gottes unter Aus-

schaltung des Weges sich vollzog, den Gott zur Mehrung der Menschheit von Anfang der Schöpfung an geordnet hat. Der entscheidende Grund ist gewiß der: Mit Jesus beginnt ein ganz neuer Abschnitt der Menschheitsgeschichte: Der Menschheit wird ein neues Haupt geschenkt: ein zweiter Adam, »der Mensch vom Himmel« im Unterschied von dem Menschen von der Erde, wie wir ihn darstellen und von dem der Apostel in 1. Korinther 15,47 spricht. Die bisherige Kette wird durchbrochen; es hat sich gezeigt, daß kein Mensch auf Erden die Folgen des Sündenfalls überwinden kann. Darum aber sollte auch das von vorneherein deutlich werden: Dieser Retter, den Gott der Welt schenkt, hat Dinge vor, die über alle Kraft des Menschen gehen und ihm ganz und gar unmöglich sind: Er will die Sünde der Welt sühnen; er will aus den alten Menschen neue machen; er will den Tod überwinden; er will Menschen der Auferstehung und des ewigen Lebens teilhaftig werden lassen; er will am Ende einen neuen Himmel und eine neue Erde heraufführen, daß man der vorigen nicht mehr gedenken soll. Nicht wahr, das ist Gewaltiges, was Gott mit der Sendung seines Sohnes vorhat und uns in seinem Wort verheißt und zu glauben und zu hoffen vorsetzt; lauter Unmöglichkeiten für unser Können und unseren Verstand. Aber eben deshalb steht schon über der Empfängnis und über der Geburt dieses Retters im Stall von Bethlehem das Wort: »Bei Gott ist kein Ding unmöglich!« Der Gott, der Himmel und Erde erschaffen hat, ist hier am Werk.

Wer diese Wahrheit »geboren von der Jungfrau Maria« aus seinem Glaubensbekenntnis streichen will, verzichtet von vornherein auf die große Freude von Weihnachten; er verzichtet auf die lebendige Hoffnung, die uns in Christus geschenkt ist; er verzichtet auf die Anbetung Gottes im Anblick des Wunders der Weihnacht. Lebendige Hoffnung auch in unsrer Zeit, echte Weihnachtsfreude kann nur dort aufkommen, wo uns die Augen geöffnet werden für den Gott, dem kein Ding unmöglich ist. Bitte Gott, daß er es auch an dir tue, und dann sieh die Welt mit Maria im weihnachtlichen Licht: Da ist zwar Not, Unrecht, Gewalt, ein Abgrund voll Herzeleid, ein Meer von Tränen und der Tod. Da lagern in unsrer Zeit Haufen von Atombomben, die unsern Erdball zigmal verwüsten können; da droht unsre Erde in zunehmender Umweltverschmutzung

zu ersticken; da herrscht auch in eingeweihten Fachkreisen große Besorgnis über das Wohin solcher Entwicklung. »Wir befinden uns auf dem Marsch in eine fürchterliche Katastrophe«, so hat es einer aus jenen Kreisen gesagt.
Aber halt du fest, wenn du zu den Adventsmenschen »im Tal der Todesschatten« gehören willst: Da ist zu Weihnachten einer in der Vollmacht des Gottes, der Himmel und Erde erschaffen hat, in diese Welt eingetreten, der all diesen Nöten und Schrecken gewachsen ist und der das, was er verheißen hat, auch immer tun kann. Und diese Geschichte von Bethlehem ist noch nicht zu Ende. Weil dieser Gott so groß und überaus mächtig ist, kann und will er alles ausreifen lassen, auch die Sünde der Menschen in ihrer ganzen Bosheit. Er kann es zulassen, daß am Ende die Menschen sich ihr »Babel« bauen und sich einen Antichristus, das heißt: einen Christus nach ihrem Geschmack erwählen, dem sie zujubeln werden, wie die Bibel sagt. Aber wisse auch: Wenn Gottes Stunde wieder schlägt, wird sich der Himmel von Bethlehem nochmals öffnen, und dann wird am Ende auch die letzte Verheißung sich erfüllen, die Gott uns in Christus Jesus gegeben hat, auch das Wort von einem neuen Himmel und einer neuen Erde, wo der Tod nicht mehr sein wird noch Leid noch Geschrei noch Schmerz mehr sein wird. Lern es von Maria, ein ganzes ja zu sagen zu diesem Gott und zu dem, was er vorhat und was er auch dir verheißt: daß du Gottes Kind und Miterbe werden sollst in seinem ewigen Reich und als solcher schon jetzt und hier ihn erheben sollst und sein Lob auf Erden mehren sollst. Sieh unsre Welt im Licht von Advent und Weihnachten an und sing fröhlich die Lieder der Anbetung und der Hoffnung, die der gläubigen Gemeinde seit Bethlehem geschenkt sind.

In diesem Lichte kannst du sehen
das Licht der klaren Seligkeit;
wenn Sonne, Mond und Stern vergehen,
vielleicht noch in gar kurzer Zeit,
wird dieses Licht mit seinem Schein
dein Himmel und dein alles sein.

III.

Ein dritter Klang läßt sich in Marias Loblied vernehmen: *das Lob der Treue und Beständigkeit Gottes.* So groß und einzigartig das Wunder der Weihnacht ist, das Erscheinen des Welterlösers geschieht doch nicht jählings und von ungefähr, sondern so singt Maria: »Und seine Barmherzigkeit währt von Geschlecht zu Geschlecht bei denen, die ihn fürchten . . . Er gedenkt der Barmherzigkeit und hilft seinem Diener Israel auf, wie er geredet hat zu unsren Vätern, Abraham und seinen Kindern in Ewigkeit.« – ». . . *wie er geredet hat zu unsren Vätern«:* Maria weiß und bekennt es trotz der ihr widerfahrenen einzigartigen Berufung demütig: Mit mir fängt Gottes Heilsgeschichte nicht an; ich bin nur ein Glied in der langen Kette der Werkzeuge Gottes auf Erden.

Darin liegt Demut und Bescheidenheit. Wie leicht hätte Maria sonst denken können: Mit mir beginnt also das Eigentliche, das Echte in Gottes Heilsgeschichte; also ist alles veraltet und überholt was die Väter bisher von Gott zu sagen wußten. Wie hätte sie nun herabsehen können auf alles, was vor ihr gewesen ist. Nein, das tut sie nicht; sie gerät nicht in Schwärmerei; sie gründet keine neue, junge Gemeinde, in der sie nun das tonangebende Wort führen kann. Sie weiß, daß das Evangelium von Weihnachten hinausdringen wird zu Kind und Kindeskindern, auch daß ihr Name dabei genannt werden wird und sie glücklich gepriesen wird, weil sie geglaubt hat und der Berufung Gottes gehorsam wurde; sie freut sich solcher Gnade Gottes. Das macht sie aber nicht stolz und hoffärtig. Nein, sie sucht, nachdem sie die Botschaft des Engels vernommen hat, ihre greise mütterliche Freundin Elisabeth auf, die, wie ihr der Engel verkündet hat, von Gott dazu erwählt ist, in hohem Alter den Vorläufer Jesu, Johannes den Täufer, zu gebären, und dort preist die blutjunge Maria in ihrem Loblied Gott auch als den Erfüller der den Vätern gegebenen Verheißungen, »wie er geredet hat zu unsern Vätern, Abraham und seinen Kindern in Ewigkeit.« So gut kennt sie ihre Bibel und so sehr weiß sie sich verbunden mit der Geschichte des Volkes Gottes und so fest hält sie an den Verheißungen Gottes, die in die Ewigkeit hineinreichen.

Wenn wir das doch auch besser lernten: das Sich-verbundenwissen mit der ganzen Gemeinde Gottes im Himmel und auf Erden; auch daß die glaubende Gemeinde nicht mit uns angefangen hat, sondern daß wir auf den Schultern derer stehen, die vor uns gewesen sind, und denen, die nach uns kommen, das alte, unverfälschte, ewigwahre Wort unsres Gottes weiterzugeben haben, wie wir es empfangen haben. Und weil Gott der Unwandelbare und Beständige ist in allem Wechsel der Zeit, sollen auch wir als seine Kinder, auch schon in jungen Jahren, lernen, uns einzufügen in das Ganze der glaubenden Gemeinde, keine Eigenbrötler werden, auch nicht so tun, als sei alles, was vor uns gesagt und geglaubt wurde, veraltet, versteinert und überholt und müßte durch uns erst »aufgelockert« oder gar durch ein neues, modernes Evangelium ersetzt werden. Solches alles hat Maria nicht getan und hat uns auch darin ein Vorbild hinterlassen.
Auch wir stehen heute an einer großen Zeitenwende. Die Wiederkunft des Herrn ist nahe! Wer wie Maria im Wort Gottes zu Hause ist, wird die gleiche Erfahrung machen, nämlich wie eine Kette jahrtausendealter prophetischer Bibelworte Alten und Neuen Testaments zu leuchten beginnt: das Wort von der Sammlung des Volkes Israel im Heiligen Land und seine endzeitliche Bedrängnis dort; das Erwachen der ganzen Völkerwelt; die auf vollen Touren laufende Weltmission; die weltweiten Nöte und Katastrophen; die reine Diesseitsgesinnung der Menschen trotz allem; das Ringen um Frieden und Sicherheit – alles vorausgesagte Geschehnisse der Endzeit.
Gott sucht auch heute Menschen, die in allem Dunkel und allen Wirren und aller Hoffnungslosigkeit der Welt bezeugen: »Siehe, er kommt!« Gott sucht sie im Tal der Niedrigkeit, dort, wo Menschen hungern und dürsten nach der Gerechtigkeit, das heißt: nach der sichtbaren Aufrichtung der Königsherrschaft Christi. Er sucht für den Zeugendienst der Endzeit bußfertige, demütige Leute; denn auch heute gilt das Wort, das Maria hier ausspricht: »Die Hungrigen füllt er mit Gütern und läßt die Reichen leer ausgehen.« Mit hoffärtigen Menschen und mit solchen, die keinen solchen Hunger haben, sondern mit sich selbst zufrieden sind, kann Gott nichts anfangen.
Bitten wir ihn doch aufrichtig, daß er uns solchen Hunger

schenke, indem er uns in die rechte Selbstprüfung und Selbsterkenntnis führt, auch anhand dessen, was wir an Maria gesehen und gelernt haben, damit wir, neu gesegnet und gestärkt, sein Lob glaubwürdig auch in unsrer hoffnungsarmen Zeit singen können! Ja, er mache uns zu rechten Adventsmenschen! Amen.

Gebet: Komm, o mein Heiland Jesu Christ, mein's Herzens Tür Dir offen ist; ach zeuch mit Deiner Gnade ein, Dein Freundlichkeit auch mir erschien, Dein Heilger Geist uns führ und leit den Weg zur ewgen Seligkeit. Dem Namen Dein, o Herr, sei ewig Preis und Ehr. Amen.

Lied: Gott sei Dank durch alle Welt, der sein Wort beständig hält . . .

1. Weihnachtstag

Ehre sei Gott in der Höhe!

Und alsbald war bei dem Engel die Menge der himmlischen Heerscharen, die lobten Gott und sprachen: Ehre sei Gott in der Höhe und Friede auf Erden und den Menschen ein Wohlgefallen. Lukas 2,13.14

»Weihnachten ist die Tür in Gottes heiliges Land; da hört man heimatliche Klänge; da wird die Sprache des Herzens gesprochen«, so sagt es einer unserer Väter. In der Tat: An keiner Stelle der Bibel wird uns solch ein heller Blick geschenkt in die innige Teilnahme der ganzen himmlischen Welt an der Geschichte Gottes mit der gefallenen Menschheit wie in dem biblischen Bericht über das Geschehen in Bethlehem. Das macht auch der Lobgesang der Engelscharen deutlich, die über Bethlehem erscheinen, und Gott über dem Wunder der Heiligen Nacht preisen. Wir wissen nicht, wie tief und weit Gott sie in das Geheimnis der Weihnacht damals schauen ließ. Gewiß werden sie aber mit ihrem reinen Blick mehr gesehen haben, als damals auch die Frömmsten in Israel erkennen konnten. In der himmlischen Welt sieht man alles heller und tiefer als auf der dunklen Erde. So mögen die Engel auch schon von fern die neue Welt, den neuen Himmel und die neue Erde haben aufleuchten sehen, die am Ende des Weges steht, der über Bethlehem führt. Eines haben die Engel auf alle Fälle erkannt: Was in dieser Nacht in Bethlehem geschehen ist, ist das wunderbare Rettungswerk der Liebe Gottes, das die ganze Welt umspannt. Gott hat in der Menschwerdung seines Sohnes der Welt den Heiland geschenkt, den sie zu ihrer Rettung und Erneuerung braucht.
Wir wollen ihrem Lobgesang lauschen, ihn buchstabieren und uns darein vertiefen, und Gott schenke es uns, darein auch von Herzen einzustimmen.

I.

»Ehre sei Gott in der Höhe . . .«: Nach oben richten die Engel über Bethlehem zuallererst ihren und unsern Blick, hoch

hinauf zu Gottes Thron und Herrlichkeit. Dort beginnt nämlich das Wunder der Heiligen Nacht. Das Wort »doxa« im griechischen Grundtext des Neuen Testaments, zu deutsch: Ehre, aber auch Glanz, Ruhm, Herrlichkeit bedeutet in der Bibel ursprünglich den strahlenden Lichtglanz, der Gottes Thron umgibt, und Gott allein eigen ist; den darum auch kein Mensch in seinem natürlichen, sündhaften Zustand sehen kann, geschweige denn ertragen könnte. »Kein Mensch wird leben, der mich sieht«, sagt Gott deshalb zu Mose.
Aber nun hat Gott einen Weg beschritten und seine Ehre darein gesetzt, sein Licht und seine Herrlichkeit tief unten auf Erden zu offenbaren, und das in einer Weise, daß der gefallene Mensch dieses Licht nicht nur ertragen kann, sondern darüber von Herzen froh werden und daran genesen soll nach Geist und Seele und Leib. Denn »in unser armes Fleisch und Blut verkleidet sich das ewge Gut« (M. Luther). In der Gestalt eines hilflosen Kindes betritt der die Erde, der auf seinem Gang über sie sagen wird: »Ich bin das Licht der Welt. Wer mir nachfolgt, der wird nicht wandeln in der Finsternis, sondern wird das Licht des Lebens haben«, und wiederum: »Ich und der Vater« – das heißt: Ich und der lebendige, heilige Gott – »sind eins«. Und sein Jünger Johannes wird noch in hohem Alter im Rückblick auf alles, was er und alle Jünger bei Jesus in seinen Erdentagen erlebt haben, ergriffen bezeugen: »Wir sahen seine Herrlichkeit, eine Herrlichkeit als des eingeborenen Sohnes vom Vater, voller Gnade und Wahrheit.«
Ja, Weihnachten fängt ganz oben an, an Gottes Thron, im Herzen Gottes. Den Ruhm und die Ehre, das Werk der Rettung einer gefallenen und verlorenen Welt aus Sünde, Not und Tod in die Hand genommen zu haben, hat Gott allein. Darüber jubeln die himmlischen Heere, denn sie wissen: Was unser Gott will und in die Hand nimmt, das kann und wird er auch tun. Gott bleibt nie auf halbem Wege stecken. Von allem, was er beginnt, gilt: »Des Herrn Rat ist wunderbar, und er führt alles herrlich hinaus.«
Und dazu ist der Lobgesang der Engel auf uns gekommen, damit auch wir in Jesus den uns von oben her, von Gott selber gesandten einmaligen Heiland und Herrn erkennen und ihn als solchen annehmen und ihm von Herzen untertan werden. Dann dürfen auch wir aus allem, was wir noch auf Erden an

Jammer, Nacht und Tod sehen, unsern Blick doch immer neu nach oben richten, »in Gottes heiliges Land«, dort auch unsere ewige Heimat wissen, dort den großen Gott und nun zu seiner Rechten den erhöhten Herrn, den Mann von Bethlehem und Golgatha, im Regimente sehen und daraus immer neu Zuversicht und Freude schöpfen und mit den Engeln jubeln:

Du wirst dein herrlich Werk vollenden,
der du der Welten Heil und Richter bist;
du wirst der Menschheit Jammer wenden,
so dunkel jetzt dein Weg, o Heilger, ist!

Denn was das, was in Bethlehem geschehen ist, für die Welt und für jeden einzelnen Menschen bedeutet, sagen uns die nächsten vier Worte im Lobgesang der Engel:

II.

»*. . . und Friede auf Erden*«. Das ist kein bloßer Segenswunsch der Engel an uns Menschen, sondern das ist helle Kundmachung dessen, was sie am Thron Gottes erfahren haben: Der dreimal heilige Gott hat mit der Sendung seines Sohnes in die Welt eine große, gnadenvolle Friedensoffensive eingeleitet gegenüber der im Streit und Hader mit ihm lebenden Menschheit und dazu den entscheidenden Schritt getan.
Hier meint man nun allerdings heute das Hohngelächter der Hölle zu hören, aber auch den Spott vieler, vieler Menschen: »Friede auf Erden? Schöner Friede! Zwei schreckliche Weltkriege in einer Generation, und auf den dritten steuert die Welt, wenn kein Wunder ihn aufhält, unentwegt zu!« Denn was verstehen die meisten Menschen heute unter »Frieden«? Doch nur jenen kriegslosen Zustand, wie wir ihn auf unsrem Erdteil zur Zeit haben dürfen, bei dem keine Sirenen heulen, keine Bomben fallen und keine Panzer rollen; bei dem man also alle Tage, so gut es eben geht, herrlich und unbeschwert leben kann – ohne daß man dabei nach Gott zu fragen, geschweige denn ihm Dank und Ehre darzubringen bräuchte und beten müßte! Aber von solchem Frieden haben die Engel über Bethlehem nicht gesungen. Gewiß ist Friede unter den Völkern ein großes Gut, um das wir bitten und für das wir täglich neu danken, für das wir uns auch einsetzen dürfen und sollen. Aber ist solcher Friede, solch ein kriegsloser Zustand, wirklich auch das Höch-

ste und Entscheidende für uns, wenn ein paar Raketen oder auch alle abgebaut werden und die Heere nicht mehr gegeneinander stehen, die tiefsten Nöte des Lebens jedoch weiter bestehen bleiben: Herzeleid, Gewissensnot, Schuld, Angst und Sterbenmüssen, von den schweren Katastrophen schon ganz abgesehen, die unsre Welt immer neu erschüttern? Wir haben ja seit mehr als 40 Jahren in unsrem Land solchen äußeren Frieden. Und doch: wieviel Hader, Unzufriedenheit, Neid, Streit, Bosheit und Haß vergiften das Leben der Menschen, sogar in Ehen und Familien. Und wieviel Mord und Totschlag gibt es auf Erden auch bei äußerem Völkerfrieden, auch in unsrem Volk und Land, so daß Menschen bei uns sich schon fürchten müssen, bei Dunkelheit allein einsame Straßen zu gehen und ihre Kinder allein zur Schule gehen zu lassen!
Nein, unsre wirkliche Menschheitsnot liegt viel, viel tiefer. Und darum greift auch Gottes Friedensoffensive viel, viel tiefer. Sie beginnt so, daß Gott die ganze Kraft seiner Liebe zuallererst auf einen einzigen Punkt auf Erden konzentriert, der allerdings auch der dunkelste ist; auf den Punkt nämlich, von dem aller Unfriede und Jammer und alle Bosheit auf Erden ausgeht: das gottentfremdete Menschenherz. Ein Christuszeuge beschreibt darum die Rettungstat Gottes zu Weihnachten mit folgendem Bild, das wir im Zeitalter der Technik gut verstehen können: In einem großen Kraftwerk, das ein ganzes Land mit Energie, Licht und Wärme versorgt, ist durch menschliches Versagen das ganze Getriebe ins Stocken geraten und droht völlig auseinanderzubrechen. Es werden allerlei Fachleute geholt, die das Werk wieder in Gang bringen sollen, doch keinem gelingt es. Niemand weiß mehr Rat. Da erscheint zuletzt auf dem Gelände der Erbauer dieses Werkes, der die ganze Anlage bis in die letzten Feinheiten kennt. Er schreitet auf einen verborgenen dunklen Schacht zu, wo alle Kabel und Verbindungen zusammenlaufen, öffnet den Schacht und steigt dort unter höchster Lebensgefahr hinab. Dort nimmt er die schwere und schmutzige Arbeit in Angriff, und siehe da: ihm gelingt das Werk. Zwar hat die ganze Anlage schwer gelitten, aber der Grundschaden ist beseitigt. Die Wiederherstellung des Gesamtwerkes kann beginnen.
Was will das Bild sagen? Das will es uns deutlich machen: Gott hat, um unsere Welt zu erlösen, mit der Sendung seines

Sohnes, des Miterbauers der ganzen Schöpfung, an der richtigen Stelle eingesetzt, nämlich dort, wo alle Weltverbesserer, Philosophen und Politiker einen weiten Bogen machen und wegen ihres Unvermögens, daran etwas zu ändern, auch machen müssen und wo doch der Grundschaden unserer durcheinandergeratenen Welt liegt: bei dem Herzen des gefallenen Menschen. Da will Gott hinein, damit der aufsässige und für Gottes Lob stummgewordene Mensch, von Gottes Liebe ergriffen, anfängt, ihn zu ehren und zu lieben, zu ihm zu beten und nach seinem Willen zu fragen, wie es die himmlische Welt allewege tut und darin ihre höchste Glückseligkeit findet. Das ist nämlich die erste Bedeutung des Wortes Friede im griechischen Grundtext: »Man spricht wieder!« Ja, man darf die Tat Gottes zu Weihnachten wirklich auch so nennen: Sie ist das wiederaufgenommene Gespräch Gottes mit den gefallenen Menschen. Denn da, im Herzen des Menschen, ist der Faden gerissen und die Verbindung mit Gott zerstört. Da soll es wieder beginnen, das Gespräch des Menschen mit Gott.
Darum gibt Gott den in die Welt hinein, der bereit und dazu auch allein imstande ist, die Sünden der Welt auf sich zu nehmen, ans Kreuz zu tragen, sie zu sühnen und so den Boden zu bereiten, auf dem der heilige Gott überhaupt so handeln kann: verdammungswürdige Sünder in großer Liebe als seine Kinder anzunehmen und sie zu Miterben seiner ewigen Herrlichkeit zu erheben – ohne seine Heiligkeit und Gerechtigkeit zu brechen! Ja, daß er auf dem Boden der vollbrachten Erlösung nun um die geretteten Sünder her – und das ist die Bedeutung des Wortes Friede in unsrer deutschen Sprache – gleichsam eine Schutzmauer zieht, sie unter Jesu Kreuz »einfriedet« und sie so gegen alle Mächte der Hölle abschirmt und unangreifbar macht. In diesem Sinne sagt der Prophet im Blick auf Jesu Sterben: »Die Strafe liegt auf ihm, damit wir Frieden hätten, und durch seine Wunden sind wir geheilt.«
Erst mit solchen Menschen des Friedens will Gott, wenn seine Stunde schlägt und er Jesus ein zweites Mal, nun aber in großer Kraft und Herrlichkeit, sendet, auch eine neue Welt des Friedens und der Gerechtigkeit heraufführen, in der man dann wirklich die Schwerter zu Pflugscharen und die Spieße zu Sicheln machen wird, weil kein Volk gegen das andere mehr das Schwert führen wird und sie hinfort nicht mehr lernen

werden, Krieg zu führen. Seit Bethlehem und Golgatha ist es jetzt nur eine Frage der Zeit, wann die himmlische Welt sich wieder sichtbar öffnen und Jesus als König aller Könige und Herr aller Herren erscheinen wird. Wie der Stein, den der Prophet Daniel ohne Zutun von Menschenhänden vom Berg herabkommen sieht und zu einem Berg wird, der die ganze Welt füllt, so drängt das, was zu Bethlehem geschehen ist, unwiderruflich der herrlichen Vollendung entgegen. Und die Zeichen der Zeit, zu denen nach Jesu Worten auch die sich häufenden Erdbeben, Seuchen und Schrecknisse am Himmel gehören – auch vom Himmel stürzende brennende Flugzeuge sind »Schrecknisse« – künden es immer deutlicher an: »Dieser Tag des Herrn ist nahe, er ist nahe und eilt sehr!«, der Tag nämlich, an dem nicht nur Gericht gehalten werden wird, sondern da auch eine ganze Welt der Herrlichkeit Gottes voll werden soll.

Und was ist die treibende Kraft, die solche Rettungstat Gottes ins Werk gesetzt hat und nicht ruhen kann, bis sie vollendet ist? Das sagen uns die letzten Worte im Lobgesang der Engel:

III.

». . . und den Menschen ein Wohlgefallen.« Bleiben wir bei dieser alten, uns vertrauten Lutherübersetzung, dann entsteht sofort die Frage: Kann es das wirklich geben: ein Wohlgefallen der himmlischen Welt, ja ein Wohlgefallen Gottes selber an uns armen Menschen, die doch von Natur Gott den Rücken gekehrt haben, ihn leugnen und für tot erklären oder nur Böses und Schlechtes von ihm sagen: »Gott kann nichts, Gott tut nichts, Gott ist ungerecht« – kann es ein Wohlgefallen Gottes geben an uns Menschen, die wir so häßlich sein können und es auch immer wieder sind, indem wir andern wehtun und so ichbezogen leben, so daß wir uns manchmal selbst nicht gefallen, schon gar nicht, wenn wir uns im Licht des Wortes und der Gebote Gottes betrachten?

Aber gerade das bezeugt die Gottestat zu Bethlehem: »Also hat Gott die Welt geliebt, daß er seinen eingeborenen Sohn gab, damit alle, die an ihn glauben, nicht verloren gehen.« Weihnachten ist das Dennoch der Liebe Gottes, in der er über alle Abgründe, die Sünde, Tod und Teufel zwischen ihm, dem

heiligen Gott, und uns, den gefallenen Menschen, aufgerissen haben, zu uns kommt und uns sagt: »Ich, der Herr, dein Gott, will dich retten, erneuern, segnen und etwas aus dir machen zu meinem Lob und zu deinem Besten in Zeit und Ewigkeit; denn ich habe dich lieb!« Darum gibt Gott den in die Krippe und dann ans Kreuz, der aus seinem Herzen kommt, der sich nicht schämt, uns seine Brüder und Schwestern zu nennen, und dann an unsrer Statt den schmählichen Tod am Kreuz zu sterben, um uns damit nicht nur seine eigne Liebe zu uns zu beweisen, sondern auch sein Wort an seine Jünger zu bekräftigen: »Er selbst der Vater, hat euch lieb!«
Ja, wie eine reiche, unerschöpfliche Schatzkammer hat Gott schon im Wunder der Weihnacht den Himmel aufgetan und bietet nun allen Menschen, die ohne Frieden mit Gott dahinleben und dabei doch innerlich frieren, leer und heimatlos sind, in Christus Jesus das warme Kleid seiner Liebe an, das auch schon die Zeichen von Golgatha trägt und von dem Zinzendorf singt: ». . . damit will ich vor Gott bestehn, wenn ich zum Himmel werd eingehn.« Denn wie das Gewand Jesu, das er trug, unter dem Kreuz nicht zerteilt werden konnte, weil es »von obenan gewebt war durch und durch« (Joh. 19, 23), so gehören Bethlehem und Golgatha, Ostern und Himmelfahrt und Jesu Wiederkunft als Gottes große Heilstat in Christus Jesus zusammen. Und nun fordert uns Gott auf: Hülle dich ein, du innerlich frierender Mensch, in dieses Gewand meiner Liebe! Nimm Jesus, den der Welt gegebenen Retter, als deinen persönlichen Heiland und Herrn an, an den du dich halten kannst und halten sollst in allen deinen Lebenslagen, der nur ein Ziel mit dir verfolgt: dich zu bewahren, zu erneuern und als der gute Hirte dich den Weg zu führen, der dir bereitet ist, und dich am Ende nach Hause bringt »in Gottes heiliges Land«.
Und wenn wir das nicht tun? Dann verschmähen wir das Höchste und Herrlichste, was es für uns Menschen auf Erden und im Himmel gibt: Gottes Liebe, sein Wohlgefallen. Dann aber bleibt sein Gesetz in Kraft: »Die Gottlosen haben keinen Frieden.« Und gottlos sind nach der Bibel alle Menschen, die keine Verbindung mit Gott suchen und haben wollen. Sie können auf Erden alles andere haben: Reichtum und Ehre, Geld und Gut, aber Frieden mit Gott haben sie nicht. Darum

bestehen sie auch nicht im Gericht, dem die Welt entgegengeht.

In den ältesten Handschriften des Lukasevangeliums heißt dieser Spruch von Gottes Wohlgefallen deshalb so: »Friede auf Erden bei den Menschen seines Wohlgefallens.« Das will sagen: Menschen des bleibenden, ewigen Wohlgefallens Gottes sind die Menschen, die Gottes Friedensangebot durch die Übergabe ihres Lebens an Jesus dankbar annehmen und wie der verlorene Sohn von allen Irr- und Sündenwegen umkehren in die Arme des himmlischen Vaters. Von solchen sagt Jesus: »Es wird Freude sein bei den Engeln Gottes über einen Sünder, der Buße tut.«

Damit sind wir nochmals bei den Engeln: Also auch die himmlischen Heerscharen, die über Bethlehem erschienen, freuen sich über jeden Menschen, der sich von Gottes Liebe gewinnen läßt, und damit sichtbar macht, wie das herrliche Gnadenwerk Gottes in Christus Jesus seine Früchte trägt.

Wohl uns, wenn sie sich auch über uns freuen können, weil wir solche zu Gott Heimgekehrten sind! Dann gilt nämlich auch für uns schon jetzt, was das Neue Testament von jenen sagt, die sich hier auf Erden um Jesus scharen: »Ihr seid gekommen zu dem Berge Zion und zu der Stadt des lebendigen Gottes, dem himmlischen Jerusalem, und zu den vielen tausend Engeln und zu der Gemeinde der Erstgeborenen, die im Himmel angeschrieben sind, und zu Gott, dem Richter über alle, und zu den Geistern der vollendeten Gerechten und zu dem Mittler des Neuen Bundes, Jesus, und zu dem Blut der Besprengung, das da besser redet als Abels Blut« (Hebr. 12, 22ff.). Ja, dann dürfen wir im Einklang mit dieser himmlischen Welt, zu der wir schon jetzt gehören, trotz aller Angst und Not, trotz aller drohenden Gefahren und aufkommenden endzeitlichen Katastrophen anbetend bekennen:

> Wir überwinden! Es kann uns nicht scheiden
> Hohes noch Tiefes, nicht Leben noch Tod,
> Angst nicht noch Trübsal, Gewalt nicht noch Leiden
> von deiner Liebe, o Herr, unser Gott.

Möchte doch auch der letzte unter uns das so erfahren, um von Herzen einzustimmen: »Ehre sei Gott in der Höhe!« Und gelobt sei Jesus Christus! Amen.

Gebet: Heiliger Gott, lieber himmlischer Vater! Du hast die Hirten von Bethlehem etwas von Deinem Glanz und Deiner Herrlichkeit schauen lassen, hast sie auch den Lobgesang Deiner Engelheere hören lassen. Auch wir haben ihn jetzt gehört und möchten in diesem Augenblick nichts anderes tun als vor Dir still werden und Dich anbeten als den Gott der Liebe, des unendlichen Erbarmens mit uns in Christus Jesus, unsrem Heiland und Herrn! Amen.

Lied: Dies ist die Nacht, da mir erschienen des großen Gottes Freundlichkeit . . .

2. Weihnachtstag

Wetterfeste Weihnachtsfreude

Als aber die Zeit erfüllt war, sandte Gott seinen Sohn, geboren von einer Frau und unter das Gesetz getan, damit er die, die unter dem Gesetz waren, erlöste, damit wir die Kindschaft empfingen. Galater 4,4.5

Wenn wir als Christen in einer Zeit, in der – wie es im Rundfunk hieß – die Katastrophen nicht abreißen wollen, recht Weihnachten feiern wollen, dann dürfen zwei Dinge bei uns nicht geschehen: Wir dürfen nicht so tun, als ob alles, was draußen in der Welt geschieht, uns nichts anginge und uns in unsrer Weihnachtsstimmung auch nicht weiter stören darf. Nein, auch die Leidgeprüften, die Schwerverletzten, die Angefochtenen, die Kranken, die Heimatlosen müßten, wenn sie zu uns hereinschauen könnten, spüren: Hier ist etwas anderes als bloße Stimmung; hier wird nicht oberflächlich und gewohnheitsmäßig ein Halleluja dahergesungen, das unsere Väter in guter alter Zeit angestimmt haben, sondern hier darf und muß man aufhorchen; denn die da singen und reden, haben eine Botschaft auch für unsere Zeit und Welt, von der ihre Herzen erfüllt sind.

Wir dürfen uns deshalb die wahre Weihnachtsfreude aber auch durch nichts verderben lassen, weder durch die dunklen Schatten der gegenwärtigen Zeit noch durch die Angst vor dem, was noch kommen könnte, noch durch die Widerwärtigkeiten, mit denen wir es vielleicht persönlich zu tun haben. Dann hätte der altböse Feind nämlich gewonnen. Mit Christen, die keine Freude mehr im Herzen haben, hat er ein leichtes Spiel.

Weihnachten ist und bleibt ein Fest der Freude, der großen Freude, und zum Christsein gehört Freude. Aber es muß schon eine wetterfeste Freude sein, nicht einem Kerzenlichtlein gleich, das sofort erlischt, wenn man aus der Tür hinaustritt und der erste Windzug uns ins Gesicht bläst, sondern einer Sturmlaterne vergleichbar, die auch dann noch brennt, wenn es von allen Seiten heult und ächzt, die uns auch in Gefangenenlagern und Lazaretten, als Kranke oder Hungernde und Frierende, als

Vertriebene und Heimatlose singen läßt: »Welt ging verloren, Christ ist geboren: Freue, freue dich, o Christenheit!«
Von solcher Freude zeugt und zu solcher Freude ruft uns das verlesene Wort, das gewiß nichts von einer gefühlvollen Weihnachtsstimmung in uns erwecken kann, aber eins der gewaltigsten Weihnachtsworte der Bibel ist, weil es die echte, große Weihnachtsfreude einbettet in das Ganze der Heilsgeschichte Gottes mit uns Menschen und damit auch in die ganze rauhe Wirklichkeit unsres Erdendaseins.
Wir wollen dem Zeugnis des Apostels, der selbst durch viel Kampf, Leid und Anfechtung gegangen ist, lauschen und ihm ein dreifaches entnehmen: das Wort von der erfüllten Zeit, dem gesandten Sohn und der uns angebotenen Kindschaft.

I.

Die erfüllte Zeit: »Da aber die Zeit erfüllt war . . .« Das ist ein großes und tröstliches Wort der Bibel. Es erinnert uns an ein anderes Wort, das wir im Buch des Predigers finden: »Gott tut alles fein zu seiner Zeit.« Aber warum war denn die Zeit, da Jesus geboren wurde, erfüllte Zeit? Wir können zwar manche Umstände nennen, die für das Kommen Jesu in unsere Welt damals recht günstig lagen: Die heidnischen Religionen waren fragwürdig und brüchig geworden; sie hatten die Menschen nicht frei und froh machen können. Das Gesetz, das Gott seinem Volk Israel gegeben hatte, war zur schweren Last geworden, unter der das Volk seufzte. Politisch gesehen war jene Zeit eine Zeit des Friedens. In der ganzen Kulturwelt wurde damals griechisch gesprochen, so daß der Apostel Paulus später mit seinem Griechisch überall verstanden wurde. Wir könnten noch manches andere nennen.
Und doch treffen wir mit dem allen noch nicht den vollen Sinn dieses Wortes. Denn trotz all dieser günstigen Umstände stellt das Neue Testament nüchtern fest: »Er kam in sein Eigentum, und die Seinen nahmen ihn nicht auf« und »Die Menschen liebten die Finsternis mehr als das Licht.« Nein, die große weite Welt war verschlossen für das Wunder der Liebe Gottes; sie war blind und tot wie zu allen Zeiten. Sondern die Zeit war erfüllt, weil Gottes Uhr zwölf schlug. Wenn aber Gottes Stunde schlägt, dann muß ihm alles dienen: der Kaiser in Rom mit

seinem harten Gesetz, die Steuerschraube neu anzuziehen; das überfüllte Bethlehem, der Stall und die Krippe, die Hirten auf dem Felde, die Sterne am Himmel und die Magier aus dem Morgenland mit ihren reichen Geschenken für das Jesuskind und anderes mehr.

»Da aber die Zeit erfüllt war«, das ist deshalb ein großer Trost auch für uns in unseren Tagen im Blick auf uns selbst und auch im Hinblick auf das große und beängstigende Weltgeschehen. Auch über unserer Zeit und Welt mit ihren Katastrophen, Nöten, Spannungen und entsetzlichen Gefahren waltet nicht ein blindes Schicksal, auch ist unser ganzer Weltlauf kein ewiger Kreislauf ohne Ziel und Ende; sondern es waltet und wacht der lebendige Gott über allem Erdengeschehen und mißt die Zeit und zählt die Tage und führt alles auf ein neues und großes Ziel hin: den zweiten Akt seines Gnadenwerkes, die Wiederkunft Jesu in großer Kraft und Herrlichkeit. Dabei kennt Gott keine Ungeduld, als könnte er auch einmal zu spät kommen und ihm deshalb alles mißraten. Gott kann lange warten bis seine Zeit erfüllt ist. Ist seine Stunde aber da, dann greift er ein und nimmt das, was geschehen soll, überlegen in seine starke Hand und führt, was er sich vorgenommen, herrlich hinaus.

So wird es auch bei dem zweiten Kommen Jesu, seiner Wiederkunft, sein. Zu der Stunde, die Gott sich vorbehalten hat, wird sich der Himmel auftun und der als Kind zu Bethlehem zu uns kam, wird dann als Herr aller Herren und als Retter und Vollender seiner gläubigen Gemeinde erscheinen. Und dann wird ihm auch alles dienen, auch noch der Größenwahn der antichristlichen Heere, damit er gerade auch an ihnen seine Majestät und Richterherrlichkeit offenbare, wie wir's im letzten Buch der Bibel lesen. Und wie vor seinem ersten Kommen durch die wahrhaft gläubige Gemeinde der Stillen im Lande die tiefe Hoffnung und Ahnung ging, daß die Stunde bald schlagen werde, so geht heute durch die Reihen der Kinder Gottes auf der ganzen Erde das immer stärker werdende Ahnen, daß Jesu Wiederkunft sehr nahe gekommen ist.

Aber auch für jeden einzelnen Menschen, der sein Leben diesem Herrn anvertraut hat, ist das Wort von der »erfüllten Zeit« ein sehr tröstliches Wort. Auch in unsrem persönlichen Leben weiß Gott, wann die Zeit reif ist für diese oder jene

Wendung und Hilfe. Das lange Warten fällt uns oft schwer, wenn uns eine bestimmte Not bewegt. Aber als Kinder Gottes dürfen wir an der unerschütterlichen Gewißheit festhalten: Gott hat uns auf keinen Fall vergessen; er vergißt niemand. Wenn wir uns ihm anvertrauen, dann bereitet er die Stunde vor, da er uns seine Hilfe, die Lösung und Rettung schenkt. Nicht nur in seinem großen Reich, auch im kleinen Leben seiner Kinder tut Gott alles fein zu seiner Zeit!

II.

Der gesandte Sohn: »Da aber die Zeit erfüllt war, sandte Gott seinen Sohn, geboren von einer Frau und unter das Gesetz getan . . .« Damit rührt der Apostel an das Geheimnis, das wir auf Erden nie ganz fassen werden, das Geheimnis der göttlichen Dreieinigkeit. Aber eines ist deutlich: Wenn die Bibel Jesus den Sohn Gottes nennt, dann will sie vor allem dies sagen: Jesus ist der, der ganz aus dem Herzen Gottes heraus kommt, der als solcher selbst Gott ist. Mit anderen Worten: Gott hat uns den Höchsten und Größten und Liebsten gesandt, den er uns senden konnte. Er sendet nicht einen Engel zu uns, nicht einen der hohen Geister von seinem Thron, nein, er sendet den Sohn zu uns, den Erben über alles, was im Himmel und auf Erden ist, wie der Sohn an anderer Stelle genannt wird.
An der Größe dieses Gesandten sollen wir gewiß ermessen, wie groß der Schaden, wie schwer die Schuld, wie drückend der Bann, die Macht des Bösen, der Sünde und des Todes ist, aus der wir befreit werden müssen. Aber an der Größe des Opfers, das Gott darbringt, sollen wir auch ermessen, wie sehr es Gott darum zu tun ist, daß wir erlöst werden von Sünde, Tod und Teufel und als seine geliebten Kinder wieder nach Hause kommen können. Darum sendet er den, der seinem Herzen am nächsten steht, und er sendet ihn als einen richtigen Menschen zu uns. Das will der Zusatz sagen: »geboren von einer Frau und unter das Gesetz getan«. Das heißt: Gott gibt seinen Sohn ganz hinein in unser Menschendasein, in unsere Not und Anfechtung, in unsere sterbliche Welt. So wie wir alle unter das Gesetz und die Ordnungen der Welt gestellt sind, so tritt auch der Sohn ganz unter das Gesetz, das für unser Leben gilt: Er hungert und dürstet, wird müde und matt, muß essen und trinken und

ruhen; er weint am Grabe des Lazarus vor Trauer und Mitleid mit den Hinterbliebenen; er wandelt wie wir, »mitten im Leben vom Tod umfangen«.

Noch mehr: Mit dem Gesetz meint der Apostel auch den ganzen Fluch, der auf der Welt seit dem Sündenfall des Menschen lastet. In diesen Fluch kommt der Sohn herein, aber er kommt herein wie ein Fachmann in ein verschuldetes Unternehmen hereinkommt, das vor dem totalen Zusammenbruch steht, um es zu retten. So kommt der Sohn in das verschuldete Geschäft der Menschheit herein; er anerkennt ihre Schuld vor Gott; er bejaht das heilige Gesetz Gottes; er beugt sich unter die Sündenlast der Welt und ist bereit, den Preis für ihre Befreiung und Erlösung an die Gerechtigkeit und Heiligkeit Gottes zu zahlen und sein Blut und Leben hinzugeben. So ist Jesus für uns in den Fluch hineingetreten, hat ihn für uns getragen und die Schuld bezahlt, so daß nun das herrliche Wort gilt: »So gibt es nun keine Verdammnis mehr für die, die in Christus Jesus sind« (Röm. 8,1).

Seht, diesen tiefen, wunderbaren Grund hat die echte Weihnachtsfreude. Sie ist keine billige, sondern eine sehr teure Freude. Sie hat Gott die Erniedrigung, den Leidens- und Sterbensweg seines Sohnes gekostet und den Sohn sein Blut und Leben. Aber seitdem das geschehen ist, sind auch die tiefsten Leidenstäler und Sterbenswege und Todeszellen von seinen starken Retterarmen umfaßt. Und in die dunkelsten Verliese unserer Welt und unsres persönlichen Lebens reichen die Rettungsstege der Liebe Gottes herab und zeigen uns den Ausweg, den Heimweg in das ewige Vaterhaus, in die Herrlichkeit Gottes, in das vollendete Reich unsres Herrn.

Damit stehen wir schon bei dem dritten und letzten Hauptwort dieses Satzes:

III.

». . . auf daß wir *die Kindschaft* empfingen.« Wer unter allen Verkündigern des Evangeliums vermag das ganz und würdig zu sagen, was das in sich schließt: Gottes-Kindschaft empfangen! Erst die Ewigkeit wird das ganz ans Licht bringen. »Es ist noch nicht erschienen, was wir sein werden . . .«, so heißt es an andrer Stelle, »wenn es aber erscheinen wird, dann werden wir ihm gleich sein; denn wir werden ihn sehen, wie er ist« (1. Joh. 3,2).

Aber soviel begreifen wir alle schon jetzt: Kind sein bedeutet: einen Platz haben am Herzen, im Hause und am Tisch des Vaters, der Mutter. Ein Kind Gottes sein, das heißt auf jeden Fall zur Familie Gottes gehören und einen festen Platz an Gottes Herzen und in Gottes Haus haben. Ein Kind Gottes sein, das heißt deshalb auch mit Freimut und Vertrauen Gott alles sagen und mit ihm alles besprechen können, »wie die lieben Kinder mit ihrem lieben Vater«; auch dort, wo sie versagt haben, wo sie dem Vater Unehre bereitet haben, hintreten dürfen, um immer neu zu erfahren: »Wie sich ein Vater über Kinder erbarmt, so erbarmt sich der Herr über die, die ihn fürchten, und hilft ihnen aus.«

So läßt sich auch Gott um Jesu willen durch meine Gebrechen und Unvollkommenheiten nicht abhalten, mir seine ganze Liebe zu erweisen und seine Vatertreue zu erhalten. Kind sein heißt auch Erbe sein. »Sind wir denn Kinder, dann sind wir auch Erben, nämlich Gottes Erben und Miterben Christi«, so ruft der Apostel an andrer Stelle aus. Erben und Miterben der Herrlichkeit Gottes – wer will das auslegen, »was kein Auge gesehen und kein Ohr gehört hat und in keines Menschen Sinn gekommen ist, was Gott bereitet hat denen, die ihn lieben«. Wenn das nicht Freude bringt! Wenn das nicht unser Leben anders und neu machen muß, sobald uns das aufgeht und geschenkt wird: ». . . damit wir die Kindschaft empfingen!« Denn um in dieser rauhen Welt und Zeit geborgen zu sein und glücklich zu werden, brauchen wir nicht wer weiß was alles, sondern im letzten Grund immer nur eins: ein Herz zu wissen, das für uns schlägt und das größer und stärker ist als unser Herz; einen, zu dem wir immer fliehen können mit unsren Nöten und Ängsten, auch dann noch, »wenn mir am allerbängsten wird um das Herze sein« (P. Gerhardt), und der zu helfen, zu trösten, zu heilen, ja uns am Ende nach Hause zu bringen weiß, weil er das Vermögen dazu hat. Weihnachten zeigt uns dieses Vaterherz Gottes, an dem wir einen festen Platz haben sollen für Zeit und Ewigkeit.

Aber darum müssen wir auch das Letzte noch hören: ». . . damit wir die Kindschaft empfingen.« Die Möglichkeitsform wird hier gebraucht. Es ist nicht so, daß seit der Nacht von Bethlehem alle Menschen auf Erden Kinder Gottes geworden wären. Es kann keinen größeren Irrtum geben zu Weihnachten als diesen. Nein, Gott legt uns Menschen die Kindschaft nicht wie eine Schlinge um den Hals, ob wir sie wollen oder nicht, sondern er respektiert unsre Freiheit, die er uns verliehen hat. Deshalb bietet er sie in Jesus als ein Geschenk seiner Liebe an. Und dieses Geschenk legt er nur in ausgestreckte leere Hände. Darum stellt uns Weihnachten vor die alles entscheidende Frage: Bist du in dir selbst schon arm genug geworden, um deine Hände zu diesem Heiland auszustrecken und ihm zu sagen: »Ich fühl's, du bist's, dich muß ich haben; ich fühl's, ich muß für dich nur sein«, wie es Gerhard Tersteegen sagt und singt? Oder ist noch jemand unter uns, der davon nichts weiß und solches noch nicht getan hat. O dann tue es doch! Laß dich einreihen in die Schar derer, die die uns in Jesus Christus angebotene Gotteskindschaft mit Wissen und Willen angenommen haben, indem sie sich als Sünder vor Gott erkannt und die Vergebung in Christi Blut gesucht und empfangen haben und ihn, Jesus, als ihren Heiland und Herrn in ihr Leben aufgenommen haben und nun einer großen Zukunft, der neuen, ewigen Welt entgegengehen dürfen. Denn: »Als aber die Zeit erfüllt war, sandte Gott seinen Sohn, geboren von einer Frau und unter das Gesetz getan, damit wir die Kindschaft empfingen.« Amen.

Gebet: Herr, unser Gott, wir können nur immer staunen über das Geheimnis Deiner Liebe und auch nur stammelnd davon reden. Aber eines spüren wir immer neu, was eine Wolke von Zeugen vor uns auch erfuhr und Dich darüber anbetete: Du hast Dich in Deinem lieben Sohn unser herzlich angenommen; Du wirfst alle unsre Sünden hinter Dich zurück, wie die Schrift sagt. Wir dürfen Dich, den heiligen Gott, um Jesu willen Vater nennen und uns freuen auf die ewige Herrlichkeit, zu der uns Dein lieber Sohn die Tür geöffnet und den Weg bereitet hat, ja auf dem Er, unser Heiland und Herr, alle Tage bei uns ist, bis wir aus dem Glauben zum Schauen kommen. Wir lobsingen Deinem Namen, Du Höchster! Amen.

Lied: Ich steh an deiner Krippen hier, o Jesu, du mein Leben . . .

Christenglaube – ein glückseliges Geheimnis!

Und groß ist, wie jedermann bekennen muß, das Geheimnis des Glaubens: Er ist offenbart im Fleisch, gerechtfertigt im Geist, erschienen den Engeln, gepredigt den Heiden, geglaubt von der Welt, aufgenommen in die Herrlichkeit. 1. Timotheus 3,16

»Die Geheimnislosigkeit unsres modernen Lebens ist der Grund unsrer Armut und unsres Verfalls«, so sagt Dietrich Bonhoeffer, ein Märtyrer im Dritten Reich, einmal. Warum haben die Kinder normalerweise so offene und erwartungsvolle Augen? fragt er, wie wir es ja auch in der weihnachtlichen Zeit wieder beobachten konnten. Bonhoeffer antwortet: Weil für sie noch alles vom Geheimnis umgeben ist. Unter dem Schutz des Vaters und der Mutter geborgen und an ihrer Hand, machen sie täglich Entdeckungen und Erfahrungen, die sie immer neu ins Staunen versetzen. Das ist, so immer noch Bonhoeffer, beim sogenannten modernen und aufgeklärten Menschen anders geworden. Er kennt keine höhere Hand über unsrem Leben und unsrer Welt, darum auch keine Geheimnisse mehr, vor denen man staunend und anbetend stehen bleiben müßte. Für den Menschen von heute ist alles erforschbar und machbar geworden. Von der Entstehung der Welt und des ersten Menschen bis zu seiner Umformung in einen Weltallmenschen – so können wir heute hinzufügen – glaubt er alles beantworten zu können und gelöst zu haben oder doch bald lösen zu können. Eine ewige Welt, die über unsre fünf Sinne hinausgeht, will er nicht wahrhaben. So wird der Mensch aber immer ärmer und befindet sich auf abschüssiger Bahn.
Seit Bonhoeffer sind einige Jahrzehnte vergangen. Aber gerade sie haben gezeigt, daß der aufgeklärte Mensch mit all seinen Errungenschaften und Bequemlichkeiten, seinem Fernseher und Computer, ohne ein letztes Geheimnis auf die Dauer doch nicht leben kann. Das Verlangen nach dem Übersinnlichen, nach etwas, was über unsre fünf Sinne hinausgeht, steckt nun einmal in uns drin; es ist offenbar die Erinnerung an das verlorene Paradies. Heute bricht sich dieses Verlangen Bahn in

der Hinwendung gerade so vieler junger Menschen zum Okkulten, zum Spiritismus, zur Zauberei oder zur Traumwelt, in die gewisse Drogen den Menschen für einen Augenblick erheben können; gibt es doch allein in der Bundesrepublik, wie eine Zeitschrift zu berichten wußte, rund 85 000 Wahrsager, Kartenleger, Zauberer und Vertreter anderer dunkler Machenschaften. Sogar hohe Politiker, so hört man, holen sich bei diesen Leuten gelegentlich Rat für ihre Entscheidungen. Sie alle wissen nicht, wie tief sie dabei hineingeraten in eine zwar auch geheimnisvolle, aber nichtsdestoweniger dämonische Welt, in der man des wahren Gottes Namen nicht anrufen, lieben und loben kann. Das zeigt sich aufs deutlichste auch daran, daß von dorther keine Lob-, keine Glaubens-, Trost- und Hoffnungslieder aufbrechen, keine Klänge und Gesänge, die Herzen ergreifen, und frei und froh machen können.
Weihnachten ruft uns zurück zu dem großen und beglückenden Geheimnis Gottes und seiner ewigen Welt. Hier bricht die große Freude an, wie sie durch alle Glaubenslieder alter und neuer Zeit geht. Denn hier hören wir Glocken der Heimat läuten, der Heimat unsrer Seele. Man vermutet in der Auslegung, daß auch das verlesene Wort einen Hymnus darstellt, den die erste Christenheit gesungen hat, und den der Apostel hier bekräftigt. Wir haben es hier jedenfalls mit einem vom Heiligen Geist offenbarten Wahrheitszeugnis zu tun, in dem es, wörtlich übersetzt, um das »Geheimnis der Frömmigkeit« geht, also um die Frage: woher das eigentlich kommt und wie das möglich ist, daß inmitten einer Welt voll Angst und Zweifel, Not und Tod Menschen an den Gott der Bibel, also an den Gott der Liebe glauben und das froh und frei und mit aller Zuversicht bekennen und um solches Glaubens willen sogar sterben können. Für jeden ehrlich denkenden Menschen, nicht zuletzt für die Glaubenden selbst, ist das doch, wie jedermann einsehen muß, ein großes Geheimnis.
Daß solches Geheimnis aber keine Einbildung ist, sondern einen festen Grund hat und deshalb freudig bekannt werden darf, macht der Apostel deutlich, indem er in gedrängter Form das Bild und den Weg dessen beschreibt, der als der Sohn und Gesandte Gottes zu uns gekommen ist, um uns Gottes Liebe zu künden. Lassen wir uns von diesem apostolischen Loblied mitnehmen in die Anbetung Gottes und unsres Heilandes,

damit auch wir in unsrer Zeit unsren Zeugendienst recht ausrichten.
Wir achten auf die Merkmale des Weges und der Herrlichkeit Jesu, die uns hier ins Licht gestellt werden:

I.

»Er ist offenbart im Fleisch.« Das werden wir mit unsren natürlichen Sinnen nie begreifen, wie das für den ewigen Gott möglich war und warum das überhaupt geschehen mußte, warum es keinen andern Weg für Gott gab, uns zu retten und selig zu machen. Auch der Apostel sucht das nicht zu erklären, im Gegenteil: Er sagt, das sei in der Tat ein großes Geheimnis. Wenn wir Menschen gefragt worden wären, auf welche Weise der große Gott und die kleinen gefallenen Menschen wieder zusammenkommen und die wirre Welt in Ordnung gebracht werden könnte, wir hätten gewiß ganz andere Wege vorgeschlagen. Wir wären vielleicht auf den Gedanken gekommen: daß an einer Stelle auf Erden die Majestät und Herrlichkeit Gottes so hell aufleuchten müßte, daß jeder Mensch, der in ihre Nähe kommt, auf die Knie fällt, weil er hier von der Wirklichkeit Gottes so ergriffen wird, daß ihm nichts anderes zu tun übrig bleibt.
Gott hat es völlig anders gemacht. Gott hat, so hat man es in menschlicher Vorstellungsweise darzustellen versucht, bei sich selbst bedacht: Ich bin doch viel zu groß in meiner Herrlichkeit, als daß der kleine Mensch mich fassen und Vertrauen zu mir gewinnen könnte; darum will ich meine Majestät und Herrlichkeit ganz zurückstellen und ihm nichts andres als allein meine Liebe offenbaren; ich will den Menschen meinen eingeborenen Sohn, den Einzigen, senden, der sich dazu auch angeboten hat, die verlorenen Menschen in großer Liebe zu suchen und um sie zu werben und wenn sie ihn gleich ablehnen und gar töten wollten, noch sterbend zu bezeugen: Gott hat euch lieb! Und so wurde es Weihnacht auf Erden, von der ein schlichtes Glaubenslied singt:

Er sandte Jesum, den treuen Heiland,
Er sandte Jesus und macht mich los.

Freilich, solch ein Weg bedarf der Rechtfertigung, das heißt:

Nun muß es sich zeigen, ob Gott auf diesem Wege wirklich sein Ziel erreicht; ob Gott und Mensch auf diesem Wege wirklich so zusammenkommen, daß Menschen ihres Gottes gewiß und froh werden und anfangen, ihn über alle Dinge zu fürchten, zu loben und zu lieben, weil sie ihm von Herzen vertrauen können. Dieser Erweis ist erbracht; denn

II.

»Er ist . . . gerechtfertigt im Geist.« Geist, das ist die innerste Seite unsres Lebens; das, was uns über alle andere Kreatur auf Erden erhebt und uns mit Gott und seiner ewigen Welt verbinden soll. Im Blick auf dieses Innerste unsres Lebens sagt Augustin: »Du hast uns zu dir erschaffen, o Gott, und unser Herz bleibt unruhig, bis daß es ruht in dir.« Denn gerade an dieser Stelle, wo wir mit Gott so verbunden sein sollten wie ein Kind mit seinem Vater und seiner Mutter, wo uns Gott so gewiß sein sollte wie die Sonne am Himmel und die Luft, die wir täglich atmen, da ist der Faden gerissen, und statt Staunen und Freude an Gott haben sich da Zweifel, Angst und Unglaube festgesetzt.

Und gerade an dieser Stelle erweist sich nun auch, daß Jesus und Jesus allein uns zur Ruhe bringen und uns so mit dem lebendigen Gott verbinden kann, daß wir wieder lernen, Gottes Lob zu singen, und unsres Weges so gewiß werden, daß wir im Aufblick zu ihm, dem Kind in der Krippe und dem Mann am Kreuz, eine Welt voll Not und Tod, voll Kummer, Angst und Tränen siegreich überwinden können.

Ich habe mich selbst schon manchmal gefragt: »Könntest du ohne die Offenbarung Gottes in Christus Jesus, also allein aufgrund dessen, was wir in der Schöpfung von Gott wahrnehmen, oder auch aufgrund des Alten Testaments allein heute wirklich an einen Gott der Gerechtigkeit und der Liebe glauben, glauben angesichts der zunehmenden Bosheit und Unterdrückung, des Mordens und Raubens auf Erden; aber auch im Blick auf die ungeheuren Ausmaße des ganzen Weltalls über und unter uns, die Zahlen, die uns die Wissenschaftler heute nennen, die uns geradezu erdrücken. Könntest du ohne Jesus da wirklich an einen Gott glauben, der den kleinen Menschen liebt, sucht, auf ihn wartet und um ihn wirbt, daß er umkehre und heimkomme und Engel im Himmel jubeln läßt, wenn das geschieht?« Und ich mußte mir eingestehen: Nein, das könnte ich nicht!

Und nun gibt es doch Menschen auf Erden, und ich gehöre zu ihnen, die haben Grund unter den Füßen und dürfen ihren Gott und Heiland bekennen als den, der sie geliebt, gesucht und gefunden hat; wie es auch jene alte Christin auf ihrem Sterbebett schlicht bekannte: »Es ist doch wunderbar: man sieht nichts mehr und weiß es doch, daß alles wahr ist, was uns der Heiland sagt.« Wie ist das möglich? Ein Geheimnis, sagt der Apostel, gewiß! Aber ein Geheimnis, das einen Grund hat: Weil an einer Stelle auf dieser armen Erde die Wirklichkeit des unsichtbaren Gottes herausgetreten ist wie ein still und tief sprudelnder Quell im dürren Land. Dieser Quell heißt Jesus.

»Gerechtfertigt im Geist!« In der Tat: Wenn schon in Jesu Erdentagen Menschen wie der Zöllner Zachäus und die große Sünderin von der befreienden Macht Jesu ergriffen und erneuert und zu Gottes Lob erweckt werden; wenn dann nach Ostern und Pfingsten Menschen zu Tausenden überwunden werden; wenn ein Stephanus im Glauben an Jesus noch unter den Steinwürfen der Juden für seine Feinde beten und getrost »entschlafen« kann, wie es dort heißt; oder wenn in unsern Tagen Menschen, denen keiner mehr helfen konnte, aufstehen und bekennen: »Jesus hat mich frei gemacht! In ihm habe ich die verlorene Heimat wiedergefunden und bin zu meinem Ursprung zurückgekehrt, zu dem lebendigen Gott« – wie hell kommt es da an den Tag, daß in Jesus wirklich das Leben erschienen ist und uns bei ihm die Liebe Gottes erwartet und empfängt. Wie wird da Gottes Weg zu unsrer ewigen Errettung »gerechtfertigt«, das heißt: als richtig bewiesen und bestätigt. Und weiter und tiefer blicken wir in das Geheimnis, aus dem der Glaube lebt:

III.

». . . erschienen den Engeln.« Gewöhnlich denkt man in der Auslegung bei diesem Wort nur an die heiligen Engel Gottes, denen Jesus vor und bei und nach seiner Erhöhung zum Throne Gottes erschienen ist als ihr Herr. Aber die Frage bleibt dann: Was ist da das Besondere, das uns zum Glauben ruft und uns im

Glauben stärkt und gründet? Jesus kam doch aus der himmlischen Welt und alle Engel kannten und ehrten ihn als den Sohn Gottes und begleiteten das Ereignis zu Weihnachten und seinen Weg zum Kreuz und zum Ostermorgen.
Aber das Wort erhält seine große Tiefe, wenn wir dem gesegneten Schriftausleger Johann Albrecht Bengel folgen, der uns darauf aufmerksam macht, daß an einigen Stellen der Bibel auch von den dunklen gottfeindlichen Mächten als von Engeln gesprochen wird, etwa in 1. Korinther 6, wo der Apostel fragt: »Wisset ihr nicht, daß wir über Engel richten werden?« oder in Römer 8: »Ich bin gewiß, daß weder Tod noch Leben, weder Engel noch Mächte noch Gewalten . . . uns scheiden kann von der Liebe Gottes, die in Christus Jesus ist, unserm Herrn.« Da ist zweifellos an gottfeindliche Engel gedacht. Engel ist die griechische Bezeichnung für Boten. Und Boten, dienstbare Geister, hat auch der Teufel.
Wenn wir diese Stelle so sehen, dann ist das ein großes, herrliches Wort und paßt ganz zu dem großen Geheimnis des Glaubens, von dem der Apostel spricht und von dem wir alle leben. Dann ist hier an die göttliche Vollmacht gedacht, in der Jesus schon in seinen Erdentagen den dämonischen Mächten entgegentrat, Menschen aus ihrer Gewalt befreite und bewies, daß nun der Stärkere über den Starken gekommen war. »Fahre hinfort nicht mehr in diesen Menschen!«, befahl Jesus solch einem dämonischen Geist. Und wie Jesus als der Auferstandene diesem ganzen Heer der dämonischen Geisterwelt als ihr Herr erschienen ist und sie gefangengenommen hat, davon sprechen viele Stellen der Bibel.
So liegt in diesem Wort auch für uns ein wunderbarer Trost. Wir sprechen heute mit Recht von einer dämonisierten Welt und Zeit. Wer die Bibel kennt, der weiß: Es wird noch schlimmer werden. Der Satan mit seinen Engeln wird auf die Erde geworfen werden, um sein zerstörerisches endzeitliches Werk auf Erden zu tun (Offb. 12); weil er nach Gottes Willen ganz ausreifen soll in seiner Bosheit. Schon heute geht er »umher wie ein brüllender Löwe und sucht, welchen er verschlinge«. Wenn es nach ihm, dem altbösen Feind, ginge, wären wir schon längst verschlungen. Warum sind wir es nicht? Warum dürfen wir noch so zusammenkommen unter Gottes Wort? Warum kannst du glauben? Weil Jesus auch den dunk-

len Mächten als der Herr aller Herren erschienen ist und nach seinem Sieg auf Golgatha ihnen Schranken setzt und uns Raum verschafft, so daß wir auch in einer dämonisierten Welt im Glauben atmen, beten, leben dürfen. Ja, wer es mit Jesus hält, hat den Stärksten zu seinem Herrn erwählt und kann von allen bösen Engeln und Geistern nicht verschlungen werden. Das führt uns zum nächsten Satz:

IV.

». . . gepredigt den Heiden«: Was und wer denn? Eben dieser Herr, der auch über Tod und Teufel Herr ist. Dem alle Macht gegeben ist im Himmel und auf Erden, der bricht mit der Predigt des Evangeliums in die Völkerwelt ein, aufzutun die Augen der Heiden und sie zu befreien aus des Satans Fängen. Und was geschieht? Der nächste Satz gibt uns die Antwort:

V.

». . . geglaubt in der Welt.« Der lebendige Herr selbst ging mit seinen Boten mit und brach ihnen die Bahn und wies die bösen Mächte in ihre Schranken und machte Raum für den Glauben, bis auf diesen Tag. Nein, es heißt nicht, daß Jesus von der ganzen Welt angenommen wurde. Das ist uns für diese Weltzeit noch nicht verheißen. Aber das ist Gottes Wille, daß aus der Welt all diejenigen herausgerufen werden, die die Wahrheit und das Leben suchen, und sich so die Gemeinde sammle, die bei Jesus Vergebung der Sünden findet und dann erfährt: »Wo Vergebung der Sünden ist, da ist auch Leben und Seligkeit.« Mit dieser großen Schar, die sich um Jesus sammelt als den gekreuzigten, auferstandenen und wiederkommenden Herrn, wird Gott, wenn seine Stunde schlägt, die neue Welt heraufführen, wo alles, was Odem hat, ihm, dem Sohn, untertan sein wird« und alle Zungen bekennen werden, daß Jesus der Herr sei – zur Ehre Gottes, des Vaters« (Phil. 2).
Noch ist die Zahl der Glaubenden nicht beisammen, die Gott bestimmt hat; noch sind die Tische nicht alle voll im königlichen Hochzeitssaal, von dem Jesus im Gleichnis spricht. Noch wird in der Welt gerufen, und noch niemals wurde so laut und weltweit zu Jesus gerufen wie heute. Aber die gläubige Ge-

meinde in aller Welt steht heute unter dem Eindruck, daß diese Zeit des Rufens sich dem Ende nähert. Und wenn der letzte zu dieser Schar der Gläubigen dazugekommen ist, dann wird der Himmel sich aufs neue öffnen und der als Kind in der Krippe und als Dulder am Kreuz auf Golgatha unter uns war, wird zur Errettung und Vollendung seiner Gläubigen und zum Entsetzen aller seiner Widersacher in großer Kraft und Herrlichkeit wiederkommen, um mit seinen Getreuen sein herrliches Friedensreich aufzurichten. Denn

VI.

». . . aufgenommen in die Herrlichkeit«, das heißt: zu Gottes Thron und zu seiner Rechten, aufgenommen als Beweis dafür, daß der heilige Gott die Erniedrigung seines Sohnes und seinen Tod am Kreuz als vollgültiges Opfer für die Sünden der Welt angenommen hat. »Aufgenommen in die Herrlichkeit«, das heißt auch, um von dorther den Weg seiner Gläubigen auf Erden zu begleiten, zu lenken und zu bahnen und zum Ziele hin zu wenden, wie er es ihnen versprochen hat: »Siehe, ich bin bei euch alle Tage, bis an der Welt Ende.«

»Groß ist«, wie jedermann bekennen muß, »das Geheimnis des Glaubens«, das Geheimnis des Christseins; mit dem bloßen Menschenverstand nicht zu fassen, geschweige denn zu ergründen, aber eine Wirklichkeit, die man an Herz und Gewissen erfahren kann, so daß man mit der schon genannten alten Christin auch im Blick auf das letzte auf Erden sprechen kann: »Es ist doch wunderbar: Man sieht nichts und weiß es doch, daß alles wahr ist, was unser Heiland sagt.«
Wenn du für Weihnachten noch nicht danken kannst, dann bitte doch Gott, daß er dir das innere Auge für dieses Wunder öffne, und übergib dein Leben dem, der auch deine Sünden gesühnt hat und dich liebt und dich sucht und dich zu seiner Herrlichkeit erheben will. Und wenn du schon danken kannst, dann halte, was du hast, und laß dir die Freude an diesem großen Geheimnis durch keinen armen Zweifler rauben.
Ja, laßt uns am Danken und in der Anbetung Gottes und unsres Heilandes verbleiben, damit sich an uns allen erfülle, was wir in den Weihnachtstagen gesungen haben:

In diesem Lichte kannst du sehen
das Licht der klaren Seligkeit.
Wenn Sonne, Mond und Stern vergehen,
vielleicht noch in gar kurzer Zeit,
wird dieses Licht mit seinem Schein
dein Himmel und dein alles sein! Amen.

Gebet: Herr, wir nehmen Abschied von den weihnachtlichen Tagen, aber nicht von Dir, o Jesu. Wir danken Dir, daß wir vor dem wundersamen Geheimnis wieder haben stehen dürfen und dabei erfahren: Hier kommt unser Herz zur Ruhe. Hier spüren wir den Himmel offen über uns. Hier finden wir das, wonach wir uns sehnen: Geborgenheit, Zukunft, Ewigkeit. Hier finden wir den lebendigen Gott, den wir in Deinem Namen nun Vater nennen dürfen. Darum wollen wir bei Dir bleiben und Dich als unsern Heiland und Herrn und in Dir den großen und heiligen Gott als unsern Vater im Himmel lieben, ehren und preisen. Amen.

Lied: Gelobet seist du, Jesu Christ, daß du Mensch geboren bist . . .

Gelobt sei der Herr täglich!

Gelobt sei der Herr täglich. Gott legt uns eine Last auf; aber er hilft uns auch (Sela). Wir haben einen Gott, der da hilft und den Herrn Herrn, der vom Tode errettet. Psalm 68,20.21

Das ist ein wunderbar reiches Wort und eine feine Losung für ein Christenleben. Wohl den Menschen, die mit solchem Bekenntnis durchs Leben gehen und auch am Jahresschluß rückblickend auf das alte und vorwärtsschauend auf den Weg durchs neue Jahr bekennen dürfen: Gelobt sei der Herr! Daraus spricht inniger, aus vieler Erfahrung heraus kommender Dank an Gott und herzliches Vertrauen in seine weitere Führung und gnadenvolle Hilfe und Bewahrung. Beides wollen doch auch wir in dieser Stunde unsrem Gott, dem Vater unsres Herrn Jesus Christus, in seinem Namen darbringen. Wir wollen es tun, indem wir dieses Psalmwort zu Herzen nehmen und uns zu eigen machen.

Schon das Wörtlein »täglich« in unsrem Text ist bedeutsam und lehrreich. Wir stoßen hier nämlich auf die weise göttliche Zeiteinteilung unsres Lebens. Unser Leben soll nach Gottes Willen nicht ein Langstreckenlauf ohne Halten, ohne Pausen sein, sondern eine schrittweise Wanderung auf ein großes, ewiges Ziel hin. Dazu schenkt uns Gott nicht nur den Wechsel von Tag und Nacht, sondern auch und vor allem die Sonn- und Feiertage des Jahres, und auch der Jahreswechsel soll diesem Zweck dienen. Wie auch das »Sela« in unsrem Psalmwort den Sängern sagte: Haltet einen Augenblick inne, ehe ihr weitermacht – so wird dieses Wörtlein von jeher gedeutet –, so ruft es auch uns zu: Haltet inne! Schöpft neu Atem, ehe ihr weitergeht, ehe ihr euren Fuß über die Schwelle zum neuen Jahr setzt! Denkt auch immer daran, daß ihr unterwegs seid! Faßt das hohe Ziel, das Gott eurem Leben gesteckt hat, neu ins Auge und geht dann den Weg, den Gott euch weist, so, wie es Paul Gerhardt in seinem unsterblichen Lied vorgeglaubt und vorgesungen hat:

Befiehl du deine Wege und was dein Herze kränkt
der allertreusten Pflege des, der den Himmel lenkt.
Der Wolken, Luft und Winden gibt Wege, Lauf und Bahn,
der wird auch Wege finden, da dein Fuß gehen kann.

Ein wunderbarer Dreiklang läßt sich zu dem Gesagten in dem verlesenen Psalmwort vernehmen. Gott schenke es uns, daß er in unsren Herzen einen hellen Widerhall finde:

1. Gelobt sei der Herr täglich!
2. Gott legt uns eine Last auf
3. Aber er hilft uns auch!

I.

Beginnen wir mit dem Ton, der uns am bekanntesten ist und meist das lauteste Echo in Menschenherzen weckt: *»Gott legt uns eine Last auf.«* Es wird uns dabei keine Last mit Namen genannt. Es ist hier offenbar einem jeden erlaubt, an das zu denken, was seine besondere Not und Sorge, Last und Bürde ist oder doch war und wieder werden kann. Es gibt Lasten, die wir gemeinsam tragen als Volk, auch als Volk Gottes, und es gibt Lasten, die wir einsam tragen, von denen vielleicht kein andrer Mensch etwas weiß, die aber gerade unser Los sind; auch Nöte in der Familie oder im Beruf können dazu gezählt werden. Nun heißt es aber hier: »*Gott* legt uns eine Last auf.« Es sind also keine Zufälligkeiten, keine blinden Schicksalsschläge, die uns damit treffen, sondern Schickungen Gottes, die er über uns verfügt hat.

Wie sollen wir das aber verstehen? Gibt es nicht auch Dinge, so möchten wir fragen, die uns Menschen auferlegen können und denen wir deshalb mit Recht zürnen? Und gibt es nicht auch Dinge, die wir selbst verschuldet haben und die uns gerade deshalb so schwer sind, weil wir diesen göttlichen Trost nicht in Anspruch nehmen können, daß sie uns durch Gottes Hand zugemessen sind? Und gibt es schließlich nicht auch Dinge, hinter denen nicht nur Menschen stehen mit ihrem Versagen und ihrer Schuld, sondern bei denen buchstäblich der Teufel seine Hand im Spiel hat? Haben wir alle nicht von vielem, was auf Erden geschieht, den Eindruck: Das sind nicht göttliche Schickungen, das ist auch nicht mehr menschlich, sondern das

ist dämonisch, teuflisch, darum so gemein, so schauerlich und grausam.
Ganz gewiß, die Bibel lehrt keinen blinden Schicksalsglauben; sie läßt Raum für Menschenschuld und Teufelsmacht. »Gott legt uns eine Last auf«, das kann in Wahrheit nur der sagen, der sein Leben seinem Gott und Heiland ausgeliefert hat und bei ihm Vergebung aller Sünden und aller seiner Schuld gesucht und empfangen hat und nun als sein Kind durch dieses Leben gehen darf und unter seiner Führung bleibt. Diesen Menschen gilt es dann auch wirklich: daß alles, was an sie gelangt, an Gott vorbei muß und ihnen nach Gottes Willen alles zu ihrem Besten gereichen soll. Denn das ist ja das Große und Wunderbare, daß der glaubende Mensch erfährt: Gott nimmt mich um Jesu willen schon in dieser Zeit so an seine Hand und unter seine Hut, daß, wie Jesus einmal sagt, ohne den Willen des Vaters im Himmel kein Haar von unsrem Haupt fallen kann.
Aber nun müssen wir auch das andere betonen: Gott legt uns eine *Last* auf! Das ist es ja, womit auch viele gläubige Menschen nicht fertig werden. Ist Gott nicht die große Lebensversicherung gegen Unfall, Unglück, Last und Leid? Lasten beschweren, Lasten drücken und beugen nieder. Wie schwer will uns das in den Sinn, daß Gott mit den Seinen so handeln könne! Und doch ist es so. Wir werden solche Beugung allzumal immer wieder nötig haben; denn Gott tut nichts Sinnloses in unsrem Leben. Unser Leben ist nun einmal eine Fahrt über den stürmisch bewegten Ozean der Zeit. Und das wissen wir doch alle: Wenn ein Schiff den weiten Ozean überqueren will, muß es einen entsprechenden Tiefgang haben. Ohne Tiefgang würde es bald ein Spielball von Wind und Wetter werden und seinen Kurs nicht halten können. Tiefgang erhält das Schiff, aber auch durch die Last, die auf ihm liegt.
So braucht auch unser Leben Tiefgang, wenn wir den Strömungen und Brandungen dieser Zeit gewachsen sein wollen und auf rechtem Kurs bleiben sollen. Ein Mittel, mit dem uns Gott solchen Tiefgang verschafft, ist dies, daß er uns oft eine besondere Last auferlegt, ein Kreuz zu tragen gibt, sei's in der Familie, im Beruf oder sonst in unsrem persönlichen Leben; ein Kreuz, das uns ins Gebet treibt, das uns seufzen lehrt, nach oben weist, fester an Gottes Hand uns klammern heißt, damit

wir nicht mitgerissen werden von dem Strudel der Zeit und das Ziel nicht verfehlen. Darum heißt es in einem Liede:

Wenn alles eben käme, wie du gewollt es hast,
und Gott dir gar nichts nähme und gäb dir keine Last –
wie wär's dann um dein Sterben, o Menschenkind, bestellt?
Du müßtest ja verderben, so lieb wär dir die Welt.

Lassen wir es also gelten und räumen wir Gott doch das Recht ein, daß er uns nach seinem heiligen Willen Lasten auferlegen darf, wenn und wo er erkennt, daß wir sie nötig haben, weil wir vielleicht in der Gefahr stehen, oberflächlich und hoffärtig zu werden. Und trösten wir uns, wenn sie uns drücken, damit, daß er es tut, der als treuer Hüter über uns wacht und in allem, was er tut, Gedanken des Friedens und nicht des Leides mit uns hat, damit er mit uns zum Ziel komme!

II.

»Aber er hilft uns auch!« Das ist der zweite Ton in diesem Dreiklang. Zur Last, die Gott uns auferlegt, soll nach seinem Willen die Hilfe kommen, die wir suchen und erfahren dürfen. Ohne Erfahrung solcher Hilfe Gottes sind auch die größten Lasten noch kein Segen. Im Gegenteil: Der Mensch kann durch Leid und Not auch stumpf werden und nicht das Beten, sondern das Fluchen lernen. Ja, es gibt Menschen, die haben in solcher Lage auch das letzte verloren, was sie an Gottesfurcht und Glauben in ihrem Herzen trugen oder doch zu haben meinten. Sie haben Lasten getragen, aber die Hilfe nicht erfahren, weil es an der rechten Beugung vor Gott fehlte, an der Buße über eigene Verschuldung, weil man über alles hinweg Gott den eigenen Willen aufzwingen wollte, weil man anders wollte, als Gott will, oder auch, weil man nicht warten mochte. Hier gilt sein Wort: »Gott widersteht dem Hoffärtigen; nur dem Demütigen gibt er Gnade.«

»Wir haben einen Gott, der da hilft und den Herrn Herrn, der vom Tode errettet«, das wird nirgends deutlicher als im Anblick Jesu Christi. Mit Jesus ist ein Meer von Hilfe, Trost und Segen in unsre Welt hereingekommen. Die Bibel sagt es so: »In ihm wohnt die ganze Fülle der Gottheit leibhaftig.« Jesus ist nach Gottes Willen nun zuständig für alle Fragen deines

Lebens, nicht nur für die Fragen von Schuld und Sühne, Sünde und Vergebung, sondern auch für alle Familien-, Berufs-, Krankheits- und Alterssorgen und -nöte. In ihm ist uns der ganze Himmel aufgetan. Kennen wir ihn und sind wir im Glauben mit ihm verbunden, dann haben wir Anschluß an die Kräfte der ewigen Welt Gottes.

Von seiner Hilfe gilt freilich das Wort Paul Gerhardts: »Weg hast du allerwegen!« Er kann Lasten heben, wegnehmen, wann er will und wenn sie ihren Zweck erreicht haben. Er kann Krankheiten heilen. Er kann Todgeweihte ins Leben zurückbringen. So müßte ich selbst, der ich dieses sage, nach der Meinung des mich damals behandelnden Arztes schon vor vierzig Jahren gestorben sein, weil es mit mir vollkommen aus zu sein schien. Und doch schenkte Gott, nicht zuletzt auf Gebete vieler gläubiger Menschen, Genesung. Und wie viele mögen dies lesen, die auch buchstäblich von solcher Hilfe Gottes leben, ohne die sie schon vergangen wären auf Erden. Aber Lasten wegnehmen, das ist nur eine Art der Hilfe, nicht die einzige dieses Herrn. Gott kann uns in Christus auch stark und geduldig machen, Lasten zu tragen, dunkle Wege zu gehen, Krankheiten zu erleiden ohne zu verzagen und uns noch im Angesicht des Todes still und getrost machen. Die tiefste und schwerste Not sind ja nicht die genannten Dinge an sich, sondern das Fehlen an Kraft und Mut und Trost, das Alleinsein mit allen solchen Dingen. Als Kind bin ich manchmal, um nach Hause zu kommen, Wege in der Dunkelheit der Nacht gegangen und habe mich niemals gefürchtet und bin niemals zu Schaden gekommen – wenn und weil der Vater oder der große Bruder mitging und ich an seiner Hand mich befand. »Wir haben einen Gott, der da hilft«, das ist der Gott von Weihnachten, der uns in Christus Jesus den großen Bruder, den Erstgeborenen, geschenkt hat und der uns die große Verheißung auch für das neue Jahr geschenkt hat: »Siehe, ich bin bei euch alle Tage bis an der Welt Ende!« Ach, was haben Menschen, die an Jesu Hand durchs Leben gingen, alles tragen, dulden, hoffen und mit ihm erfahren dürfen!

Ja, in die Hilfe, die Jesus heißt, ist auch unsre größte Not eingeschlossen, die Not des Sterbenmüssens. Vom Tode errettet werden heißt bei Gott weit mehr als das irdische Leben um einige Jahre verlängert bekommen. Was vom Tode errettet werden heißt, zeigt uns der Apostel Paulus, wenn er aus der Gefängniszelle in Rom schreibt: »Ich habe Lust, abzuscheiden und bei Christus zu sein.« Paulus ist kein Schwärmer; das Sterben an sich ist ihm keine Lust, wie er es an andrer Stelle offen sagt, aber im Blick auf das, was dahinter steht und auf ihn wartet, spricht er so. Was den Menschen ohne Jesus so dunkel, so furchtbar und schrecklich ist, das ist ihm hell geworden: »Jesus lebt! Nun ist der Tod mir der Eingang in das Leben!« Jesus ist das große, mächtige, todüberwindende »Aber« Gottes; Jesus ist das große Gegengewicht gegen all unsre Leiden und Lasten, gegen Not und Tod und Teufel, gegen all unsre Schuld und Sünden. Darum wird es auch im neuen Jahr gelten und von uns erfahren werden:

Wer Jesum bei sich hat, darf nicht verzagen,
kann Welt und Teufelslist siegreich verjagen;
wer Jesum bei sich hat, kann nicht verderben;
wer Jesum bei sich hat, wird selig sterben.

Das bringt den dritten Ton in unsrem Text zum Schwingen:

III.

»Gelobt sei der Herr täglich!« Loben unter Lasten, loben auch im finsteren Tal, loben gar im Blick auf das Letzte auf Erden – welch ein seltsames Ding! Ist das nicht doch etwas überschwenglich gesprochen? Doch nein, wenn er dabei ist, der Gott, der uns hilft, der Heiland, der uns hält und trägt, dann kann man das. Paulus und Silas im Gefängnis in Philippi sind wirklich nicht die einzigen, die das getan haben.

Freilich hat unter den Lasten deines Lebens und in Stunden der Anfechtung auch das Seufzen seinen Raum. Gott erwartet keine Freudentänze in den dunklen Tälern unsres Lebens, kein Halleluja auf dem Siechenbett; da hat auch das Schweigen und da haben auch die Tränen ihre große Bedeutung und ihren Platz. Aber wer an seiner Hand wieder einen Tag zurückgelegt hat und es weiß, wer über ihm Wache hält und wohin die große Lebenswanderung und auch die lange Leidensstrecke überhaupt führt, wer etwas weiß von dem Morgenglanz der Ewigkeit und von der Herrlichkeit der kommenden Welt, der wird dafür auch täglich in aller Demut danken können dem Gott und

Heiland seines Lebens. Und das sind immer noch die reinsten und edelsten Lobgesänge, die aus der Tiefe zu Gott aufsteigen und die er noch immer mit neuem Segen, neuem Trost und neuer Hilfe beantwortet hat.
Auf einem Grabstein eines unserer Friedhöfe in unsrem Vaterland steht unter dem Namen und den Daten des Heimgegangenen nur ein einziges Wort, offenbar als Bekenntnis dieses heimgerufenen Kindes Gottes. Das Wort heißt: »Durchgebracht!« Durchgebracht, das bedeutet mehr als durchgekommen! Man kann mit Mühe und Not, mit Ach und Krach sich durchs Leben zwängen und gerade noch so an der Verzweiflung vorbeigekommen sein. Aber durch*gebracht,* das heißt: Da hat ein anderer geführt, gewacht, gehalten und geholfen, der stärker war als ich und der mit all meinen Widerwärtigkeiten und Gefahren fertig wurde. Ihm hatte ich mich anvertraut, und er hat gehalten, was er versprach!
Sieh, das ist Gottes Verheißung auch an dich. Nimm sie an, halt sie fest, ja halt den fest, der im Namen Gottes zu uns gekommen ist, auch als dein Heiland und dein Erbarmer. Und du wirst erfahren, welch ein getrostes Wandern das gibt, wenn man allezeit auf ihn schauend und ihm vertrauend sagen kann: »Gelobt sei der Herr täglich! Gott legt uns eine Last auf, aber er hilft uns auch. Wir haben einen Gott, der da hilft und den Herrn Herrn, der vom Tode errettet!« Amen.

Gebet: Herr, unser Gott, im Namen Jesu danken wir Dir für das große Heer der Zeugen, die das so erfahren haben, wie es Dein Wort uns sagt, und in Deiner Kraft Welt, Sünde, Not und Tod überwunden haben, weil sie überall erfuhren, daß Du sie nicht allein ließest, sondern bei ihnen warst auch in allen Anfechtungen und Widerwärtigkeiten ihres Lebens und Glaubens. So wollen auch wir Dich ehren, Deinem Wort glauben und in allem Dir von Herzen vertrauen. Wir danken Dir für Dein Geleit und Deine Hilfe im alten Jahr und bitten Dich um Dein Geleit ins neue Jahr. Erhöre uns, wenn wir im Namen Jesu an diesem letzten Abend des alten Jahres zusammen beten: Vater unser im Himmel! Dein Name werde geheiligt. Dein Reich komme. Dein Wille geschehe wie im Himmel so auf Erden. Unser tägliches Brot gib uns heute. Und vergib uns unsre Schuld, wie auch wir vergeben unsern Schuldigern, und führe uns nicht in Versuchung, sondern erlöse uns von dem Bösen. Denn dein ist das Reich und die Kraft und die Herrlichkeit in Ewigkeit. Amen.

Lied: Bis hierher hat mich Gott gebracht durch seine große Güte . . .

Das neue Jahr – ein Jahr des Herrn!

Aber die elf Jünger gingen nach Galiläa auf den Berg, wohin Jesus sie beschieden hatte. Und als sie ihn sahen, fielen sie vor ihm nieder; einige aber zweifelten. Und Jesus trat herzu und sprach zu ihnen: Mir ist gegeben alle Gewalt im Himmel und auf Erden. Darum gehet hin und machet zu Jüngern alle Völker: Taufet sie auf den Namen des Vaters und des Sohnes und des Heiligen Geistes und lehrt sie halten alles, was ich euch befohlen habe. Und siehe, ich bin bei euch alle Tage bis an der Welt Ende.

Matthäus 28,16–20

Anno Domini: Jahr des Herrn! So schrieb man in der Christenheit in alter Zeit über jedes neue Jahr. Das setzte man als die ganz sichere Wahrheit und Wirklichkeit ein bei allem, was uns Menschen im Blick auf die Zukunft noch dunkel und völlig ungewiß ist: Es wird in jedem Fall ein Jahr des Herrn sein, das vom ersten bis zum letzten Tag unter dem Regiment des Herrn aller Herren stehen wird: Jesus!

Und das wollen auch wir tun; ja, das dürfen und sollen wir tun aufgrund des Wortes, das wir verlesen haben. Denn auch das neue Jahr, vor dem wir stehen – es ist von vornherein ein Jahr des Herrn, des Herrn nämlich, von dem wir im Advent gesungen haben:

Jesus ist kommen, Grund ewiger Freude;
A und O, Anfang und Ende steht da.
Gottheit und Menschheit vereinen sich beide;
Schöpfer, wie kommst du uns Menschen so nah!

Wir werden auch im neuen Jahr bei allem, was uns begegnen wird, nicht irgendwelchen dunklen Schicksalsmächten, auch nicht blinden Zufällen ausgeliefert sein, sondern ihm, der über allem steht als der souveräne Herr Himmels und der Erden. Das wird gelten von allem Geschehen in der weiten Welt, und das soll gelten auch für das Leben aller derer, die sich diesem Herrn anvertrauen.

Zu dieser Glaubenszuversicht will uns schon das erste Evangelium im Neuen Testament anleiten, mit dem Matthäus den

Gang des Sohnes Gottes über diese Erde von der Krippe bis zum Kreuz und seiner Rückkehr in die himmlische Welt beschrieben hat. Er schließt sein Evangelium damit, daß er uns als das letzte Wort dieses Herrn vor seinem Scheiden aus der Welt seine feste und feierliche Zusage übergibt: »Und siehe, ich bin bei euch alle Tage bis an der Welt Ende.« Das ist also die Krone und das gerade Ziel, zu dem alles hinführen will, was der Apostel uns in seinem Evangelium über Jesu Kommen in unsre Welt sagt: daß Menschen wie wir schon jetzt inmitten einer Welt voll Angst, Not und Tod getrost und ihres Weges gewiß durch die Zeit gehen, den Kampf des Lebens tapfer kämpfen, alle Widerwärtigkeiten immer neu überwinden und Jesu Namen als den Namen über alle Namen froh bekennen können, weil sie, zu ihm gewandt, wissen und erfahren dürfen:

Wenn wir dich haben, kann uns nicht schaden
Teufel, Welt, Sünd oder Tod.
Du hast's in Händen, kannst alles wenden,
wie auch heißen mag die Not!

Es liegt, wenn wir dieses »Siehe, ich bin bei euch alle Tage!« in seinem Zusammenhang hören, eine dreifache, überaus frohmachende Zusage unsres Herrn an seine glaubende Gemeinde auf Erden darin:

I.

Jesus ist bei uns als der allgewaltige Herr Himmels und der Erde. Denn so heißt es am Anfang des verlesenen Abschnitts: Jesus trat herzu und sprach zu ihnen: »Mir ist gegeben alle Gewalt im Himmel und auf Erden.« Das heißt also: Menschen, die es mit Jesus halten, sollen in allem Wechsel der Zeit und der Jahre und bei allem, was da kommen mag über die Welt und ihr eigenes Leben, eines vor allem andern wissen und festhalten: Es gibt keine Macht und Gewalt, darum auch kein Geschehen in der sichtbaren und in der unsichtbaren Welt, über das Jesus nicht Herr wäre. Nichts, gar nichts steht über ihm, es steht alles unter ihm. Und das gilt wirklich nicht erst von dem Tag, an dem er sichtbar wiederkommen wird in großer Kraft und Herrlichkeit, sondern schon jetzt, heute zwar noch im Verborgenen, aber nichtsdestoweniger gültig und wirksam im Himmel und auf Erden. Das hat der lebendige Gott selbst so gewollt

und gesetzt. Welch ein erhabenes und trostvolles Wort also an uns: »Siehe, ich bin bei euch alle Tage«, ich, den Gott gesetzt hat zum Herrscher über alles!
Aber, so fragen nun viele Menschen: Wenn dem so ist, müßte es dann nicht ganz anders aussehen auf Erden? Wo ist denn der Herr, »der alles so herrlich regieret«? so spöttelt man. Warum darf noch all das Böse auf ihr geschehen? so fragt auch manches gottesfürchtige Herz in seiner Anfechtung. Warum duldet der Herr, daß ihm so getrotzt wird auf Erden? Daß Menschen seine Gebote mit Füßen treten? Warum diese Ungerechtigkeiten und die vielen Katastrophen? Warum muß auch seine Gemeinde noch schwere Leidenswege gehen? Warum? Warum?
Nun, Jesus beantwortet uns nicht jedes Warum? Er mutet uns zu, daß wir im Aufblick zu ihm, der für uns in den Tod gegangen ist, noch manches Rätselvolle tragen und so Glauben und Hoffen bewahren und ihn als den Herrn über alles ehren, lieben und loben, der keine Fehler macht, weder im großen Weltgeschehen noch im Leben seiner Gläubigen. Aber die eine Antwort, die uns sein Wort hier gibt, wollen wir auch am Anfang eines neuen Jahres nicht überhören. Sie lautet: Gerade weil nichts über Jesus steht, sondern alles unter ihm steht, darum darf noch so vieles geschehen und wird gewiß auch im neuen Jahr geschehen, was uns kleinen Menschen Not macht! Weil Jesus Tod und Teufel und alle gottfeindlichen Mächte grundsätzlich besiegt hat, kann er dem geschlagenen Feind noch Zeit und Raum lassen, auch als Geschlagener noch gegen Gottes Werk zu rebellieren und sich so in seiner abgrundtiefen Bosheit zu entlarven. Er kann den Großen dieser Welt Gelegenheit geben, alle ihre Programme durchzuexerzieren und auszuprobieren, ob man nicht auch ohne Jesus die Welt erlösen und erneuern könne. Er braucht deshalb auch nicht alle Schuld auf Erden zu rächen und alles Böse schon im Keim zu ersticken. Er kann alles reif werden lassen; denn ihm steht eine Ewigkeit zur Verfügung, und es entläuft ihm niemand. Er braucht auch um seinen Thron nicht zu bangen. Alles Reden, Toben und Treiben gegen ihn und seine Absichten ist vergeblich. »Daß Jesus siegt, bleibt ewig ausgemacht, sein wird die ganze Welt!« »Ich sah die Toten, beide, groß und klein, stehen vor dem Thron« dieses Herrn, »und Bücher wurden aufgetan. Und die Toten wurden gerichtet nach dem, was in den Büchern ge-

schrieben steht, nach ihren Werken«, so lesen wir es im letzten Buch der Bibel.
Welch eine machtvolle Begründung enthält also diese Zusage: »Siehe, ich bin bei euch alle Tage bis an der Welt Ende!« Was gibt das für ein getrostes Gehen durch unsere Zeit, wenn wir das gelten lassen: Unsere ganze Welt mit ihren Nöten und Nächten, ihren Wirren und Wunden letztlich doch nicht in den Händen der Supermächte, auch nicht in den Händen dunkler Schicksalsmächte oder teuflischer Gewalten, sondern zuletzt und zutiefst in den Händen des Mannes von Bethlehem und Golgatha. Er trägt alle Dinge durch sein mächtiges Wort. Er setzt allen zerstörerischen Gewalten ihre Grenzen. Er geht auch über das bewegte Völkermeer unsrer Tage als der Herr, der Wind und Sturm gebieten kann. Er führt, wenn seine Stunde gekommen ist, die neue Welt herauf, die Welt ohne Angst und Not, ohne Blut und Tränen, die Welt ewiger Gerechtigkeit und Seligkeit. Darum fürchte dich nicht! ruft er uns zu; ich bin da, und ich bin bei euch alle Tage, auch alle Tage des neuen Jahres – als der allgewaltige Herr der Welt!

II.

Jesus ist bei uns als der mächtige Erbauer seiner Gemeinde! So lautet der nächste Satz, der ebenso unlöslich mit seiner Zusage: »Siehe, ich bin bei euch alle Tage« verbunden ist: »Darum gehet hin und machet zu Jüngern alle Völker« oder, wie einer übersetzt: »Machet Jünger unter allen Völkern!« Damit setzt Jesus seine Verheißung in Kraft, die er vor seinem Gang zum Kreuz seinen Jüngern verkündet hat: »Ich will bauen meine Gemeinde, und die Pforten der Hölle sollen sie nicht überwältigen!« Das heißt also: Die ganze Zeit zwischen Jesu erstem Kommen in Armut und Niedrigkeit und seiner sichtbaren Wiederkunft in Kraft und Herrlichkeit, also auch unsere Zeit ist Heilszeit, Gnadenzeit, und unsre Welt ist für diesen Zweck zu einem Bauplatz dieses Herrn geworden.
Es soll nämlich bis zur Wiederkunft Jesu aus allen Völkern und Sprachen die Gemeinde der Kinder Gottes herausgerufen werden, die sich um die Krippe von Bethlehem und das Kreuz von Golgatha sammelt, Jesus als ihren Retter und Herrn annimmt, seinen Sieg am Kreuz auf Golgatha in der Welt

ausruft um, wenn er als Weltvollender wiederkommt, an seine Seite gerufen zu werden und mit ihm, ihrem Herrn, die neue Welt einzunehmen. Gerade deshalb aber, weil die Zeit zwischen Golgatha und Wiederkunft Heilszeit und Gnadenzeit ist, wird unsre Welt und Zeit heute nicht so sehr von der Gewalt Jesu und der Gerechtigkeit Gottes bewegt und regiert, sondern sie wird vorwiegend von seiner Güte, Geduld und Langmut gehalten und getragen. Denn »Gott will, daß allen Menschen geholfen werde und sie zur Erkenntnis der Wahrheit kommen.« Darum soll und muß, ehe Jesus als Richter der Welt erscheint, erst das Evangelium unter allen Völkern verkündigt werden, »das Wort von Jesu Wunden, von Jesu Sieg und Macht, wie er ein Heil erfunden, das hier schon selig macht.«

Diese biblische Wahrheit wollen wir auch am Anfang eines neuen Jahres sehen und neu beherzigen. Sie gehört zum Einmaleins biblischer Glaubenserkenntnis. Darum müssen wir sie uns immer wieder vorhalten lassen. Wenn Jesus also sagt: »Siehe, ich bin bei euch alle Tage bis an der Welt Ende!«, dann heißt das auch: Ich, der ich meine Gemeinde baue für meinen großen Tag, muß deswegen so viel Geduld und Langmut üben und mit dem Gericht noch zögern, wie es auch meines Vaters Wille ist, und ich muß auch euch, meinen Jüngern, noch manche Lasten und Leiden zumuten, weil ihr meine Mitarbeiter seid im Werk des Baus meiner Gemeinde, ja weil durch euch das Evangelium durch die Welt getragen werden muß.

Wir sollen als seine Gläubigen darum auch im neuen Jahr nicht nur jammern und bei den Wirren, Nöten und Spannungen auf Erden stehen bleiben. Gewiß sollen und wollen wir auf alles achten, was in der Welt geschieht, aber wir wollen auch das sehen und erkennen, daß der Herr selbst am Werk ist und gerade in unserer Zeit auf dem Feld der Mission so viel geschieht wie vielleicht nie zuvor. Unter fast allen Völkern gibt es heute Gemeinde Jesu, und Türen öffnen sich für das Evangelium, die bisher verschlossen waren. Gerade die Nöte in der Welt und die drohenden Gefahren lassen Menschen fragen nach dem, »was ewig bleibt, wo alles wankt und fällt«. Man lese nur die Missionsberichte unserer Brüder und Schwestern in den Ländern der Dritten Welt.

Ja, die gläubige Gemeinde in aller Welt steht heute unter dem tiefen Eindruck, daß es letzte Gnadenzeit ist, in der wir stehen. Unser Herr kommt bald! Und sein Wort ruft uns zu: Macht mit an eurem Platz am Bau meiner Gemeinde! Bekennt euch zu mir als eurem Heiland und Herrn! Singt fröhlich eure Glaubens- und Hoffnungslieder! Erkennt als meine Jünger auch in dieser letzten Gnadenzeit eure Aufgabe und das hohe Vorrecht, das euch gegeben ist, bei dem weltumfassenden Werk der Mission und Evangelisation mit eurem Bekenntnis und Glauben und Hoffen, mit euren Gaben und Gebeten mit dabeisein zu dürfen! Denn »Siehe, ich bin bei euch alle Tage bis an der Welt Ende!« mit meinem Geist und meinem Trost und meiner Kraft. Ich bin bei euch, meinen Mitarbeitern, als der mächtige Bauherr der Gemeinde, die Hölle, Tod und Teufel nicht überwältigen werden, sondern die mit mir leben und herrschen wird immer und ewiglich! »Siehe, ich komme bald und mein Lohn mit mir!«

III.

Jesus ist bei uns – als der gute Hirte jedes einzelnen seiner Herde! »Siehe, ich bin bei euch alle Tage bis an der Welt Ende«, das soll nun wirklich auch jedes einzelne Glied seiner Gemeinde hören, annehmen und erfahren. Denn die wirkliche Gemeinde Jesu besteht immer nur aus Menschen, die sich persönlich zu Jesus rufen ließen und sich ihm in Buße und Glauben auslieferten als ihrem Heiland und Herrn. So sehen wir es auch hier in unserem Text. Denn wem hat Jesus dies große Wort zuallererst gesagt? Elf verschüchterten Männern, die er einzeln in seine Nachfolge gerufen hatte und die mit alledem, was seit Jesu Tod am Kreuz über sie gekommen war, noch gar nicht fertig geworden waren. Jesus hatte sie einen um den anderen nach seiner Auferstehung erst wieder zusammensuchen müssen, als sie hinter verschlossenen Türen und in ihren Kummerhöhlen sich befanden. »Etliche aber zweifelten«, so lesen wir es auch in unsrem Text.

Und ihnen, diesen geängsteten Leuten, gibt Jesus die große Verheißung, daß er bei ihnen bleiben wolle, auch ungesehen, als der gute Hirte, aus dessen Händen sie nichts und niemand reißen soll. Mit dieser Gewißheit im Herzen sollen sie den Weg gehen, den er ihnen bereitet hat, und seinen Namen überall bekennen. Und so sind sie nach Pfingsten auch gegangen im Vertrauen auf seine Kraft und haben, jeder an seinem Platz und auf seinem Weg, in guten und in schweren Tagen, in großen Erweckungszeiten und großen Verfolgungszeiten und noch im Angesicht des Todes erfahren: Jesus ist da – der gute Hirte meines Lebens! Im Glauben an ihn haben sie die Welt überwunden und ihren Lauf vollendet.

Und das ist es, was auch wir alle brauchen: diese Gewißheit, daß wir ihm gehören dürfen, der zu uns kam und für uns starb und der als der Auferstandene und Lebendige bei uns und mit uns ist. Alle großen Gedanken über Jesus als den Herrn der Welt und als den mächtigen Erbauer seiner Gemeinde nützen uns am Ende nichts, wenn wir ihn nicht auch persönlich als unsern Heiland, ja als den guten Hirten unsres Lebens angenommen haben und erfahren. Und es schadet am Ende nichts, wenn uns manche Erkenntnis noch fehlt und wenn uns vieles noch in seinem Walten unverständlich bleibt, wenn wir dies eine in Demut und Dankbarkeit bekennen können:

Herr, mein Heiland und mein Hirte,
der des Lebens Bahn mir brach:
ich bin dein von ganzem Herzen,
dir nur will ich folgen nach!

Und das ist es, was er einem jeden von uns in seinem Wort auch an der Schwelle des neuen Jahres anbietet: Er will auch dein Leben unter seine Führung nehmen, um den Ratschluß zu verwirklichen, den er in großer Liebe auch über dich gefaßt hat. Er will dir alle Sünden vergeben, die noch auf dir lasten; er will dich dann als sein teuer erkauftes Eigentum durch alle Wirrnisse dieser Zeit die rechte Straße führen um seines Namens willen, und das bedeutet nach Psalm 23: Er will dir Frieden und Freude schenken, dich immer neu stärken und erquicken durch sein Wort und seinen Geist. Und er will auch in den dunklen Tälern deines Lebens, wenn mancherlei Prüfungen und Widerwärtigkeiten auf dich zukommen, ja auch dann, wenn die Schatten des Todes auf deinen Weg fallen, dich nicht verlassen. Ja, er will deine Tage und deine Jahre so gestalten, daß dein Leben kein Leerlauf bleibt, sondern daß aus deinem Leben etwas herauskommen soll, ihm zum Ruhm

und dir zur Freude: ein erfülltes Leben, ein erreichtes Ziel, ein freudiger Eingang in sein vollendetes Reich. Denn nicht bloß unser persönliches Leben nimmt einmal ein Ende auf Erden, sondern unsere ganze Weltgeschichte geht einmal buchstäblich zu Ende. Dann aber bricht für alle Jünger Jesu jene Welt an, in der nicht mehr Jesus unsichtbar bei uns ist, sondern wir bei ihm sind und ihn sehen werden, wie er ist.
Jesus ist da – als der treue Hirte seiner Schafe. Und »er führt die Seinen in ewiger Gnade und bringt sie sicher nach Haus!« Amen.

Gebet: Wir danken Dir, Herr Jesus, für Deine herrliche Zusage, daß Du bei uns sein willst auch im neuen Jahr als der allgewaltige Herr der Welt, als der starke Erbauer Deiner Gemeinde und als der gute Hirte der Deinen. So wollen wir auf Dich schauend und Dir vertrauend unsern Weg durchs neue Jahr gehen, den Du uns bereitet hast. Laß es für uns ein Jahr werden, in dem wir Deinen Namen froh bekennen und von Deiner Gnade Zeugnis ablegen, damit auch durch uns Dein Lob auf Erden gemehrt werde und Deine Gemeinde wachse und wir Deinem glorreichen Tage näherkommen! Amen.

Lied: Jesus soll die Losung sein, da ein neues Jahr erschienen . . .

Sonntag nach Neujahr

Jesus – als Anfänger und Vorbild des Glaubens

Und seine Eltern gingen alle Jahre nach Jerusalem zum Passahfest. Und als er zwölf Jahre alt war, gingen sie hinauf nach dem Brauch des Festes. Und als die Tage vorüber waren und sie wieder nach Hause gingen, blieb der Knabe Jesus in Jerusalem, und seine Eltern wußten es nicht. Sie meinten aber, er wäre unter den Gefährten, und kamen eine Tagereise weit und suchten ihn unter den Verwandten und Bekannten. Und da sie ihn nicht fanden, gingen sie wieder nach Jerusalem und suchten ihn. Und es begab sich nach drei Tagen, da fanden sie ihn im Tempel sitzen, mitten unter den Lehrern, wie er ihnen zuhörte und sie fragte. Und alle, die ihm zuhörten, verwunderten sich über seinen Verstand und seine Antworten. Und als sie ihn sahen, entsetzten sie sich. Und seine Mutter sprach zu ihm: Mein Sohn, warum hast du uns das getan? Siehe, dein Vater und ich haben dich mit Schmerzen gesucht. Und er sprach zu ihnen: Warum habt ihr mich gesucht? Wißt ihr nicht, daß ich sein muß in dem, was meines Vaters ist? Und sie verstanden das Wort nicht, das er zu ihnen sagte. Und er ging mit ihnen hinab und kam nach Nazareth und war ihnen untertan. Und seine Mutter behielt alle diese Worte in ihrem Herzen. Und Jesus nahm zu an Weisheit, Alter und Gnade bei Gott und den Menschen. Lukas 2, 41–52

»Eine Perle« unter den Zeugnissen des Neuen Testaments über Jesu Erdenleben, so nennt einer unserer Väter diesen Abschnitt in unserer Bibel. Denn es ist dies der einzige Bericht aus Jesu Jugendjahren. Sonst schweigt die Bibel über die Kindheit und Jugend unseres Herrn. Daß sie es tut und dafür um so mehr seine späteren Taten, vor allem sein Leiden und Sterben beschreibt und sein Wort uns kundtut, hat seine tiefe Bedeutung. Die Bibel will damit sagen: Von der Krippe bis zum Kreuz unseres Herrn geht ein gerader Weg. Und dort, im Kreuz auf Golgatha, da liegt, o Mensch, dein Heil, dein Friede, dein Leben, deine Seligkeit, wie wir es auch singen:

An dem Kreuze trug der Reine deiner Sünde Lohn.
Sieh, wie liebt dich dieser Eine, Gottes Sohn!

Trost, Vergebung, ewges Leben fließt vom Kreuz dir zu;
bei dem Kreuz wird dir gegeben Himmelsruh!

Aber hier wird uns nun doch auch ein Blick in die Kindheits- und Jugendjahre Jesu gewährt. Dieser Blick soll uns zeigen, wie aus dem Kindlein in der Krippe der Knabe und Jüngling wurde und wie Jesus für seine große Heilandsaufgabe heranreifte: »Und Jesus nahm zu an Weisheit, Alter und Gnade bei Gott und den Menschen.« Welch ein herrliches, aufschlußreiches Wort über ihn! Jesus trug von Mutterleibe an ein heiliges Leben in sich, das sich mit zunehmendem leiblichen Wachstum ohne Bruch und Schwankung immer mehr entfaltete, bis er mit festem Willen und heiliger Entschiedenheit den Weg betrat, den Gott ihm wies: durch sein Leben, Leiden und Sterben und sein siegreiches Auferstehen der Welt die Erlösung von Sünde, Tod und Teufel zu bringen.

So kann es bei keinem unter uns sein und werden. Leben und Weg des Jesus von Nazareth auf Erden waren einmalig. Niemand von uns trägt solch ein heiliges Leben schon von Mutterleibe an in sich. Über unserem Leben steht Gottes Urteil: »Das Dichten und Trachten des menschlichen Herzens ist böse von Jugend auf.« So betet auch der fromme König David: »Siehe, ich bin in Sünden geboren, und meine Mutter hat mich in Sünden empfangen.«

Und doch ist es das Angebot der Liebe Gottes an uns und dazu ist Jesus in die Welt gekommen, daß wir durch den Anschluß an ihn auch ein heiliges Leben von Gott empfangen sollen: das Leben der Gotteskindschaft. So lesen wir an anderer Stelle: »Welche ihn – Jesus – aufnahmen, denen gab er Macht, Gottes Kinder zu werden, die an seinen Namen glauben.« Und das ist ein ganz reales, wirkliches Geschehen. Und auch dieses neue Leben aus Gott, im Glauben an Jesus, will sich in uns entfalten, will wachsen und zunehmen, um einmal, wenn die Stunde da ist, vollendet zu werden im Schauen der Herrlichkeit Gottes und des Heilandes. Darum werden wir aufgefordert: »Wachset in der Gnade!«

Nein, kein Mensch wird als fertiger, reifer Glaubensheld geboren oder wiedergeboren. Sondern so ist es: Entweder du wirst erst einmal ein echtes Kind des Glaubens und nimmst dann zu an Weisheit und Gnade, oder aus deiner ganzen

erhofften Seligkeit im Himmel und auf Erden wird nichts, und du bleibst ein verlorener Mensch. Denn hier gilt der Satz: »Wer Christi Geist nicht hat, der ist nicht sein.«
Was aber gehört dazu, daß wir im Glauben beginnen, im Glauben weiterkommen und einmal auch im Glauben vollendet werden können? Worauf hat es Gott abgesehen, wenn er uns durch den Mund seines Sohnes sagt: »Wenn ihr nicht umkehret und werdet wie die Kinder, so werdet ihr nicht in das Reich Gottes kommen?« Drei entscheidende Dinge macht uns unser Bibelabschnitt dazu hell:

1. heilige Einfalt
2. kindlichen Gehorsam
3. Herzensdemut

Ohne diese drei Dinge gibt es kein echtes Glaubensleben. Lassen wir uns das durch diesen biblischen Bericht deutlich machen.

I.

Das erste, was uns ins Auge fällt, wenn wir über dieser Geschichte stille werden, ist doch *die heilige Einfalt,* in der Jesus von Kindheit an sein persönliches Glaubensleben lebt. Noch ist er nicht der ausgereifte Herr und Meister, der seine Jünger das unvergleichliche Gebet, das »Vater-Unser«, lehren kann. Er ist noch nicht der gewaltige, geistesmächtige Prediger, der in der Bergpredigt sagen kann: »Ihr habt gehört, daß zu den Alten gesagt ist . . . Ich aber sage euch . . .!« Noch ist er nicht der machtvolle Gebieter, dem Wind und Meer gehorsam sind und vor dem die Dämonen fliehen und auf dessen Ruf auch der Tod seine Beute hergeben muß. Nein, hier steht Jesus noch als Kind vor uns, als »Anfänger des Glaubens«, wie ihn die Bibel einmal nennt, der unter der Obhut frommer Eltern steht und wie jedes jüdische Kind Gebete, Psalmen und Bibelverse lernt und in der frommen Sitte der Väter erzogen wird.
So finden wir ihn auch hier im Tempel als fragenden, lernbegierigen Schüler unter den Lehrern Israels. Denn zu seiner Erniedrigung und Menschwerdung gehört auch, daß er, der Sohn Gottes, seine Teilhabe an der göttlichen Allwissenheit abgelegt hat und wie wir Menschen ganz an die Bibel gewiesen

ist. Er weiß darum noch nicht alles, was der Vater ihm später offenbaren wird. Aber eines hat er schon gehört und in der Bibel gefunden, und dies eine hat ihm Gottes Geist in seinem Herzen bestätigt: Es ist ein Gott im Himmel, und dieser Gott im Himmel ist mein Vater und hat die Menschen lieb! Und diesem Gott hat er sich nun ganz bewußt verschrieben. »Wisset ihr nicht, daß ich sein muß in dem, was meines Vaters ist?«, das ist das erste Wort aus dem Munde Jesu, das wir kennen. Und eben dieses erste Wort macht deutlich: Jesus hat den Weg, den der Vater ihm wies, schon eingeschlagen. Er weiß es und hält es fest: »Der Vater im Himmel ist es, dem ich gehöre und gehören will mit meinem ganzen Leben.« Seht, das ist heilige Einfalt des Glaubens.

So aber, in solcher Einfalt des Herzens, soll und darf es mit dem persönlichen Glaubensleben auch bei uns anfangen und weitergehen. Wie alt muß man aber sein, um in solcher Herzenseinfalt eine klare Entscheidung für den Gott der Bibel, das heißt jetzt: für Jesus, treffen zu können? Wie reif und klug muß man sein, um zum Glauben an ihn kommen zu können? Was muß man wissen, um Gottes Hand ergreifen zu können, die er uns in Jesus entgegenstreckt? Nur eins: daß Gott uns liebhat! Mehr brauchen wir für den allerersten Anfang nicht. Und dies eine kann man wissen. Das hat Jesus seinen Nachfolgern ausdrücklich bezeugt: »Er selbst, der Vater, hat euch lieb, darum, daß ihr mich liebet.« Und solches Zeugnis hat er mit seinem Tod am Kreuz besiegelt und so sein Kreuz zum Denkmal der Liebe Gottes für alle gemacht. Zum Anfang des Glaubens gehört, daß du das stehen läßt und dich daran hältst und dafür dankst, und das zur Mitte und zum Grund deines Lebens und Glaubens an Jesus machst. Und das kann schon sehr früh im Elternhause beginnen, im Kindergottesdienst, bei der Konfirmation oder, wenn es dort nicht geschah, in einer Stunde deines Lebens, da das Wort Gottes dich anspricht, vielleicht auch beim Lesen dieser Predigt.
Ach, wie viele Menschen, junge und alte, sitzen aber an diesem Punkt fest, weil sie sich zu solcher Einfalt nicht verstehen wollen. Man will erst alles ergründen und begreifen, um dann, wenn schon geglaubt werden muß, gleich als fertiger Glaubensheld dazustehen, für den es kaum noch Fragen und Geheimisse

gibt. Aber das ist genauso verkehrt, wie wenn einer sich erst dann dem Licht und der Wärme der Sonne aussetzen wollte, wenn er ihrem Geheimnis auf den Grund gekommen ist; oder wie wenn einer erst dann das Einmaleins lernen wollte, wenn er die Gesetze der höheren Mathematik begriffen hat. Nicht wahr, so töricht ist kein Mensch auf Erden. Aber auf dem Gebiet des Glaubens gibt es solche Torheit. Ich selbst habe in jungen Jahren eine Zeitlang in solcher Torheit gesteckt, bis ich dann begriff, was nicht bloß ungezählte Menschen, sondern Jesus selbst uns vorgelebt hat: Um in Gott geborgen zu sein, ja zu ihm zu sagen, ihm zu glauben und zu vertrauen und mit beten anzufangen, mußt du nicht erst tausend Geheimnisse ergründet haben. Es genügt, das eine zu wissen: Daß Gott da ist und daß er mich in Jesus ruft, weil er mich liebhat. Und noch einmal: Dies eine kann man wissen und darf man wissen; denn Jesus starb buchstäblich mit solcher Botschaft auf den Lippen den bitteren Kreuzestod, nachdem er noch einem Menschen, der gestrandet war in einem Leben ohne Gott und nun am Kreuz neben Jesus hing und sich an Jesus wandte, das Tor zum Paradies aufgetan hatte.
Ja, wer solche Botschaft in kindlicher Einfalt und Dankbarkeit annimmt und zu beten beginnt, der hat das Leben, das kein Tod mehr töten kann. Und der darf und wird und soll auch bei allem Wachstum im Glauben und Reiferwerden, auch von allen hohen Gedankenflügen und tieferen Erkenntnissen, die ihm dann geschenkt werden, vor allem auch aus allen Anfechtungen und zuletzt in seiner letzten Stunde zurückkehren zu dieser Einfalt des Glaubens, wie wir sie auch bei Jesus selbst am Kreuze finden, wenn er betet: »Vater, in deine Hände befehle ich meinen Geist!« Und wie es der gesegnete Erweckungsprediger Spurgeon auf seinem Sterbebett gesagt hat: »Meine Theologie ist ungeheuer einfach geworden. Sie läßt sich mit den vier Worten ausdrücken: Jesus starb für mich!« Einfacher geht's nicht. Gott helfe uns allen zu solcher heiligen Einfalt des Glaubens!

II.

Das zweite, was wir bei Jesus lernen wollen, ist sein *kindlicher Gehorsam* gegenüber seinen Eltern und damit gegenüber der

Führung seines himmlischen Vaters. »Und er ging mit ihnen hinab und kam nach Nazareth und war ihnen untertan.« Bedenken wir: Der zum Heiland und zum Richter und Herrn über alle Welt gesetzt werden soll, fügt sich ein, wird untertan denen, die ihn nicht verstanden. Und selbst, wenn wir ihn hier noch nicht als den Herrn und Richter sehen wollten, so müssen wir doch sagen: Für einen aufgeweckten, hochbegabten und lernbegierigen Knaben lag die Gefahr nahe und war die Versuchung groß, daß ihm nach solchen Erlebnissen im Tempel in Jerusalem das einsame Dorfleben zuwider geworden wäre. Hätte Jesus in Jerusalem nicht viel mehr lernen und weiterkommen können? »Alle, die ihm zuhörten, verwunderten sich über seinen Verstand und seine Antworten.« Unter diesen Bewunderern waren sicher auch solche, die den begabten Knaben gern aufgenommen und ihm zum Studium in Jerusalem verholfen hätten. Aber der Herr, der uns später lehren wird, daß schlichter Gehorsam gegenüber den Geboten und Führungen Gottes vor ihm mehr gilt als alle in die Augen springenden großen Dinge, die eigenwillig getan werden – wir denken an seinen Kampf mit den Pharisäern darüber! –, der hat es zuvor gelernt, sich selbst in Gottes Ordnung einzufügen, und in der Stille und Einsamkeit des elterlichen Hauses Gehorsam geübt. Und in solcher inneren Haltung nahm er zu »an Weisheit, Alter und Gnade . . .«.

Weisheit, das ist die Einsicht in Gottes Gedanken, Plan und Willen; Weisheit schaut in die Tiefe und weiß, worauf es im Leben ankommt, weiß, das Gute vom Bösen zu unterscheiden; Weisheit ist das Licht, das von Gott her sich über unser Leben ausbreiten will. »Jesus nahm zu an Weisheit«, das heißt: Es wurde ihm immer deutlicher, was Gott will und was wahr und recht vor ihm ist; es wurde ihm immer deutlicher: Ich kann meinem Vater im Himmel nur dienen im Gehorsam gegen seine Führung, seinen Willen, seinen Weg. So wartet er, bis der Vater ihn ruft, und bleibt seinen Eltern untertan. Wir wissen: Dasselbe Wort vom »Untertan-sein« ist auch uns als Gottes Wille und Gebot gesagt. Gott will, daß wir das auch als seine Kinder auf Erden lernen, uns einzufügen in das Ganze seiner Gemeinde. Darum mahnt sein Wort: »Ihr Kinder, seid gehorsam euren Eltern! Ihr Frauen, seid untertan euren Männern in

dem Herrn! Ihr Jüngeren, seid untertan den Älteren! Allesamt seid untereinander untertan in der Furcht Gottes! Denn Gott widersteht den Hoffärtigen, aber den Demütigen gibt er Gnade!« Das ist also auch für uns eine ganz wichtige Lektion, die wir in der Schule des Glaubens zu lernen haben.
Wie mancher gläubige Mensch ist aber gerade auch an diesem Punkt in seiner inneren Entwicklung aufgehalten worden, weil er das nicht lernen wollte, sich einzufügen. Ja, es gibt Kinder Gottes, die geistlich sehr rege sind, sie lieben Gottes Wort und streben nach Erkenntnis und haben auch manche Erkenntnis gewonnen. Aber eine haben sie nicht gewonnen: daß Kinder Gottes untereinander untertan sein sollen, daß sie sich auferbauen sollen zu einem geistlichen Haus, zu einer Glaubensfamilie, an jedem Ort, so wie Stein zu Stein sich fügen läßt. Es kann, wenn wir das nicht lernen, auch unter den Christen leicht zu einem »Herrentum« kommen, bei dem einer des andern Herr sein will. Oder es ergibt dann das fromme Einspännertum, die fromme Absonderung. »Ich kann mir nur von dem etwas sagen lassen, der mir innerlich an Erkenntnis überlegen ist«, so meinte jemand einmal. Aber Jesus meint es nicht so. Innerlich war er den Eltern weit überlegen an Erkenntnis, dennoch war er ihnen untertan, bis Gott ihn rief.
Halten wir also fest: Jesus ist für seine hohe Aufgabe als Heiland und Herr über alle auch dadurch zubereitet worden, daß er »gehorsam wurde bis zum Tode, ja zum Tode am Kreuz.« Und solcher Gehorsam hat auf Erden zu Hause, im engsten Raum angefangen. Auch du und ich und alle Kinder Gottes sind zu hohen Aufgaben berufen: schon auf Erden Licht und Salz, das heißt: glaubwürdige Zeugen ihres Herrn zu sein, und in seinem kommenden Reich an seiner Herrschaft teilzunehmen. Darum aber stellt Jesus mich und dich auf Erden in seine Gemeinde und dort in einen bestimmten Kreis hinein, damit wir lernen, uns aufzuerbauen und einzufügen. Jesus wird einmal alle stolze Herrschsucht zerbrechen und alle Hoffart verdammen und nur die an seiner Herrlichkeit und Herrschaft teilnehmen lassen, die gelernt haben, untertan zu sein in der Liebe zueinander und in der Furcht Gottes. Das sagt sein Wort. Und wieder gilt der Satz: »Wer Christi Geist nicht hat, der ist nicht sein.«

III.

Ein drittes haben wir damit schon genannt, das wir bei Jesus finden: *Wahre Demut.* Jesu Eltern waren in der Erkenntnis des Willens Gottes nicht so weit wie Jesus. Sie machten dem Knaben heftige Vorwürfe wegen seines Verhaltens. Sie verstanden ihn nicht. Es fehlte ihnen an der Klarheit, in der Jesus schon stand und aus der heraus er fragte: »Wisset ihr nicht, daß ich sein muß in dem, was meines Vaters ist?« Und dennoch fügte er sich in die elterliche Ordnung und Macht. Darin liegt nicht nur Gehorsam, sondern tiefe Demut. In solcher Demut wächst er heran zu seinem Heilandsberuf und darf dann Menschen zu sich rufen als der, der »sanftmütig und von Herzen demütig« ist, »damit sie Ruhe finden für ihre Seele«, damit sie durch ihn zum Frieden mit Gott kommen und ins Himmelreich gelangen. Ja, diesen Zug der Demut finden wir bei Jesus bis ans Ende seines Erdenwandels.

Von den Wundern sagt er: »Der Sohn kann nichts von sich selber tun, sondern was er sieht den Vater tun, das tut gleicherweise auch der Sohn. Im Blick auf sein Reich und seine Herrlichkeit bezeugt er: »Alles ist mir von meinem Vater übergeben.« Nirgends vergißt er, den Vater zu nennen und zu ehren. Alles, was er hat und tut und lehrt, ist des Vaters Gabe. Ja, auch das gehört zu Jesu Demut, daß er auf Golgatha seine Feinde um einen Trunk Wasser bittet, als er ruft: »Mich dürstet!«

»Lernet von mir!«, sagt Jesus. Wenn du also glaubst, mehr zu wissen und zu haben und zu können als andere, dann blähe dich nicht damit! Wenn du meinst, tiefere Einblicke in Gottes Ratschlüsse gewonnen zu haben, beweise es, daß sie dir von Gott geschenkt sind, indem du demütig bleibst. Wenn du dich berufen fühlst, eine ganz andere Stelle einzunehmen, auch in der Gemeinde, warte in Demut, bis der Herr dich ruft. Er weiß auch heute noch, jeden zu finden, den er braucht, und ihn auf den rechten Platz zu stellen. Aber er wird uns in Zeit und Ewigkeit nicht gebrauchen können ohne Demut, ohne Gehorsam, ohne Glauben, der einfältig an ihm hangt und unter seinem Kreuz seinen Ruheplatz gefunden hat.

»Lasset uns aufsehen auf Jesus, den Anfänger und Vollender des Glaubens!« so mahnt uns die Bibel. Das Wort hat eine doppelte Bedeutung: Jesus ist der eine, der uns auf Erden vorgelebt hat, was Glauben ist, wie er anfängt und wohin er führt: in die Herrlichkeit Gottes. Aber Jesus ist nicht bloß das leuchtende Vorbild für Glauben, sondern er ist für uns alle auch der Helfer zum rettenden Glauben: Weil er da ist, kann es bei jedem Menschen anfangen: dieses persönliche Glaubensleben, dieses Neuwerden, dieser Weg, der himmelwärts führt. Denn Jesus nimmt die Sünder an. Und weil er da ist als der Lebendige und der gute Hirte, kann und soll es an seiner Hand weitergehen mit uns. Wir sollen nicht steckenbleiben in den Kinderschuhen, nicht in die alten Gebundenheiten und Gewohnheiten zurückfallen, sondern wachsen im Glauben und in der Gnade, daß unser Herz fest werde. Weil er da ist als der Herr seines kommenden Reiches, darfst du hoffen und wissen, daß du nicht umsonst glaubst, sondern auch einmal schauen wirst, was du glaubst. Jesus ist nicht bloß selbst diesen Weg gegangen, er will, daß auch wir ihm auf diesem Weg folgen in seiner Kraft. Er will auch unsern Glaubensweg vollenden im Schauen seiner ewigen Herrlichkeit! Darum lasset uns aufsehen auf Jesus! Amen.

Gebet: Ja, wir beten, Herr Jesus, zu Dir:
Deiner Sanftmut Schild, Deiner Demut Bild
mir anlege, in mich präge,
daß kein Zorn noch Stolz sich rege;
vor Dir sonst nichts gilt als Dein eigen Bild. Amen.

Lied: Jesus ist der schönste Nam' aller, die auf Erden kamen . . .

Epiphanias

Wahrheitssucher zieht es nach Bethlehem

Als Jesus geboren war in Bethlehem in Judäa zur Zeit des Königs Herodes, siehe, da kamen Weise aus dem Morgenland nach Jerusalem und sprachen: Wo ist der neugeborene König der Juden? Wir haben seinen Stern gesehen im Morgenland und sind gekommen, ihn anzubeten. Als das der König Herodes hörte, erschrak er und mit ihm ganz Jerusalem, und er ließ zusammenkommen alle Hohenpriester und Schriftgelehrten des Volkes und erforschte von ihnen, wo der Christus geboren werden sollte. Und sie sagten ihm: In Bethlehem in Judäa; denn so steht geschrieben durch den Propheten (Micha 5,1): »Und du, Bethlehem im jüdischen Lande, bist keineswegs die kleinste unter den Städten in Juda; denn aus dir wird kommen der Fürst, der mein Volk Israel weiden soll.« Da rief Herodes die Weisen heimlich zu sich und erkundete genau von ihnen, wann der Stern erschienen wäre, und schickte sie nach Bethlehem und sprach: Zieht hin und forscht fleißig nach dem Kindlein; und wenn ihr's findet, so sagt mir's wieder, daß ich auch komme und es anbete. Als sie nun den König gehört hatten, zogen sie hin. Und siehe, der Stern, den sie im Morgenland gesehen hatten, ging vor ihnen her, bis er über dem Ort stand, wo das Kindlein war. Als sie den Stern sahen, wurden sie hoch erfreut und gingen in das Haus und fanden das Kindlein mit Maria, seiner Mutter, und fielen nieder und beteten es an und taten ihre Schätze auf und schenkten ihm Gold, Weihrauch und Myrrhe. Und Gott befahl ihnen im Traum, nicht wieder zu Herodes zurückzukehren; und sie zogen auf einem andern Weg wieder in ihr Land. Matthäus 2, 1–12

»Wahrheitssucher zieht es nach Bethlehem«, so schreiben wir über diese Geschichte; eine Geschichte, die lange Zeit wie vieles andere in der Bibel von den Weisen und Klugen unsrer Welt als Legende und Märchen abgetan wurde. Was sollte das wohl für ein Stern gewesen sein? Und wie sollte ein Stern diese Männer aus dem fernen Osten gerade nach Jerusalem gewiesen haben können? Doch schon der berühmte Naturforscher Kepler hatte berechnet, und inzwischen haben es auch andere

Gelehrte bestätigt, daß um die Zeit der Geburt Christi zwei oder gar drei Planeten am Himmel in solch merkwürdige Nähe gerückt gewesen seien, daß sie längere Zeit für das bloße Auge wie ein großer Stern erschienen sein müssen. Heute sagen uns Gelehrte von hohem Ansehen, daß auch vom rein naturwissenschaftlichen Standpunkt aus gegen diesen biblischen Bericht nichts einzuwenden sei.
Ja, welch ein zuverlässiges Buch der Wahrheit ist doch das teure Bibelbuch! Da spottet man über Dinge, die man nicht versteht, und dann kommt plötzlich eine überraschende Entdeckung und erinnert die Menschen daran, daß Gleiches ja schon seit Jahrtausenden in der Bibel zu finden ist. Wir denken an Jesu Wort, daß jeder Mensch einmal Rechenschaft wird ablegen müssen über jedes unnütze Wort, das er auf Erden geredet hat. Oder wir denken an die Worte seines Apostels, daß die Erde und die Werke auf ihr einmal verbrennen werden vor großer Hitze. Heute, im Zeitalter der Technik, des Computers und der Atomenergie hat es der Mensch schon in der Hand, Worte auf Tonband aufzunehmen und sie für alle Zeiten zu speichern und durch Atomenergie Elemente zum Schmelzen zu bringen.
Wie sagt doch der Beter im 119. Psalm: »Ich habe gesehen, daß alles ein Ende hat, aber dein Gebot bleibt bestehen.« Und: »Dein Wort ist meines Fußes Leuchte und ein Licht auf meinem Wege.« Möge das auch unsre Erkenntnis und Erfahrung im neuen Jahr werden! Denn Licht und Wegweisung für unsern Weg durchs Leben wird uns auch hier, gleich am Anfang des Neuen Testaments, in Fülle gegeben. Wir wollen auf einige Dinge achten und sie zu Herzen nehmen:

I.

Wie ungeahnt reich sind doch schon ehrlich suchende Menschen! Wie wenig braucht im Grunde ein aufrichtiger Mensch, um die Wahrheit und das Licht zu finden, wenn er auf Gottes Wirken achtet. Das wird uns an diesen Männern aus dem fernen Osten so deutlich gemacht. Diese Männer, die in bezug auf die tiefsten Fragen unsres Herzens nach dem Woher und Wohin und Wozu unsrer Welt und unsres Lebens nicht mehr Licht haben als das Licht der stummen Sterne und höchstens einige Brocken aus dem Alten Testament, finden die Krippe zu Bethlehem über weite Wüsten und tiefe Täler hinweg und beugen ihre Knie vor dem Wunder der Liebe Gottes, die sich in Jesus offenbart, und ziehen dann »auf einem andern Weg« wieder in ihr Land zurück. Und dieser »andere Weg« war zugleich ein Weg froher Gewißheit und großer Freude. Über ihrem Heimweg stand: »Wir haben den König gefunden, der Israel und der Welt verheißen ist!«

Drei »Weise«, sagen wir meist, seien es gewesen. Daß es drei waren, steht zwar nicht in der Bibel; man hat das aus den drei Arten der Geschenke geschlossen; es mag auch zutreffen. »Weise« übersetzt Luther. Nach dem Grundtext handelt es sich um Magier; das waren Leute, die sich mit Sterndeuterei und ähnlichen Dingen befaßten. In ihrem Lande galten sie als weise und gelehrte Leute, wie wir aus dem Buch Daniel wissen. Sie waren wohl äußerlich auch nicht ganz arm; sie konnten sich die weite Reise leisten und ansehnliche Geschenke mitnehmen. Aber innerlich waren sie arm; das fühlten sie auch selbst. Denn auf die tiefsten Fragen und Nöte des Menschenherzens hatten sie keine Antwort. Zu Unrecht hat man aus diesen Magiern im Mittelalter Könige gemacht und ihnen sogar Namen beigelegt. Damit verdecken wir uns aber eine tiefe und herrliche Wahrheit des Evangeliums. Das ganze Evangelium von der Gnade Gottes würde anders, wenn Gott damit begonnen hätte, die Könige der Erde und ihre Gewaltigen zur Krippe zu führen. Gott hat aber, als er einen Platz für seinen Sohn auf Erden suchte, die Paläste der Kaiser und Könige verschmäht und einen armen Stall in Bethlehem erwählt. Und die ersten Anbeter aus Israel waren einfache Hirten. Auch die ersten Anbeter aus den Heiden sind nicht Könige und Gewalthaber auf Erden, sondern irrende Leute, die aber Licht und Wahrheit suchen.

Das ist das Große und Herrliche, das uns hier berichtet wird. Wir dürfen zwar annehmen, daß diese Weisen etwas von der Hoffnung Israels auf seinen Messias wußten, der auch der Retter der Welt sein würde. Denn seit der babylonischen Gefangenschaft der Juden gab es in ganz Asien zerstreute jüdische Gemeinden. Auch hatten Propheten Gottes – Daniel und Hesekiel – durch ihr Zeugnis in der Gefangenschaft Spuren hinterlassen und die Erinnerung an einen kommenden König, der wie ein Stern über Juda einmal aufgehen werde zum Heil der ganzen Welt. Aber viel wird es nicht gewesen sein. Und nun erschien zwar am Himmel ein seltsamer Stern, aber so, daß man an ihm vorbeisehen konnte, und viele haben an ihm vorbeigesehen. Und in Jerusalem angekommen, finden diese suchenden Männer unwissende, blinde und unbekehrte Schriftgelehrte, die ihnen noch gerade sagen können: Aus Bethlehem muß der verheißene König kommen; denn so steht es in der Bibel. Aber ob er wirklich schon geboren ist und wann, das alles wissen sie nicht. Wie wenig hatten also diese Leute aus dem fernen Osten im Vergleich mit dem hellen Licht, das wir heute haben und kennen in unsrer Bibel, im Neuen Testament, in unsern Gesangbüchern und Andachtsbüchern. Und doch konnte Gott in ihren Herzen den Zug zu Jesus wecken. Und doch fanden sie den verheißenen Retter der Welt und damit Heil und Glück und Frieden, weil sie dem Licht, das Gott ihnen schenkte, aufrichtig suchend folgten.

Ja, wie reich sind doch schon Menschen, in deren Herzen der Hunger nach Wahrheit, Licht und ewigem Leben wohnt! Jesus selbst heißt solche Menschen schon von fern willkommen, wenn er sagt: »Selig sind, die da hungert und dürstet nach der Gerechtigkeit; denn sie sollen satt werden.« Darum kann der Apostel Paulus auch im Blick auf die ganze Heidenwelt in Römer 2 sagen, daß die redlich suchenden Menschen, die dem wenigen Licht folgen, das ihnen in ihrem Gewissen und in den Werken der Schöpfung leuchtet, auf dem Weg zu Jesus sind und von ihm einmal Preis und Ehre und unvergängliches Wesen erhalten werden. Denn »den Aufrichtigen läßt es der Herr gelingen«, das gilt nicht nur Israel, sondern der ganzen Welt. Und »Er weiß viel tausend Weisen zu retten aus der Not«! Ihm, dem Heiland der Welt, stehen Zeit und Ewigkeit zur Verfügung, um sie ans Ziel zu bringen.

Das gilt aber auch uns, die wir Jesus schon gefunden haben: daß ehrlich suchende Menschen reiche Leute sind, es jedenfalls werden können, wenn sie sich immer neu zu Jesus ziehen lassen, in dem Gott, wie es im Kolosserbrief heißt, alle Schätze der Weisheit und Erkenntnis uns offenhält und anbietet.

Ein neues Jahr hat angefangen. Wir reden im Blick auf die vor uns liegende Zeit als von einer dunklen Zeit. Das hat seinen Sinn. Aber wir werden im neuen Jahr nicht nur Nöten und

Prüfungen begegnen, es werden noch mehr Segnungen auf uns warten, die wir suchen und finden sollen. Denn auch das neue Jahr ist ein Jahr des Herrn! So wie Gott für diese ehrlich suchenden Menschen an der Krippe zu Bethlehem großen Segen bereitet hatte, den sie abholen durften, so hat er gewiß auch für mich und dich solche Segnungen im voraus niedergelegt, auch in den Versammlungen seiner Gläubigen nach seiner Verheißung: »Wo zwei oder drei sich versammeln in meinem Namen, da bin ich mitten unter ihnen«; Segnungen, durch die wir im Glauben zunehmen und am inwendigen Menschen stark werden und in der Liebe und Hoffnung wachsen sollen.
Aber wieviel wir wirklich finden werden an solchen Schätzen, hängt entscheidend davon ab, ob in unsren Herzen solch ehrliches Sehnen und Verlangen wohnt, wie es diese Leute hier nach Bethlehem zog. Denn nicht nur, wer das wahre Licht finden will, sondern auch wer immer tiefer in seinen Schein gelangen und die Wahrheit erkennen will, muß zugeben und bekennen, daß er sich nicht für einen Menschen hält, der schon alles hat und alles weiß und bei dem alles in Ordnung ist, sondern daß er vor Gott dasteht als ein armer, sündiger Mensch, der allein in Christi Blut und Gerechtigkeit seinen Trost und Frieden hat und findet. Wenn der Mensch das nicht zugibt, lebt er nicht in der Wahrheit. Und wer nicht in der Wahrheit lebt und nicht die Wahrheit liebt, der kann Gottes Gnade nicht empfangen. Denn Gott kann da nicht wirken, wo Lüge und Selbsttäuschung uns gefangenhält und gefällt. Auch für uns gilt das adventliche Wort im Lobgesang der Maria: »Die Hungrigen füllt er mit Gütern und läßt die Reichen leer.«
Damit stehen wir bei einer zweiten Erkenntnis, die unser Text uns vermittelt:

II.

Wie Großes und Herrliches geht doch den selbstzufriedenen, satten und stolzen Menschen verloren! Die Hohenpriester, Schriftgelehrten und der König Herodes hatten, äußerlich gesehen, viel, viel mehr als die Weisen aus dem Morgenland: Sie kannten die Bibel, in ihrem Blickfeld stand der Tempel; dort wurden täglich Opfer dargebracht. Das alles sollte sie täglich erinnern an den Einen, der da kommen sollte zur

Errettung Israels und der ganzen Welt; sie wohnten nicht weit von Bethlehem entfernt – und fanden den Heiland nicht. Und als er sie später suchte und ihnen Gottes Liebe bezeugte und anbot, schlugen sie ihn ans Kreuz. Welch ein ernstes Gegenstück zu den suchenden Menschen aus dem heidnischen Osten! Das steht nicht umsonst in der Bibel. Schon an der Krippe zu Bethlehem erfüllt sich Jesu Wort: »Die Letzten werden die Ersten sein und die Ersten die Letzten.« Denn statt daß die Hohenpriester und Schriftgelehrten von ihren Stühlen aufgesprungen wären und sich eiligst auf den Weg nach Bethlehem gemacht hätten, um den Verheißenen zu suchen und zu finden, bleiben sie sitzen, schlagen die Bibel wieder zu, wie wenn sie das nichts anginge. Das Fragen dieser Heiden und ihr Zeugnis von dem wunderbaren Stern, ihre weite Reise macht auf die selbstgerechten Theologen und Ältesten Israels keinen nachhaltigen Eindruck. Viel zu stolz sind sie, um von Heiden Lehre anzunehmen. Sie warten zwar auch auf einen König, aber doch nicht auf einen, auf den die Heiden sie aufmerksam machen müssen. Und weil sie, die Führer Israels, ruhig und selbstzufrieden sitzen bleiben, beruhigt sich auch das Volk in Jerusalem, das zunächst durch das Erscheinen der fremden Heiden und von ihrer Botschaft erschreckt worden war. Der einzige, der diese Männer aus dem Osten ernstnimmt, ist Herodes. Er tut es aus Angst um seinen Thron; darum faßt er, als die Weisen nicht zurückkamen, den teuflischen Plan, alle Kinder in und um Bethlehem im Alter von zwei Jahren und darunter umbringen zu lassen.

O wie ernst ist das, was das Wort uns hier sagt: Du kannst in der frömmsten Stadt auf Erden wohnen, das Gotteshaus vor der Tür haben, eine dicke Bibel besitzen und darin sogar Bescheid wissen – und kannst doch an ihm selbst, Jesus, vorbeisehen oder blind bleiben wie diese Leute in der frommen Stadt Jerusalem. Und solange du nicht deine Knie vor Jesus beugst und ihn als deinen Heiland und Herrn anbetest, gehörst du auch zu denen, die an ihm vorübergehen, und über ihn hinwegsehen. Aber gerade auf Jesus kommt es an. Er allein ist der Weg und die Wahrheit und das Leben. Es gibt für uns keinen andern Weg zu Gott. Darum läßt sich die Anbetung Jesu auch durch nichts ersetzen: durch keine äußere Zugehörigkeit zu einer Kirche oder Gemeinschaft, durch kein frommes Abzei-

chen auf der Brust, durch gar nichts. Jesus will in seinem Wort und jetzt auch in seinem Mahl von uns ganz geglaubt und ergriffen werden – oder er bleibt uns fern.
Jesus läßt sich aber auch heute nicht finden von den Satten und Stolzen, den Selbstgerechten und Selbstzufriedenen; er läßt sich auch heute nur finden von den ehrlich Suchenden und Fragenden, den Hungernden und Dürstenden und Bußfertigen. Er sucht auch im neuen Jahr bei uns, wenn er uns segnen soll, nichts andres als das Eingeständnis unsrer inneren Armut ohne ihn und aus der inneren Armut heraus das herzliche Verlangen nach ihm selber, dem Heiland und Bringer des ewigen Lebens. Gott selbst sucht auch heute solche Menschen zu Jesus zu ziehen, in deren Herzen es tönt:

Ohne dich, wo käme Kraft und Mut mir her?
Ohne dich, wer nähme meine Bürde, wer?
Ohne dich zerstieben würde mir im Nu
Glauben, Hoffen, Lieben – alles, Herr, bist du!

Und nichts anderes wird auch im neuen Jahr das Werk Gottes an unsrer Seele so hindern als Sattheit, Trägheit, Selbstzufriedenheit und Selbstgerechtigkeit. Diese selbstgerechten und trägen Leute in Jerusalem sind ein warnendes Beispiel für uns und unsern Weg. Hüten wir uns, daß wir ihnen nicht gleich werden in Selbstzufriedenheit, Trägheit und Sattheit! Wie sie werden dann auch wir blind bleiben für die Zeichen der Zeit, die heute über *uns* aufleuchten, und die nahe Wiederkunft Jesu anzeigen: die weltpolitische Lage; die zunehmende Verwirrung auf religiösem Gebiet; die sich häufenden Erdbeben; Weltseuchen; Hungersnöte und – die weltweite Verkündigung des Evangeliums! Das alles sind Vorzeichen, die Jesus selbst nennt, die seiner Wiederkunft vorangehen sollen; für die aber die selbstzufriedenen und satten Menschen jeder Farbe blind bleiben müssen. So ernst ist die Sache mit Gottes Offenbarung in Christus Jesus, wenn wir sie nicht beachten! Darum noch ein drittes aus unsrem Text:

III.

Können wir denn etwas tun, um Menschen zu werden, die da hungern und dürsten nach Wahrheit, nach Gerechtigkeit, ja nach Gott und seinem Heil, auch nach Wachstum im Glauben,

Lieben und Hoffen, nach Reifwerden und Vollendung? Das Wort Gottes sagt es uns: Ja, du kannst und du sollst sogar etwas tun. Denn Gott hat uns nicht als tote Steine oder Klötze geschaffen, sondern als Menschen, denen er einen Willen gab. Es stimmt schon, was ein christlicher Denker einmal so ausgesprochen hat: »Der Mensch ist das einzige Wesen auf Erden, das sich wenden kann, wohin es will: zum Himmel hinauf oder zur Hölle hinunter« (Hölderlin).

Darum, so wahr das eine ist: »Es liegt nicht an jemandes Wollen oder Laufen, sondern an Gottes Erbarmen«, so wahr ist das andere: »So ihr mich von ganzem Herzen suchen werdet, so will ich mich von euch finden lassen, spricht der Herr.« Das erste ist freilich Gottes Erbarmen, sein Werk und seine Liebe, sein Wollen und Beginnen. Wäre Jesus Christus nicht gekommen, dann könnten wir wollen und laufen unser Leben lang, wir fänden nichts, was uns rettet und ewig bleibt. Nachdem sich aber Gott über uns erbarmt *hat* und uns zu Weihnachten den Himmel aufgetan *hat* und Jesus unsre Sünden am Kreuz auf Golgatha gesühnt *hat* und der Heilige Geist gesandt *ist* in die Welt, daß er Gottes Wort immer neu lebendig und den Namen Jesus groß und hell mache und Menschenherzen zu Jesus ziehe: liegt es nur noch an uns, an dir und mir, ob wir Jesus in unser Leben wirklich aufnehmen *wollen* als unsern Heiland und Herrn, oder nicht; ob wir einsehen *wollen,* daß wir ohne ihn verlorene Leute sind, oder nicht; ob wir im Glauben wachsen *wollen,* oder nicht. Wenn wir Menschen doch uns hinsetzen können, um nachzudenken, wie wir am besten vorwärtskommen oder für die alten Tage vorsorgen können und anderes mehr tun können, warum sollten wir uns nicht auch einmal hinsetzen können, um über die Frage nach Gott und Ewigkeit, nach Jesus und über das, was die Bibel von ihm sagt, ehrlich nachzudenken? Das kann man sehr wohl. Darum macht uns auch Gott für Oberflächlichkeit, Trägheit und Unglauben voll verantwortlich. Gott zwingt uns sein Heil nicht auf. Die Männer aus dem fernen Osten hätten Jesus nie gefunden und es findet heute kein Mensch zu Jesus, wenn er die Wahrheit und das Leben nicht will und sucht.
Wir wollen darum auch das letzte nicht übersehen, was wir hier finden: »Sie taten ihre Schätze auf und schenkten ihm Gold,

Weihrauch und Myrrhen.« Das waren Zeichen der Huldigung und der Dankbarkeit, die sie dem König Jesus zu Ehren darbrachten; nicht etwa Mittel, mit denen sie sich die Israel widerfahrene Huld Gottes nun auch erkaufen wollten. Niemand von uns braucht sich die Gnade Gottes und das Himmelreich zu verdienen. Gottes Gnade in Christus Jesus kommt zu uns geschenkweise und in ihrem eigenen Trieb. Aber Gott und unsrem Heiland dafür zu danken und seine Sache auf Erden zu fördern, das hat uns Gott erlaubt und sogar aufgetragen und dazu seine Verheißung gegeben: »Wer Dank opfert, der preist mich, und da ist der Weg, daß ich ihm zeige das Heil Gottes.« Der Nehmende und Glaubende und Dankende soll nach Gottes Verheißung immer tiefer hineingeführt werden in das Reich seiner Gnade und in die Welt seines Heils.
Darum laßt uns auch so handeln! Legen wir uns mit allem, was wir haben, vor ihm nieder, mit aller Last und aller Schuld, aber auch mit dem ehrlichen Entschluß, ihn Heiland und Herrn werden und sein zu lassen in unsrem ganzen Leben! Helfen wir mit, daß sein herrlicher Name kund werde auf Erden auch in unsren Tagen! Dann sind wir auf dem rechten Weg durch diese Welt; ja, dann sind wir Kinder Gottes und Miterben Christi für alle Ewigkeit. Amen.

Gebet: Wir danken Dir, Herr, unser Gott, daß Du mit der Sendung Deines Sohnes in unsre Welt mit allem Göttermachen und allen Religionen grundsätzlich Schluß gemacht hast und uns in Christus Jesus die Wahrheit und das Leben offenbart hast und anbietest. Ach daß doch alle Menschen kommen und nehmen möchten aus Deiner reichen Fülle Gnade um Gnade für ihren Weg durch diese Welt, für alle Aufgaben, die du uns stellst, für unsre Zeit und unsre Ewigkeit. Wir beten Dich im Anblick Deiner Liebe an, in der Du zu uns gekommen bist und die wir haben finden dürfen, und loben Deinen Namen! Amen.

Lied: Wie schön leuchtet der Morgenstern voll Gnad und Wahrheit von dem Herrn . . .

1. Sonntag nach Epiphanias

Klarer Kurs – klare Fronten!

Und dem Engel der Gemeinde zu Pergamon schreibe: Das sagt, der da hat das scharfe, zweischneidige Schwert: Ich weiß, was du tust und wo du wohnst: da des Satans Thron ist; und du hältst an meinem Namen und hast den Glauben an mich nicht verleugnet auch in den Tagen, in denen Antipas, mein treuer Zeuge, bei euch getötet wurde, wo der Satan wohnt. Aber ich habe ein Kleines wider dich, daß du daselbst hast, die an der Lehre Bileams halten, welcher den Balak lehrte, zu verführen die Kinder Israel, daß sie Götzenopfer aßen und Unzucht trieben. So hast auch du solche, die in gleicher Weise an der Lehre der Nikolaiten halten. Tue Buße; wo aber nicht, so werde ich bald über dich kommen und mit ihnen streiten durch das Schwert meines Mundes. Wer Ohren hat, der höre, was der Geist den Gemeinden sagt! Wer überwindet, dem will ich geben von dem verborgenen Manna und will ihm geben einen weißen Stein; auf dem weißen Stein aber steht ein neuer Name geschrieben, welchen niemand kennt, als der ihn empfängt.

Offenbarung 2, 12–17

»Man kann auch durch Nacht und Nebel sicher nach Hause kommen, wenn man auf rechtem Wege ist und bleibt!« Dieses erprobte Wort eines meiner geschätzten Lehrer habe ich bis heute nicht vergessen. Wir befanden uns als junge Seminaristen mit ihm auf der Wanderung über die Höhen des Schwarzwaldes. Die Sonne hatte längst ihren Höhepunkt überschritten, und in weiter Ferne sahen wir auch schon das Ziel, das wir bis zum Abend erreichen wollten. Wir tummelten uns aber, weil der Tag so schön war, noch auf den Abhängen – bis wir aus den Tälern dicke Nebelschwaden schnell aufsteigen sahen. So begaben wir uns wieder auf den Weg. Und kaum hatten wir uns richtig gesammelt, da hüllte uns auch schon solch ein dichter Nebel ein, daß wir nichts mehr sehen konnten als gerade die nächsten Schritte. Da wir uns aber auf rechtem Wege wußten, gingen wir einfach vorwärts auf dem rechts und links markierten Pfad. Nach langer, pausenloser Wanderung standen wir zu später Abendstunde dann plötzlich vor der hell erleuchteten

Herberge, in der man schon auf uns wartete. Und da sagte uns unser Lehrer in der Abendandacht das eben zitierte Wort.

Wir spüren es heute immer deutlicher: Über unsere Welt zieht bei allem noch schimmernden äußeren Glanz mehr und mehr eine dichte, beängstigende Vernebelung herauf. Wir denken hier nur an die religiöse Welt: Immer neue Richtungen und Gruppen machen von sich reden, so daß man es aufgeben muß, sich ihre vielen Benennungen zu merken. Alle fordern jedoch Anerkennung in einer sogenannten pluralistischen Welt und Zeit. Es soll gleichberechtigt nebeneinanderstehen: die Gebote Gottes und die Belehrung, daß sie in unsre Zeit der mündig gewordenen Menschen nicht mehr passen; die Verkündigung: Jesus lebt! und die andere: Gott ist tot!; das Zeugnis der Bibel und die Lehre Marx; auch vieles andere mehr.

Wer die Bibel kennt, weiß, daß solche Zeit der Vernebelung am Ende dieser Weltzeit vorausgesagt ist. Da ist es für jeden, der einmal das uns von Gott gesteckte Ziel erreichen will, höchste Zeit, sich zu rüsten und auf den Weg zu machen und dabei scharf auf die Markierungen zu achten, mit denen Gottes Wort den Weg zum ewigen Leben abgesteckt hat. Diesen Dienst wollen auch die sieben Sendschreiben der Offenbarung, besonders auch das eben verlesene tun. Hier wird uns das wegweisende Wort gesagt, das gilt und gelten wird bis zu den Toren der ewigen Stadt. Drei entscheidende Merkmale dieses Weges werden uns hier deutlich gemacht:

I.

Es geht auf dem Weg, den Gott uns zu unsrem ewigen Heil bereitet hat, nicht um mancherlei fromme Lehren und Ideen, sondern es geht um eine Person; es geht um unser Verhältnis und Bekenntnis zu Jesus. Der Glaube der Christenheit ist nicht Glaube an eine bloße Lehre oder Weltanschauung oder Religion, sondern er ist Glaube an den zu Bethlehem geborenen, am Kreuz auf Golgatha gestorbenen und am dritten Tage auferstandenen Jesus von Nazareth. Zwar hat die Christenheit in der frohen Botschaft von der Gnade Gottes in Christus Jesus auch ihre reiche Lehre; sie in die Welt hinauszutragen ist ihr ausdrücklich von ihrem Herrn aufgetragen. Da ist zum Beispiel die herrliche Lehre von der Gerechtigkeit des Glaubens, von

der Heiligung des Lebens, von der Sammlung der Gemeinde aus allen Völkern, von der Wiederkunft Jesu und von dem Anbruch der neuen Welt. Aber zuletzt geht es immer um den Glauben an Jesus selbst, von dem alle gesunde Lehre ausgeht und zu dem sie auch wieder zurückführt. Die tiefsten christlichen Lehren helfen uns am Ende nicht, wenn wir durch sie nicht ihn selbst, Jesus, gefunden haben und ehren. Und es schadet am Ende nichts, wenn wir diese und jene Lehre noch nicht ganz fassen können oder sie überhaupt nicht kennen, aber ihm selbst als unsrem Heiland und Herrn von Herzen untertan geworden sind.
Warum ist das so? Weil Jesus und Jesus allein der uns von Gott gesandte Retter ist; ja, weil in Jesus der lebendige Gott selbst uns begegnet mit der ganzen Fülle seiner Liebe, Wahrheit und Kraft. Das erfahren wir in der Seelsorge ja auch immer neu: Wo alles darauf ankommt, wo etwa ein Mensch unter seinem verfehlten Leben innerlich zerbrochen ist oder in seinem Glaubensleben angefochten wird oder wo er auf dem Krankenbett getröstet und gestärkt oder für seinen letzten Weg vorbereitet werden soll, da ist es immer der Name Jesus, mit dem uns solche Befreiung, solcher Trost und Friede angeboten und geschenkt wird.

Das hatten auch die Christen in Pergamon erfahren. Von alledem, was heute zu einer christlichen Gemeinde gehört, besaßen sie wenig oder nichts: keine Vollbibel, kein Gesangbuch, keinen Katechismus; sie kannten auch noch kein Kirchenjahr mit seinen hohen Feiertagen; auch hatten sie noch keine eigenen Säle oder Kirchengebäude. Aber eines hatten sie: Sie hatten durch die Botschaft, die zu ihnen kam, Jesus gefunden und in ihm Vergebung der Sünden und lebendige Hoffnung auf sein kommendes ewiges Friedensreich. Seinen Namen und damit ihn selbst hielten sie nun fest, wie ein sonst Ertrinkender die Hand des Retters umklammert und festhält. Das hebt der Herr anerkennend hervor, weil das auch die erste Voraussetzung für des Glaubens Sieg und das Nachhausekommen der Kinder Gottes ist und bleibt: das Hangen an Jesus! Nehmen wir das ja hinein in die Vernebelung der angebrochenen Endzeit! Wir gehen der Zeit des Antichristen entgegen, in der wieder alles fallen wird: Kirchen, Kapellen, christliche

Bräuche und Gewohnheiten, soweit sie bloß Form und Rahmen sind. Aber: »Jesu Name nie verklinget!«, so beginnt eines unsrer Glaubenslieder. Er wird nichts von seinem Klang und seiner Kraft verlieren für die, die Ohren haben, zu hören. Die Mahnung an jeden einzelnen von uns heißt deshalb: Laß dir durch das untrügliche Zeugnis der Bibel Jesu Namen hell und groß machen! Hab treuen Umgang mit ihm im täglichen Gebet! Lern Bibelverse und Glaubenslieder auswendig, die Jesu Herrlichkeit und Gnade preisen! Laß dir sein Wort zur täglichen Wegweisung dienen! Wenn so sein Name dir hell und gewiß geworden ist in deinem Herzen als der Name über alle Namen, dann mag es so kommen, wie ich es mit anderen schon einmal erlebt habe: daß man dir das letzte Neue Testament und das letzte Liederbuch wegnimmt und du zusehen mußt, wie beides auf einen brennenden Haufen geworfen wird, und du lange Zeit ohne das gedruckte Wort der Bibel und ohne Abendmahl und ohne Gemeinschaft mit Glaubensgenossen sein mußt – wenn dir nur der Name Jesus lebendig geworden ist, dann hast du das Licht des Lebens, das dir auch auf dunklen Strecken den rechten Weg weist, und du bist an die Quelle angeschlossen, aus der du täglich die Kraft empfängst, diesen Weg auch zu gehen.

II.

Mit Jesus gehen, das heißt im Kampfe stehen. Darüber hat Jesus seine Jünger nie in Zweifel gelassen. Das hatten auch die Christen in Pergamon bald zu spüren bekommen.
Aber warum denn? Pergamon war doch, wie wir heute wissen, eine sehr religiöse Stadt mit vielen Tempeln und Altären. Das damalige Heidentum mit seiner Vielzahl von Göttern war naturgemäß auch recht duldsam gegenüber allen religiösen Richtungen, sofern sie nur nicht den Anspruch erhoben, die göttliche Wahrheit allein zu kennen und demgemäß handeln zu müssen. Den Christen in Pergamon wäre nichts passiert, wenn sie nur eine Religion neben anderen hätten vertreten wollen und demgemäß auch die heidnischen Altäre entsprechend respektiert und dem römischen Kaiser als einem göttlichen Herrn wie alle anderen die geforderte göttliche Verehrung erwiesen hätten.

Doch die wahre Gemeinde Jesu kann das nie, weder damals noch heute, noch morgen. Gemeinde Jesu bleibt immer bekennende und missionierende Gemeinde; bekennende Gemeinde, weil sie weiß: »Es ist in keinem andern Heil, es ist auch kein andrer Name unter dem Himmel den Menschen gegeben, darin sie sollen gerettet werden« als der Name Jesus; missionierende Gemeinde, weil sie unter dem Auftrag ihres Herrn steht: »Ihr sollt meine Zeugen sein bis an das Ende der Erde!« So wird und muß sie aber auch immer eine angefochtene, leidende und verfolgte Gemeinde sein. Das gilt im Kleinen ja schon für jeden einzelnen Christen: Nimm teil an dem großen Werk der Mission, bekenne deinen Herrn, bete, opfere für die Sache deines Herrn daheim und draußen, und es wird sich die Freude am Herrn ganz gewiß bei dir mehren. Du wirst aber auch in dieser oder jener Weise zu spüren bekommen: »Satan, der sinnet auf allerlei Ränke, wie er mich sichte, verstöre und kränke.« In diesem Sinne sagt Luther einmal, die größte Anfechtung des Glaubens müßte sein, keine Anfechtung zu kennen.

Das ist also der andere Grund, der aus der Jesusnachfolge einen Kampf macht: Es ist ein großer Gegenspieler Gottes da, ein fanatischer Feind Jesu, der alles aufbietet, um Jesu Namen auf Erden zu verdunkeln, zu verfälschen oder auszulöschen und uns so den Weg zum Leben zu versperren. Nach dem Zeugnis der Bibel bleibt der Satan bis zur Wiederkunft Jesu der Fürst dieser Welt, auf Golgatha zwar todeswund geschlagen, aber unter Gottes Langmut immer noch stark genug, die Gemeinde Jesu anfechten zu können. In solchem Kampf begegnet uns dieser Widersacher Gottes, wie die Bibel lehrt, vor allem in dreifacher Gestalt: als listige Schlange, als Engel des Lichts und als brüllender Löwe. Als brüllender Löwe war er der Gemeinde begegnet, als Antipas, ein treuer Zeuge Jesu, vor Gericht gestellt und hingerichtet wurde. Der Herr hatte das nicht verhindert; er erwartet, daß wir im Kampf des Glaubens und angesichts des verheißenen ewigen Erbes auch zu sterben bereit sind.

Daneben warb dieser Feind Gottes als Engel des Lichts ständig auch um die Christen in Pergamon, um sie wieder in seinen Bann zu ziehen. Das sagen die Worte: »Ich weiß, wo du wohnst, wo der Thron des Satans ist.« Man hat bei dieser Stelle

lange gefragt, was das wohl zu bedeuten habe: der Thron Satans, bis man bei den Ausgrabungen in Pergamon neben anderen Tempeln und Altären auch den zu Ehren des heidnischen Göttervaters Zeus erbauten großen, überaus prunkvollen Zeus-Altar gefunden hat, eines der Wunderwerke der damaligen Welt. An dieses bestechende Prachtwerk mit seinem Kult, der sich vor ihm tat, ist hier sicher gedacht.
In solcher Umgebung, wo der Satan nicht mehr droht, sondern mit verführerischem Glanz und Zauber lockt, ist für eine bedrängte Gemeinde die Gefahr groß, im Kampf und Bekenntnis des Glaubens allmählich nachzulassen und zu fragen: Glauben jene nicht doch auch an einen Gott? Soll man nicht das Gute, die religiöse Inbrunst, bei ihnen sehen und gelten lassen, bis – wie manche heute sagen würden – »der schlafende Christus« in ihrer Religion erwacht? Doch die Gemeinde in Pergamon hat solcher Versuchung widerstanden. Sie spürte: Was da ist und geschieht, hat mit dem Wesen und Weg unseres Herrn Jesus nichts zu tun. Da ist der andere Geist, der Widersacher Gottes, am Werk. Jesus lobt diese Standhaftigkeit und Entschiedenheit – als die andere unbedingt lebensnotwendige Voraussetzung für den Sieg im Kampf des Glaubens.
Doch nun kam der altböse Feind auch als listige Schlange zu den Gläubigen. Er hatte es fertiggebracht, in die Gemeinde Lehrer einzuschleusen, die der Lehre Bileams und der Nikolaiten huldigten. Bileam war jener heidnische Wahrsager, der, wie wir im 4. Buch Mose lesen, dem König Balak den teuflischen Rat gab, das heranziehende Volk Israel, vor dem sich Balak fürchtete, zu den mit offener Unzucht verbundenen heidnischen Götzenopferfesten einzuladen, damit sich so beide Völker vermischten und die Grenze zwischen Gottes Volk und dem Heidentum verwischt würde; dann würde Gott sein Volk selbst verfluchen. Viele aus Israel ließen sich auch auf diese Weise verführen und wurden darauf durch ein Strafgericht Gottes hinweggerafft. Ähnlich lehrten die Nikolaiten, nur verfeinerten diese solche grobe Freiheitslehre durch eine geistige Begründung. Sie sagten, es könne der Ausbreitung des Christentums nur nützen, wenn die Gläubigen eine Absonderung vom Heidentum vermieden; dann zeige man doch, daß die Christen keine Spielverderber sind, sondern allen Freuden auf Erden aufgeschlossen. Zudem sei solche Begehrlichkeit von

Fleisch und Blut keine Sünde; sie gehöre schöpfungsgemäß zum natürlichen leiblichen Leben und falle beim Eintritt in die ewige Welt einmal von selbst ab.
Sind das nicht Töne, die wir auch heute immer lauter hören? Wir haben bei uns noch keine blutigen Verfolgungen. Um so mehr sucht der Satan heute uns mit Glanz und List zu bezaubern und uns ein »zeitgemäßes« Christenleben vorzumalen. Wenn wir in unsre Zeit hineinschauen mit ihren Festen und Feiern, ihren Karnevalsveranstaltungen, ihren Filmen und Illustrierten – ist das nicht derselbe heidnische Geist Bileams und Balaks, der Geist der nackten Sinnlichkeit und Zuchtlosigkeit, der sich da zur Schau stellt? Und – Gott sei's geklagt! – wie damals, so finden sich auch heute »Lehrer« unter uns, die solche groben Regungen des fleischlichen Sinnes, wie Schamlosigkeit, Homosexualität, freie Liebe, Ehe ohne Trauschein und anderes wissenschaftlich oder gar theologisch zu rechtfertigen suchen, bis zur Verkehrung alles dessen, was in der Christenheit immer biblische Norm und Sitte war. Es soll alles fallen, was die Christen als weltfremd und als unmodern erscheinen lassen könnte bis zu ihren Liedern und Melodien, die durch lärmende Töne und Laute »bereichert« werden sollen, die nachgewiesenermaßen aus heidnischen, dämonischen Kultbewegungen stammen.
Wer dem Herrn Jesus angehört, muß angesichts solcher Vernebelung klare Front beziehen: nichts vermischen, was nicht zusammengehört. Nur so können wir »das Lied vom Lamme, das herrlich neue Lied«, verständlich und zeugnishaft in der Welt singen. Der unvergessene Jugendpfarrer Johannes Busch hat schon im Blick auf die sogenannten »Mitteldinge« einmal gesagt: »Als wir hier eng waren, hatten wir Vollmacht und wurden gehört. Nun wir weitherzig geworden sind, werden wir kaum noch ernstgenommen.« So ist es; denn:

III.

»Der Weg ist schmal, der zum Leben führt.« So sagt es Jesus in seiner Bergpredigt. Und hier heißt es: »Das sagt, der das scharfe, zweischneidige Schwert hat«, das heißt: der keine Vermischung duldet zwischen dem, was von oben, und dem, was von unten kommt: »Ich habe ein Kleines wider dich . . .«.

»Ein Kleines«, denn wohlgemerkt: Der verantwortliche Vorsteher der Gemeinde – oder der Gemeindekern – lebt nicht nach dieser modernen Lehre, aber er macht nicht entschieden genug Front gegen sie. Er übt – wohl aus falsch verstandener Liebe – Toleranz. Da zieht der Herr selbst eine klare Linie: »Tue Buße, wo aber nicht, werde ich bald kommen und mit ihnen streiten durch das Schwert meines Mundes.« Das heißt: Der Herr wird dann selbst eingreifen, und das wird dann in den Reihen der Gemeinde schmerzhafte Wunden und Risse, Leid und Sterben geben; die sie aber wegen ihres Ungehorsams selbst verschuldet hat.
Viel Gutes und Beherzigenswertes ist in lichten Tagen über die Freiheit eines Christenmenschen geschrieben worden. Aber wo aus der Welt der Dämonie Nacht und Nebel aufsteigen, da ist es gut und geboten, sich schlicht und fest an Gottes Gebote zu halten und lieber auf Dinge zu verzichten, die bis dahin noch unter »Es ist mir alles erlaubt!« fallen mochten, als das andere zu übersehen: »Es frommt aber nicht alles!« So werden an andrer Stelle der Offenbarung auch die Überwinder in der antichristlichen Zeit schlicht als solche gekennzeichnet, »die da halten die Gebote Gottes und den Glauben an Jesus!«, wobei wir bei den Geboten Gottes gewiß auch an die Wegweisungen und Warnungen des Neuen Testaments zu denken haben.
»Der Weg ist schmal, der zum Leben führt«, das gilt bis zuletzt. Wer den schmalen Weg verbreitern und modernisieren will, wer die Warnungen der Bibel und die Erfahrungen der Väter nicht mehr ernst nimmt und solche Dinge in sein Leben hereinläßt, wie Ungebundenheit, Laxheit, Unsauberkeit, großzügige Toleranz gegenüber allen aufkommenden Zuchtlosigkeiten und sich so von dem aufkommenden aufrührerischen Geist der Endzeit einfangen läßt, spricht sehr bald auch die hoffärtige, selbstsichere und trotzige Sprache der antichristlichen Welt und wird auch bald in handfeste grobe Sünden verstrickt werden. Denn dicht hinter der Überschreitung biblischer Linien lauert noch immer die Dämonie.

»Tue Buße!« ruft der Herr der ganzen Gemeinde zu. Kehr auf den schmalen Weg zurück, ehe die Mächte der Verführung dich ganz einnebeln und gefangennehmen! Denn »wer überwindet«, das heißt: wer alles meidet, was ihn von dem schmalen

Weg der Jesusnachfolge abbringen will, »dem will ich zu essen geben von dem verborgenen Manna.« Manna, so hieß das Brot mit dem Gott sein Volk auf dem Weg durch die Wüste speiste, bis es in das verheißene Land einzog. Nur auf dem Weg der Jesusnachfolge gibt es jenes Lebensbrot für unsren inneren Menschen, das wir für unsern Weg durch die Nebel der Endzeit brauchen: Frieden inmitten der Angst der Welt, Kraft für den Tag, Sieg im Kampf des Glaubens. Nur auf dem schmalen Weg der Jesusnachfolge wird er selbst uns so groß und lebendig und das verheißene ewige Leben so herrlich und gewiß, daß wir auf alle Bileam- und Balakfreuden gern verzichten können.

Und nur auf diesem Wege gelangen wir an das hohe, leuchtende Ziel unserer Berufung. Denn »Wer überwindet, dem will ich geben . . . einen weißen Stein und auf dem Stein einen neuen Namen, den niemand kennt, als der ihn empfängt.« Es bleibt sich gleich, ob dieses bildhafte Wort von dem weißen Stein hergenommen ist, den damals die heidnischen Richter bei einem Freispruch des Angeklagten in die Urne warfen, oder von dem weißen Täfelchen, das der Sieger im Wettkampf, mit seinem Namen versehen, zu seinem Siegeskranz erhielt – der Sinn ist deutlich: Wie etwa zwei Menschen, die einander sehr lieb haben, sich mit einem neuen Namen zu nennen pflegen, dessen letzter Sinn anderen verborgen bleibt, so will unser Herr sich denen erzeigen, die in allen Versuchungen der Zeit treu zu ihm gehalten haben. Er will an seinem großen Tag ihnen einen neuen Namen geben, mit dem er jedem Überwinder ganz persönlich seine Heilandsliebe für alle Ewigkeiten ins Herz schreibt und ihn so als sein ewiges Eigentum zeichnet. Unser alter Name, den wir heute tragen, ist vielfach befleckt; an ihn knüpfen sich viele schmerzliche Erinnerungen, Schuld und Versagen. Der neue Name spricht nur noch von der vollendeten Gerechtigkeit, die Jesus den Seinen verleiht; von dem also, was Jesus den Seinen auch in der Vollendung geworden ist und sein wird und was sie ihm geworden sind: seine nachgeborenen Brüder und Kinder Gottes und Teilhaber seiner Herrlichkeit, die nun als solche in seinem ewigen Reich ihre ihnen von Jesus bereitete Würde, Wohnung und Stellung haben.

Wenn das nicht ein Ziel ist, nach dem es sich auszustrecken lohnt; eine Zukunft, für die kein Verzicht zu teuer und kein

Einsatz zu hoch ist! Im Blick auf solche Ewigkeiten singt Gerhard Tersteegen:

Drauf wollen wir es wagen,
es ist wohl wagenswert,
und gründlich dem absagen,
was aufhält und beschwert.
Welt, du bist uns zu klein,
wir gehn durch Jesu Leiten
hin in die Ewigkeiten:
es soll nur Jesus sein!

Ist das auch schon dein Gelöbnis, lieber Leser? Amen.

Gebet: Herr Jesus Christus, Deine Liebe zu uns ist echt; darum willst Du uns ganz und ungeteilt. Wir danken Dir, daß Du uns auch den Weg durch die Endzeit klar gewiesen hast: Es ist der Weg dicht hinter Dir her. Gib uns, o Herr, das feine Gemerk für alles, was uns von Dir weglocken will, und den Willen und die Kraft, dem zu widerstehen und auf dem schmalen Weg zu bleiben, der zum Leben führt in Deinem und Deines Vaters ewigem Reich! Amen.

Lied: Rüstet euch, ihr Christenleute; die Feinde suchen euch zur Beute . . .

2. Sonntag nach Epiphanias

Der Reichtum des Glaubens

Darum, weil wir dieses Amt haben nach der Barmherzigkeit, die uns widerfahren ist, werden wir nicht müde, sondern wir meiden schändliche Heimlichkeit und gehen nicht mit List um, fälschen auch nicht Gottes Wort, sondern durch Offenbarung der Wahrheit empfehlen wir uns dem Gewissen aller Menschen vor Gott. Ist nun aber unser Evangelium verdeckt, so ist's denen verdeckt, die verloren werden, den Ungläubigen, denen der Gott dieser Welt den Sinn verblendet hat, daß sie nicht sehen das helle Licht des Evangeliums von der Herrlichkeit Christi, welcher ist das Ebenbild Gottes. Denn wir predigen nicht uns selbst, sondern Jesus Christus, daß er der Herr ist, wir aber eure Knechte um Jesu willen. Denn Gott, der da sprach: Licht soll aus der Finsternis hervorleuchten, der hat einen hellen Schein in unsre Herzen gegeben, daß durch uns entstünde die Erleuchtung zur Erkenntnis der Herrlichkeit Gottes im Angesicht Jesu Christi.

2.Korinther 4,1–6

So beschreibt der Apostel den Reichtum, den nicht nur er, sondern den die Gemeinde Jesu schon auf Erden hat, an dem auch der einzelne teil haben darf, an dem das Wunder geschehen ist, von dem hier gesprochen wird: »Gott hat einen hellen Schein in unsre Herzen gegeben! Seine Herrlichkeit ist über uns aufgegangen! Nun kennen wir Gott! Wir haben Licht und Leben, das diesen Namen verdient. Darum können wir nicht schweigen, sondern müssen und dürfen unermüdlich diese Botschaft hinaustragen in die Welt und mithelfen, daß die irrenden Menschen auf diesen Weg und zu diesem Licht gewiesen werden und sie so zur Erkenntnis der Wahrheit und aus dem Tod zum Leben kommen.« Und der Apostel spricht dabei auch von dem Geheimnis des Unglaubens, dem wir in solchem Dienst auf Schritt und Tritt begegnen, und deckt uns seinen dunklen Hintergrund auf. Beides wollen wir uns durch ihn deutlich machen lassen:

I.

Vom *Reichtum des Glaubens* sagt der Apostel: »Gott, der da sprach: Licht soll aus der Finsternis hervorleuchten, der hat einen hellen Schein in unsre Herzen gegeben, daß durch uns entstünde die Erleuchtung der Erkenntnis der Herrlichkeit Gottes in dem Angesicht Jesu Christi.«

Das ist ein Satz und ein Bekenntnis, wie es so in keinem Buch der Welt zu finden ist; ein Satz, den in solcher Bestimmtheit keine Religionsgemeinschaft auf Erden zu behaupten wagt: »Wir kennen Gott! Wir können etwas ganz Gewisses über Gott sagen! Denn unter uns brennt das Licht aus einer anderen Welt, göttliches Licht aus der Welt der Wahrheit und des Lebens!« Der Satz wird noch wuchtiger und herausfordernder, wenn wir uns deutlich machen, wo dieses Licht brennt und leuchtet. Wo Licht hereingebracht werden muß, da herrschte bis dahin Finsternis. Das also ist unser Herz von Natur, und das ist unsre Welt, wie Gott sie sieht: »Finsternis bedeckt das Erdreich und Dunkel die Völker.«

Ach, wir können dieses Dunkel auf Erden ja auch beinahe mit Händen greifen. Es ist doch geradezu unheimlich, zu sehen, wie der Mensch heute drauf und dran ist, alles zu erforschen und zu erobern: die großen Himmelsräume über uns und die Welt des Allerkleinsten, der Atome, und was alles machbar geworden ist. Sogar die Züchtung eines Menschentyps, der im Weltall leben kann, ist in den Bereich der Überlegungen und des Machbaren gerückt. Und doch: welch eine Dunkelheit liegt über dem allen, welche Unsicherheit und Unheimlichkeit und Angst vor den möglichen Folgen! Die Umweltverschmutzung, die mit solchem Forschen verbunden ist, droht die Menschheit in einigen Jahrzehnten zu ersticken; so sagen es die Fachleute. Vor den Gefahren neuer, moderner, weltvernichtender Kriege zittert die ganze Menschheit.

Und nun bekennt die gläubige Gemeinde Jesu inmitten einer solchen Welt und Zeit und wird nicht müde, es in die Welt hinauszutragen: »Wir sehen eine helle Sonne über uns, ja wir leben unter dieser Sonne. Denn Gott, der da sprach: Licht soll aus der Finsternis hervorleuchten, der hat einen hellen Schein in unsre Herzen gegeben, und das mit dem Auftrag, es frei zu bekennen, davon zu reden, damit auch andre sich die Augen

für dieses Große öffnen und sich in dieses Licht hineinziehen lassen. Wir sollten uns eigentlich nicht wundern, wenn Menschen, die das noch nicht kennen und es zum erstenmal hören, was wir singen und sagen, uns für Schwärmer, Pharisäer und überspannte Leute halten, die nicht ernst zu nehmen sind. Wer kann denn so etwas sagen: »Wir haben! Wir haben den rechten Weg gefunden! Wir kennen Gott! Wir wissen auch, woher wir kommen und wohin wir gehen und wozu wir auf Erden leben! Wir haben die Wahrheit und das Leben gefunden!«
Aber weniger darf ein Jünger Jesu, ein wahrer Christ, nicht sagen, als was hier steht und was wir im Liede singen:

Wir haben einen Felsen, der unbeweglich steht!
Wir haben eine Wahrheit, die niemals untergeht.
Wir haben Wehr und Waffen in jedem Kampf und Streit.
Wir haben eine Wolke von Gottes Herrlichkeit.
(H. von Redern)

Wenn wir weniger sagen wollten, verleugneten wir unsern Herrn und den Auftrag, den er uns gegeben hat. Denn Glaube an Jesus ist nicht eine Fahrt ins Blaue, auf gut Glück, ist nicht ein Wagnis, bei dem man nicht ganz sicher ist, wie alles zuletzt noch enden kann, sondern der biblische Glaube, der aus der Buße, das heißt aus der Erkenntnis unsrer selbst und der Hinkehr zu der Gnade Gottes kommt, ist ein Überzeugtsein von Dingen, die man mit dem bloßen Auge freilich nicht sieht, die aber so wirklich sind, daß sie unser Herz immer neu erfüllen mit Licht und Trost und Hoffnung und Kraft und freudiger Zuversicht, so daß wir unsern Weg durchs Leben in dankbarer und heller Gewißheit gehen können. Denn glauben heißt: Jesus als den von Gott gesandten Retter, als den für unsre Sünden Gekreuzigten und nun zur Rechten Gottes erhöhten Herrn und Heiland vor Augen und im Herzen haben und eben damit Gott selbst erkennen und haben. Denn so sagt der Apostel hier und auch an andrer Stelle: Christus ist das Abbild, der Abdruck des für uns noch unsichtbaren Gottes.
Wahrlich, ein großes Wort für uns, zu dem wir aber immer neu zurückkehren dürfen und müssen, wenn unser Zeugnis von der Gnade Gottes frisch und lebendig und gewiß bleiben soll. Das ist das große Geschenk Gottes an uns: daß er uns in Jesus gleichsam sein Bild in die Hand gibt und sagt: Schau es nur an,

dieses Bild! Der bin ich in Wahrheit! Nimm mich an und nimm mich auf in dein Herz und Leben und sag es weiter den Fragenden, den Suchenden, den Zweiflern: Willst du wissen, wer Gott ist und wie er über uns denkt und was er vorhat und will: höre auf Jesus und blicke auf ihn! Und zwar auf den Jesus, wie er über diese Erde geht, wie er mit den Menschen umgeht, auch mit den kleinsten und ärmsten, wie er um sie wirbt und wie er dann nach Golgatha geht, beladen mit der ganzen Sündenschuld der Menschheit und für sie leidet und stirbt. Das alles ist Abdruck und Ausdruck des Wesens Gottes. Das alles sagt dir: Gott ist wirklich die Liebe. Gott will wirklich dein Heil und Leben. Gott hat wirklich auch deinem Leben ein hohes Ziel gesetzt, über dem du alles, auch das größte Leid und Ungemach auf Erden, klein und gering achten kannst, nämlich den Eingang in sein ewiges Reich und seine Herrlichkeit! Zudem bist du, wenn du Jesus als deinen Heiland und Herrn annimmst, auch in allem Leid und Ungemach auf Erden so von Gottes Macht umschlossen, »daß ohne seinen Willen kein Haar von deinem Haupt fallen kann, ja auch dir alles zur Seligkeit dienen muß«, wie es im Heidelberger Katechismus heißt. Das alles hat Jesus so gesagt! Und er hat es in Gottes Namen und Auftrag gesagt. Und unter dieses Wort und Bild, das Gott dir in Jesus selber in die Hand gibt, hat er gleichsam seine Unterschrift gesetzt dadurch, daß er Jesus vom Tode erweckt und zu seiner Rechten erhöht hat.
Und willst du als denkender Mensch weiter wissen, wie Gott über die ganze Welt denkt und wie lange das noch gehen soll: Das Geborenwerden und Sterbenmüssen, das Friedenhaben und Kriegführen, das Auf und Ab im Weltgeschehen – höre wieder auf das, was Jesus sagt: »Es muß das Evangelium vom Reich verkündigt werden in der ganzen Welt zu einem Zeugnis über alle Völker, und dann wird das Ende kommen.« Also: Seit Jesus über diese Erde gegangen ist, bewegt sich die ganze Weltgeschichte unaufhaltsam dem Tag entgegen, da er wiederkommen wird in großer Kraft und Herrlichkeit, um unter die bisherige Weltgeschichte einen Strich zu ziehen und eine neue Welt heraufzuführen. So meint es der Apostel auch hier, wenn er von dem hellen Licht spricht, das uns in Jesu Wort gegeben ist für unsern Weg durch die Zeit.
So buchstäblich sollen wir es machen, wenn wir über den

großen Gott nachdenken und seiner gewiß werden wollen in allem Dunkel der Zeit: Hören was Jesus sagt, achten auf das, was Jesus tat und tut. Darin liegt für uns der Sieg, der die Welt immer neu überwindet. So schrieb im Kriege ein Jünger Jesu aus dem Lazarett, den Tod vor Augen: »Wenn ich an Gott denke, verschwimmt mir alles. Wenn ich aber auf Jesus blicke und ihn höre, erfüllt tiefer Friede mein Herz!« So wird es bleiben. Gott ist viel zu groß, als daß wir ihn unmittelbar fassen und erkennen könnten. Aber in Jesus hat er uns sein Angesicht zugewandt, das uns kündet: »Gott will, daß allen Menschen geholfen werde und sie zur Erkenntnis der Wahrheit kommen.« Welch ein Geschenk seiner Liebe, dieses helle Licht in seinem Wort! Nein, es ist nicht zu hoch gegriffen, wenn die Gemeinde der begnadigten Sünder im Blick auf Jesus singt:

Wir haben eine Zuflucht in jedem Sturm und Not.
Wir haben einen Reichtum, der nie zu schwinden
droht.
Wir haben eine Gnade, die alle Morgen neu.
Wir haben ein Erbarmen, das mächtig ist und treu.

Wir haben hier die Fülle, seitdem der Heiland kam.
Wir haben dort ein Erbe so reich und wundersam.
Wir haben Glück, das leuchtet und unbeschreiblich
ist,
Wir haben alles, alles in dir, Herr Jesus Christ!

Doch wie geht es in dem Zeugnis des Apostels weiter, und das ist das zweite, von dem wir reden müssen:

II.

Diese frohe Botschaft von der in Jesus geschehenen Offenbarung der Liebe Gottes hat Feinde; sie stößt auf Widerstand: »Ist nun unser Evangelium verdeckt, so ist's denen verdeckt, die verloren werden, den Ungläubigen, denen der Gott dieser Welt den Sinn verblendet hat, daß sie nicht sehen das helle Licht des Evangeliums von der Herrlichkeit Christi, welcher ist das Ebenbild Gottes.« Bei diesen Worten schauen wir in ein finsteres Geheimnis. Es ist hier gleichsam von einer dunklen Hand die Rede, die sich auf unser inneres Auge legen und es blenden kann, so daß wir das Licht des Lebens nicht sehen

können. Und wenn wir fragen, woher diese dunkle Hand kommt, – sie muß doch einem gehören – dann antwortet der Apostel: Sie gehört dem »Gott dieser Welt«. Das ist eine der wenigen Stellen der Bibel, die diesen Widersacher Gottes, den Fürsten der Finsternis, »Gott« nennen, den »Gott dieser Welt«.
Wie mächtig muß dieser gefallene Geist sein und wie listig, daß ihm das gelingt, den hellen Schein, der von Jesus ausgeht, zu verdecken, so daß der Mensch nichts wahrnimmt, auch nicht mal sieht, was dieses Licht bei andern ausgerichtet hat, die sich ihm zugewandt haben: wie Hartgebundene frei wurden; wie Zweifler zu frohen Zeugen Jesu wurden; wie Menschen mit Jesus getrost in den Tod gingen und gehen; wie der Apostel selbst aus einem Feind Jesu zu seinem Bekenner wurde und um Jesu willen die größten Entbehrungen auf sich genommen, Schläge und Gefängnis erlitten hat am laufenden Band und am Ende getrost in den Märtyrertod hineingegangen ist. »Sie sehen nicht das helle Licht von der Herrlichkeit Christi«, weil diese dunkle Hand auf ihnen liegt. So damals und so heute.

Und wie sich das in unsrer Zeit praktisch auswirkt, das zeigt sich alle Tage: Unsre Wissenschaft und Technik hat, wie schon bemerkt, einen Stand erreicht, von dem unsre Väter nicht träumen konnten. Was wir hier sprechen, könnte sofort mittels der technischen Einrichtungen an jedem Winkel der Erde gehört werden. Sogenannte »Himmelsspione« kreisen um die Erde und fotografieren alles, was sich da unten abspielt. Wir setzen uns in ein Flugzeug und erreichen binnen kurzem jedes Land der Erde. Wir drücken auf den Knopf und es geschehen Dinge, auch zu unsrer Erleichterung, die man früher nur in Märchenbüchern fand. Und dabei sind die meisten Menschen im tiefsten Herzen unbefriedigt, wie es unsre Großväter nicht waren. So sagt ein nachdenklicher Mensch unsrer Tage: »Der Mensch sieht sich diesen ungeheuerlichen Dingen gegenübergestellt, aber dieses Ungeheuerliche ist leer und tot. Es überwältigt ihn, aber es birgt ihn nicht. Er findet sich in eisiger Verlassenheit wieder. Der Mensch ist ein im Weltall Verlorener, der nicht weiß, warum und woher und wozu er da ist.«
Wie unheimlich ist das! Und wie ernst! Denn »ist nun unser

Evangelium verdeckt, so ist's denen verdeckt, die verloren werden . . .« Verloren werden, das heißt: das Ziel verfehlen, das Gott uns gesteckt hat: das ewige Leben in seinem ewigen Reich; es heißt: in den Abgrund stürzen, in die ewige Nacht und Gottesferne. Ernst und schwer spricht die Bibel von diesem Weg und Ende der Verlorenen als von der »äußersten Finsternis, da Heulen und Zähneklappen sein wird«, als von »dem Pfuhl, der mit Feuer und Schwefel brennt«, als von dem »andern Tod«, der endgültigen Trennung von Gott. So gefährlich ist diese Blindheit, daß du mitten in einem Land, über dem die helle Sonne des Evangeliums scheint, verlorengehen kannst, weil dieser gefallene Morgenstern, wie ihn die Bibel einmal nennt, dieser Widersacher Gottes, seine Hand auf dein Auge legen kann und dir den Namen Jesus und sein Wort so verdecken kann, daß du nicht siehst, wo dein wirkliches Glück und dein Leben zu finden und zu haben ist, so daß du an Jesus vorbeigehst und dein Verderben wählst!
Aber – so möchten wir jetzt fragen: Ist denn der Mensch nicht entschuldigt, wenn er nicht glauben kann? Was kann denn der kleine Mensch gegen diese große dunkle Hand aus der Welt des Bösen, die ihm das Licht verdeckt? Und was hat der andere aufzuweisen als sein Verdienst, wenn ihm in einer Stunde seines Lebens das widerfuhr, was der Apostel bezeugt: »Gott hat einen hellen Schein in unsre Herzen gegeben!« Ist das alles nicht göttliche Bestimmung: gläubig werden und ungläubig bleiben? So haben in der Tat Menschen schon gefolgert und ihren Unglauben damit entschuldigen wollen. Aber so folgert der Apostel nicht. Ein Geheimnis ist freilich beides. Es ist ein Geheimnis, wenn am Pfingsttage Tausende von der Botschaft von Jesus, dem Gekreuzigten und Auferstandenen, ergriffen fragen: »Ihr Männer, liebe Brüder, was sollen wir tun?« und dann Buße tun und sich auf den Namen Jesu taufen lassen, und andere, die dieselbe Botschaft hören, spotten: »Die sind voll süßen Weins!« Es ist gewiß jedesmal ein Wunder der Gnade Gottes, wenn ein Mensch auch in unsrer Zeit in dem am Kreuz auf Golgatha verbluteten Jesus von Nazareth seinen Heiland erkennt, und es ist ein dunkles Rätsel, warum der andere, der neben ihm steht und dasselbe Evangelium, etwa im Zelt, hört, das alles für Unsinn hält.
Und doch geschehen diese Wunder und Rätsel nicht von

ungefähr, nicht ohne und schon gar nicht gegen unsern Willen. Sondern so nahe uns auch das Licht kommt, das Gott uns in Jesus hat aufgehen lassen, es bricht doch nicht mit Gewalt in unser Herz herein, sondern es gleich wirklich der Sonne am Himmel, die uns mit ihren Strahlen lockt, aus dem Schlaf aufzustehen, die Fensterläden aufzumachen, um ihr Licht hereinfluten zu lassen, oder in ihren hellen warmen Schein herauszutreten. Aber diesen Schritt müssen wir tun. Diese Freiheit hat uns Gott gegeben und gelassen. Du kannst beten: »Erforsche mich, Gott, und erfahre mein Herz!« und wenn Gott dir dein Herz gezeigt hat, mit dem Zöllner beten: »Gott, sei mir Sünder gnädig!« Und du kannst es sein lassen. Du kannst daheim die Bibel aufschlagen und forschen, ob es sich also verhält, was der Apostel hier sagt, und du kannst sie unbenützt liegen lassen, falls du überhaupt eine hast. Du kannst einen Gottesdienst besuchen, um das Wort Gottes zu hören, und du kannst zu Hause bleiben. So können wir unser Herz mit all seiner Unruhe, seiner Schuld und Angst immer neu einsam und gemeinsam hineinhalten in dieses große Licht, das von Jesus ausgeht, und ihn bitten, daß er seinen Frieden und seinen Trost in unser Herz hineinlege und darin bewahre. Aber du mußt es nicht tun. Du kannst es bleiben lassen.

An dieser Stelle zeigt es sich, ob wir das Licht der Wahrheit überhaupt wollen und lieben. Es gibt auch Menschen, so sagt Jesus selbst, die lieben die Finsternis mehr als das Licht, weil ihre Werke böse sind und sie dabei bleiben wollen. Sie lieben die Lüge mehr als die Wahrheit, den Schein mehr als das Sein, weil sie glauben, so besser durch die Welt zu kommen. Deshalb wenden sie sich mit ihrem Herzen eben nicht dem hellen Licht des Wortes Gottes zu, sondern zweifeln lieber und bleiben so blind für Jesus.

Aber noch einmal: Wie reich ist der Mensch, der sich dem Licht immer neu aussetzt, das Jesus ausstrahlt, ja in diesem Licht bleibt und lebt und wandelt! Wie sieht es denn aus in solch einem Herzen, in das der helle Schein des Evangeliums hereinfallen kann und hereingefallen ist? So sieht es aus: Ich sehe nun das Angesicht Gottes, dessen Glanz und Wesen Heiligkeit, Liebe und Erbarmen ist. Ich sehe in diesem Licht mein eigenes Angesicht, nun aber nicht als Angesicht eines guten und vortrefflichen Menschen, sondern als das eines begnadigten

Sünders. Ich sehe meine ganze Lebensschuld, aber nun vergeben, bedeckt durch das Sühneopfer des Sohnes Gottes: sein vergossenes Blut. Ich sehe am Ende das Grab, aber schon belichtet von der Sonne der Auferstehung und des ewigen Lebens. Ich sehe die ganze verworrene Zeit und Welt in unsren Tagen, aber ich sehe sie schon im Licht des kommenden Tages des Herrn, der alles hell machen wird. Man kann es gar nicht genugsam sagen, was das heißt, daß die dunkle Hand, die bisher auf meinem Leben lag, weggenommen ist und ich das helle Licht der Herrlichkeit Jesu sehe, »welcher ist das Ebenbild Gottes«.

Laßt uns Menschen werden und bleiben, die ihr Herz dem zuwenden und entgegenhalten, der da sagt: »Ich bin das Licht der Welt! Wer mir nachfolgt, der wird nicht wandeln in der Finsternis, sondern wird das Licht des Lebens haben!« Wenn wir ihn anrufen als unsern Heiland und Herrn, muß und wird die dunkle Hand über unsrem Leben verschwinden. »Ein Wörtlein kann ihn fällen!«, ihn, der uns Jesus verdunkeln will: den altbösen Feind, der uns das ewige Leben nicht gönnt. Und wir werden, wenn wir ihn so anrufen und ihn so ehren, lieben und loben lernen, auch immer neu erfahren: Es stimmt, es ist wahr, was in der Bibel von Jesus geschrieben steht. Denn »Wer kann so segnen, wer so erfreu'n? Keiner als Jesus, preist ihn allein!« Amen.

Gebet: Wir danken Dir, lieber Vater im Himmel, für Deine unaussprechliche Gabe in Deinem lieben Sohn, unsrem Herrn Jesus Christus. Nun wissen wir genug, um uns auf Erden zurechtzufinden. Wir sehen einen hellen Schein und einen hellen Weg und ein hohes Ziel in solchem Licht. Und wir kennen die Quelle der Kraft, zu der wir täglich hinzutreten dürfen, um auch für die dunklen Täler gerüstet zu sein, die Du in unsern Lebensweg noch einfügst. In Jesus hast Du uns alles geschenkt. Darum halten wir uns auch an Ihn und beten: Ja, mache uns selig, o Jesu! Amen.

Lied: O Jesu, meine Sonne, vor der die Nacht entfleucht . . .

3. Sonntag nach Epiphanias

Jesus von Nazareth – unser aller Schicksal

Und er kam nach Nazareth, wo er aufgewachsen war, und ging nach seiner Gewohnheit am Sabbat in die Synagoge und stand auf und wollte lesen. Da wurde ihm das Buch des Propheten Jesaja gereicht. Und als er das Buch auftat, fand er die Stelle, wo geschrieben steht (Jes. 61,1.2): »Der Geist des Herrn ist auf mir, weil er mich gesalbt hat, zu verkündigen das Evangelium den Armen; er hat mich gesandt, zu predigen den Gefangenen, daß sie frei sein sollen, und den Blinden, daß sie sehen sollen, und den Zerschlagenen, daß sie frei und ledig sein sollen, zu verkündigen das Gnadenjahr des Herrn.«
Und als er das Buch zutat, gab er's dem Diener und setzte sich. Und aller Augen in der Synagoge sahen auf ihn. Und er fing an, zu ihnen zu reden: Heute ist dieses Wort erfüllt vor euren Ohren. Und sie gaben alle Zeugnis von ihm und wunderten sich, daß solche Worte der Gnade aus seinem Munde kamen, und sprachen: Ist das nicht Josefs Sohn? Und er sprach zu ihnen: Ihr werdet mir freilich das Sprichwort sagen: Arzt, hilf dir selber. Denn wie große Dinge haben wir gehört, die in Kapernaum geschehen sind! Tu so auch hier in deiner Vaterstadt! Er sprach aber: Kein Prophet gilt etwas in seinem Vaterland. Aber wahrhaftig, ich sage euch: Es waren viele Witwen in Israel zur Zeit des Elia, als der Himmel verschlossen war drei Jahre und sechs Monate und eine große Hungersnot herrschte im ganzen Lande, und zu keiner von ihnen wurde Elia gesandt als allein zu einer Witwe nach Sarepta im Gebiet von Sidon. Und viele Aussätzige waren in Israel zur Zeit des Propheten Elisa, und keiner von ihnen wurde rein als allein Naeman aus Syrien. Und alle, die in der Synagoge waren, wurden von Zorn erfüllt, als sie das hörten. Und sie standen auf und stießen ihn zur Stadt hinaus und führten ihn an den Abhang des Berges, auf dem ihre Stadt gebaut war, um ihn hinabzustürzen. Aber er ging mitten durch sie hinweg.

Lukas 4,16–30

Das Evangelium, das der Arzt Lukas verfaßt hat, ist tief und weit; es umspannt unser Leben und Sterben, Himmel und

Erde, Zeit und Ewigkeit. Aber wovon es ausgeht, was Inhalt und Mitte und Ziel seines Evangeliums ist, das ist Jesus von Nazareth, der damals in der Synagoge seiner Heimatstadt Nazareth zum erstenmal den für die Ohren der Anwesenden unerhörten Anspruch erhebt, der verheißene Retter seines Volkes und der Welt zu sein, ohne den es für uns keine wahre Hilfe, kein Heil, keinen letzten Trost und keine Hoffnung gibt.

Das war schon ein aufsehenerregender Anspruch, den Jesus in jener Stunde verkündete. Aber was Lukas später in der Apostelgeschichte niederschreiben wird, das klingt auch durch sein Evangelium: »Es ist in keinem andern Heil und ist kein andrer Name unter dem Himmel den Menschen gegeben« als eben der Name Jesus, des Jesus von Nazareth. Gewiß hat Dr. Lukas, wie wir ihn heute nennen würden, das nicht so unbesehen angenommen und nachgesprochen, was andere ihm sagten, als er zum erstenmal die Botschaft von Jesus von Nazareth, dem gekreuzigten und auferstandenen Herrn vernahm. Zu den Aposteln gehörte er nicht; er war auch kein Jude, sondern kam aus dem Heidentum. Wir können uns auch darauf verlassen: Für ihn als Arzt war zum Beispiel das Zeugnis von der Jungfrauengeburt und von der Auferstehung eines am Kreuz buchstäblich verbluteten Menschen ganz gewiß eine ebenso schwere Zumutung an den menschlichen Verstand wie für den Menschen des 20. Jahrhunderts. Es sollte keiner von uns den Dr. Lukas für so naiv halten, daß er alles unbesehen niedergeschrieben habe, was man ihm von Jesus erzählte. Wie tief muß ihn aber die Kraft und Wahrheit der Botschaft von Jesus ergriffen haben, daß er nun vor uns steht als einer, der sich rückhaltslos zu Jesus bekennt, weil er von ihm als dem Sohn Gottes und dem Heiland der Welt restlos überwunden ist.

Wie er vom Evangelium überwunden wurde, wissen wir nicht; höchstwahrscheinlich kam er durch den Dienst des Apostels Paulus zum Glauben an Jesus. Er steht vor uns jedenfalls als einer, der darum redet, weil er glaubt und andere zum Glauben an Jesus ruft. Denn sein Evangelium ist ursprünglich einem gewissen Theophilus, einem hochgestellten Römer, gewidmet, »damit dieser einen gewissen Grund erfahre der Lehre, in welcher er unterrichtet war«, so heißt es am Anfang seines Evangeliums. Der Glaube des Lukas selbst hat solchen gewis-

sen Grund. Er glaubt nicht aufs Blaue hin. Aufs Blaue soll und kann kein Mensch an Jesus glauben, damals nicht und heute nicht. Unser Glaube an Jesus und unser Zeugnis von ihm muß gewissen Grund haben.
Nicht von ungefähr berichtet uns Lukas deshalb gleich am Anfang seines Evangeliums den Besuch Jesu in seiner Heimatstadt Nazareth und was sich dabei abspielte. Denn hier werden entscheidende Wahrheiten deutlich, die zum Fundament des Glaubens an Jesus gehören. Wir wollen auf sie achten:

I.

Unser Herr Jesus Christus ist nicht plötzlich und unerwartet vom Himmel in unsere Welt hereingekommen, und seine Sache auf Erden hat nicht ohne jede Vorbereitung auf einmal angefangen. Sondern Jesus kommt als Erfüller alter und aller Gottesverheißungen, die der Welt seit den Tagen des Sündenfalls gegeben worden sind. Er kommt, wie er selber sagt, »um das Gesetz und die Propheten zu erfüllen.« Jesus hat also eine Jahrtausende alte Vorgeschichte. Das ganze Alte Testament mit seinen Verheißungen und Verordnungen, seinen Opfern und Einrichtungen ist von Anfang bis zu Ende wie ein ausgestreckter Finger auf den einen Mann, den Gott senden wird, damit er das Schicksal seines erwählten Volkes Israel und das der ganzen Menschheit wende und die Welt von Grund auf wandle. Ja, man kann es mit einem Ausleger wirklich so sagen: »Im Alten Testament legt Gott gleichsam den Pfeil auf den Bogen, und dieser Pfeil trifft genau ins Ziel in dem Augenblick, da die Zeit erfüllt ist und Jesus sein Heilandswerk auf Erden beginnt.«
Jesus selbst stellt diesen Umstand mit Nachdruck in den Vordergrund, indem er aus der Fülle der Verheißungen des Alten Testaments eine aufschlägt, die besonders hell und klar von dieser Zeitenwende spricht, die der Gesandte und Gesalbte Gottes herbeiführen wird. Er läßt sich in der Synagoge zu Nazareth das Buch des Propheten Jesaja reichen und liest den Versammelten den Spruch vor: »Der Geist des Herrn ist bei mir, darum daß er mich gesalbt hat. Er hat mich gesandt zu verkündigen das Evangelium den Armen, zu heilen, die zerbrochenen Herzens sind, zu predigen den Gefangenen, daß sie los sein sollen, und den Blinden, daß sie sehen sollen, und den

Zerschlagenen, daß sie frei und ledig sein sollen, zu verkündigen das Gnadenjahr des Herrn.« Und als er diese fast achthundert Jahre alte Verheißung gelesen hat, fügt er mit großer Bestimmtheit hinzu: »Heute ist diese Schrift erfüllt vor euren Ohren!« Das heißt: »Ich bin es, von dem der Prophet Jesaja so redet.«

So überraschend und herausfordernd in jenem Augenblick dieser Anspruch Jesu auch wirken mußte, so entscheidend wichtig ist dieses Selbstzeugnis Jesu als des von Gott uns gegebenen Heilandes der Welt für unser Glaubensleben, auch im heutigen Kampf der Geister, wo man uns zuruft: Jesus von Nazareth, das sei zwar in der Tat eine großartige Erscheinung auf Erden gewesen, aber er gehöre eben in die Reihe der Großen hinein, wie sie die Welt alle paar Jahrhunderte oder Jahrtausende hervorgebracht habe. Warum sollte gerade er der sein, der allein die Welt retten, der allein uns zu Gott führen kann? Konfuzius und Buddha und Mohammed seien doch genausogut Religionsstifter und Wegweiser der Menschheit gewesen.

Dem Dr. Lukas aber ist es wichtig zu zeigen, daß es diese Einrede gegen das Zeugnis Jesu in Wahrheit nicht geben kann. Denn keiner der Großen auf Erden ist auch nur durch eine einzige Voraussage in seinem Kommen angekündigt gewesen. Keiner ist durch die Tür einer Gottesverheißung in diese Welt gekommen. Keiner von ihnen konnte auftreten und sagen: »Ich bin es, von dem alle Verheißungen Gottes reden!« Jesus ist der einzige, dessen Kommen Jahrhunderte im voraus angesagt war. Angesagt war sogar sein Geburtsort, sein Einzug in Jerusalem, sein Leiden und Sterben; angesagt war, daß man bei seiner Kreuzigung seine Beine nicht brechen und sein Gewand nicht zerschneiden, sondern darüber das Los werfen würde. Jesus kommt so sehr als Erfüller all dieser Voraussagen der Propheten Gottes, daß er nach seiner Auferstehung den Jüngern auf dem Weg nach Emmaus zuallererst anhand der Schrift des Alten Testaments zeigt, wie Christus gerade auf diesem Weg des Leidens und Sterbens zum Sieg und zur Herrlichkeit gelangen sollte. Und die Jünger bekennen hinterher: »Brannte nicht unser Herz in uns, als er mit uns redete auf dem Wege und uns die Schrift öffnete?«

Oh, das ist in der Tat eine wunderbare Erkenntnis, die auch unsre Herzen brennend und unsern Glauben festmachen kann: Jesus kommt als Erfüller aller Verheißungen Gottes, die uns von Anbeginn der Welt gegeben sind. Wie lieb wird uns in diesem Licht das Alte Testament! Wie tief kann unser Glaube hier Wurzeln schlagen, wenn uns das aufgeht! Wie heißt es doch von den ersten Jüngern Jesu: »Wir haben den gefunden, von welchem Mose im Gesetz und die Propheten geschrieben haben!« – »Und sie kamen und blieben bei ihm«, so lesen wir dort.

Ja, da bleibt man bei Jesus, ungeachtet dessen, was die Klugen dieser Welt von ihm noch immer sagen mögen. Man spürt es: Hier stehen wir auf Felsengrund. Und Felsengrund brauchen wir in einer Zeit, da die Grundfesten der Erde erbeben. Die Zeit ist bald vorbei, daß wir so einfach nur nachzusingen brauchen, was unsre Väter und Mütter uns vorgesungen haben. Wir müssen selbst überwunden sein von der Wahrheit des Evangeliums; wir müssen eine klare Überzeugung haben. Wir müssen bereit sein, unsern Glauben an Jesus, wenn es von uns gefordert wird, mit dem Tode zu besiegeln. Lukas war dazu bereit. Denn wir finden ihn als treuen Begleiter des Paulus, als dieser in Rom auf seine Hinrichtung wartet. »Lukas ist allein bei mir«, so heißt es in dem letzten Brief des Apostels vor seinem Tode. Lukas riskierte Kopf und Kragen für seinen Glauben an Jesus. Sein Glaube hatte gewissen Grund. Und zu diesem Grund gehörte auch die Erkenntnis, daß Jesus der ist, in dem alle Gottesverheißungen Ja und Amen geworden sind. Hat unser Glaube an Jesus auch schon diesen Grund? Bist du bereit, um des Glaubens willen an Jesus in den Tod zu gehen? Diese Frage führt uns auf das zweite in unsrem Text:

II.

Für Jesus als unsern Heiland und den Heiland der Welt muß man sich entscheiden. Diese Entscheidung nimmt Gott keinem Menschen ab, damals nicht und heute nicht. Auch das macht dieser Bericht vom Anfang der Wirksamkeit Jesu auf Erden ganz deutlich. Er zeigt nämlich, wie der Mensch auch an Jesus vorbeigehen und zu ihm nein sagen kann.

Schauen wir genauer in unsern Text hinein und in seinen

Zusammenhang: Nach der Versuchung in der Wüste begibt sich Jesus nach Kapernaum und anderen Orten in Galiläa. Lukas sagt, Jesus sei »in der Kraft des Geistes« aus der Versuchung hervorgegangen. Die Kraft des Geistes wirkt sich in seiner Predigt und in seinen Taten so aus, daß man anfängt, in der Öffentlichkeit von ihm zu reden. In jene Zeit fällt zum Beispiel das Wunder auf der Hochzeit zu Kana, von dem der Apostel Johannes uns berichtet. So bekommen auch die Leute in Nazareth, wo Jesus aufgewachsen war, allerlei Erstaunliches über ihn zu hören. Halb ungläubig, halb neugierig nehmen sie solche Wahrheiten auf; denn sie können diese Nachrichten nur mühsam zusammenreimen mit dem bescheidenen Zimmermann, wie sie Jesus viele Jahre gekannt haben. Als aber die Wunderberichte nicht verstummen, müssen die Leute in Nazareth schließlich annehmen, daß doch etwas dran sei. Ein Seltsamer ist er ja schon immer gewesen, der Sohn aus Josefs Haus, so werden manche in jenen Tagen gedacht haben.

Und eines Tages kommt er selber wieder, und sein Auftauchen in seiner Heimatstadt wird zu einer Sensation ersten Ranges. Das kommt besonders am Sabbat deutlich zum Ausdruck. Die Spannung in der offenbar dichtbesetzten Synagoge ist beinahe mit den Händen zu greifen: »Und er kam nach Nazareth, wo er erzogen war, und ging nach seiner Gewohnheit am Sabbat in die Synagoge. Und er stand auf und wollte lesen.« Wer sich damals zu Wort meldete, hob nicht den Finger, sondern stand auf. Der Diener reicht ihm darauf die Schriftrolle des Propheten Jesaja. Und hier schlägt Jesus die Stelle auf, die wir in unsrer Bibel am Anfang des 61. Kapitels finden: »Der Geist des Herrn ist bei mir, darum daß er mich gesalbt hat. Er hat mich gesandt, zu verkündigen das Evangelium den Armen, zu heilen, die zerbrochenen Herzens sind, zu predigen den Gefangenen, daß sie los sein sollen, zu verkündigen das Gnadenjahr des Herrn.« Als Jesus geendet hatte, hätte man sicher eine Stecknadel fallen hören können. Aller Augen, die in der Synagoge waren, sahen auf ihn: Was wird er nun sagen? Was Jesus damals sagte, faßt Lukas in den einen Satz zusammen: »Heute ist diese Schrift erfüllt vor euren Ohren!«
Die Bürger in Nazareth sind anfänglich verständlicherweise begeistert davon, daß einer der Ihren »so schön sprechen«

kann. »Und sie gaben alle Zeugnis von ihm und wunderten sich, daß solche Worte der Gnade aus seinem Munde kamen, und sprachen: »Ist das nicht Josefs Sohn?« Ja, sie sind wohl bereit, seinen hoheitsvollen Anspruch anzuerkennen. Nur: sie wollen für diese hohen Aussagen noch besondere Beweise. Was Jesus in Kapernaum tat, das soll er nun auch unter ihnen tun nach dem Sprichwort: »Arzt, hilf dir selber!« Zeige, was du kannst!

Und Jesus – lehnt ab! Er lehnt es ab, Zeichen und Wunder nach dem Belieben der Menschen zu tun. Er lehnt es ab und wird es immer ablehnen, Menschen auf diese Weise für sich zu gewinnen. Ja, er sagt ihnen unzweideutig, daß dieses Gnadenjahr Gottes an Israel vorübergehen kann und bringt dazu zwei Beispiele aus der Bibel: Wie viele Witwen gab es zur Zeit des Elia in Israel, aber nur die heidnische Witwe in Sarepta erfuhr Gottes Hilfe! Und wie viele aussätzige Israeliten gab es zur Zeit Elisas, aber nur der Heide Naeman wurde geheilt! Beide, die Witwe in Sarepta und der Heide Naeman, wurden dem Wort gehorsam, das an sie erging. Das aber ist zuviel für die Ohren der Juden! Die anfangs freundliche Stimmung schlägt um in Empörung und Ablehnung, ja in den ernsthaften Versuch, Jesus umzubringen.

Warum lehnt Jesus das Ansinnen, hier Zeichen und Wunder zu tun, ab? Er lehnt es ab, weil das Hören des Wortes Gottes, das er bringt, wichtiger ist als das Sehen von Zeichen und Wundern. Er lehnt ab, weil sein Wort, wenn es aufrichtig gehört und angenommen wird, Glauben schafft. Darum wird er später sagen: »Der Same« – der Glauben und Leben aus Gott wirkt – »ist das Wort Gottes«. Und »Selig sind, die Gottes Wort hören und bewahren!« Es gibt keinen andern Weg zum Glauben an Jesus als das Hören und Bewahren seines Wortes. Es gilt auch heute: »Der Glaube kommt aus der Predigt, die Predigt aber aus dem Wort Christi.« So hoch wollen die Leute in Nazareth das Wort aus Jesu Mund jedoch nicht schätzen. So wendet sich auch Jesus von ihnen ab.

Ja, zum lebendigen Glauben an Jesus gehört die Entscheidung, mit der wir auf seine Seite treten. Darum macht Gott die Menschen für ihren Unglauben verantwortlich. Auch Jesus tut es. Er verläßt Nazareth wegen des Unglaubens der Leute dort, zu denen er gesprochen und denen er sich als den von Gott

verheißenen und gesandten Heiland offenbart hat. Diese Entscheidung erspart Gott keinem Menschen. Und erst dort, wo sie fällt, erfahren wir, wer Jesus wirklich ist; erfahren wir, was es heißt, daß Jesus den Armen das Evangelium, die frohe Botschaft von der Gnade Gottes, bringt und die zerbrochenen Herzen heilt. Und wer das erfährt an Herz und Gewissen, der bleibt bei Jesus und geht nicht mehr von ihm fort; der spricht auch in Stunden der Anfechtung mit Petrus: »Herr, wohin sollen wir gehen? Du hast Worte des ewigen Lebens!«
Lukas hatte sich für Jesus entschieden. Lukas blieb bei Jesus und ging nicht mehr fort, auch als es hart auf hart kam und auch er damit rechnen mußte, wegen seiner Zugehörigkeit zu Jesus verhaftet zu werden und den Märtyrertod zu erleiden. Er erfuhr es in jeder Lage seines Lebens: Der Herr hat eine Gnade, die über alles ist! Bei Jesus finden wir das Leben, das diesen Namen verdient, das auch kein Tod mehr töten kann.
Haben wir uns auch schon alle so entschieden auf Jesu Seite gestellt? Die Frage betrifft nicht nur unser Heute, sondern unsre ganze Lebenszeit und unsre Ewigkeit. Dazu gehört deshalb noch ein drittes, das uns von Jesus gesagt wird:

III.

Jesus, der Erfüller aller Gottesverheißungen schließt sein Werk auf Erden mit einer neuen Verheißung: »Dieser Jesus wird wiederkommen, wie ihr ihn gesehen habt gen Himmel fahren!« So läßt er durch Engelmund seine Jünger hören, als er in die himmlische Welt zurückkehrt.
Auch in dieser ersten und letzten Predigt in Nazareth klingt diese Verheißung schon durch, wenn Jesus von dem Gnadenjahr des Herrn spricht, wo auch die Gefangenen frei und die Blinden sehen und die Zerschlagenen und die Krüppel heil werden sollen. Gewiß liegt hier der Ton auf der inwendigen Seite unsres Lebens. Jesus ist nicht gekommen, um zuallererst die Gefängnisse und die Krankenhäuser überflüssig zu machen und die Sammlungen für die Hungernden auf Erden einstellen zu lassen. Sondern er ist gekommen, um uns zuallererst dem Herzen nach frei und ledig und heil zu machen, um uns Gottes Vergebung zu bringen und uns aus aller Gottesferne und

Verkehrtheit unsres Lebens und unsrer Wege an Gottes Tisch und Herz zu rufen. Er ist gekommen, um der Übel größtes, nämlich unsre Schuld zu sühnen und wegzunehmen und uns zu Kindern Gottes und Erben seines ewigen Reiches zu machen. Dazu ist er ans Kreuz gegangen und hat sein Blut und Leben der Heiligkeit und Gerechtigkeit Gottes zum Opfer gebracht, damit uns geholfen werde.

Aber nun spricht die Bibel wirklich auch von einer Zeit, da wird buchstäblich eine Welt anbrechen, die keine Gefängnisse und keine Krankenhäuser und keine Hungersnot und keine Armut und kein Leid mehr kennt, in der auch der Tod überwunden ist und eitel Friede und Freude, Gerechtigkeit und Glückseligkeit herrschen werden. Das ist kein billiges Vertröstetwerden auf ein besseres Jenseits, das die Christen erst erfunden haben, sondern das gehört von Anfang an zum Evangelium des Jesus von Nazareth. Das Gnadenjahr des Herrn, das mit Jesus angebrochen ist, hat seinen Anfang, seine Mitte und seine Vollendung. Am Anfang steht die große Schuldfrage der Welt und ihre Lösung. »Er wird sein Volk erretten von ihren Sünden«, so heißt es im Blick auf Jesu Geburt. In der Mitte steht das Kreuz von Golgatha, an dem das Wunder der Gnade geschah: »Fürwahr, er trug unsre Krankheit und lud auf sich unsre Schmerzen . . .« Am Ende dieses Gnadenwegs steht die große Welterneuerung und Weltvollendung, wenn Jesus wiederkommen wird, zu richten die Lebenden und die Toten. Diesem Tag gehen wir entgegen.

Darum können wir von Jesus nicht reden, ohne auch immer von seinem Wiederkommen zu sprechen. Wo Jesus verkündigt wird, das zeigt uns auch Lukas in seinem Evangelium, da wird gleichsam eine Brücke sichtbar, die auf zwei starken Pfeilern ruht. Der eine Pfeiler steht in dieser Welt und kündet: »Jesus ist einmal gekommen, wegzunehmen vieler Sünden.« Der andre Pfeiler steht in der zukünftigen Welt und hat diese Inschrift: »Zum andernmal wird Jesus kommen denen, die auf ihn warten, zur Seligkeit.« Und Christen, das sind Menschen, die über diese Brücke gehen: Sie kommen von Bethlehem und Golgatha her; sie haben Frieden mit Gott durch unsern Herrn Jesus Christus. Und nun gehen sie dem großen Tag entgegen, da der wiederkommende Herr die Vollendung alles dessen bringen wird, was Gott verheißen hat von Anbeginn der Welt.

Laßt uns Gott bitten, daß er uns Kraft verleihe, diesen Weg des Glaubens zu gehen, bis unsre Stunde schlägt, damit wir vor dem kommenden Gericht verschont bleiben, das alle verdammen wird, die nicht auf diesem Weg gefunden werden! Ja, laßt uns Glauben halten in allem Wechsel der Zeit und bei allem, was noch über uns kommen mag und kommen wird, so daß uns am Ende auch das Wort gelten kann, das schon mancher auf seinen Grabstein hat setzen lassen: »Dieser war auch mit dem Jesus von Nazareth!« Amen.

Gebet: Ja, das wollest Du uns schenken, lieber Herr, daß wir alle, wenn Du kommst und uns rufst, bei denen gefunden werden, die Deinen Namen, als den Namen über alle Namen, ehren, lieben und loben! Amen.

Lied: Jesus nur alleine sei das Losungswort; nein, von meinem Heiland geh ich nicht mehr fort . . .

4. Sonntag nach Epiphanias

Das Morgenrot der kommenden neuen Welt

Als Jesus aber das Volk sah, ging er auf einen Berg und setzte sich; und seine Jünger traten zu ihm. Und er tat seinen Mund auf, lehrte sie und sprach:

Selig sind, die da geistlich arm sind; denn ihrer ist das Himmelreich.

Selig sind, die da Leid tragen; denn sie sollen getröstet werden.

Selig sind die Sanftmütigen; denn sie werden das Erdreich besitzen.

Selig sind, die da hungert und dürstet nach der Gerechtigkeit; denn sie sollen satt werden.

Selig sind die Barmherzigen; denn sie werden Barmherzigkeit erlangen.

Selig sind, die reinen Herzens sind; denn sie werden Gott schauen.

Selig sind die Friedfertigen; denn sie werden Gottes Kinder heißen.

Selig sind, die um der Gerechtigkeit willen verfolgt werden; denn ihrer ist das Himmelreich.

Selig seid ihr, wenn euch die Menschen um meinetwillen schmähen und verfolgen und reden allerlei Übles gegen euch, wenn sie damit lügen. Seid fröhlich und getrost; es wird euch im Himmel reichlich belohnt werden. Denn ebenso haben sie verfolgt die Propheten, die vor euch gewesen sind. Matthäus 5,1–12

Wenn wir diesen Anfang der Bergpredigt Jesu als Ganzes auf uns wirken lassen, spüren wir: Es geht ein großes Licht auf über der Welt in jener Stunde, da Jesus auf dem Berggelände

Galiläas zu reden beginnt und an den Anfang seiner Predigt dieses neunmalige »Selig« setzt. Es ist der »Morgenglanz der Ewigkeit, Licht vom unerschöpften Lichte«, das hier aufleuchtet. Es ist das Licht der großen ewigen Heimat, die hier uns grüßt und deren Schein hereinbricht in unser Erdendunkel und Erdenleid. Es ist Erfüllung der tiefsten Sehnsucht, die wir alle kennen, die uns hier winkt und lockt. Denn das tiefste Verlangen, das wir Menschen alle im Herzen tragen, ist doch der Hunger nach Freude, nach Glück und Geborgenheit, das unsre Seele ganz erfüllt.
Und doch wird dieses Verlangen auf Erden niemals völlig und wirklich gestillt; denn »Alle Lust will Ewigkeit, will tiefe, tiefe Ewigkeit.« Über allem Glück und Behagen auf Erden aber liegt der Schatten der Unvollkommenheit und Vergänglichkeit. Goethe, der große Dichter, von dem das zitierte Wort stammt, hat sich gewiß nichts versagt, was das Leben hier zu bieten hat; dazu wurden ihm große Ehrungen zuteil. Und was bekennt er gegen Ende seines Lebens? Er schreibt an einen Freund: »Man hat mich immer als einen vom Glück besonders Begünstigten gepriesen, und ich will den Gang meines Lebens nicht schelten; aber im Grunde ist es nichts als Mühe und Arbeit gewesen, und ich kann wohl sagen, daß ich in meinen fünfundsiebzig Jahren keine vier Wochen eigentlich Behagen gehabt habe; es war das ewige Wälzen eines Steins, der immer aufs neue gehoben sein wollte.« Von ihm stammt aus jener Zeit auch das bekannte Gedicht:

»Der du von dem Himmel bist, alles Leid und Sehnen stillest,
den, der doppelt elend ist, doppelt mit Erquickung füllest:
Ach, ich bin des Treibens müde; was soll all der Schmerz, die Lust?
Süßer Friede, süßer Friede, komm, ach komm in meine Brust!«

Und so ähnlich haben es auch viele, viele andere der Großen und Berühmten auf Erden ehrlicherweise eingestanden, als ihr Leben zu Ende ging.
Weil es in Wahrheit so um uns bestellt ist, darum kommen, wenn wir diese Worte aufmerksam hören, die tiefsten Saiten unsrer Seele zum Schwingen: »Glückselig sind, die da geistlich

arm sind, denn ihrer ist das Himmelreich. Selig sind, die da Leid tragen, denn sie sollen getröstet werden. Selig sind, die da hungert und dürstet nach der Gerechtigkeit, denn sie sollen satt werden. Selig sind, die reinen Herzens sind, denn sie sollen Gott schauen!« Wir spüren: Das wäre die Luft, in der man atmen könnte! Das wäre eine Welt, in der man leben möchte! Aber – gibt es diese Welt wirklich? oder wird sie doch wenigstens einmal kommen? Die Bibel antwortet: Ja, wahrhaftig, diese Welt gibt es wirklich, und sie wird auch noch einmal wirklich kommen und offenbar werden; zwar nicht so, wie Menschen sie erträumen, daß der Mensch immer vernünftiger werden und die Nöte dieser Welt und dieses Lebens noch einmal meistern würde, sondern so, wie Gott selbst sie in der Sendung seines Sohnes im Verborgenen schon hat anbrechen lassen und ihre Vollendung zu seiner Stunde in Kraft und Herrlichkeit herbeiführen wird. Denn so führt Gott sie herbei:

1. Er gibt uns den Heiland, den wir brauchen
2. Er schafft durch ihn unser Leben neu
3. Er schenkt am Ende auch eine selige Vollendung

I.

Gott gibt uns in Jesus den Heiland, den wir brauchen! »Da Jesus aber das Volk sah, ging er auf einen Berg und setzte sich, und seine Jünger traten zu ihm.« Nach dem Evangelium des Matthäus ist die Bergpredigt die erste große Predigt, die Jesus hält. Es ist sozusagen sein Regierungsprogramm, das er hier verkündet. So wie ein Regierungschef, der zum erstenmal vor sein Volk tritt, die Grundsätze und das Ziel nennt, nach dem er sein Land regieren wird, so redet Jesus hier von dem, was in Gottes Reich gilt und gelten wird und was schon jetzt gelten muß und gilt bei allen, die sich unter seine Führung stellen. Neunmal ruft Jesus ein »Glückselig!« aus über alle, die ihm gehören und glauben wollen. Martin Luther bemerkt dazu: »Das ist ja ein feiner, süßer, freundlicher Anfang seiner Lehre und Predigt; denn er fähret nicht daher wie Mose mit Gebieten, Drohen und Schrecken, sondern aufs allerfreundlichste mit eitel Reizen und Locken und lieblichen Verheißungen.« So ist es. Und dabei greift Jesus mitten hinein ins Leben. Er spricht keine weltfremden Dinge an, die uns nicht betreffen oder über unsre Köpfe hinweggehen, weil sie am wirklichen Leben vorbeigehen, sondern im Gegenteil: Er kennt unsre tiefsten Nöte; er weiß, was uns bedrängt und bedrückt. Darum sagt er gleich am Anfang, wo er mit der Rettung der Welt und der Menschheit beginnt und wem er seine Hilfe bringt und wem er sein Reich offenhält:

»Selig sind, die da geistlich arm sind; selig sind, die da Leid tragen; selig sind, die da hungert und dürstet nach der Gerechtigkeit«. Wo also knüpft Jesus an? Er knüpft nicht an bei unsrer Klugheit, unsrer Erkenntnis, unsrer Kunst und unsrem Können, sondern er knüpft an – hören wir es doch richtig! – bei unsrer Armut, unsrem Leid, unsrer Not; er knüpft an an den leeren Raum in unsren Herzen, an die Tränen, die uns in den Augen stehen, an das Leid und Weh in unsren Herzen, an den Hunger und Durst nach einer neuen besseren Welt voll Gerechtigkeit, Wahrheit und Leben. Jesus tritt dort heran, wo Mangel ist, wo du nichts hast und nichts bist und nichts mehr kannst. Denn »geistlich arm« sind die Menschen, die wissen, daß sie aus eigner Kraft mit dem Leben und Sterben nicht fertig werden können; und die Leidtragenden sind gewiß nicht bloß die, die über ihre Sünden weinen – die gewiß auch! –, sondern nach dem ursprünglichen Sinn des Wortes im Grundtext sind damit die gemeint, die um jemand trauern, den sie täglich vermissen, die einsam geworden sind, seit er oder sie von ihnen gegangen ist oder plötzlich aus dem Leben herausgerissen wurde. Und die nach Gerechtigkeit Hungernden und Dürstenden, das sind die in dieser Welt zukurzgekommenen, die zurückgesetzten, die unterdrückten Menschen. Sie alle meint Jesus hier; sie alle heißt er willkommen. Ihnen sagt Jesus das große Wort, daß in dem allen, was sie betroffen hat, in ihrer Not und ihrer Leere, ihrem Leid und ihrer Angst eine verborgene Seligkeit liegt; denn jede dieser Not und Armut kann und will zur Tür werden, durch die er selber in ihr Leben tritt mit seinem Licht und seinem Trost und seiner großen Gnade.

Es gibt ein ergreifendes Gemälde von dem berühmten französischen Maler Doré: »Das Tränental«. Da sieht man auf der einen Seite des Tales dunkle, kahle Felsmassen. Im Tal selbst ist jede nur denkbare Form des Elends auf Erden dargestellt, vom König bis zum Bettler: Der König steht da in Prachtgewändern und mit einer Krone auf dem Haupt; aber ach, die

Krone drückt schwer und hinter seinen Prachtgewändern verbirgt sich, wie sein Gesicht verrät, tiefe innere Not. Neben ihm steht ein Gefangener in Ketten und Handschellen um die Gelenke. Da sieht man weiter eine junge wohlhabende Mutter, aber auf ihrem Schoß ruht ein toter Knabe, über den sie bitterlich weint. Da liegt eine sterbende Mutter, die ihr Kind allein zurücklassen muß. Da sind Fremdlinge, Indianer und Schwarzhäutige, alle von Not und Leid gezeichnet. Und auf einem einsamen Stein sitzt abseits unter einem verbrannten Baum, von jedermann gemieden, ein Aussätziger. Das Tränental ist angefüllt von leidenden, hungernden, schmerzerfüllten Menschen. Am Eingang des Tales aber steht Jesus, auf seinen Schultern das Kreuz tragend; seine Hand ist einladend und willkommen heißend aufgehoben zu allen hin, die da im Tränental wohnen. Und nun haben sie auch alle ihren Blick auf Jesus gerichtet, der ihnen einen schmalen Weg zur Freiheit und Seligkeit weist und sich als Führer auf diesem Weg anbietet. Und während diese Menschen ihren Blick so auf Jesus richten, sieht man den altbösen Feind des Menschen in Gestalt einer Schlange, von Jesu Kreuz geblendet, wegschleichen. Die große Befreiung bricht an. Das Licht von Ostern bricht herein und weist diesen Elenden den Weg und zeigt ihnen das Ziel, für das es sich zu leben lohnt, auch wenn das Leben augenblicklich nur aus Leid und Armut besteht.

Seht, das ist der Heiland, den die Welt braucht, und das ist der, den Gott uns gegeben hat. Einen solchen Heiland sollten wir haben, wenn wir für uns und unsre Welt noch hoffen wollen. Und solch ein Heiland ist da und ruft hier an der Pforte seines Reiches: »Komm, du Armer mit deiner Leere im Herzen, dir gehört das Himmelreich. Komm, du Leidgeprüfter, du Kreuzträger, ich öffne dir die Tür zu jener Welt, in der kein Leid und kein Geschrei und kein Schmerz mehr sein wird! Komm, du Mißverstandener, du Enttäuschter, der du nach einem besseren Leben hungerst; dein Hunger soll gestillt werden, du sollst satt werden!« Ja, es liegt eine große Verheißung in diesem neunmaligen »Glückselig!« unsres Heilandes:

Komm, der Herr hat Himmelsgaben
für die Seele, die ihn liebt;
komm, auch du sollst alles haben,
was der Herr den Seinen gibt!

Bist du schon gekommen? Willst du kommen? Das ist die Frage hier an jeden von uns. Denn Gott führt die neue Welt herauf, indem er uns zuallererst in Jesus den König gibt, der die neue Welt regieren soll und dem wir untertan werden müssen, wenn uns geholfen werden soll.

II.

Gott führt die neue Welt herauf, indem er durch Jesus alles neu macht. Und wie anders sollte er es machen als so, daß er bei dem Menschen anfängt. Daß wir das also hier nicht übersehen: Es liegt in den Seligpreisungen nicht bloß eine große Weite, sondern auch eine heilige Begrenzung. Denn wenn Jesus die innerlich Armen selig preist, dann heißt das doch, daß für alle Stolzen, Selbstsicheren, Satten kein Platz in seinem Reich ist! Wenn er die Leidtragenden zu sich ruft, die Bußfertigen und die, die das Kreuz tragen, dann heißt das, daß die nicht zur Seligkeit gelangen können, die unbußfertig bleiben, die sich gegen das Leid aufbäumen, mit Gott hadern und ihm verdrossen den Rücken kehren. Wenn er die Sanftmütigen, die verzichten und Unrecht leiden können, seligpreist, dann liegt darin, daß für die Gewalttätigen, die über Leichen gehen, für die unerlösten Ichmenschen, kein Platz im Himmelreich ist. Wenn er die Friedfertigen – wörtlich: die Friedensstifter – willkommen heißt, dann weist er damit die Zänkischen, die Unversöhnlichen, die Menschen, die Haß und Neid in ihrem Herzen pflegen, ab. Wenn er die seligpreist, die um Gerechtigkeit willen auf Erden leiden und verfolgt werden und um Jesu willen sich schmähen und verspotten lassen, dann sagt er, daß die Lügner und die Ungerechten und die Feigen draußen bleiben werden. Und wenn Jesus zusammenfassend sagt, daß die, die reinen Herzens sind, Gott schauen werden, dann heißt das doch, daß alle Unreinen in alle Ewigkeit fern von Gott bleiben werden.

O wie eng wird nun der Kreis auf einmal derer, die ins Himmelreich eingehen sollen! Das preßt uns geradezu die Frage auf die Lippen: Wer kann da selig werden? Wenn es wenigstens hieße: die ein reines Herz *begehren,* sollen Gottes Herrlichkeit schauen, dann könnten wir sagen: Ach ja, das

möchte ich schon; denn ich spüre: ein reines Herz, ein unverletztes Gewissen, das muß schon eine große, herrliche Sache sein! Aber nun heißt es: die reinen Herzens *sind,* die ein reines Herz *haben,* werden Gott in seiner Herrlichkeit schauen. Werden damit nicht alle Seligpreisungen wieder aufgehoben? Denn wo sind die Menschen mit dem reinen Herzen, das vor Gott bestehen könnte? Ein Menschenherz, das ist doch selbst nach Jesu Worten das unsauberste, dunkelste und trotzigste Ding auf Erden, die Brutstätte aller Laster und Greuel. »Aus dem Herzen kommen arge Gedanken: Morde, Ehebrüche, Neid, Dieberei, falsches Zeugnis, Lästerung«, so beschreibt Jesus an andrer Stelle das Menschenherz.
Und gerade auf diesen dunklen, schmutzigen, unsauberen Ort legt Jesus den Finger und sagt: Da muß es sauber werden; da muß es rein werden, sonst kannst du Gottes Herrlichkeit nicht schauen und das Reich Gottes nicht ererben. Wir spüren, wie wir mit einmal inmitten der herrlichen Seligpreisungen gleichsam vor einer verschlossenen Tür stehen. Aber gerade wenn wir so fragen: Wer kann da selig werden? Wenn wir so hilflos vor der verschlossenen Tür stehen, ratlos, erschrocken, verzagt – dann wird noch ein anderes Zeichen für uns sichtbar: Das Kreuz taucht auf, das Kreuz von Golgatha, die Heimat für Heimatlose. Denn gerade um solche Menschen zu retten, zu lösen, zu wandeln, die auf der einen Seite hungern und dürsten nach Gerechtigkeit und auf der anderen Seite so ungerecht, unrein und verzerrt sind, ist Jesus gekommen. Dazu schickt er sich an, nach Golgatha zu gehen, um den Grund zu legen, auf dem dieses Wunder geschehen kann: daß Unreine rein, Arme reich, von Not und Leid, gerade auch von selbstverschuldeter Not gezeichnete Menschen getröstet, daß Ungerechte gerecht, daß Ichmenschen Kinder Gottes und dem Tod verfallene Leute Erben des ewigen Lebens werden, weil ihnen die Sünden vergeben und die Schuld bedeckt wird und ein neuer Geist in ihre Herzen einkehrt.
Ja, auf diesem Hintergrund von Golgatha stehen diese werbenden Worte Jesu am Anfang seiner Bergpredigt und ebenso seine eindringlichen Warnungen am Schluß seiner Predigt vor dem Weg, der in die Verdammnis abführt. Denn auch mit seinen Warnungen, Geboten und Verboten, die sich in der Bergpredigt finden, will Jesus unser Leben auf den rechten

Kurs bringen und es froh und reich machen. Er will uns aus aller Leere und allem Leerlauf und aller Friedelosigkeit herausheben und auf einen Weg stellen, da man gewiß gehen kann und der sicher zum Ziele führt. Und dafür ist ihm kein Mensch zu schwierig, kein Charakter zu verbogen, kein Herz zu verschmutzt, daß er mit uns nicht zum Ziel kommen könnte.

Nur eines begehrt Jesus: Daß wir uns um ihn scharen, uns ganz in seine Hand geben, so daß er nun an uns wirken kann, auch dann, wenn er schneiden muß, wenn an uns gehobelt und gehämmert werden muß. Dabeisein müssen wir schon, wenn solches Werk der Vergebung, der Reinigung und Umgestaltung in uns geschehen soll. Wenn es aber geschieht, dann haben wir zwar noch nicht den Himmel auf Erden, wohl aber ein Stück Himmel in uns, nämlich den Frieden Gottes, der höher ist als alle Vernunft, und die lebendige Hoffnung, daß Gott mit uns zum Ziele kommen wird; ja dann sind wir auf dem schmalen Weg ins Himmelreich; dann haben wir Grund unter den Füßen; dann wissen wir um das große Ziel unsres Lebens; dann dürfen wir aus allem Erdendunkel, auch über Särge und Gräber hinweg hinaufschauen zu dem, der den Tod überwunden hat, und dürfen in allem Zittern unsrer Welt die Geburtswehen einer neuen Welt vernehmen und schon jetzt von ihr singen! Damit haben wir das Letzte zu unsrem Thema schon berührt:

III.

Gott führt die neue Welt herauf, indem er, wenn seine Stunde da ist, Jesus noch einmal sendet, diesmal in großer Kraft und Herrlichkeit, damit er als Frucht seines Todes und seines Sieges über alle Mächte des Verderbens sein herrliches Reich offenbar mache und vollende. Denn so wirklich, so real, so buchstäblich, wie sein Blut am Kreuz auf Golgatha geflossen ist, so real, so buchstäblich, so wirklich ist das Reich des Lebens, der Herrlichkeit, des Friedens und der Gerechtigkeit, auf das wir warten dürfen. Oder meint jemand, daß Gott seinen Sohn in die Welt kommen und in ihr sterben läßt und daß Jesus solchen Weg willig geht, nur damit wir auf Erden ein paar fröhliche Feste feiern und so etwas wie ein Kirchenjahr haben möchten

und jede Woche einen Sonntag, sonst aber alles beim alten bliebe! Nein, wenn Gott solch einen Weg beschreitet und solch ein Opfer bringt, dann muß etwas anderes auf dem Spiel stehen, und wenn Jesus den Seinen solch ein Himmelreich beschreibt, in dem alle, die ihm glauben und folgen, wohl belohnt werden sollen, und um solcher Zukunft willen in den bitteren Tod geht, dann muß es um mehr gehen als darum, daß wir außer den schrecklichen Bildern auf Erden auch ein paar freundliche hätten, mit denen wir uns und unsre Kinder trösten könnten, die aber niemals Wirklichkeit werden können. Nein, es geht um die Frage, ob und wie unsrer Welt geholfen werden kann: ob die Finsternis siegen und die Gewalt des Todes und des Teufels sie gefangenhalten soll, oder ob Gottes Heilsgedanken zur vollen Auswirkung und ewigen Vollendung kommen. »Siehe, ich will einen neuen Himmel und eine neue Erde schaffen, daß man der vorigen nicht mehr gedenken noch sie zu Herzen nehmen soll«, so läßt Gott durch Prophetenmund seinen Ratschluß vernehmen. Und so wahr wie auf Erden die Krippe von Bethlehem gestanden hat und das Kreuz auf Golgatha aufgerichtet worden ist und Gott in der Auferwekkung des Jesus von Nazareth sein Ja und Amen zu diesem Opfer gesprochen hat, so wahr wird zu Gottes Stunde die neue Welt hervorbrechen, deren Morgenrot wir in Jesu Seligpreisungen aufleuchten sehen.
Nur, daß wir durch den Anschluß an Jesus und im steten Hangen an ihm Menschen werden, die in der Kurzlebigkeit dieser Welt dieses stille Heimweh tragen und bewahren nach dem, was ewig bleibt, wenn alles wankt und fällt, von dem Jung Stilling das schöne Wort gesagt hat, das manche Menschen schon unter den gehörten Seligpreisungen Jesu gesucht haben: »Selig sind, die da Heimweh haben; denn sie sollen nach Hause kommen.«
Gott helfe uns zu solch einem Leben im Morgenglanz der Ewigkeit und zu einem glückseligen Eingang in das ewige Reich seiner Herrlichkeit, auch an dem Tage, da Jesus die Vollendung bringt! Amen.

Gebet: Wir danken Dir, lieber Vater im Himmel, in Jesu Namen, daß wir solch eine Welt in Deinem heiligen Wort haben aufleuchten sehen, in der all unsre Sehnsucht gestillt und erfüllt werden wird! Richte Du selbst durch Deinen heiligen Geist unsre Blicke immer neu auf das hohe Ziel unsres Lebens, das Du uns in Deinem lieben Sohn, unsrem Herrn, gesteckt hast. Wir preisen Dich, Herr Jesus, daß Du den Weg bis zu Ende gegangen bist, auf dem wir, mit Dir verbunden, zum ewigen Leben gelangen dürfen! Hilf uns, den guten Kampf des Glaubens siegreich zu bestehen und uns allezeit als solche zu beweisen, die Dir angehören und Deinen Namen ehren, lieben und loben! Amen.

Lied: Morgenglanz der Ewigkeit, Licht vom unerschöpften Lichte . . .

5. Sonntag nach Epiphanias

Das sichere Lebensfundament

Darum, wer diese meine Rede hört und tut sie, gleicht einem klugen Mann, der sein Haus auf Fels baute. Als nun ein Platzregen fiel und die Wasser kamen und die Winde wehten und stießen an das Haus, fiel es doch nicht; denn es war auf Fels gegründet. Und wer diese meine Rede hört und tut sie nicht, der gleicht einem törichten Mann, der sein Haus auf Sand baute. Als nun ein Platzregen fiel und die Wasser kamen und die Winde wehten und stießen an das Haus, da fiel es ein, und sein Fall war groß. Und es begab sich, als Jesus diese Rede vollendet hatte, daß sich das Volk entsetzte über seine Lehre; denn er lehrte sie mit Vollmacht und nicht wie die Schriftgelehrten.

Matthäus 7,24–29

Der deutsche Dichter Wolfgang Borchert, der aus dem Zweiten Weltkrieg innerlich und äußerlich schwer angeschlagen heimgekehrt war und schon mit sechsundzwanzig Jahren starb, hat gegen uns Christen und besonders gegen die Verkündiger des Wortes Gottes einen schweren Vorwurf erhoben. Er sagt einmal im Blick auf sie: »Sie gaben uns keinen Gott mit, der unser Herz hätte halten können, als die Winde dieser Welt uns umwirbelten. So sind wir eine Generation geworden ohne Bindung, ohne Halt, ohne Anerkennung.« Borchert spricht davon, daß man ihn »einen Bilderbuch-lieben-Gott« gelehrt habe, der ihm im Sturm des Lebens zerbrach.

Wir wollen solche bitteren Worte nicht mit einer Handbewegung abtun. Denn liegt hier nicht in der Tat ein Mangel im Leben vieler Christen, eine Schwachstelle auch in unsrer Verkündigung: Wir leben und wir lehren zu weich. Wir singen und sagen es oft zu oberflächlich daher:

> Nahe bei Jesu, o Leben so schön,
> seliges Wandeln auf sonnigen Höh'n!

Gewiß ist das richtig. Wer wüßte nicht von Stunden und Zeiten zu sprechen, da wir überwältigt waren von der Güte und Freundlichkeit unsres Herrn, von den Segnungen unter seinem Wort angefangen, bis zu den äußeren Geschehnissen, dem

Familienglück, dem Wohlergehen, der Genesung nach schwerer Krankheit, den fröhlichen Ferienwochen und anderem mehr. Das ist sogar das normale, daß ein Mensch, der es mit Jesus hält, schon jetzt und hier das große Glück empfindet, den zu kennen, der ihn im Leben und im Sterben nie mehr verläßt. So hat ja auch Jesus seine Bergpredigt, die mit unsrem heutigen Predigttext schließt, damit begonnen, daß er ein neunmaliges »Glückselig« über die ausruft, die sich zu ihm rufen lassen und in ihm ihren Heiland und Herrn finden.

Und doch hat das Leben eines Christen auch noch eine andere Seite, die Jesus nicht verschweigt: das sind die Leiden und Widerwärtigkeiten dieser Zeit, das sind die Anfechtungen des Glaubens von oben und unten, von innen und von außen bis hin zur letzten Stunde. Zu dieser Seite unsres Lebens und Glaubens sagt ein Dichter:

> Nimm mit Furcht ja deiner Seele,
> deines Heils mit Zittern wahr;
> hier in dieser Leibeshöhle
> schwebst du täglich in Gefahr!

Davon spricht auch Jesus am Schluß der Bergpredigt. Wir wollen auf ihn hören und uns die beiden Begebenheiten deutlich machen lassen, auf die Jesus uns hinweist:

1. die Gefahren, die uns Menschen auf dieser Welt ständig umgeben, und mit denen wir bis ans Ende rechnen müssen
2. das sichere Fundament, das wir für unser Leben brauchen, und das uns Gott bereitet hat und auf dem wir in allen Gefahren geborgen bleiben

I.

Jesus sagt: *Du brauchst, um in dieser Welt tapfer leben und einmal getrost sterben zu können, Grund unter deinen Füßen,* auf dem du auch dann noch stehen kannst, »wenn alles hier im Staub wie Sand und Rauch verweht«. Du brauchst es, weil die Welt und das Leben nicht so harmlos sind, wie wir uns das in Kindheitsträumen gedacht haben und wie die Welt in ruhigen Zeiten auch wirklich zu sein scheint. Sondern das ist unsre Welt: sie liegt im argen, sie ist eine von Gott abgefallene Provinz seines Reiches, in der auch gottfeindliche Mächte ihr Unwesen treiben.

Jesus mahnt deshalb jeden Hörer seines Wortes, auch uns in dieser Stunde: Denkt daran! Es gibt Gefahren und Nöte, die wie ein Platzregen plötzlich über die Welt hereinbrechen: Kriege und Katastrophen, die auch an den Christen nicht haltmachen; sie gehören zu den Merkmalen dieser gefallenen Welt. Die Älteren unter uns wissen, wie schnell die Kriege 1914 und 1939 über uns hereinbrachen. Wir denken aber auch an die Natur- und Verkehrskatastrophen, von denen unsre Welt so oft heimgesucht wird. Und es gibt Nöte von unten, die sich wie große Überschwemmungen ausbreiten und alles unter Wasser setzen und wegspülen, was nicht fest gegründet und verankert ist; wir denken an die abgründigen Strömungen in unsrer Zeit mit ihren laxen, leichten, nur auf das Diesseitige und Zeitliche gerichteten Auffassungen vom Leben, von Liebe und Treue und Recht; wo Menschen aufstehen, um über Gottes Gebote zu diskutieren, ob sie noch in unsre Zeit passen, wobei es natürlich bei den meisten eine ausgemachte Sache ist: sie müssen heute anders verstanden und dem inzwischen mündig gewordenen Menschen angepaßt oder überhaupt abgeschafft werden: Tötung im Mutterleib ist zum Beispiel keine Sünde mehr. Welch eine Strömung aus dem Abgrund! Du brauchst, wenn du von solcher gottlosen Strömung nicht mitgerissen werden willst in den großen Abfall von seinen Geboten und damit in dein ewiges Verderben, ein sicheres Fundament unter deinen Füßen, auf dem du stehen und sprechen kannst: »Ich aber und mein Haus, wir wollen dem Herrn dienen!«
Und es gibt Heimsuchungen, die wie Stürme und Wirbelstürme von allen Seiten gegen uns angehen. Unter diesen Bildern spricht das letzte Buch der Bibel besonders von den Geschehnissen in der Endzeit, vor der Wiederkunft Jesu. Wenn es erst einmal zu einer atomaren kriegerischen Auseinandersetzung zwischen den Mächten kommt, dann gibt das, wie die Fachleute sagen, buchstäblich einen Wirbelsturm von Feuer und Dampf, wie ihn die Welt noch nie gesehen hat. Wir denken dabei an das Wort des Propheten Joel, das er im Auftrag Gottes sagt: »Und ich will Wahrzeichen geben am Himmel und auf Erden: Blut, Feuer und Rauchdampf. Die Sonne soll in Finsternis und der Mond in Blut verwandelt werden, ehe denn der große und schreckliche Tag des Herrn kommt.«

So umfaßt auch Jesu Blick hier offenbar alles, was Not und Prüfung auf Erden ist und heißt. Er denkt ganz gewiß auch an den Tod und das Gericht, dem wir alle entgegengehen. Er denkt an seine Wiederkunft, bei der er nur die in seine Herrlichkeit erheben wird, die bis zuletzt in seiner Nachfolge gestanden und darin beharrt haben.
Alles, alles macht Jesus nun zu der eindringlichen Frage an uns: Bist du gerüstet für solche Zeiten? Bist du gerüstet und bereit, es dennoch mit dem Herrn zu halten, wenn du vielleicht morgen erfährst, daß dein Leiden unheilbar ist, oder wenn morgen dir das Liebste von deiner Seite genommen wird, oder wenn plötzlich ein nuklearer Krieg ausbricht und die Welt in Flammen setzt, oder wenn der Tod morgen dich selbst abholt und du alles lassen mußt, woran du heute noch deine Freude hast? Hast du dein Leben so gestaltet und ausgerichtet, daß du dem allen begegnen kannst? Das ist die Frage.
Und das ist Jesu Mahnung: Glaube so, lebe und handle so, daß du ein sicheres Fundament unter deinen Füßen hast, wenn dich »die Winde dieser Welt umwirbeln«; daß du heute schon bekennen kannst:«

Ich weiß, woran ich glaube,
ich weiß, was fest besteht,
wenn alles hier im Staube
wie Sand und Staub verweht;
ich weiß, was ewig bleibet,
wo alles wankt und fällt,
wo Wahn die Weisen treibet
und Trug die Klugen prellt.
Es sind des Heilands Worte,
die Worte fest und klar;
an diesem Felsenhorte
halt ich unwandelbar!

Das führt uns auf das zweite in unsrem Bibelabschnitt:

II.

Jesus sagt uns, *wie wir in allen Stürmen und aller Not erhalten und bewahrt bleiben:* »Wer diese meine Rede hört und tut sie, der gleicht einem klugen Mann, der sein Haus auf Fels baute. Als nun ein Platzregen fiel und die Wasser kamen und die

Winde wehten und stießen an das Haus, da fiel es doch nicht ein; denn es war auf Fels gegründet.«
Welch ein Glanz bricht doch auch an dieser Stelle vor uns auf! Welch göttliche Hoheit Jesu leuchtet uns auch aus diesen seinen Worten entgegen, wenn er uns auffordern kann, zu tun, was er gebietet, und uns an das zu halten, was er sagt! Es ist dieselbe Hoheit und Vollmacht, in der er den Sturm stillt, Kranke heilt, Tote auferweckt und Sündern Vergebung und Frieden zuspricht, in der er noch am Kreuz auf Golgatha einen reuigen Sünder durch sein Wort zum ewigen Leben beruft, indem er ihm das Paradies aufschließt, ihn unter die Seligen setzt, und weder Tod noch Teufel kann ihm das verwehren. Solch eine Vollmacht ist ihm von Gott gegeben! So zuverlässig, so durch und durch klar und fest ist alles, was Jesus sagt. Durch sein Wort übt Jesus deshalb seine ganze Heilandsmacht auf Erden aus; durch sein Wort verbindet er sich mit uns, nimmt auch uns die Schuld ab, schließt auch uns den Himmel auf und spricht uns den Frieden zu, der höher ist als all unsre Vernunft.
Weil Jesu Wort so fest, so zuverlässig, so gültig ist im Himmel und auf Erden, kann er sagen: »Wahrlich, wahrlich, ich sage euch: Wenn jemand mein Wort wird halten, der wird den Tod nicht sehen ewiglich.« Auf sein Wort verweist uns Jesus auch hier am Schluß seiner Bergpredigt. Daß wir mit seinem Wort recht umgehen, darauf kommt deshalb alles an. Daran entscheidet sich, ob wir klug oder töricht bauen, ob wir einmal als Überwinder zu seiner Herrlichkeit gelangen oder von ihm in die ewige Nacht geschickt werden.
Und so sieht der rechte Umgang mit seinem Wort aus: »Wer diese meine Rede hört und tut sie, der gleicht einem klugen Mann, der sein Haus auf Fels baute«: also hören und tun, beides stellt Jesus zusammen, beides ist entscheidend wichtig. Wichtig ist wirklich auch das Hören und das sogar zuallererst. Es gibt ja Menschen, die sagen: Es kommt allein auf die Tat an, auf das praktische Christentum. »Brot für die Welt«, das Eintreten für die unterdrückten Völker und anderes mehr ist viel wichtiger als das Laufen in Gottesdienste und Bibelstunden. Aber Jesus korrigiert solche Meinungen und sagt: Wenn du dein praktisches Christenleben recht leben willst, dann mußt du erst einmal hören und es dir von mir sagen lassen,

worauf es denn in deinem Leben wirklich ankommt. Du mußt wissen, daß du dir mit all deinen Leistungen den Himmel nicht verdienen kannst. Jesus bestätigt, was Luther sagt:

> Bei dir gilt nicht's denn Gnad und Gunst,
> die Sünden zu vergeben.
> Es ist doch unser Tun umsonst
> auch in dem besten Leben.
> Vor dir niemand sich rühmen kann,
> des muß dich fürchten jedermann
> und deiner Gnade leben.

Das mußt du hören; denn so groß ist deine Verlorenheit vor Gott. Das mußt du wissen, wie ernst und umfassend Gottes Gericht über die Sünde ist und wie dich nichts, gar nichts decken und retten kann vor Gottes Heiligkeit, wenn du an Jesus vorübergehst und er dir nichts bedeutet. Das mußt du hören. Und dies Hören ist so entscheidend wichtig für alle Menschen, daß Jesus immer wieder Jünger, die sich ihm ergeben haben, aus allem herausnimmt und sie zu dem einen Zweck in die Welt sendet, daß sie den Menschen sein Wort bringen, damit sie es hören. Ja, so wichtig und entscheidend und Nummer eins in Gottes Rettungsplan ist das Hören, daß Jesus Menschen, die ihm gehören, und denen er das wahre Leben schenkt, so beschreibt: »Meine Schafe *hören* meine Stimme«, dann erst kommen sie in Bewegung: »und sie folgen mir, und ich gebe ihnen das ewige Leben, und sie werden nimmermehr umkommen, und niemand wird sie mir aus meiner Hand reißen.«

So auch hier: »Wer diese meine Rede hört – und tut sie!« Jetzt kommt es freilich auch auf das Tun an, auf das Tun dessen, was wir bei Jesus gehört haben. Jesus kennt ja unser Herz. Er kennt unsre Neigung, alles, was wir hören, in unsrem Gedächtnis zu behalten, um damit unser Gedankengut zu bereichern, im übrigen aber unsre eigenen Wege zu gehen. Wer so mit Jesu Wort umgeht, gleicht genau jenem törichten Mann, der sein Haus auf Sand baute. Solch ein Glaube, der in Wahrheit kein Glaube ist, zerbricht irgendwann einmal. Mit solch einem Kopfglauben wird man einmal zuschanden. Denn wenn es ans Letzte kommt, nützt es gar nichts, was wir nur gehört und gewußt haben, sondern dann kommt alles darauf an, was wir, nachdem wir gehört hatten, nun auch wirklich getan haben. Es

kommt darauf an, daß wir mit unsrem ganzen Leben auf das eingegangen sind, was wir gehört haben, weil wir Jesu Wort höher geachtet haben als unsre eigene Vernunft und alle Menschenmeinung und Menschenweisheit unsrer Tage. Praktisch bedeutet das also für mich und für dich:
Wenn Jesus sagt: »Geht ein durch die enge Pforte, denn die Pforte ist eng und der Weg ist schmal, der zum Leben führt«, dann hör es doch: daß dein ganzes Leben und Streben im Licht der Ewigkeit zuletzt null und nichtig und verdammungsreif bleibt, wenn Jesus nicht für dich eintritt. Bedenke, daß es nur diesen einen Weg zum ewigen Leben gibt, der Jesus heißt; das mußt du hören! Und das mußt du tun: Deine Knie nun vor diesem Herrn beugen und deinen Mund öffnen und zu ihm – dem Inhalt nach – sagen:

Nimm mein Leben, Jesu, dir
übergeb ich's für und für!
Nimm mich selbst und laß mich sein
ewig, einzig, völlig dein!

Und wenn Jesus hinzufügt, daß der Weg schmal ist, der uns zum Leben führt, und nur wenige es sind, die darauf wandeln, dann hör es doch, was das bedeutet, und meide doch um deiner Seligkeit willen die Zuchtlosigkeit unsrer Tage, die dir weismachen will, daß die Zehn Gebote überholt seien und der moderne Mensch eine andere Auffassung vom Leben haben dürfe. Dann nimm es doch auch als etwas ganz Normales hin, wenn du von den anderen über deinen Weg und deine »altmodische« Haltung belächelt wirst. Dann schäme dich nicht deswegen!
Und wenn Jesus sagt: »Bittet, so wird euch gegeben; suchet, so werdet ihr finden; klopfet an, so wird euch aufgetan!«, dann gilt auch hier: Hör es doch, welch eine Tür dir damit aufgetan ist für deine Sorgen, deine Aufgaben, deine Nöte und Fragen. Und nun handle auch danach: Geh nicht gebetslos durch deine Tage, sondern »mach aus allem ein Gebet«! Lern es auch, auf Gottes Weisung und Erhörung zu warten.

Und wenn Jesus sagt: »Ihr sollt euch nicht Schätze sammeln auf Erden, wo sie von Motten und Rost gefressen werden und die Diebe sie stehlen können, sondern sammelt euch Schätze im Himmel«, dann hör doch auch das Wort recht: daß du nicht

bloß gerade das nackte Leben in die kommende neue Welt hinüberretten sollst, sondern daß dir in einem Leben mit und unter Jesus die große Gelegenheit von Gott geschenkt ist, durch Taten der Liebe Schätze zu sammeln, die dir als Früchte des Glaubens in den Himmel folgen; daß du dort, wie Jesus an andrer Stelle sagt, willkommen geheißen werden sollst von denen, denen du auf Erden im Gehorsam und aus Liebe zu deinem Herrn wohlgetan hast. Dann stöhne doch nicht, wenn auf Erden so oft gesammelt wird für das Werk des Reiches Gottes; dann lern es doch, gern und freudig das Deine zu tun, wenn Jesus alles so gnädig annimmt, ehrt und lohnt, was aus Liebe zu ihm und seinem Werk auf Erden gegeben und geopfert wird.
Und wenn Jesus mahnt: »Es werden nicht alle, die zu mir sagen: Herr, Herr, in das Himmelreich kommen, sondern die den Willen tun meines Vaters im Himmel«, dann hör es nur, daß es auch das gibt: daß man auf Erden fromm getan haben und einmal als unecht verworfen werden kann. Darum laß dich immer neu ins Gebet treiben:

Erforsche mich, Jesu, mein Licht,
durchleuchte mein Innerstes mir;
mein eignes Bemühen taugt nicht,
ich nahe mich willig, ich nahe mich dir!

Dann sei demütig und lern es immer mehr, dich in Jesu Verdienst zu bergen und zu kleiden, und alles zu meiden, was dir Jesus verdunkeln oder sich über Jesus stellen will.
So könnten wir fortfahren. So meint es Jesus. Und nur durch solches Hören und Tun gleichen wir dem klugen Mann, der auf Fels baute, so daß sein Haus nicht zusammenfiel, als der Platzregen einsetzte und die Gewässer stiegen und die Winde das Haus umwirbelten. Nur so, durch Hören und Tun, zu dem wirklich auch das Gebet gehört, bleiben wir mit Jesus verbunden und werden darum nicht mitgerissen werden von den Strömungen der Zeit, noch von den Leiden und Nöten dieser Welt, noch von der Macht des Todes aus seiner Hand gerissen werden.
Überschauen wir das Ganze: Welch ein Licht fällt von Jesus her wirklich auch in diesem Wort über unsre Welt, unsre bewegte Zeit, unser Leben, auch über das ärmste Leben! Alle Prüfungen, alle Leiden, alle Erschütterungen, zuletzt auch die Todes-

not können uns nicht von Jesus scheiden, wenn wir mit ihm verbunden sind durch Hören und Tun seines Wortes. Ja, wer es so mit Jesus hält, dem müssen alle Leiden dieser Zeit dazu dienen, daß er sich immer neu ausstrecken lernt nach jener ewigen Welt, die wir am Anfang der Bergpredigt in Jesu herrlichen Seligpreisungen aufleuchten sehen. Und eben das heißt auf Felsen stehen: »Im Ewigen daheim sein! Dann mag morgen das letzte Unwetter hereinbrechen über unsre Welt und unsre letzte Stunde gekommen sein, was gilt's, wenn in demselben Augenblick das Tor zur ewigen Welt sich über uns öffnet und wir in die ewigen Wohnungen einziehen dürfen, die Jesus bereitet hat denen, die ihn lieben; in das Haus, »das nicht von Menschenhänden gemacht ist, das ewig ist im Himmel«, wie wir es an andrer Stelle lesen. Wer in Jesu Namen zu hören und zu tun, zu beten und zu bitten gelernt hat, der geht nicht verloren. Denn es ist unmöglich, daß Gott einen Menschen fallen läßt, der sich an den hält, den er uns zum Heiland und Herrn gegeben hat. Amen.

Gebet: Herr Jesus Christus! Du kennst unser Herz und weißt um unsre Neigung, Dein Wort nur zu hören, aber nicht wirklich zu tun, oder uns auf unser Tun zu verlassen und Dein Wort nicht zu beachten. Bring uns doch völlig in die Schranken, die Dein Wort uns lehrt. Bewahre uns vor der törichten Meinung, wir könnten es ohne Dich schaffen. Gib uns Kraft, Deinem Wort gehorsam zu sein, Dir in allem zu vertrauen, Dich vor allen zu bekennen, um einmal heimzukommen und teilzuhaben an Deinem ewigen Reich. Amen.

Lied: Stern, auf den ich schaue, Fels, auf dem ich steh . . .

6. Sonntag nach Epiphanias

Jesu innere Herrlichkeit wird offenbar

Und nach sechs Tagen nahm Jesus zu sich Petrus und Jakobus und Johannes, dessen Bruder, und führte sie allein auf einen hohen Berg. Und er wurde verklärt vor ihnen, und sein Angesicht leuchtete wie die Sonne, und seine Kleider wurden weiß wie das Licht. Und siehe, da erschienen ihnen Mose und Elia, die redeten mit ihm. Petrus aber fing an und sprach zu Jesus: Herr, hier ist gut sein! Willst du, so wollen wir hier drei Hütten bauen, dir eine, Mose eine und Elia eine. Als er noch so redete, siehe, da überschattete sie eine lichte Wolke. Und siehe, eine Stimme aus der Wolke sprach: Dies ist mein lieber Sohn, an dem ich Wohlgefallen habe; den sollt ihr hören! Als das die Jünger hörten, fielen sie auf ihr Angesicht und erschraken sehr. Jesus aber trat zu ihnen, rührte sie an und sprach: Steht auf und fürchtet euch nicht! Als sie aber ihre Augen aufhoben, sahen sie niemand als Jesus allein. Und als sie vom Berge hinabgingen, gebot ihnen Jesus und sprach: Ihr sollt von dieser Erscheinung niemandem sagen, bis der Menschensohn von den Toten auferstanden ist. Matthäus 17,1–9

»Wir wandeln im Glauben und nicht im Schauen.« Das steht über dem Weg der gläubigen Gemeinde auf Erden. Darauf ist sie angewiesen – bis ihr Herr in Kraft und Herrlichkeit wiederkommt. Ja, Jesus preist nach seiner Auferstehung in seinem Wort an Thomas mit besonderer Betonung diejenigen selig, »die nicht sehen und doch glauben«, glauben auf das Wort hin, das Jesus in der Vollmacht seines Vaters auf Erden gesprochen hat und das seine Boten fortan in der Welt verkündigen werden als das Wort »von Jesu Wunden, von Jesu Sieg und Macht, wie er ein Heil erfunden, das hier schon selig macht«.
Darum hat Jesus seine Jünger, die dazu berufen waren, als erste diese Botschaft in die Welt hinauszutragen und Menschen zum Glauben an ihn zu rufen, auch nicht nur sein Wort hören lassen, sondern sie auch immer wieder etwas sehen lassen von der Macht und Herrlichkeit, die ihm als dem Sohn Gottes gegeben war. Seine Boten sollten den Menschen ein

durch und durch zuverlässiges, festes und unerschütterliches Zeugnis bringen von dem, »was sie gehört, was sie mit ihren Augen gesehen und mit ihren Händen betastet haben vom Wort des Lebens«, wie Johannes es später in seinem ersten Brief bezeugt und wie Petrus es gerade von dem verlesenen heutigen Evangelium sagt: »Wir sind nicht ausgeklügelten Fabeln gefolgt, als wir euch kundgetan haben die Kraft und das Kommen unsres Herrn Jesus Christus, sondern wir haben seine Herrlichkeit selber gesehen. Denn er empfing von Gott, dem Vater, Ehre und Preis durch eine Stimme, die zu ihm kam von der großen Herrlichkeit: Dies ist mein lieber Sohn, an dem ich Wohlgefallen habe. Und diese Stimme haben wir gehört vom Himmel kommen, als wir mit ihm waren auf dem heiligen Berge.« Und dieser Petrus hat sein Zeugnis von Jesus, wie die Überlieferung sagt, mit seinem Märtyrertod besiegelt.

Ja mit einem leuchtenden Edelstein im Kranz der Zeugnisse des Neuen Testaments von Jesus haben wir es auch hier zu tun, uns gegeben zur Stärkung unsres Glaubens und der Freude an unsrem Herrn.

Laßt uns aus dem reichen Inhalt dieses Zeugnisses ein dreifaches zu Herzen nehmen:

I.

Das erste ist die Wirklichkeit der himmlischen Welt, die uns in Jesus so nahe gekommen ist. Achten wir auf den Zusammenhang: Seit etwa acht Tagen wissen die Jünger, welch einen Ausgang Jesu Leben auf Erden nehmen wird. Er hat ihnen nämlich ganz offen seinen Tod am Kreuz vorausgesagt. Acht Tage tragen die Jünger diese unheimlich schwere Last im Herzen, mit der sie nicht fertig werden können. Jesus sieht das. Er sieht, wie schwer seine Jünger das fassen, wie wenig sie seinen Weg zum Kreuz verstehen. In dieser Lage sucht Jesus, wie so oft, die Einsamkeit auf, um zu beten. Aber weil Jesus diesmal offenbar etwas Besonderes vom Himmel her erwartet, nimmt er drei Jünger mit, die ihm besonders nahe stehen, auf daß alle Wahrheitszeugnisse »auf zwei oder drei Zeugen Mund bestehe«, wie es das Gesetz fordert.

Und was erleben sie nun? Die Art, wie die Jünger das

nachträglich beschreiben, zeigt, welche Mühe sie haben, dies wunderbare Erlebnis wiederzugeben: Während Jesus betet, verwandelt sich sein Angesicht in einen überirdischen Lichtglanz, gleich wie die helle Sonne. Dieser Lichtglanz breitet sich sofort über seine ganze Gestalt aus, so daß auch seine Kleider davon erfaßt werden. Und nachdem das geschehen ist, sind auf einmal zwei andere Gestalten bei ihm: Mose und Elia, die beiden größten Männer Gottes des Alten Bundes und reden mit ihm. Das ganze Geschehen ist von solch einer überirdischen Glückseligkeit überstrahlt, daß Petrus staunend und überwältigt stammelt: »Herr, hier ist gut sein, willst du, so wollen wir hier drei Hütten bauen, dir eine, Mose eine und Elia eine.« Bei Lukas lesen wir hier den Zusatz: »Er wußte aber nicht, was er redete.« So freudetrunken war er offenbar. Und während Petrus noch so redet, überschattet auch die Jünger eine lichte Wolke und eine Stimme aus der Wolke spricht: »Dies ist mein lieber Sohn, an dem ich Wohlgefallen habe; den sollt ihr hören!« Da fallen die Jünger erschrocken auf ihr Angesicht zu Boden.

Was hat sich mit dem allen also getan und offenbart? Die Wirklichkeit der himmlischen Welt, aus der Jesus kam und mit der er auch in seinen Erdentagen in steter Verbindung stand und zu der er auch uns ruft, hat sich vor den Augen der Jünger ein wenig enthüllt und vernehmen lassen. Und das ist das erste, was auch wir zur Stärkung unsres Glaubens sehen sollen. Denn unser Glaube an Jesus, den Sohn Gottes, steht und fällt mit der Wahrheit, daß jenseits unsrer sichtbaren Welt mit ihren Nöten, Ängsten und ihrem Dunkel und Sterbenmüssen sich noch eine andere Welt befindet, nämlich die Welt Gottes und seiner himmlischen Heere. Von ihr sagt der Hebräerbrief, daß die Gemeinde der Kinder Gottes auf Erden schon jetzt mit ihr durch den Glauben an Jesus, den Sohn Gottes, verbunden ist, wenn es da heißt: »Ihr seid gekommen zu dem Berge Zion und zu der Stadt des lebendigen Gottes, dem himmlischen Jerusalem, und den vielen tausend Engeln und zu der Versammlung und Gemeinde der Erstgeborenen, die im Himmel angeschrieben sind, und zu Gott, dem Richter über alle, und zu den Geistern der vollendeten Gerechten.«

Es ist für unser Leben und Sterben so wunderbar tröstlich, wenn uns das aufgeht. Wir sprechen heute mit berechtigtem

Grund von der dämonischen Welt, die sich mehr und mehr über unsere Zeit breitet. Denn auch eine dämonische Welt ist wirklich da; man kann sie heute ja geradezu mit Händen greifen. Denn was heute an Gemeinheiten und Scheußlichkeiten auf Erden geschieht, ist anders gar nicht zu erklären, als daß es von einer dämonischen Welt inspiriert und gesteuert wird. Aber gerade deshalb ist es so tröstlich, zu wissen, daß nicht bloß eine Welt des Bösen uns umgibt, sondern daß uns in Jesus eine Welt des Lichts und der Herrlichkeit Gottes aufgetan ist und uns so nahe gekommen ist, daß wir glaubend und betend schon heute in ihr atmen können und daß schon das stille Seufzen in Jesu Namen dort gehört wird.

Sie ist freilich zugleich auch eine heilige Welt, in die der Mensch, wie er von Natur ist, nicht eintreten kann. Darum faßt auch die Jünger hier ein heiliges Erschrecken, und sie fallen auf ihr Angesicht, als die lichte Wolke auch sie eindeckt und Gottes Stimme hörbar wird: »Dies ist mein lieber Sohn, an dem ich Wohlgefallen habe; den sollt ihr hören!« Das unterstreicht, was uns die Bibel von Anfang bis zu Ende sagt: »Fleisch und Blut können das Reich Gottes nicht ererben.« Der unerlöste, nicht wiedergeborene Mensch würde den Glanz und die Herrlichkeit jener Welt gar nicht ertragen können, sondern müßte vor Furcht vor der Heiligkeit Gottes und seiner ewigen Welt zittern und beben und auf seinem Angesicht liegen bleiben. Und doch will sie uns schon heute locken und rufen. Denn gewiß auch zum Trost und zur Stärkung für den bevorstehenden Leidensweg, den auch die Jünger Jesu noch gehen würden, wurden den dreien Blicke hinter den Vorhang geschenkt.

Und zum Trost in allem Erdenleid für alle, die sich zu Jesus halten, steht auch diese Geschichte in der Bibel: Du sollst wissen, wohin die gegangen sind, die im Glauben an den Gott der Bibel diese Welt verlassen haben. Du sollst wissen und dich darüber freuen, daß auch du eine ewige Heimat hast, die dich aufnimmt, wenn dein Weg mit Jesus hier zu Ende ist, so wie er es seinen Jüngern an andrer Stelle auch ausdrücklich zugesagt hat: »Euer Herz erschrecke nicht. Glaubet an Gott, und glaubet an mich! In meines Vaters Hause sind viele Wohnungen, und ich gehe hin, euch die Stätte zu bereiten. Und wenn ich hingehe, euch die Stätte zu bereiten, so will ich wiederkommen und euch zu mir nehmen, damit ihr seid, wo ich bin.« Von

dem Apostel Paulus wissen wir, daß er zweimal in jene Welt entrückt war und dort unaussprechliche Worte hörte, »welche ein Mensch nicht sagen darf«. Offenbar war die Glückseligkeit dort so groß, daß sie in jetzigen Menschenworten nicht ausgedrückt werden kann.
Welch ein Trost für alle Kinder Gottes wird uns also auch an dieser Stelle gesagt!

II.

Ein zweites vermittelt uns das heutige Evangelium: *Nicht nur die Seligkeit der himmlischen Welt, sondern auch und noch mehr die innere Herrlichkeit Jesu bricht hier hervor.* Die Jünger erzittern bei soviel Glanz und Herrlichkeit, vor der sie stehen, und fallen zu Boden. Jesus fällt nicht zu Boden; er fühlt sich in diesem Licht heimisch und ist mit der himmlischen Welt aufs innigste vertraut. Woher dieser Unterschied?
Wir werden aufs erste sagen müssen: Hier wird offenbar, daß Jesus eben der ganz andere ist: Er ist der Sohn Gottes, der aus jener Welt zu uns kam. Sie blieb ihm auch auf Erden die Heimat, in der er täglich atmete und von der ihn innerlich nichts trennte. So spricht er auch an andrer Stelle von sich als dem Menschensohn, der auch während seiner Erdenzeit, »im Himmel ist« (Joh. 3,13). Und sein Jünger Johannes sagt im Rückblick auf alles, was seine Jünger bei Jesus gesehen und erlebt haben: »Wir sahen seine Herrlichkeit, eine Herrlichkeit als des eingeborenen Sohnes vom Vater, voller Gnade und Wahrheit.«
Und doch dürfen wir hier das andere nicht übersehen: Jesus hatte seine göttliche Herrlichkeit uns zugut verlassen und war Mensch geworden wie wir und »an Gebärden als ein Mensch erfunden«, wie es der Apostel Paulus sagt. Er war ganz der unsere geworden. Daß Jesus dennoch so dastehen und so mit der himmlischen Welt verkehren kann, während die Jünger auf ihr Angesicht fallen, das hat offenbar auch noch diesen Grund: Jesus hat auch als Menschensohn, als der zweite Adam und das neue Haupt der Menschheit, die Reife erlangt, in der er – ohne den Tod schmecken zu müssen – in die himmlische Welt eintreten könnte. Er besitzt auch als Mensch das reine Herz, um Gottes Angesicht schauen zu können. Denn er war auf

Erden versucht worden »allenthalben gleich wie wir«, aber in allen Versuchungen Sieger geblieben. So steht er jetzt an der Pforte zur himmlischen Welt, rein und reif, heilig und gerecht, und die Pforte zur Herrlichkeit, die jedem Sünder verschlossen ist, öffnet sich vor ihm. Das ist das Große und Wunderbare hier.

Und damit gibt uns das Wort hier einen deutlichen Fingerzeig für das Verständnis der ganzen Menschheits- und Heilsgeschichte Gottes: So hätte offenbar auch unser Weg ohne Sündenfall verlaufen können. Das war Gottes Plan auch mit uns, daß wir auf dem Weg des Wachstums, der Prüfung und Bewährung, jene Reife erlangen sollten, in der wir unmittelbar – ohne sterben zu müssen – in die himmlische Welt hätten eintreten können. Der erste Mensch hat diese Prüfung nicht bestanden und diese Reife nicht erlangt. Ihm wurde die himmlische Welt darum verschlossen. »Und Gott trieb Adam aus dem Garten und lagerte vor dem Garten die Cherubim mit dem bloßen hauenden Schwert, zu bewahren den Weg zum Baum des Lebens«, mit diesen geheimnisvollen Worten spricht die Bibel von dem Weg, der dem Menschen durch seine Schuld verschlossen wurde. Jesus dagegen ist im Kampf mit der Sünde, dem Teufel und dem Tode überall Sieger geblieben. Ihm ist der Weg nach oben deshalb nicht verschlossen. Er hat freien Zugang. Er konnte sofort eintreten in die himmlische Herrlichkeit. Und tut es doch nicht!

Sondern was tut er? Er steigt vom Berge herab, tritt aus dem Licht der himmlischen Welt in das Dunkel dieser Welt und in das Tal der Todesschatten wieder zurück. Warum das? Weil er sich nicht lösen will von uns Menschen, weil er nicht ohne uns zurückkehren will in Gottes Herrlichkeit. Darum hören wir ihn auch bald im hohenpriesterlichen Gebet, das er vor seinem Todesweg nach Golgatha betet, sagen: »Vater, ich will, daß, wo ich bin, auch die bei mir seien, die du mir gegeben hast, daß sie meine Herrlichkeit sehen, die du mir gegeben hast.« Das heißt: »Vater, ich komme jetzt zu dir, ich komme auf dem Weg des Leidens und Sterbens zu dir. Aber ich komme auf diesem Wege nicht allein! Ich bringe Menschen mit, die sich um mich gesammelt haben und für die ich in den Tod gehe. Ich bitte dich, daß du sie aufnimmst in deine Herrlichkeit.« Deshalb steigt Jesus vom Berge wieder herab und wendet sein Angesicht, »stracks gen Jerusalem zu wandern«, wie wir es bei Lukas lesen, um dort für uns zu leiden und zu sterben und so den Weg in Gottes Herrlichkeit auch für uns zu bahnen; ja, um so das Mittel zu beschaffen, das den Sünder in jene Reinheit und Gerechtigkeit versetzt, in der er vor Gott bestehen kann: sein auf Golgatha vergossenes Blut.

Sieh, solch einen Heiland haben wir! Keine Versuchung, weder der Glanz der himmlischen Welt, noch der qualvolle Tod am Kreuz konnte ihn von uns trennen. Solch ein Heiland reicht uns seine Hand, »damit er uns zu Gott führte«, so lesen wir es im 1. Petrusbrief. Haben wir sie schon ergriffen? Mit tiefem Ernst fragt der Hebräerbrief: »Wie sollen wir entfliehen« – nämlich vor dem Gericht Gottes – »wenn wir eine solche Seligkeit nicht achten?« Wer in diese Retterhand nicht einschlägt, der begeht die größte Sünde, die ein Mensch begehen kann, nämlich die Sünde gegen die Liebe Gottes, die sich in Jesus offenbart. Das wird auch an dieser Stelle wieder deutlich.

Darum achten wir noch auf das dritte in unsrem Text:

III.

»Da sie aber ihre Augen aufhoben« – nachdem sie Jesus angerührt und ihnen sein »Fürchtet euch nicht!« zugerufen hatte –, »sahen sie niemand als Jesus allein«. Das sollte heißen: Ja, sie ist da, die Welt Gottes, die Welt voll Frieden und Seligkeit. Was die Bibel vom Himmel und seiner Herrlichkeit sagt, ist selige Wirklichkeit. Aber *die Tür zu Gottes Herrlichkeit ist Jesus, Jesus allein!* Ihn müßt ihr hören. Ihm müßt ihr gehören als eurem Heiland und Herrn. Es gibt gar keinen andern Weg für euch als Jesus allein!

Und das heißt auch für einen jeden von uns: Das Evangelium, das wir sonntäglich hören dürfen, ist reich und tief. Auch die Zeugnisse der Bibel über die himmlische Welt der Herrlichkeit Gottes sind reich und hell. Man lese nur die letzten Seiten des letzten Buches der Bibel, der Offenbarung. Aber das, worauf nun alles ankommt, wenn unser Stündlein kommt und alles auf Erden für uns versinkt, ist dies: daß wir Jesus kennen. Was nützt sonst alles Wissen von dem, was droben ist, was nützen alle Blicke in die himmlische Welt, die uns die Heilige Schrift gewährt, wenn wir den nicht kennen und dem nicht angehören,

der allein darüber entscheidet, wer in sie eintreten darf und wer nicht. Und nichts kann dich wiederum hindern und es kann dir noch manche Erkenntnis fehlen, wenn nur dies eine wahr bei dir ist, daß du auf Jesus allein deinen Glauben und deine Hoffnung setzest; wenn du auf die Frage des Heidelberger Katechismus: »Was ist dein einziger Trost im Leben und im Sterben?« sinngemäß und von Herzen antworten kannst: »Daß ich mit Leib und Seele, beides, im Leben und im Sterben, nicht mein, sondern meines getreuen Heilandes Jesu Christi eigen bin, der mit seinem teuren Blut für alle meine Sünden vollkömmlich bezahlet und mich aus aller Gewalt des Teufels erlöset hat und also bewahrt, daß ohne den Willen meines Vaters im Himmel kein Haar von meinem Haupte fallen kann, ja auch mir alles zu meiner Seligkeit dienen muß.«
Wenn er, Jesus, dir und mir den Himmel aufschließt, kann uns ihn niemand zuschließen, und keine teuflische Macht kann uns daran hindern, heute im Glauben und einmal im Schauen einzutreten in die Welt der Herrlichkeit Gottes. Wenn er aber zuschließt – armer Mensch, was dann? Ein anderer Heiland wird nicht kommen, der dich auf einem anderen Weg zur Herrlichkeit Gottes und ins ewige Leben führen könnte. »Sie sahen niemand als Jesus allein!« Er ist und bleibt allein der Weg und die Wahrheit und das Leben, und niemand kommt zum Vater als durch ihn, durch Jesus allein!
Darum laßt uns seinem Ruf folgen und auf sein Wort hören! Wir wollen uns freuen auf die ewige Welt, die uns auch hier grüßt, uns freuen über alles, was uns Gott in seinem Wort über sie sagt, auch darüber, daß ihre Herrlichkeit noch weit über das hinausgehen wird, was uns heute in Menschenworten über sie gesagt werden kann; denn »was kein Auge gesehen und kein Ohr gehört hat und was in keines Menschen Sinn gekommen ist, das hat Gott bereitet denen, die ihn liebhaben.« Vor allem wollen wir uns freuen darüber, daß wir einen Heiland haben,

»der den Gang zum Kreuz und Grabe,
ja den Schritt in Todes Rachen,
gern getan, mich loszumachen«,

wie Ernst Gottlieb Woltersdorf es sagt und singt.
Jesus ist der Herr dieser und der zukünftigen Welt. Ihm müssen wir uns mit unsrem ganzen Leben ausliefern. Wir bleiben arme

Menschen ohne ihn, aber wir haben alles, wenn wir ihn haben. Amen.

Gebet: Ja, wir haben alles, alles in Dir, Herr Jesu Christ! Wir danken Dir, daß Du nicht ohne uns in die Herrlichkeit Deines Vaters zurückkehren wolltest und darum Dich auf den Weg gemacht hast, der Dich nach Golgatha führte. Da hast Du Dein Blut und Leben für uns geopfert, damit wir die Gerechtigkeit erlangen, die vor Gott gilt, und am Ende unsres Weges eintreten können in Deines Reiches Freuden. Hilf einem jeden von uns, Dir zu folgen, Deinen Namen zu ehren als den Namen über alle Namen! Du, Du allein bist ja unsre Hoffnung im Leben und im Sterben, für Zeit und Ewigkeit. Amen.

Lied: O Jesu, meine Sonne, vor der die Nacht entfleucht . . .

Gott zu dienen – welch ein Stand!

Denn das Himmelreich gleicht einem Hausherrn, der früh am Morgen ausging, um Arbeiter für seinen Weinberg einzustellen. Und als er mit den Arbeitern einig wurde über einen Silbergroschen als Tagelohn, sandte er sie in seinen Weinberg. Und er ging aus um die dritte Stunde und sah andere müßig auf dem Markt stehen und sprach zu ihnen: Geht ihr auch hin in den Weinberg; ich will euch geben, was recht ist. Und sie gingen hin. Abermals ging er aus um die sechste und um die neunte Stunde und tat dasselbe. Um die elfte Stunde aber ging er aus und fand andere und sprach zu ihnen: Was steht ihr den ganzen Tag müßig da? Sie sprachen zu ihm: Es hat uns niemand eingestellt. Er sprach zu ihnen: Geht ihr auch hin in den Weinberg. Als es nun Abend wurde, sprach der Herr des Weinbergs zu seinem Verwalter: Ruf die Arbeiter und gib ihnen den Lohn und fang an bei den letzten bis zu den ersten. Da kamen, die um die elfte Stunde eingestellt waren, und jeder empfing seinen Silbergroschen. Als aber die ersten kamen, meinten sie, sie würden mehr empfangen; und auch sie empfingen ein jeder seinen Silbergroschen. Und als sie den empfingen, murrten sie gegen den Hausherrn und sprachen: Diese letzten haben nur eine Stunde gearbeitet, doch hast du sie uns gleichgestellt, die wir des Tages Last und Hitze getragen haben. Er antwortete aber und sagte zu einem von ihnen: Mein Freund, ich tu dir nicht Unrecht. Bist du nicht mit mir einig geworden über einen Silbergroschen? Nimm, was dein ist, und geh! Ich will aber diesem letzten dasselbe geben wie dir. Oder habe ich nicht Macht zu tun, was ich will, mit dem, was mein ist? Siehst du scheel drein, weil ich so gütig bin? So werden die Letzten die Ersten und die Ersten die Letzten sein.

Matthäus 20,1–16

So unverständlich uns das verlesene Gleichnis unsres Herrn zunächst erscheinen mag – es enthält doch eine Botschaft voll großer Herrlichkeit und klarer, entscheidender Wegweisung. Wir achten auf den Zusammenhang: Der reiche junge Mann, der mit der Frage zu Jesus gekommen war: »Lehrer, was soll ich

Gutes tun, damit ich das ewige Leben habe?« ist gerade betrübt von Jesus weggegangen. Er wollte sich von seinem irdischen Besitz nicht lösen, der ihn gebunden hielt. So schlug er die höchste Berufung aus, die Jesus ihm anbot: in seine Nachfolge einzutreten und sich in seinen engsten Jünger-, den späteren Apostelkreis, einfügen zu lassen. In diesem Augenblick tritt Petrus mit der Frage an den Herrn heran: »Siehe, wir haben alles verlassen und sind dir nachgefolgt. Was wird uns dafür?« So vorlaut die Frage des Petrus nach unsrem Empfinden auch war, Jesus ist doch gern auf sie eingegangen und hat ohne Zögern geantwortet. »Wahrlich, ich sage euch: Ihr, die ihr mir nachgefolgt seid, werdet bei der Wiedergeburt« – das heißt: beim Anbruch der neuen Welt –, »wenn der Menschensohn sitzen wird auf dem Thron seiner Herrlichkeit, auch sitzen auf zwölf Thronen und richten die zwölf Geschlechter Israels.« Und dann hat Jesus hinzugefügt, was allen Menschen und zu allen Zeiten gilt: »Wer Häuser oder Brüder oder Schwestern oder Vater oder Mutter oder Kinder oder Äcker verläßt um meines Namens willen, der wird's hundertfach empfangen und das ewige Leben ererben.« Welch eine Verheißung an alle, die sich in Jesu Nachfolge rufen lassen, koste es, was es wolle!
Dann aber hat Jesus mit großem Ernst gesagt: »Aber viele, die die Ersten sind, werden die Letzten und die Letzten werden die Ersten sein.« Und zur Erklärung dieses Satzes erzählt Jesus das verlesene Gleichnis. Wir wollen die Doppelaussage, die darin liegt, uns von Jesus deutlich machen lassen:

I.

Niemand glaubt, lebt und dient Gott umsonst. Ja, es gibt für uns Menschen nichts Höheres und Lohnenderes in Zeit und Ewigkeit, als Gott zu glauben und zu dienen. Denn schon der erste Satz: »Das Himmelreich ist gleich einem Hausherrn, der früh am Morgen ausging, um Arbeiter für seinen Weinberg einzustellen«, läßt uns in das helle Antlitz der Menschenfreundlichkeit Gottes sehen. Gott geht – und das tut er in seinem Wort immer noch – wie ein gütiger Hausherr aus, um Menschen anzuwerben für seinen Dienst und für sein ewiges Herrlichkeitsreich. Denn der Weinberg Gottes auf Erden, das ist die Gemeinde der Gläubigen zu allen Zeiten, der er sein Wort und

damit sein Licht und seine Wahrheit anvertraut hat, damit sein Name und sein Heil, seine Wege und sein Ziel kund werden auf Erden. Weinbergsarbeit ist also das, was mit der Offenbarung Gottes in seinem Wort und in seinem Sohn zusammenhängt und in seinem Namen geschieht: die Ausbreitung des Evangeliums von der Liebe Gottes in Wort und Tat, also Evangelisation und Mission und Diakonie in der weiten Welt und ebenso das Bekenntnis und Zeugnis im kleinsten Kreis daheim und an der Arbeitsstätte.
Ach, die wenigsten Menschen ahnen, welche Segnungen in die Welt durch die Verkündigung des Wortes Gottes und den Dienst seiner Zeugen und Bekenner, auch aller Stillen im Lande, ausgegangen sind und immer noch ausgehen. Wenn die Welt sich nicht mit ihrem jetzigen Zustand abfindet, sondern immer am Hoffen ist, daß es anders und lichter und schöner werden müsse auf Erden, und nach einer Zeit ausschaut, da »die Schwerter zu Pflugscharen und die Spieße zu Sicheln« gemacht werden, dann wird uns hier der Grund gezeigt, warum sie es so sagen und auf solches hoffen kann: Von der Krippe zu Bethlehem und vom Kreuz auf Golgatha ist das große Wort vom Frieden auf Erden und der Versöhnung der Menschen und der Erneuerung aller Dinge hereingekommen in unsere Welt. Strahlen der Hoffnung fallen nun auch in das tiefste Dunkel auf Erden, wo das Evangelium von der Gnade Gottes hinkommt.

O danken wir doch Gott im Himmel dafür, daß er auf dieser fluchbeladenen armen Erde erst in der Berufung seines auserwählten Volkes Israel und dann in der Gemeinde aus allen Völkern seinen Weinberg angelegt hat und erhält und bewahrt und diese Erde so zur Stätte der höchsten Offenbarung seiner Liebe gemacht hat!
Noch mehr sagt Jesus über Gottes Tun: »Und als er mit den Arbeitern einig wurde über einen Silbergroschen, sandte er sie in seinen Weinberg.« – »Einig« werden will also Gott mit uns. Denn wir sind gefallene Menschen; wir sind von Natur nicht einig mit Gott. Entweder leben wir so, als ob Gott überhaupt nicht da sei, oder wir wollen immer anders, als Gott es will; wir leben im Streit und Unfrieden mit Gott und haben über ihn und sein Regiment nur immer zu klagen und zu murren.
Und zu diesen Unzufriedenen kommt Gott in seinem Sohn,

dem Herrn Jesus Christus, wie ein menschenfreundlicher Unternehmer, um zu verhandeln. Er macht uns in ihm ein verbindliches Angebot: Er will uns unsre Aufsässigkeit gegen ihn vergeben und ganz neu mit uns anfangen, indem er uns unter die Herrschaft Jesu ruft und uns so zu seinen Mitarbeitern macht in dem großen Werk der Heimrufung einer verlorenen Menschheit. O was gibt es Größeres für uns Menschen als solche Berufung in Gottes Dienst und Gottes Herrlichkeit! Denn so hat einer am Ende seines Lebens klagen müssen:

Es gibt viel Jammer in der Welt, viel tausend gebrochene Herzen,
von allen Ecken und Enden gellt der Aufschrei bitterer Schmerzen;
ein Elend aber kenne ich, es kann kein größres geben,
zwei kurze Worte schließen's ein – es heißt: verfehltes Leben!

Sieh, vor solch einem leeren, verfehlten Leben will Gott uns bewahren, indem er uns unter Jesu Führung ein Leben anbietet, das von der Gewißheit getragen wird, daß wir mit unsrem ganzen Dasein eingefügt sind in einen großen göttlichen, weltumfassenden Plan, dessen Ziel und Ende eine neue Welt voll Leben und Herrlichkeit ist, Himmelreich genannt.

So geht Gott in seinem Wort immer wieder aus, um Menschen auf diesen Weg zu rufen. Er kommt zu vielen schon in der Morgenfrühe ihres Lebens und möchte schon mit jungen Menschen einig werden, so einig, daß sie sprechen:

Ich habe nur ein Leben und das gehört dem Herrn;
ihm, der es mir gegeben, geb ich es froh und gern!

Das ist der Sinn aller christlichen Kinder- und Jugendarbeit, die wir tun. Und Gott wirbt um Menschen, die auf der Höhe ihres Lebens stehen, ja auch um die, die sie schon überschritten haben: »Er ging aus um die sechste und neunte Stunde«, also um die Mittagszeit und am Nachmittag, so heißt es hier. Und Gott läßt seinen Ruf wahrhaftig auch noch solche hören, die gleichsam nur noch eine Stunde vor Sonnenuntergang vor sich haben: die alt und grau gewordenen Leute, die Rentner und Invaliden, die Schwachen und Kranken. Auch ihnen bietet er noch einen Platz in seiner Gemeinde auf Erden und im Himmel an. Er will auch den alten Tagen noch Sinn und Inhalt geben, indem er auch sie, die Altgewordenen, in Liebe annimmt, ihnen ihre Sünden und ihre ganze Lebensschuld vergibt, ihnen erlaubt und aufträgt, seinen Namen anzurufen und vor den Menschen zu bekennen und durch Gebet und Fürbitte an ihrem Platz sogar an seinem Werk auf Erden teilzunehmen und Weinbergsarbeit zu tun. Das ist unbeschreiblich große Gnade, daß uns Gott so ruft, um unser Leben fruchtbar zu machen und für den Eingang in sein ewiges Reich zuzubereiten.

Solange wir nicht mit Gott einig geworden sind, führen wir ein unfruchtbares, müßiges Leben. »Was steht ihr hier den ganzen Tag müßig?«: Das ist unser Leben im Urteil Gottes, solange wir ohne Jesus dahingehen. Wir mögen im Irdischen noch so tüchtig sein und es auf Erden zu etwas bringen, für das Himmelreich sind wir ohne Frieden mit Gott, ohne sein Ja zu unsrem Leben unnütze Leute; wir haben nichts, was bleibt, wenn wir aus dieser Welt scheiden. Für die Ewigkeit ist all unser Tun und Treiben unfruchtbar, weil nur ein Leben im Glauben und Hoffen auf Gott und auf den, den er gesandt hat, Jesus, die Verheißung hat, fruchtbar zu werden und Eingang zu finden in Gottes ewiges Reich. »Denn ohne mich könnt ihr nichts tun«, sagt Jesus; nichts, was bleibenden, ewigen Wert hat und Gott wohlgefällt. Aber ebenso gilt das andre Wort Jesu: »Wer in mir bleibt und ich ihn ihm, der bringt viel Frucht.« Dafür sorgt Jesus selbst. Denn er ist gekommen, damit wir in ihm Leben und volle Genüge haben!

Welch ein gütiges »Komm!« hören wir auch in diesem Gleichnis zu allen, die noch nicht einig geworden sind mit dem lebendigen Gott:

> Komm! Der Herr hat Himmelsgaben für die Seele,
> die ihn liebt!
> Komm! Auch du sollst alles haben, was der Herr den
> Seinen gibt!

II.

Nachdem Jesus die Gnade Gottes so hell ins Licht gestellt hat, fügt er eine ernste und notwendige Mahnung hinzu: *Erkenne, du Berufener, nun aber auch die Größe solcher Gnade und Berufung und handle und wandle in diesem Licht!*

Wir lesen noch einmal: »Da es nun Abend geworden war, sprach der Herr des Weinbergs zu seinem Verwalter: Ruf die Arbeiter und gib ihnen den Lohn und fang bei den letzten an bis zu den ersten. Da kamen, die um die elfte Stunde eingestellt waren, und jeder empfing seinen Silbergroschen. Als aber die ersten kamen, meinten sie, sie würden mehr empfangen; und auch sie empfingen ein jeder seinen Silbergroschen. Und als sie den empfingen, murrten sie gegen den Hausherrn und sprachen: Diese letzten haben nur eine Stunde gearbeitet, doch du hast sie uns gleichgestellt, die wir des Tages Last und Hitze getragen haben. Er aber antwortete und sagte zu einem von ihnen: Mein Freund, ich tue dir nicht Unrecht. Bist du nicht mit mir einig geworden um einen Silbergroschen? Nimm das, was dein ist, und geh! Ich will aber diesem letzten dasselbe geben wie dir. Oder habe ich nicht Macht zu tun, was ich will mit dem, was mein ist? Siehst du so scheel drein, weil ich so gütig bin?«
Wir fragen: Warum wurden die Zuerstgekommenen mit dem empfangenen Silbergroschen weggeschickt? Wer von uns würde denn das nicht für ungerecht halten, wenn das heute zum Gesetz gemacht werden würde: Gleicher Lohn für alle, egal, welche Arbeit sie tun und wie lange, und am Ende gleiche Rente für alle, egal wie lange jeder gearbeitet hat? Nun müssen wir genau aufmerken: Jesus will nicht sagen, daß es so überall auf Erden sein müßte. Jesus gibt uns keine Leitlinien für Lohn- und Tarifpolitik und Rentenreform, sondern es geht hier um ewige Dinge, um das, was vor Gott und für den Eingang in das kommende Reich der Herrlichkeit Gottes gilt: »Das Himmelreich ist gleich einem Hausherrn, der früh am Morgen ausging, um Arbeiter für seinen Weinberg einzustellen . . .« Und hier gilt: Wenn Gottes Gnade uns zu Jesus ruft und uns in seine Gemeinde einfügt, dann soll das geschehen, was wir an andrer Stelle so lesen: »Ist jemand in Christus, dann ist er eine neue Kreatur; das Alte ist vergangen, siehe, ein Neues ist geworden« (2. Kor. 5,17). Das will sagen: Du kannst zu Jesus kommen so wie du bist, aber du sollst nun als sein Jünger nicht bleiben wie du bist. Jesus will dein Leben von Grund auf erneuern. Denn für den Eingang und für die Mitherrschaft in der neuen Welt kann Gott nur Menschen gebrauchen, die nach Jesu Bild umgeschaffen sind; also Menschen, die damit angefangen haben, Gott, ihren Schöpfer und Herrn, zu lieben von ganzem

Herzen, von ganzer Seele, von allen Kräften und von ganzem Gemüt – und ihren Nächsten wie sich selbst. Menschen will Jesus aus uns machen, die aus Dank und Liebe zu ihm, der für uns starb und uns den Himmel aufgetan hat, gern und von Herzen mitmachen im Werk ihres Herrn, wie der Liederdichter bittet und gelobt:

Laß mich an andern üben, was du an mir getan,
und meinen Nächsten lieben, gern dienen jedermann,
ohn Eigennutz und Heuchelschein und, wie du mir erwiesen,
aus reiner Lieb allein!

Ja, Menschen will Jesus aus uns machen, die als Frühberufene je länger desto tiefer und dankbarer erkennen: »Welch Glück ist's, erlöst zu sein, Herr, durch dein Blut!« Welch Glück, schon früh von dir gesucht und gefunden und davor bewahrt worden zu sein, die meisten Jahre des Lebens ohne dich gelebt zu haben; oder die als Spätgekommene angesichts dessen, was sie bei Jesus finden, bekennen müssen:

Ach, daß ich dich so spät erkennet, du hochgelobte Schönheit, du,
und dich nicht eher mein genennet, du höchstes Gut und wahre Ruh!
Es ist mir leid, ich bin betrübt, daß ich so spät geliebt!

Von solchem Sinn aber ist bei den Menschen, die Jesus mit den Zuerstgekommenen meint und beschreibt, gar nichts zu spüren: Sie neiden den Spätgekommenen ihren reichen Lohn und murren über den Hausherrn und seine große Güte und beweisen damit, daß sie dem Herzen nach die Alten geblieben sind: unerneuert, ichhaft, ohne jenen priesterlichen Sinn, der sich über jeden freut, der zu Jesus findet, ja der uns dazu führen soll und will, Menschen jeden Alters für ihn zu gewinnen.

So verständlich uns die Unzufriedenheit der Zuerstgekommenen auch zunächst erscheinen mag, weil wir uns darin vielleicht selber finden, so sehr gilt auch für uns: daß wir mit solchem Sinn für die Teilnahme an Jesu kommender Königsherrschaft untauglich bleiben. Und um das geht es hier. Denn Jesus schließt dieses Gleichnis mit dem Satz: »So werden die Letzten die Ersten und die Ersten die Letzten sein.« Damit macht Jesus deutlich, daß das Schicksal der beiden Gruppen noch eine Fortsetzung hat. Nur die Murrenden werden weggeschickt, die

andern offenbar nicht. Die Bibel spricht auch an anderen Stellen von Ersten oder auch Erstgeborenen im Reiche Gottes und meint damit immer die, die sich jetzt und hier in Jesu Nachfolge rufen lassen, diesem Ruf in Buße, das heißt in der Änderung ihres Sinnes, gehorsam werden, bei ihm Vergebung ihrer Sünden suchen und empfangen, Jesu Namen auf Erden bekennen und so Weinbergsarbeit tun, bis er kommt. Sie sind damit auch berufen, teilzuhaben an seiner Herrschaft über eine neue Welt, also auch teilzuhaben an der ersten Auferstehung oder Entrückung, wenn Jesus erscheint. Und die Bibel spricht von Letzten, die – wie die törichten Jungfrauen – zurückbleiben und im letzten Gericht entweder wie ein Brand aus dem Feuer noch gerade so herausgerettet werden oder wie die treulosen Knechte dorthin verwiesen werden, wo »Heulen und Zähneklappen« sein wird, fern von Gott und seiner Gnade.
Was Jesus hier sagt, ist deshalb eine ernste Mahnung an uns alle, die wir den Christennamen tragen: Habt acht auf euch selbst! Auf euer Herz hat es Gott abgesehen, auf seine Wandlung und Erneuerung. Jesus selbst will Anfänger und Vollender unsres Glaubens sein. Er selbst hat es übernommen, uns zu retten, zu reinigen, durch die Mitteilung des Heiligen Geistes uns umzugestalten, zu segnen und zum Segen für andere zu setzen. Das kann er aber nur tun, wenn wir von Herzen mitmachen, wenn wir uns seiner Führung gern anvertrauen, nach seinem Willen fragen und bis in den Tod hinein ihn als unsern Heiland und Herrn von Herzen bekennen und zu ihm halten.
Petrus hat dem reichen Jüngling nachgeschaut, der betrübt von Jesus wegging, in dem Gedanken: Der gehört also zu den Letzten, den Fragwürdigen, den Verlorenen. Sich selbst zählt Petrus zu den Ersten, zu denen, die an der kommenden Herrschaft und Herrlichkeit ihres Herrn teilhaben werden. Beides läßt Jesus im Augenblick gelten. Denn auch Jesus will, daß die Seinen sich an ihrer hohen Berufung zu der kommenden Herrlichkeit freuen. Aber keiner von den Seinen soll vergessen, daß bis zum Eingang in die Ewigkeit sich noch vieles ändern kann: ein Erster kann sinken, ein Letzter kann steigen, indem er am Ende doch noch dem Ruf Jesu folgt und nun um so dankbarer und tiefer sich in seine Gnade hineinnehmen läßt und sie lobt und preist.

Petrus hat das Gleichnis Jesu nicht vergeblich gehört. Er hat nach seinem Fall alles auf die Gnade Gottes in Christus Jesus gesetzt und bis an sein Lebensende allen Fleiß daran gewandt, Menschen zu Jesus zu rufen; er hat sich gefreut über alle, die sich rufen ließen und, wie seine Briefe zeigen, sie gemahnt, ihre Berufung und Erwählung festzumachen durch treue Jesusnachfolge. Nichts Höheres gibt es für uns Menschen, so schreibt nun auch er, als dem zu leben und zu dienen, der für uns gestorben und auferstanden ist. So schließt er darum auch seinen ersten Brief an verfolgte und angefochtene Jünger Jesu: »Der Gott aber aller Gnade, der uns berufen hat zu seiner ewigen Herrlichkeit in Christus Jesus, der wird euch, die ihr eine kleine Zeit leidet, aufrichten, stärken, kräftigen, gründen. Ihm sei die Macht von Ewigkeit zu Ewigkeit. Amen.« Laßt uns von ihm lernen, uns auch so rufen und gestalten zu lassen, damit wir hier seine Zeugen und Bekenner sind und dann, wenn er uns ruft, seine Miterben werden in seinem ewigen Reich! Amen.

Gebet: Herr, unser Gott, noch ist Raum in Deinem Weinberg. Wir bitten Dich: Öffne uns die Augen für die Größe Deiner Gnade, die Du uns in Jesus Christus, Deinem lieben Sohn, anbietest, damit wir uns Ihm ganz ergeben, seine frohen Bekenner auf Erden werden und einmal eingehen zur ewigen Freude unsres Herrn! Amen.

Lied: Einer ist's, an dem wir hangen . . .

Sexagesimae

Jesus – der Todesüberwinder

Als Marta nun hörte, daß Jesus kommt, geht sie ihm entgegen; Maria aber blieb daheim sitzen. Da sprach Marta zu Jesus: Herr, wärst du hier gewesen, mein Bruder wäre nicht gestorben. Aber auch jetzt weiß ich: Was du bittest von Gott, das wird dir Gott geben. Jesus spricht zu ihr: Dein Bruder wird auferstehen. Marta spricht zu ihm: Ich weiß wohl, daß er auferstehen wird – bei der Auferstehung am Jüngsten Tage. Jesus spricht zu ihr: Ich bin die Auferstehung und das Leben. Wer an mich glaubt, der wird leben, auch wenn er stirbt; und wer da lebt und glaubt an mich, der wird nimmermehr sterben. Glaubst du das? Sie spricht zu ihm: Ja, Herr, ich glaube, daß du der Christus bist, der Sohn Gottes, der in die Welt gekommen ist. Johannes 11,20–27

Daß unter den Predigttexten für den heutigen Sonntag sich auch Bibelabschnitte wie dieser findet, der uns unser Sterbenmüssen unverhüllt vorhält, mag uns, die wir uns schon auf den nahenden Frühling mit seinem hervorbrechenden Leben freuen, vielleicht etwas befremden, hat aber von den Vätern her seine tiefe und, recht verstanden, frohmachende Bedeutung. Wir nähern uns der Passionszeit. Da werden wir schon jetzt gemahnt, doch ja recht zu bedenken, wer der wirklich ist, der sich anschickt, den Weg nach Golgatha zu gehen und was sein Gang für uns bedeutet. Und das wird gerade an der Stelle überaus deutlich, an der unsre ganze Erlösungsbedürftigkeit offenbar wird und unsre Ohnmacht, uns selbst aus unsrer tiefsten Not zu befreien.
Der niederländische Philosoph Spinoza (gestorben 1677), der als einer der scharfsinnigsten Denker seiner Zunft gilt, hat deshalb zu diesem Heilandswort: »Ich bin die Auferstehung und das Leben, wer an mich glaubt, der wird leben, auch wenn er stirbt« einmal bemerkt: Wenn er das glauben könnte, was Jesus hier sagt, würde er seine ganze Philosophie gern an den Nagel hängen und sein Leben fortan auf dieses Wort gründen. Er hatte das Gewaltige empfunden, das aus diesem Zeugnis Jesu spricht, und gespürt, daß der Glaube daran sich auswirken

müsse in unsrem Wollen und Wirken, in unsrem Leben und Sterben. Spinoza fand dennoch keinen Zugang zu Jesus. Auch für ihn galt Jesu Wort, daß Gott solche Erkenntnis den Weisen und Klugen, das heißt: den Menschen, die Gottes Offenbarung nur mit dem bloßen Verstand fassen wollen, verborgen hat. Und was Gott verborgen hat, das kann auch der scharfsinnigste gefallene menschliche Geist nicht finden.
Aber es hat Gott gefallen, seine Wahrheit den Unmündigen zu offenbaren, das heißt: den Menschen, die es in ihrem Herzen und Gewissen spüren, daß sie in eigner Kraft und Klugheit schon mit dem Leben und seinen Nöten und vollends mit dem Sterben und seinem Dunkel nicht fertig werden können, sondern, wie Matthias Claudius sagt, »einen brauchen, der uns hebe und halte, derweil wir leben und uns die Hand unter den Kopf lege, wenn wir sterben sollen«. Zu diesen Unmündigen gehörten auch die beiden Schwestern Maria und Marta in Bethanien, deren Bruder Lazarus gestorben war. Sie wandten sich in ihrer Not an Jesus und erfuhren, was uns in ihm gerade auch in der größten aller Nöte auf Erden von Gott geschenkt ist. Was haben sie denn erfahren? Und was gilt auch uns? Es gilt die frohmachende Wahrheit, daß Jesus auch der Todesüberwinder ist. Drei Erkenntnisse darüber werden uns hier hell gemacht:

I.

Jesus nimmt, wie die gesamte Heilige Schrift, unser Sterbenmüssen ganz ernst. Jesus kennt keine Verharmlosung des Todes, wie Menschen sich solche immer wieder erlaubt haben, wenn sie etwa lehrten, daß der Tod etwas ganz Natürliches sei. Denn wie die Frucht vom Baum falle, wenn sie reif geworden ist, oder jede Uhr einmal stehen bliebe, wenn und weil das Material verbraucht ist, so auch das Sterben des Menschen: es sei der natürliche Abschluß seines Lebens. Wahrhaft befriedigt hat diese Erklärung gewiß noch keinen Menschen, sicher auch ihre Urheber nicht. Denn schon bei der Frage, was denn der Sinn des Lebens bei denen gewesen sei, die dahingerafft wurden, ehe sie überhaupt zur Blüte gekommen waren, müssen alle Weisen dieser Welt verstummen. Auch die Fage, warum das Sterben denn so bitter ist, wenn es das gleiche sei wie das Fallen der Früchte, können sie nicht beantworten: Erntetage sind Freudentage. Nun werden aber, seit es Menschen auf Erden gibt, in allen Rassen und Klassen nirgends soviel Tränen geweint wie an Särgen und Gräbern.

Nein, »Jesus ergrimmte im Geist« am Grabe des Lazarus und wurde erschüttert, so heißt es in der Fortsetzung unsres Textes, die wir in seine Auslegung einbeziehen wollen. Das bedeutet doch: Jesus empfindet das Sterbenmüssen der Menschen so, wie das Wort Gottes es von Anfang an beschreibt: als die Folge des Sündenfalls, des Abfalls des Menschen von dem lebendigen Gott; er empfindet den Tod als den Feind, der zwar nach Gottes Willen und Gerechtigkeit Gewalt über die ganze gefallene Menschheit erlangt hat, der aber nichtsdestoweniger der grimmige Feind alles Lebens aus Gott ist, mit dem sich deshalb auch kein Mensch von Herzen abfinden kann noch soll. Sondern ihn zu bezwingen gehört zu Jesu Heilandswerk auf Erden; ihn Auge in Auge zu stellen, dazu wird Jesus den Weg nach Gethsemane und Golgatha betreten.
Offenbar macht gerade auch das Nahen dieser Begegnung mit dem Tod Jesus in der tiefsten Seele erschüttern. Denn nach dem Zeugnis der Bibel ist der Tod nicht bloß eine zerstörende, aber unpersönliche Macht, wie es etwa Sturm und Feuer sind, sondern dahinter steht unverkennbar ein persönlicher Machthaber, einer der großen Geister der dämonischen Welt. In Hebräer 2,14 wird der Tod sogar mit dem Teufel, dem Widersacher Gottes, gleichgesetzt, wenn es dort heißt, daß er des Todes Gewalt innehat. So lesen wir deshalb auch vom Kampf Jesu in Gethsemane: »Es geschah, daß er mit dem Tode rang und betete heftiger. Und sein Schweiß wurde wie Blutstropfen, die auf die Erde fielen.« Ebenso wird am Schluß der Bibel der Tod als ein personhafter Feind verstanden, wenn es da heißt: »Der Tod und sein Reich wurden geworfen in den feurigen Pfuhl.« Weil der Tod auf alle Fälle sich auch in einer schreckenerregenden Gestalt verkörpern kann, zählt Jesus zu der Seligkeit, die den Seinen geschenkt wird, daß *sie* den Tod nicht sehen werden ewiglich. Schon manche Sterbebetten von Spöttern lassen uns nämlich ahnen, wie schrecklich das sein muß, diesem Machthaber persönlich begegnen zu müssen und hilflos ausgeliefert zu werden.

An solchen Ernst des Sterbens ohne Jesus ändern auch alle Berichte nichts, die heute über das Meer zu uns kommen, und zu sagen wissen, daß Menschen, die bereits klinisch tot waren, aber durch ärztliche Bemühungen wieder ins Leben zurückgerufen wurden, das Dasein nach dem Sterben als wonnesam und glücklich empfunden hätten, egal, ob sie auf Erden an Gott geglaubt oder nicht geglaubt hätten. Selbst wenn man diese Berichte als wahr annähme, bliebe in jedem Fall festzustellen: Keiner von diesen Menschen hatte schon vor seinem Richter gestanden. Keiner hatte den Tod in seiner ganzen Wirklichkeit erfahren. Sie befanden sich erst alle auf dem Wege dahin. Die Gänge und Korridore zu den Gerichten sind auch auf Erden meist hell und freundlich. Warum sollten sie es nicht auch im Jenseits sein können? Entscheidend für das Los der Vorgeladenen oder Vorgeführten ist immer der Richterspruch, und den hatte noch keiner von diesen Leuten vernommen.
Nein, Jesus, der wie kein andrer auf Erden weiß, was auch jenseits der Todesgrenze ist, kennt keine Verharmlosung des Todes, sondern er ist am Grabe des Lazarus erschüttert von der Gewalt des Todes über uns Menschen. So aber wandelt sich Jesu Erschütterung zugleich zu einem echten und herzlichen Mitleid mit uns Menschen, die wir diesem Feind trotz aller ärztlichen Kunst in keiner Weise gewachsen sind. »Jesus gingen die Augen über«, übersetzt Luther; das heißt: Jesus ließ buchstäblich Tränen fließen – voll Mitleid und Erbarmen mit dem, was auch hier im vertrauten Bethanien geschehen war: Innige Bande der Liebe hatte der Tod zerschnitten. Ein Platz im Hause war leer geworden. Eine Lücke war entstanden, die niemand füllen konnte. Eine Wunde war geschlagen, die tief schmerzte.
Ja, solch einen Heiland haben wir, der mit uns fühlt und mit uns weint – und dann hingeht, um die Sünde der Welt auf sich zu nehmen, sein Blut und Leben der Gerechtigkeit und Heiligkeit Gottes zum Sühnopfer darzubringen, um so dem Tod sein Anrecht auf uns und seinen bitteren Stachel für immer zu nehmen.

II.

Jesus geht dem Tod deshalb schon hier nicht aus dem Wege, sondern tritt ihm in der Kraft seiner göttlichen Vollmacht entgegen. Denn daß Jesus die beiden Schwestern drei Tage warten ließ, nachdem sie ihn gerufen hatten, hat doch offenbar den Sinn: Der Tod soll sein Werk auf Erden vollenden, so vollenden, daß Marta sagen muß: »Herr, er stinkt schon! denn er hat schon vier Tage gelegen.« Niemand soll sagen können, Lazarus sei nur scheintot gewesen. Nach jüdischer Lehre trennt sich die Seele des Menschen endgültig erst drei Tage nach dem Sterben von ihrem Leib, um an ihren jenseitigen Ort zu kommen. Es sollte also offenbar werden, wie groß und mächtig Jesus in der Kraft und Vollmacht des Vaters handelt, wenn er Lazarus ins Leben zurückruft. So muß der Tod seine Beute auch sofort hergeben: Auf den lauten Ruf Jesu: »Lazarus, komm heraus!« erscheint Lazarus vor des Grabes Tür.

Zu erklären gibt es da nichts für uns, sondern hier stehen wir wieder vor dem Geheimnis des Sohnes Gottes und vor der unter der Hülle seines Menschseins verborgenen Herrlichkeit; sollten doch auch nach Gottes Willen alle Anwesenden, seine Jünger vornan, einen Eindruck davon bekommen, wer der wirklich ist, der nun entschlossen dem Kreuzesweg entgegengeht.

Es gibt in einem der großen Weltenmeere, so ließ ich mir sagen, ein Lebewesen, das seinen stärksten Feind dadurch zur Strecke bringt, daß es sich von ihm lebendig verschlingen läßt, um ihm dann von innen her tödlich beizukommen. So hat jedenfalls Jesus als der Fürst des Lebens sich von des Todes Macht verschlingen lassen. In unser Fleisch und Blut gekleidet, war er für den Tod »verschlingbar« geworden, aber es war »unmöglich, daß er sollte von ihm festgehalten werden«, wie es der Apostel Petrus nach Pfingsten sagen wird. Es sollte sich vielmehr erfüllen, was schon der Prophet Hosea im Alten Testament von diesem Ereignis geweissagt hat: »Tod, ich will dir ein Gift sein; Hölle, ich will dir eine Pestilenz sein.« In diesem Sinne darf auch der Apostel Paulus im Brief an die Epheser schreiben: »Christus ist hinabgefahren und hat das Gefängnis« – das Totenreich – »gefangengeführt«. Ja, dem Seher Johannes tritt der Auferstandene und Erhöhte vom Himmel her mit der majestätischen Erklärung entgegen: »Fürchte dich nicht! Ich bin der Erste und der Letzte und der Lebendige. Ich war tot, und siehe, ich bin lebendig von

Ewigkeit zu Ewigkeit und habe die Schlüssel der Hölle und des Todes.«
All diese Aussagen der Heiligen Schrift gehören zur Auslegung dieses Heilandswortes: »Ich bin die Auferstehung und das Leben.« Und alle Totenaufweckungen, die Jesus in seinen Erdentagen vornimmt, sind Zeichen, die über sich hinausweisen auf seinen gewaltigen Ostersieg, und darüber hinaus auf jenen großen Tag der Auferstehung, an dem auch der letzte Gottlose als Auferstandener vor ihm erscheinen wird. Denn nach Gottes Willen soll auch die Auferstehung aller Gottlosen noch die Größe des Sieges Jesu offenbar machen. Sie wird zeigen, wie sehr sie alle als Glieder des gefallenen Menschengeschlechts von Jesu Tod und Auferstehen mit erfaßt waren, aber weil sie Jesus als ihren persönlichen Heiland nicht annahmen und darum seines herrlichen Lebens nicht teilhaftig wurden, nun in Gottes vollendetes Reich nicht eingehen können; sie fallen dem zweiten Tod, der endgültigen Scheidung von Gott, anheim.

III.

Jesus verwandelt das Sterben der Seinen zum Eingang ins ewige Leben. ». . . der wird leben, auch wenn er stirbt.« Das leibliche Sterben will Jesus auch den Seinen noch nicht abnehmen. Es soll auch bei ihnen offenbar werden: »Fleisch und Blut können das Reich Gottes nicht ererben.« Gottes Heiligkeit bleibt bei all seiner Gnade in Kraft. Der Weg seiner Gläubigen zu ihrer ewigen Errettung und Vollendung heißt deshalb auch nicht, daß sie auf Erden endlose Krankenheilungen erfahren und damit dauernde Lebensverlängerung bis zu Jesu Wiederkommen, sondern er heißt: Sterben und auferstehen! Darum: »Ich bin die Auferstehung und das Leben!«
Daß Jesus die Auferstehung so betont voranstellt, läßt uns gleich an die letzte Vollendung denken, an das hohe Ziel, auf das die ganze Heilsgeschichte Gottes von vornherein angelegt ist und die mit dem großen Tag der Wiederkunft Jesu eingeleitet werden wird. Ja, es läßt uns an die kommende verwandelte neue Welt denken, von der es im letzten Buch der Bibel heißt: »Und der Tod wird nicht mehr sein, noch Leid noch Geschrei noch Schmerz wird mehr sein; denn das Erste ist vergangen.«

Doch – was geschieht bis dahin mit denen, die im Glauben an Jesus, den Todesüberwinder, sterben? Diese Frage nimmt uns Jesus von den Lippen, wenn er hinzufügt: »Und wer da lebet und glaubet an mich, der wird nimmermehr sterben.« Das will doch sagen: Das Leben, das Jesus den Seinen schon jetzt und hier gibt, hält das Sterben, also den Zerfall des jetzigen Leibes, aus. Auch nach dem Sterben wird der Gläubige bis zu seiner Auferstehung in der Lebensgemeinschaft mit Jesus stehen. Hell wird diese Wahrheit auch in dem schon angeführten Wort Jesu: »So jemand mein Wort wird halten, der wird den Tod nicht sehen ewiglich.« Das heißt doch: Der Glaubende soll den Tod in seiner Wirklichkeit und Totalität niemals zu sehen bekommen, sondern schon bei seinem Sterben einen ganz anderen Weg geführt werden als der, der dem Herrn den Glauben verweigert hat. Engel Gottes werden ihm entgegenkommen, wie es an andrer Stelle heißt, um ihn in die ewige Welt einzuführen. Denn Engel sind dienstbare Geister, ausgesandt zum Dienst um derer willen, die die Seligkeit ererben sollen, so steht es am Anfang des Hebräerbriefes geschrieben. Zu ihrer Aufgabe gehört auch das Geleit der Kinder Gottes vom Sterbeort in die himmlischen Wohnungen, die der Herr ihnen bereitet hat. Denn was schon jetzt über ihrem Weg und Leben steht: »Ihr seid gekommen zu dem Berge Zion und zu der Stadt des lebendigen Gottes, dem himmlischen Jerusalem, und den vielen tausend Engeln und zu der Versammlung und Gemeinde der Erstgeborenen, die im Himmel angeschrieben sind, und zu Gott, dem Richter über alle, und zu den Geistern der vollendeten Gerechten und zu dem Mittler des neuen Bundes, Jesus, und zu dem Blut der Besprengung, das da besser redet als Abels Blut« (Hebr. 12,22 ff.) – das soll und wird dann schaubare und greifbare Wirklichkeit werden. So sprechen wir auch an den Gräbern der Kinder Gottes mit Recht von ihrem Sterben als von ihrem Heimgang und senken ihren Leib in die Erde, wissend, daß auch er bei Gott nicht vergessen ist, sondern zur herrlichen Auferstehung gelangen wird an dem Tage, da der Herr kommt.

Glaubst du das? so fragt Jesus die Marta nach dieser majestätischen Erklärung: »Ich bin die Auferstehung und das Leben! Wer an mich glaubt, der wird leben, auch wenn er stirbt.« Marta hat die Frage richtig beantwortet, wenn sie sagt: »Herr, ja, ich glaube, daß du bist der Christus, der Sohn Gottes, der in die Welt gekommen ist.« Denn in der Tat hängt alles an ihm, dem Sohn Gottes. Nichts geschieht automatisch und ohne ihn. So geht es auch am Grabe des Lazarus zuallererst um Jesus und seine Heilandsherrlichkeit. Darum wird uns auch nichts darüber gesagt, was denn Lazarus selbst über das Jenseits und seinen Aufenthalt dort zu berichten wußte. Wir wissen nicht einmal, ob er selbst darüber besonders glücklich gewesen ist, daß er in das diesseitige Leben zurückgerufen wurde, das dann später doch wieder ins Grab sinken mußte. Nein, es geht zuallererst um Jesus und um die Offenbarung seiner Heilandsherrlichkeit und erst dann um uns, nämlich um den Glauben an ihn, den er durch sein Wort und seinen Geist in uns wirken möchte, den frohen Glauben, von dem Ernst Gottlieb Woltersdorf singt,

daß ich einen Heiland habe,
der den Gang zum Kreuz und Grabe,
ja den Schritt in Todes Rachen
gern getan, mich loszumachen!

In diesem Sinne geht es nun wirklich auch um uns, nur noch um uns, ob wir uns diesem Herrn mit unsrem Leben und Sterben anvertrauen wollen. Marta hat Jesus geglaubt und mit ihr viele, die jene Stunde miterlebten. Und seither hat Jesu Wort in jener Stunde, durch sein Sterben am Kreuz auf Golgatha und sein siegreiches Auferstehen von Gott beglaubigt, eine für uns unzählbare Schar aus allen Völkern und Sprachen bis heute zum lebendigen Glauben an ihn, den Todesüberwinder, geführt und tut es auch heute in aller Welt und wird es tun, bis er, der Herr, in der Kraft und Herrlichkeit Gottes erscheinen wird, um seine Gemeinde zu vollenden.
Glaubst du das? Die Frage ist entscheidend; denn wie überall, so gilt auch hier: »Glaubet ihr nicht, so bleibt ihr nicht!« Aber es gilt ebenso das andere: »Wer an den Sohn glaubt, der hat das ewige Leben!« Denn Jesus selbst spricht: »Wer an mich glaubt, der wird leben, auch wenn er stirbt. Und wer da lebt und glaubt an mich, der wird nimmermehr sterben!« Amen.

Gebet: Herr, unser Gott, lieber himmlischer Vater! Du hast uns durch Dein Wort auch an diesem Tage daran erinnert, daß wir einmal sterben müssen, und uns bewußt gemacht, wie hilflos wir Menschen der Macht des Todes ausgeliefert sind. Nun aber hast Du uns in Deinem lieben Sohn den Himmel aufgetan und den Weg bereitet, der uns ins ewige Leben führt. So sehen wir über den Gräberfeldern dieser Erde das Morgenrot leuchten, das Deinen großen Tag ankündigt, an dem Du Deine Kinder um Jesu willen in Deine Herrlichkeit aufnehmen wirst, angetan auch mit einem neuen verklärten Leib. So völlig stellst Du in Jesus alles wieder her, was Sünde, Tod und Teufel uns geraubt haben. Wir danken Dir für solchen wunderbaren Trost in allem Erdenleid. Hilf uns durch Deinen Heiligen Geist, Ihm, der für uns in den Tod gegangen ist, von ganzem Herzen anzuhangen, Ihm zu leben und zu dienen und wenn unser Stündlein kommt, in die himmlischen Wohnungen einzugehen, um Deine Herrlichkeit zu schauen, die Du uns in Ihm, unsrem Heiland und Herrn, offenbart und geschenkt hast. Amen.

Lied: Einer nur ist ewig wert, daß ihm Ehre widerfährt . . .

Estomihi

Hinauf nach Jerusalem!

Er nahm aber zu sich die Zwölf und sprach zu ihnen: Seht, wir gehen hinauf nach Jerusalem, und es wird alles erfüllt werden, was geschrieben ist durch die Propheten von dem Menschensohn. Denn er wird überantwortet werden den Heiden, und er wird verspottet und mißhandelt und angespien werden, und sie werden ihn geißeln und töten; und am dritten Tage wird er auferstehen. Sie aber begriffen nichts davon, und der Sinn der Rede war ihnen verborgen, und sie verstanden nicht, was damit gesagt war. Lukas 18,31–34

Was hatte Jerusalem in den Augen der damaligen Welt schon zu bedeuten, als Jesus diese Worte sprach? Längst nicht das, was es heute politisch bedeutet, da Jerusalem zu einem der Brennpunkte der großen Weltpolitik geworden ist. Damals war Jerusalem ein kleines Provinzstädtchen im großen römischen Reich. Der römische Statthalter verschmähte es, in Jerusalem seine Residenz aufzuschlagen. Er wohnte in Cäsarea am Meer und kam immer nur für einige Tage nach Jerusalem, um nach dem Rechten zu sehen. Die damalige Welt hatte ganz andere Städte, die ihre Aufmerksamkeit auf sich zogen: Athen und Pergamus, Ephesus und vor allem Rom! Dorthin reiste man, wenn man etwas von der Welt sehen, erfahren und erleben wollte. Und doch vollzog sich in Jerusalem und nirgend anderwärts das Große, Weltwendende, das auch die Jünger Jesu nicht gleich begriffen, wie es hier heißt, sondern erst im Osterlicht erkannten und dann überall kundmachten und wovon die Ewigkeiten noch singen werden: nämlich die Rettung der Welt durch den Sühnetod Jesu Christi, des Sohnes Gottes, und die Überwindung des Todes durch seine siegreiche Auferstehung.
Ähnlich ist es heute: Die Welt hat wieder ihre Städte und Stätten, auf die alle Augen gerichtet sind: Washington und Moskau, Genf und Wien und welche man noch nennen könnte. Von daher erwartet man die Rettung der Welt: Frieden und Sicherheit vor einem neuen, modernen Krieg. Und doch, wenn

wir uns wirklich zurechtfinden wollen in den Wirren der Zeit und alles im rechten Lichte sehen, dann dürfen wir nicht stehen bleiben bei Politik und Wirtschaft, bei Rüstung und Abrüstung, so wichtig diese Dinge auch sind, sondern dann müssen wir unsern Blick immer neu auf das richten, was damals in Jerusalem geschah, genauer: auf den richten, der uns am Tor zur Passionszeit einlädt: »Seht, wir gehen hinauf nach Jerusalem und es wird alles vollendet werden, was geschrieben ist durch die Propheten von dem Menschensohn.« Denn allein das, was einst in Jerusalem geschah – der Tod und die Auferstehung Jesu – ist der wirkliche Drehpunkt der Weltgeschichte. Nur über dem, was am Kreuz auf Golgatha geschehen ist, leuchtet das Morgenrot jener Welt des Friedens und der Gerechtigkeit, auf die die ganze Kreatur wartet und die die Völker auf ihren Wegen vergeblich suchen. Nur in dieser Geschichte, die mit dem Namen Jerusalem verknüpft ist, wird die wirre Weltgeschichte einmal zur Ruhe und zur Vollendung kommen. Jerusalem ist deshalb auch der einzige Name unter den vielen Städtenamen auf Erden, der in die neue Welt hinübergenommen wird, die Jesus heraufführen wird, wenn er wiederkommen wird. Denn so lesen wir es im letzten Buch der Bibel: »Und ich sah einen neuen Himmel und eine neue Erde; denn der erste Himmel und die erste Erde vergingen und das Meer ist nicht mehr. Und ich sah die heilige Stadt, das neue Jerusalem, von Gott aus dem Himmel herabfahren, bereitet wie eine geschmückte Braut ihrem Mann« (Offb. 21,1 ff.).
Es gibt deshalb auch für uns in unsren Tagen nichts Größeres und Heilsameres als dies: daß wir uns durch einen persönlichen Lebensanschluß an Jesus in diese Geschichte ohnegleichen hineinnehmen lassen, und wenn es schon geschehen ist, uns noch mehr in sie vertiefen und mit ihr zusammenwachsen, damit auch wir zu jenem Ziel und Erbe gelangen, das mit dem Namen des neuen Jerusalem vor uns aufleuchtet und zu dem Jesus durch sein stellvertretendes Leiden und Sterben und sein glorreiches Auferstehen die Bahn für uns gebrochen hat.
Was gehört dazu? Die verlesenen Worte Jesu lehren uns, auf ein dreifaches dabei zu achten:

I.

Die heilige Entschiedenheit, in der Jesus selbst den Weg nach Jerusalem betritt: »Seht, wir gehen hinauf nach Jerusalem, und es wird alles vollendet werden, was geschrieben ist durch die Propheten von dem Menschensohn.« An andrer Stelle tritt diese Entschiedenheit noch deutlicher hervor. Da lesen wir (Luk. 9,51): »Es begab sich aber, als die Zeit erfüllt war, daß er hinweggenommen werden sollte, da wandte er sein Angesicht, stracks nach Jerusalem zu wandeln.« Stracks, das heißt ohne zaudern, geradewegs, entschlossen, sich durch nichts mehr aufhalten zu lassen.

Was gab dem Herrn diesen Mut und diese Kraft, den schweren Weg mit solcher Entschlossenheit zu betreten, wo er doch genau wußte, was auf ihn wartete? Jesus wußte, daß das seines Vaters Wille war, und der Wille des Vaters war für seinen Gang über diese Erde immer entscheidend; denn unter der Leitung des Vaters wußte sich Jesus immer auf rechtem Wege und in der Macht des Vaters geborgen. Und so erlebte Jesus dann auch auf Schritt und Tritt, wie die hohe Hand seines Vaters mit ihm war und ihm aus allem die Bahn bereitete, die ihn zum Sieg über Sünde, Tod und Teufel führte. Denn soviel menschliche Bosheit und Ungerechtigkeit sich auch über ihn ergoß, so schwer die Schuld und Gemeinheit der Menschen an Jesu Leidensweg mitgewirkt haben – über allem waltete doch die hohe Hand Gottes, die alles einzuordnen wußte: den Haß der Obersten, den Verrat des Judas, die Wankelmütigkeit des Volkes, die Unzulänglichkeit des Pilatus. Gott wußte alles einzuspinnen in den goldenen Faden, den er in der Hand hielt und dessen Glanz am Ostermorgen im Aufgehen der herrlichen Ostersonne und im Sieg über Sünde, Tod und Teufel hell offenbar wurde. In diesem Bewußtsein geht also Jesus seinen Weg: Es ist die mir von Gott bereitete Bahn. »Sollte ich den Kelch nicht trinken, den mir mein Vater gibt?«, so fragt er seine Jünger, die, wie wir an andrer Stelle lesen, ihn von diesem Wege durchaus abhalten wollen.

Und das ist das erste, was auch uns gilt, wenn wir uns von dieser Geschichte mitnehmen lassen und das hohe Ziel erreichen wollen, das Gott auch uns in Jesus gesteckt hat: Wir müssen mit ganzer Entschiedenheit uns auf diesen Weg machen, das heißt uns Jesus anschließen. »Die Freiheit und das Himmelreich gewinnen keine Halben!« singt Ernst Moritz Arndt. Denn so sagt es auch die Bibel: Mit hinken auf beiden Seiten kommen wir nicht ans Ziel. Es muß einmal zum erstenmal und dann bei jeder Versuchung, uns von Jesus abzuwenden, immer neu über unsre Lippen kommen: »Dein will ich sein, dein ganz allein! Hand, die nicht läßt, halte mich fest!« Erst dann können wir Gottes Hilfe wie er erfahren und auch alles Schwere aus seiner Hand nehmen und dessen gewiß werden, was Hedwig von Redern singt:

Du weißt den Weg ja doch, du weißt die Zeit,
dein Plan ist fertig schon und liegt bereit!
Ich preise dich für deiner Liebe Macht,
ich rühm die Gnade, die mir Heil gebracht.

Solche Glaubensgewißheit gibt es in der Nachfolge Jesu wirklich auch für uns schwache Menschen, auch auf dunklen Wegen. Das weiß jeder, der sich auf diese Bahn hat rufen lassen. Aber solche Gewißheit und Überwinderkraft gibt es auch nur auf dem Weg, den Gott uns führt. Darum werden wir auch immer wieder in seinem Wort gemahnt, nach seinem Willen zu fragen und um Erkenntnis seines Weges zu bitten, ihn dann aber auch mit ganzer Entschiedenheit zu gehen. Jesus will von uns ganz als unser Heiland und Herr ergriffen oder ganz gemieden sein. Den Halben und Lauen und Unentschiedenen gibt Jesus keine Verheißung des Sieges und des Eingangs in sein ewiges Friedensreich. Im Gegenteil: Er sagt von ihnen hell und klar, daß sie alle draußen bleiben und ins ewige Verderben fahren werden, wenn er wiederkommen wird, um zuallererst seine Gemeinde abzuholen und dann mit ihr die Herrschaft über eine neue Welt aufzurichten.
Damit haben wir schon das zweite berührt, auf das wir achten wollen:

II.

Die helle Gewißheit, in der Jesus diesen Weg geht und die wir alle brauchen, wenn wir ihm nachfolgen wollen. In unsrem Bibelabschnitt hören wir Jesus sagen: »Es muß alles vollendet werden, was geschrieben steht durch die Propheten von dem Menschensohn.« Auf das Wort Gottes, die Bibel, nimmt Jesus

Bezug, von dem er an andrer Stelle sagt: »Das Wort kann nicht gebrochen werden.« Es gilt im Himmel und auf Erden.

Daß wir das doch hier recht erkennen und auch für uns beherzigen möchten: Jesus, der König der Wahrheit, der Sohn Gottes, der die Stimme seines Vaters auch unmittelbar vernahm: »Du bist mein lieber Sohn, an dem ich Wohlgefallen habe!«, er erkennt in der Bibel die untrügliche Offenbarung Gottes und hält sich bis in den Tod hinein an sie. Und durch die Bibel macht ihm sein Vater im Himmel auch den Weg deutlich und den Ausgang hell, auf den er jetzt zuschreitet. Das Wort der Bibel ist ihm der unfehlbare Leitstern auf seinem Weg über diese Erde. Mit Worten der Bibel hat er den Teufel in der Wüste aus dem Feld geschlagen: »Es steht geschrieben!« Mit Worten der Bibel hat er seinen Widersachern, den Schriftgelehrten und Pharisäern, oft »das Maul gestopft«, wie Luther an einer Stelle übersetzt, so daß sie nichts zu sagen wußten. Mit dem Zeugnis der Bibel im Herzen und mit Worten der Bibel auf den Lippen betritt er auch den Weg nach Jerusalem. Mit Worten der Bibel hören wir ihn am Kreuz auf Golgatha beten: »Vater, in deine Hände befehle ich meinen Geist!« Sein ganzes Leben war ein Hangen am Wort der Bibel, dem Wort Gottes. Da sah er den Weg vorgezeichnet, den er nach des Vaters Willen zur Errettung der Welt gehen sollte.
Und wie ist dann auch auf seinem Leidensweg alles buchstäblich erfüllt worden, was von ihm vorausgesagt war: von der lastbaren Eselin, auf der er in Jerusalem einzog; von den dreißig Silberlingen, um die er verraten wurde; von dem Rock, über den man das Los warf; auch davon, daß man ihm kein Bein zerbrechen sollte. Alles stand und steht im Alten Testament geschrieben. Ja, Jesu Leiden und Sterben ist so sehr eine Erfüllung und Vollendung aller Voraussagen der Bibel, daß Jesus nach seiner Auferstehung seine Jünger auf dem Weg nach Emmaus aus der Bibel zeigt, »wie Christus solches alles leiden und sterben mußte und also zu seiner Herrlichkeit eingehen«. Und die Jünger bekennen hinterher: »Brannte nicht unser Herz in uns, da er mit uns redete auf dem Wege und uns die Schrift öffnete« (Luk. 24)?
Wie wichtig muß auch uns das sein, wenn wir ihm nachfolgen wollen: das Lesen der Bibel, das Hangen am Worte Gottes,

gerade auch heute, wo das Gift einer zersetzenden Bibelkritik weit in die sogenannte Christenheit eingedrungen ist und wo es auf der anderen Seite fromme Menschen gibt, die ihre Träume, Gesichte und Stimmen über die Bibel stellen und ihnen mehr vertrauen als dem, was in der Bibel steht. Aber Jesus zeigt uns: Die ganze Welt- und Heilsgeschichte, in deren Mitte das Kreuz von Golgatha steht, ist von Anfang bis zu Ende eine getreue Erfüllung und Vollendung alles dessen, was Gott geredet hat von Anbeginn der Welt.

Es wird auch von uns niemand das Ziel erreichen, der sich nicht schlicht und treu an das Buch der Bücher hält, an das geschriebene Wort Gottes. Nur wenn wir dieses Wort, das Wort Gottes, ehren und lieben und zu Herzen nehmen und ihm vertrauen und gehorsam werden, werden wir auch an Leib und Seele erfahren, was von uns, den kleinen Menschen und armen Sündern dort geschrieben steht: daß nämlich, wenn wir uns dem Mann von Golgatha anvertauen, der Friede Gottes unsre Herzen erfüllen wird, der höher ist als alle Vernunft; ja daß uns immer neu Mut und Kraft verliehen wird, den Weg des Glaubens getrost und freudig zu gehen, »auch wenn alle andern breite, lichte, volle Straßen wandern«.

Wir gehen als Christen der Stunde entgegen, da Gottes Wort nicht mehr in dem Reichtum zu hören sein wird wie heute, ja auch der Stunde, da wir nicht mehr viel lesen und fassen werden können; vielleicht auch schon jener Zeit, da man uns die Bibel wegnehmen wird, wie es manche in unsrer Generation bei der Gefangennahme im Kriege schon erlebt haben, zu denen ich auch gehöre. Wohl uns, wenn wir dann mit Worten der Bibel im Herzen uns durchglauben, durchbeten und durchseufzen können, wie es Jesus selbst auf seinem Leidensweg getan hat! Alle Untreue im Umgang mit der Bibel wird sich noch einmal schwer rächen, wie wir es auch im Gleichnis von den zehn Jungfrauen sehen. Gerade in der Stunde, auf die es ankam, erloschen die Lampen der törichten; denn sie waren nicht im Worte Gottes verwurzelt, diese fünf, darum fanden sie sich nicht zurecht; darum mangelte es ihnen an Öl, das heißt an Licht und Kraft, an Glaubensgewißheit und dem Vermögen, auch das Letzte durchzustehen und dem Herrn mit Freuden entgegenzugehen.

Welches Wort Gottes sollte der Heilige Geist auch in solchen Herzen aufflammen lassen, wenn sie doch offenbar im Worte Gottes gar nicht zu Hause und nicht mit ihm verbunden und verwurzelt waren? Denn so sagt der Herr den Seinen in einem Sendschreiben der Offenbarung: »Dieweil du hast bewahrt das Wort meiner Geduld, will ich dich bewahren in der Stunde der Versuchung, die kommen wird über den ganzen Erdkreis über die, die auf Erden wohnen.« Der Herr wird sie bewahren auch durch das Wort, das der Heilige Geist in solchen Zeiten hell aufleuchten lassen und durch das er sie stärken wird, dem Herrn die Treue zu halten und ihm getrost entgegenzugehen.

III.

Auf ein drittes macht uns deshalb das verlesene Wort unsres Herrn hier aufmerksam. Wir lesen: »Er wird verspottet und geschmäht und angespien werden, und sie werden ihn geißeln und töten, und am dritten Tage wird er auferstehen!« Wie heißt also der Weg, auf dem Jesus seine Sendung, das heißt seinen ihm von Gott gegebenen Auftrag erfüllte und so zur Herrlichkeit gelangte? Er heißt: *»Durch Kreuz zur Krone, durch Sterben zum Leben!«* Es gab für Jesus keinen andren Weg, um uns aus dem Bann der Sünde und des Todes zu erlösen. Sein heißer Kampf in Gethsemane macht das überaus deutlich. Aber dieser Weg führte ihn dann auch wirklich zum Sieg, zum Leben, zur Herrlichkeit. »Denn es war unmöglich, daß Jesus sollte vom Tode gehalten werden«, sagt der Apostel Petrus nach Pfingsten im Blick auf diesen Sterbensweg Jesu. Es war und ist bei Gott unmöglich, daß einer vom Tod festgehalten und verschlungen werden könnte oder in der Hölle landen, der im Vertrauen auf Gottes Wort, sein Gebot und seine Verheißung gehorsam den Weg des Glaubens geht. Das galt für Jesus, und das gilt für alle, die ihm nachfolgen.

Die ihm *nach*folgen! Das wollen wir noch beachten. Wir können nicht mit Jesus zusammen, gleichsam Arm in Arm und Seite an Seite mit ihm bahnbrechend einhergehen. Das wollte Petrus, als er beteuerte: »Und wenn sich alle an dir ärgern, so will ich mich nimmermehr ärgern. Ich will mein Leben für dich lassen.« Und wie ist er bei diesem Versuch zuschanden geworden. Nein, diesen Sterbensweg als erster zu gehen, den Tod zu überwinden und den Teufel dazu und die Sündenberge wegzunehmen, die auf dem Weg zum Himmel für uns dalagen, das war allein dem Herrn Jesus vorbehalten; dazu war er allein als das Opferlamm Gottes, das der Welt Sünde trug, imstande. Nun aber ist die Bahn durch ihn für uns gebrochen, auf der wir den Tod nicht mehr zu sterben brauchen, den Jesus starb, nämlich den bitteren Tod unter den Gerichtsschlägen Gottes. Für uns steht nun der Weg offen, auf dem wir erfahren dürfen:

Frei von der Sünde Last, die du getragen hast,
los aller Pein. Frei auch vom eignen Sinn
wall ich zur Heimat hin. Sterben ist mein Gewinn;
denn ich bin dein!

Auf Golgatha beginnt dieser Weg für uns »frei von der Sünde Last, die du getragen hast«. Doch wie das angeführte Lied schon sagt, beginnt dann auf diesem Wege auch für uns ein großes Sterben: das Sterben unsres Eigensinnes, unsres alten Wesens, unsres Stolzes, unsrer Selbstherrlichkeit. Wir sind und bleiben nur dann Jesu Eigentum, wenn wir in dieses Sterben einwilligen; wenn wir uns als Sünder erkennen, die durch und durch gereinigt und gewandelt werden müssen. Wenn wir aber darein einwilligen, gilt wirklich auch das andere: »Sterben wir mit, so werden wir mit leben!« Ja, wer einmal wirklich zum Kreuz gekommen ist mit allen seinen Sünden und Lasten und zu Jesus ja gesagt hat, der weiß auch, was Vergebung der Sünden und Frieden mit Gott ist; der singt auch schon auf Erden die frohen Lieder der Errettung: »Welch Glück ist's, erlöst zu sein, Herr, durch dein Blut! Ich tauche mich tief hinein in diese Flut«, und all die Loblieder, die in unsren Büchern stehen.

»Sterben wir mit, so werden wir mit leben«, das gilt dann auch für den Lebensweg, den der Herr uns nun als der gute Hirte führt und der auch je und dann durch dunkle Täler gehen kann. Wer lernt, einzuwilligen in die Führung des Herrn, der wird es auch erfahren, wie ihm solche Leidenstäler zum Segen werden: vielleicht erfährt er von dem Segen erst am Ostermorgen, am Tag des Eingangs in das ewige Leben, so wie die Jünger Jesu ihren Herrn auch nicht verstanden und ihnen alles dunkel blieb. Aber im Osterlicht und vollends zu Pfingsten erkannten sie in heller Freude: Der Weg Jesu in den Tod war in der Tat der

Weg zum Sieg über Sünde, Tod und Teufel. Und nun steht der Himmel offen auch für uns!
Ja, es bleibt dabei: Wer sich in Buße und Glauben Jesus, dem Bahnbrecher auf diesem Wege, anschließt, dem kommt nicht nur sein Sterben, sondern auch sein Leben zugute. Wir haben dann einen lebendigen Herrn und Heiland, der uns vorangeht. Und wenn wir ihm folgen, befinden auch wir uns auf dem Weg nach Jerusalem und zwar nach dem himmlischen Jerusalem, das unser aller Mutter ist, wie Paulus es im Galaterbrief sagt, das heißt: unsre wahre Heimat, die hinter allem Dunkel unsrer Zeit und allen Wirren unsrer Tage und hinter Grab und Tod steht und auf uns wartet mit ihrer ewigen Geborgenheit, ihrem ewigen Trost und ihrer ewigen Herrlichkeit.
Darum laßt uns mit Jesus gehen, seinem Wort vertrauen und in seinen Weg einwilligen, den er uns führen will, damit sich, wenn unsre Stunde schlägt, auch an uns das Wort in seiner ganzen Herrlichkeit erfülle: »Sterben wir mit, so werden mit mit leben!« Amen.

Gebet: Du gingst, o Jesu, unser Haupt, durch
Leiden himmelan
und führest jeden, der da glaubt, mit Dir die gleiche Bahn.
Wohlan, so führ uns allzugleich zum Teil am Leiden
und am Reich;
führ uns durch Deines Todes Tor samt Deiner Sach
zum Licht empor;
zum Licht empor durch Deines Todes Tor! Amen.

Lied: Eines wünsch ich mir vor allem andern . . .

Wie konnte Gott das zulassen?

Aber die Schlange war listiger als alle Tiere auf dem Felde, die Gott der Herr gemacht hatte, und sprach zu dem Weibe: Ja, sollte Gott gesagt haben: Ihr sollt nicht essen von allerlei Bäumen im Garten? Da sprach das Weib zu der Schlange: Wir essen von den Früchten der Bäume im Garten; aber von den Früchten des Baumes mitten im Garten hat Gott gesagt: Esset nicht davon, rühret sie auch nicht an, daß ihr nicht sterbet! Da sprach die Schlange zum Weibe: Ihr werdet keineswegs sterben, sondern Gott weiß, an dem Tage, da ihr davon esset, werden eure Augen aufgetan, und ihr werdet sein wie Gott und wissen, was gut und böse ist. Und das Weib sah an, daß von dem Baum gut zu essen wäre und daß er eine Lust für die Augen wäre und verlockend, weil er klug machte. Und sie nahm von der Frucht und aß und gab ihrem Mann, der bei ihr war, auch davon, und er aß. Da wurden ihnen beiden die Augen aufgetan, und sie wurden gewahr, daß sie nackt waren, und flochten Feigenblätter zusammen und machten sich Schurze.

Und sie hörten Gott den Herrn, wie er im Garten ging, als der Tag kühl geworden war. Und Adam versteckte sich mit seinem Weibe vor dem Angesicht Gottes des Herrn unter den Bäumen im Garten. Und Gott der Herr rief Adam und sprach zu ihm: Wo bist du? Und er sprach: Ich hörte dich im Garten und fürchtete mich; denn ich bin nackt, darum versteckte ich mich. Und er sprach: Wer hat dir gesagt, daß du nackt bist? Hast du nicht gegessen von dem Baum, von dem ich dir gebot, du solltest nicht davon essen? Da sprach Adam: Das Weib, das du mir zugesellt hast, gab mir von dem Baum, und ich aß. Da sprach Gott der Herr zu dem Weibe: Warum hast du das getan? Das Weib sprach: Die Schlange betrog mich, so daß ich aß. Da sprach Gott der Herr zu der Schlange: Weil du das getan hast, seist du verflucht, verstoßen aus allem Vieh und allen Tieren auf dem Felde. Auf deinem Bauche sollst du kriechen und Erde fressen dein Leben lang. Und ich will Feindschaft setzen zwischen dir und dem Weibe und zwischen deinem Nachkommen und ihrem Nachkommen; der soll dir den Kopf zertreten und du wirst ihn in die Ferse stechen. Und zum Weibe sprach er: Ich will dir viel Mühsal schaffen, wenn du schwanger wirst; unter Mühen sollst du Kinder gebären. Und dein Verlangen soll nach deinem Mann sein, aber er soll dein Herr sein. Und zum Manne sprach er: Weil du gehorcht hast der Stimme deines Weibes und gegessen von dem Baum, von dem ich dir gebot und sprach: Du sollst nicht davon essen –, verflucht sei der Acker um deinetwillen! Mit Mühsal sollst du dich davon nähren dein Leben lang. Dornen und Disteln soll er dir tragen, und du sollst das Kraut auf dem Felde essen. Im Schweiße deines Angesichts sollst du dein Brot essen, bis du wieder zu Erde werdest, davon du genommen bist. Denn du bist Erde und sollst zu Erde werden. 1. Mose 3,1–19

Noch sehe ich ihn vor mir, jenen alten gläubigen Kurgast, der mich einmal mit Bezug auf den Bericht vom Sündenfall des Menschen fragte: »Wie konnte Gott denn das zulassen?« Das war im Grunde keine neue Frage. Neu war sie für mich aber, weil sie auch noch ein alter, im Glauben gegründeter Christ stellte.

Darf man denn überhaupt so fragen? Nun, es gibt gewiß ein respektloses Fragen an Gott, das nur dazu dienen soll, den eigenen Unglauben zu rechtfertigen und Gott für alles Böse in der Welt verantwortlich zu machen. Mit solchen Fragestellern wollen wir uns hier nicht beschäftigen. Aber es gibt noch ein anderes Fragen und Forschen, das aus dem Geist heraus kommt, der Gottes Wege tiefer erfassen und in Gottes Gedanken und Ratschlüsse tiefer eindringen möchte. In diesem Sinne war die Frage jenes Bruders gestellt.

Niemand wird – das sei vorangestellt! – eine letzte Antwort auf diese Frage auf Erden geben können. Es gibt Geheimnisse in Gottes Walten, die uns erst in der Ewigkeit hell aufgehen werden. Jetzt kann es für uns immer nur darum gehen, in Keuschheit und Demut auf das zu hören, was Gott uns in seinem Wort offenbart hat, darüber dann allerdings auch nachzudenken. So wollen wir es auch bei diesem tiefen und geheimnisvollen Bericht der Bibel in 1. Mose 3 halten. Dann werden wir hier vor allem einen dreifachen Tatbestand erkennen:

I.

Es ist ein unheimlicher Widersacher Gottes da, der in Gottes gute Schöpfung eingedrungen ist, ein Feind, der alles darauf anlegt, das, was Gott tut, zu zerstören, und was Gott gehört, von ihm wegzulocken und loszureißen. Die Bibel gibt diesem Feind Gottes eine Fülle von Namen. Sie nennt ihn den Teufel, d. h. den Durcheinanderbringer; den Mörder von Anfang an, der, von Kains Brudermord angefangen, Mord und Totschlag, Revolutionen und blutige Kriege auf Erden anzettelt und den Haß unter den Völkern und den einzelnen Menschen schürt. Jesus nennt ihn auch den Vater der Lüge, auch der Lüge: es gebe überhaupt keinen Gott, keine Ewigkeit, kein Gericht. An andrer Stelle wird er der Fürst dieser Welt und der Oberste der Dämonen genannt. Und im letzten Buch der Bibel erscheint er als ein großer, roter Drache mit allen Zeichen von Macht und Intelligenz ausgestattet – sieben Häupter, zehn Hörner und sieben Kronen –. Das will sagen: Er ist der Erfinder funkelnder Ideen, scharfsinniger Gedanken und Argumente gegen Gott, wohl auch der Kopf vieler endzeitlicher Erfindungen und Entdeckungen, die unsere Erde verschmutzen, verwüsten und veröden; hat es z. B. doch einer der an der Herstellung der Atombombe beteiligten Wissenschaftler hinterher selbst empfunden: »Wir haben die Arbeit des Teufels verrichtet.« Es wird uns auch gesagt (Offb. 12,3.4), daß er in seinem Aufruhr gegen Gott den dritten Teil der Sterne vom Himmel hinweggefegt hat; das heißt wohl: es ist ihm dabei gelungen, eine große Schar himmlischer Geister zu verführen und sie als sein Heer auf die Erde zu werfen, damit sie da sein böses Werk mit ausrichten. Offenbar haben wir es also bei diesem Widersacher Gottes mit einem hohen gefallenen Geist in der ewigen Welt zu tun.

Dieser Feind hat sich, wie es hier heißt, in der Gestalt einer Schlange den ersten Menschen genähert. Das hat viele kluge, aber für Gottes Offenbarung blinde Menschen dazu verführt, diesen Bericht als Mythos in die Welt der Sagen zu verweisen, bei dem man im besten Fall erst das Körnlein Wahrheit, das er enthalten mag, suchen müsse. Nun, wir, die wir davon überzeugt sind, daß Gott uns sein Wort so gegeben hat, daß wir uns im Leben und Sterben darauf verlassen können, haben keinen Anlaß, diesen Bericht anders zu nehmen als so, wie er da steht.

Und was steht denn wirklich da? Einmal heißt es hier nicht, daß eine Schlange in der heute lebenden Art dieses Gespräch mit dem Weibe geführt habe – obwohl, wenn es so dastünde, wir es ebenso annehmen würden –, sondern ein sehr intelligentes Geschöpf, das es heute in jener ursprünglichen Gestalt offenbar gar nicht mehr gibt. Denn erst *nach* der gelungenen Verführung des Menschen trifft dieses Lebewesen der Fluch Gottes: »Auf deinem Bauche sollst du kriechen und Erde fressen dein Leben lang.« Bis dahin stand dieses Geschöpf wohl an der Spitze der ganzen geschaffnen Kreatur Gottes auf Erden. Wenn aber heute noch ein Stubenvogel ganze Sätze verständlich nach- und aussprechen kann, warum sollte es nicht ein Tier in seiner Weise damals haben tun können, das »listiger«, also auch klüger war als alle Tiere, die Gott der Herr gemacht hatte? Und das zu einem Zeitpunkt, da zwischen dem Menschen und der ihm anvertrauten Kreatur noch ein ungestörtes Verhältnis bestand! Und zum andern macht die Bibel deutlich, daß sich hinter der Frage dieses Geschöpfes der eben genannte altböse Feind Gottes verbarg. Er hat sich dieses intelligenten Geschöpfes bedient und bei ihm offenbar auch einen Anknüpfungspunkt gefunden. Denken wir daran, daß nach dem biblischen Bericht der Mensch das jüngste und letzte Geschöpf in der Kette der von Gott geschaffenen Lebewesen auf Erden ist. Und gerade diesem jüngsten Geschöpf, dem Menschen, galt die besondere Liebe und Aufmerksamkeit Gottes. Ihn setzt Gott über alle Werke seiner Hände auf Erden und macht ihm auch die gesamte wunderbare Tierwelt untertan. Liegt es da nicht nahe, anzunehmen, daß es dem Teufel gelang, diesem intelligenten Geschöpf das Gift der Eifersucht einzuflößen?

Jedenfalls läßt die Bibel uns hier zum erstenmal einen Blick tun in die unheimliche Welt des Bösen. Unsere Väter haben gemahnt, wir sollten uns nicht zuviel mit diesem Gebiet beschäftigen, um nicht in seinen Bann zu geraten. Das wollen wir wohl beachten. Immerhin soll nach Gottes Willen jeder Mensch auf Erden erfahren, woher das Böse unter dem Himmel und in und unter den Menschen kommt: Es ist ein Feind Gottes da, ein Widersacher, der auf alle denkbare Weise versucht, Gottes Werk zu zerstören und sich selbst an die Stelle Gottes zu setzen, und dem es gelungen ist, auch den Menschen in seinen Aufruhr gegen Gott hineinzuziehen. Wir werden uns auf Erden im Anblick all des Entsetzlichen, das auf ihr geschieht, nie zurechtfinden können, wenn wir dieses Zeugnis der Bibel nicht ernst nehmen. Wir dürfen uns dabei aber auch jedesmal dankbar bewußt werden, daß einer da ist, der auf unserer Seite steht und der diesem altbösen Feind nicht nur gewachsen, sondern weit überlegen ist: Jesus! Nur unter seinem Schutz können wir solchen Blick auf dieses dunkle Gebiet überhaupt wagen und ertragen.

II.

Zum Wesen und zur Hoheit des Menschen, wie Gott ihn wollte, gehört nach Gottes Willen auch seine Entscheidungsfreiheit. Wenn wir an dem, was die Bibel darüber sagt, Anstoß nehmen, haben wir noch nicht erkannt, was Gott mit der Erschaffung des Menschen wirklich wollte: keine verbesserte Auflage eines Tieres. Nein, Gottes Absicht ging höher. Denn »Gott schuf den Menschen ihm zum Bilde, zum Bilde Gottes schuf er ihn.« Und das heißt doch vor allem andern: Gott schuf uns zur Gemeinschaft mit ihm selber. Er schuf den Menschen sich selbst zur Freude. Diese Freude und Zuneigung Gottes spricht schon aus seiner feierlichen Erklärung, die der Erschaffung des Menschen vorausgeht: »Lasset uns Menschen machen, ein Bild, das uns gleich sei.« Und dann zieht sich dieses Zeugnis von der herzlichen Zuneigung Gottes zum Menschen – auch noch zum gefallenen Menschen! – durch die ganze Bibel. So heißt es in Sprüche 8 von der Weisheit Gottes, durch die er das ganze Werk der Schöpfung vollbringt, ausdrücklich: »Meine Lust« – meine Freude, mein Wohlgefallen – »ist bei den Menschenkindern.« Von dieser Zuneigung Gottes zum Menschen singen die Engel über Bethlehem: ». . . den Menschen ein Wohlgefallen!« Sie leuchtet auch auf, wenn Jesus davor warnt, die Kleinen unter den Menschen zu verachten, und hinzufügt: »Ihre Engel schauen allezeit das Angesicht meines Vaters im Himmel«, das heißt: Sie haben bei ihrem Dienst an den Menschen stets ungehinderten Zutritt zu Gottes Thron. Können wir uns überhaupt eine höhere Bestimmung des Menschen denken als die, ein besonderer Gegenstand der Liebe Gottes und zur Gemeinschaft mit ihm selber berufen zu sein?

Doch zu wirklicher und beglückender Gemeinschaft gehört darum auch – wir wissen es alle! – die Zuneigung des andern, des Umworbenen, also hier: des Menschen. Solche Zuneigung und Liebe kann nicht befohlen und nicht erzwungen werden. Wie viele Familien leiden darunter, daß etwa der Mann nur kommandiert und alle anderen einfach gehorchen sollen. Das gibt kein wirkliches Familienglück.

In der großen Gottesfamilie ist das im Grunde nicht anders. Auch Gott wollte und will eine Menschheit, die freiwillig und von Herzen ihm verbunden ist und ihm in Liebe lebt und dient. Darum schuf Gott uns so, daß er uns Freiheit gab, in Liebe und Dankbarkeit ihm anzuhangen. Darum konnte Gott dem Menschen auch die Erprobung nicht ersparen. Sie ging aber nicht über sein Vermögen, hatte doch Gott dem Menschen eine Aufgabe gestellt, die ihn zutiefst befriedigen konnte: die Erde in Besitz zu nehmen und sie sich untertan zu machen und so im höchsten Sinn Mitarbeiter Gottes auf Erden zu sein. Nur an einer einzigen Stelle in der Schöpfung richtete Gott sein Hoheitszeichen auf: »Aber von dem Baum der Erkenntnis des Guten und Bösen sollst du nicht essen . . .« Es steht nicht da, daß es ein Apfelbaum war, aber es war ein Baum, »lieblich anzusehen und gut zu essen«, wie es für uns geheimnisvoll heißt. Hier, an dieser Stelle, sollte der Mensch immer neu innewerden, daß er einen Gott und Herrn über sich hat, dem er Dank und Liebe und kindlichen Gehorsam schuldet für all seine Güte und Gaben. Das war gewiß keine harte Forderung. Wir ahnen heute nicht mehr, zu welcher Reife der Mensch durch eine bestandene Prüfung auf diesem Wege gelangt wäre! Allein, der Mensch unterlag. Statt kindliches Vertrauen zu Gott zu bewahren, lieh er dem Versucher das Ohr. Wie echt wird das hier dargestellt: »Sollte Gott gesagt haben . . .?« Der Versucher überfällt uns ja auch heute nicht so plump, daß er einem Menschen etwa sagen würde: »Komm, ich will jetzt einen Bösewicht, einen Säufer oder Mörder aus dir machen; ich will dir zeigen, wie man gegen Gott rebelliert, seine Gebote mit Füßen tritt und sein eigenes Leben ruiniert – Gott zum Trotz!« Sondern so naht er dem Menschen: »Sollte Gott gesagt haben? Sollte er es wirklich so gemeint haben? Das kann doch kaum sein! Es kann doch nicht der wahre Sinn des Lebens sein, das er dir gab, daß du nicht auch alles genießen und mitbekommen sollst, was das Leben dir an Möglichkeiten bietet! Gebote und Verbote mögen für die Kindheitsjahre des Menschen ihren guten Sinn haben, aber doch nicht mehr für den mündiggewordenen! Jedenfalls muß man darüber ernstlich nachdenken und diskutieren!« Das ist doch die Taktik des altbösen Feindes auch heute!

Wenn die Frau doch nur kurz und bestimmt gesagt hätte: »Über Gottes heiliges Wort und Gebot gibt es nichts zu diskutieren!«, wie Jesus es später in der Versuchung getan hat: »Es steht geschrieben!« Aber Eva läßt sich auf eine Diskussion ein, wird schließlich mißtrauisch gegen Gott und gerät so in den Bann des Bösen. Wir hören hier einwenden: Wie? Eine einzige »Nascherei« und dann solche Folgen: Schmerzen, ein verfluchter Acker, eine Welt voll Tränen, Angst, Not und Tod! Aber erleben wir es ähnlich nicht immer wieder: Nur eine einzige Berührung mit einer Hochspannungsleitung – und das Unglück ist geschehen! Nur ein Besuch bei einer Kartenlegerin oder in einem spiritistischen Zirkel – und jetzt solche Depressionen! Nur ein einziger Zauberspruch aus dem sogenannten 6. und 7. Buch Mose, vielleicht aus Jux – und der Bann ist da: »Ich kann nicht mehr beten. Gottes Wort stößt mich ab.« So hat es mancher erfahren. So gefährlich ist die Welt des Bösen und das Eingehen auf sie.

Daß an jenem Tage viel mehr geschehen ist als eine kleine Nascherei, das wird Gott einer angeblich mündiggewordenen Menschheit in der Endzeit noch besonders vor Augen stellen, wenn die Folgen des Sündenfalls in dem Menschen der Bosheit, dem Antichristen, völlig ausreifen werden; in jenem Gesetzlosen, wie die Bibel ihn auch nennt, der Gottes Gebote zertreten wird, um seine eigenen in Kraft zu setzen; die der Welt am Ende das wüste Chaos bringen werden (Offb. 17 und 18). Denn das ist nun die bittere Wirklichkeit auf Erden: daß die Menschheit einem Feind hörig geworden ist, der alles tut, um auch das letzte im Menschen zu zerstören, das ihn noch mit Gott verbindet, nämlich das dem Menschen ins Herz geschriebene Gebot: Du sollst das Gute tun und das Böse lassen! Und es besteht die große, todernste Gefahr, daß in solchem Kampf die Dämonen den Sieg über Menschen gewinnen und diese buchstäblich zu Kindern des Teufels werden. Tatsächlich wird der ewige Richter an seinem Tage viele Menschen mit dieser

Begründung von sich weisen: »Gehet hin, ihr Verfluchten, in das ewige Feuer, das bereitet ist dem Teufel und seinen Engeln.« Und wir wären alle schon längst solche geworden, wenn Gott in seiner Barmherzigkeit nicht von vornherein Vorsorge getroffen hätte, daß es mit uns nicht gar aus sei.

Doch wir hören an dieser Stelle nochmals die Frage jenes alten Bruders: »Aber wie konnte Gott das überhaupt zulassen – diese Verführung, diesen Fall? Wenn Gott doch allwissend ist, dann sah er doch den Fall voraus – und ließ ihn doch kommen?« Nun, wir müssen hier ehrlich zugeben, daß wir hier in der Tat vor einem Geheimnis stehen. Zwar haben einige der Ausleger gewagt, an dieser Stelle von einem »Risiko« oder »Wagnis« zu sprechen, das Gott auf sich genommen habe, in dem Sinne, daß Gott in »freiwilliger Selbstbeschränkung« um des hohen Zieles willen, Menschen nach seinem Ebenbild zu schaffen, seine Allwissenheit gleichsam zurückgesteckt habe, um einen Punkt zu schaffen, auf dem der Mensch sich absolut frei entscheiden könne. Doch die Bibel schweigt darüber. Und wir haben dieses Geheimnis stehenzulassen, bis es uns am Tag der Ewigkeit hell werden wird. Doch eines sagt uns das Wort Gottes schon jetzt in voller Klarheit: Gott treibt mit uns Menschen auf keinen Fall ein sinnloses Spiel. Er hat es auch bei den ersten Menschen nicht getan. Nein, Gott nimmt uns Menschen ganz ernst und behandelt uns auch heute im Blick auf das in Jesus für uns alle vollbrachte Heil an diesem Punkt wieder so, wie er uns geschaffen hat: Du darfst wählen zwischen Tod und Leben, zwischen Himmel und Hölle. Es ist so, wie Hölderlin einmal sagt: »Der Mensch ist das einzige Wesen auf Erden, das aufbrechen darf, wohin es will: zum Himmel hinauf oder zur Hölle hinunter!« Und am Tage der Ewigkeit wird Gott in jedem Falle als der dastehen, dem der Mensch auf alle Fragen auch nicht eine entschuldigende Antwort wird geben können, geschweige denn Gott der Ungerechtigkeit, der Willkür oder der Spielerei wird bezichtigen können: So rein, so untadelig, so heilig und gerecht wird auch Gottes Richterherrlichkeit offenbar werden an jedermann.

Das alles läßt uns als drittes auch hier die überaus herrliche Wahrheit erkennen:

III.

Gott ist dennoch die Liebe! Dennoch; denn es bleiben Fragen übrig. Es kann hier die Frage aufkommen: Ist das denn wirklich Liebe, wenn man z. B. Kinder so unbeaufsichtigt läßt, daß sie vorhersehbar ins Bodenlose stürzen und Hals und Bein brechen können? Doch gerade auch dieser Bericht vom Sündenfall des Menschen macht deutlich, wie groß und stark die Liebe Gottes zu uns Menschen in Wahrheit ist: Gott ließ den Menschen eben nicht ins Bodenlose stürzen. Sondern Gott hatte Vorsorge getroffen, daß der Mensch vom Bösen nicht verschlungen wurde. Darum durfte sich dieser dem Menschen nur in der Gestalt eines Tieres nähern, über das der Mensch doch herrschen sollte, nicht etwa in einer Lichtgestalt, in der der Teufel sich auch nahen kann. Darum wurde dem gefallenen Menschen der Weg zum Baum des Lebens verwehrt, damit sein Fall, seine Sünde nicht verewigt wurde. Darum wurde der angedrohte Tod nicht sofort vollstreckt: der Mensch bekommt eine Frist. Darum setzt Gott Feindschaft zwischen gut und böse, zwischen Mensch und Teufel.

Überall leuchtet auch in der Geschichte vom Fall des Menschen die Liebe Gottes auf, die den Menschen nicht in den Abgrund fallen läßt, sondern dazwischentritt, um nun seinen Ratschluß, den er vorsorglich vor allem Anbeginn der Welt gefaßt hatte, ins Werk zu setzen. Ja, darum ließ Gott das alles zu, weil der Eine schon bereit stand, um, falls der Mensch versagte, in den Riß zu treten und hinzuzugehen, um die verlorenen Menschen zu suchen, ihnen den Rückweg zu dem lebendigen Gott zu bahnen und sie nach Hause zu bringen: der Sohn Gottes, »durch den und zu dem und in dem alles geschaffen ist, was im Himmel und auf Erden ist« (Kol. 1,16).

Auf dieses Wunder und Geheimnis der Liebe Gottes weist der tiefe Spruch hin: »Ich will Feindschaft setzen zwischen dir und dem Weibe, zwischen deinen Nachkommen und ihren Nachkommen.« Mit diesem geheimnisvollen Wort von einem Nachkommen des Weibes spricht Gott ganz deutlich von dem ewigen Sohn, der bei ihm war, von dem Sohn, der bereit war, diesen Kampf mit dem Bösen aufzunehmen, ihm den Kopf zu zertreten, d. h., seine Pläne zunichte zu machen, auch um den Preis, daß er dabei durch den Stich der Schlange den Tod

erleiden würde. Wie dieser Stich dann aussah, davon redet die Leidensgeschichte unsres Herrn und sein bitterer Tod auf Golgatha in diesen Passionswochen eine eindrückliche Sprache. Es war ein Kampf auf Leben und Tod. Aber so hat der Sohn Gottes des Teufels Plan zunichte gemacht, den Menschen auf ewig von Gott loszureißen. Als der Auferstandene und Wiederkommende wird er auch den Nachkommen der Schlange, den Antichristen, durch den Hauch seines Mundes völlig entwaffnen und umbringen (2. Thess. 2,8). Seit Golgatha führt der Teufel einen verlorenen Kampf, bis am Tage des Gerichts auch ihm das endgültige Urteil gesprochen und er in das ewige Feuer verwiesen werden wird.
Und das ist nun die frohe Botschaft von Jesus schon am Anfang der Bibel: Du hast die Freiheit, diesen Kampf mit dem Bösen zu bestehen und das Leben zu gewinnen, wenn du dich zu diesem Retter hältst. Auf dem Boden von Golgatha hat der altböse Feind jedes Anrecht an uns verloren. Da sind all unsere Sünden gesühnt und bezahlt. Da ist unser Schuldbrief zerrissen. Da hat Gott im Sühnetod seines Sohnes sich den Boden geschaffen, auf dem er mit uns Menschen ganz neu anfangen kann. Da nimmt er uns als seine geliebten Kinder wieder an und auf. Freilich unter der einen Voraussetzung, daß wir dieses Opfer seiner Liebe annehmen und uns ganz persönlich diesem Heiland und Herrn mit unserem ganzen Leben anvertrauen.
So sagt schon dieses geheimnisvolle, im Licht des Kreuzes von Golgatha aber helle Wort von dem Schlangenzertreter einem jeden von uns: Gott hat dich lieb! Darum hat er dir einen Heiland gegeben, der für dich litt und starb, und nun für dich lebt und an seinem Tage mit großer Kraft und Herrlichkeit wiederkommen wird, um sein Gnadenwerk nach allen Seiten herrlich zu vollenden. Nimm ihn an und nimm ihn auf! Und du wirst es im Leben und im Sterben auch im Anblick einer gefallenen Welt mit ihrem ganzen Jammer erkennen und erfahren: Es stimmt, es ist wahr: Gott ist dennoch die Liebe! Amen.

Gebet: Herr, unser Gott, wir beugen uns vor dem Geheimnis Deiner Liebe, die wir in allem Dunkel dieser Erde am Kreuz auf Golgatha hell aufstrahlen sehen. Wir danken Dir von

Herzen, daß wir uns in Deinem lieben Sohn, unserem Herrn, von Dir gehalten wissen inmitten allen Tobens gottfeindlicher Mächte auch in unserer Zeit! Führe uns, lieber himmlischer Vater, in dieser Passionszeit tiefer hinein in das Wunder Deiner Gnade, damit unser Leben ganz unter die Herrschaft dessen komme, der für uns gestorben und auferstanden ist. Amen.

Lied: Ein Lämmlein geht und trägt die Schuld der Welt und ihrer Kinder . . .

Reminiscere

Das Nein der Liebe Gottes

Da fingen einige von den Schriftgelehrten und Pharisäern an und sprachen zu ihm: Meister, wir möchten gern ein Zeichen von dir sehen. Und er antwortete und sprach zu ihnen: Ein böses und abtrünniges Geschlecht fordert ein Zeichen, aber es wird ihm kein Zeichen gegeben werden, es sei denn das Zeichen des Propheten Jona. Denn wie Jona drei Tage und drei Nächte im Bauch des Fisches war, so wird der Menschensohn drei Tage und drei Nächte im Schoß der Erde sein. Die Leute von Ninive werden auftreten beim Jüngsten Gericht mit diesem Geschlecht und werden es verdammen; denn sie taten Buße nach der Predigt des Jona. Und siehe, hier ist mehr als Jona. Die Königin vom Süden wird auftreten beim Jüngsten Gericht mit diesem Geschlecht und wird es verdammen; denn sie kam vom Ende der Erde, um Salomos Weisheit zu hören. Und siehe, hier ist mehr als Salomo. Matthäus 12,38–42

Was diese Leute hier vor Jesus aussprechen, ist uns gar nicht so fremd: Sie möchten einen augenfälligen Beweis dafür, daß Jesus wirklich der von Gott verheißene und nun auch gesandte Messias, das heißt: der Retter seines Volkes und der ganzen Welt und darum der einzige Weg zu Gott und zum Himmelreich ist. Ein Zeichen begehren sie, das größer und eindrucksvoller ist als alle Wunder, die Jesus bis dahin getan hat. Krankenheilungen und Totenerweckungen waren ja auch schon durch die Propheten geschehen. Ein Zeichen wollen sie sehen, das unmittelbar vom Himmel kommt und Unglauben und Zweifel unmöglich macht.

Wir kennen wohl alle diesen Wunsch nach solch einem Zeichen. Denn wir leben in einer Welt, in der es keine so einfache Sache ist, an einen Gott der Liebe und der Gerechtigkeit zu glauben, wie Jesus ihn uns offenbart hat. Gewiß, »es hat niemand also geredet wie dieser«, das bescheinigten ihm die Juden damals und das bescheinigen ihm heute viele Menschen gern. Aber – was ist anders und besser geworden in der Zeit nach Christi Geburt? Wo ist das augenfällige Zeichen, das die Menschen, die Menschen des zwanzigsten Jahrhunderts, zum Glauben an ihn als den Retter der Welt drängt und zwingt? Gäbe es das, würde zum Beispiel die Botschaft von der Liebe Gottes, die sich in Jesus offenbart, wenigstens durch Engel verkündigt werden, die jeweils vom Himmel kämen, oder würden von Zeit zu Zeit Menschen von den Toten auferstehen und bezeugen: Was in der Bibel steht, das stimmt alles, auch was sie über Himmel und Hölle sagt, dann würden die Menschen Buße tun und glauben. So dachte ja der reiche Mann im Totenreich, von dem Jesus erzählt, daß er Abraham bat, Lazarus aus dem Jenseits zu seinen Brüdern zu senden und sie zu warnen vor dem Weg in die Verdammnis.

Aber Gott denkt nicht so, und Jesus denkt auch nicht so. Dem reichen Mann wird am Ort der Verdammten gesagt: Deine Brüder haben das Wort Gottes, Mose und die Propheten. Wenn sie diese nicht hören und ihnen nicht glauben, dann werden sie auch nicht glauben, wenn jemand von den Toten auferstünde. So lehnt Jesus auch hier die Zeichenforderung der Juden nachdrücklich ab: »Dieses böse und abtrünnige Geschlecht fordert ein Zeichen, aber es wird ihm kein Zeichen gegeben werden.« Warum lehnt Jesus solch ein Zeichen ab, wie wir Menschen es begehren? Wenn wir die ganze Bibel sprechen lassen, dann müssen wir uns auf diese Frage vor allem ein dreifaches sagen lassen:

I.

Gott will nicht irgend etwas von uns, sondern er will uns selbst, unser Herz und unsre Liebe. »Du sollst Gott, deinen Herrn, liebhaben von ganzem Herzen, von ganzer Seele, von all deinen Kräften und von ganzem Gemüt.« So hallt es durch die Bibel. Darum ist es Gott zu tun. Darum ist es auch dem zu tun, den er uns zum Heiland und Herrn gegeben hat. So einfältig der Ausspruch auch klingt, daß man »dem Heiland das Herz schenken« müsse, um mit Gott ins reine zu kommen, so biblisch richtig und wahr ist diese Aussage. So wörtlich steht es in der Bibel von Gott gesagt: »Gib mir, mein Sohn, dein Herz, und laß deinen Augen meine Wege wohlgefallen!«

Das ist aber die unsrem Herzen von Gott verliehene Eigenart und Besonderheit, daß es sich durch Macht und Pracht oder gar durch Druck und Gewalt nicht wirklich gewinnen und schon gar nicht auf die Dauer festhalten läßt und beglückt werden kann. Das hat sich immer wieder gezeigt. Ein Beispiel: Da ist ein reicher Großkaufmann, der um die Hand eines armen, einfachen Mädchens angehalten hat, weil sie ihm für seine Interessen nützlich erschien. Das Mädchen hat sich von seinem Auftreten, seiner Gewandtheit und seinem Luxus blenden lassen und sehr schnell das Jawort gegeben; es hat sich ein herrliches Leben an der Seite dieses Mannes ausgemalt. Aber als der erste Rausch vorüber ist, fühlt die junge Gattin sehr bald, wie leer und unbefriedigt sie im Grunde ihres Herzens doch geblieben ist: Sie passen nicht zueinander; das Entscheidende fehlt: die Liebe der Herzen zueinander. Wie oft enden dann solche Wege vor dem Scheidungsrichter oder in der Verzweiflung. Oder denken wir Älteren an die Erfahrungen im Dritten Reich: Wie viele Menschen haben sich damals durch die Einwirkung von äußerer Macht und Pracht vor dem Zeitgeist gebeugt und sich sogar von ihm berauschen lassen, aber wie wenig das Herz dabei wirklich gewonnen und zum Glück gekommen war oder gar zum Guten gewandelt wurde, das hat sich bald gezeigt und ist am Ende schlagartig deutlich geworden. Die Menschen fühlten sich hinterher betrogen, vergewaltigt in ihrem Gewissen und waren froh, als sie wieder frei wurden.

Ja, auch unser gefallenes Menschenherz ist immer noch so beschaffen, daß es nur durch aufrichtige, herzliche Liebe gewonnen und beglückt werden kann. Solche Liebe ist durch nichts zu ersetzen, durch keinen äußeren Glanz, keine Macht und Pracht und schon gar nicht durch Druck und Gewalt. Hier, an diesem Punkt, finden wir deshalb auch die erste entscheidende Antwort auf die Frage, warum Gott uns das Zeichen, das wir in unsrer Kurzsichtigkeit und in unsrem Widerspruch zu Gottes Wesen und Willen begehren, verwehrt. Was würde Gott auch damit erreichen, wenn er die ganze Welt mit einem außergewöhnlichen Zeichen seiner Macht und Herrlichkeit in die Knie zwänge – und unser Herz bliebe doch das alte, harte, böse, von Neid und Gier erfüllte und zu allen Sünden fähige, bald trotzige und bald verzagte unerlöste Ding? Und wenn uns

dann Gott trotzdem mit all seinen Gaben überreichlich versorgte und uns dazu unsterblich machte, würde sein Reich einen Wohlfahrtsstaat mit vielen vollgefüllten Magazinen und Zahlstellen darstellen, aber ohne wirklich glückliche und erlöste Menschen darin, die mit Gott und miteinander in Liebe und Eintracht verbunden sind. Der kommende Antichrist wird für kurze Zeit solch einen Staat zustandebringen, wie die Schrift lehrt, der aber ebenso schnell zusammenbrechen wird; denn Fleisch und Blut können das Reich Gottes nicht ererben, es auch nicht herbeiführen.
Gott geht einen andern Weg, der allein zum Ziele führt: Er will, daß wir seinem Herzen nahe sind; er will ein Vertrauensverhältnis zwischen ihm und uns herstellen und darum erst unser Herz erlösen und erneuern. Darum ist es Gnade und Weisheit Gottes und unsres Heilandes, daß er uns das Zeichen, durch das wir überfahren und überrollt werden würden, verweigert und beharrlich bei der Weise bleibt, auf die ein Menschenherz allein gewonnen, befreit und gewandelt werden kann. Das führt uns auf das zweite, das wir in der Bibel zu diesem Thema als Antwort finden:

II.

Um unser Herz zu gewinnen, offenbart uns Gott sein Herz. Gott verzichtet im Blick auf unsre Erlösung von Sünde, Tod und Teufel auf alle glanzvollen Schauwunder, die uns nur berauschen oder äußerlich in die Knie zwingen würden, sondern er kommt in Jesus Christus zu uns in unser Menschendasein, in unser Erdendunkel, in unsre Nöte und in unser Sterbenmüssen, spricht zu uns in unsrer Sprache und tut alles, um uns sein Herz zu offenbaren. »Ich habe deinen Namen offenbart den Menschen, die du mir gegeben hast«, so betet Jesus vor seinem Gang nach Golgatha zu seinem himmlischen Vater. Das war das Große, das ihm von Gott aufgetragen war: auf Erden Gottes Vater-Namen und das heißt auch: Gottes Herz und Gottes Liebe den Menschen zu offenbaren.
Wie hat Jesus das getan? Nun, wie lernen wir denn das Herz eines Menschen kennen? Wir haben es schon gesagt: nicht durch seine äußere Erscheinung und das, was er zur Schau stellt. Das kann sehr trügen. Umgekehrt: Ein Mensch kann uns

vielleicht zunächst ganz unsympathisch vorkommen, sogar abstoßen. Aber nun kommen wir mit ihm ins Gespräch und spüren: Der Mensch »hat Herz«! Er interessiert sich für unsre Fragen und Nöte, nimmt herzlich teil an allem, sucht uns zu helfen, zu raten, aufzurichten. Und wenn wir dann noch erfuhren, daß er uns in einer für uns ausweglosen Lage die Treue hielt und uns aus großer Not so heraushalf, daß uns wirklich geholfen war, und uns seine weitere Freundschaft anbot, nicht wahr, dann wissen wir, was wir an ihm haben und werden nichts über ihn kommen lassen. Wie lernten wir also das Herz des Menschen kennen? Durch das Gespräch mit ihm, also durch sein Wort und – seine Tat!

Seht, das ist der Weg, den Gott geht, um unser Herz zu gewinnen. An dieser Stelle kann es uns aufgehen, was für ein Geschenk Gott uns damit gemacht hat, daß er uns sein Wort gegeben hat. Die Bibel ist Gottes Brief an mich und dich. Schon auf ihrem ersten Blatt findest du das wunderbare Wort, das Gott sprach, als er uns ins Dasein rief: »Lasset uns Menschen machen, ein Bild, das uns gleich sei . . .« und dann geht es weiter, diese Offenbarung seiner Liebe, die auch von dem gefallenen Menschen nicht lassen kann noch will, sondern ihm nachgeht, ihn sucht und meint und liebt. Das ganze Alte Testament ist voll von der suchenden, werbenden Liebe Gottes um uns gefallene Menschen. Und »Nachdem Gott vorzeiten manchmal und auf mancherlei Weise geredet hat zu den Vätern durch die Propheten, hat er in diesen letzten Tagen zu uns geredet durch seinen Sohn«, so heißt es dann im Neuen Testament. Die ganze Botschaft von Jesus, die wir im Neuen Testament haben, ist bis zum Rande gefüllt mit herzlicher, suchender, werbender Liebe Gottes zu uns Menschen.

Willst du also das Herz Gottes kennenlernen, dann hör und lies, was er wirklich sagt und mit dir vorhat und was er dir anbietet. Fang am besten mit dem Johannesevangelium an und lies es bis zu Ende, und lies das ganze Neue Testament, lies es betend, fragend, sag Gott auch deine Zweifel, deine Nöte! Er wartet darauf. Weich aber auch keinem Wort aus, das dir sagt, wie es in Gottes Augen um dich bestellt ist! O wie viele Menschen sind auf diesem Weg zum Glauben und zur Erkenntnis der Wahrheit gekommen und haben in Jesus ihren Heiland und Herrn gefunden! Hören auf das, was Jesus sagt, und achten

auf das, was Jesus tut: das bleibt der Weg zum Glauben, wie Gott ihn will. »Saget Johannes wieder, was ihr seht und hört!«, sagt Jesus den Boten, die Johannes aus dem Gefängnis zu Jesus sandte mit der Frage: »Bist du, der da kommen soll, oder sollen wir auf einen anderen warten?«
Auf diesen Weg weist Jesus auch hier hin, wenn er sagt: »Es wird euch kein Zeichen gegeben werden als das Zeichen des Propheten Jona. Denn wie Jona drei Tage und drei Nächte im Bauch des Fisches war, so wird der Menschensohn drei Tage und drei Nächte im Schoß der Erde sein.« Das ist das Zeichen, das Gott aufrichten wird, nicht allein für Israel, sondern für die ganze Welt: das Sterben und Auferstehen seines eingeborenen Sohnes. Darauf weist Jesus hin. Das wird für Zeit und Ewigkeit die Tat und das Zeichen sein und bleiben für Gottes Liebe und Gerechtigkeit und Heiligkeit und das Siegel zu seinem Wort, das er durch Jesus uns hat verkündigen lassen. Die Größe dieses Zeichens können wir an einem Beispiel zu ahnen beginnen:
Der russische Schriftsteller Tolstoi erzählt in einem Buch, daß er in jungen Jahren einmal zu den kleinen und unterdrückten Bauern auf seinen väterlichen Gütern gegangen war und ihnen seine Liebe und Zuneigung beweisen wollte: Er hat ihre Arbeit mit verrichtet, ihr Essen zu sich genommen und in ihren primitiven, stinkenden Hütten mit gewohnt und geschlafen; er hat alles mit ihnen geteilt. Es war für ihn jedoch niederschmetternd, als sie ihm eines Tages sagten: »Was du tust, ist alles gut und schön, aber so ganz ernst nehmen wir das nicht mit deinem Liebesbeweis. Du hast ja immer noch deinen reichen Vater im Rücken und weißt, daß du jederzeit zu ihm zurückkehren kannst, wenn es dir bei uns zu schwer wird oder du die Lust verlierst, bei uns zu bleiben. Aber das können wir gerade nicht. Du tust doch nur so, als ob du einer von den unseren wärest und uns liebhast.«
War Jesu Liebe zu uns auch nur solch ein Spiel? Brauchte er nicht, wie er selbst sagte, den Vater nur zu bitten und er würde ihm mehr als zwölf Legionen Engel senden und aller Kampf mit den harten Herzen der Menschen wäre zu Ende? Aber wenn wir so fragen, erkennen wir auch sofort den großen Unterschied: Jesus hat die zwölf Legionen Engel eben nicht von Gott erbeten. Er ist auf dem Berg der Verklärung nicht in die

himmlische Welt eingegangen, obwohl er auch als Menschensohn dafür reif geworden war. Nein, er hielt so sehr zu uns, daß er wieder vom Berge herabstieg und für uns bis in den Abgrund der Gottverlassenheit, des Grauens und des bitteren Todes hineinging, um so für uns die Bahn zu brechen, unsre Sünden zu sühnen, den Tod zu überwinden und den Boden zu bereiten, auf dem Gott uns gefallene Sünder als seine Kinder wieder an- und aufnehmen kann, ohne seine Heiligkeit und Gerechtigkeit zu brechen. Und so ist Jesus auch nach seiner Auferstehung geblieben: Kaum das Grab verlassen, sammelt er die zerstreuten Jünger wieder, tut ihnen seine Liebe kund, gibt ihnen seinen Geist und sendet sie dann hinaus in alle Welt, das Evangelium, die frohe Botschaft von der rettenden Liebe Gottes, zu predigen und Menschen zur Buße, das heißt zur Umkehr zu dem lebendigen, dreieinigen Gott zu rufen.

Liebe in Wort und Tat – das ist der Weg, den Gott eingeschlagen hat, um unser Herz zu gewinnen. Das ist der Weg, über dem die Engel Gottes frohlocken, wie wir es von Weihnachten noch im Ohr haben; denn am Ende dieses Weges steht wirklich eine neue Menschheit, die von Gottes Liebe überwunden, nun auf ewig an ihm hangt; eine neue Menschheit, die unter dem König Jesus Gottes Reich verwalten kann; die nicht mehr die Güter des Vaters verderben und verwüsten wird, wie wir als gefallene Kreaturen Gottes herrliche Schöpfung verwüstet haben und immer noch verwüsten.

Die Frage ist nun: ob Gott auch bei jedem von uns schon zu diesem Ziel hat kommen können, daß wir im Anblick des gekreuzigten und auferstandenen Herrn ihm seine Liebe glauben, unsern bisherigen glaubenslosen Weg als Irrweg und uns selbst als Sünder erkannt haben, die Vergebung brauchen all ihrer Schuld und uns von Herzen dem ergeben haben, der für unsre Sündenschuld in den Tod gegangen ist. Diese Frage führt uns auf das dritte zu unsrem Thema: Warum Gott uns ein anderes Zeichen verweigert:

III.

Gott achtet die Freiheit, die er uns verliehen hat. Er sucht nicht Sklaven für sein ewiges Reich, die nur widerwillig und gezwungen ihm dienen, sondern Kinder sucht er und Miterben Christi, mit denen er Gemeinschaft haben kann wie ein Vater mit seinen Kindern. Schon jeder Vater auf Erden möchte Kinder haben, die in Liebe mit den Eltern verbunden sind, die nicht über alles nörgeln und alles in Grund und Boden kritisieren, was Vater und Mutter tun, sondern die wissen: Meine Eltern meinen es in jedem Fall gut mit mir. Ich darf ihnen auch all meine Wünsche, meine Fragen und Sorgen offen sagen; sie lassen auch mit sich reden und erfüllen mir gern Wünsche, die mir zum Guten gereichen. Solch Vertrauensverhältnis wünscht sich doch jeder rechte Vater und jede rechte Mutter zu ihren Kindern.

Aber merkwürdig: Was uns Menschen sonst selbstverständlich ist und einleuchtet, das lassen wir in bezug auf Gott nicht gelten, sondern sobald es um Gott geht, verfallen die Menschen auf die blödesten Ausflüchte und Zumutungen. Da fordert ihr Gott vor eure Schranken, sagt Jesus den Juden, da macht Gott in der Sendung seines Sohnes nach eurem Urteil alles verkehrt, da soll sich Gott vor euch rechtfertigen, daß er es so und nicht anders macht, da habt ihr Gott nur zu schulmeistern und zu kritisieren. Von den Sünden, mit denen euer Herz belastet ist, von den Lügen und unkeuschen Dingen, die euer Gewissen beflecken und mit denen ihr belastet seid und nie und nimmer in das Himmelreich eingehen könnt, wollt ihr nichts wissen. Gerade dort, wo Gott anknüpfen will, um euch zu befreien, da verschanzt ihr euch und fordert dreist ein Zeichen von ihm, ob mein Wort, das ich zu euch rede, wirklich wahr ist.

Jesus sagt: Das ist nicht mehr Irrtum und Unwissenheit, sondern das ist Bosheit, sündhafte Auflehnung gegen Gott und sein Regiment. Wenn ihr doch so ehrlich wäret wie die Leute zu Ninive: Sie hörten auf das Wort des Jona und taten Buße. Und die Königin vom Süden machte eine weite Reise, um Salomos Weisheit zu hören! Euch aber ist mehr gegeben als den Leuten zu Ninive und der Königin vom Süden. Aber meine Worte und Taten, die ich in Gottes Namen rede und tue, genügen euch nicht! So verstockt ihr eure Herzen. Darum werden jene Leute im Jüngsten Gericht als Zeugen auftreten und bekunden, daß man auf Erden die Wahrheit bei Gott schon finden konnte, wenn man es ehrlich wollte. Aber ihr wollt nicht! Wer aber mit dem großen Gott und mit dem, den er gesandt hat, so umgeht,

dem ist nicht zu helfen; auf den wartet Tod, Gericht und ewige Verdammnis.
So bleibt es dabei: Wer aus der Wahrheit ist, das heißt: wer ehrlich die Wahrheit sucht und Erlösung von Sünde, Tod und Teufel, wer das ewige Leben will, der ist auch durch diese ernsten Worte Jesu herzlich auf den Weg gerufen, den Gott zu unsrer ewigen Errettung und Seligkeit in Jesu Sterben für uns eingeschlagen hat. Als Martin Luther in seiner Zelle um Gewißheit rang, ob er wirklich auch von Gott geliebt sei oder ob er vielleicht von Gott von vornherein zur ewigen Verdammnis bestimmt sei, da schrieb ihm ein frommer Lehrer des Wortes Gottes: Wenn du über diese Frage Klarheit haben willst, dann fange bei den Wunden Jesu an, darüber nachzudenken. Luther tat es, wie wir wissen, und wurde durch tiefe Buße hindurch im Glauben an den für uns Gekreuzigten ein fröhlicher, weil seines Glaubens gewisser Streiter Jesu Christi, den Gott bis auf diesen Tag so vielen Menschen zum Segen gesetzt hat. Er erfuhr, was alle Glaubenden vor ihm und nach ihm erfahren haben: Wenn uns unter dem Kreuz Jesu und im Licht der Ostersonne das Auge für Gottes Liebe aufgeht, dann wird uns auf einmal alles zum Zeichen seiner Güte und Treue: die Sonne am Himmel und der Mond und die Sterne des Nachts, das Blümlein am Wege und die Vögel in der Luft, Sonnenschein und Regen und die Welt der Töne und der Farben. Alles wird uns zu jenen Zeichen, von denen Paul Gerhardt singt:

Ach, denk ich, bist du hier so schön und lässest uns so lieblich gehn
auf dieser armen Erden: was will doch wohl nach dieser Welt
dort in dem festen Himmelszelt und güldnen Schlosse werden.

Und wo Gott uns einmal warten läßt oder uns Wege führt, die wir nicht gleich verstehen, oder wo uns die Nöte und Geschehnisse auf Erden anfechten wollen, wird unser Herz im Anblick des Kreuzes doch im Frieden Gottes bewahrt bleiben, »der höher ist als alle Vernunft«. Ja, im Aufblick zu Jesus, dem Mann am Kreuz, werden wir immer neu fassen und bekennen können:

Stark ist meines Jesu Hand, und er wird mich ewig fassen,
hat zuviel an mich gewandt, um mich wieder loszulassen.
Mein Erbarmer läßt mich nicht: das ist meine Zuversicht.

Darum laßt uns nicht Menschen sein, die in Kleinglauben oder Unglauben sich erlauben, an Gottes Wegen zu nörgeln und mit ihm zu hadern, sondern die sich vertrauensvoll in seine Wege schicken und unser Leben dem übergeben, den er uns für Zeit und Ewigkeit zum Heiland und Herrn gesetzt hat. So wird er uns auch führen, heben und halten, bis wir einmal als erlöste Kinder Gottes in das Reich seiner ewigen Herrlichkeit eingehen und in das ewige Loblied einstimmen werden: »Der Herr hat alles wohlgemacht und alles, alles recht bedacht: Gebt unsrem Gott die Ehre!« Amen.

Gebet: Herr Jesus Christus, Du König der Wahrheit und Heiland der Liebe! Wir beugen uns vor Dir und schämen uns, daß auch wir Dir lange nicht geglaubt, sondern Deinem Wort mißtraut haben und auch an Deinem Kreuz achtlos vorübergegangen sind. Du aber bist nicht müde geworden, uns zu suchen und hast uns eine Gnadenstunde bereitet, in der wir Deinen Ruf so hörten, daß wir erkannten: Bei Dir ist Gnade und viel Vergeben. So bekannten wir Dir unsre Sünden und Du vergabst sie uns. Und auch jetzt finden wir bei Dir tägliche Reinigung von allem Staub der Erde, von allem, was aus unsren Herzen immer wieder aufsteigt an bösen und unreinen Gedanken und was wir versäumen im Dienst der Liebe, zu dem Du uns berufen hast. Wir bitten Dich, Du wollest uns Dein Bild tief in unser Herz und Wesen prägen, daß wir tapfer und getrost bei der Wahrheit bleiben und in Deinen Fußtapfen, so daß Du, unser Heiland, mit uns zum Ziele kommen kannst. Amen.

Lied: Meinen Jesum laß ich nicht . . .

Oculi

Jesus – die einzige Brücke zwischen Himmel und Erde

Spricht zu ihm Thomas: Herr, wir wissen nicht, wo du hingehst; wie können wir den Weg wissen. Jesus spricht zu ihm: Ich bin der Weg und die Wahrheit und das Leben; niemand kommt zum Vater denn durch mich. Johannes 14,5.6

Wie alle Worte und Selbstzeugnisse Jesu, die wir in der Bibel haben, nicht ins Leere hineingesprochen sind, sondern in die tiefsten Nöte unsres Lebens, so auch dieses: »Ich bin der Weg und die Wahrheit und das Leben.« Die tiefe Not, auf die Jesus hier antwortet, hat der Jünger Thomas mit den Worten genannt: »Herr, wir wissen nicht, wo du hingehst; und wie können wir den Weg wissen?« Jesus hat nämlich von seinem Sterben am Kreuz gesprochen, dem er nun entgegengeht, und von seiner Rückkehr zum Vater, in die Welt der Ewigkeit und der Herrlichkeit Gottes und von der damit verbundenen äußeren Trennung von seinen Jüngern auf Erden. Das hat die Jünger, die immer noch auf die baldige sichtbare Aufrichtung des Reiches Gottes unter seinem König Jesus hofften, vorab den Thomas, erschüttert und verwirrt. Nun hat er für einen Augenblick auch das letzte vergessen, was Jesus seinen Jüngern über seinen Weg und Auftrag auf Erden in vielen Gesprächen offenbart hatte. Er hat auch das Wort gänzlich mißverstanden oder überhört, das Jesus soeben noch besonders nachdrücklich ausgesprochen hatte: »Euer Herz erschrecke nicht! Glaubt an Gott und glaubt an mich! In meines Vaters Hause sind viele Wohnungen; und ich gehe hin, euch die Stätte zu bereiten. Und wenn ich hingehe, euch die Stätte zu bereiten, will ich wiederkommen und euch zu mir nehmen, auf daß ihr seid, wo ich bin. Und wo ich hingehe, den Weg wisset ihr.« Thomas spricht daraufhin aus, was im Grunde alle Menschen ohne die Offenbarung Gottes in Jesus ehrlicherweise eingestehen müssen: »Wir wissen das letzte nicht! Wir wissen nicht, was wirklich vor uns ist, und wir wissen auch nicht, was wirklich über uns ist.«

Nun trennen uns fast zweitausend Jahre von Thomas, und inzwischen haben wir Menschen von heute unser Wissen ungemein bereichern können. Wir vermögen heute mit unseren modernen Apparaten unheimlich weit in die Sternenwelt hineinzuschauen und ihre Entfernungen auszumachen. Wir können durch den Computer die schwierigsten Rechenaufgaben lösen und die Chancen vorausberechnen, die dieser oder jener Weg hat, den Menschen zu gehen beabsichtigen, und anderes mehr. Aber über die Dinge, auf die es zuletzt entscheidend ankommt, sind wir von uns aus genauso unwissend wie die Menschen vor zweitausend Jahren und darüber. Auch wir Menschen des zwanzigsten Jahrhunderts wissen nicht einmal, wenn wir unser Haus verlassen, ob wir wieder lebend zurückkehren werden. Wir wissen trotz Computer und modernster Teleskope und aller Friedensmärsche nicht, ob wir noch lange in unsrem Land im Frieden werden leben dürfen oder ob wir mit der ganzen Welt nicht doch auf einen schrecklichen Atomkrieg zusteuern. Wir wissen von uns aus auch nicht, was wirklich über uns ist oder was dann folgt, wenn Menschen aus diesem Leben scheiden oder gewaltsam herausgerissen werden. Was steht jenseits hinter Tod und Grab? Eine ewige Welt? Ein lebendiger Gott? Ein Gott der Liebe? Oder ein Heer von Dämonen? Gar das Nichts, ein ewiges Dunkel?
Und wenn wir über diese Fragen keine letzte Klarheit haben, wie können wir einen Weg wissen, der uns aus der Angst und Unruhe dieser Welt und unsres Herzens herausführt in eine lichte Zukunft und eine letzte Geborgenheit, die in der tiefsten Seele doch alle Menschen suchen?
Wir wollen dieser Frage in drei Abschnitten weiter nachgehen und dabei Jesu Antwort hören und zu Herzen nehmen.

I.

Warum wissen wir das alles nicht, was wir eben kurz erwähnt haben? Gehört es etwa von vornherein zu unsrem Menschsein, daß uns der Blick nach vorn und nach oben so gänzlich verbaut ist? Wollte Gott es so haben, daß wir in diesem Leben in bezug auf das Letzte nur immer am Suchen und Tasten bleiben, aber niemals die Wahrheit finden sollten? Gewiß hat Gott uns Menschen nicht als allwissende Wesen schaffen wollen. Allwissend wollte Gott allein bleiben. Aber eines sollte nach dem Willen Gottes der Mensch sehr wohl wissen, nämlich wer der Schöpfer und Herr seines Lebens ist und was für einen Sinn und Zweck sein Erdendasein hat. Denn »Gott schuf den Menschen ihm zum Bilde, zum Bilde Gottes schuf er ihn«, so lesen wir es auf dem ersten Blatt der Bibel. Gott, der Allweise, »der allein Unsterblichkeit hat«, wie es an andrer Stelle heißt, hat gewiß nicht Menschen zu seinem Ebenbild erschaffen, denen Unwissenheit, Torheit und Tod ins Gesicht geschrieben ist, sondern helles Gottesbewußtsein, Leben und Seligkeit. Auch hier gilt Jesu Wort: »Gott ist nicht ein Gott der Toten, sondern der Lebendigen.« Der Geist, der dem Menschen von Gott gegeben war, dazu die Nähe Gottes und sein unmittelbares Wort und Gebot sagten dem Menschen aufs deutlichste, was es um ihn ist: Gemeinschaft mit dem lebendigen Gott zu haben und in solchem Leben unter ihm seine höchste Bestimmung und Glückseligkeit zu finden.

Es zeugt von dem unsagbar tiefen Fall des Menschen und der eingetretenen Blindheit seines Geistes, wenn er heute nach Gottesbeweisen fragt und die Ewigkeit leugnet. Denn warum ist Gott, der jedem Menschen so wirklich sein sollte wie die Sonne am Himmel, die uns täglich leuchtet und wärmt, und den ersten Menschen auch nach dem Sündenfall noch so wirklich und faßbar war, uns jetzt von Natur so ferngerückt und so unbekannt geworden? Das ist geschehen, sagt uns die Bibel: Eine unheimlich dunkle Macht hat sich gleich einem erst schmalen, dann immer tiefer und reißender werdenden Strom dazwischengeschoben zwischen uns und Gott, der schließlich so breit und tief wurde, daß wir das andere Ufer der Welt Gottes nicht mehr wahrnehmen können. Sünde, Tod und Teufel nennt die Bibel diese Mächte des Verderbens.

Das Wort »Sünde« kommt von »Sund« und »sondern« her. Sund, das ist der Meeresarm, der sich zwischen zwei Länder schiebt und sie voneinander trennt. So hat eine dunkle satanische Auflehnung gegen Gott, in die der Mensch durch seine Schuld hineingerissen und verstrickt ist, uns von Gott und seiner lichten Welt abgesondert. Ja, Rinnsale dieses Verderbensstromes haben das Menschenherz erfaßt und es verunreinigt und rollen durch seine Adern und haben sein inneres Auge blind gemacht auch für das, was an hellen Spuren von Gottes

Größe und Güte noch in der diesseitigen Welt verblieben ist: der wunderbar gestirnte Himmel über uns, die täglich aufgehende Sonne, die Wunder der Schöpfung um uns, die auch jetzt wieder erwachende Natur in unsrem Land, nicht zuletzt auch das Wunder, das der Mensch selber darstellt.
So wissen wir von uns aus nun nicht mehr, ob es eine andere, bessere Welt, eine Welt »des Wesens und der Wahrheit« gibt und wenn ja, wir wissen keinen Weg zu ihr. Alles, was Menschen, auch ehrlich suchende und fragende Menschen darüber gedacht, geahnt und geschrieben haben, sind im besten Fall fromme Wünsche und Ahnungen, auf die man aber ein frohes Leben und ein getrostes Sterben nicht gründen kann. Sie gleichen ebenso wie alle Religionen, die Menschen gegründet haben, Händen, die die Menschen, vor einer Mauer stehend, flehend und tastend emporstrecken, ob irgendwo ein ewiger Halt oder Durchblick zu finden sei; aber immer wieder sinken die Hände müde herab; die Mauer ist zu hoch, zu dick, zu lang, um sie durchstoßen oder überwinden zu können. Was ist also jenseits der Mauer? »Wir wissen's nicht!«

II.

Und nun steht Jesus vor uns und spricht in diese Not hinein: *Ich bin der Durchbruch durch die Mauer, ich bin der Brückenschlag Gottes über den reißenden Strom von Sünde, Schuld, Not und Tod.* Ich bin die Antwort Gottes auf alle Menschheitsnöte. »Ich bin der Weg und die Wahrheit und das Leben.« Ich bin die sichere Bahn, auf der du, wenn du mir folgen willst, die große Ratlosigkeit und Hoffnungslosigkeit dieser Welt nicht mehr mitzumachen brauchst. Menschen, die mit mir gehen, wissen, wohin es geht. Sie haben festen Grund unter ihren Füßen. »Ein Tag, der sagt's dem andern, mein Leben sei ein Wandern zur großen Ewigkeit.«
Wie kann Jesus das aber in dieser Bestimmtheit und Ausschließlichkeit sagen? Was macht ihn denn zu solchem sicheren Weg für uns? Die Antwort finden wir im übernächsten Kapitel dieses Evangeliums: »Ich bin von Gott ausgegangen und gekommen in die Welt. Wiederum verlasse ich die Welt und gehe zum Vater«, so heißt es da. Das ist es. Denn das spüren wir heute allmählich doch alle: Wenn uns Menschen von Grund

auf geholfen und unsre tiefsten Lebensfragen beantwortet werden sollen, dann müßte in der Tat einer aus einer andren Welt kommen, sie uns glaubwürdig offenbaren und uns dann fest an die Hand nehmen und auf den Weg bringen, so daß wir in seiner Kraft nun auch Not und Tod auf Erden siegreich überwinden können. Hier unten haben wir Menschen ja schon alles mögliche versucht, unsrem Leben einen letzten Sinn zu geben und zu einem Frieden und einer Geborgenheit zu kommen, die diesen Namen verdienen. Aber was haben wir erreicht? Die Welt ist auf der Suche nach Frieden und Sicherheit für das kurze Erdenleben heute bei der Atom- und Neutronenbombe angekommen und zittert vor der Möglichkeit, daß sie eines Tages losgehen und diese Erde in Schutt und Asche legen könnten.

Wahrlich, was der Schreiber des Hebräerbriefes im Blick auf die tiefsten Menschheitsnöte in der alttestamentlichen Bibelsprache so sagt, das darf als der einzig passende Hilferuf auch über alles ehrliche Suchen und Fragen unsrer heutigen Welt gesetzt werden: »Einen solchen Hohenpriester« – also Retter – »sollten wir haben, der da wäre heilig, unschuldig, unbefleckt, von den Sündern abgesondert und höher, denn der Himmel ist.« Das wäre die Rettung der Welt!
Und das ist nun die frohe Botschaft des Neuen Testaments: Den wir haben sollten, der ist wirklich da! Denn Jesus kommt aus einer anderen, der himmlischen Welt. Er kommt im Auftrag und in der Vollmacht seines Vaters, des lebendigen Gottes. Er kommt, um gerade an der Stelle, wo wir mit Gott auseinandergekommen sind, mit seinem reinen Leben und seinem sühnenden Leiden und Sterben die tiefe Kluft auszufüllen, die uns von Gott trennt, und darüber einen Weg zu bereiten, der Himmel und Erde wieder miteinander verbindet. Und dazu macht er so fest auf dieser unsrer Erde, daß er unser Fleisch und Blut annimmt, um sich unlösbar mit uns zu verbinden. Die Krippe von Bethlehem ist der Ort, wo er sein Zelt auf Erden aufschlägt, und Golgatha die Stätte, wo er durch seinen Tod am Kreuz den starken Pfeiler der Brücke einrammt, über die wir gefallenen Menschen nun in Gottes Paradies und zu seiner ewigen Welt und Herrlichkeit gelangen dürfen und sollen. Und die Auferweckung Jesu Christi von den Toten und

seine Rückkehr in die himmlische Welt zum Throne Gottes ist der gültige Beweis dafür, daß Gott diese Sühne- und Rettungstat seines Sohnes für uns angenommen hat und die Brücke zwischen Himmel und Erde wirklich geschlagen ist. Und die unzählbare Schar erlöster und jubelnder Menschen aus allen Völkern und Sprachen, die der Seher Johannes am Throne Gottes schauen darf (Offb. 7), nicht weniger aber auch die gläubige Gemeinde hier unten auf Erden, die auch in unsren Tagen in aller Welt durch schwerste Verfolgungen hindurch diesem Ziel hoffnungsvoll zustrebt, sind die hellen Zeugnisse dafür, wie diese Brücke trägt und hält und uns sicher ans Ziel kommen läßt. Dabei vergessen wir nicht die vielen Jünger und Jüngerinnen Jesu, die in unsrer Generation durch die Jahre des Krieges und der Bombennächte gegangen sind, und auch die Menschen heute, die dem letzten getrost entgegengehen dürfen, weil sie wissen, was die Schar der Christusgläubigen vor ihnen wußte: »Jesus lebt! Nun ist der Tod mir der Eingang in das Leben!«

III.

Ein drittes lehrt uns Jesu Wort: *Der Weg oder die Brücke, von der wir sprechen, und Jesus sind eins!* Wir dürfen das Wort vom Weg also nicht so verstehen, als habe Jesus bloß die Brücke zwischen Himmel und Erde geschlagen, sich selbst dann aber wieder in die himmlische Welt zurückgezogen und wir könnten oder müßten sogar diesen Weg nun ohne ihn in eigener Kraft gehen. Nein, Jesus sagt: »*Ich* bin der Weg.« Diese Brücke kennen heißt Jesus kennen, und diesen Weg gehen heißt nun buchstäblich mit ihm, dem für uns gekreuzigten und auferstandenen und lebendigen Herrn durchs Leben gehen. Denn die Wirklichkeit Jesu reicht durch die Kraft seines göttlichen Lebens und die Wirksamkeit des Heiligen Geistes auch vom Throne Gottes wieder herein in unsre Welt, so real, daß du Jesu Wirklichkeit an Herz und Gewissen täglich erfahren darfst. Wer also Jesus als seinen Heiland und Herrn angenommen hat und sich in allem, was das Leben mit sich bringt, täglich betend an ihn und zu seinem Wort hält, der und nur der befindet sich auf dem Weg zum ewigen Leben.
In solcher lebendigen Verbindung mit Jesus befindet sich aber

kein Mensch schon von Natur aus. Sie beginnt erst mit einer echten persönlichen Hinwendung zu ihm, bei der wir uns mit unsrem ganzen Leben ihm ausliefern. Bekehrung nennt die Bibel solche Hinwendung zu ihm. Und das geht wiederum nur so, daß wir unsere Lippen öffnen und ihm das auch ganz persönlich sagen und geloben. »Wer den Namen des Herrn anrufen wird, der wird errettet werden«, das gilt auch hier.

So bleibt auch hier nur noch die Frage an einen jeden von uns übrig: Bist du schon auf diesem Wege? Hast du Verbindung mit Jesus durch das Hören auf sein Wort und den betenden Umgang mit ihm? Du suchst nach einem Weg durch alle Ungewißheiten unsrer Welt und Zeit hin zu einem sicheren Ziel, einen gewissen Weg über Tod und Grab hinaus? Du suchst ein sinnvolles Leben mitten in aller Vergänglichkeit und Angst dieser Welt? Ich kenne das aus eigener Erfahrung. Nun aber darf ich auch aus eigener Erfahrung bezeugen: Jesus *ist* der Weg, den du suchst. Wer mit Jesus durchs Leben geht, darf wissen, daß es mit ihm weitergehen wird auch über Tod und Grab hinaus, weitergehen wird in der Welt der ewigen Herrlichkeit Gottes. Solche Gewißheit schenkt uns Jesus durch sein Wort und seinen Geist.
Ja, Menschen mit Jesus befinden sich auf dem Weg von der Krippe und dem Kreuz auf Golgatha zum Reich ihres Herrn, zum unvergänglichen und ewigen Reich des Lebens, des Friedens und der Freude, der ewigen Geborgenheit. Sie gehen getrost dem Tag entgegen, an dem sich das Wort ihres Heilandes in seiner ganzen Tiefe und Herrlichkeit erfüllen wird: »Ich gehe hin, euch die Stätte zu bereiten. Und wenn ich hingehe, euch die Stätte zu bereiten, so will ich wiederkommen und euch zu mir nehmen, auf daß ihr seid, wo ich bin.«
Ohne Jesus muß unser Leben ein einziger Leerlauf bleiben und dieses hohe leuchtende Ziel verfehlen. Denn »niemand kommt zum Vater denn durch mich«, sagt der Herr. Wer ihm aber folgt, »der für uns in den Tod gegangen und uns erkauft mit seinem Blut«, dem wird der ganze Himmel aufgetan. Das haben Ungezählte vor uns erfahren. Das kann auch jeder unter uns erfahren. Amen.

Gebet: Dafür danken wir Dir, Herr Jesus Christus, daß Du uns, den Menschen des zwanzigsten Jahrhunderts, zu Deinem Wort auch ein unzählbares Heer von Zeugen und Blutzeugen gegeben hast, die uns vorangegangen sind auf diesem Wege und es mit ihrem Leben und Sterben bekannt haben, daß sie in Dir das gefunden hatten, was höher ist als alle Vernunft: Frieden mit Gott auf Grund Deines Sühnetodes, den Du für uns alle erlitten hast, und Gewißheit des ewigen Lebens. Wir schließen uns ihnen an mit dem Gelöbnis: Dein woll'n wir sein, Dein ganz allein! Hand, die nicht läßt, halte uns fest! Amen.

Lied: Einer ist's, an dem wir hangen, der für uns in den Tod gegangen . . .

Jesus – die befreiende Wahrheit

Jesus spricht zu Thomas: Ich bin der Weg und die Wahrheit und das Leben; niemand kommt zum Vater denn durch mich.
Johannes 14,6

Nur bei dieser einen erhabenen Aussage Jesu in seinem Selbstzeugnis wollen wir heute stehenbleiben: »Ich bin die Wahrheit.« Jesus sagt es kurz vor seinem Gang nach Golgatha. Bald wird er vor dem römischen Statthalter stehen und in bezug auf *alles,* was er auf Erden gesagt und ausgerichtet hat, feierlich erklären: »Ich bin dazu geboren und in die Welt gekommen, daß ich für die Wahrheit zeugen soll. Wer aus der Wahrheit ist, der hört meine Stimme.« Wahrheit im Sinne der Bibel ist immer das Echte, Bleibende, Wirkliche, von Gott kommende, im Gegensatz zu allem Trug und Schein und aller Falschmünzerei der Menschen. Mit diesem hohen Anspruch, die Offenbarung der ewigen Wahrheit und Wirklichkeit Gottes zu sein, betritt Jesus den Todesweg und besiegelt dieses sein Zeugnis mit seinem bitteren Sterben am Kreuz und – nehmen wir es gleich hinzu – wird von Gott am dritten Tage auferweckt und so von ihm als König der Wahrheit beglaubigt und als der treue und wahrhaftige Zeuge, wie das letzte Buch der Bibel Jesus nennt, zu Gottes Thron erhoben.

Wir werden von seiten des Unglaubens oft gefragt: Warum soll gerade Jesus und er allein die gültige Offenbarung der Wahrheit sein und sie uns in seinem Wort gesagt haben? Haben nicht auch andere ehrlich und tiefer denkende Menschen zu allen Zeiten und in allen Zonen Worte voll Weisheit und Wahrheit ausgesprochen, die, wäre man ihnen gefolgt, die Welt hätten verändern können, zum Guten hin! Gewiß, Gott hat die Menschen nach dem Sündenfall nicht ganz und gar verblöden oder auf die Stufe des Tieres sinken lassen, so daß uns die Frage nach der Wahrheit nicht mehr interessierte. Nein, die Suche nach der verlorenen Wahrheit gehört geradezu zum Wesen des gefallenen Menschen. Und bei solchem Suchen nach dem bleibend Gültigen und Echten haben Menschen nicht bloß viel Törichtes gesagt, sondern sie haben durch das, was Gott ihnen auch nach dem Fall an Denk- und Erkenntnisfähigkeit gelassen hat, im Anblick seiner Schöpfung und aus der Geschichte der Menschheit folgernd und von ihrem Gewissen her manche gültige Wahrheitserkenntnis gefunden. Aber keiner dieser Denker hat dabei jemals zu behaupten gewagt, er selbst sei die Wahrheit in Person im absoluten und vollkommenen Sinn des Wortes; er würde, hätte er das getan, auch bald als wahnsinnig erkannt worden sein. Auch hat keiner für seine Lehre am Kreuz gehangen, und keiner von ihnen ist von den Toten auferweckt und zu Gottes Thron erhöht worden. Auch hat sich keiner von ihnen aus der ewigen Welt wieder vernehmen lassen, wie wir es von Jesus wissen und wie es das letzte Buch der Bibel so eindrücklich bezeugt. So hat auch keiner von ihnen einen Menschen aus Sünde, Tod und Angst zu einem neuen Leben verhelfen können, eben deshalb nicht, weil seiner Lehre die Kraft und das göttliche Siegel fehlte. Nur einer konnte das und kann das und hat das: Jesus!

Wenn wir von dieser Mitte des Evangeliums auch hier ausgehen, dann wird uns Jesu Selbstzeugnis: »Ich bin die Wahrheit« zu einem besonders kostbaren und hellen Edelstein in unserer Bibel. Denn stellen wir dieses Heilandswort nur einmal in die drei Zeiträume hinein, in denen wir uns mitsamt der Welt bewegen: Vergangenheit, Gegenwart und Zukunft – welche Klarheit für unser Denken, Glauben und Hoffen kommt dann auf uns zu. Wie werden wir dann aus allen menschlichen Träumereien in Gottes ewige Heilsgedanken hineingenommen und empfangen dabei soviel Licht und frohe Gewißheit, daß wir in allem Erdendunkel unserer Tage uns zurechtfinden und gewisse Tritte tun können. Das wollen wir uns unter dem Beistand des Heiligen Geistes in bezug auf unser Gestern, unser Heute und unser Morgen deutlich machen lassen.

I.

Jesus und unser Gestern, das heißt: Jesus und unser Ursprung, unser Woher. Wie unablässig haben Menschen zu allen Zeiten versucht – und sie tun es immer noch –, unser Woher aufzuhellen: Was ist es eigentlich um unsere Welt und ihre Geschichte? Ist sie mit ihrem Lauf ein reines Zufallsprodukt und als solches ein Kreislauf ohne Ziel und Ende? Und woher kommen wir Menschen? Sind wir nur ein kleines Blatt am großen Baum der zufällig gewordenen Kreatur ohne jede Eigenbedeutung? Ist unser Ende darum wirklich nur dem Fallen eines welken Blattes vergleichbar, das der Herbstwind davonjagt und nach dem niemand mehr fragt, wie es Menschen schon gelehrt haben? Aber woher dann die Angst vor diesem letzten, die doch wie ein dunkler Schatten über allem Leben auf Erden liegt? Ja, woher kommt überhaupt das Dunkle und Böse in der Welt und in der Menschheit, die schreiende Not und Ungerechtigkeit, der Neid, der Haß, die Feindschaft unter den Völkern? Kein ehrlich denkender Mensch kann wahrhaft zur Ruhe kommen, gar an eine Heilung der Welt glauben, solange er auf dieses Woher? keine Antwort gefunden hat.

In all diese Fragen fällt nun Jesu Wort: »Ich bin die Wahrheit«, die absolut gültige und helle Antwort Gottes auf alle notvollen Menschheitsfragen. Und wie macht Jesus sie uns hell? Es ist für uns wichtig, darauf zu achten. Jesus tut es nämlich dadurch, daß er seine Hand auf das Alte Testament legt und es als Gottes Offenbarung, in jedem Stück gültig, bestätigt. Er sagt gleich am Anfang seiner Heilandstätigkeit auf Erden: »Ich bin nicht gekommen, das Gesetz und die Propheten aufzulösen, sondern zu erfüllen.« Unter »Gesetz und Propheten« verstand man in Israel das ganze Alte Testament. Er sagt dann weiter: »Bis daß Himmel und Erde vergehen, wird nicht vergehen der kleinste Buchstabe noch ein Tüpfelchen vom Gesetz«, und noch einmal: »Die Schrift kann nicht gebrochen werden«. Ausdrücklich nennt Jesus auch noch einzelne Stücke des Alten Testaments mit Namen, wenn er von der Erschaffung des ersten Menschenpaares spricht, von Noahs Tagen, von Abraham, von Lots Frau und dem Gericht, das sie traf, von Moses Berufung am brennenden Busch, von Jonas Verbleib im Bauch des Meeresfisches und von vielem anderen mehr. Das ganze Alte Testament ist Jesu Bibel, in der er lebt und atmet und aus dem er auch seinen eigenen Weg und Auftrag auf Erden aufs hellste erkennt.

Viele Bücher sind bis auf den heutigen Tag geschrieben worden, nicht bloß gegen das Zeugnis des Alten Testaments,

sondern auch zu seiner Verteidigung. Wir wollen das Mühen aller gläubigen Wissenschaftler ehren und ihnen dankbar sein, wenn sie z. B. heute, wie es besonders in Amerika geschieht, einer weit verbreiteten gottlosen Evolutionslehre entgegentreten und überzeugend nachweisen, daß sie auch wissenschaftlich unhaltbar ist. Solche Zeugnisse können suchenden Menschen manche Steine aus dem Weg räumen und sie zum nachdenken bringen; gibt es doch auch ein ehrliches denken, das zum Glauben führt.
Aber wer Jesus, den Gekreuzigten und Auferstandenen, an seinem Herzen und Gewissen als die von Schuld und Sünde befreiende und unser Leben begleitende Wirklichkeit erfahren hat und ständig neu erfährt, also der normale, wiedergeborene Christ, bedarf für sich selbst solcher Stützen nicht mehr. Jesu Zeugnis genügt ihm jetzt vollauf, ja, es genügt ihm nicht bloß, sondern Jesu Wort wiegt ihm ungleich schwerer als alle Bücher, die gegen oder für die Gültigkeit des Alten Testaments geschrieben worden sind. Folgen wir nämlich unserem Herrn, dann finden wir auf allen Blättern des Alten Testaments so viele Hinweise, Verheißungen und Vorbilder auf ihn selbst, sein Kommen, sein Sterben und Auferstehen, daß uns das alttestamentliche Zeugnis mit zu einem festen Grund unseres Glaubens an Jesus als den Heiland der Welt und zu einer unerschöpflichen Quelle des Lichtes und des Trostes wird.
Es ist deshalb allemal ein Mißtrauen gegen Jesus, wenn wir an dem zweifeln, was er selbst als gültig, heilig und unverbrüchlich erklärt hat: das geschriebene Wort der Bibel, die uns gleich auf ihrem ersten Blatt sagt: Du, Mensch, bist *keine* Eintagsfliege, *kein* loses Blatt am Baum der Menschheit, sondern: »Du bist ja ein Hauch aus Gott und aus seinem Geist geboren.« Nein, wir machen uns die Antwort auf alle bibelkritischen Fragen und Einwendungen nicht zu leicht, wenn wir uns auf Jesus berufen, sondern wir ehren unsern Herrn als den König der Wahrheit, wenn wir das für heilig halten, was er für heilig hält, und das für Gottes absolut zuverlässige Offenbarung halten, worauf er seine Hand gelegt hat und dafür ans Kreuz gegangen ist und – von Gott auferweckt wurde.
So erfahren wir also bei Jesus in heller Gewißheit, woher wir kommen, wissen auch genug darüber, wie das Böse in die Welt und in unser Herz gekommen ist: Wir sind gefallene Geschöpfe

und leben in einer gefallenen und weithin von dem Widersacher Gottes, dem Teufel, beherrschten Welt und bedürfen der Rettung und Erneuerung an Haupt und Gliedern.

II.

Jesus und unser Heute. Was sagt uns Jesus als König der Wahrheit über unser Heute, über Sinn und Zweck unseres gegenwärtigen Weltenlaufs und unseres Lebens? Das sagt Jesus: Diese gefallene Welt ist von Gott nicht aufgegeben, sondern: »Also hat Gott die Welt geliebt, daß er seinen eingeborenen Sohn gab, auf daß alle, die an ihn glauben, nicht verloren werden, sondern das ewige Leben haben.« Dieses größte Wort der Bibel, wie es ein Christuszeuge genannt hat, setzt Jesus über die ganze Zeit zwischen seinem Kommen zu Weihnachten und seinem Wiederkommen in Kraft und Herrlichkeit. Das steht also auch über unserer Zeit und unserem Heute. Unsere Zeit steht im Zeichen der Krippe von Bethlehem und des Kreuzes von Golgatha. Sie ist Heilszeit, Gnadenzeit: Die frohe Botschaft von der vollbrachten Erlösung muß nun in aller Welt verkündigt werden zu einem Zeugnis über alle Völker. Darum vergleicht Jesus wiederholt unsere jetzige Weltzeit mit einem Werktag, an dessen Abend ein herrliches Festmahl stattfinden soll, zu dem wir alle geladen sind. Weil nicht alle Menschen diese Einladung annehmen, geschieht es, daß unter der Verkündigung des Evangeliums von der Gnade Gottes nur die Menschen wirklich herausgerufen und zu einer Gemeinde unter dem Kreuz versammelt werden, die der Botschaft Glauben schenken und die Jesus für den großen Tag seiner Wiederkunft reinigen, heiligen und zubereiten kann. Unsere Welt und Zeit steht deshalb aber auch im Zeichen der Ausreifung der Bosheit und Auflehnung gegen den, der ihr von Gott zum Heiland und Herrn gegeben ist.
Das alles bedeutet aber auch, daß unsere gegenwärtige Weltzeit nicht allein und nicht so sehr von Gottes Gerechtigkeit und Allgewalt regiert wird, sondern daß sie noch viel mehr um Jesu willen von Gottes Geduld und Langmut getragen und gelenkt wird. Das Evangelium muß durch die Völkerwelt getragen werden. Es muß dabei aber auch an den Tag kommen, was mit dem Sündenfall des Menschen wirklich geschehen ist: Mächte

des Verderbens und des Todes sind eingebrochen und haben Gottes Welt und die Menschheit verseucht. Das muß voll ans Licht und zur Reife kommen. Die Welt, die Jesus als ihren Retter ablehnt, muß es am eigenen Leib erfahren, »was für Jammer und Herzeleid es bringt, den Herrn, deinen Gott zu verlassen und ihn nicht zu fürchten«, wie es der Prophet Jeremia (2,19) verkündigen muß.
Und wie erfüllt sich solches schon heute vor unsern Augen in der ganzen Welt! Kriege und Kriegsgeschrei schrecken immer wieder die Welt, Angst vor dem, was kommen soll, durchzittert die Völker auf Erden. Aber mitten in dem allem wird das Evangelium von Jesus, dem Retter, in aller Welt verkündigt, und das in einer Weite und mit einer Dringlichkeit wie wohl nie zuvor. Man sollte meinen, jeder denkende Mensch müßte nun aufhorchen und folgern: Jesus, der die Entwicklung der Menschheitsgeschichte schon vor zweitausend Jahren so klar beschreiben konnte, der muß doch ernstgenommen werden in allem, was er sagt. Doch was schon in Jesu Erdentagen galt, gilt auch heute: »Er kam in sein Eigentum, und die Seinen nahmen ihn nicht auf« und »die Menschen liebten die Finsternis mehr als das Licht; denn ihre Werke waren böse.« Aber es geschah und geschieht – Gott seit Lob und Dank dafür! – auch das andere: »Wie viele ihn aber aufnahmen, denen gab er Macht, Gottes Kinder zu werden, die an seinen Namen glauben.«
Darum, o Mensch, lern es, dein Heute in solchem Licht zu sehen: Die Tage dieser Weltzeit sind gezählt. »Denn noch eine kleine Weile, so wird kommen, der da kommen soll, und nicht verziehen. Der Gerechte aber wird aus Glauben *leben!«* Übe Treue an deinem Platz, wenn du Jesu Ruf angenommen hast! Mit Jesus ist unser Heute trotz aller Nöte und Wirrnisse und Schrecknisse doch kostbare Zeit. Sie ist so kostbar, daß der Apostel Paulus, als er um des Evangeliums willen im Gefängnis in Rom auf seinen Prozeß wartet und sich fragt, was er selbst wählen sollte, wenn Jesus ihm die Wahl ließe zwischen einem alsbaldigen Sterben, was für ihn ein Heimgang wäre, oder einem weiteren Verbleib auf Erden, verbunden mit Gefängnis, Schlägen und Verfolgungen, sagt: es liege ihm zwar beides »hart an«, aber er würde es doch vorziehen, noch hier zu bleiben. Warum denn? Er antwortet: Weil diese Erdenzeit ihm wie allen Christusgläubigen Gelegenheit gibt, von ihrem Herrn

Zeugnis abzulegen, am Bau seiner Gemeinde mitzuarbeiten und so Frucht zu schaffen für die Ewigkeit.
O daß wir allzumal lernten, unser Heute in diesem Licht zu sehen, das Jesus auf unsere Weltzeit fallen läßt! Das gibt auch dem ärmsten Leben auf Erden noch einen verborgenen Glanz und eine Würde, so daß auch die schwersten Leidenswege noch in solchem Licht verklärt werden.

III.

Denn was sagt Jesus über unser Morgen, über die Zukunft, das Ziel und Ende dieser Weltzeit? Das sagt er seinen Gläubigen: Das Schönste kommt noch! Denn dieses Nebeneinander von Gut und Böse, Wahrheit und Lüge, Licht und Finsternis auf Erden wird nicht ewig fortbestehen. Es kommt der Tag, da wird geschieden werden zwischen Licht und Finsternis, Leben und Tod. Von diesem Tage sagt Jesus, daß die Gerechten, das heißt: die durch den Glauben an ihn, den Heiland der Welt, vor Gott gerecht Gewordenen, leuchten werden »wie die Sonne in ihres Vaters Reich«. So schließt auch das letzte Buch der Bibel mit den weit aufgemachten Fenstern zu einer neuen, ewigen Welt, in der es kein Leid und Geschrei, keine Schmerzen und Tränen mehr geben wird, auch keinen Tod. Ja, auf der letzten Seite der Bibel läßt Jesus sich vom Himmel her noch einmal selbst hören und bestätigt ausdrücklich solche Schau seines Apostels Johannes, wenn es dort heißt: »Ich, Jesus, habe meinen Engel gesandt, solches euch zu bezeugen an die Gemeinden. Ich bin die Wurzel und das Geschlecht Davids« – das heißt: der von Gott seit altersher verheißene Friedenskönig –, »der helle Morgenstern«. Es spricht da derselbe Jesus, der sich auf Erden als die unwandelbare Wahrheit bezeichnet hat, derselbe Jesus, der dann um seines Zeugnisses willen angeklagt, verurteilt und ans Kreuz geschlagen wurde und dort unter diesem Namen sein Blut vergossen hat für eine verlorene Welt. Derselbe Jesus ruft auch noch am Schluß des Neuen Testaments vom Himmel her: »Wen dürstet, der komme, und wer da will, der nehme das Wasser des Lebens umsonst!«
Aber derselbe Jesus spricht dort mit derselben Klarheit auch von dem möglichen anderen Ausgang des Lebens der Menschen. Er sagt: »Der feigen Verleugner aber und Frevler und

Götzendiener und aller Lügner, deren Teil wird sein in dem Pfuhl, der mit Feuer und Schwefel brennt.« Er bezeugt es bis zuletzt: Es gibt ein Drinnen und ein Draußen, ein ewiges Gerettetsein und ein ewiges Verlorenwerden. Was Jesus selbst der frohen Botschaft von der für jedermann vollbrachten Erlösung hinzugefügt hat, darf kein Prediger des Evangeliums unterschlagen: »Wer da glaubt und getauft wird, der wird errettet werden. Wer aber nicht glaubt, der wird verdammt werden« (Mark. 16,16). Eins ist so wahr wie das andere.
So ist also auch dieses Selbstzeugnis Jesu: »Ich bin die Wahrheit«, nicht ins Leere gesprochen, sondern es ist die Antwort Gottes auf alles Suchen und Fragen nach dem, »was ewig bleibet, wenn alles wankt und fällt.« Darum erfüllt sich auch dort, wo Jesu Wort im Glauben angenommen wird, immer und überall seine Verheißung: »Wenn ihr bleiben werdet an meinem Wort, so seid ihr wahrhaftig meine Jünger und werdet die Wahrheit erkennen, und die Wahrheit wird euch frei machen«, frei zu einem getrosten Aufbruch in die Nachfolge Jesu, frei zum Verbleib bei ihm, »auch wenn alle andern breite, lichte, volle Straßen wandern«; frei auch zum Dienst, zum Zeugnis, zum Mittragen in dem großen Werk der Gnade, der Ausbreitung des Evangeliums auf Erden; frei, wie es in einem Liede heißt:

Frei von der Sünde Last, die du getragen hast,
los aller Pein; frei dann vom eitlen Sinn
wall ich zur Heimat hin. Sterben ist mein Gewinn;
denn du bist mein!

Bist du schon frei geworden für solchen Aufbruch durch den Lebensanschluß an Jesus? Man kann solche Wahrheit als frei machende Wirklichkeit nämlich nicht ohne ihn selber haben. In diesem Sinne sagt Martin Luther: »Wer diesen Mann, der da heißt Jesus Christus, nicht hat noch haben will, der lasse die Bibel zufrieden, das rate ich! Er stößt sich gewißlich und wird, je mehr er studiert, je blinder und toller.« Wer aber in Jesus selbst die Wahrheit des lebendigen Gottes gefunden hat, wird auch in seinem Wort »genug Speise, Freude, Friede, Licht, Kunst, Gerechtigkeit, Wahrheit, Weisheit und alles Gut überschwenglich« haben. Denn Jesus spricht: »Ich bin die Wahrheit!« Amen.

Gebet: Wir beten Dich an, Herr Jesus, und danken Dir, daß Du als die lebendige und lebendigmachende Wahrheit und Wirklichkeit Gottes zu uns gekommen bist. Nun wissen wir, wer wir sind: gefallene, dem Geist der Lüge verfallene Menschen. Du aber bist gekommen, damit wir Kinder des Lichtes und der Wahrheit werden und mit Dir eingehen in das ewige Reich des Friedens und des Lebens. »All Schuld hast Du getragen, sonst müßten wir verzagen. Erbarm Dich unser, o Jesu!« Amen.

Lied: O Gottessohn, du Licht und Leben, o treuer Hirt, Immanuel . . .

Jesus – das wahre Leben

Jesus spricht zu Thomas: Ich bin der Weg und die Wahrheit und das Leben; niemand kommt zum Vater denn durch mich. Spricht zu ihm Philippus: Herr, zeige uns den Vater, so ist's genug. Jesus spricht zu ihm: So lange bin ich bei euch, und du kennst mich nicht, Philippus? Wer mich sieht, der sieht den Vater. Johannes 14,6.8.9

Da klagte irgendwo ein Mann im vorgerückten Alter: »Das Leben ist mir doch viel schuldig geblieben.« Wir kennen gewiß alle solche und ähnliche Klagen: Da meinen Menschen, sie hätten doch ein Anrecht darauf, daß ihnen das Leben alle Herzenswünsche erfüllen, ihnen also Glück und Freude und Wohlergehen bringen müsse. Bleiben solche Wünsche unerfüllt, dann hätten sie ein Recht, mit ihrem Schicksal unzufrieden zu sein, gar mit Gott zu hadern. Aber solch ein Anrecht auf Glück und Wohlgelingen hat kein gefallener Mensch. Dieses Leben zwischen Wiege und Grab, an das man bei solchen Klagen allein denkt, gleicht in einer Weise einer Form oder Schale, die uns beim Eintritt in diese Welt ausgehändigt wird, und nun kommt es auch auf uns an, was wir mit ihr anfangen und womit wir sie füllen.

Und doch steckt etwas Richtiges in solcher Klage, nämlich das Gespür, daß das Leben eines Menschen mehr sein sollte, als, wenn's hoch kommt, siebzig oder achtzig Jahre hinter sich zu bringen und dann zu sterben und begraben zu werden. Auch Jesus bestätigt solche Erkenntnis, wenn er an anderer Stelle sagt: »Ich bin gekommen, daß sie« – die Menschen, die sich von Jesus rufen lassen – »Leben und volle Genüge haben.« Das heißt doch, daß ein Leben ohne Jesus überhaupt kein wahres Leben ist. Wahres Leben finden wir nur bei ihm.

Was ist denn wahres Leben? Schon das natürliche Leben, das wir haben, kann kein Mensch bis auf den Grund erklären; jeder fühlt, daß es mit der Zahl der Jahre allein nicht beschrieben werden kann. Noch mehr gilt das von dem Leben, von dem Jesus spricht, kommt doch gerade in diesem Wort vom ewigen Leben der ganze Reichtum der Gnade Gottes so mächtig auf uns zu wie in keinem anderen. Es stellt uns gleichsam an das Ufer eines weiten, tiefen Stromes, aus dem wir zwar immer wieder schöpfen dürfen, den wir aber nie ergründen und ausmessen und vollkommen in den Blick bekommen können. Und doch müssen wir darüber nachdenken. Denn Jesu Wort »Ich bin das Leben« ist genauso in die tiefsten Menschheitsnöte hineingesprochen wie das Wort vom »Weg« und von der »Wahrheit«. Wir werden darum auch nur so an Jesu Wort herankommen und aus ihm schöpfen können, daß wir von der Armut unsres jetzigen Lebens und der tiefsten Sehnsucht unseres Herzens ausgehen.

I.

Wir fragen deshalb ganz einfach, *was denn das tiefste Verlangen unseres Menschenherzens ist,* ganz gleich, welchem Alter, Stand und Geschlecht wir angehören. Und da werden es bewußt oder unbewußt vor allem andern doch immer diese Dinge sein:

1. Der uns angeborene Hunger nach Freude, Glück und Seligkeit. Es gibt dazu eine sinnige morgenländische Erzählung: Ein Wanderer, der in der Wüste von einem Raubtier verfolgt wird, springt in seiner Angst in einen wasserlosen Brunnen, um sich zu retten. Da sieht er auf dem Grund des Brunnens einen Drachen, der seinen Rachen weit aufgesperrt hat, um den Wanderer zu verschlingen. Dieser ergreift in seiner Todesangst die Zweige eines Strauches, der aus einem Felsspalt herauswächst, und hält sich mit letzter Kraft an ihnen fest. Dabei wird er aber gewahr, daß zwei Mäuse, eine weiße und eine schwarze, an den Wurzeln des Strauches nagen, so daß der Strauch bald abbrechen und er mit ihm in die Tiefe stürzen muß. In diesem Augenblick fällt sein Blick auf etwas, was seine Sinne ganz gefangennimmt: An den Blättern des Strauches hängen ein paar Honigtropfen. Gierig leckt er sie auf und vergißt in diesem Augenblick alles andere. Die Geschichte will sagen: So tief liegt in jedem Menschen das Verlangen nach Erquickung und Freude, daß es selbst dort noch in uns lebendig

ist, wo der Abgrund des Todes unter uns gähnt. Wir haben das auch am Ende des letzten Krieges bei uns beobachten können: Wie viele Menschen, die keinen inneren Halt hatten und nun mit dem Letzten rechnen mußten, haben noch begierig nach allem gegriffen, was ihnen ein Glücksempfinden zu bringen versprach: Tanz und Spiel, Alkohol und Sex. Und steht hinter den verderblichen Süchten unserer Zeit heute etwas anderes als das irregeleitete Verlangen nach Glück und Freude?

2. Ein Nächstes ist das Verlangen nach Sicherheit, Geborgenheit und Heimat. Auch das ist uns als Erinnerung an das verlorene Paradies angeboren. Wie viele lassen es sich deshalb in ihrem Leben sauer werden, um so bald wie möglich zu einem eigenen Heim zu kommen, in dem sie sich als in ihrem Eigentum sicher und geborgen fühlen können. Und doch wissen wir alle, wie auch diese Ursehnsucht des Menschen auf Erden nirgends wirklich gestillt wird. Der Tod setzt auch solchem Glück unerbittlich ein Ende. Ja, ich kenne Menschen, die kurz vor ihrem Einzug in das so lang ersehnte Eigenheim plötzlich hinweggerafft wurden, vielleicht sogar deshalb, weil sie sich körperlich übernommen hatten.

3. Als drittes nenne ich das Verlangen nach Entfaltung und Vollendung unserer selbst. Dazu gehört naturgemäß ein Platz und eine Aufgabe, die uns ganz befriedigt und bei der wir unsere Gaben ganz einsetzen können. Doch wie wenig wird auch dieses Verlangen auf Erden gestillt! Wie vielen Menschen begegnet man, die darüber klagen, daß sie eigentlich etwas ganz anderes hätten werden wollen, allein mancherlei widrige Umstände hätten es nicht dazu kommen lassen. Wir denken auch an unsere Jugend heute: Wie viele junge Menschen müssen ein Fach erlernen, das sie gar nicht lieben, aber annehmen mußten, weil in dem, was sie mochten, gar kein Unterkommen möglich war. Kann das ein Leben lang befriedigen?

4. Ein letztes Urverlangen sei genannt: »Alle Lust will Ewigkeit, will tiefe, tiefe, Ewigkeit.« Denn auch die Ewigkeit hat Gott dem Menschen ins Herz geschrieben (Pred. 3,11). Das aber ist der Mangel, der auch allem Erdenglück anhaftet:

Reichtum, Ehe- und Familienglück, Heimat, Freundschaft und langes Leben – über allem liegt der Schatten der Vergänglichkeit und die Frage: Wer weiß, wie lange? Und dann kommt tatsächlich der Augenblick, da trägt man dich hinaus, weil auch das reichste und längste Leben auf Erden mit dem kurzen Sätzlein endet: »Und er starb!«
In diese ganze tiefe Armut unseres Daseins dringt nun das Wort Jesu: »Ich bin das Leben!«

II.

Wir fragen: Was heißt das also? *Ist Jesus das wahre Leben, dann will er doch gerade dem entsprechen und abhelfen, was unsern Mangel, unsere Armut und unser tiefstes Verlangen ausmacht.* So legt er sein Wort vom »Leben« denn auch selber aus durch das schon zitierte Wort aus Johannes 10: »Ich bin gekommen, daß sie« – nämlich die Menschen, die sich zu mir rufen lassen – »das Leben und volle Genüge haben sollen.« Das heißt also: Jesus gibt Freude, Freude, die nie vergeht. Das Lied von der Freude geht darum wie ein helles Glockengeläute durch die ganze Bibel. Schon im Alten Testament, das ja eine einzige Hinführung zu Jesus ist, heißt es: »Du tust mir kund den Weg zum Leben; vor dir ist Freude die Fülle und liebliches Wesen zu deiner Rechten ewiglich« (Ps. 16,11). Und wie klingt es erst im Neuen Testament hell auf! Schon beim Eintritt Jesu in unsere Welt erschallt es durch Engelmund: »Siehe, ich verkündige euch große Freude, denn euch ist heute der Heiland geboren . . .« Und dann geht es durch alle Bücher des Neuen Testaments, das Lied von der Freude, bis zu dem Lobgesang der oberen Welt über die ewige Vereinigung Jesu mit den Seinen, das wir in der Offenbarung (Kap. 19) finden: »Lasset uns freuen und fröhlich sein, denn die Hochzeit des Lammes ist gekommen!« Und der Grund solcher Freude? Bei Jesus finden wir ewige Heimat und Geborgenheit. In Jesu Kommen zu uns und seinem Sühnetod für uns ist uns das Paradies Gottes, in dem unsere Seele einmal Kind gewesen ist, wieder aufgetan und nahegebracht, die Welt des Friedens, der Geborgenheit. Eine Mitarbeiterin in der Mitternachtsmission berichtete einmal aus der Arbeit unter den jungen Mädchen, die auf der Suche nach Glück auf die schiefe Bahn gekommen waren:

Wenn sie am Heiligen Abend Weihnachtslieder und das bekannte Weihnachtsevangelium hörten, waren viele zu Tränen gerührt. Wir wollen solche Regungen nicht sofort als nichtssagende Rührseligkeit abtun. Ist es nicht doch der Hauch der ewigen Welt, der Hauch wahrer Freude und ewigen Friedens, die uns in Jesu Kommen zu uns aufgetan worden ist, ein Hauch, dem sich keiner gänzlich entziehen kann, der ihm auch nur einen Augenblick stillehält?
Wir finden bei Jesus auch die Vollendung unserer selbst im gottgewollten Sinn. Die Bibel macht uns ja deutlich: So ungetrübt das Glück und die Seligkeit des Menschen im Paradies auch war – Gott hatte den ersten Menschen doch nicht gleich auf die höchste Stufe des Standes gestellt, den er ihm zugedacht hatte, sondern erst auf dem Weg der Bewährung und Entfaltung sollte der Mensch dazu heranreifen und so auch den »geistlichen« Leib erhalten, von dem der Apostel in 1. Korinther 15 spricht. Die Hinwegnahme Henochs, die Himmelfahrt Elias, vor allem die Verklärung Jesu zeigen die Richtung an, die der Mensch ohne Sündenfall auf dem Weg zu seiner Vollendung hätte nehmen können. So wie Jesus auch als wahrer Mensch ausgereift war und ohne Tod hätte eingehen können in die obere Welt, so hätten auch wir Menschen ohne Sündenfall im Umgang mit dem lebendigen Gott zu solcher Reife und Verklärung gelangen können.
In Jesus ist uns nun dieser Weg neu bereitet, von dessen Ziel und Ende gilt, daß wir ihm gleich sein werden und daß er uns zu Königen und Priestern vor Gott gemacht hat (Offb. 1,6). Das sind freilich Verheißungen, die wir nur sehr demütig hören können, die aber sich wirklich so erfüllen werden, wie Jesus selbst die Wahrheit und Wirklichkeit ist. Wir sind als seine Jünger wirklich auch seine nachgeborenen Brüder und als solche zu Mitregenten über die neue Welt berufen. Was für herrliche Aufgaben werden da auf uns warten! Und es werden Aufgaben sein, die uns nach jeder Seite hin höchst beglücken werden; Sabbatdienst wird es sein, den wir werden tun dürfen, ohne Schweiß und Tränen, ohne Seufzen und Stöhnen.

Nein, wir wollen darüber nicht phantasieren, sondern bei unserem Blick nach oben keusch bleiben. Aber was uns das letzte Buch der Bibel vor Augen hält als unsere Zukunft in

Gottes ewigem Reich, das sollen wir zu Herzen nehmen, darauf wollen wir uns freuen; denn dazu steht solches alles geschrieben.
Aber wollte jemand fragen: »Was habe ich denn jetzt davon? Das alles liegt doch bestenfalls in weiter Ferne, aber ich brauche für heute Freude, Kraft und Lebensglück!«, so sagt uns Gott in seinem Wort: Zur tiefsten Erfüllung aller dieser Gottesverheißungen gehört freilich der Abschluß dieser Weltzeit und der Anbruch der neuen Welt bei Jesu Wiederkunft. Und doch fängt solches Leben der Freude und der Kraft schon auf Erden an, als inwendige Gabe, als der Beginn eines Lebens mit Jesus und unter seiner Führung, in das Jesus Kraft um Kraft in unser Inwendiges legt, so daß wir unseres Weges gewiß die Straße wandern können, »die zu der Heimat führt, da mich ohn alle Maßen mein Vater trösten wird«, wie Paul Gerhardt, der leidgeprüfte Liederdichter, singt. Niemals werde ich vergessen, wie es uns Kriegsgefangenen zumute war, als wir das Lagertor in Rußland verlassen konnten und uns auf dem Weg in die Heimat wußten. Gewiß gab es unterwegs noch manche Entbehrungen und Beschränkungen. Aber wie hat uns doch die Freude beflügelt, daß wir unterwegs sein durften zur Heimat hin, und so alles ertragen lassen! So aber auch der Weg durch diese Zeit und Welt: Es ist ein Unterschied wie zwischen Himmel und Erde, ob ich am Ende meines Weges nur Tod und Grab sehe oder das offene Vaterhaus in Gottes ewiger Herrlichkeit!

III.

Ein drittes und letztes wollen und müssen wir noch fragen: Warum ist das alles nur in Jesus und in ihm allein zu haben? Die Antwort lautet:
Weil Gott sich nur in Jesus von uns finden läßt. Wir können den Himmel und seine Herrlickeit nicht ohne Gott, den Schöpfer und Herrn der Herrlichkeit, haben. Wir können aber Gott nicht haben, wenn wir nicht Jesus haben, in dem uns Gott den Weg zu ihm bereitet und die Tür zu seiner Herrlichkeit aufgetan hat. »Niemand kommt zum Vater denn durch mich«, sagt Jesus hier. Und in seinem hohepriesterlichen Gebet vor seinem Gang nach Golgatha faßt Jesus den Sinn seines Kom-

mens zu uns deshalb auch so zusammen: »Vater, . . . ich habe deinen Namen den Menschen offenbart, die du mir gegeben hast, auf daß ich das ewige Leben gebe denen, die du mir gegeben hast. Das ist aber das ewige Leben, daß sie dich, der du allein wahrer Gott bist, und den du gesandt hast, Jesus Christus erkennen.« Ob es uns bewußt ist oder nicht: Seit der Mensch sich vor dem Angesicht Gottes verbergen mußte, verlor er auch das Paradies. Nun hängt es von Natur wie eine dunkle Decke über jedem Menschenleben:

Gott wohnt in einem Lichte, da niemand nahen kann;
von seinem Angesichte trennt uns der Sünde Bann.

An dieses Verhängnis, daß der lebendige Gott uns von Natur verborgen ist, rührt auch die Bitte des Philippus: »Herr, zeige uns den Vater, so genüget uns!« Wir kennen alle dieses Begehren: Wenn doch über dem Dunkel dieser Erde und über unsrem Weg auch nur einmal das Bild Gottes erschiene! Wenn wir doch wenigstens einmal sehen könnten, daß wirklich ein lebendiger Gott über dem ganzen Weltgeschehen waltet und daß ein gütiger Gott wirklich auch mich freundlich anblickt und auf mich wartet! Wieviel freudiger würde ich durch meine Tage gehen, wieviel getroster mein Kreuz tragen! Wieviel fester wäre mein Schritt und wieviel lebendiger mein Zeugnis! Darum geht seit den Tagen des Sündenfalls durch alle gottsuchenden Herzen auch der Ruf: »Laß leuchten dein Antlitz, so genesen wir!«

Jesus muß den Philippus und uns korrigieren: »So lange bin ich bei euch, und du kennst mich nicht?« Und dann gibt Jesus auf die allertiefste Not unsres Lebens auch die herrlichste Antwort: »Wer mich sieht, der sieht den Vater.« Das heißt: Wie ich bin, so ist Gott. Wie ich dich trage, Philippus, und dich halte und nicht aus den Augen lasse, so liebt und trägt dich und umfängt dich der lebendige Gott. In Gottes Auftrag und Vollmacht tue ich solches alles. Mein Kommen in die Welt, mein Weg zum Kreuz zeigt, wie sehr auch du bei Gott geachtet bist. Nie würde ich in den Tod gehen, wenn Gott das nicht wollte und wenn das keinen Sinn hätte. Aber Gott will es, und nun gehe ich diesen Weg, auch dir, Philippus, zugute!

Wie muß uns in der Tat bei solchen Worten Jesu, wenn wir ihnen stillehalten, das Auge aufgehen für Gott! Wie nachdrücklich bezeugt Jesus: Du Mensch, bist mit deinem Sehnen und Verlangen, mit deinem Leben und Sterben nicht blinden Schicksalsmächten ausgeliefert, die mit dir spielen, sondern Gottes Vaterauge ist auf dich gerichtet und sein Vaterherz wartet auf dich. Das siehst du an Jesus:

Gott wird Mensch dir, Mensch, zugute,
Gottes Kind, das verbind't
sich mit unserm Blute.

Ja, auch das ist ein Beweis der Liebe Gottes, daß er gerade auf diesem Wege zu uns kommt. Hätte er Christus in seiner himmlischen Herrlichkeit zu uns gesandt, wir wären von seinem Glanz geblendet zu Boden gestürzt, wir würden seinen Anblick nicht haben ertragen können. Wir hätten kein Vertrauen zu ihm fassen können. Und gerade darum geht es Gott, daß wir zu ihm kommen können »wie die lieben Kinder zu ihrem lieben Vater«. Darum schenkt Jesus uns in seinem Blut das reine Herz, das mit Gott versöhnte Gewissen, so daß wir am Ende Gott auch in unverhüllter Herrlichkeit werden schauen können, ohne Furcht und Zagen, sondern um »satt zu werden an seinem Bilde« (Ps. 17,15).

Wir können solches Leben nur in Jesus haben, weil er auch der eigentliche Erbe ist über alles. So hat es Gott verordnet. Darum sagt Jesus seinen Jüngern: »Ich will euch das Reich bescheiden, wie mir's mein Vater beschieden hat.« Das sagt er vor seinem Gang nach Golgatha. Und nach seiner Erhöhung zum Throne Gottes läßt er seinen Jünger Johannes eine Verheißung hören, die wir heute noch gar nicht fassen können: »Wer überwindet, dem will ich geben auf meinem Thron zu sitzen, wie ich überwunden habe und mich gesetzt auf den Thron meines Vaters« (Offb. 3,21).
Und wir können solches Leben und solches Erbe nur in Jesus haben, weil Jesus von Gott dazu eingesetzt ist, über Lebende und Tote das endgültige Urteil zu sprechen. Als solcher kann er Menschen die Gabe des ewigen Lebens und das damit verbundene ewige Erbe auch verweigern. Er wird es auch tun bei allen, die seine Versöhnerhand zurückgestoßen haben und nicht wollten, »daß dieser über sie Herr sei«. Er wird es auch bei allen treulosen Knechten und Mägden tun, die sich ihm auf Erden nicht ganz ergeben haben. Aber er will und wird es auf ewig denen gewähren, die bis in den Tod hinein an ihm als

ihrem Heiland und Herrn hangen. »Sei getreu bis in den Tod, so will ich dir die Krone des Lebens geben«, so lautet seine Verheißung an alle seine Gläubigen.
Ja, Leben – das ist das große, tiefe und reiche Wort, das in Jesus aus der Ewigkeit zu uns kommt, um uns abzuholen und nach Hause zu bringen. Denn Jesus spricht: »Ich bin das Leben«, das Leben, das dir volle Genüge schenkt, noch mehr: das alle deine Erwartungen, die du an ein Leben stellst, das diesen Namen verdient, weit übertreffen wird, sondern dir geben wird, wie geschrieben steht, »was kein Auge gesehen und kein Ohr gehört hat und in keines Menschen Herz gekommen ist, was Gott bereitet hat denen, die ihn lieben« (1. Kor. 2,9). In Jesus und Jesus allein hat Gott uns solches alles bereitet. Und Jesus ruft es auch dir zu: »Wen dürstet, der komme, und wer da will, der nehme das Wasser des Lebens umsonst!« (Offb. 22,17). Amen.

Gebet: Herr Jesus Christus! Du kennst unser Herz und weißt, daß wir uns alle nach einem Leben sehnen, das all unsern Mangel stillt und von dem auch der letzte Schatten des Todes genommen ist. Du hältst uns solches Leben bereit. Du hast unsere Schuld weggenommen und uns den Zugang zu Deinem ewigen Reich bereitet. Herr, nimm uns alle an Deine Hand, führe uns den Weg zum ewigen Leben in Deines Vaters Reich und laß auch dieser Tag ein gerader Schritt sein zu solchem Ziel und Erbe durch die Kraft Deiner Gnade. Amen.

Lied: Jesu, meines Lebens Leben, Jesu, meines Todes Tod . . .

Jesus – der Name über alle Namen

Ein jeglicher sei gesinnt, wie Jesus Christus auch war: welcher, ob er wohl in göttlicher Gestalt war, hielt er's nicht für einen Raub, Gott gleich zu sein, sondern entäußerte sich selbst und nahm Knechtsgestalt an, ward gleich wie ein andrer Mensch und an Gebärden als ein Mensch erfunden. Er erniedrigte sich selbst und ward gehorsam bis zum Tode, ja zum Tode am Kreuz. Darum hat ihn auch Gott erhöht und hat ihm einen Namen gegeben, der über alle Namen ist, daß in dem Namen Jesu sich beugen sollen aller derer Knie, die im Himmel und auf Erden und unter der Erde sind, und alle Zungen bekennen sollen, daß Jesus Christus der Herr sei, zur Ehre Gottes, des Vaters.

Philipper 2,5–11

»Ein jeglicher sei gesinnt, wie Jesus Christus auch war«, mit diesen Worten zieht der Apostel gleichsam einen Vorhang zurück und läßt uns das Bild dessen schauen, nach dem wir uns nennen: Christus Jesus. Christ sein heißt, so will der Apostel sagen, diesem Herrn von Herzen angehören und sich von ihm regieren und prägen zu lassen. Alle hohen Gedanken und Unterweisungen und alle Schulungen in christlicher Lehre nützen uns am Ende nichts, wenn sie nur Gedanken bleiben und es an der rechten Lebensverbindung mit diesem Herrn fehlt. Und umgekehrt: es mag mir an Erkenntnis in diesem und jenem Stück des Evangeliums noch viel fehlen, ich mag in manchen Gedanken über diese oder jene christliche Lehre sogar noch irren: »Wenn ich ihn nur habe, ist der Himmel mein.«

Was können wir am Eingang zur Stillen Woche Heilsameres tun, als vor diesem ergreifenden Bild unsres Heilandes und Herrn stille zu werden und es auf uns wirken zu lassen. Wenn selbst der hochbegnadete und im Dienst Jesu unermüdliche Apostel – wie wir es an andrer Stelle lesen – sich mit allen Fasern seines Herzens danach sehnt und ausstreckt, diesen Herrn und seinen Opfergang noch immer tiefer zu erkennen und sich von der Kraft seines Todes und seiner Auferstehung

mitnehmen und prägen zu lassen, weil er spürt, daß uns in Jesu Tod und Auferstehen noch weit mehr geschenkt ist, als er bisher erkannt hat – wieviel mehr haben wir es wohl nötig, solches zu tun, wenn wir das hohe Ziel erreichen wollen, das auch uns von Gott gesteckt ist.
So wollen wir das zweifache recht zu Herzen nehmen, das der Apostel uns hier vor Augen stellt:
1. Siehe, welch einen Heiland Gott der Welt gegeben hat!
2. Höre, wo Gott durch ihn auch mit uns hinaus will!

I.

Hoch hinauf richtet der Apostel hier unsern Blick, hoch hinauf über alles Irdische und Zeitliche, um uns diesen einmaligen Opfergang des Sohnes Gottes vor Augen zu stellen. Buchstäblich zu Gottes Thron und Herrlichkeit gilt es aufzuschauen, wenn uns das Geheimnis und die Größe seines Opfergangs aufgehen soll. Denn so sehr Jesus auf Erden als wahrer Mensch geboren und als Mensch unter Menschen gewandelt ist, so sehr liegt sein wahrer Ursprung doch nicht in dieser Welt. Nein, sondern ehe er den Weg zu uns nahm, war er »in göttlicher Gestalt«, so wie es die gläubige Gemeinde durch die Jahrhunderte singt:

»O du Glanz der Herrlichkeit,
Licht vom Licht, aus Gott geboren!«

Der Apostel spricht sehr keusch von dieser himmlischen Höhe unsres Herrn, aber er bezeugt nachdrücklich, daß wir Jesus als den Sohn Gottes schon vor seiner Menschwerdung am Herzen und in der Herrlichkeit Gottes zu suchen haben; wie es auch Jesus selbst in seinen Erdentagen bezeugt: »Ich bin von Gott ausgegangen und gekommen in die Welt . . .« Wer das nicht sieht und sehen will, der sieht und hört an dem wirklichen Jesus Christus vorbei.
Und Jesus kommt in der Vollmacht und Liebe des lebendigen Gottes zu uns. Das ist das andere, das der Apostel hervorhebt. Denn er, Jesus, »hielt es nicht für einen Raub, Gott gleich zu sein, sondern entäußerte sich selbst und nahm Knechtsgestalt an, ward gleich wie ein andrer Mensch und an Gebärden als ein Mensch erfunden.« Er hielt also seine göttliche Herrlichkeit und Gestalt nicht fest, wie etwa ein Raubtier seine Beute

zähnefletschend verteidigt, sondern als es Gott darum ging, eine verlorene Welt aus dem Tod ins Leben zurückzuführen, und dazu seinen einzigen Sohn ersah, da wurde der Sohn von Herzen dazu bereit. Als der Vater sprach:

> »Geh hin, mein Kind, und nimm dich an
> der Kinder, die ich ausgetan
> zur Straf und Zornesruten . . .«,

da antwortete der Sohn:

> »Ja, Vater, ja von Herzensgrund,
> leg auf, ich will dir's tragen . . .«,

so hat Paul Gerhardt diese Stelle in seinem Passionslied ausgelegt. Darum legt der Sohn gleichsam seinen himmlischen Königsmantel ab und zieht mit seiner Menschwerdung ein Knechtsgewand an, um uns ganz nahezukommen, um Mensch unter Menschen zu sein. Unter dem Namen eines Menschen – Jesus – betritt er unsre Erde: Es wird Weihnachten auf ihr. Er betritt sie, um auf dieser dunklen Erde das Licht des ewigen Lebens anzuzünden und die Mächte der Finsternis, der Sünde und des Todes anzugreifen und zu überwinden. Er kommt hernieder, damit er um diese gefallene und tief gesunkene Welt die Rettungsseile der Liebe Gottes lege, so wie man um ein gesunkenes Schiff starke Stahlseile legt, um es zu heben und zu retten. Ja darum steigt er nach seiner Menschwerdung noch tiefer in unser Erdendasein hinab: »Er erniedrigte sich selbst«. Das will sagen: Auch wenn Jesus nicht im Stall zu Bethlehem, sondern im Kaiserpalast in Rom zur Welt gekommen wäre und als Fürst von hohem Adel über die Erde gegangen wäre, würde das, gemessen an der himmlischen Herrlichkeit, die er verlassen hatte, schon eine tiefe, tiefe Erniedrigung gewesen sein. Aber nicht in äußerem Glanz und Reichtum tritt Jesus auf Erden auf, und seine ersten Jünger sucht er sich nicht unter den Hochgebildeten und Gewaltigen dieser Welt, sondern unter den armen und einfachen Leuten, er läßt sich von den verachteten Zöllnern und stadtbekannten Sündern anrufen und kehrt bei ihnen ein, so daß Menschen, die etwas auf sich halten, sich von ihm verächtlich abwenden: »Dieser nimmt die Sünder an und isset mit ihnen.« An irdischem Besitz hat er nichts, als was er am Leibe trägt, auch keine eigene Stätte, wo er sein Haupt hinlegen kann. Am Ende reißt man ihm auch die geschenkten Kleider vom Leibe und läßt das Los darüber entscheiden, wem

sein Gewand gehören soll. Und immer tut und duldet er das in vollem Einklang und Gehorsam mit und gegenüber seinem Vater, dem Gott, der da will, daß allen Menschen geholfen werde und sie zur Erkenntnis der Wahrheit kommen.
In solchem Gehorsam bleibt der Sohn, auch als sein Weg nach Golgatha sich wendet und das Kreuz vor ihm auftaucht und er nach schwerem Kampf in Gethsemane zur letzten Gewißheit gelangt ist, daß Gott auf keinem andren Weg die Welt erretten will als durch solchen einmaligen Opfergang seines Sohnes nach Golgatha. Darum heißt es hier: »Er ward gehorsam bis zum Tode, ja zum Tode am Kreuz.« Es wird Karfreitag auf Erden. Nun steht Jesus dort, wo nicht bloß gestorben wird, sondern wo Menschen aus aller menschlichen Gemeinschaft ausgestoßen werden und in ihren Sünden elend und qualvoll sterben. Bei solcher Erniedrigung des Sohnes Gottes verhüllt die Sonne am Himmel ihren Schein, und Finsternis zieht über das Land herauf, wo Jesus am Kreuze hängt, so lesen wir es in der Leidensgeschichte der Evangelien.
Und noch einmal: Warum und wozu geht Jesus diesen Weg? Damit er Gottes Ratschluß vollführe und uns dort suche und finde, wo wir stehen und hingehören, in der tiefsten Tiefe menschlicher Schuld und Gottesferne, dort, wo es mit aller Menschenherrlichkeit total aus ist. Er geht diesen Weg, damit er so nach Gottes heiligem Rat und Willen alle Sünden der Welt auf sich nehme, sie sühne und so Gottes Name heilige und Gottes Gerechtigkeit offenbar mache. Er geht diesen Weg, damit auf Golgatha der Boden bereitet werde, auf dem Gott sündige und dem Tod verfallene Menschen in großer Liebe als seine Kinder und Erben annehmen kann, ohne seine Heiligkeit und Gerechtigkeit zu brechen. Das ist das wundersame Geheimnis von Golgatha.
Und so antwortet Gott denn auch auf den Opfergang seines Sohnes: »Darum hat ihn auch Gott erhöht und ihm den Namen gegeben, der über alle Namen ist, daß in dem Namen Jesu sich beugen sollen aller derer Knie, die im Himmel und auf Erden und unter der Erde sind.« An das Geschehen von Ostern und Himmelfahrt erinnert der Apostel hier: Gott ruft den Gekreuzigten und Geächteten aus der Tiefe des Todes herauf zu seiner Rechten und macht ihn zum Herrn über alles, was Odem hat, im Himmel und auf Erden und unter der Erde. Das ganze

Weltall mit allem, was in ihm lebt, einmal auf den Knien vor Jesus, ihn als den alleinigen Sieger und wahren Herrn über alle Mächte im Himmel und auf Erden und in der Tiefe anbetend – so steht Jesus hier vor uns.
So wie einer, der uns auf einer Gemäldeausstellung ein berühmtes Werk erklärt hat, am Schluß einen Augenblick zurücktritt, damit wir nun allein das Geschaute nochmals auf uns wirken lassen können, so bricht der Apostel hier ab und fügt diesem Bilde kein Wort mehr hinzu. Aber was er damit sagen will, ist deutlich: Schau es dir nur recht an, dieses Bild Jesu! Das ist der, den Gott der Welt zum Heiland gegeben hat! Das ist der, von dem wir reden, an den wir glauben, zu dem wir rufen und auf dessen Hervortreten in Kraft und Herrlichkeit wir warten. Denn noch gibt es Mächte in der sichtbaren und der unsichtbaren Welt, die nicht wollen, »daß dieser über uns herrsche«, und Gott läßt ihnen in seiner Langmut noch Zeit, ihm zu widerstehen. Aber es kommt der große, triumphale Ehrentag dieses Herrn, da werden ihn nicht bloß, wie schon jetzt, alle Engel und alle Seligen im Himmel anbeten, sondern auch alle, die noch auf Erden wohnen, und alle Toten, die noch auf ihr Urteil warten, und alle entwaffneten teuflischen Mächte der Bosheit werden, die einen jubelnd, die andern heulend und mit Zittern bekennen: Sieger und Herr über alles ist Jesus, der Mann von Golgatha!

II.

Und nun höre, wo Gott nach diesem Opfergang seines Sohnes auch mit dir hinaus will: Er will dort hinaus, wo Jesus ist, zu den Jubelnden, in Gottes Reich und Herrlichkeit. Der ganze Abschnitt beginnt ja mit der Mahnung: »Ein jeglicher sei gesinnt, wie Jesus Christus auch war!« Nun möchten wir aber erschrecken: Wie soll das zugehen? Wir staubgeborenen, an die Erde gebundenen, ichhaften Menschen gesinnt werden, wie Jesus Christus auch war: so gottergeben und gehorsam, so auf den Willen Gottes bedacht und deshalb auch den Menschen in Liebe zugewandt, so in allem Gottes Ehre suchend, und das alles nicht in sklavischer Furcht, sondern aus kindlichem Gehorsam und »lauter Lieb' allein«, und das bis zum letzten Atemzuge, auch wenn es Blut und Leben kostet – wer kann das? Muß da nicht alle Hoffnung für uns auf Gottes Reich und Herrlichkeit wieder schwinden, wenn beim Eintritt in Gottes Herrlichkeit das von uns gefordert wird: gesinnt sein, wie Jesus Christus auch war? Gottlob nein! Sondern auch in dieser Aufforderung leuchtet zuallererst die frohe Botschaft von der Gnade Gottes hell auf, die uns sagt: Du staubgeborener, eigenwilliger, liebloser und dem Tode verfallener Mensch, du sollst nicht bleiben, wie du bist. Du sollst und darfst und kannst jetzt ein andrer werden, ein von Sünde und Tod erlöster Mensch, ein von Gott geliebtes, gehorsames Kind und Erbe seiner Herrlichkeit, eine neue Kreatur; ein Mensch kannst du werden, dessen Gebet und Losung lautet:

> Laß mich an andern üben, was du an mir getan,
> und meinen Nächsten lieben, gern dienen jedermann
> ohn Eigennutz und Heuchelschein und, wie du mir erwiesen,
> aus reiner Lieb' allein!

Und der Weg zu solcher Wandlung unsres Lebens? Er besteht darin, 1. daß wir uns diesem Heiland und Herrn mit unsrem ganzen Leben ausliefern; daß wir im Glauben das annehmen, was Jesus uns erworben hat: Vergebung aller Sünden in seinem Blut.

> Liebe, die für mich gelitten und gestorben in der Zeit,
> Liebe, die mir hat erstritten, ewige Lust und Seligkeit,
> Liebe, dir ergeb ich mich, dein zu bleiben ewiglich!

So oder ähnlich muß es über unsre Lippen kommen. Und 2. daß wir nun im täglichen Umgang mit diesem Herrn, im betenden Aufblick zu ihm und im Achten auf sein Wort nach seinem Willen fragen, für unser Leben, unsern Platz, unsren Weg, um danach zu tun, weil wir nun wissen dürfen, daß auch unser Leben mit Jesus mit allen Freuden und Leiden, seinen Aufgaben und Proben unter der gewissen Verheißung steht:

> Aus der Enge in die Weite, aus der Tiefe in die Höh'
> führt der Heiland seine Leute, daß man seine Wunder seh'.

Aber wie kann solche Besinnung auf Jesus und solches Aufschauen zu ihm solch große Dinge tun? Sind wir jetzt doch nicht wieder bei uns selbst und unsrem Unvermögen angelangt? Nein, sondern das ist das Große und Einmalige und Wunderbare an Jesus: Er steht nicht vor uns wie ein großartiges vergoldetes und leuchtendes, aber doch totes Denkmal aus längst vergangenen Tagen, wie manche erhabenen Denkmäler dieser Welt, sondern Jesus steht vor uns als der Lebendige, Erhöhte und Allgegenwärtige, von dem gleich der Sonne am Himmel unaufhörlich schöpferische Lebenskräfte in die Welt ausgehen. Er steht vor uns als der lebendige Sieger über Sünde, Tod und Teufel, als der auferstandene Fürst des Lebens, dessen Angesicht auf uns gerichtet ist, zu dem wir mit all unsrer Last und Schuld, unsrer Armut, unsren Sorgen und Nöten und unsrer ganzen Unvollkommenheit täglich hinzutreten dürfen, um zu erfahren:

Es ist kein Schmerz, kein Leid, kein Not,
kein Angst so groß auf Erden,
die nicht durch Christi Wunden rot
könnten geheilet werden.

Ich weiß von einer schwerkranken Schwester, die auf ihrem langen Leidenslager bekannte: Wenn meine Schmerzen mich so arg plagen, daß ich nur noch schreien könnte, dann denke ich immer an meinen Herrn, wie er doch noch ganz anders für uns am Kreuz gelitten hat, und das gibt mir dann Trost und Kraft, stillezuhalten. War das Einbildung? War das Frömmelei oder Schwärmerei? Nein, sondern hier erfuhr ein Mensch in seiner Not und in der Hinwendung zu Jesus die Kraft seines Namens. Weil Jesus durch seinen Opfergang zum Kreuz sich Recht und Vollmacht von Gott erworben hat, sich so unser anzunehmen, darum diese tröstende und stärkende und unser Wesen prägende Wirkung im Aufblick zu ihm. Das gehört zur Frucht und Krönung deines Opfergangs und zur Tiefenwirkung der reinigenden und erlösenden Kraft seines für uns vergossenen Blutes.

Gott weiß, daß wir das nicht auf einmal lernen werden: in der Gesinnung Jesu zu wandeln und zu handeln. Die Vergebung der Sünden, die Annahme als Kind Gottes empfangen wir auf der Stelle, sobald wir uns glaubend an Jesus wenden, wie sie der Schächer am Kreuz auf der Stelle erhielt. Aber die große Wandlung unsres Lebens in das Bild Jesu, die währt unser Leben lang und findet erst in der Ewigkeit ihre Vollendung, »wenn wir ihn sehen werden, wie er ist«, sagt der Apostel Johannes. Beginnen soll und darf sie jedoch schon hier. Darum steht unmittelbar vor diesem Abschnitt, der uns das Bild Jesu

zeichnet, die Aufforderung an die Gläubigen, im Aufblick zu unsrem Herrn untereinander eines Sinnes zu sein, gleiche Liebe zu haben, einmütig und einhellig zusammenzustehen, nichts durch Zank oder eitle Ehre zu tun, sondern durch Demut den andern höher zu achten als sich selbst, und es folgt dem Bild Jesu die Mahnung: »Schaffet, daß ihr selig werdet mit Furcht und Zittern; denn Gott ist es, der in euch wirket beides, das Wollen und das Vollbringen, nach seinem Wohlgefallen!« Das heißt: Gott selbst hat uns einen Retter voll Kraft und Leben gegeben, der die Vollmacht hat, aus elenden Sündern Kinder Gottes und Ebenbilder seines Sohnes zu machen, die in sein ewiges Reich hineinpassen. Darum widerstehet nicht dem Zug seines Geistes, sondern folgt ihm und wendet euch ihm zu, der für euch gestorben und auferstanden ist! Nach Jesus, dem Retter aus Sünde und Tod, kommt kein andrer mehr, der dir vom Tode aushelfen könnte zu Gottes ewigem Reich. Öffnest du dich dieser Gnadensonne nicht, dann bleibst du in alle Ewigkeit ein verlorener und verdammter Mensch.
So laßt uns doch neu Jesu Bild, vor das uns der Apostel hier stellt, glaubend und anbetend aufnehmen in unser Herz und Gemüt, so daß er selbst, Jesus Christus, uns zur leuchtenden Sonne werde und bleibe über unsrem Leben und Sterben, über unsrer Zeit und Ewigkeit. Amen.

Gebet: Herr Jesus Christus, sei und bleibe Du unser Heiland, zu dem wir uns bekennen, auf den allein wir unsere Hoffnung setzen, daß uns geholfen werde, jetzt in diesem Leben alle Prüfungen zu überstehen und am Tag der Ewigkeit, in Deine Gerechtigkeit gekleidet, Eingang finden in Dein ewiges Reich, um unter Dir zu leben und Dir zu dienen in ewiger Gerechtigkeit, Unschuld und Seligkeit. Gelobet sei Dein Todesgang und allen Deinen Schmerzen sei ewig Preis und Dank! Amen.

Lied: Ein Lämmlein geht und trägt die Schuld . . .

Gründonnerstag

Der einzige Weg zur Welterlösung

Da kam Jesus mit ihnen zu einem Garten, der hieß Gethsemane, und sprach zu den Jüngern: Setzt euch hier, solange ich dorthin gehe und bete. Und er nahm mit sich Petrus und die zwei Söhne des Zebedäus und fing an zu trauern und zu zagen. Da sprach Jesus zu ihnen: Meine Seele ist betrübt bis an den Tod; bleibt hier und wacht mit mir. Und er ging ein wenig weiter, fiel nieder auf sein Angesicht und betete und sprach: Mein Vater, ist's möglich, so gehe dieser Kelch an mir vorüber; doch nicht wie ich will, sondern wie du willst! Und er kam zu seinen Jüngern und fand sie schlafend und sprach zu Petrus: Könnt ihr denn nicht eine Stunde mit mir wachen? Wachet und betet, daß ihr nicht in Anfechtung fallt. Der Geist ist willig; aber das Fleisch ist schwach. Zum zweiten Mal ging er wieder hin, betete und sprach: Mein Vater, ist's nicht möglich, daß dieser Kelch an mir vorübergehe, ohne daß ich ihn trinke, so geschehe dein Wille! Und er kam und fand sie abermals schlafend, und ihre Augen waren voller Schlaf. Und er ließ sie und ging abermals hin und betete zum dritten Mal und redete dieselben Worte. Dann kam er zu seinen Jüngern und sprach zu ihnen: Ach, wollt ihr weiter schlafen und ruhen? Siehe, die Stunde ist da, daß der Menschensohn in die Hände der Sünder überantwortet wird. Steht auf, laßt uns gehen! Siehe, er ist da, der mich verrät.

Matthäus 26,36–46

Wie zur Weihnachtsgeschichte der Lobgesang der Engel über dem Hirtenfeld zu Bethlehem gehört, so zur Leidensgeschichte unseres Heilandes sein Ringen und Rufen im Garten Gethsemane, sagt einer unserer Väter. In der Tat: Wie der Lobgesang der Engel zur Weihnacht den Himmel auftut und uns zeigt, woher Jesus kam, so tut sich hier im Garten Gethsemane der Abgrund der Hölle auf und läßt uns ahnen, wie tief Jesus hinabgestiegen ist in die Welt der Finsternis und des Todes, ja »in das äußerste Verderben, nur daß ich nicht möchte sterben«. Denn was ist hier geschehen? Hier hat Jesus in einer von allen Mächten der Tiefe umzingelten Welt, die ihn von Gott losreißen wollten, an Gott festgehalten, sich bis in den Staub vor ihm als dem heiligen und gerechten Gott gebeugt, ihm allein die Ehre gegeben, zu seinem Weg und Willen in ganzem Gehorsam ja gesagt und aus seiner Hand den Kelch des Zornes Gottes über die Sünde der Menschen genommen, um diesen Kelch bis auf den Grund zu leeren und so Recht und Vollmacht von Gott zu erlangen, für uns verlorene und verdammungswürdige Sünder einzutreten, sich unser anzunehmen, sich als unser Bürge und Schutz vor uns zu stellen. »Der Mietling sieht den Wolf kommen und flieht, denn er ist ein Mietling und achtet der Schafe nicht. Ich bin der gute Hirte; der gute Hirte läßt sein Leben für die Schafe.« So hatte Jesus es seinen Jüngern gesagt, und so hat er es gehalten. Das wollen wir uns anhand dieses biblischen Zeugnisses noch deutlicher machen lassen, indem wir über drei Schwerpunkte nachdenken, die uns hier gezeigt werden:

1. Die erlösungsbedürftige Welt, wie sie hier offenbar wird
2. den bahnbrechenden Kampf Jesu mit den Mächten der Finsternis
3. den einen allein zu Gott führenden Weg, der dem Sünder nun offensteht

I.

Die erlösungsbedürftige Welt. »Da kam Jesus in einen Garten, der hieß Gethsemane . . . und fing an zu trauern und zu zagen.« In einen Garten tritt Jesus zur Zeit des Frühlings: Die herrliche Pracht morgenländischer Vegetation, der Duft blühenden Lebens in der erwachten Natur, der helle Vollmond am Himmel, die Stille des Abends – welch ein Bild des Friedens, der Schönheit, der Harmonie breitet sich, äußerlich gesehen, vor den Jüngern Jesu in dieser Stunde aus. Aber mitten in dieser blühenden Frühlingslandschaft fängt Jesus, der heilige Gottes- und Menschensohn, an zu zittern und zu zagen, fällt in heißem Gebetsringen mit Gott dreimal auf seine Knie, ringt mit unheimlichen Mächten der Finsternis so, daß ihm das Blut aus den Poren dringt, wie wir an anderer Stelle lesen. Es muß etwas unbeschreiblich Entsetzliches gewesen sein, das über Jesus hereinbrach, der doch eben noch mit seinen Jüngern in voller Klarheit und innerer Ruhe das letzte Mahl gefeiert und dieses Mahl mit einem feierlichen Lobgesang zu Ehren Gottes beschlossen hatte. Die Worte im Grundtext sprechen denn auch von einem Zagen vor etwas Grauenvollem, dem er bis dahin in dieser Weise nicht begegnet war.

Das ist aber die Welt, in der wir leben: so zwiespältig, so zerrissen, so abgründig. Sie hat noch ihre Schönheiten, ihre sonnigen Seiten und blühenden Gärten. »Ich bin durch die Welt gegangen, und die Welt ist schön und groß!«, so singen wir in einem bekannten Lied. Wer von uns hätte kein Empfinden für diese sonnigen Seiten unsrer Welt! Wie warten wir alle auf den Einzug des Frühlings, den warmen Sonnenschein, die blühenden Blumen und Felder. Aber – wenn dann in derselben Welt und in der gleichen Zeit Menschen verzweifeln unter der Last, die auf ihrer Seele liegt, und ihr Leben von sich werfen, oder wenn in blühende Gärten und reifende Felder Bomben fallen, wie die Älteren unter uns das erlebt haben, und Tod und Entsetzen bringen – nicht wahr, dann muß doch jeder ehrlich denkende Mensch sich sagen, daß etwas Grundlegendes in unserer Welt nicht stimmen kann, daß da doch unheimliche Abgründe sein müssen, aus denen solche Schrecknisse kommen, die uns und Gottes gute Schöpfung verderben und vernichten möchten.

Gethsemane hebt den Schleier und läßt uns Blicke tun in diese Abgründe: eine andere Welt, eine Welt des Aufruhrs gegen Gott, eine Welt des radikal Bösen und des Todes ragt herein in unsere Welt. »Es begab sich aber, daß Jesus mit dem Tode rang und betete heftiger«, so lesen wir es bei Lukas. Der Böse selbst, der Teufel, der ja nach der Bibel des Todes Gewalt hat, tritt hier dem Herrn entgegen, um Jesus zu schrecken und von Gott loszureißen. Was dem Bösen damals in der Wüste nicht gelang, Jesus aus der Bahn zu locken, die er im Aufblick zu seinem Vater im Himmel ging, das versucht der altböse Feind nun auf diesem Wege zu erreichen, auf dem Wege des Schreckens, des Grauens und der Furcht vor dem Sterben.

Ja, was es um diese teuflischen Gewalten ist, die unsere Welt bedrohen und umlauern, das hat bisher vielleicht keine andere Generation so zu spüren bekommen wie die unsrige. Denken wir nur an die entsetzlichen Vernichtungslager der Hitlerzeit, die furchtbaren Massenvernichtungswaffen in Ost und West, die ausreichen würden, unsere Erde zigmal in Staub und Asche zu legen. Hätte Gott nicht in seiner Langmut noch letzte Dämme gegen diese Flut des Bösen aufgerichtet, wir würden alle von ihm verschlungen werden. Aber einmal werden diese Schranken fallen. Dann wird, wie wir in 2. Thessalonicher 2 lesen, »der« oder »das«, was diese Verderbensflut noch aufhält, hinweggenommen werden, und dann werden diese Mächte der Bosheit unsere Welt noch ganz anders angreifen und gefangennehmen als heute. Ja, einmal wird die Binde von unsern Augen genommen werden und jeder Mensch wird die Welt zu sehen bekommen, auf die er mit seinem ganzen Leben und Streben ausgerichtet war: die Welt der Herrlichkeit Gottes, zu der uns Jesus ruft, oder die Welt des satanischen Aufruhrs, die Welt der Hölle, wo Heulen und Zähneklappen sein wird, wie Jesus sagt. Darum hat an der Todespforte schon mehr als ein Spötter gezittert und gezagt. Denn da macht dieser unheimliche Feind, wenn kein anderer, kein Stärkerer für uns eintritt, sein Anrecht an uns Menschen geltend. Ach, wie erlösungsbedürftig ist doch unsere arme Welt und sind wir doch alle von Natur! Das wird uns hier in Gethsemane deutlich gemacht.

II.

Der heiße Kampf! Nachdem wir diesen dunklen Hintergrund unserer Welt gesehen haben, können wir etwas ahnen von der Bedeutung und der Schwere des Kampfes, den Jesus dort gekämpft hat, als er den Tod in seiner furchterregenden Gestalt nahen sah. Das Sterben bedeutete ja für Jesus etwas ganz anderes als für uns unser Sterbenmüssen. Wir empfangen, was unsere Taten wert sind. Zu unserer gefallenen Natur gehört das Sterben. Aber Jesus hatte mit dem Tode nichts Verwandtes, weil er ohne Sünde war. Auch als Menschensohn war Jesus für das ewige, himmlische Leben rein und reif. Er hätte, wie seine Verklärung auf dem Berge deutlich macht, ohne Tod eintreten können in die himmlische Welt; er paßte ganz in sie hinein. Für Jesus war deshalb das Sterben das Bitterste und Grauenvollste, was ihm widerfahren konnte. Dazu trat der Tod vor Jesus in seiner ganzen schauerlichen Gestalt und Wirklichkeit hin. Jesus wäre nicht der Reine, der Heilige und Sündlose gewesen, wenn sich in ihm nicht gegen diesen Weg zunächst alles aufgebäumt hätte. Nur aus diesem Abscheu gegen alles Gemeine, Sündige und Böse steigt in seinem Herzen die Frage auf, die er dreimal an den Vater richtet: Vater, gibt es wirklich keinen anderen Weg zur Rettung der Welt als den Weg durch den Tod am Kreuz?

Wir dürfen Jesu Gebet nämlich nicht mißverstehen, als habe Jesus in Gethsemane die Rettung der Welt vergessen und kämpfe nur um sein eigenes Leben. So ist es nicht. Sondern um die Frage ringt Jesus mit seinem Vater: Gibt es wirklich keinen anderen Weg zur Rettung der Welt? Ist die Tötung des guten Hirten wirklich der einzige Weg der Gerechtigkeit, Weisheit und Heiligkeit Gottes? Diese Bitte war nicht abwegig. Hatte Gott dem Abraham auf dem Berg Morija nicht auch im letzten Augenblick das Schwerste, die Opferung seines Sohnes, erspart? Hatte Gott nicht schon Abrahams bisherigen Weg als ein vollgültiges Opfer des Gehorsams angesehen und angenommen? Wenn jetzt dem Sohn das bittere Sterben erspart blieb, hatte er nicht noch immer genug auf Erden gewirkt und vollbracht? War sein Weg aus der Herrlichkeit des Vaters in diese Welt nicht ein Weg der Liebe und des Gehorsams gegenüber dem Vater? Blieb Jesu Leben auf Erden nicht immer das leuchtende Beispiel für Liebe, Gehorsam, Reinheit und des unerschütterlichen Glaubens an Gott? Blieben seine Worte nicht für immer Worte des ewigen Lebens, die uns Gott in seiner Liebe und Heiligkeit offenbaren, auch wenn Gott ihn jetzt wie einen Henoch oder den Propheten Elia von der Erde wegnahm?

Doch die Antwort, die Jesus empfängt, heißt: Es ist des Vaters heiliger Wille, daß allein auf diesem Weg über Golgatha der Welt das Heil widerfahre. Da, wo die Sünde mächtig und in ihrer ganzen Bosheit ans Licht kommen wird, da soll auch die Gnade Gottes ihren höchsten Sieg und seine Weisheit ihren höchsten Triumph feiern, nämlich am Kreuz auf Golgatha. So hat Jesus auch nicht umsonst gebetet. »Er ist auch erhört worden«, sagt der Hebräerbrief. Er hat letzte, volle Klarheit über des Vaters Willen empfangen, daß gerade dieser Weg des Gehorsams bis in den Tod am Kreuz der Weg zur Vollendung seines Heilandswerks und der Weg zum Throne Gottes ist.

Damit ist aber auch und gerade für uns eine ein für allemal gültige Entscheidung gefallen. Die Frage, ob es nicht auch noch einen anderen Weg zum Himmel gibt, ist in Gethsemane für alle Welt beantwortet. Seitdem Jesus zu diesem Weg ja gesagt hat und ihn gegangen ist, gibt es für mich und für dich und für alle Welt nur diesen einen Weg, nur diese eine Tür zum Leben. Sie heißt: Jesus, der Gekreuzigte. Es gilt hier das Heilandswort in seiner ganzen Tiefe: »Ich bin der Weg und die Wahrheit und das Leben; niemand kommt zum Vater denn durch mich.«

Das ist die Wahrheit, die keiner überhören darf, der zum Himmel eingehen will. Viele Menschen von heute stehen nämlich in der Gefahr zu meinen: Wenn ein Mensch nur noch das Dasein eines lebendigen Gottes anerkennt, dann sei er schon gläubig und auf dem rechten Weg und ein rechter Christ. Aber in Gethsemane wird uns deutlich gemacht, daß das die entscheidende Frage ist, ob wir zu diesem Weg, den Jesus für uns gegangen ist, ja sagen; ja, ob wir zu diesem für uns gekreuzigten Herrn ja sagen, mit ihm gehen und bei ihm allein die Hilfe, das Heil, die Vergebung der Sünden und die Gerechtigkeit suchen, die vor Gott gilt.

Martin Luther sagt einmal im Blick auf die mancherlei geistigen und religiösen Strömungen: »Alles, was aus Gott ist, das muß ans Kreuz. Solange es nicht zum Kreuz kommt, kann man nicht annehmen, daß es aus Gott ist.« Das gilt ganz gewiß auch im Blick auf alle geistigen und religiösen Bewegungen heute. Am Kreuz scheiden sich die Geister. Und das gilt auch für den einzelnen Menschen: Solange du dich nicht zum Kreuz des Heilandes rufen und ziehen läßt und dort deinen Glaubensgrund findest, bist du auch noch nicht auf dem Weg zu Gottes Reich und Herrlichkeit. »Wer den Sohn nicht ehrt, der ehrt den Vater nicht, der ihn gesandt hat.« Das mag manchem religiösen Menschen fremd vorkommen, aber das ist die Wahrheit, die in Gethsemane hell ins Licht tritt: »Der Weg zum Paradiese geht über Golgatha!« So hat es Gott entschieden.

Damit haben wir aber auch schon das dritte ausgesprochen:

III.

Seitdem Jesus das große, entscheidende »Ja, Vater!« gesprochen und mit seinem Tod besiegelt hat und Gott in der Auferweckung Jesu Christi von den Toten auch sein Ja und Amen zu diesem Weg gesprochen hat, gibt es nun inmitten dieser Welt voll Sünde, Angst, Not und Tod *einen heiligen, sicheren, gewissen Weg zum Leben,* eine vollgültige Rettung aus Sünden und Schanden, eine ewige Geborgenheit unter dem Schutz des guten Hirten, der sein Leben opferte für seine Herde.
Das dürfen schon die Jünger in jener Stunde erfahren. Denn warum werden sie nicht verschlungen von den teuflischen Mächten, die in Gethsemane anwesend sind? Oder warum werden sie nicht von Gott verworfen wegen ihres Versagens, ihres Schlafes, ihrer Flucht? Oder warum sind die Jünger später nicht verzweifelt an sich selber wie Judas, als ihnen aufging, wie kläglich sie in jenen letzten Stunden ihres Herrn auf Erden versagt hatten? Darum nicht, weil Jesus seine Hand über ihnen hielt; weil er durch seinen Kampf und Sieg in Gethsemane sich das heilige Recht von Gott erworben hat, für solche Menschen, wie wir es geworden sind, einzutreten, sie aufzunehmen, von allen Sünden zu reinigen, in allen Versuchungen zu bewahren und sie am Ende heimzubringen als sein teuer erkauftes Eigentum.

Und warum ist unsere ganze Welt und warum sind wir noch nicht verschlungen von den bösen Mächten, die uns täglich bedrohen nach dem Wort des Apostels: »Siehe, der Teufel geht umher wie ein brüllender Löwe und sucht, welchen er verschlinge«? Warum sind die schrecklichen Atombomben noch nicht losgegangen und haben noch nicht alles Leben auf Erden ausgelöscht? Warum sieht Gott allem Bösen auf Erden noch zu, allem frechen Reden über ihn, allem gottlosen Tun und Treiben? Antwort: »Weil Christi Blut beständig schreit: Barmherzigkeit, Barmherzigkeit.« Doch einmal geht diese Gnadenzeit zu Ende. Dann werden Gottes Gerichte hereinbrechen und alles verdammen, was nicht unter dem Kreuze steht, unter dem Schutz des Blutes Jesu. Aber bewahrt werden durch alle Schrecken des kommenden Gerichts die, »die in Christus Jesus sind«. – »So gibt es nun keine Verdammnis für die, die in Christus Jesus sind«, lesen wir in Römer 8. Das heißt: nur im Kraftfeld von Gethsemane und Golgatha gilt das, nur in der Glaubensverbindung mit Jesus wird das erfahren. Judas löste sich aus der Verbindung mit Jesus und entfernte sich von ihm. Da wurde er von jenen unheimlichen Mächten gepackt, die ihn erst zum Verräter machten und ihn dann in die Verzweiflung stießen.

An dieser Stelle kann uns aufgehen, was Großes Jesus einmal seinen Jüngern sagt: »Wahrlich, wahrlich ich sage euch: So jemand mein Wort wird halten, der wird den Tod nicht sehen ewiglich.« Jesus mußte den Tod sehen und erleiden in seiner ganzen Schrecklichkeit. Darum sein Zittern und sein Zagen. Darum der blutige Schweiß auf seinem Angesicht. Aber nun sagt Jesus: Diesen Kampf, den ich mit dem Tode gekämpft habe, diesen Tod, den ich um der Sünde der Welt willen gestorben bin, braucht keiner mehr zu kämpfen und zu sterben, der an mich glaubt. Niemand, der hinter Jesus einhergeht, wird den Tod in Person, das ist den Teufel, zu sehen bekommen, auch nicht die dämonischen Heere der Hölle, sondern wer dem Herrn gehört, soll und wird einen ganz anderen Weg geführt werden, wenn er von dieser Welt scheidet, einen Weg, auf dem die Engel Gottes ihm entgegenkommen, ja auf dem Jesus selbst ihn willkommen heißen wird, wie er es seinen Jüngern verheißen hat: »Ich will wiederkommen und euch zu mir nehmen, auf daß ihr seid, wo ich bin.«
Das sagt uns dieser Kampf Jesu in Gethsemane, und dazu ist er dreimal im Neuen Testament so deutlich beschrieben, um mir und dir deutlich zu machen: Das alles ist keine Erfindung von Menschen, kein schöner Traum, sondern dieser Kampf und Sieg des Sohnes Gottes hat an einem bestimmten Ort und zu einer bestimmten Stunde auf dieser Erde buchstäblich stattgefunden, damit du es schwarz auf weiß habest und dich im Leben und im Sterben darauf gründen kannst: »Jesus starb für mich, Jesus starb für dich, ja für uns alle starb der Herr, gottlob, er starb für mich!« Amen.

Gebet: Herr Jesus Christus, der Du für uns in den bitteren Tod gegangen bist, um uns aus der Macht der Sünde, des Todes und des Teufels zu befreien, wir neigen uns vor Dir in tiefer Anbetung und Dankbarkeit. Nimm Besitz von unsrem Leben und stärke uns, den Kampf des Glaubens in Deiner Kraft recht zu kämpfen und zu bestehen bis zum Ende. Dein sind wir, Jesu, und Dein wollen wir bleiben für Zeit und Ewigkeit. Amen.

Lied: Eines wünsch ich mir vor allem andern, eine Speise früh und spät . . .

Die Welt unter dem Kreuz

Und das Volk stand und sah zu. Aber die Obersten spotteten und sprachen: Er hat andern geholfen; er helfe sich selber, ist er der Christus, der Auserwählte Gottes. Es verspotteten ihn auch die Soldaten, traten herzu und brachten ihm Essig und sprachen: Bist du der Juden König, so hilf dir selber. Es war aber über ihm auch eine Aufschrift: Dies ist der Juden König. Aber einer der Übeltäter, die am Kreuz hingen, lästerte ihn und sprach: Bist du nicht der Christus? Hilf dir selbst und uns! Da wies ihn der andere zurecht und sprach: Und du fürchtest dich auch nicht vor Gott, der du doch in gleicher Verdammnis bist? Wir sind es zwar mit Recht, denn wir empfangen, was unsre Taten verdienen; dieser aber hat nichts Unrechtes getan. Und er sprach: Jesus, gedenke an mich, wenn du in dein Reich kommst! Und Jesus sprach zu ihm: Wahrlich, ich sage dir: Heute wirst du mit mir im Paradies sein.
Und es war schon um die sechste Stunde, und es kam eine Finsternis über das ganze Land bis zur neunten Stunde, und die Sonne verlor ihren Schein, und der Vorhang des Tempels riß mitten entzwei. Und Jesus rief laut: Vater, ich befehle meinen Geist in deine Hände! Und als er das gesagt hatte, verschied er. Als aber der Hauptmann sah, was da geschah, pries er Gott und sprach: Fürwahr, dieser ist ein frommer Mensch gewesen! Und als alles Volk, das dabei war und zuschaute, sah, was da geschah, schlugen sie sich an ihre Brust und kehrten wieder um. Es standen aber alle seine Bekannten von ferne, auch die Frauen, die ihm aus Galiläa nachgefolgt waren, und sahen das alles. Lukas 23,35–49

Man spricht von großen Tagen in der Weltgeschichte, von Tagen, die wie einsame Berge aufragen aus der Ebene der Zeit und unserer Geschichte das Gepräge gegeben haben. Wir haben in der Schule solche Tage und Ereignisse datenmäßig gelernt: Kriege und Siege, Entdeckungen und Erfindungen, Katastrophen und Zusammenbrüche und anderes mehr.
Wenn wir unsere Bibel aufschlagen und Blicke tun in die

Geschichte, die Gott macht und schreibt, dann erkennen wir, daß in Wirklichkeit doch ganz andere Tage den Lauf der Welt- und Menschheitsgeschichte bestimmen und ihm Anfang, Mitte und Ende setzen: Da ist jener erste große Gottestag, an dem Gott in das Tohuwabohu der noch gestaltlosen Erde sein machtvolles Schöpferwort hineinrief: »Es werde Licht!« – und eine Schöpfung hervorging, deren Spitze und Krone der Mensch war und ist. Der andere Tag, der wie ein hochaufgerichteter Felsen aus der Ebene des Weltlaufs aufsteigt, ist der Tag, dessen wir heute gedenken, der Tag, an dem Jesus am Kreuz auf Golgatha sterbend ausrief: »Es ist vollbracht!« und die Erde erbebte und die Felsen zerrissen und Gräber sich auftaten. Der dritte Tag, dem die ganze Welt entgegengeht, ist der Jüngste Tag, an dem Jesus kommen wird zu richten die Lebenden und die Toten. Wir leben heute zwischen diesen beiden letzten großen Gottestagen, zwischen dem Tag von Golgatha und dem Tag der Wiederkunft Jesu, dem wir, wie alle Zeichen der Zeit künden, offenbar mit schnellen Schritten entgegengehen.

Und das ist der Sinn dieser Zeit zwischen Golgatha und dem Kommen des Herrn: Es soll das Wort vom Kreuz, die Botschaft von der Liebe Gottes zu uns Menschen, verkündet werden in der ganzen Welt zu einem Zeugnis über alle Völker und unter der Verkündigung dieser Botschaft jenes Volk geboren und jene Gemeinde herausgerufen werden, die den Mann von Golgatha als ihren Heiland und Herrn bekennt und bezeugt und von ihm bei seiner Wiederkunft in Kraft und Herrlichkeit an seine Seite gerufen werden wird, um an seinem Reich und seiner Herrlichkeit auf ewig teilzunehmen.

Ja, als an jenem Tage die Hammerschläge auf Golgatha verhallt waren, als der letzte Ruf des sterbenden Heilandes über seine Lippen gekommen war, da war das Kreuz von Golgatha für alle Zeiten eingerammt in unserer Erde, so tief, so fest, daß keine Menschenmacht es wieder ausreißen könnte, und so hoch, daß es von keinem Volk der Erde auf die Dauer übersehen werden kann. Seither ist unsere Welt, im Licht der Bibel gesehen, eine Welt unter dem Kreuz. Das ist der letzte und tiefste Grund dafür, daß sie noch besteht, daß sie noch nicht untergegangen ist unter der Schwere ihrer Schuld; daß Gott auch nach den furchtbarsten Gerichten immer wieder die

Sonne seiner Gnade durchbrechen läßt, »weil Christi Blut beständig schreit: Barmherzigkeit, Barmherzigkeit!«, wie wir es in einem Liede singen. Das soll und muß verkündigt werden in dieser Welt, weil sich nach Gottes Willen am Kreuz von Golgatha die Geister scheiden sollen.
Nicht von ungefähr waren deshalb schon an jenem Tag auf Golgatha Menschen aus allen Schichten und Ständen versammelt. An jenem Tage, an dem die ganze himmlische Welt den Atem anhielt, geschah nichts von ungefähr, sondern da war alles von Gottes Weisheit gefügt und vorbereitet und auch alle Bosheit der Menschen von Gott eingefangen und unter sein Regiment gestellt. Da sollte auch schon zum erstenmal deutlich werden, wie sich am Kreuz die Menschen scheiden und scheiden müssen.
Auf diese Welt unter dem Kreuz wollen wir nun achten und uns prüfen, wo jeder von uns seinen Standort hat. Vier Gruppen von Menschen bilden sich unter dem Kreuz, und zu einer dieser vier Gruppen gehört auch jeder von uns in dieser Stunde.

I.

Die erste Gruppe, das sind die Feinde Jesu. Von ihnen lesen wir: »Und die Obersten spotteten und sprachen: Er hat andern geholfen, er helfe sich selbst, ist er der Christus, der Auserwählte Gottes. Es verspotteten ihn auch die Soldaten, traten zu ihm und brachten ihm Essig und sprachen: Bist du der Juden König, so hilf dir selber.« Diese Feinde Jesu machen offenbar, wozu der Mensch im Grunde seines Herzens fähig ist und in welche Verblendung er hineingeraten kann: Gottes höchste Gabe von sich zu stoßen und mit Füßen zu treten! Es ist doch erschütternd zu sehen, was hier auf Golgatha an Blindheit, Bosheit, Haß, Feigheit, Roheit und Ungerechtigkeit offenbar wird!
Ja, Sünde, das sind nicht einige Schönheitsfehler, die wir Menschen nun einmal an uns haben, sondern Sünde, das ist nach dem Zeugnis der Bibel die Empörung, die Verschwörung und der Haß gegen Gott, gegen sein Licht und seine Wahrheit, sein Gebot und sein Regiment, die Verschwörung, die ein mächtiger Widersacher gegen ihn führt und die der Mensch in seiner Verblendung mitmacht. Sünde ist die furchtbare Macht,

die uns gefangen hält und blind macht für Gottes Licht und Liebe, gefangen hält unter der Herrschaft des Teufels. Darum ist der gefallene Mensch auch nicht dadurch zu retten, daß er nur aufgeklärt wird und ein paar gute Vorsätze faßt, nein, er muß losgemacht und befreit werden von Sünde, Tod und Teufel. Und eben dazu ist der Sohn Gottes auf Erden erschienen, daß er die Werke des Teufels zerstöre, seine Gefangenen befreie und nach Hause bringe. Und diesen Weg hat Jesus durch sein bitteres Leiden und Sterben für uns freigekämpft, und Gott hat dieses Opfer durch die Auferweckung Jesu Christi von den Toten besiegelt und für gültig erklärt.
Darum, wo Jesus auftritt, wo das Kreuz von Golgatha gepredigt wird, da ist auch immer Feindschaft; denn da macht die Hölle mobil. So war es damals, so wird es bleiben, bis der Herr kommt.
Feinde des Kreuzes Jesu – gibt es auch heute noch solche? Gibt es solche tobenden Feinde und solche Obersten auch bei uns, im Lande der Reformation? Gott sei's geklagt! Wir müssen es beschämt eingestehen: Auch in unsrem Volk gab und gibt es sie! Was ist doch in deutscher Sprache alles geredet und geschrieben worden gegen diesen Herrn am Kreuz. Die Älteren unter uns wissen noch, wie in der Zeit des Dritten Reiches in manchen Blättern über den »krummnasigen Juden« geschrieben wurde, der doch niemals der Retter der Welt sein könne. Und wie mancher hat da mitgemacht wie die Feinde damals! Man bewies es damit, daß man nicht mehr in die Kirche ging, gar aus ihr austrat und sich von der Gemeinde der Gläubigen distanzierte. Und was wird heute gerade auch in deutscher Sprache alles gegen die Offenbarung Gottes in dem gekreuzigten und auferstandenen Herrn gesprochen und geschrieben. Täuschen wir uns nicht: Es steht dahinter derselbe Geist der Feindschaft gegen den Gott von Bethlehem und Golgatha. Und dieser Geist wartet nur auf seine Stunde, wo er sein wahres Gesicht wieder zeigen und auch wieder mit roher Gewalt, mit Feuer und Schwert gegen diesen Herrn und seine Gemeinde auch in unseren Landen vorgehen kann, wie er es anderwärts ja auch schon tut.

Aber die Feinde Jesu führen nicht bloß einen vergeblichen, sondern auch einen für sie tödlichen Kampf. Wo sind sie denn

alle geblieben, die so vermessen auf Erden redeten? Ihr Mund ist verstummt, ihr Gedächtnis wird ausgelöscht, aber Jesus, der Mann von Golgatha, sein Name und sein Wort und Werk lebt und wird weitergetragen!
Und wenn auch nur einer unter uns wäre, der noch zu den Feinden Jesu gehört, dem müßte ich aufgrund der Bibel mit aller Klarheit sagen: Du befindest dich auf einem höchst gefährlichen Weg! Du steuerst einem Ende mit Schrecken entgegen. Denn »daß Jesus siegt, bleibt ewig ausgemacht!« Du wirst dir durch Feindschaft gegen ihn den Tod, das ewige Verderben holen. Denn »die mit dem Herrn hadern, werden umkommen«, sagt sein Wort.

II.

Eine zweite Gruppe unter dem Kreuz, das sind die Zuschauer. Von ihnen lesen wir: »Das Volk stand und sah zu.« Und nochmals: »Und das Volk, das dabei war, da sie sahen, was da geschah, schlugen sie an ihre Brust und kehrten wieder um.« Diese Zuschauer bildeten die Masse. Sie sind ja überall da, wo etwas los ist. Sie waren beim Einzug Jesu in Jerusalem dabei und riefen begeistert: Hosianna! Sie waren dabei, als Jesus vor Pilatus stand, und schrien: »Kreuzige, kreuzige ihn!« Sie sind auch auf Golgatha dabei. Vielleicht war es ihnen doch etwas unheimlich geworden über dem, was auch sie mit angerichtet hatten. Vielleicht schlug manchem unter ihnen das Herz. Denn was sie auf Golgatha sahen, hatten sie noch nie gesehen: daß da einer, den man so behandelt, sich so geduldig ergibt und noch für seine Feinde betet. Das Ganze macht schon Eindruck auf sie. Aber, »da sie sahen, was da geschah, schlugen sie an ihre Brust und kehrten wieder um.« Ohne wirkliche Reue, nur ein wenig gerührt, kehren sie nach Hause zurück und setzen ihren alten Trott weiter, als sei im Grunde doch nichts geschehen. Zuschauer unter dem Kreuz – sie sind noch immer da. Sie füllen an hohen Festtagen die Kirchen und Kapellen. Sie sind oft sehr bewegt von dem, was sie hören, aber sie kehren wieder um und lassen den lieben Gott weiter einen guten Mann sein. Es bleibt alles beim alten. »Religion muß sein, aber man darf auch kein Fanatiker werden. Man soll nichts übertreiben, man lebt doch schließlich noch auf Erden«, so etwa sprechen die Zuschauer.

Ich kenne mich unter ihnen aus, weil ich lange genug selbst Zuschauer gewesen bin.
Aber immer Zuschauer unter dem Kreuz bleiben, ist höchst gefährlich. Der Mensch kann sich nämlich an alles gewöhnen, auch an Gottes Wort und Predigt, an Bibelwochen und Evangelisationen, an Bachs ergreifende Passion und anderes mehr. Er kann abstumpfen und unter der Predigt vom Kreuz einschlafen und schließlich die Fähigkeit verlieren, Gottes Wort überhaupt noch recht zu hören und zu fassen. Zuschauer sind Menschen ohne festen Halt, ohne eigene Überzeugung. Sie erleben nicht die Kraft des Kreuzes, die uns instandsetzt, auch gegen den Strom zu schwimmen und Jesus als Heiland und Herrn zu bekennen. Sie können deshalb von jeder anderen Strömung eingefangen werden.
Sind solche Zuschauer auch unter uns, die wir jetzt das Wort vom Kreuz vernehmen? Oh, dann laß dich warnen, lieber Zuschauer. Denn ein Leben lang dort Zuschauer bleiben, wo es um Tod und Leben geht, das heißt: seine Gnadenzeit verträumen und schließlich auch untergehen und dem Gericht anheimfallen, wenn die letzte Stunde schlägt.

III.

Eine dritte Gruppe unter dem Kreuz, das sind *die Bekannten Jesu.* Von ihnen heißt es: »Es standen aber alle seine Bekannten von ferne und die Frauen, die ihm aus Galiläa nachgefolgt waren und sahen das alles.« Bekannte Jesu, das sind also Menschen, die ihm näher gekommen sind als die Zuschauer. Sie sind ihm begegnet, sie wissen von seinen Taten, sie haben manches Wort von ihm behalten und bewegt. Sie fühlen sich zu ihm hingezogen. Sie stehen auch jetzt in seiner Nähe. Bekannte Jesu, das sind Menschen, die hart an der Schwelle des Reiches Gottes stehen.
Bekanntschaft mit Jesus, das ist eine große Sache! Oh, was haben diese Menschen doch denen voraus, die im finstern Heidentum geboren sind und von Jesus nichts wissen! Gesegnet seien die Väter und die Mütter, die ihre Kinder schon frühe mit Jesus und seinem Wort bekannt machen! Denn Bekanntschaft mit Jesus, das ist Gnade von Gott!
Und doch: Bloße Bekanntschaft mit Jesus ist noch nicht alles,

was wir nach Gottes Willen haben sollen. Von den Bekannten Jesu gilt das Bibelwort: »Weil du von Kind auf die Heilige Schrift weißt, kann dich dieselbe unterweisen zur Seligkeit durch den Glauben an Jesus.« Dazu soll die Bekanntschaft mit Jesus führen: zu einer ganz persönlichen Erfahrung dieses Heilandes, so daß du von ihm sagen kannst: »Jesus nimmt die Sünder an, mich hat er auch angenommen!« Kommt es nicht zu solcher Verbindung mit ihm, dann ist auch die Bekanntschaft mit ihm wertlos, ja gefährlich. Dann tragen wir nämlich den Namen Christi und haben den Schein, zu ihm zu gehören, aber wir haben nicht den Trost eines versöhnten Gewissens und werden am Tage des Herrn von ihm das Wort hören: »Ich habe euch noch nie erkannt, weichet von mir!«

Oh, es müßte merkwürdig zugehen, wenn unter uns nicht auch solche wären, die das alles von Kindesbeinen an kennen, was die Bibel von Jesus sagt, aber den Schritt zu ihm selbst noch nicht getan haben. Trifft das auf dich zu, lieber Leser, dann laß dich heute rufen aus der Bekanntschaft mit Jesus in seine Gemeinschaft und damit zu dem lebendigen Gott. Denn »Sehet, welch eine Liebe hat uns der Vater erzeiget, daß wir Gottes Kinder sollen heißen!« Das steht über dem Ereignis von Golgatha. Darauf will Gott hinaus. Damit werden wir zu der letzten Gruppe gewiesen, die wir unter dem Kreuze sehen:

IV.

Es ist *die Gemeinde der Glaubenden,* der Überwundenen, der Menschen, von denen das Prophetenwort gilt: »Herr, du hast mich überredet, und ich habe mich überreden lassen! Du bist mir zu stark geworden und hast gewonnen!«

Da steht an der Spitze der begnadigte Schächer. Ein verpfuschtes Leben liegt hinter ihm. Nur noch wenige Stunden hat er zu leben, aber – welch eine gnädige Fügung von Gott! – er darf sie dicht an der Seite Jesu leben. Welchen Eindruck muß Jesus auf ihn gemacht haben, daß sein Trotz auf einmal bricht, in dem er bis dahin gelebt hat, und er innerlich überwunden ausruft: »Jesus, gedenke an mich, wenn du in dein Reich kommst.« Und Jesus versichert ihm: »Wahrlich, ich sage dir: Heute wirst du mit mir im Paradiese sein!« Vom Schandpfahl ins Paradies – mitten unter die Seligen: welch ein Sprung! Aber nicht zu hoch für den, der sich Jesus anvertraut. Er ist und bleibt der, der das Paradies auf- und zuschließen kann, weil er der Bringer des ewigen Lebens ist. Da finden wir weiter den Hauptmann unter dem Kreuz. Er ist Heide und in der Sprache des Glaubens unbeholfen. Aber was er gesehen hat und gehört hat, das hat ihn überwunden. So kommt es über seine Lippen: »Wahrlich, dieser ist ein frommer Mensch und Gottes Sohn gewesen.« Da tritt, wenn wir weiterlesen, Josef von Arimathia auf und bittet Pilatus um den Leichnam Jesu. Von ihm sagt eine andere Stelle, daß er auch ein Jünger Jesu war, doch heimlich aus Furcht vor den Juden. Er hat als Ratsherr nicht in das Todesurteil gewilligt. Nun aber tritt er ganz offen hervor und bekennt sich zu Jesus. Auch er fragt nicht, so wenig wie der Hauptmann, was kommen kann, wenn er sich so offen auf die Seite des Gekreuzigten stellt und damit doch das Urteil des Hohen Rats als glattes Fehlurteil bezeichnet. Er ist überwunden durch die Kraft des Todes Jesu.

So könnten wir fortfahren und auch noch von Nikodemus reden, von dem der Apostel Johannes berichtet, daß er auch gekommen war, um den Leichnam Jesu zu salben. Was Jesus dem Nikodemus in einer nächtlichen Stunde gesagt hatte: »Wie Mose in der Wüste eine Schlange erhöht hat, also muß des Menschen Sohn erhöht werden, auf daß alle, die an ihn glauben, nicht verloren werden, sondern das ewige Leben haben«, das sah Nikodemus jetzt in Erfüllung gegangen, und da zögerte er nicht, sich offen zu Jesus zu bekennen. Auch wollen wir nicht die Frauen übersehen, die unter Jesu Kreuz standen, weil sie ihm anhingen, und gewürdigt wurden, als erste die Osterbotschaft zu vernehmen: Jesus lebt!

Ja, so ist es weitergegangen bis heute: daß Menschen immer neu überwunden wurden von der Kraft des Kreuzes, weil sie erfuhren und erfahren:

> Unterm Kreuz ist Friede, da floß Jesu Blut;
> seine Sünderliebe kommt auch mir zugut!

Diesen von Jesus überwundenen Leuten gehört die Zukunft, denn sie gehören dem an, der »einmal gekommen ist, wegzunehmen vieler Sünden, der zum andernmal kommen wird denen, die auf ihn warten, zur Seligkeit«. Sie kommen von Golgatha her und haben Vergebung ihrer Sünden empfangen, und gehen nun ihrem wiederkommenden Herrn entgegen, um

an seiner Seite das ewige Reich einzunehmen, das ihnen der Vater im Himmel beschieden hat.
Und so teilt sich die Welt unter dem Kreuz noch heute: in Feinde, Zuschauer, Bekannte und Überwundene. Und die Frage an einen jeden von uns heißt: Zu welchen gehörst du bis heute? Oder: zu welchen willst du dich stellen? Du suchst doch gewiß auch ein sicheres Fundament in unsrer bewegten Zeit, auf dem man getrost leben und selig sterben kann? Du suchst Gewißheit, die über Tod und Grab hinausgeht. Du suchst Frieden mit Gott:

Komm zum Kreuz mit deinen Lasten,
müder Pilger du!
Bei dem Kreuze kannst du rasten,
da ist Ruh!
Trost, Vergebung, ewges Leben
fließt vom Kreuz dir zu;
bei dem Kreuz wird dir gegeben
Himmelsruh! Amen.

Gebet: Du großer und heiliger Gott, nun schenk uns zu Deinem großen Gnadenwerk, das Du in Deinem lieben Sohn, unsrem Herrn, vollführt hast, auch Deinen Heiligen Geist, damit jeder unter uns überwunden werde, entweder zum erstenmal oder aufs neue, um mit der begnadeten Sängerin in das Loblied einzustimmen: »O Jesu, Gekreuzigter, Dir jauchz' ich zu! Mein Heiland, mein Gott und Herr, in Dir ist Ruh! Mit Dir überwind ich weit des Todes Macht. O Wort voller Seligkeit: »Es ist vollbracht!« Amen.

Lied: O Haupt voll Blut und Wunden . . .

Ostersonntag

Erschienen ist der herrlich' Tag

Als sie aber davon redeten, trat er selbst, Jesus, mitten unter sie und sprach zu ihnen: Friede sei mit euch! Sie erschraken aber und fürchteten sich und meinten, sie sähen einen Geist. Und er sprach zu ihnen: Was seid ihr so erschrocken, und warum kommen solche Gedanken in euer Herz? Seht meine Hände und meine Füße, ich bin's selber. Faßt mich an und seht; denn ein Geist hat nicht Fleisch und Knochen, wie ihr seht, daß ich sie habe. Und als er das gesagt hatte, zeigte er ihnen die Hände und Füße. Als sie aber noch nicht glaubten vor Freude und sich verwunderten, sprach er zu ihnen: Habt ihr hier etwas zu essen? Und sie legten ihm ein Stück gebratenen Fisch vor. Und er nahm's und aß vor ihnen. Er sprach aber zu ihnen: Das sind meine Worte, die ich zu euch gesagt habe, als ich noch bei euch war: Es muß alles erfüllt werden, was von mir geschrieben steht im Gesetz des Mose, in den Propheten und in den Psalmen. Da öffnete er ihnen das Verständnis, so daß sie die Schrift verstanden, und sprach zu ihnen: So steht's geschrieben, daß Christus leiden wird und auferstehen von den Toten am dritten Tage; und daß gepredigt wird in seinem Namen Buße zur Vergebung der Sünden unter allen Völkern. Lukas 24,36–47

Ein herrlicheres Wort hätte in jener Stunde, von der uns hier berichtet wird, auf Erden nicht gesprochen werden können als das, das Jesus hier in einen Kreis verstörter und verängsteter Menschen hinein spricht: »Friede sei mit euch!« Wie sehr dieser Gruß an jenem Abend das lösende und befreiende Wort war, sagt die Bemerkung, daß die Jünger es »vor Freude« nicht fassen konnten. Aber dann faßten sie es doch und mußten es fassen und »wurden froh, daß sie den Herrn sahen«, wie es an andrer Stelle heißt.

Ja, das ist wirklich ein Wort zum Frohwerden, auch für uns. Wie geht doch eine so große Friedenssehnsucht durch unsere geängstete und zitternde Welt. Wie sind die Großen dieser Welt bemüht, die Gefahr eines neuen, modernen Krieges zu bannen, gerade auch in unseren Tagen, und wie erwecken schon ein paar freundliche Gesten dieser Großen weitgehende Hoffnungen auf eine Wende in den Beziehungen der Völker zueinander, eine Wende zum Frieden hin. Wie deutlich wird daran aber auch, unter welchem schweren Alpdruck die ganze Welt heute eigentlich lebt!

Aber ungleich wichtiger als aller äußere Friede ist und bleibt doch der innere Friede, der Friede des Herzens, des Gewissens, der Friede mit Gott, ohne den wir doch arme Menschen bleiben, auch wenn die hochgerüsteten Atommächte morgen alle ihre Bomben und Raketen – wie einer vorgeschlagen hat – unter den Eiskuppen des Südpols versenken würden. Ohne Frieden mit Gott und das heißt auch: ohne Verankerung unsres Lebens in der ewigen Welt gleichen wir doch einem führerlos gewordenen Schiff, das auf dem weiten Ozean treibt, allen Stürmen preisgegeben. Ohne Frieden mit Gott fehlt unsrem Leben der klare Kurs zu jenem Heimathafen hin, der uns aufnimmt und uns ewige Geborgenheit gibt, wenn unsere Fahrt zu Ende ist. Kein anderer als Friedrich Nietzsche, dieser erbitterte Gegner des Christentums, hat in einem Gespräch mit einem Christen einmal gesagt: »Geben sie nur Christus nicht auf! Der Gedanke an ihn ist groß und gewaltig! Ich habe ihn aufgegeben, ich will und kann nicht mehr zurück. Aber ich werde an meinen Leidenschaften zugrunde gehen. Sie werfen mich hin und her. Ich falle fortwährend auseinander!« Welch eine ungestillte Sehnsucht nach Frieden hat auch dieses Gott leugnende Herz noch manchmal verspürt, wie wir es auch aus anderen Äußerungen dieses Mannes wissen. Ja, wo ist überhaupt ein Menschenherz, das nicht nach einem Frieden verlangte, in dem es sich getrost leben läßt, mitten in aller Angst der Welt, und in dem es sich einmal getrost sterben läßt, auch – wenn es so käme – unter dem Bersten der Atombomben.

Der auferstandene Jesus Christus bietet uns solchen Frieden an. Darum wollen wir uns seinen Friedensgruß am ersten Ostertage anhand der Bibel recht deutlich machen lassen, indem wir auf drei Schwerpunkte in den Osterberichten besonders achten.

I.

Wir achten zuallererst darauf, *woher sein Friedensgruß überhaupt kommt.* Er kommt nämlich von jenseits des Grabes; er kommt aus jener für unser jetziges Auge noch unsichtbaren Welt. Und er kommt von dem einen, dessen Tod infolge der erlittenen Hinrichtung am Kreuz einwandfrei und amtlich festgestellt worden war und der seither in der Welt auch als Toter gilt. Er kommt von dem, der als Jesus von Nazareth über die Erde gegangen ist, als solcher auch am Kreuz auf Golgatha gehangen hat und dort buchstäblich verblutet ist. Der ruft von jenseits des Grabes, aber er ruft es in diese unsere Welt hinein, zu Menschen, die das Grab noch vor sich haben: Friede sei mit euch!

Das müssen wir ganz klar sehen: Nicht das geschah also an jenem Ostertag, daß die Jünger aus dem verborgenen Jenseits etwa eine merkwürdige schemenhafte Gestalt auftauchen gesehen und dazu Stimmen vernommen hätten und dabei irgendwie an Jesus erinnert worden wären. Lukas bemerkt ausdrücklich: das oder ähnliches wäre für die Jünger leichter gewesen zu glauben. Darum meinten sie auch, sie sähen einen Geist, ein Gespenst. Wunderliche Spukgeschichten erzählten sich die Menschen zu allen Zeiten, und es ist immer erstaunlich, was die Menschen alles an Wunderlichem glauben können – wenn es nur nicht in der Bibel steht!

Aber so war es eben nicht, sondern das war das Unerwartete und Überwältigende, daß Jesus selbst, den sie am Kreuz hatten leiden und sterben sehen, vor ihnen stand mit allem, was sein Wesen ausmachte, auch mit dem, was er als seinen Leib an sich hatte, der essen und trinken konnte, und so kenntlich, schaubar und greifbar, daß jeder Zweifel schließlich zerstob und auch später völlig ausgeschlossen blieb. »Was wir gehört haben, was wir gesehen haben mit unseren Augen, was wir beschaut haben und unsere Hände betastet haben, vom Wort des Lebens, das verkündigen wir euch«, so werden es die Jünger ihr Leben lang bezeugen.

Und eben das macht seinen Friedensgruß zu einem Evangelium, zu einer über die Maßen frohen Botschaft für uns alle. Denn wenn das Wirklichkeit ist, daß der am Kreuz verblutete Jesus von Nazareth in der ewigen Welt angekommen ist und von daher sich wieder dieser Welt zuwendet, dann ist ja endgültig eine starke, mächtige Brücke geschlagen zwischen hüben und drüben, eine Brücke über den reißenden Strom unserer Zeit, eine Brücke auch über unsere Gräber hinweg, ja durch sie hindurch zu den Ufern der ewigen Welt. Wenn es Wirklichkeit ist, daß der am Kreuz verblutete Jesus von Nazareth von jenseits des Grabes sich uns Menschen aufs neue zuwendet, dann ist ja sonnenhell ans Licht gekommen, daß der lebendige Gott sich zu diesem Jesus als zu seinem Sohn machtvoll bekennt, daß also jedes Wort, das Jesus geredet hat auf Erden, von Gott bestätigt und als unverbrüchlich besiegelt worden ist. Es gilt dann Jesu Zeugnis, mit dem er selbst von der Bedeutung seines Todes gesprochen hat: »Ich gebe mein Leben zu einer Erlösung für viele.« Es gilt sein Wort über seiner Jünger Weg und Ziel: »In meines Vaters Hause sind viele Wohnungen . . . und ich gehe hin, euch die Stätte zu bereiten.« Ja, dann gibt es überhaupt kein Wort, das Jesus gesprochen hat und das der lebendige Gott nicht nachdrücklich und ohne Abstrich bestätigt hat. Denn was wir in Psalm 66,18.19 lesen, das gilt auch von Jesu Weg und Werk, nimmt er selbst doch ausdrücklich auf die Psalmen Bezug: »Wenn ich Unrechtes vorgehabt hätte in meinem Herzen, so hätte der Herr mich nicht erhört. Aber Gott hat mich erhört und gemerkt auf die Stimme meines Flehens.« Hätte Jesus zu hoch von sich gesprochen, würde er Dinge gesagt und verheißen haben, die es in Wirklichkeit nicht gibt, dann hätte der heilige Gott um seines heiligen Namens willen ihn nicht in sieghafter Kraft auferstehen lassen können. Als einen, der sich selbst erhöht hatte, hätte der gerechte Gott nach seinem unverbrüchlichen Wort ihn im Grabe erniedrigt sein lassen müssen. »Nun aber ist Christus auferstanden von den Toten«, weil der gerechte Gott zu Golgatha nicht schweigen konnte und der heilige Gott offenbar machen mußte, wie rein und vollkommen das Sühneopfer seines Sohnes ewig vor ihm ist und gilt.

Um das alles geht es zu Ostern. Alle Erscheinungen des Auferstandenen haben diesen Zweck, die Jünger zu überzeugen: Ich bin es! Ich, der ich am Kreuze hing und dort verblutete! Ich, den man ins Grab gelegt und dort eingeschlossen hatte:

Ich war tot, und sieh, ich lebe!
Leben, leben sollst auch du!

Und die Jünger haben das gelten lassen müssen und wurden froh darüber, »daß sie den Herrn sahen«, ihren Herrn, von Gott auferweckt, aber nicht richtend und strafend, wie sie es

verdient gehabt hätten, sondern als segnenden Friedensbringer leibhaftig vor ihnen stehend.
O daß es auch über jedem von uns so hell aufgehen möchte, diese Wirklichkeit von Ostern, diese Welt der Auferstehung und des Lebens, dieser Gruß des auferstandenen Lebensfürsten! Dann siehst du diese Welt und unser Leben nämlich mit anderen Augen an. Dann stehst du an den Särgen und Gräbern auf Erden mit anderen Gefühlen! Dann weißt du, warum unsere Chöre dort Heimatlieder anstimmen, wo die Welt mit ihrer Weisheit völlig am Ende ist. Dann siehst du auch deinem eigenen Grab anders entgegen. Du verstehst etwas von jenem letzten Gruß, mit dem ein Jünger Jesu auf seinem Sterbebett von seinen Angehörigen Abschied nahm: »Lebt wohl, ihr Sterbenden, ich gehe jetzt zu den Lebenden!«

II.

Die Empfänger des Friedensgrußes. Sehen wir sie uns noch etwas genauer an: Es ist Abend geworden. Ein aufregender Tag hat sich geneigt. Eine Handvoll Menschen hockt, wahrscheinlich im Dunkeln, hinter verriegelten Türen. Es ist der Rest der zwölf Jünger Jesu; dazu einige »die bei ihnen waren«. Einer, Judas, hat seinen Herrn verraten und ein schreckliches Ende genommen. Ein anderer, Thomas, ist in tiefe Schwermut verfallen und hat sich zurückgezogen. Schwere dunkle Schatten der Übernächtigung und der Angst liegen auf ihnen; müssen sie doch damit rechnen, als Anhänger des Jesus von Nazareth jeden Augenblick verhaftet zu werden. Zudem aber hat an diesem ersten Tag der Woche eine erregende Meldung die andere gejagt: der Bericht der Frauen, die in aller Frühe am Grabe gewesen waren und es leer gefunden hatten; die Nachricht über Engel, die ihnen begegnet wären, und über das, was diese den Frauen gesagt hätten; schließlich Meldungen über die Erscheinung des Auferstandenen selber, zuletzt aus dem Munde der zwei gerade von Emmaus zurückgekommenen Jünger. Das alles hat das versammelte Häuflein nicht nur verwirrt, sondern einige unter ihnen offenbar auch in ihrem Gewissen beunruhigt. Denn sie haben ja ihren Herrn in der Stunde der Gefahr schmählich verlassen. Drei von ihnen haben in Gethsemane nicht eine Stunde mit ihm gewacht, obwohl Jesus sie so

sehr darum gebeten hatte. Ein Petrus hatte Jesus danach noch ausdrücklich dreimal verleugnet und einen Schwur dazu getan. So sitzen die Jünger im Dunkeln und »reden miteinander«. Und wovon sollen sie schon geredet haben als eben auch von all den Dingen, die sich jetzt schwer auf ihre Seele legten.
Und gerade da hinein tritt Jesus, und gerade zu diesen verängsteten und beschwerten Menschen spricht Jesus das gnadenvolle Wort: »Friede sei mit euch!« Der Apostel Paulus hat später von Jesus gesagt: »Sind wir untreu, so bleibt er doch treu. Er kann sich selbst nicht verleugnen« (2. Tim. 2,13). Nein, das kann Jesus nicht; das macht auch Ostern offenbar. Er hat auf Erden die geistlich Armen zuallererst selig gepriesen und ihnen das Himmelreich zugesprochen. Er hat den Gebeugten und Leidtragenden einen ewigen Trost verheißen. Er hat die Mühseligen und Beladenen zu sich gerufen, damit er sie erquicke. Und danach handelt er auch nach seiner Auferstehung. Er tritt als der gute Hirte unter eine geängstete, innerlich geschlagene Schar, um ihnen alles zu verzeihen, zu helfen, zu heilen, die verwundeten Herzen aufzurichten und sie seiner unaufhörlichen Liebe zu versichern.
Sieh, solch einen Heiland haben wir! Du trägst vielleicht schwer an einer Last, mit der du nicht fertig wirst. Du bist innerlich geknickt und zerbrochen; du hast mit Schwermut zu kämpfen, mit Sorgen und Angst; Versäumnisse klagen dich an; Sünden stehen wieder auf, die du nicht löschen kannst. Auch ein Blick in die Zukunft bereitet dir Angst; du hörst am Rundfunk nur noch von Raketen und Sprengköpfen, die unsere Erde zigmal in Schutt und Asche legen können. Du siehst kein Morgenrot am Himmel und fragst: Wo soll das alles hinaus? Es will dir das ganze Leben so sinnlos erscheinen. Sieh, Ostern sagt dir: Gerade für dich ist Jesus da. Denn gerade solche Leute sucht der Auferstandene am liebsten auf. Es gibt jetzt keinen Ort auf Erden und kein Verlies und keine Lage, in die Jesus nicht hineinkommen könnte mit seiner vergebenden Gnade, seinem Trost und Frieden und der über Tod und Grab weit hinausgreifenden Hoffnung auf das Kommen der neuen Welt. Ja, es geht hier wirklich nach dem Grundgesetz im Reiche Gottes: Je trostloser die Lage, je beschwerter das Herz, je geängsteter das Gewissen – desto näher der lebendige Herr Jesus Christus, der sich von Gott gesandt wußte, »zu verkündi-

gen das Evangelium den Armen; zu predigen den Gefangenen, daß sie los sein sollen, und den Blinden, daß sie sehend werden und den Zerschlagenen, daß sie frei und ledig sein sollen, zu verkündigen das Gnadenjahr des Herrn« (Luk. 4,18).

III.

Der besondere Gehalt seines Friedensgrußes. Wir könnten hier noch einwenden: »Friede sei mit euch!« – das war ja schon damals der in Israel übliche Gruß, der auch heute dort noch von jedermann gesprochen wird. Was ist denn Besonderes an ihm? Aber wenn wir wieder bedenken, daß der solches sagt, der als der Sohn Gottes nach Golgatha ging, um für die Sünden der Welt den Sühnetod zu sterben, und den Gott auferweckt hat, weil er sein Opfer angenommen hat, dann bekommt dieses Wort aus Jesu Munde seinen unermeßlich tiefen Gehalt, und es wird uns geradezu zu einem »unersetzlichen Edelstein und zum Eckstein unseres Lebens, zur Zuversicht und Krone unseres Geistes« (Schlatter).
Daß wir es deshalb recht erkennen: Ostern führt uns nicht von Golgatha weg, als sei Jesu Sterben nun eine erledigte Sache und es beginne nun für die Jünger Jesu ein ganz neuer Abschnitt und eine höhere Gläubigkeit – fernab vom Kreuz. Nein, Ostern hält uns beim Kreuze Jesu fest, zeigt es uns im rechten Licht und setzt zu dem, was dort geschehen ist, das gültige göttliche Siegel. Darum ist der Friede der Bibel seit Ostern »der Friede durch das Blut Jesu an seinem Kreuz« (Kol. 1,20) und damit auch »der Friede Gottes, welcher höher ist als alle Vernunft.« Es ist der Friede des Herzens und Gewissens, der uns aufgrund des Sterbens Jesu auf Golgatha geschenkt wird, der Gottes Ja und Amen bei sich hat, darum uns auch für Zeit und Ewigkeit mit Gott verbunden hält und uns so Welt, Sünde, Tod und Teufel überwinden läßt.
Darum wirft der auferstandene Herr seinen Friedensgruß aber auch nicht blindlings unter die Menschen. Er tritt mit seinem Gruß nicht vor das Volk, die Hohenpriester, Kaiphas oder Pilatus, um unbußfertigen Menschen seinen Frieden einfach, gar aufdringlich überzustülpen, sondern er tritt unter die, die wissen, daß sie der Vergebung und Reinigung ihrer Herzen und Gewissen bedürfen. So sendet Jesus seine Jünger auch in die

Welt, damit sie Menschen erst zur Umkehr, von ihrem verkehrten Wege weg unter das Kreuz von Golgatha rufen, wo Gott um des vergossenen Blutes Jesu willen uns als seine Kinder annimmt und wo nun durch das Wirken des Geistes Gottes die Gemeinde sich versammelt, mit der Jesus, wenn er in der Herrlichkeit des Vaters wiederkommt, sein großes Friedensreich aufrichten wird. Nur denen, die sich so rufen lassen, gilt die Wahrheit, daß sie in seinem Frieden stehen dürfen, das heißt in der Gewißheit, daß ihre Sünden vergeben sind und ihre Schuld bedeckt ist und sie Kinder Gottes und Erben seiner Herrlichkeit geworden sind. Wer dagegen das Wort vom Kreuz ablehnt, weil er kein Sünder sein will, dem haben die Jünger zu sagen, daß er bei allem Friedensgeschrei auf Erden doch ein Mensch ohne wahren Frieden bleiben wird und muß, weil er trotz Bethlehem und Golgatha ein mit Gott unversöhnter Mensch bleibt und an seinem Hader mit Gott einmal zugrundegehen muß.

Gewiß haben auch die Jünger in jener Stunde das Friedenswort ihres Herrn noch nicht in seiner ganzen Tiefe erfassen können. Wer hat das schon? Sie nahmen es aber an und wußten nun: Jesus lebt! Und Jesus ist uns zugetan! So ist es ihnen dann im betenden und anbetenden Umgang mit ihm und unter der Erleuchtung des Heiligen Geistes noch immer heller aufgegangen, warum sie schon in jener ersten Stunde so froh werden konnten. Ihre späteren Zeugnisse und Briefe sagen uns das.

Das darf auch uns zum Trost und zur Wegweisung dienen: Du brauchst nicht erst alles in seiner ganzen Tiefe und Herrlichkeit zu begreifen, was Jesu Kreuz und Auferstehung in sich schließt. Das kannst du ohnehin nicht. Es genügt aufs erste, daß du erkennst, daß du Vergebung brauchst, vielleicht zunächst einmal für ganz bestimmte einzelne Sünden in deinem Leben, daß du also doch auch ein Sünder bist. Wenn du dich dann an Jesus wendest, und ihm betend dein Leben übergibst, weil du es gelten läßt, daß er für alle, alle, alle, also auch für dich das Lösegeld bezahlt hat – dann bist du von Stund an in seine Gemeinschaft aufgenommen, und es tritt sofort auch das andere in Kraft, von dem ein Erweckungslied so sagt:

Hast du dich dem Herrn ergeben,
dann fängt auch dein Wachstum an,

und das wahre Geistesleben
macht sich in der Seele Bahn.
Doch – wer kann die Schäden nennen,
die der Herr noch an dir sieht?
Halt ihm still, du wirst erkennen,
wie er freundlich dich erzieht!

So erfuhren es die ersten Jünger Jesu, so dürfen wir es auch erfahren! Wir wissen nicht, was in unserer friedelosen Welt schon binnen kurzem auf uns zukommen kann. Wie schnell können wir vor das Letzte gestellt werden! Wie schnell können die Totenglocken über uns läuten! Doch wie getrost dürfen wir in die Zukunft schauen, wenn wir wissen und festhalten, was die Jünger erfuhren und uns im Namen ihres Herrn bezeugt, einige von ihnen sogar mit ihrem Märtyrertod bezeugt haben: Jesus lebt! Golgatha gilt! Nun ist die ganze Weltgeschichte von Gott aus auf das eine hohe Ziel ausgerichtet, daß Jesu Sieg über Sünde, Tod und Teufel nicht bloß an seinen Gläubigen, sondern auch vor aller Welt offenbar werde an dem Tage, da er kommt. Und wir rufen auch zu Ostern mit der ganzen Gemeinde unter dem Kreuz ihm entgegen: Ja, komme bald, Herr Jesu! Amen.

Gebet: Tag des Lebens, Tag der Wonne! Wie wird es sein, wenn Gottes Sonne durch unsres Grabes Dunkel bricht! O was werden wir empfinden, wenn Nacht und Finsternis verschwinden, und uns umstrahlt des Himmels Licht! Vollender, führe Du uns diesem Tage zu, uns die Deinen; die Todesbahn gingst Du voran: wir folgen froh Dir himmelan! Amen.

Lied: Gelobt sei Gott im höchsten Thron . . .

Ostermontag

Was mit Ostern steht und fällt

Ich erinnere euch aber, liebe Brüder, an das Evangelium, das ich euch verkündigt habe, das ihr auch angenommen habt, in dem ihr auch fest steht, durch das ihr auch selig werdet, wenn ihr's festhaltet in der Gestalt, in der ich es euch verkündigt habe; es sei denn, daß ihr umsonst gläubig geworden wäret. Denn als erstes habe ich euch weitergegeben, was ich auch empfangen habe: Daß Christus gestorben ist für unsre Sünden nach der Schrift; und daß er begraben worden ist; und daß er auferstanden ist am dritten Tage nach der Schrift; und daß er gesehen worden ist von Kephas, danach von den Zwölfen. Danach ist er gesehen worden von fünfhundert Brüdern auf einmal, von denen die meisten noch heute leben, einige aber sind entschlafen. Danach ist er gesehen worden von Jakobus, danach von allen Aposteln. Zuletzt von allen ist er auch von mir als einer unzeitigen Geburt gesehen worden. Denn ich bin der geringste unter den Aposteln, der ich nicht wert bin, daß ich ein Apostel heiße, weil ich die Gemeinde Gottes verfolgt habe. Aber durch Gottes Gnade bin ich, was ich bin. Und seine Gnade an mir ist nicht vergeblich gewesen, sondern ich habe viel mehr gearbeitet als sie alle; nicht aber ich, sondern Gottes Gnade, die mit mir ist. Es sei nun ich oder jene: so predigen wir, und so habt ihr geglaubt.

Wenn aber Christus gepredigt wird, daß er von den Toten auferstanden ist, wie sagen denn einige unter euch: Es gibt keine Auferstehung der Toten? Gibt es keine Auferstehung der Toten, so ist auch Christus nicht auferstanden. Ist aber Christus nicht auferstanden, so ist unsre Predigt vergeblich, so ist auch euer Glaube vergeblich. Wir würden dann auch als falsche Zeugen Gottes befunden, weil wir gegen Gott bezeugt hätten, er habe Christus auferweckt, den er nicht auferweckt hätte, wenn doch die Toten nicht auferstehen. Denn wenn die Toten nicht auferstehen, so ist Chrtistus auch nicht auferstanden. Ist Christus aber nicht auferstanden, so ist euer Glaube nichtig, so seid ihr noch in euren Sünden; so sind auch die, die in Christus entschlafen sind, verloren. Hoffen wir allein in diesem Leben auf Christus, so sind wir die elendsten unter allen Menschen.

Nun aber ist Christus auferstanden von den Toten als Erstling unter denen, die entschlafen sind. Denn da durch einen Menschen der Tod gekommen ist, so kommt auch durch einen Menschen die Auferstehung der Toten. Denn wie sie in Adam alle sterben, so werden sie in Christus alle lebendig gemacht werden. Ein jeder aber in seiner Ordnung: als Erstling Christus; danach, wenn er kommen wird, die, die Christus angehören; danach das Ende, wenn er das Reich Gott, dem Vater, übergeben wird, nachdem er alle Herrschaft und alle Macht und Gewalt vernichtet hat. Denn er muß herrschen, bis Gott ihm »alle Feinde unter seine Füße legt« (Psalm 110,1). Der letzte Feind, der vernichtet wird, ist der Tod. 1. Korinther 15,1–26

Ein besonderes Kleinod des Neuen Testaments stellt das 15. Kapitel im 1. Korintherbrief dar. Das verrät schon die feierliche Einleitung: »Ich erinnere euch aber, liebe Brüder, an das Evangelium, das ich euch verkündigt habe, das ihr auch angenommen habt, in dem ihr auch fest steht, durch das ihr auch selig werdet, wenn ihr's festhaltet in der Gestalt, in der ich es euch verkündigt habe; es sei denn, daß ihr umsonst gläubig geworden wäret. Denn als erstes habe ich euch weitergegeben, was ich auch empfangen habe: Daß Christus gestorben ist für unsere Sünden nach der Schrift; und daß er begraben worden ist; und daß er auferstanden ist am dritten Tage nach der Schrift«, und so geht es weiter.

Beachten wir doch: Das Evangelium von der Gnade Gottes, die in dem gekreuzigten und auferstandenen Herrn offenbar geworden ist, hat seine eigene Sprache: schlicht, klar und seines Inhalts würdig. Das Wort vom Kreuz verträgt nicht die »klugen« Worte, wie der Apostel an andrer Stelle sagt. Man kann es durch kluge menschliche Gelehrsamkeit sogar zunichte machen. Viele Reden und manche Bücher in unseren Tagen fallen unter dieses apostolische Urteil. Sie greifen nicht, weil sie zu klug, zu kompliziert, zu gelehrt von Jesus reden.

Aber das Wort vom Kreuz leidet auch nicht den Gassenton oder den leicht witzelnden Plauderton, bei dem man erst mit allerlei Späßen und Witzen das Ganze »auflockern« möchte, um dann ein Wort von Jesus anzubringen. Auch das geht regelmäßig daneben. Es greift nicht. Das Evangelium der Bibel ist eine Freudenbotschaft, ganz gewiß; aber sie kommt vom

Kreuzestod Jesu und von seiner Auferstehung her, und das gibt ihr auch immer die einzigartige Würde, den feierlichen Ernst und den Klang der reinen, ewigen Welt.
Wie kam der Apostel überhaupt zu diesem herrlichen Zeugnis, von dem wir ja nur den ersten Teil gelesen haben? Nun, der äußere Anlaß sind die Zweifel, die in der Gemeinde zu Korinth im Blick auf Ostern ausgesprochen wurden. Offenbar hat es der Apostel dabei mit zwei Einwänden zu tun, wie wir sie ja auch heute noch kennen: Die einen der Zweifler glaubten zwar an ein Jenseits und ein Fortleben nach dem Tode. Das lehrten ja auch griechische Philosophen. Aber – so fragten sie – wozu eine Auferstehung des Leibes? Es genügt doch, wenn unsre Seele gerettet wird und in den Himmel kommt. Der Leib ist doch nur die Schale der Seele, ja ihr Gefängnis, das im Tode fallen muß, um nie wiederzukehren. Die anderen Zweifler setzten offenbar auch hinter ein Fortleben nach dem Tode ein großes Fragezeichen. Auch diese Leute wollten Christen sein, aber sie meinten, es sei doch schon groß und genug, daß uns Jesus durch dieses Leben hindurchhilft und unser Herz mit seinen Gaben erfüllt, also Frieden und Freude schenkt, uns durch seine Vergebung das gute Gewissen schenkt und dazu die Freiheit, das Leben nach jeder Seite hin dankbar zu genießen. Wir wissen ja, daß viele Menschen unsrer Tage, die sich Christen nennen, genauso denken und reden: Christus ja, aber nur für dieses Leben und diese Welt. Da könnten wir viel von ihm lernen: Liebe, Gerechtigkeit, vor allem Frieden zu üben. So läuft man diesen Vorstellungen nach, möchte die Welt in eigener Kraft umkrempeln, und derweilen blutet sie sich unter den Schrecken des Bösen und der Mächte des Verderbens zu Tode.
Was sagt der Apostel nun zu diesen Gedanken? Er gerät in Harnisch! Er spürt, wie solche Gedanken sich gegen das Herz des Evangeliums richten und ihm den Todesstoß geben wollen. Denn was ist das Herz des Evangeliums, was ist Kern und Stern unsres Glaubens und Hoffens auf Jesus? Es ist der Tatbestand, daß Jesus Christus gekommen ist in die Welt, Sünder zu retten, das heißt: sie aus der Macht der Sünde, des Todes und des Teufels zu befreien und sie in das ewige Leben zu erheben. Dazu wurde Jesus, der Sohn Gottes, Mensch. Dazu hat er sich mit der ganzen Menschheit so verbunden, wie ein starker

Bergführer sich mit denen zusammenseilen läßt, die er sicher über alle Tiefen und Schluchten zum Gipfel hinaufführen will. Dazu ist Jesus in den Tod gegangen, um uns nach Geist, Seele und Leib nachzuziehen, wie wir es in dem schönen Glaubenslied von Paul Gerhardt singen:

> Er reißet durch den Tod,
> durch Welt, durch Sünd, durch Not;
> er reißet durch die Höll,
> ich bin stets sein Gesell.

Gibt es das aber nicht, wie die Zweifler in Korinth sagen: Auferstehung der Toten, dann kann das nur bedeuten, daß auch Christus, der Vordermann, der sich an die Spitze der Menschheit gestellt hat, nicht auferstanden ist; daß es auch ihm nicht gelungen ist, den Todesstrom zu durchschreiten und das andere Ufer zu erreichen. »Gibt es keine Auferstehung der Toten, so ist auch Christus nicht auferstanden.«

»Aber denen, die Gott lieben, müssen alle Dinge zum Besten dienen«, das gilt auch hier. Die Zweifler in Korinth veranlassen den Apostel, das herrliche 15. Kapitel im 1. Korintherbrief zu schreiben. In einer Klarheit, wie sie nur der Heilige Geist selbst schenken kann, zeichnet der Apostel nun mit einigen markanten Strichen zwei Bilder vor unsrer Seele:

1. eine Welt ohne Ostersonne; eine Welt, wie sie aussähe, wenn Christus nicht auferstanden wäre
2. die Welt im Licht der Ostersonne, nachdem Jesus Christus wahrhaftig von den Toten auferstanden ist

Beides wollen wir uns durch den Apostel deutlich machen lassen.

I.

Die Welt ohne Ostern. Sechs Dinge führt der Apostel an, um uns zu zeigen, wie eine Welt ohne Ostern auch für uns Christen aussähe:

1. »Ist Christus nicht auferstanden, so ist unsre Predigt vergeblich«, wörtlich: leer. Denn dann bleibt das Kreuz von Golgatha im Dunkel. Dann fehlt dem, was dort geschehen ist, das göttliche Siegel. Dann ist am Kreuz auf Golgatha eben nur ein Mensch gestorben, der zwar Gott vertraut hat, den aber Gott nicht anders behandelt hat wie alle Menschen. Es fehlt der

Beweis, daß Jesus der Sohn Gottes war. Es fehlt damit auch die Beglaubigung all seiner Worte, die er gesprochen hat auf Erden; sie sind dann im Grunde nicht mehr wert als alle menschlichen Gedanken und Philosophien auf Erden. Auch alle christlichen Bücher, die von Leben, Frieden, Glück und Ewigkeit reden, sind dann keinen Heller wert. Man kann dann ebensogut zusammenkommen und statt einer Predigt gemeinsam aus den Büchern von Karl May lesen. Ja, die wären noch vorzuziehen, weil jeder Mensch weiß: was der erzählt, ist wirklich gesponnen und erhebt keinen Anspruch, wahr zu sein. Aber die christliche Predigt tut das – und ist dann doch leer, hohl, Täuschung, weil nichts dahinter steht, wenn doch Christus nicht auferstanden ist!

2. »Ist Christus nicht auferstanden, . . . so ist auch euer Glaube vergeblich«, leer. Glauben heißt: in die ausgestreckte Hand Jesu einschlagen, wie wir es bei dem sinkenden Petrus sehen. Blieb aber Jesus im Tod, dann greift der Glaube ins Leere und alles, was wir erhoffen, ist nichts anderes als ein schöner Wunschtraum, der aber zerreißt, sobald wir wieder in der Wirklichkeit erwachen – so wie wir Kriegsgefangene in Rußland fast jede Nacht von Heimat, Korn und Brot träumten und jedesmal beim Erwachen uns doch in der rauhen Wirklichkeit wiederfanden. Denn ist Christus nicht auferstanden, wer sagt es uns dann, daß es das wirklich gibt, was er versprochen hat: eine ewige Heimat, ein ewiges Vaterhaus für uns. Dann bleibt alles ein leeres Versprechen.

3. »Wir würden dann aber auch als falsche Zeugen Gottes befunden, weil wir gegen Gott bezeugt hätten, er habe Christus auferweckt, den er nicht auferweckt hätte, wenn doch die Toten nicht auferstehen.« Für Paulus sind falsche Zeugen, die dazu in Gottes Namen auftreten, Verbrecher, die man vor Gericht stellen muß, so wie er als Saulus die Christen aufspürte, weil er in ihnen falsche Zeugen Gottes sah. So gehörten alle Prediger, alle Evangelisten und Pastoren als Lügner und Betrüger vors Gericht und in die Arbeitslager. Denn sie gaukeln den Menschen etwas vor, rufen zu Gaben und Opfern für die Mission daheim und draußen auf, und nichts, gar nichts steckt hinter ihrer Verkündigung. Dann müßte es auch verboten werden, daß ein Pfarrer hinter dem Sarg mitgeht und am Grabe fromme Worte spricht, die doch eitel leer und hohl und

unwahr sind. Der Apostel würde das für richtig halten – wenn doch Christus nicht auferstanden ist.
4. »Ist Christus nicht auferstanden, . . . dann seid ihr noch in euren Sünden.« Das heißt: dann liegt noch ein schwerer Bann auf eurem Leben. Das wußte damals jeder Heide, daß alle ungesühnte Schuld der Menschen nach Sühne, nach Rache schreit. Ist Christus nicht auferstanden von den Toten, dann gibt es keine Vergebung der Sünden. Wer sagte es denn, daß sein Tod wirklich die Sühne war für die Sünden der Menschen? Dann sind also alle Sünden der Menschen noch ungesühnt. Dann ist gewiß jedes Unglück in eurem Leben, ihr Korinther, und jede Krankheit, Armut und Not nichts andres als Strafe und Heimsuchung für eure Sünden, Rache böser Geister unter dem Himmel; dann habt ihr auch noch allerlei zu erwarten an Angst, Not und Schrecken von daher.
5. Dasselbe gilt dann auch für die, die schon entschlafen sind: ». . . so sind auch die, die in Christus entschlafen sind, verloren.« Auch sie sind in ihren Sünden gestorben, und wenn es doch ein Fortleben nach dem Tode gibt und ein ewiges Gericht, dann stehen sie mit der ganzen ungesühnten Schuld ihres Lebens vor dem ewigen Richter.
6. »Hoffen wir allein in diesem Leben auf Christus, so sind wir die elendsten unter allen Menschen.« Das heißt: Gibt es das alles nicht, was wir predigen, hoffen, glauben und wofür wir leiden, dann sind auch wir selbst, wir Apostel und Zeugen des Evangeliums, wie alle andern Christen, betrogene Leute. Dann sind in der Tat die Menschen zu loben, die nach der Losung leben: »Laßt uns essen und trinken, denn morgen sind wir tot!« Und damit ist alles aus! Diese Menschen glauben von vornherein nicht an ein Jenseits. Wir aber sagen: Das Schönste kommt noch – und stünden am Ende als Betrogene da. Denn nichts kommt, wenn Christus im Grabe geblieben ist.
O wir sehen, wie scharf der Apostel, vom Heiligen Geist erleuchtet, denken kann. Nein, Christen sind nicht so einfältig und sind es nie gewesen, auch an jenem ersten Ostertag nicht, daß sie alles unbesehen hinnehmen. Im Gegenteil: Christen sind Menschen, die ein wenig mehr denken können als andere, weil sie vor allen Dingen den Gedanken zu Ende denken: Ist die Auferstehung der Toten nichts und also auch Christus nicht auferstanden – dann gibt es keine Hoffnung für uns, sondern

nur eine Welt ohne Licht, ohne Trost, ohne jedes Morgenrot. So ehrlich, so wahrhaftig sind die Apostel gegen sich selbst und gegen uns alle.

Ja, was sind das doch für kräftige Boxhiebe in das Angesicht aller Zweifler und klugen Leute, damals und heute, mit denen es der Apostel hier zu tun hat. Und stünde nicht der altböse Feind selber hinter all den Zweifeln, dann müßten sie längst ein für allemal überwunden sein. Doch nun gilt: »Ist unser Evangelium verdeckt, so ist's denen verdeckt, die verloren werden, den Ungläubigen, denen der Gott dieser Welt«, nämlich der Teufel, »den Sinn verblendet hat, daß sie nicht sehen das helle Licht von der Herrlichkeit Christi«, so schreibt der Apostel an andrer Stelle. Eine dunkle Hand liegt auf diesen armen Zweiflern. Darum sind sie zu bedauern. Darum müssen wir für sie beten und um sie ringen, wie es der Apostel auch tut. Und wir müssen darauf achten, daß solch ein Gift nicht auch in unser Denken einfließt und uns das helle, herrliche Licht von Ostern verdunkelt.
Gottlob, wovon der Apostel hier ausgegangen ist bei diesem düsteren Bild, ist nur Annahme. Paulus hat sich nur für einige Augenblicke auf den Standpunkt der Zweifler gestellt: Auferstehung, die gibt es nicht! Er hat gezeigt, wie die ganze Bibel dann zusammenfällt und der christliche Glaube wie ein Kartenhaus zusammenstürzt. Er selbst, der Apostel, steht mit beiden Füßen und mit jubelnder Freude in der Welt von Ostern und kehrt mit seinem »Nun aber ist Christus auferstanden von den Toten« in die Welt der Wirklichkeit zurück. Damit stehen wir bei dem zweiten in unsrem verlesenen Abschnitt:

II.

Die Welt im Licht der Ostersonne: »Nun aber ist Christus auferstanden von den Toten und der Erstling geworden unter denen, die da schlafen.« Und nun müßten wir das alles nochmals Punkt für Punkt durchgehen, was der Apostel bisher gesagt hat, um alles im Licht von Ostern zu sehen und genauer und ausführlicher darzulegen, was das »Nun aber« in jedem der angeführten Fälle heißt. Wir wollen uns auf einige Sätze beschränken:

»Nun aber *ist* Christus auferstanden von den Toten«, das heißt: Nun aber ist die Osterbotschaft nicht vergeblich, nicht leer, sondern sie ist die Botschaft ohnegleichen, die die Welt aus den Angeln hebt. Und die zu Ostern und danach den lebendigen Herrn und Heiland gesehen haben und ihn bezeugen, sind keine falschen Zeugen, sondern sind von dem auferstandenen Herrn Überwundene. Und ich selbst, der ich nicht bloß ein Zweifler war, sondern mit Drohen und Schnauben gegen alle zu Feld gezogen bin, die an Jesu Auferstehung glauben und davon zeugen, stehe nicht als falscher Zeuge vor euch, sondern auch mich hat der Auferstandene eingeholt und gewürdigt, ihn zu sehen und zu hören und aus dem Staube aufzustehen und ein neues Leben unter seiner Gnade und Führung zu beginnen. Diese Wiedergeburt, die ich vor Damaskus erlebte, ging hart am Tode vorbei; das will Paulus sagen, wenn er von sich als einer »unzeitigen Geburt« spricht. Eigentlich hätte er den Tod verdient gehabt; es war die herrliche Gnade des Auferstandenen, die ihm das neue Leben schenkte und ihm die Augen für Jesu Herrlichkeit öffnete.
Ja, als einer, den der Auferstandene überwunden hat, stehe nun auch ich vor euch und darf es mit den andern Aposteln bezeugen: daß wir euch kein leeres Wort verkünden, daß euer Glaube an den gekreuzigten und auferstandenen Jesus von Nazareth kein leerer Wahn ist, daß unsere Hoffnung auf ein ewiges Vaterland und Vaterhaus kein Traum ist, denn alles, was Jesus gesagt und getan hat, das hat Gott durch seine Auferstehung beglaubigt und für Zeit und Ewigkeit gültig gemacht. Beglaubigt ist von Gott sein Wort, daß er sein Leben hingebe zur Erlösung für alle Welt; beglaubigt ist das heilige Mahl, das Jesus zu seinem Gedächtnis eingesetzt hat; beglaubigt ist sein Wort, daß in seines Vaters Hause viele Wohnungen sind und er hingehe, den Seinen eine Stätte zu bereiten. Ja, es gibt überhaupt kein Wort, das Jesus gesprochen hat, das Gott nicht beglaubigt hätte. Lege deinen Finger auf alles, was die Evangelien von Jesus berichten, auf jedes Wort, das er gesprochen hat, und wisse: Das alles hat das Siegel Gottes bei sich; das alles ist in der Auferstehung Jesu Christi von den Toten in der Kraft Gottes von ihm zu einem Ja und Amen gemacht.
So ist auch unser Rufen, Mühen, Wirken im Dienst dieses

Herrn nicht umsonst, im Gegenteil: Nichts ist so gut angelegt wie das, was in Jesu Namen auf Erden geschieht. Denn

Jesus lebt! Ihm ist das Reich
über alle Welt gegeben.
Mit ihm werd auch ich zugleich
ewig herrschen, ewig leben.

Und es ist recht, daß die Zeugen und Bekenner Jesu noch zu den Sterbenden und Trauernden gerufen werden; denn sie haben eine Botschaft auch da noch auszurichten, wo alle Weisen dieser Welt verstummen müssen. Und darum sind die nicht zu loben, die nach der Losung leben: »Macht euch das Leben hier recht schön, kein Jenseits gibt's, kein Wiedersehn!« *Sie* sind die elendsten unter allen Menschen; für *sie* gibt es einmal ein böses Erwachen jenseits hinter Grab und Tod. Denn »Nun aber ist Christus auferstanden von den Toten als Erstling unter denen, die entschlafen sind.« Und damit stellt uns Paulus im Geist gleichsam an ein weites Erntefeld.

Wie wir in den Sommerwochen vor den reifenden Feldern stehen und im Geist schon die kommende Ernte sehen, so schaut der Apostel mit vom Heiligen Geist erleuchteten Augen auf die ganze Menschheit. Wenn er Christus hier den Erstling nennt unter denen, die entschlafen sind, dann denkt er, wie das Wort im Grundtext es meint, an die Erstlingsgarbe, die in Israel jährlich dem Herrn als ein Schwingopfer dargebracht wurde. Solch eine Erstlingsgarbe bedeutete: Draußen steht die Ernte vor der Tür! Gebt unsrem Gott die Ehre! So steht der auferstandene Herr wie eine Erstlingsfrucht und ein Beweis der heranreifenden Ernte an der Spitze der ganzen Menschheit. Seine Auferstehung bedeutet: Sie kommen alle nach, die Menschenantlitz tragen. Um ein anderes biblisches Gleichnis zu gebrauchen: Die ganze Menschheit ist vom Kreuz und von der Auferstehung Jesu her wie in einem großen Netz gefangen und wird durch die Kraft der Auferstehung Jesu durch den Todesstrom hindurch ans andere Ufer gezogen. Ob die Menschen das glauben oder nicht glauben – in die ewige Welt treten sie alle ein. Keiner kann sich dieser Macht Gottes entziehen, die von Ostern ausgeht.

Allerdings: »Ein jeglicher aber in seiner Ordnung.« Klar zieht der Apostel in einem andern Bild – dem einer militärischen Marschordnung – auch hier die Grenze zwischen denen, die sich diesem Herrn mit ihrem Leben ausgeliefert haben, und solchen, die es nicht getan haben, die sich von ihm nicht rufen, retten und von ihren Sünden reinigen ließen. »Als Erstling Christus, danach, wenn er kommen wird, die, die Christus angehören.« Der Apostel denkt hier an die Stunde, da Jesus zur Heimholung seiner Gemeinde erscheinen wird und zum Gericht über den Antichristen.

»Danach«, das heißt offenbar am Ende des Friedensreiches Christi, gleichsam am Abend des Jüngsten Tages, »das Ende, wenn er das Reich Gott, dem Vater übergeben wird, nachdem er alle Herrschaft und alle Macht und Gewalt vernichtet hat. Denn er muß herrschen, bis Gott ihm alle Feinde unter seine Füße legt. Der letzte Feind, der aufgehoben wird, ist der Tod.«

Wir schauen hier in eine Weite, die wir noch nicht ermessen können. Aber soviel ist deutlich: Auch die Leugner der Auferstehung und alle, die Christus nicht angehören, gelangen zur leiblichen Auferstehung. Auch sie müssen es an ihrem Leibe erfahren, wie sehr sie auch von dem umfaßt waren, was auf Golgatha und am Ostermorgen für alle Welt geschehen ist, wie sie aber durch Unglauben das Größte ausgeschlagen haben, was Gott ihnen in Christus anbot: Seine Liebe.

Und ein anderes ist hier ebenso deutlich: Der Apostel schaut hier auf die letzte Vollendung hin; er denkt nicht an das, was gleich nach dem Tode mit uns geschieht. Darüber spricht er im 2. Brief an die Korinther und sagt dort, daß die Gläubigen schon bei ihrem Sterben den seligen Eingang in die himmlischen Wohnungen finden und mit allen Seligen dem Tag der Wiederkunft Jesu und ihrer Vollendung entgegenharren und entgegenreifen. Aber weder bei denen, die Christo angehören, noch bei denen, die ihn ablehnen, verzichtet Gott auf die Wiederherstellung des Leibes. Nichts gibt Gott auf von dem, was er sich vorgenommen hat. Es war sein Wille, daß der von ihm erschaffene Mensch einen Leib habe. Dies läßt Gott sich auch nicht durch Sünde, Tod und Teufel durchkreuzen. Darum: »Wie sie in Adam alle sterben, so werden sie in Christus alle lebendig gemacht werden.«Aber ob zum ewigen Leben oder zur ewigen Schmach und Schande – das hängt von unserer Stellung zu Jesus ab.

Denken wir zum Schluß auch noch an dies eine: Paulus hatte als

Saulus im Unglauben gegen Jesus gekämpft mit dem ganzen Eifer seiner Kraft und Leidenschaft, obwohl er wußte, was die Jünger Jesu bezeugten: »Diesen Jesus hat Gott auferweckt!« Als Vertrauensmann des Hohen Rates kannte er gewiß auch die Akten über Jesus. Er wußte, daß man das Grab am Ostermorgen tatsächlich leer gefunden hat. Er kannte sicher auch die Aussagen der Soldaten, die das Grab bewacht hatten. Gewiß hatte der Hohe Rat den Leichnam Jesu überall suchen lassen, umsonst. Das leere Grab blieb ein großes Geheimnis. Aber das alles hatte einen Saulus nicht überwunden.

Was überwand ihn denn? Was legte diesen großen Zweifler und Christenhasser in den Staub? Es war die Begegnung mit dem Auferstandenen selber vor den Toren von Damaskus: »Ich bin Jesus, den du verfolgst!« Da war es um Saulus geschehen. »Herr, was willst du, daß ich tun soll?« konnte Saulus nur noch über die Lippen bringen. Aber das war zugleich die große Wende in seinem Leben. Fortan gehörte sein Leben dem, der auch für ihn wie für alle Menschen am Kreuz von Golgatha verblutet und am dritten Tage siegreich vom Tod erstanden ist.

Nun bleiben diese Erscheinungen des Auferstandenen vor den Aposteln und den ersten Jüngern am Ostertag und danach und vor Saulus einmalig in ihrer Art. Sie gehören zu dem Apostelamt, zu dem der Herr sie berief. Uns ist solches Sehen für diese Erdenzeit nicht verheißen. Wir stehen unter der Ordnung, die Jesus nach seiner Auferstehung dem Thomas verkündet: »Du glaubst, weil du mich gesehen hast. Selig sind, die nicht sehen und doch glauben.« Das heißt: Das soll fortan der Weg der Jünger Jesu sein bis zur Wiederkunft ihres Herrn. Und doch sollen auch wir nicht aufs Blaue hin glauben müssen. Sondern der Herr hat dafür gesorgt, daß uns ein festes, durch und durch zuverlässiges Wort gegeben wurde. In diesem seinem Wort will Jesus sich nun finden lassen, das seine Apostel uns übergeben haben.

Aber darauf kommt nun für uns alles an, daß wir ihm hier in seinem Wort als dem Lebendigen begegnen. Ja, ich wiederhole: In seinem Wort, hinter dem er selbst als der Lebendige steht. Und wirklich auch in dem Wort, das in seiner Gemeinde verkündigt wird. Da hat der Herr noch seine besondere Gegenwart zugesagt. Dem Thomas, der sich von den andern

Jüngern abgesondert hatte, erschien der Herr erst acht Tage später und erst dort, wo er hingehörte: in der Gemeinschaft mit den andern Jüngern, nicht in seiner Abkapselung.
Aber da, unter dem Wort der Zeugen Jesu, soll es dann auch wirklich zu einer Begegnung mit dem Auferstandenen kommen. Alle Gedanken und Beweise werden uns nicht überwinden, wenn wir ihm, seinem Wort und der Gemeinde der Glaubenden aus dem Wege gehen. Aber wer einmal in seiner Gewissensnot und dann immer neu zu diesem Herrn gerufen und das Beten gelernt hat und dabei erfahren, wie das Wort vom Kreuz ihm die Heilung brachte, dem können tausend kluge Köpfe das nicht mehr aus dem Herzen reißen, nämlich das Wissen: »Daß ich einen Heiland habe, der vom Kripplein bis zum Grabe, bis zum Thron, wo man ihn ehret, mir, dem Sünder, zugehöret!« Seht, das ist das Entscheidende für uns: Der persönliche Umgang mit Jesus in seinem Wort und Mahl, im Gebet und in der Gemeinschaft seiner Gläubigen. Da sollen und da werden wir ihn immer neu erfahren als den Lebendigen, der über uns wacht, um uns zu führen und zu formen und einmal nach Hause zu bringen, der Seele nach schon in dem Augenblick, da wir die Augen für diese Welt schließen, und der uns am Tage, da er wiederkommt, auch einen neuen, verklärten Leib gibt, in dem wir dann »unter ihm leben und ihm dienen werden in ewiger Gerechtigkeit, Unschuld und Seligkeit. Das ist gewißlich wahr!« O laßt uns festhalten an ihm, dem auferstandenen und wiederkommenden Herrn und ihn jetzt schon mit unsrem ganzen Leben preisen! Amen.

Gebet: Herr, Du wirst kommen und all Deine Frommen, die sich bekehren, gnädig dahin bringen, da alle Engel ewig, ewig singen: Lobet den Herren!

Lied: Jesus lebt, mit ihm auch ich. Tod, wo sind nun deine Schrecken . . .

Sei nicht ungläubig, sondern gläubig!

Thomas aber, der Zwilling genannt wird, einer der Zwölf, war nicht bei ihnen, als Jesus kam. Da sagten die andern Jünger zu ihm: Wir haben den Herrn gesehen. Er aber sprach zu ihnen: Wenn ich nicht in seinen Händen die Nägelmale sehe und meinen Finger in die Nägelmale lege und meine Hand in seine Seite lege, kann ich's nicht glauben. Und nach acht Tagen waren seine Jünger abermals darinnen versammelt, und Thomas war bei ihnen. Kommt Jesus, als die Türen verschlossen waren, und tritt mitten unter sie und spricht: Friede sei mit euch! Danach spricht er zu Thomas: Reiche deinen Finger her und sieh meine Hände, und reiche deine Hand her und lege sie in meine Seite, und sei nicht ungläubig, sondern gläubig! Thomas antwortete und sprach zu ihm: Mein Herr und mein Gott! Spricht Jesus zu ihm: Weil du mich gesehen hast, Thomas, darum glaubst du. Selig sind, die nicht sehen und doch glauben! Johannes 20,24–29

Einem angefochtenen Jünger Jesu, der mit seinen Zweifeln nicht fertig wurde, aber von dem auferstandenen Herrn zurechtgebracht wurde, verdanken wir das kürzeste und zugleich tiefste Glaubensbekenntnis, das ein Mensch im Blick auf Jesus ausgesprochen hat, das Bekenntnis nämlich: »Mein Herr und mein Gott!« Bedenken wir, was das aus dem Munde eines Juden doch für ein unerhörtes Bekenntnis ist, war doch der Jude von Kindesbeinen an gelehrt: »Höre, Israel, ich der Herr, dein Gott, bin ein einiger (das heißt: der einzige) Gott. Und außer mir ist kein Gott.« Daß Jesus sich als Gottes Sohn bezeichnete, klang für die Ohren der Führer Israels schon so lästerlich, daß der Hohepriester zum Zeichen der Entrüstung sein Kleid zerriß, als Jesus vor ihm stand. Aber nun sagt Thomas noch mehr. Er ist von der Wirklichkeit und der Hoheit des Auferstandenen so ergriffen und überwältigt, daß er nur ausrufen kann: »Mein Herr und mein Gott!« Er spürt: In Jesus von Nazareth, dem Gekreuzigten und Auferstandenen, ist der dreimal heilige Gott selbst offenbar geworden. Darum legt er

sich mit ganzem Vertrauen zu Jesu Füßen, damit Jesus fortan sein Herr und sein Gott sei.
Glückselig der Mensch, der das zu Jesus gewandt sagen kann: »Mein Herr und mein Gott!« Denn der hat alles, auch wenn er vielleicht einmal in schwerer Anfechtung des Glaubens dazusetzen muß, wie es Jesus selbst am Kreuze tat: »Warum hast du mich verlassen?« Warum muß ich das erleiden? Warum muß ich diesen Weg gehen und dieses Opfer bringen? Die Auferstehung Jesu Christi von den Toten und seine Erhöhung zu Gottes Thron bezeugen es, daß keiner von Gott wirklich und für immer verlassen ist, der das über seine Lippen bringt oder es doch wieder gern bringen möchte: Mein Herr und mein Gott!
Aus der Anfechtung zur Anbetung, vom Zweifler zum entschiedenen Bekenner – so könnten wir dieses biblische Zeugnis auch überschreiben. Wie kommen auch wir – sei es zum ersten Mal, sei es in den Anfechtungen des Glaubenskampfes immer neu dahin? Das Wort selbst macht uns das hier deutlich:

I.

Das erste, wozu es uns mahnt, lautet: *Gib heraus, was dich anficht, was dich drückt und quält,* ob es Sünde, Schuld und Schande ist oder Zweifel, Angst und Sorgen. »Mach aus allem ein Gebet!« (Dora Rappard). Das ist immer der erste Schritt zum Licht, zum Sieg, zum Leben.
Das sehen wir hier: Thomas hat, als er die Osterkunde hört, daß Jesus auferstanden sei, fast trotzig geantwortet: »Wenn ich nicht in seinen Händen die Nägelmale sehe und meine Hand in seine Seite lege, kann ich's nicht glauben!« Sehen will er, greifen möchte er. Acht Tage verharrt Thomas auf diesem Standpunkt. Und dann muß und darf er erfahren, daß in demselben Augenblick, da er solche Zweifel aussprach und solches redete, der Auferstandene in der für uns noch unsichtbaren Welt ihm zugehört und Wort für Wort verstanden hatte. Denn als Jesus nach acht Tagen wieder den Jüngern erscheint und Thomas dabei ist, wiederholt Jesus Wort für Wort das, was Thomas gesagt hatte von den Nägelmalen und von der offenen Seite, in die er erst seine Hände legen können müßte, ehe er glauben wollte.
Was sagt uns das? Das wird uns hier deutlich gemacht, wie

dünn die Wand doch ist, die uns von der ewigen Welt trennt, und wie nahe der auferstandene Herr gerade den zerbrochenen und angefochtenen und ehrlich zweifelnden Herzen ist; wie wahr und wirklich das ist, was die Bibel immer wieder sagt: »Er ist fürwahr nicht ferne von einem jeglichen unter uns, denn in ihm leben, weben und sind wir.« Oder: »Von allen Seiten umgibst du mich und hältst deine Hand über mir.« Wir sind nicht bloß umgeben von den bösen Mächten unter dem Himmel, wie uns das der Apostel in Epheser 6 lehrt, die täglich versuchen, uns Gottes Wirklichkeit zu verdunkeln und uns von Jesus wegzulocken, sondern wir sind noch mehr von dem auferstandenen Herrn und seiner Gegenwart umstellt, und unser ganzes Leben, wie immer es beschaffen ist, vollzieht sich unter den Augen des auferstandenen und jetzt zur Rechten Gottes erhöhten Herrn. Seine Verheißung: »Siehe, ich bin bei euch alle Tage bis an der Welt Ende!« gilt und wird gelten, solange die Erde steht.
Gewiß ist das auch eine sehr ernste Wahrheit, daß die Ewigkeit, ja der Herr selbst mithört, nicht bloß unsere Zweifel, mit denen wir ringen, sondern auch jedes unbedachte Wort und alles, was über unsere Lippen kommt. »Es ist kein Wort auf meiner Zunge, das du, Herr, nicht kenntest«, sagt der Psalmsänger. Über den Ernst dieser Wahrheit wollen wir aber hier nicht weiter reden. Denn hier hat diese Wahrheit, daß der Herr mithört, für alle ehrlichen Gottsucher und alle angefochtenen Kinder Gottes eine unendlich tröstliche Seite: Diese ewige Welt, die sich in Jesus über uns geöffnet hat und mithört, ist eine Welt der suchenden, heilenden Liebe. Denn was hört Thomas in der Stunde, da Jesus ihm erscheint? Kein hartes Wort des Vorwurfs, mit dem Jesus ihn wegen seines Zweifels gestraft hätte, keinen aufgehobenen Finger sieht er, der ihm bedeutet hätte: »Thomas, du hast mich enttäuscht, du hast an meinen Worten vorbeigehört, und nicht nur das, du bliebst stur bei deinen Zweifeln, auch als dir zehn und mehr Zeugen gesagt haben, daß ich lebe; Thomas, wie willst du Menschen zum Glauben rufen, wenn du selbst dich nicht überzeugen läßt? Als Apostel kann ich dich jedenfalls nicht gebrauchen.« Nein, sondern Jesus hält ihm seine Nägelmale entgegen und seine wunde Seite; die Zeichen seiner Liebe bis in den Tod hält er ihm hin. Er umfängt den armen Zweifler mit solch einem

Erbarmen und einer so freundlichen Aufforderung, nun doch nicht ungläubig, sondern gläubig zu sein, daß Thomas nur in die Knie sinken kann mit dem Bekenntnis: Mein Herr und mein Gott!
So fordert auch uns das Wort hier auf: Gib heraus, was dich belastet und drückt, sei es vor einem Menschen, den der Herr dir in den Weg schickt, sei es im Gebet vor dem Herrn, im Seufzen, Schreien und Weinen. Die ewige Welt hört mit! Jesus hört zu! Seine Welt ist eine Welt voll Liebe! Sie hat sich noch jedem geöffnet, der ehrlich Frieden, Wahrheit, Gewißheit und Geborgenheit suchte in aller Unruhe und Ungewißheit dieser Zeit. »Wer den Namen des Herrn anrufen wird, der wird errettet werden!« Das gilt auch hier. Und der Herr kann soviel vertragen! Wir denken an die Klagelieder Hiobs und die des Propheten Jeremia, die sie in ihren Anfechtungen von sich gegeben haben. Nur nicht stumm werden oder stumm bleiben vor Gott und alles in sich hineinfressen! Daran kann und muß ein Mensch schließlich zugrunde gehen.

II.

Das zweite, das uns hier als Mahnung mitgegeben wird, heißt: *Sondere dich nicht ab!* Sondere dich nicht ab von denen, die der Herr dir als Brüder und Schwestern an die Seite gegeben hat. Jesus begegnet dem Thomas, aber er begegnet ihm wo? Nicht zu Hause in seiner Schwermutshöhle, sondern erst dort, wo Thomas sich wieder eingefunden hat – im Kreise der übrigen Jünger. »Und über acht Tage waren abermals seine Jünger darinnen versammelt und Thomas mit ihnen«: Und da kommt Jesus zu ihnen und begegnet dem Thomas und hilft ihm zurecht.
Auch dieser Zug in unserem Bibelabschnitt hat gewiß seine tiefe Bedeutung, auch für uns. Thomas hatte sich nach Karfreitag offenbar von den anderen Jüngern abgesondert. Er scheint von Natur ohnehin etwas zur Schwermut geneigt zu haben. Aber auch so wissen wir es alle: Man kann bei seinen eigenen Grübeleien, Nöten und Schwierigkeiten in solch eine innere Verfassung hineinkommen, daß man zunächst keinen anderen sehen und hören mag. Und es kann hier und da auch einmal ratsam sein, sich für eine Weile in die Stille zurückzuziehen.

Aber entscheidend ist, ob wir dazu innerlich so geführt werden, oder ob wir das eigenwillig tun und die angebliche Stille nichts anderes ist als ein Schmollwinkel, in dem wir jetzt den Nichtverstandenen oder Gekränkten spielen. Bei Thomas war es wahrscheinlich doch so, daß in seiner Absonderung Schuld lag, so daß er die Erscheinung des auferstandenen Herrn nicht schon acht Tage früher zusammen mit den anderen Jüngern erlebt hatte. Denn wenn Jesus ihm nicht in der Einsamkeit erschien, sondern erst in der Gemeinschaft mit den anderen Jüngern, dann wollte Jesus ihm doch deutlich machen: »Thomas, inmitten meiner Jünger, da ist auch dein Platz. Da will ich dich sehen. Alle, die mich suchen und mich meinen, gehören zusammen.«

Und das gilt gewiß uns allen. Es mag schon so sein, daß hier und dort auch ein Mensch in der Stille und Einsamkeit allein zurechtkommt, wie wir schon bemerkten, und wer als Jünger Jesu, als Kind Gottes schwere Wege geführt wird, braucht viel Stille. Das wollen wir nicht leugnen. Aber die Erfahrung lehrt bis heute, daß die letzte Entscheidung bei suchenden und zweifelnden und am Boden liegenden Menschen beinahe ausschließlich in der Gemeinde fällt, in Evangelisationen, Bibelwochen und Freizeiten, durch den Dienst und Zuspruch von anderen gläubigen Menschen. Man kann da geradezu von einem Gesetz im Reiche Gottes sprechen. Wir denken an Saulus vor Damaskus: Der Herr wirft ihn in den Staub, ganz unmittelbar durch den Anruf: »Saul, Saul, was verfolgst du mich? Ich bin Jesus, den du verfolgst!« Aber dann antwortet der Herr auf die Frage: »Herr, was willst du, daß ich tun soll?«: »Stehe auf und gehe in die Stadt; da wird man dir sagen, was du tun sollst!« Und dort, in Damaskus, schickt der Herr einen seiner Jünger, ein Glied der dortigen Gemeinde, zu Saulus und läßt ihm durch denselben das lösende und befreiende Wort sagen.

Warum der Herr das so ordnet und will? Gewiß dazu, daß jedem Menschen deutlich werde, wohin er als Jünger Jesu, sobald er es werden will oder geworden ist, gehört, nämlich in seine Gemeinde. Darum – so sehr Jesus den einzelnen Menschen ruft und jeden persönlich meint und sucht, so sehr fügt er alle Gewonnenen doch immer zusammen, damit sie lernen, daß sie Glieder sind am Leib seiner Gemeinde; ja daß seine

Gemeinden auf Erden Werkstätten sind des Heiligen Geistes, in denen die Gläubigen zugerichtet werden sollen für ihre Aufgaben auf Erden und im Himmel. Darum hat der Herr auch seine besondere Anwesenheit dort verheißen, wo man sich in seinem Namen als Glaubensfamilie versammelt, und wenn sie nur aus zwei oder drei Anwesenden bestünde. Deshalb schenkt er auch dort immer wieder Stärkung, Wegweisung, Lösungen und läßt auch dort Menschen zum Glauben kommen.
Ach, wieviel Menschen könnten auch in unserer Zeit schon längst im lebendigen Glauben stehen und festen Grund unter den Füßen haben und wie viele Gläubige könnten freudiger im Glauben stehen, wenn sie nur diesen Weg gehen wollten und Gemeinschaft suchten mit denen, die sich in Jesu Namen versammeln, und sein Wort, ja ihn selbst in ihrer Mitte haben. Wie oft mag da schon das Wort gesprochen worden sein, das sie hätte aufrichten und zurechtbringen und ihnen den Weg weisen können, den sie wandeln sollen, aber sie waren nicht da! Darum »lasset uns nicht verlassen unsere Versammlungen, wie etliche pflegen!«, mahnt der Hebräerbrief. Laßt uns auch in Liebe denen nachgehen, die in dieser Gefahr stehen, und sie aufsuchen, wie die anderen Jünger das mit Thomas getan haben. Der Herr bekennt sich immer noch zu diesem Weg, den er selbst uns gewiesen hat: zu der Gemeinschaft der Gläubigen.

III.

Ein drittes wollen wir uns aus diesem Bibelabschnitt noch sagen lassen, nämlich die Aufforderung Jesu an Thomas: *Sei nicht ungläubig, sondern gläubig!* Der Glaube an den auferstandenen Herrn hat wirklich auch etwas mit unserem Willen zu tun. Thomas wird im Kreis der übrigen Jünger überwunden, und Thomas läßt sich überwinden. Ob er nun das Geheimnis der Auferstehung Jesu mit seinem Verstand begriffen hatte? Gewiß nicht! Das Osterwunder blieb ein Wunder der Allmacht Gottes. Aber das eine wußte Thomas nun, das hatte er erfahren: Jesus lebt! Und nun beugt er sich vor Jesus und vertraut sich ihm an als seinem Herrn und Gott – mit entschlossenem Willen.
Nein, um unseres Heilandes gewiß zu werden und uns ihm ausliefern zu können, brauchen wir nicht erst alle Tiefen der

Weisheit und Wege Gottes erforscht zu haben und alles mit unserem Verstand begriffen zu haben, wie wir ja auch, um der Sonne am Himmel gewiß zu werden, nicht erst ihr ganzes Geheimnis zu erforschen brauchen. Ein Sonnenstrahl, der uns trifft und wärmt, genügt, um ihre Wirklichkeit zu erfahren. Auf dieses eine kommt es auch in der Welt des Glaubens an, daß ein Sonnenstrahl seiner Liebe mich trifft und ergreift und ich darunter bleibe und mich beuge und mit meinem Willen darauf eingehe.

Wir möchten an solcher Stelle, wie sie uns hier berichtet wird, wieder einmal denken: Ja, wenn wir auch so den Auferstandenen sehen könnten, wie es Thomas geschenkt wurde, dann würden wir auch noch ganz anders glauben und andere würden ebenso zum Glauben kommen, wie Thomas zum Glauben kam. Wir preisen die Jünger glücklich, denen das widerfuhr: die leibhaftige Begegnung mit dem Auferstandenen und meinen, Höheres könnte einem Menschen auf Erden nicht beschieden sein.

Aber Jesus sagt es anders: »Du glaubst, Thomas, weil du mich gesehen hast. Selig sind, die nicht sehen und doch glauben.« Ausleger betonen hier mit Recht: Höher als das, was dem Thomas widerfuhr, stellt Jesus das Wunder der Gnade, die Menschen zum Glauben ruft und bringt, ohne daß sie sehen, was Thomas sah, allein durch das Wort und den Geist, der beim Wort ist. Ja, das soll und wird nach dem Willen des auferstandenen Herrn auch fortan der Weg sein, der zum Himmel führt: »Nicht sehen und doch glauben!« Denn so sehr und so allein will Jesus fortan die ganze Kraft seines Lebens in sein Wort legen und es mit seinem Geist verbinden, daß es in das Innerste des Menschen dringt, sein Denken und Wollen anspricht und sein Herz zu dem zieht, der für ihn starb – nach seiner Verheißung: »Wenn ich erhöht werde von der Erde, dann will ich alle zu mir ziehen!«

Jesus preist die Menschen selig – und zwar so betont, daß man sagen darf: noch seliger als den Thomas –, an denen das geschieht und die das an sich geschehen lassen: gläubig zu werden aufgrund des Wortes Gottes, des Wortes vom Kreuz und von der Auferstehung Christi. Er bezeichnet sie als Empfänger der größten Gnade Gottes.

Und wenn Jesus diesen Weg des »Glaubens ohne zu schauen«

so selig preist, dann dürfen wir uns alle freuen, glauben zu dürfen, ohne den auferstandenen Herrn mit unsern jetzigen Augen gesehen zu haben oder zu sehen. Ja, wir dürfen wissen, daß gerade dieser Weg unter dem besonderen Wohlgefallen des auferstandenen Herrn steht. Gerade auf diesem Weg sollst du ihn täglich als den guten Hirten und barmherzigen Hohenpriester erfahren, gerade auf diesem Wege sollen dir alle Dinge zum Besten dienen und sollst du nach dem inwendigen Menchen ausreifen für deine ewige Berufung, für den Eingang in jene Welt, in der die Seinen mit neuen Augen sehen und erkennen werden, gleichwie wir von ihm schon jetzt erkannt sind, nämlich ganz und gar, in unaussprechlicher Herrlichkeit. Also nicht vom Schauen zum Glauben, sondern umgekehrt: vom Glauben zum Schauen, das ist der Weg, den Jesus uns hier weist und den er uns führen will, bis er uns ruft, ja »bis da taugen unsere Augen, ihn von Angesicht zu sehen!« Möchten wir doch alle uns auf diesen Weg des Glaubens rufen lassen und auf ihm erfunden werden bis zu unserem letzten Atemzug. Denn Jesus spricht: »Selig sind, die nicht sehen und doch glauben!« Amen.

Gebet: Herr Gott, lieber himmlischer Vater! Du weißt, daß auch wir oft sehen möchten, was Dein Wille und Dein wohlbedachter Rat uns noch verborgen hält. Du willst unser Innerstes in Deiner Gnade vollbereiten, stärken, festigen und gründen. Dazu bist Du uns in Deinem lieben Sohn so nahe gekommen. So hilf uns auch durch Deinen Heiligen Geist, daß wir seine Mahnung zu Herzen nehmen, wenn wir nun beten und geloben: Glauben will ich, Herr, mein Gott, glauben fest bis in den Tod, bis zum Schaun auf Zions Flur: Jesus spricht ja: Glaube nur! Amen.

Lied: Seele, dein Heiland ist frei von den Banden, glorreich und herrlich vom Tode erstanden . . .

Jesus – der eine wahre Menschenhirte

Ich bin der gute Hirte. Der gute Hirte läßt sein Leben für die Schafe. Der Mietling aber, der nicht Hirte ist, dem die Schafe nicht gehören, sieht den Wolf kommen und verläßt die Schafe und flieht – und der Wolf stürzt sich auf die Schafe und zerstreut sie –, denn er ist ein Mietling und kümmert sich nicht um die Schafe. Ich bin der gute Hirte und kenne die Meinen, und die Meinen kennen mich, wie mich mein Vater kennt, und ich kenne den Vater. Und ich lasse mein Leben für die Schafe. Und ich habe noch andere Schafe, die sind nicht aus diesem Stall; auch sie muß ich herführen, und sie werden meine Stimme hören, und es wird eine Herde und ein Hirte werden. *Johannes 10,12–16*

Unser Herr Jesus Christus trägt viele Namen. »Er heißt Wunderbar-Rat, Kraft-Held, Ewig-Vater, Friedefürst«, so läßt Gott durch den Propheten Jesaja schon 700 Jahre vor seinem Kommen in unsere Welt verkünden. Und dann hallt es nach seinem Kommen durch alle Bücher des Neuen Testaments: »Menschensohn« und »Gottessohn«, »der Heiland«, das »Licht der Welt«, »der Erstgeborene vor allen Kreaturen«, »der treue und wahrhaftige Zeuge«, »der helle Morgenstern«, »das A und das O, der Erste und der Letzte« und andere Namen mehr. Sie alle künden uns die Größe und Herrlichkeit Jesu.

Aber einer der für uns trostvollsten Namen ist doch der, den Jesus selbst hier nennt: »Ich bin der gute Hirte.« Es ist ein schlichter Name und ein im Orient für jedes Kind verständliches Bild: Eine Herde Schafe braucht zu ihrem Bestehen und Gedeihen sichere Führung, starken Schutz und treue Pflege. Und es ist zugleich ein beglückendes Bild; denn in dieses Bild faßt Jesus nun seine ganze Heilandstätigkeit auf Erden und im Himmel, in Zeit und Ewigkeit.

Wenn wir auch hier davon ausgehen, daß alle Selbstzeugnisse Jesu in unsere tiefsten Menschheitsnöte hineingesprochen sind, dann sagt uns Jesus hier: Ich bin der, der allein alle Menschheitssehnsucht nach Befreiung, nach sicherer Führung

und Geborgenheit stillt. So heißt es im Grundtext auch wörtlich: »Ich, ich bin der gute Hirte«, das heißt: ich allein!
Wir fragen nun: Worin besteht das Einmalige und Beglückende seines Hirtendienstes an uns? Wir finden in dem, was Jesus selbst sagt, darauf eine dreifache Antwort:

1. Jesus macht sein Sterben für uns zum alleinigen Grund unserer Seligkeit
2. Jesus geht die innigste Gemeinschaft mit uns ein – trotz genauer Kenntnis unsres Wesens
3. Jesus führt uns einer ewigen und lichten Zukunft entgegen

I.

Jesus macht sein Sterben für uns zum alleinigen Grund unserer ewigen Errettung: »Der gute Hirte läßt sein Leben für die Schafe.« Damit versetzt uns Jesus sofort in die Mitte des Evangeliums, unter das Kreuz von Golgatha; dorthin, wo wir auf die Frage des Heidelberger Katechismus: »Was ist dein einziger Trost im Leben und im Sterben?«, wenn es mit uns recht vor Gott bestellt ist, inhaltlich mit demselben Katechismus antworten dürfen: »Daß ich mit Leib und Seele, beides im Leben und im Sterben, nicht mein, sondern meines getreuen Heilandes Jesu Christi eigen bin, der mit seinem teuren Blut für alle meine Sünden vollkömmlich bezahlt und mich aus aller Gewalt des Teufels erlöst hat und also bewahrt, daß ohne den Willen des Vaters im Himmel kein Haar von meinem Haupt fallen kann . . .«
Was gibt denn dem Sterben Jesu diese Kraft und Wirkung?, fragen wir. Darauf gibt es seit altersher in der Verkündigung zwei Erklärungen, die beide zusammengenommen das Geheimnis des Kreuzes ausmachen: Die eine geht von der Liebe Gottes aus. Gott, so heißt es, hat uns Menschen auch nach unserem Fall eine Liebe bewahrt, die von uns nicht lassen kann, sondern alles tut, um uns aus der Gewalt des Todes und des Bösen zu befreien und uns wieder in seine Gemeinschaft zu ziehen. Aber wir Menschen, vom Teufel verführt, glauben ihm das nicht. Wir halten dieser Botschaft entgegen: Wenn Gott die Liebe wäre, wie könnte er dann unseren Fall zugelassen haben? Wie könnte er heute all das Schreckliche auf Erden geschehen

lassen: Ungerechtigkeit und Herzeleid, Terror, Krieg, Not und Tod? Damit wir trotz allem einen festen und unerschütterlichen Grund haben, Gott in seinem Wort zu glauben und uns zu ihm zu kehren und zu halten, sendet er uns nach mancher vergeblichen Werbung seinen einzigen Sohn, damit er durch sein Kommen zu uns und durch seinen bitteren Tod am Kreuz Gottes Liebe unter Beweis stelle. Wer nun an den Sohn glaubt, weil er erkennen muß, daß jeder Zweifel an Gottes Liebe Lüge, also Sünde ist, der ist vor Gott gerecht.
Die andere Erklärung geht von Gottes Gerechtigkeit und Heiligkeit aus und sagt: Durch den Ungehorsam des Menschen ist Gottes Heiligkeit und Gerechtigkeit verletzt. Dazu sind als Folge des Falles Tod und Teufel in die Welt eingebrochen und haben Anrecht an uns erhalten. Soll uns geholfen werden und Gottes Recht dabei gewahrt bleiben, dann muß etwas geschehen, gegen das auch der Teufel mit seinem ganzen Heer nicht ankommen kann. Und eben das geschieht auf Golgatha. Da wirft sich der Sohn Gottes den Mächten des Bösen entgegen und bringt sie zum Stehen. Denn dort opfert der Sohn sein sündloses Leben der Heiligkeit und Gerechtigkeit Gottes und bereitet so den Boden, auf dem Gott die gefallenen Menschen in großer Liebe als seine Kinder annehmen kann, ohne seine Gerechtigkeit zu brechen.
Wir erkennen: Beide Erklärungen zusammen ergeben das Bild, das Jesus hier von sich selber zeichnet: »Der gute Hirte läßt sein Leben für die Schafe.« Er tut es aus Liebe zu den Menschen, weil sie als Gottes Geschöpfe auch sein eigen sind. Aber er läßt sein Leben für sie im Kampf mit dem Wolf, dem Teufel, weil Gottes Gerechtigkeit es dem Teufel sonst nicht verwehren könnte, die Menschen in ihrer Sündhaftigkeit gefangen zu halten. Und das ist eine Tat der Liebe und zugleich ein Opfer, vor dem auch die Hölle verstummen muß. Denn damit vernichtet Jesus die Lüge des Teufels, Gott sei nicht die Liebe, und bezahlt mit seinem Tod die Schuld der Welt. So ist der Wolf verjagt; denn dieses Opfer hat Gott angenommen und in der Auferweckung Jesu von den Toten besiegelt. So lesen wir es im Hebräerbrief (13,20): »Gott hat von den Toten ausgeführt den großen Hirten der Schafe durch das Blut des ewigen Bundes, unsern Herrn Jesus Christus.« Wir haben nun einen lebendigen und mächtigen Hirten, der für alle Ewigkeit

dazu von Gott eingesetzt ist, an allen Menschen, die seinem Ruf folgen, so gnadenvoll zu handeln, wie Jesus es tut.
Und wie haben die Jünger die Hirtentreue ihres Herrn auch gleich nach der Auferstehung wieder erfahren: die weinende Maria am Grabe, der innerlich zerschlagene Petrus, die hochbetrübten Jünger auf dem Weg nach Emmaus, die Elf insgesamt und der zweifelnde Thomas: Allen begegnet der Auferstandene als der gute Hirte, der sie in Liebe sucht und zurechtbringt und ihre verwundeten Herzen heilt. Er kann es und tut es, weil er in vollem Einklang mit dem Vater sein für uns vergossenes Blut zum alleinigen Grund unserer ewigen Errettung gemacht hat.
Welch ein Trost liegt nun auch für uns in diesem Wort vom Sterben des guten Hirten! Wie willst du jetzt noch daran zweifeln, daß Jesus auch dich liebhat und auch deine Sünden gesühnt hat und daß das gilt, auch dort, wo du einmal hart angefochten wirst und nicht weiterkannst wie die Jünger damals! Das kann geschehen. Aber eines kann und wird nicht geschehen, solange du bei dem guten Hirten bleibst: daß er dich wegschickt oder ausstößt und dich aufgibt, auch wenn es sich zeigt, daß du vielleicht besonders störrisch oder krank bist. Von dem, der sein Leben läßt für seine Schafe, gilt und wird bis in den Tod hinein gelten:

> Stark ist meines Jesu Hand, und er wird mich ewig
> fassen,
> hat zuviel an mich gewandt, um mich wieder loszulassen.
> Mein Erbarmer läßt mich nicht, das ist meine Zuversicht!

II.

Jesus geht die innigste Gemeinschaft mit uns ein – trotz genauester Kenntnis unseres Wesens. »Ich kenne die Meinen, und die Meinen kennen mich.« Ein Ausleger sagt, daß dies eins der wunderbarsten Worte sei, die uns von Jesus aufbewahrt sind, weil sie uns sagen: Jesus allein besitzt unser wahres Bild; er kennt uns ganz. Aber warum ist das so wunderbar? Muß uns solche Wahrheit nicht vielmehr erschrecken? Denn das heißt doch auch und sogar zuallererst, daß Jesus weiß, was in unsrem Herzen von Natur wohnt und aus ihm kommt, nämlich »arge Gedanken, Mord, Ehebruch, Unzucht, Dieberei, falsch Zeugnis, Lästerung«, wie wir an andrer Stelle lesen; daß wir Jesus also nichts vormachen können. Allerdings! Jesus schaut hinter alle Masken und sieht das Herz an, ob wir es redlich mit ihm meinen. So nahm er auch einem aus seinem engsten Jüngerkreis die Maske vom Gesicht und machte offenbar, wie dieser durch eine Schuld zum Verräter geworden war.

Und doch hat der Ausleger recht, wenn er dieses Wort so wunderbar findet. Denn »wie« kennt Jesus uns?: »Wie mich mein Vater kennt, und ich kenne den Vater.« Das heißt aber nochmals: Jesus schaut mit Augen der Liebe auf die Seinen, wie der Vater auf ihn schaut und er auf den Vater. Und das tut Jesus, obwohl er genau weiß, wer wir sind: gefallene Geschöpfe, aus uns selbst samt und sonders unwürdig, an Gottes ewigem Reich teilzuhaben. Trotzdem beruft er uns in seine innigste Gemeinschaft. Ja, noch mehr: Nicht bloß trotzdem, sondern gerade deshalb sucht er uns, *weil* er weiß, wie es um uns bestellt ist. Gerade unsere Armut und Not und unser Unvermögen, ja buchstäblich unsere Sünde und Verlorenheit angesichts des kommenden Gerichts ist es, was ihn dazu drängt, unser Hirte zu werden und uns vor all den Schrecken der ewigen Verdammnis zu bewahren und zu erretten. Solche Liebe läßt sich nicht weiter erklären. Man kann vor ihrem Geheimnis nur anbeten!

Und noch etwas Wunderbares gehört zur Retterliebe Jesu: Er weiß auch sofort, was er aus uns machen will, sobald wir ihm glauben und folgen: »Du bist Simon, Jonas Sohn, du sollst Kephas heißen« (das ist übersetzt Fels), so empfängt er einen seiner ersten Jünger. Und dieser von Natur wankende und schwankende Simon ist ein Felsenmann geworden, das heißt: ein bis in den Tod getreuer Bekenner seines Herrn. Er ist es geworden unter der gnadenvollen Führung und Pflege des guten Hirten. Das gleiche gilt aber auch für uns: Jesus weiß, wer wir sind. Er weiß deshalb auch, welche Erziehung und Pflege wir brauchen, damit das an uns erscheine, was er schon vor sich sieht: das wiederhergestellte Ebenbild Gottes. Aber solches Werk will Jesus nicht stumm und still an uns vollführen, nicht so, wie etwa ein Bildhauer mit seinen Steinen umgeht, sondern in vertrauensvollem Umgang mit uns, etwa so, wie ein Arzt mit seinem Patienten redet oder ein Freund mit seinem Freunde. Er will uns in seinem Wort immer neu seine Stimme hören lassen und uns so frohmachende Erkenntnisse und Einsichten, Segnungen und Erquickungen schenken, die wir bis dahin nicht kannten. Dazu gehört auch, daß er uns beten lehrt und uns auf unser beten und bitten hin Erhörungen und Erfahrungen schenkt, für die wir nur immer danken können. Er wird uns aber auch immer tiefer zur Erkenntnis unsres eignen Herzens führen, wie es der fortlaufenden Reinigung bedarf, wie er aber auch dabei ist, das Werk der Wandlung unsres Lebens durchzuführen; wie er für besondere Prüfungen auch besondere Kraftzulagen gibt und sich so ständig als den treusorgenden Hirten erkennen und erleben läßt.

Da stehen einmal trauernde Menschen auf dem Friedhof. Ein gehbehinderter Mann wird mit dem Rollstuhl an das offene Grab gefahren. In ganz kurzer Zeit sind ihm seine nächsten Angehörigen, nun auch seine treusorgende Gattin durch den Tod entrissen worden. Was wird er jetzt sagen? Wird er aufschreien, was verständlich, sogar vor Gott erlaubt wäre? Doch über seine Lippen kommen die Worte:

> Ich will dich lieben, meine Krone, ich will dich lieben, meinen Gott;
> ich will dich lieben ohne Lohne auch in der allergrößten Not;
> ich will dich lieben, schönstes Licht, bis mir das Herze bricht!

Wie war das möglich? Der Mann kannte Jesus. Er hatte ihn in vielen Jahren als den guten Hirten kennengelernt; nun konnte er auch das Schwerste aus seiner Hand hinnehmen, weil er wußte: »Was böse scheint, ist gut gemeint, er ist doch nimmermehr mein Feind und gibt nur Liebesschläge.«

III.

Jesus führt uns einer lichten Zukunft und ewigen Vollendung entgegen. »Und ich habe noch andere Schafe, die sind nicht aus diesem Stall; auch sie muß ich herführen, und sie werden meine Stimme hören, und es wird eine Herde und ein Hirte sein.« Damit blickt Jesus zunächst hinaus auf die Zeit zwischen seiner Auferstehung und seiner Wiederkunft. Bis zu seinem Tod am Kreuz beschränkt sich seine Heilandstätigkeit allein auf das Volk Israel. Wenn er aber durch seinen Opfertod den Teufel geschlagen und dieser sein Anrecht an uns Menschen verloren hat, dann wird Gott ihm die Tür zu allen Völkern öffnen, und das Wort vom Kreuz wird hinausdringen in alle Welt und alle diejenigen unter die Obhut des guten Hirten ziehen, die das wahre Leben suchen, wie Jesus es an andrer Stelle sagt: »Und ich, wenn ich erhöht werde von der Erde, so will ich alle zu mir ziehen.« In dieser Zeit leben wir jetzt. Boten des Evangeliums gehen aus in alle Welt, um von allen Hecken und Zäunen die Letzten hereinzurufen. Und wir erleben auch schon etwas von dem, daß die wahrhaft Gläubigen aus allen Kirchen in aller Welt zusammenrücken und auf ihren wiederkommenden Herrn warten.

Und noch weiter blickt Jesus hinaus, wenn er sagt: »Und es wird eine Herde und ein Hirte sein.« Da geht sein Blick offenbar über die gegenwärtige Weltzeit hinaus bis in jenen Äon, da eine neue Menschheit unter Jesu Hut und Führung in Gottes ewiges Reich eingehen wird und alles, was Sünde, Tod und Teufel ist, für immer gerichtet und überwunden sein wird.

Ja, es gibt für uns Menschen auf Erden und im Himmel keinen höheren Stand als den, daß wir zu den Nachfolgern Jesu gehören. Denn was immer uns von Gott für Zeit und Ewigkeit an Erlösung und Befreiung, an Frieden und Geborgenheit und Sinnerfüllung unsres Lebens verheißen ist, es ist alles allein in dem für uns gekreuzigten und auferstandenen Herrn Jesus Christus für uns zu haben. Das macht Jesus selbst auch hier noch deutlich, wenn er auf den Mietling hinweist, den Schäferknecht, dem die Schafe nicht gehören und der darum flieht, sobald er den Wolf kommen sieht. An wen wir dabei auch immer denken mögen – gibt es doch viele auf Erden, die unsern Lebensweg begleiten und berufsmäßig eine Art Hirtendienst unter den Menschen tun: Dichter und Denker, Künstler und Gelehrte, Ideologen und Politiker, Lehrer und Ärzte und andere mehr –, an einem Punkt müssen sie alle, auch die redlichsten, »fliehen« und uns allein lassen, nämlich dort, wo es ans Letzte geht, wo der Wolf in der Gestalt des Todes naht und mit ihm die Schatten des Gerichts auf uns fallen. Da stellt es sich noch immer heraus, daß es ihnen allen an Macht gebricht, diesen Gewalten entgegenzutreten und uns unbeschadet ans andere Ufer zu bringen und in das ewige Leben einzuführen.

Nur einer kann das, und nur einer tut das auch, wenn wir uns ihm anvertraut haben. Es ist der, von dem wir singen dürfen:

Einer hat aus Todesnacht Leben an das Licht gebracht,
daß ein Strahl aus jener Welt unsrer Tage Nacht erhellt:
Jesus, der vom Tod erstand!

Einer hat den Zorn gestillt, dessen Opfer ewig gilt,
der den Sündern jeder Frist ein barmherzger Priester ist:
Jesus, der gen Himmel fuhr!

Ist das auch schon dein Glaube im Blick auf jene Stunde und jenen Tag der Ewigkeit? Das ist nun die entscheidende Frage an jeden von uns. Denn es gilt auch jenes Wort, das Jesus an andrer Stelle seinem Hirtenwort und Hirtenbild hinzugefügt hat: »Wenn aber des Menschen Sohn kommen wird in seiner Herrlichkeit und alle Engel mit ihm, dann wird er sitzen auf dem Thron seiner Herrlichkeit, und es werden vor ihm alle Völker versammelt werden. Und er wird sie voneinander scheiden, gleichwie ein Hirte die Schafe von den Böcken scheidet.« Der Hirte, der solche Scheidung vornehmen wird, ist derselbe, der hier sagt: »Ich lasse mein Leben für die Schafe« und einige Verse weiter hinzufügt: »Meine Schafe hören meine Stimme, und ich kenne sie, und sie folgen mir, und ich gebe ihnen das ewige Leben und sie werden nimmermehr umkommen, und niemand wird sie mir aus meiner Hand reißen. Mein Vater, der sie mir gegeben hat, ist größer als alles, und niemand kann sie aus des Vaters Hand reißen. Ich und der Vater sind eins.«

Ja, das wird einmal die Hölle sein, daß jeder der Verlorenen wird erkennen müssen: Auch mir galt der Tod des guten Hirten, aber ich hörte nicht auf seine Stimme, die mich zum Leben rief.

Das soll doch von keinem unter uns einmal gesagt werden müssen? Nun, dann laßt uns seiner Hirtenstimme folgen und ihm gehorsam werden. »Er führt die Seinen in ewiger Gnad und bringt sie sicher nach Haus!« Amen.

Gebet: Herr, mein Hirt, Brunn aller Freuden,
Du bist mein, ich bin Dein,
niemand kann uns scheiden.
Ich bin Dein, weil Du Dein Leben
und Dein Blut mir zugut
in den Tod gegeben.

Du bist mein, weil ich Dich fasse
und Dich nicht, o mein Licht,
aus dem Herzen lasse.
Laß mich, laß mich hingelangen,
da Du mich und ich Dich
ewig werd umfangen! (P. Gerhardt) Amen.

Lied: Wie ein Hirt dein Volk zu weiden . . .

Die ersten Sätze der Bibel

Am Anfang schuf Gott Himmel und Erde. Und die Erde war wüst und leer, und es war finster auf der Tiefe; und der Geist Gottes schwebte auf dem Wasser. Und Gott sprach: Es werde Licht! Und es ward Licht. Und Gott sah, daß das Licht gut war. Da schied Gott das Licht von der Finsternis und nannte das Licht Tag und die Finsternis Nacht. Da ward aus Abend und Morgen der erste Tag. *1. Mose 1,1–5*

Wie ein Fels aus Edelstein, so steht dieser erhabene Satz als Eingangstor zur Bibel: »Am Anfang schuf Gott Himmel und Erde.« Was hat der Unglaube im Lauf der Zeit doch alles versucht, um diesen Felsen zu sprengen. Man hat nachweisen wollen, daß ein lebendiger Gott gar nicht nötig gewesen sei, um eine Welt wie die unsrige ins Leben zu rufen; der ewige Stoff, die Materie, habe aus sich selbst Leben erzeugt, zunächst die winzige Urzelle, aus der dann nach und nach sich die ganze Kreatur, zuletzt auch der Mensch entwickelt habe. Aber kein normal denkender Mensch ist von solcher Erklärung befriedigt, im Grunde auch diese Gottesleugner selbst nicht. Denn sie sind immer noch am Forschen, um diese ihre Hypothesen zu untermauern. Und einer von ihnen hat es ganz offen ausgesprochen: Wirkliche Beweise für die Entwicklungstheorie haben wir noch nicht, aber weil wir den biblischen Bericht ablehnen, ist das die einzige Möglichkeit, die Entstehung der Welt zu erklären.

Wir können ganz unbesorgt sein: Was der Unglaube auch immer ins Feld führen wird, um dem lebendigen Gott aus dem Wege zu gehen, niemals wird der Mensch über die Grenze hinauskommen, die ihm hier gezogen ist: Am Anfang schuf Gott Himmel und Erde. Wir wollen uns deshalb auch hier nicht mit dem Unglauben und seinen Lehren beschäftigen, sondern wir wollen aufmerken auf das, was die Bibel hier sagt. Wir werden dann schon bei diesen ersten Sätzen, mit denen sie beginnt, erkennen, welch einen Schatz Gott uns damit geschenkt hat, daß er uns die Bibel gab. Nein, nicht als ein vom

Himmel gefallenes Buch, aber so, daß Gott Menschen als seine Werkzeuge berief, ihnen das Ohr und das Auge für seine Wahrheit öffnete, ja einen Mose erwählte, mit dem er wie ein Freund mit seinem Freunde redete, und sie alle niederschreiben ließ, was Gott der Welt kundtun wollte als seine Offenbarung und sein ewiggültiges Wort.
So macht die Bibel uns schon mit den ersten Sätzen drei entscheidende Dinge hell, von denen für unser Leben und Sterben alles abhängt:
1. sie schenkt uns Antwort auf unsere tiefsten Lebensfragen
2. sie ruft uns zum Glauben an Jesus, den Retter der Welt
3. sie öffnet uns das Tor zu einem sinnerfüllten Leben

I.

Die tiefste Frage, die das Menschenherz zu allen Zeiten bewegt hat, ist die Frage nach dem Woher, Wohin und Wozu unserer Welt und unseres Lebens. Hier ist die Antwort der Bibel: Am Anfang aller sichtbaren und unsichtbaren Dinge steht er, der lebendige Gott, wie es seine glaubende Gemeinde seit altersher bekennt: »Ich glaube an Gott, den Vater, den Allmächtigen, den Schöpfer des Himmels und der Erde.« Darum kann die Welt und können wir Menschen in ihr nie zur Ruhe kommen, solange wir nicht zurückkehren zu diesem unsrem Schöpfer und Herrn. Denn alles Erschaffene sehnt sich normalerweise nach dem Element zurück, aus dem es kommt. Wäre unsre Welt nur dem toten Stoff entsprungen und hätte sie keinen Schöpfer und Gott, dann würde sich kein Mensch nach Licht und Leben, nach Geborgenheit und Ewigkeit sehnen; er würde sich vielmehr nach dem Nichts, dem Tode ausstrecken. Nun aber bestätigt auch das mächtige Sehnen, das durch die ganze Welt geht, das Sehnen nach Frieden, nach Geborgenheit, Glück und wahrem Leben diesen ersten Satz der Bibel: Am Anfang schuf Gott Himmel und Erde.
Ja, auf solch einem Satz kann ich stehen. Da habe ich Felsenboden unter meinen Füßen. Da kommt mein Herz, ja da kommen auch meine fünf Sinne zur Ruhe, wenn ich das im Glauben fasse. Martin Luther, der in seinem Kampf um das lautere Evangelium oft und schwer von den widergöttlichen Mächten angefochten wurde, sagt einmal: Wenn ihm alles zu entschwin-

den drohte und er weder aus noch ein gewußt habe, dann habe er sich auf diesen ersten Satz der Bibel zurückgezogen und sich gesagt: Hat Gott diese wunderbare Welt erschaffen, dann hat auch ihr Lauf und ihre Geschichte, ja dann hat auch mein kleines Leben Sinn und Zweck und Ziel; denn der allerweise Gott schafft ganz gewiß nichts Sinnloses. Und dann konnte Luther bald wieder fröhlich glauben und an die Arbeit gehen. In der Tat: Wer sich schon durch dieses erste Wort der Bibel sagen läßt, daß unsre Welt diesen göttlichen, väterlichen Ursprung hat, der braucht auch angesichts alles Dunkels und aller Nöte auf Erden nicht zu verzagen oder gar zu verzweifeln. Der darf noch Großes hoffen. Denn Gott übernimmt sich nicht. Er bleibt nicht auf halbem Wege stecken, sondern »was er sich vorgenommen und was er haben will, das muß doch endlich kommen zu seinem Zweck und Ziel.« Was hat Gott sich denn vorgenommen? Auch das leuchtet in diesem ersten Satz der Bibel schon hell auf. Denn Gott schuf »Himmel und Erde.« Unter »Himmel« haben wir nicht nur den wunderbaren Sternenhimmel zu verstehen, sondern auch die für uns noch unsichtbare Himmelswelt. Und damit sagt Gott gleich am Anfang der Bibel, wovon er in seinem Wort überhaupt mit uns reden will. Er sagt uns, daß es nicht nur eine Welt hier unten gibt, in der wir jetzt leben, sondern auch eine Welt über uns, Himmel genannt. Er sagt uns, wie diese beiden Welten erst harmonisch miteinander verbunden waren und wie sie dann durch den Sündenfall des Menschen auseinandergerissen wurden. Und sein Wort wird uns noch sagen, wie Gott dann ans Werk gegangen ist, um beides wieder zusammenzubringen, und wie am Ende der Wege Gottes ein neuer Himmel und eine neue Erde in Erscheinung treten werden, herrlicher als es die erste Schöpfung von Himmel und Erde war. So leuchtet uns mit dem Wort »Himmel« schon hier das Ziel unsres Weges, das Licht des großen, ewigen Vaterhauses entgegen, von dem Jesus den Seinen sagt: »Euer Herz erschrecke nicht! Glaubet an Gott und glaubet an mich! In meines Vaters Hause sind viele Wohnungen, und ich gehe hin, euch die Stätte zu bereiten« (Joh. 14,1.2).

Von diesem Werk Gottes, von dem die Bibel gleich an ihrem Anfang spricht, sagt einer unsrer Väter so treffend: »Wie hat der Schöpfer dieser Welt schon allem, was da fleucht und kreucht auf Erden, eine Bleibe bereitet, in der es sich wohlfühlen soll. Vom Käfer, der im Kelch der Blume übernachtet, bis zum Adler, der auf dem hohen Felsen horstet, von der Schwalbe, die unter dem Dach des Bauern nistet, bis zum Löwen, der in seiner Höhle haust, vom Fisch, der sich im Wasser tummelt, bis zum Maulwurf in der Erde – ein jegliches Lebewesen findet eine Bleibe, die zu ihm paßt. Dem höchsten seiner Geschöpfe aber, uns Menschen, hat Gott noch mehr geben wollen als eine vorübergehende Wohnung auf Erden. Er hat uns ein ewiges Vaterhaus aufgetan und Wohnungen darin bereitet, in denen wir ganz und auf ewig zur Ruhe kommen sollen. Da wird es Leben und Seligkeit geben immer und ewiglich.« In der Tat: Das alles leuchtet schon in diesem ersten Satz der Bibel auf: »Am Anfang schuf Gott Himmel und Erde.«

II.

Schon dieser erste Satz der Bibel ruft uns auch zum Glauben an Jesus. Denn so hell und klar, wie eben gesagt, sehen wir Menschen die Dinge von Hause aus ja nicht. So habe ich sie auch nicht schon immer gesehen. Zu solcher Einsicht und zu solcher Gewißheit kommen wir auch nicht durch die bloße Betrachtung des sichtbaren Himmels und der Erde mit ihren Gütern und Gaben. Sondern so sagt es die Bibel an andrer Stelle: »Durch den Glauben erkennen wir, daß die Welt durch Gottes Wort erschaffen ist, so daß alles, was man sieht, aus nichts geworden ist« (Hebr. 11,3). Das heißt: Erst müssen wir zum Glauben kommen, ehe wir die Welt und uns in diesem hellen Licht sehen, zu dem Glauben, zu dem Jesus uns ruft: »Glaubet an Gott und glaubet an mich!«
Warum das? Wir sind gefallene Menschen und blind geworden für Gottes Offenbarung in seinen Werken. Es gibt für diese Wirklichkeit ein eindrucksvolles Bild: Da sieht man eine lichtdurchflutete Landschaft in herrlichem Blumenschmuck und Frühlingszauber. Strahlend steht die Sonne am Himmel, munter singen die Vöglein in den Bäumen, und auf den satten Wiesen blühen Blumen ohne Zahl. Mitten durch die lichttrunkene Landschaft aber tappt unsicher, einen Stab in der Hand, eine Frauengestalt. Die Unterschrift lautet: »Die Blinde.« Ja,

so geht der gefallene Mensch über die Erde: blind für Gott und seine Werke. Zwar kann auch ein Blinder manches fühlen und erahnen, aber zu einem Schauen der Werke, wie sie die Menschen der Bibel sahen, kommen wir doch nur so, daß uns der Star gestochen wird, mit dem wir von Natur behaftet sind, das heißt: daß wir zum Glauben an Jesus kommen. Und das geschieht durch das Hören auf Gottes Wort. »Der Glaube kommt aus der Predigt, das Predigen aber durch das Wort Christi.« So lesen wir es an andrer Stelle, und so wollen wir auch hier weiter auf das Wort unseres Gottes hören.

Denn so hell und schön der erste Satz der Bibel ist, so geheimnisvoll erscheint uns der zweite: »Und die Erde war wüst und leer, und es war finster auf der Tiefe.« Wie kann denn das, was Gott schafft, auch nur im ersten Anfangsstadium wüst und leer und finster sein? So haben viele Schriftforscher gefragt und deshalb gemeint, hier sei das dunkle Geheimnis des Satans und seines Falles angedeutet. Es mag wirklich so sein, daß dieser zweite Satz solche Tiefe hat. Andere Ausleger sehen es anders und deuten das »wüst und leer« in dem Sinn, daß die Erde noch ohne gestaltete Form und Leben war. Wir können das nicht entscheiden. Aber eins wird eben doch deutlich: Schon vor dem Sündenfall des Menschen gab es Dunkel und Nacht auf Erden. Gott steht schon bei der Schöpfung der Welt im Kampf mit der Finsternis und greift sie an mit seinem gewaltigen: »Es werde Licht!« – »Und es wurde Licht«, heißt es weiter, »und Gott sah, daß das Licht gut war«; nicht auch die Finsternis war gut; das sagt Gott nicht. Sondern »da schied Gott das Licht von der Finsternis und nannte das Licht »Tag« und die Finsternis »Nacht«. Gott scheidet also das Licht von der Finsternis, nimmt aber auch die Finsternis unter sein Regiment und macht aus Dunkel und Licht, aus Abend und Morgen den ersten Tag und alle weiteren Tage. Der Morgen, also das Licht, soll immer wieder den Sieg behalten. Und so hallt und widerhallt das Wort vom Licht nun durch die ganze Bibel als Ausdruck und Sinnbild für Gottes Wesen, sein Wollen und sein Tun: »Gott ist Licht, und in ihm ist keine Finsternis« bis zu jener Verheißung auf dem letzten Blatt der Bibel von der kommenden heilen Welt, von der es heißt: »Es wird keine Nacht mehr sein; denn Gott selbst wird ihr Licht und ihre Leuchte das Lamm – Jesus – sein.«

Was sagt uns das Wort von der Finsternis und von der Nacht nun, wenn wir bedenken, daß die Erde doch von Gott für den Menschen bereitet wird, daß er, der Mensch, sie beherrsche? Vor allem doch dies: Wir Menschen sollen nicht wie ein Tier über die Erde gehen und gedankenlos dahinvegetieren, sondern wir Menschen sollen denken, fragen, wählen, entscheiden und bei allem täglich »schmecken und sehen, wie freundlich der Herr ist.« Darum stellt Gott den ersten Menschen in ein Paradies und auf eine Erde, die für diesen Zweck und die Aufgabe, die Gott dem Menschen zugedacht hat, »sehr gut« ist. Denn weder die Erde noch die Schönheit des Paradieses sollte dem Menschen das Höchste und Tiefste geben. Das Höchste und Tiefste sollen wir Menschen immer in dem lebendigen Gott selbst suchen und finden. Die Welt der Natur soll von vornherein nicht ausreichen, unser Herz mit tiefster Freude zu erfüllen und uns Gewißheit über unsern Weg und unser Ziel zu geben. Gemeinschaft mit Gott selber, das Hören und Eingehen auf das, was er sagt, und unsre Antwort und Gemeinschaft mit Gott soll uns Menschen halten und beglücken; so wie es Jesus in der Versuchung dem Teufel entgegenhält: »Der Mensch lebt nicht vom Brot allein, sondern von einem jeden Wort, das aus dem Mund Gottes geht.«
Und dabei ist Gott geblieben. Auch der gefallene Mensch, auch du und ich werden wieder vor die Entscheidung gestellt. So herrlich die Welt der Schöpfung noch ist, so viele wunderbare Dinge wir täglich vor Augen haben: wir werden von all ihrer Pracht und Schönheit nicht überrollt und überfahren und nicht zum Glauben an Gott gezwungen. Alles, was auf Erden wächst und blüht und reift, gibt mir auch keinen Trost, »wenn mir am allerbängsten wird um das Herze sein« (P. Gerhardt). Nein, das Höchste und Tiefste finden wir auch heute allein bei dem lebendigen Gott selber, und ihn finden wir in seinem Wort, von dem wir im Hebräerbrief lesen: »Nachdem Gott vorzeiten vielfach und auf mancherlei Weise geredet hat zu den Vätern durch die Propheten, hat er in diesen letzten Tagen zu uns geredet durch den Sohn, den er eingesetzt hat zum Erben über alles, durch den er auch die Welt gemacht hat.« Zu ihm, dem Herrn Jesus Christus, ruft uns schon das erste Blatt der Bibel. Denn er allein, der Sohn des lebendigen Gottes, hat alles

hinweggetan, was uns den Weg zu Gott verschüttet und uns blind gemacht hatte für seine Herrlichkeit und Liebe: unsere Sündenschuld, unsere Undankbarkeit, unsre Gottvergessenheit und Gottlosigkeit. Er allein kann und will die Blindheit von uns nehmen und uns das Auge öffnen für Gottes Liebe, Macht und Herrlichkeit, auch dafür, dieses erste Wort der Bibel recht zu verstehen und darüber froh und dankbar zu werden. Ja, er ist gerade dazu in die Welt gekommen, »auf daß die, die nicht sehen, sehend werden« (Joh. 9,39). Aber er fragt auch jeden von uns: Willst du gesund werden? Willst du es wirklich? Wenn ja, dann schließ dich Jesus an! Damit stehen wir bei der dritten Erkenntnis aus diesen ersten Worten der Bibel:

III.

Schon der Anfang der Bibel öffnet uns die Tür zu einem sinnerfüllten Leben! Wie viele Menschen, gerade auch junge Menschen verzagen und verzweifeln heute an der Sinnlosigkeit ihres Lebens. Sie sehen keinen Zweck, keinen Weg, kein Ziel, für das es sich zu leben lohnte. Sie sehen sich nur, wenn sie an all die Nöte und Gefahren denken, die der Welt in der Abwendung von Gott wirklich drohen und auch schon vorhanden sind, »auf dem Marsch in eine entsetzliche Katastrophe«, wie einer es ausgesprochen hat. Die Zahl der Selbstmorde ist erschreckend, gerade auch in den reichsten Ländern der Erde, auch bei uns. Es erweist sich eben überall auch heute, wie wahr das Zeugnis der Bibel ist, daß wir zu Gott hin erschaffen sind und nicht anders zur Ruhe kommen können als so, daß wir zu ihm selbst zurückkehren. Und eben das erfahren wir bei Jesus, der da ruft: »Ich bin das Licht der Welt! Wer mir nachfolgt, der wird nicht wandeln in der Finsternis, sondern wird das Licht des Lebens haben.« Das gilt schon jetzt und hier.
Jesus öffnet uns das Tor zu einem Leben, in dem man auch die gefallene Welt »mit ihren tausend Plagen und großen Jammerlast« mit anderen Augen ansieht, nämlich als das, was sie nach Gottes Willen in Christus Jesus nun für uns geworden ist: die Stätte der Zubereitung für ein höheres Leben, die Schule des Glaubens und der Treue zu Gott und seinem Wort, der Bewährung des Glaubens in allen Lebenslagen, der Anmarschweg zur ewigen Welt der Herrlichkeit Gottes. Denn bei

Jesus erfahre ich: Gott ist noch nicht am Ende mit dem, was er sich vorgenommen hat.
Wir kommen von Ostern her und haben noch das Jubellied im Ohr, mit dem der Apostel Petrus seinen ersten Brief beginnt: »Gelobt sei Gott, der Vater unsres Herrn Jesus Christus, der uns nach seiner großen Barmherzigkeit wiedergeboren hat zu einer lebendigen Hoffnung durch die Auferstehung Jesu Christi von den Toten, zu einem unvergänglichen und unbefleckten und unverwelklichen Erbe, das aufbewahrt wird für euch im Himmel, die ihr aus Gottes Macht durch den Glauben bewahrt werdet zur Seligkeit, daß sie offenbar werde zu der letzten Zeit.« Das Wort von einem neuen Himmel und einer neuen Erde steht, für Glaubensaugen sichtbar und leuchtend, über allem Dunkel unsrer gefallenen Welt. Und wenn mir jetzt die Zweifler und die Weisen dieser Welt sagen: »Ach, das sind doch alles Märchen! Wie kann man das alles als gescheiter Mensch glauben, was die Bibel an Wundergeschichten sagt und verheißt: Jesu Geburt von einer Jungfrau, seine Auferstehung aus dem Grabe, unsere Auferstehung und einen neuen Himmel und eine neue Erde, auf der der Tod nicht mehr sein wird noch Leid noch Geschrei noch Schmerz mehr sein wird?« Das seien doch alles Wunschträume – dann denke ich nur an diesen ersten Satz der Bibel »Am Anfang schuf Gott Himmel und Erde!« und frage mit ihm: Sollte diesem Gott, dessen Weisheit und Macht wir in seiner Schöpfung täglich vor Augen haben, etwas unmöglich sein? Sollte der, der die erste Schöpfung ins Leben rief, eine zweite nicht mehr schaffen können? Wie töricht sind doch solche Zweifel für den, der sich von Gott die Augen hat öffnen lassen. Nein, mit solchen Fragen brauche ich mich nicht mehr zu quälen, wenn ich Jesus gefunden habe und er mir das hell und groß gemacht hat, was schon das erste Wort der Bibel sagt. Die Zeit und Kraft, die ich früher mit zweifeln und philosophieren zugebracht habe, weiß ich heute besser zu nützen – im Forschen in Gottes Wort bis zur letzten Seite der Bibel, und ich freue mich auf jene heile Welt, die mir da hell entgegenleuchtet.
Denn es gilt auch für mein persönliches Leben: »Sollte dem Herrn etwas unmöglich sein?« Sollte er mich, den armen Menschen, der nun im Glauben an Jesu Tod und Auferstehen sein Kind geworden ist, nicht durchbringen durch diese Welt zu

jenem hohen Ziel hin, wie er es sich vorgenommen und es mir in seinem Wort schwarz auf weiß versprochen hat? Sollte er mich auf halbem Wege stecken lassen, nachdem ich mich dem anvertraut habe, den er der Welt zum Heiland und Herrn gegeben hat?

Nein, das ist unmöglich, du getreuer Hort!
Eher fällt der Himmel, eh' mich täuscht dein Wort.

Darum laßt uns das Lob dieses Gottes und Heilandes auf Erden singen! Laßt uns die Botschaft, die uns zu Jesus ruft, dem für uns gekreuzigten und auferstandenen Herrn, der uns die Tür zu dem uns von Gott zugedachten sinnerfüllten, ewigen Leben geöffnet hat, weitergeben! Denn Jesus spricht: »Ich lebe, und ihr sollt auch leben!« Amen.

Gebet:
Großer Gott, wir loben Dich, Herr, wir preisen Deine Stärke!
Vor Dir neigt die Erde sich und bewundert Deine Werke.
Wie Du warst vor aller Zeit, so bleibst Du in Ewigkeit!

Sieh Dein Volk in Gnaden an; hilf uns, segne, Herr, Dein Erbe!
Leit es auf der rechten Bahn, daß der Feind es nicht verderbe!
Wart und pfleg es in der Zeit, heb es hoch in Ewigkeit!
Amen.

Lied: Wie groß ist des Allmächtgen Güte . . .

Das liebevolle »Komm!« unsres Heilandes

Zu der Zeit fing Jesus an und sprach: Ich preise dich, Vater, Herr Himmels und der Erde, weil du dies den Weisen und Klugen verborgen hast und hast es den Unmündigen offenbart. Ja, Vater; denn so hat es dir wohlgefallen. Alles ist mir übergeben von meinem Vater; und niemand kennt den Sohn als nur der Vater; und niemand kennt den Vater als nur der Sohn und wem es der Sohn offenbaren will. Kommt her zu mir, alle, die ihr mühselig und beladen seid; ich will euch erquicken. Nehmt auf euch mein Joch und lernt von mir; denn ich bin sanftmütig und von Herzen demütig; so werdet ihr Ruhe finden für eure Seelen. Denn mein Joch ist sanft, und meine Last ist leicht.

Matthäus 11,25–30

Unter allen Worten, die uns das Neue Testament von Jesus aufbewahrt hat, ist das gelesene gewiß eins der bekanntesten, trostvollsten und aufschlußreichsten. Hier hören wir die Stimme des guten Hirten voll herzbewegender Innigkeit. Hier erfahren wir wieder, welch einen Heiland wir haben oder doch haben können für Zeit und Ewigkeit. Hier finden wir wieder sein gnadenvolles Ja zu uns gefallenen Menschen, das er in der Vollmacht und im Auftrag Gottes zu uns spricht. Ein wunderbarer Dreiklang in seinem Ruf macht uns das deutlich: Kommt, nehmt, lernt!

I.

Der erste Klang: »Kommt her zu mir alle, die ihr mühselig und beladen seid, ich will euch erquicken!« Mühselig und beladen – das sind wir doch alle; das sind wir immer wieder. Absichtlich nennt Jesus hier keine Mühsal und Last mit Namen, offenbar deshalb nicht, weil er uns erlauben will, an alles zu denken, was das Menschenherz bedrücken und beschweren will und kann. Gewiß denkt Jesus dabei vor allem andern an »der Übel größtes« – die Last unvergebener Sünden und Schuld vor Gott. Sage doch niemand, der Mensch von heute wisse nichts mehr davon; die Frage Luthers: »Wie kriege ich einen gnädigen Gott?« sei überholt. Und ob der Mensch von heute nichts davon wissen wollte, so ist sie doch da – die Last, die unser Leben so mühsam und rätselhaft und unser Sterben so dunkel und schwer macht. Denn was ist Sünde und Schuld im Licht der Bibel? Sünde hat es mit Gott zu tun, und sündigen heißt an Gott schuldig werden. Ja, wenn wir Menschen rein zufällig ins Dasein gesetzt worden wären, wenn Gott nicht da wäre, der uns das Leben gab, dann gäbe es nur manches Verkehrte und Unvollkommene und Böse in unserem Leben, aber es gäbe keine Gewissensbisse, die wir alle kennen, keine bange Furcht vor Tod und Ewigkeit und anderes mehr. Das alles gibt es aber deshalb, weil ein heiliger Gott über uns ist, der uns schuf, uns in eine schöne und sehr gute Schöpfung hineinstellte, und uns durch sein Gebot die Richtung wies für unsre Aufgabe, unsern Weg und Wandel auf Erden. Sündigen heißt: diese Richtung verlassen, Gott und sein Gebot nicht ernstnehmen und ihm die Ehre verweigern, die ihm als Schöpfer und Erhalter unsres Lebens gebührt. Verweigern wir aber Gott die Ehre und den Dank, dann verweigert er uns seinen Frieden, sein Ja zu unsrem Weg und Wandel. Ohne Gottes Frieden, ohne sein Ja zu uns können wir zwar eine Zeitlang reich und lustig sein und alle Tage herrlich und in Freuden leben auf Erden, wie Jesus uns das an andrer Stelle deutlich macht, aber wir können zutiefst doch nicht zur Ruhe kommen, zur Gewißheit über unsres Lebens Sinn und Zweck, darum auch nicht dem Letzten getrost entgegengehen. Ach, wieviel unvergebene Sünden – zum Beispiel die okkulten Dinge: Kartenlegen, Tischrücken, Totenbefragung und anderes mehr – melden sich nach Jahren wieder als Schwermut, Lebensüberdruß, als Gefühl des Verlassenseins, als Verzagtheit und Verzweiflung, oft auch als leibliches Siechtum. Vor allem aber gibt es eine Auferstehung aller unvergebenen Sünden am Tage des Gerichts, das Gott halten wird.

Eine andere Last, die aus solchem Zerfall mit Gott kommt und die wir alle kennen, ist die Sorgenlast. Wir Menschen sind nun einmal so von Gott geschaffen, daß wir einen Stärkeren über uns brauchen, das heißt: daß wir nur in der Verbindung mit dem lebendigen Gott mit unsrem Leben fertigwerden können. Wir brauchen einen Höheren, an den wir uns wenden können mit all unsren Aufgaben, Sorgen und Nöten, um uns das an Licht und Kraft abzuholen, was wir für unsern Weg und an unsrem Platz nötig haben. Ist Gott mir aber dunkel, ist der Himmel über mir eine verschlossene Welt, dann fehlt mir diese entscheidende Lebenshilfe, dann fehlt mir dieser Stärkere, zu dem ich täglich aufschauen und bitten kann:

Führe mich, o Herr, und leite
meinen Gang nach deinem Wort;
sei und bleibe du auch heute
mein Beschützer und mein Hort!
Nirgends als bei dir allein
kann ich recht bewahret sein.

Ohne Gott schaut mich das ganze Leben wie ein unheimliches Fragezeichen an und droht mich zu erdrücken. Und wie viele Menschen werden täglich erdrückt von der Last des Lebens, mit der sie nicht fertig werden!

Zur Mühsal unsres Lebens gehört heute besonders auch noch die Angst vor der Zukunft. Auch wenn man von ihr nicht alle Tage spricht, so ist sie doch da und lagert wie eine dunkle Wolke über unsrer Welt. Glaubt nicht, daß die Staatsmänner so besorgt sind um Frieden und Sicherheit, weil sie sich auf einmal auf Gott besonnen hätten. Nein, es steckt die Angst hinter all ihren Bemühungen, die Angst vor den Folgen eines modernen Krieges. Man weiß, daß bei einem solchen kein kriegführendes Volk eine echte Chance hat, mit dem Leben unversehrt davonzukommen, und daß gerade wir in Europa dabei am gefährdetsten sind.

Mühselig und beladen, ach ja, das sind wir doch. Jesus sieht auch uns heute recht. Ich weiß nicht, was für eine besondere Mühsal dich, lieber Leser, heute drückt, wenn du an dein Morgen denkst, an deine Zukunft oder gar deine Ewigkeit, und welche Sünden-, Familien- oder Krankheitsnot dich beschattet. Auch die Leere im Herzen kann zur schweren Last werden, die müde und unglücklich macht. Aber ich weiß, daß Jesus all unsre Not und Mühsal hier einschließt und daß es gar nichts gibt, was er ausgeschlossen hätte.

Und das erste, was Jesus hier allen Mühseligen und Beladenen sagt, heißt: Komm! Gerade dich meine ich; gerade für dich bin ich da! Gerade für dich habe ich »eine Gnade, die über alles ist«. »Kommt her zu mir alle, die ihr mühselig und beladen seid, ich will euch erquicken.« Das heißt: Ich will euch die Sünden vergeben und euch in die Gerechtigkeit kleiden, die vor Gott gilt. Und das tue ich in der Vollmacht des Vaters im Himmel, der mich gesandt hat! Ich will euch die drückenden Sorgen, auch die Angst vor der Zukunft abnehmen. An meiner Hand und unter meiner Hut sollt ihr festen Boden unter den Füßen haben. Unter meiner Führung sollt ihr aufatmen und schon jetzt Kräfte der zukünftigen Welt empfangen: Frieden und Freude, Trost und Gewißheit im Leben und im Sterben. Bei mir findet ihr einen offenen Himmel. Darum kommt!

Das muß, wenn wir Jesu Einladung annehmen wollen, einmal grundsätzlich geschehen, daß wir uns ihm ausliefern, der für uns starb und für uns lebt, so wie es ein Dichter sagt und singt:

So wie ich bin, ohn alle Zier,
komm ich, Herr, durch dein Blut zu dir;
du rufst mir von des Kreuzes Stamm;
so komme ich, o Gotteslamm!

Und dann darf und soll das immer wieder neu geschehen, daß wir betend zu Jesus kommen, um vor ihm alles auszusprechen, was an Aufgaben, Not und Sorge auf uns liegt, um bei ihm immer neu Atem zu schöpfen und immer neu dessen gewiß zu werden und zu bleiben, daß wir nun einen Herrn haben, dem wir alles anvertrauen dürfen, eigene und fremde Not, ja der auf uns wartet und für uns sorgt und dem wir nun gehören dürfen für Zeit und Ewigkeit. Diesen Schritt zu Jesus kann kein andrer für mich tun. So hoch auch Fürbitte vor Gott immer gilt, wenn wir nicht selbst mit Jesus ins Gespräch kommen und diesen Schritt zu ihm tun, muß zuletzt alles fruchtlos bleiben. Er allein ist der Weg und die Wahrheit und das Leben. Niemand kommt zu dem lebendigen Gott, der Jesu Ruf verschmäht.

II.

Der zweite Klang in Jesu Einladung: »Nehmt auf euch mein Joch, . . . so werdet ihr Ruhe finden für eure Seelen; denn mein Joch ist sanft, und meine Last ist leicht.« Auch das ist ein liebevoll werbendes Wort aus dem Munde Jesu. Jesus denkt bei dem »Joch« nämlich an das Zuggeschirr, das dem Zugtier aufgelegt wird, nicht um es zu quälen, sondern um dem Tier seine Arbeit zu erleichtern, es in die rechte Bahn zu bringen und es auf der rechten Bahn zu halten. Das Bild will also sagen: Wer zu Jesus kommt, um bei ihm zu bleiben, der soll wissen: Nun will Jesus wirklich auch die Führung meines Lebens übernehmen. Nun soll es auch bei mir wahr werden, was der 23. Psalm sagt: »Er führet mich auf rechter Straße um seines Namens willen.«

Es gehört ja zu den wunderbarsten Dingen, die uns Gottes Wort offenbart: daß Gott für jeden Menschen, den Jesus ruft, auch einen Weg durch diese Welt und Zeit bereiten will, an dessen Ende der Eingang in die ewige Herrlichkeit steht. Es ist der Weg, den der eben genannte Psalm so schlicht und so wirklichkeitsnah beschreibt als einen Weg über grüne Auen und zu frischen Wassern, aber auch durch dunkle Täler der mancherlei Anfechtungen, auf jeden Fall aber ein Weg, der nach Hause führt. Unser Glück in Zeit und Ewigkeit hängt davon ab, daß wir auf diesen Weg kommen, den keiner von uns schon von Hause aus geht. Auf diesen Weg und unter diese sichere Führung ruft uns Jesus hier im Namen Gottes: »Nehmet auf euch mein Joch!« Jesus will, daß das Leben der Seinen auf Erden kein Leerlauf bleibe, wie es ohne seine Führung bleiben muß. Er möchte, daß aus unsrem Leben etwas herauskomme zur Ehre Gottes und uns zur Freude am Tag der Ewigkeit. Er möchte – um bei dem Bild vom Joch und dem Zugtier zu bleiben –: daß wir mit unsrem Leben mithelfen, paar Furchen auf dem Acker des Reiches Gottes zu ziehen und darein Saaten der Liebe zu streuen, damit wir einmal, wenn unsre Stunde schlägt, unter jenes Wort fallen: »Selig sind die Toten, die in dem Herrn sterben, von nun an. Ja, der Geist spricht, daß sie ruhen von ihrer Arbeit, und ihre Werke folgen ihnen nach.« Sie folgen nach als Frucht ihres Lebens unter der Führung Jesu, weil er ihnen teilgab am Bau seiner Gemeinde auf Erden. Ein erfülltes Leben bietet Jesu also denen an, die sich unter seine Führung rufen lassen.

Und bei solcher Führung will Jesus uns nicht überfordern, sondern zu allem, was er uns zu unsrem Besten auferlegt – und eine andre Absicht steht nie dahinter –, will er uns auch das Vermögen schenken, es zu tragen, zu erleiden und zu tun. Denn »mein Joch ist sanft, und meine Last ist leicht.« Das heißt: Der Weg, den ich dich führe, ist ganz auf dich zugeschnitten, auf das, was du hast und kannst, und auf das, was dir noch fehlt, vor allem aber auch auf das, was ich im Blick auf die ewige Vollendung mit dir noch vorhabe. Und über allem sollst du wissen, daß du unter meiner Führung auf rechtem Wege bist und wirklich einmal nach Hause kommst.

Was brauchen wir aber mehr, um mitten in aller Unruhe unserer Zeit mit dem Leben fertig zu werden, als solche Gewißheit: Ich gehe nicht umsonst meinen Weg durch die Zeit; ich sterbe auch einmal nicht umsonst, sondern der gute Hirte leitet mich nach seinem Rat und nimmt mich einmal mit Ehren an. So hat er es mir versprochen. »Wenn ich nur wüßte, daß wir noch einmal nach Hause kommen, dann würde ich schon alles ertragen«, so seufzte ein Mitgefangener in unsrem Kriegsgefangenenlager in Rußland. Weil ihm alles hoffnungslos erschien, schlich er sich eines Nachts unbemerkt hinaus und machte seinem Leben ein Ende.

Sieh, unter der Führung Jesu gibt es wirklich diese Gewißheit: daß es gut herauskommen wird, auch wenn dein Weg einmal oder öfter durch dunkle Täler geht. Unter der Führung Jesu gibt es auf jeden Fall ein ewiges Nachhausekommen. Denn über seiner Führung steht hell und leuchtend die große Verheißung: »Ich weiß wohl, was für Gedanken ich über euch habe, Gedanken des Friedens und nicht des Leides, daß ich euch gebe Zukunft und Hoffnung!« (Jer. 29,11).

III.

Der dritte Klang ist nicht weniger ein Ja seiner Liebe zu uns: »Lernet von mir, denn ich bin sanftmütig und von Herzen demütig. So werdet ihr Ruhe finden für eure Seelen.« Wer sein Leben dem Herrn Jesu anvertraut und in seine Nachfolge tritt, der bezieht damit zugleich eine Hochschule allerersten Ranges, nämlich die Hochschule des Glaubens, gegen die alle Schulen und Hochschulen dieser Welt verblassen. Auf allen Schulen dieser Welt, so wichtig sie für unsre paar Erdenjahre auch immer sind und sein mögen, geht es doch immer nur darum, uns die Zurüstung zu vermitteln für einen bestimmten Beruf und Platz im Leben, den wir nach wenigen Jahren doch wieder verlassen müssen. Zudem ist der Zugang zu den weltlichen Hochschulen nicht für alle offen; man muß schon eine entspre-

chende Begabung mitbringen und muß schon irgendwie zu den »Klugen und Weisen« gehören oder doch Aussicht haben, zu ihnen zu gelangen.
In der Hochschule des Glaubens der Jesusnachfolge aber geht es um nichts weniger als um die Heranbildung der Bürger und Mitregenten der kommenden neuen Welt, der Welt des Friedens und der Herrlichkeit Gottes. Darum wird in der Hochschule der Jesusnachfolge auch das gelehrt und gelernt, was sonst in keinem Lehrplan der Schulen unsrer Welt zu finden ist: Sanftmut und Demut. »Lernet von mir; denn ich bin sanftmütig und von Herzen demütig.« In der Schule Jesu stehen diese Fächer obenan. Denn bei Gott gilt für Zeit und Ewigkeit: »Er widersteht den Hoffärtigen, aber den Demütigen gibt er Gnade.« Und im Reiche Gottes gilt ebenso das Gesetz: »Selig sind die Sanftmütigen, denn sie werden das Erdreich besitzen.« Ja, wenn die letzten Gewaltherrscher auf Erden ihre Zeit gehabt haben werden, wenn zuletzt auch der Antichrist sein Unwesen auf Erden beendet haben wird, ja wenn einmal auch der große Weltenbrand stattgefunden haben wird, von dem der Apostel Petrus in seinem zweiten Brief schreibt, dann wird aus solchen Gerichten eine gereinigte und erneuerte Erde hervorgehen. Und die Leute aus der Schule Jesu werden auf dieser neuen Erde und unter dem neuen Himmel leben und sie beherrschen, keine anderen. Darum »lernet von mir!« sagt Jesus. Laßt euch im Umgang mit mir formen, erneuern, zubereiten – für ein gesegnetes Leben auf Erden und für die große und hohe Aufgabe an meiner Seite in der kommenden neuen Welt!
Und noch einmal: Wem macht Jesus dieses große Angebot? Eben nicht den sogenannten Weisen und Klugen dieser Welt, den Menschen, die alles allein auf ihren Verstand setzen und dabei vergessen, daß sie eine Seele haben, ein inwendiges Leben, das den Tod überdauert; die auch meinen, einen Gott und Heiland nicht nötig zu haben, sondern mit dem Leben und Sterben selbst fertig werden wollen. Nein, den Mühseligen und Beladenen, den Armen macht Jesus dieses Angebot; denen, die wissen, daß sie einen Retter und Helfer brauchen und einen Fürsprecher, um einmal vor Gott bestehen zu können; die ruft er zu sich, die sich selbst nicht helfen können, ohne Rücksicht auf ihr Alter, ihre Vorbildung, ihren Stammbaum. Bei ihnen und mit ihnen fängt er an. So war und ist es

Gottes Wille. Und Jesus spricht ein ganzes und freudiges Ja zu diesem Gotteswillen. Das hat er denn auch schon bei der Berufung seiner ersten Jünger deutlich gemacht: Sie waren arme, einfache Leute, Fischer und ein kleiner Zollbeamter. Dann haben diese Leute aber in der Schule Jesu Erkenntnisse gewonnen und Gaben erhalten und Gottes Wahrheit bezeugt, die himmelhoch über allem steht, was sonst in der Welt an Weisheit und Klugheit jemals gesagt und geschrieben worden ist.
Solch einen hohen und seligen Weg legt Jesus also auch uns vor. Wie reich muß auf solchem Weg und zu solchem Ziel ein Leben werden! Aber was für ein ernstes Gewicht bekommt auch an dieser Stelle das Wort der Bibel: »Wie sollen wir entfliehen nämlich dem Gericht Gottes und dem ewigen Verderben – wenn wir ein solches Heil nicht achten?«
Möchte das doch von uns allen gelten, die wir dieses Evangelium gehört haben, was wir von den ersten Jüngern Jesu lesen: Sie kamen und sahen und blieben bei Jesus! Amen.

Gebet: Herr Jesus, bewahre auch den letzten unter uns davor, Deinen so liebevollen Ruf zu mißachten. Hilf uns allen, Deinem Hirtenruf zu folgen, uns Deiner Führung anzuvertrauen und Dein ewiges Reich zu ererben! Amen.

Lied: Ich bete an die Macht der Liebe . . .

Rogate

Was hältst du vom Beten?

Wahrlich, wahrlich, ich sage euch: Wenn ihr den Vater etwas bitten werdet, so wird er's euch geben in meinem Namen. Bisher habt ihr nichts gebeten in meinem Namen. Bittet, so werdet ihr nehmen, daß eure Freude vollkommen sei. Solches habe ich zu euch in Sprüchen und Bildern geredet. Es kommt aber die Zeit, daß ich nicht mehr in Bildern mit euch reden werde, sondern euch frei heraus verkündigen von meinem Vater. An demselben Tage werdet ihr bitten in meinem Namen. Und ich sage euch nicht, daß ich den Vater für euch bitten werde; denn er selbst, der Vater, hat euch lieb, weil ihr mich liebet und glaubet, daß ich von Gott ausgegangen bin. Ich bin vom Vater ausgegangen und gekommen in die Welt; wiederum verlasse ich die Welt und gehe zum Vater . . . Solches habe ich mit euch geredet, daß ihr in mir Frieden habet. In der Welt habt ihr Angst, aber seid getrost, ich habe die Welt überwunden. Johannes 16,23–28.33

Wenn wir über diesen Worten stille werden, könnten wir aufs erste geradezu traurig werden. Denn mit großer Bestimmtheit versichert Jesus hier seinen Jüngern: »Wahrlich, wahrlich, ich sage euch: Wenn ihr den Vater etwas bitten werdet, so wird er's euch geben in meinem Namen. Bittet, so werdet ihr nehmen, daß eure Freude vollkommen sei!« Und das ist ja nur eine der vielen Verheißungen in der Bibel, mit denen wir zu zuversichtlichem Beten aufgerufen werden. Wir denken an Worte wie: »Habe deine Lust am Herrn, der wird dir geben, was dein Herz wünschet!« oder: »Bittet, so wird euch gegeben, suchet, so werdet ihr finden, klopfet an, so wird euch aufgetan.« Ein junger Christ, der beim Bibellesen auf solche Verheißungen stieß, wurde von ihnen so ergriffen, daß er zu seinem älteren Freund, der schon länger Christ war, eilte und ihn fragte, ob denn wirklich alles, was in der Bibel den Betern verheißen ist, heute noch gültig sei. Als der Freund das freudig bejahte, rief er aus: »Ja, warum beten wir denn nicht viel freudiger?«
Ist das nicht eine Frage, die uns alle angeht? Kommt nicht soviel Glaubens- und Kraftlosigkeit, aber auch soviel Verir-

rung und Schwärmerei in unsren Tagen einfach daraus, daß es am rechten Beten unter uns fehlt? »Jeder Abfall beginnt im Gebetskämmerlein«, sagt einer unsrer Väter, »hier liegt der Quellort aller Theologie, alles Lebens mit Christus und alles Dienstes für ihn.«
Auch Jesus denkt an solchen Zusammenhang. Er denkt aber auch daran, wie schwer es sogar seinen Jüngern manchmal werden kann, zu beten. Er kennt die Trägheit unsres Herzens von Natur. Er kennt auch den altbösen Feind, der uns diesen Weg immer wieder versperren will. Darum ist es ihm ein großes Anliegen, daß er seine Jünger auf Erden als Menschen zurückläßt, die beten können. Darum macht er ihnen und uns Mut, ja von dem herrlichen neuen Vorrecht Gebrauch zu machen, das er uns durch seinen Sühnetod erworben hat, und das, wie seine Apostel später lehren, »zu allen Zeiten und an allen Orten« zu tun, das heißt: aus jeder Lage heraus, bei Tag und bei Nacht, daheim und unterwegs, in der Gemeinde und in der Straßenbahn oder im Auto, laut und leise, jubelnd und seufzend, mit eigenen Worten und in Psalmen und geistlichen Liedern – je nachdem, in welcher Lage wir uns befinden.
So wollen wir dem nachdenken, was uns das Wort Gottes hier und an anderen Stellen zu unserem Thema hell und klar bezeugt, und dabei auf ein dreifaches achten.

I.

Gott will unser Beten. Gewiß tut Gott vieles in der weiten Welt und ebenso im einzelnen Menschenleben auch ohne unser Gebet. »Er läßt seine Sonne aufgehen über Gute und Böse und läßt regnen über Gerechte und Ungerechte.« So hat er es um uns her wieder Frühling werden lassen. Wer von uns hätte darum gebetet? Niemand, sondern solches tut Gott in treuer Erfüllung seiner Zusage: »Solange die Erde steht, soll nicht aufhören Saat und Ernte, Frost und Hitze, Sommer und Winter, Tag und Nacht.« So auch in der Welt des Evangeliums: »Also hat Gott die Welt geliebet, daß er seinen eingeborenen Sohn gab« – das ist Wirklichkeit geworden ohne unser Bitten und Gebet.
Doch anderes und für uns sogar Entscheidendes tut Gott nur auf unser Gebet hin, weil er die Freiheit achtet, die er uns

verliehen hat. So kommt kein Mensch in den Himmel, wenn er nicht will und nicht darum bittet. Niemals wäre der Schächer am Kreuz ins Paradies eingegangen, wenn es nicht über seine Lippen gekommen wäre: »Herr, gedenke an mich, wenn du in dein Reich kommst!« Aber auch von vielen anderen Dingen in unserem Leben – Weisheit, Kraft, Trost, Hilfe in der Not – gilt: »Ihr habt nicht, weil ihr nicht bittet« (Jak. 4,2). Und warum fehlt es bei den meisten Menschen daran?
Nun, es gibt Leute, die Gott zwar nicht leugnen, aber ihre Gebetslosigkeit damit begründen, daß sie sagen, Gott sei doch viel zu groß, um sich um jeden einzelnen Menschen kümmern zu können; Gott sei doch nur für die großen übermenschlichen und übernatürlichen Dinge im weiten Weltgefüge da. Wie sollte der große Gott sich durch Gebete kleiner Menschen gleichsam von dem großen »Weltenrad«, an dem er stehe, weg in das kleine Leben eines Menschen mit seinen persönlichen Fragen und Sorgen hineinziehen lassen! Wer sollte das glauben?
Aber mit solcher Anschauung denken wir an dem wirklichen Gott genau vorbei. Der wirkliche Gott und Schöpfer unseres Lebens ist ein anderer. Er ist nicht nur groß in all dem Gewaltigen und Unbegreiflichen über uns, sondern groß gerade auch darin, daß er das Kleinste in seiner Schöpfung bis in die Welt der Atome hinein in seiner Weisheit und Kraft umfängt und bewegt und ganz besonders noch das einzelne Menschenleben in Liebe sucht, es umfassen, umsorgen und vollenden will. Er ist darin buchstäblich dem Vater gleich, von dem Jesus in Lukas 15 erzählt, der Vater bleibt, auch wenn der eigenwillige Sohn mit ihm gebrochen hat und hinausgezogen ist in die Welt, um ein Leben auf eigene Faust zu führen: der Ausschau hält, ob der Sohn nicht eines Tages den Weg zu ihm zurückfinden und das Wort über seine Lippen kommen würde: »Vater!« und der deshalb, als der verarmte Sohn eines Tages wirklich kommt, ihm entgegeneilt und ihn mit Freuden in seine Arme schließt. Das ist der wahre und wirkliche Gott. Dieser Gott will unser Gebet. Er will das Gespräch unseres Herzens mit ihm; ja mehr noch: Er leidet darunter, wenn es bei Menschen nicht dazu kommt. So klagt Gott wiederholt durch Prophetenmund: »Es ist keiner unter ihnen, der mich anruft« (Hos. 7,7.14). Und wiederum: Wie erfreut ist Gott, wo das geschieht, wenn er

z. B. in Psalm 91,15 sagen läßt: »Er ruft mich an, darum will ich ihn erhören; ich bin bei ihm in der Not, ich will ihn herausreißen und zu Ehren bringen.«

Von anderer Seite wiederum wird uns manchmal vorgehalten, beten mache den Menschen zum armseligen, hilflosen Geschöpf, das selber nichts kann und darum nur immer um Gottes Hilfe flehen müsse. »Das Kind betet, der Mann will!« sagen sie. Aber auch mit solchen Gedanken denkt der Mensch an dem wirklichen Gott vorbei. Denn wo in aller Welt ist Menschenwürde heller beschrieben, wo wird von seiner Erschaffung, Begabung und Bestimmung höher gesprochen als in der Bibel, wenn sie ihn nicht bloß als Geschöpf wie jedes andere bezeichnet, sondern als das Du Gottes anspricht, mit dem Gott Gemeinschaft haben und dem er teilgeben will an allem, was er hat; wenn Gott diesen Menschen auffordert, nun auch seinerseits ihn anzurufen, sich zu ihm zu halten und sein Leben zu führen in der bewußten und gewollten Gemeinschaft mit ihm, dem lebendigen und großen Gott, und so seiner gottgewollten Bestimmung zu entsprechen. So berichtet die Bibel – um nur ein Beispiel von vielen zu nennen –, wie Gott sich auch nach dem Sündenfall zu einem Abraham, der das Beten kennt, herabläßt, um mit ihm über ein gerichtsreifes Sodom und Gomorra zu sprechen. »Wie kann ich Abraham verbergen, was ich tue?« sagt Gott. Und auf die anhaltende Fürbitte Abrahams führt Gott mit starker Hand Lot und die Seinen heraus, ehe das Gericht hereinbricht. Der gebetslose Mensch lächelt über solche Erzählung: welche Einfalt! Der Mensch des Glaubens aber weiß: Hier wird etwas von der Urbestimmung des Menschen offenbar. Das ist unser Gott!

Von hier aus kann es uns neu aufgehen, was es um die Wirklichkeit der Sünde ist. Sie steht wie eine Mauer zwischen Gott und uns. Denn wo der Mensch in herzlichem Vertrauen und kindlicher Ehrfurcht so mit seinem Gott in ständigem Verkehr stehen sollte, da herrscht von Natur auf unserer Seite eisiges Schweigen. Wenn aber schon zwischen Menschen, die zusammengehören, zwischen Mann und Frau, Eltern und Kindern kein Wort mehr gewechselt wird, dann stimmt es bei ihnen nicht; dann ist etwas dazwischengetreten oder schon zerbrochen. Und wenn im Verhältnis zwischen uns und unserem Gott, der uns das Leben gab, und der uns liebt und sucht und uns in seinem Wort immer wieder anruft, auf unserer Seite eisiges Schweigen herrscht; wenn kein Wort, keine Frage, keine Bitte und deshalb auch nie ein Dank über unsere Lippen kommt; wenn wir unser täglich Brot essen, ohne jemals zu bedenken, woher es kommt, ja woher wir selber kommen, dann stimmt's doch in unserem Leben nicht, dann kann es nicht stimmen. Sondern dann gilt auch uns die Wehklage Gottes über ein abtrünniges Volk: »Ein Ochse kennt seinen Herrn und ein Esel die Krippe seines Herrn, aber . . . mein Volk versteht's nicht« (Jes. 1,3), d. h., versteht das Einfachste nicht, nämlich daß zum wahren Menschsein der betende Umgang mit dem lebendigen Gott, das Gespräch des Herzens mit ihm gehört.

Bedrückend ist das Schweigen zwischen Mensch und Mensch, aber viel ernster weil folgenschwerer ist das Schweigen zwischen Mensch und Gott. Hier stehen wir wirklich an dem entscheidenden Punkt unseres Lebens. Hier zeigt es sich, ob wir auf dem Weg zum Himmel sind oder nicht. Denn solange wir Gott gegenüber stumm sind, gehören wir entweder zu den Toren, die da sprachen: »Es ist kein Gott«, oder zu denen, die »wußten, daß ein Gott ist, und haben ihn nicht gepriesen als einen Gott noch ihm gedankt« (Röm. 1,21). Beide aber befinden sich auf dem Weg ins ewige Verderben.

Gott will unser Beten. Darum hat er sein Schweigen immer wieder gebrochen und zu uns geredet. Und »nachdem Gott manchmal und auf mancherlei Weise zu uns geredet hat durch die Propheten, hat er am letzten in diesen Tagen zu uns geredet durch den Sohn« (Hebr. 1,2). Darum:

II.

Zu wahrem Beten kommen wir durch Jesus. Jesus unterscheidet hier Beten und Beten. Er spricht von einem Beten »in seinem Namen« und einem solchen, das keine Beziehung zu ihm hat. »Bisher habt ihr nichts gebeten in meinem Namen« (V. 24). Was heißt das für uns, »im Namen Jesu« beten? Gewiß hat Jesus uns damit keine Blankovollmacht geben wollen, als brauchten wir nun zu allen erdenklichen Wünschen nur immer seinen Namen wie eine Zauberformel hinzuzufügen, um gewiß erhört zu werden. »Im Namen Jesu« beten, das heißt zuallererst als einer beten, dem Jesu Name bekannt ist und der sich Jesus anvertraut hat und deshalb weiß: in Jesu Opfertod auf Golgatha ist die Mauer hinweggetan, die auch mich von Gott schied: meine Sünde, meine Schuld; nun darf ich zu Gott kommen, weil mir Jesus sein Herz offenbart hat und ich seinem Worte traue; ja, ich darf um Jesu willen zu Gott wie das Kind zum Vater kommen.

»Im Namen Jesu beten«, das haben die Apostel nach Ostern deshalb auch noch so verstanden: daß wir uns in unseren Gebeten auch an Jesus selbst wenden dürfen. So hat schon der Jünger Thomas nach der Auferstehung Jesu ihn angebetet: »Mein Herr und mein Gott!« Und Jesus hat solche Anbetung angenommen. Auch von den himmlischen Scharen lesen wir, daß auch sie ganz unmittelbar den anbeten und preisen, der uns für Gott erkauft hat mit seinem Blut und uns zu Königen und Priestern gemacht hat vor Gott (Offb. 5,10). Dasselbe finden wir bei Stephanus (Apg. 7,58f.) und anderen. Wenn wir also in vielen Glaubensliedern Jesus selbst anrufen und es auch in unsern Gebeten tun, dürfen wir wissen, daß auf solchem Beten Gottes Wohlgefallen ruht, weil wir damit den ehren, den uns Gott zum Heiland gegeben hat.

Das andere Beten – ohne Jesus und an ihm vorbei – ist deshalb jetzt nur noch ein gelegentliches Betteln vor Gottes Tür. So wie Bettler kommen, an die Tür klopfen und wieder gehen, wenn sie ihre Gabe erhalten haben, so kommt auch mancher Mensch zu Gott nur, wenn er in Not ist, wenn es brennt. Gewiß, Gott, der da reich ist an Erbarmen, schenkt auch solchen Gelegenheitsbetern oft die erbetene Hilfe. Er möchte ja in ihnen Vertrauen erwecken. Er möchte, daß sie wiederkommen und bei ihm bleiben und mit dem Psalmsänger sprechen lernen: »Ich liebe den Herrn, denn er hört die Stimme meines Flehens. Er neigte sein Ohr zu mir; darum will ich mein Leben lang ihn anrufen« (Ps. 116,1.2), und er sie zu Kindern und Erben seines Reiches machen kann.

Bei Jesus wird das Wirklichkeit. »Er selbst, der Vater, hat euch lieb, weil ihr mich liebet und glaubet, daß ich vom Vater ausgegangen bin« (V. 27). Durch Jesus setzt Gott uns wieder in den Stand ein, aus dem wir gefallen sind, und gibt uns wieder Anteil an seinem Leben und seinem Schaffen. Was anders bedeuten denn für uns die vielen herzlichen Mahnungen zu

»Bitte, Gebet, Fürbitte für alle Menschen« (1. Tim 2,1ff.) oder die Mahnung Jesu: »Bittet den Herrn der Ernte, daß er Arbeiter in seine Ernte sende.« Da stellt uns Jesus hinein in das große Werk der Heimrufung einer verlorenen Welt in Gottes Vaterhaus und macht uns zu Mitarbeitern in seinem Reich.

Aber – wie wir Menschen anders geben, je nachdem, ob ein Bettler vor uns steht, dem es nur um die Gabe geht, oder das Kind mit seinen Anliegen zu uns kommt, so gibt gewiß auch Gott anders dem Kind und anders dem Bettler. »In Jesu Namen« beten – damit ist deshalb auch noch etwas anderes gesagt. Denn zum Kindsein gehört die Erziehung. Kind Gottes sein, das heißt auch, in Gottes väterlicher Erziehung stehen und für das ewige Leben und die herrlichen Aufgaben zubereitet werden, die wir dort übernehmen sollen. Im Namen Jesu beten, das bedeutet deshalb auch, in der Art Jesu beten. Auch Kinder können Bitten aussprechen, die der Vater um ihretwillen so nicht erhören kann. Was würde z. B. aus Kindern werden, die nicht gern zur Schule gehen, wenn Vater oder Mutter auf sie hörte! Das Leben macht es ja später offenbar, ob ein Mensch recht erzogen oder verzogen worden ist.

Hättest du mich so geleitet,
wie ich's töricht oft begehrt,
was ich wünschte, mir bereitet,
was ich scheute, abgewehrt;
hättest du dem eitlen Streben
meines Herzens nachgegeben –
o, dann wär ich sicherlich
elend, arm und jämmerlich!

So bekennt deshalb ein Beter in reiferen Jahren. Aber so fragst du, ist es dann nicht besser, wir überlassen alles von vornherein Gott, wie er es mit uns halten will, und verzichten aufs Bitten und Beten? Wir nehmen dann eben alles, »wie es kommt« und »wie es bestimmt ist«. Nein, so spricht kein echtes Kind. So spricht der Trotzkopf, dem es an rechtem Kindessinn fehlt. Es ist Kindesart und Kindesrecht, mit all seinen Anliegen zum Vater zu kommen, aber es ist auch rechter Kinder Art und Pflicht, sich belehren, korrigieren und erziehen zu lassen.

Jesus selbst hat uns dafür das hellste Vorbild gegeben. Als das Kreuz vor ihm stand und der Angriff der Hölle gegen ihn einsetzte, da hat er nicht den Mund geschlossen und sich

gesagt: Ich will von vornherein alles dem Vater überlassen; es kommt am Ende doch so, wie er es will. Nein, sondern als wahrer Menschen- und Gottessohn hat er zunächst einmal »mit Tränen und starkem Geschrei« sein ganzes Herz vor Gott ausgeschüttet: »Vater, ist's möglich, so gehe dieser Kelch von mir!« und dann erst hinzugefügt: »Doch nicht, wie ich will, sondern wie du willst.« Und der Hebräerbrief sagt, Jesus ist auch erhört worden, darum daß er Gott in Ehren hielt. Erhört – obwohl das Kreuz blieb. Aber erhört, indem er letzte, volle Gewißheit über den Willen des Vaters gewann und dazu die Kraft, diesen Weg bis zu Ende zu gehen, den der Vater mit der höchsten Erhöhung krönen wollte (Phil. 2,9–11).
Wieviel gewisser werden auch wir unsere Tage und unseren Weg gehen können und wieviel fruchtbarer wird unser Leben und Dienst auf Erden werden, wenn wir so in die Fußtapfen Jesu treten; wenn wir über all unserer persönlichen Not erst einmal beten und damit unser Herz und Ohr auch öffnen für Korrekturen, die Gott vielleicht an unseren Bitten und Wünschen vornimmt, weil er ja Vater ist. Erhört werden, das bedeutet ja nicht, daß wir alles genau so bekommen müßten, wie unser törichtes Herz es sich manchmal wünscht, sondern es so bekommen, daß uns geholfen wird, gerade den Weg zu gehen, den Gott uns zu unserem Heil bereitet hat, und die Aufgaben zu erfüllen, die er gerade uns zugedacht hat, und so das hohe Ziel zu erreichen, das er auch unserem Leben gesteckt hat, nämlich »viel Frucht zu bringen« für den Tag der Ewigkeit (Joh. 15,2ff.). »Wie sollte ich mein Leiden verfluchen, durch das ich zu meinem Gott gefunden habe!« antwortete eine Christin einmal, als man ihr von schwärmerischer Seite riet, doch ihr Kreuz im Glauben abzuschütteln, weil so etwas in ein echtes Christenleben nicht mehr hineingehöre. Sie hatte gleich dem Apostel Paulus in betendem Umgang mit ihrem Herrn erkennen dürfen, daß sie diesen »Pfahl im Fleisch« brauchte, um an der Hand Jesu zu bleiben und seine glaubwürdige Zeugin gerade in dieser Lage zu sein. Darum:

III.

Beten heißt wieder Mensch werden, Mensch Gottes (1. Tim. 6,11) werden. Mit Beten fängt solches neue Leben aus Gott an;

denn »wer den Namen des Herrn anrufen wird, der wird errettet werden« (Apg. 2,21), das heißt, aus dem Leben fern von Gott in den seligen Stand der Gotteskindschaft versetzt werden. Solches Leben aus Gott hat seinen Anfang, seine Entwicklung und seine Vollendung. Davon spricht Jesus hier, wenn er sagt: »Solches habe ich zu euch in Sprüchen und Bildern geredet. Es kommt aber die Zeit, daß ich nicht mehr durch Sprüche zu euch rede, sondern euch frei heraus verkündigen werde von meinem Vater.«
Das ist der Weg, den wir alle gehen müssen. Viele Menschen wollen zwar auf einem anderen Weg zum Leben aus Gott kommen. Sie haben tausend Fragen an Gott, die sie erst alle beantwortet haben möchten, ehe sie dann schließlich auch glauben und beten wollten. Sie stoßen sich schon an der Redeweise der Bibel. Das eine ist ihnen zu einfältig gesagt, das andere zu hoch; hier ist Gott zu streng, dort wieder zu geduldig. Der Weg, auf dem wir zum Leben kommen, ist jedoch ein anderer. Gott will ja, daß allen Menschen geholfen werde und sie zur Erkenntnis der Wahrheit kommen. Darum überfordert er uns nicht, sondern Jesus bringt uns die Botschaft von der Liebe Gottes in einer Form nahe, die unserem gottentfremdeten Wesen angepaßt ist: Erst Sprüche und Bilder, dann die tiefere Erkenntnis.
Du, der du immer sagst: Ich finde mich in der Bibel nicht zurecht; sie ist mir ein verschlossenes Buch – haben dir manche Sprüche und Bilder der Bibel nicht doch schon einmal etwas gesagt? Etwa: »Befiehl dem Herrn deine Wege und hoffe auf ihn; er wird's wohlmachen.« Oder das Bild vom guten Hirten oder dem verlorenen Sohn? Oder vielleicht dein Konfirmationsspruch oder dein Hochzeitsspruch, den du doch nicht ohne Grund selbst gewählt hast? Wo ist der Mensch, auch unter den Lesern, den noch nie ein Wort oder ein Gleichnis der Bibel irgendwie angesprochen hätte! Aber dann war und ist ja der Anfang von Gott her da. Da fang nun auch du an! Da bleib stehen! Da gib Gott recht! Da antworte ihm und brich das Schweigen und lerne das Beten! So fängt das Leben aus Gott an. So wächst der Glaube am Beten und das Beten am Wort. So wird uns das Wort der Bibel immer mehr erschlossen. Und wie bei den Jüngern auf solchem Wege die Stunde kam, da der Geist Gottes ihnen das Heil Gottes in Jesus sonnenhell auf-

schloß, so daß sie seine frohen Zeugen wurden, so kommt auf solchem Wege für jeden ehrlich suchenden und betenden Menschen der Augenblick, meist sogar sehr schnell, da der Geist von oben sein Herz berührt und erfüllt und so gewiß macht, daß es bei Gott in Gnaden ist – um Jesu willen, so daß sein Beten sich nun nicht nur in Bitten erschöpft, sondern auch zu Lob und Dank und zur Anbetung Gottes und des Heilandes wird.

Beten heißt Mensch werden, Mensch Gottes werden. Und darum nennt Jesus hier auch zwei Dinge, die zum wahren Menschsein, wie Gott es will, unbedingt gehören, nämlich Freude und Frieden. »Bittet, so werdet ihr nehmen, daß eure Freude vollkommen sei.« – »Denn das Reich Gottes ist Gerechtigkeit und Friede und Freude in dem Heiligen Geist« (Röm. 14,17). In diese Welt tritt der Beter ein, ja ihr gehört er jetzt an. So darf er es immer neu erleben, wie Gott um Jesu willen Gebete erhört, auch in den alltäglichen Dingen, oft »über Bitten und Verstehen«, wie es mir ein lieber, alter Freund in einem Ostblockland in diesen Tagen schrieb; er hatte eine Zeitlang große Sorgen im Blick auf seinen dringlichen Wohnungswechsel und seine Altersversorgung; nun hat Gott seine Gebete buchstäblich weit über sein Bitten und Verstehen erhört. Der Beter darf sodann im persönlichen Gespräch mit Jesus und im Hören auf sein Wort Blicke tun in die herrliche Zukunft des Reiches Gottes. Er darf heute sehen, wie Gottes Sache in der Welt vorangeht, mitten unter Druck und Verfolgungen. Er darf erkennen, welch ein Vorzug es ist, in diesem großen Werk Gottes mit seiner Fürbitte, seinem Zeugnis und seinen Gaben dabeisein zu dürfen! Wie froh muß das zu Gott gewandte Herz darüber immer neu werden und wird es auch!

Und das andere: »Solches habe ich mit euch geredet, daß ihr in mir Frieden habt. In der Welt habt ihr Angst, aber seid getrost, ich habe die Welt überwunden«, so schließt Jesus seine Mahnung und Verheißung zum gläubigen Beten. Mitten in unsere Welt hinein mit ihrer Angst und ihren Bedrohungen, von denen jemand gesagt hat, »nur den Betern kann es noch gelingen«, gibt Gott den Menschen um Jesus jene Gewissensruhe und Gewißheit, daß sie mit ihrem ganzen Leben geborgen sind in Gottes und des Heilands starken Händen, aus denen sie

nichts und niemand reißen kann. Der Blick auf ihn, der durch sein Leiden und Sterben und sein siegreiches Auferstehen die alte Welt grundsätzlich überwunden und das Tor zur neuen Welt aufgestoßen hat, soll und wird in uns die Bitte immer neu aufsteigen lassen: »Dein Reich komme!« Und an dem Tage, da er kommt, wird das österliche Wort Jesu, das der Aufforderung zum Gebet vorangeht, seine tiefste Erfüllung finden: »An dem Tage werdet ihr mich nichts fragen.« Dann wird alles hell sein: wie gerecht Gott war, wenn er alles reif werden ließ auf Erden, auch die Bosheit der Menschen; wie mächtig er war, daß er in dieser gefahrvollen Welt seine Gemeinde sammelte und bewahrte und durchgebracht hat; wie richtig es war, daß Gott die Seinen gerade in solch einer Welt zubereitete für ihre himmlische Berufung, und wie heilig und treu er war und ist, weil er das Blut aller unschuldig Erschlagenen nicht vergessen hat und allen denen, die auf Erden um Jesu willen gelitten haben und im Dienst der Gerechtigkeit vielleicht frühzeitig aus dem irdischen Leben herausgerissen wurden, um Jesu willen alles wohl belohnen und erstatten wird mit ewiger Herrlichkeit (Matth. 5,10–12). Und er wird auch offenbar machen, wie die Gebete seiner Gläubigen mitgewirkt haben am Kommen seines Reiches und dem Anbruch der neuen Welt (Offb. 8,1ff.).
Ja, »Beter sind Wundervollbringer, einsam in finsterer Nacht; Beter sind Weltenbezwinger, wartend auf stiller Wacht!« Amen.

Gebet: Wir danken Dir, Herr Jesus Christus, daß wir in Deinem Namen Zugang haben zu dem Thron Deines Vaters, der nun auch unser Vater ist, und in Deinem Namen beten dürfen. Wir bitten Dich, lieber himmlischer Vater, vergib uns allen Kleinglauben und alle Versäumnisse in unsrem Glaubensleben. Beglaubige das gehörte Wort an unsern Herzen, daß wir treuer Dein Angesicht suchen und so erfahren, daß Du für all unsre Lebenslagen Gnade genug hast, so daß wir Dir auch allezeit das Lob darbringen dürfen, das Dir gebührt! Herr, laß uns Dein Angesicht leuchten, tue Deine Hände über uns auf und segne uns! Amen.

Lied: Betgemeinde, heilge dich mit dem heilgen Öle . . .

Himmelfahrt

Suchet, was droben ist!

Seid ihr nun mit Christus auferstanden, so suchet, was droben ist, wo Christus ist, sitzend zur Rechten Gottes. Trachtet nach dem, was droben ist, nicht nach dem, was auf Erden ist. Denn ihr seid gestorben, und euer Leben ist verborgen mit Christus in Gott. Wenn aber Christus, euer Leben, sich offenbaren wird, dann werdet auch ihr offenbar werden mit ihm in Herrlichkeit.

Kolosser 3,1–4

Zu einem frohen und überaus verheißungsvollen Suchen und Trachten werden wir hier aufgerufen, einem Suchen nach ewiger Heimat und unvergänglicher Herrlichkeit. Seit die ersten Menschen das Paradies verlassen mußten, ist ja die ganze Menschheit am Suchen. Denn was anders steht hinter allem Fragen und Forschen der Dichter und Denker in den Jahrtausenden der Menschheitsgeschichte und auch hinter allen Erfindungen und Entdeckungen der Wissenschaftler und hinter allen Anstrengungen der Politiker heute, zu einem gesicherten Leben in Frieden und Freiheit zu kommen, anders als das rastlos suchende Menschenherz.

Ich habe die Menschen gesehen,
und sie suchen spät und früh . . .,

so singen wir in einem bekannten Lied.
Aber nun heißt es hier nicht einfach: Suchet! sondern: »Suchet, was droben ist!« Und da beginnt auch schon eine Scheidung unter den Menschen. Denn was hier unten ist, das kann man sehen, messen, zählen, greifen und fotografieren. Aber was droben ist – und damit meint die Bibel die für uns noch unsichtbare Welt Gottes –, wer weiß denn, ob es solch eine ewige Welt überhaupt gibt. Ist solch ein Ruf nicht ein allzu billiger Trostpreis für die, die in diesem Leben zu kurz gekommen sind? »Wenn ich dazu verurteilt bin, auf dieser Erde ein recht bescheidenes Leben zu führen, und mir so vieles versagt bleibt, was andere haben, dann soll ich mich also auf ein besseres Jenseits vertrösten lassen; aber hier auf Erden wollen

wir unser Glück und unser Recht«, so antworten doch viele Menschen auf diese biblische Aufforderung.
Doch wie töricht ist solche Einrede; als ob ein Menschenherz ohne Ewigkeit überhaupt wahrhaft zur Ruhe kommen könnte; als ob sich das nicht bis heute vieltausendmal gezeigt hätte: Je mehr ein Mensch der Ewigkeit gewiß wird, desto mehr schwinden Kummer und Sorgen, Neid und Habsucht, auch Welt- und Todesangst von ihm, desto froher und getroster wird der Mensch. Denn »Gott hat dem Menschen die Ewigkeit ins Herz geschrieben«, so lesen wir es im Predigerbuch des Alten Testaments. Darum wollen wir uns am heutigen Himmelfahrtstag diesem Ruf des Evangeliums neu stellen, indem wir ein dreifaches uns aus dem verlesenen Schriftwort deutlich machen und zu Herzen nehmen:
1. das gesicherte Angebot
2. die dringliche Mahnung
3. die notwendige Entscheidung

I.

Das gesicherte Angebot: Nein, wir werden wirklich nicht genarrt, wir greifen nicht ins Leere, wenn wir diesem Ruf folgen; es wird uns hier kein billiger Trostpreis angeboten. Sondern indem der Apostel diese Worte niederschreibt, hat er einen überaus hellen, gewissen Weg vor Augen, der aus allem Dunkel und aller Unsicherheit dieser Welt, ja mitten aus dem Gräberfeld dieser Erde leuchtend hinaufführt in die Welt der Ewigkeit und der Herrlichkeit Gottes. Er zeichnet nämlich den Weg des gekreuzigten, auferstandenen und dann vor den Augen seiner erwählten Jüngerschar in die unsichtbare Welt der Herrlichkeit zurückgekehrten Herrn und Heilandes Jesus Christus. Nur darum, weil es diesen Bahnbrecher gibt, der als Jesus von Nazareth über unsre Erde gegangen ist, gibt es diesen Weg, auf den wir hier gerufen werden, und steht der Himmel über uns offen, von dem der Apostel hier spricht. Denn dieser Jesus von Nazareth war trotz engster Verbundenheit mit uns Menschen eben doch nicht ein Mensch, wie wir alle es sind, sondern er ist als der wahrhaftige Gottes- und Menschensohn in diese Welt gekommen, um uns den Weg zu dem, was droben ist, und der für uns durch unsere Schuld und Sünde verschüttet war, zu bahnen. Und das ist ihm durch sein bitteres Leiden und Sterben und sein siegreiches Auferstehen auch überschwenglich gelungen. Ist es aber – etwa in einem verschütteten Bergwerk – dem Vordermann gelungen, einen Ausweg freizulegen, dann ist er für alle offen, die sich ihm anschließen und hinter ihm hergehen. So ist das hier gemeint, und so singt deshalb eine ihres Glaubens gewisse Gemeinde auf Erden:

Der Himmel steht offen –
Herz, weißt du, warum?
Weil Jesus gekämpft und geblutet,
darum!

Was für eine große, wunderbare und gesicherte Befreiung ist es also, die uns hier angeboten wird: Mitten aus einer vergänglichen Welt, »wo der Rost das Eisen frißt« und alles so ungewiß und ins Wanken gekommen ist, uns innerlich aufmachen zu dürfen zu einer ewigen Heimat und Herrlichkeit, zu einer ewigen Erfüllung aller Sehnsucht unsres Herzens nach Leben, Freiheit, Frieden und Gerechtigkeit! Was Wunder, wenn wir von den ersten Jüngern Jesu, den Zeugen der Himmelfahrt ihres Herrn, lesen: »Sie kehrten wieder nach Jerusalem mit großer Freude.« Nun sahen sie auch ihr eignes Leben in neuem Licht; nun sahen sie auch dem, was nach Jesu Worten noch über sie kommen sollte an Kampf und Leid, an Not und Tod, ganz anders entgegen, kannten sie doch das Wort ihres Herrn, daß er sie alle nach sich ziehen wolle, wenn ihre Stunde gekommen ist. Und eben das ist das große gesicherte Angebot auch an uns. Denn:

Einer hat aus Todesnacht
Leben an das Licht gebracht,
daß ein Strahl von jener Welt
unsrer Tage Nacht erhellt:
Jesus, der vom Tod erstand!

Was ist denn nun aber droben, da Christus ist, das wir suchen und nach dem wir uns ausstrecken sollen? Es hat jemand einmal bemerkt, der evangelische Himmel habe im Unterschied zum katholischen doch eigentlich nichts zu bieten; er sei leer und dunkel: Die Verstorbenen seien – so lehre man bei den Evangelischen – tot bis zum Jüngsten Tage; Selige und Heilige gebe es also dort noch nicht, und alles, was man früher noch über Himmel und Seligkeit gelehrt habe, sei heute als Mythos und reine Bildermalerei abgetan. Leider – Gott sei's geklagt! – ist die evangelische Verkündigung heute vielerorts so arm und leer geworden, weil ihr die frohen Ewigkeitsklänge fehlen, die dem Evangelium aber eigen sind. Das liegt also nicht an der Bibel, sondern an den armseligen Predigern auf Kanzeln und Kathedern, wenn der »evangelische« Himmel so leer erscheint. Der biblische Himmel ist sehr lebensvoll. Da thront Gott und zu seiner Rechten Jesus nicht in leeren Welten und Weiten, sondern inmitten hoher, herrlicher, himmlischer Kreaturen. Man lese nur, was in der Offenbarung Kapitel 4 und 5 darüber gesagt wird. So nennt uns Gott selbst in seinem Wort Dinge mit Namen, die uns im Blick auf die Ewigkeit bewegen, ja sogar ein stilles, kräftiges Heimweh nach ihr wecken sollen. Wir wollen uns einige neu merken, weil Gott uns in seinem Wort dazu auffordert:

1. Droben ist *das himmlische Vaterhaus,* von dem Jesus vor seinem Abschied seinen Jüngern sagt: »Euer Herz erschrecke nicht! Glaubet an Gott und glaubet an mich! In meines Vaters Hause sind viele Wohnungen. Und ich gehe hin, euch die Stätte zu bereiten. Und wenn ich hingehe, euch die Stätte zu bereiten, dann will ich wiederkommen und euch zu mir nehmen, damit ihr seid, wo ich bin.« Mit Recht sprechen wir deshalb beim Sterben eines Jüngers Jesu, daß der Herr ihn heimgerufen habe. Seinen Apostel Paulus hat der Herr gewürdigt, in einer Entrückung Blicke in die Seligkeit und Herrlichkeit dieser himmlischen Stätten zu tun. Was er dort sah und hörte, vermochte er nicht in menschlichen Worten zu beschreiben; aber im Blick auf seinen Tod schreibt er voll froher Zuversicht: »Ich habe Lust, abzuscheiden und bei Christus zu sein.« Er weiß, wo Christus ist, da ist ewige Herrlichkeit, und ewige Herrlichkeit gibt es nur bei ihm.

2. Droben sind *die verheißenen Güter, die himmlischen Reichtümer,* von denen der Apostel Petrus sagt: »Gelobt sei Gott und der Vater unsers Herrn Jesu Christi, der uns nach seiner großen Barmherzigkeit wiedergeboren hat zu einer lebendigen Hoffnung durch die Auferstehung Jesu Christi von den Toten, – zu einem unvergänglichen und unbefleckten und unverwelklichen Erbe, das aufbewahrt wird für euch . . .« Nein, wir werden droben nicht nur Psalmen singen, wie sich das manche Men-

schen so gedacht haben, sondern himmlische Güter und herrliche Aufgaben warten auf uns, die uns aber so beglücken werden, daß wir darüber aus dem Staunen und Danken in der Tat nicht herauskommen werden. Das lehrt uns die Bibel.

3. Droben ist *die große Gottesfamilie,* von der wir Hebräer 12 lesen und mit der wir schon jetzt, wenn wir Kinder Gottes geworden sind, innerlich verbunden sind. Dort heißt es: »Ihr« – die ihr an Jesus als euren Heiland glaubt – »seid gekommen zu der Stadt des lebendigen Gottes, dem himmlischen Jerusalem, und den vielen tausend Engeln, zu der Gemeinde der Erstgeborenen, die im Himmel angeschrieben sind, und zu Gott, dem Richter über alle, und zu den Geistern der vollendeten Gerechten und zu dem Mittler des neuen Bundes, Jesus, und zu dem Blut der Besprengung, das da besser redet als Abels Blut.« Also auch das Wiedersehen mit allen, die uns im Glauben vorangegangen sind, gehört zur Herrlichkeit des Himmels, zu dem, »was droben ist«, wo Christus ist.

4. Droben ist *die ewige heile, himmlische Welt,* die uns auf den letzten Seiten der Bibel von fern grüßt, so herrlich, daß der Seher Johannes, als sie ihm gezeigt wurde, von ihrer Herrlichkeit überwältigt, in die Knie sank, um anzubeten.

Seht, das alles und noch viel mehr steht hinter dem Ruf: »Suchet, was droben ist, wo Christus ist!« Das alles und noch viel mehr umschließt das Wort »Herrlichkeit«, mit dem unser verlesener Abschnitt endet: »Wenn aber Christus, euer Leben, sich offenbaren wird, dann werdet auch ihr offenbar werden mit ihm in Herrlichkeit.« Denn von solcher Herrlichkeit sagt Gott in seinem Wort an andrer Stelle: »Was kein Auge gesehen hat und kein Ohr gehört hat und was in keines Menschen Sinn gekommen ist, das hat Gott bereitet denen, die ihn liebhaben.« Und für das alles hat Jesus sich verbürgt in seinem Wort, für das er zuletzt in den Tod gegangen ist und zu dem der dreimal heilige Gott zu Ostern sein Siegel gesetzt hat, indem er Jesus von den Toten auferstehen ließ und ihn dann, am Tag der Himmelfahrt, in seine Herrlichkeit zurückgenommen hat; von wo aus aber Jesus nun mit seinem Geist zwar unsichtbar, aber nichtsdestoweniger wirklich und erfahrbar bei den Seinen alle Tage bis an das Ende dieser Weltzeit ist. Ein Geheimnis, gewiß, aber tausendfach von den Seinen auf Erden erfahren bis auf den heutigen Tag. Das ist die Botschaft von Christi Himmelfahrt, und nicht weniger!

II.

Die dringliche Mahnung: »Suchet, was droben ist, da Christus ist!« Die Dringlichkeit kommt darin zum Ausdruck, daß der Apostel den Ruf nachdrücklich wiederholt: »Trachtet nach dem, was droben ist, nicht nach dem, was auf Erden ist.« Warum ist dieser Ruf so dringlich?

1. Er ist deshalb so dringlich, weil alles, was auf Erden ist, einmal seinen Wert für uns *vollständig verliert.* Das gilt schon seit den Tagen des Sündenfalls: »Fünf Bretter und ein Sterbekleid – das ist der Erde Herrlichkeit!« Und oft nicht einmal das. Ich habe als Kriegsgefangener in Rußland Männer, auch hohe Offiziere, beerdigt, die nicht einmal das ins Grab mitnahmen. Und keiner von uns weiß, wie es ihm noch einmal äußerlich auf Erden ergehen kann. Denn heute steht die Vergänglichkeit alles dessen, was auf Erden ist, noch unter einem besonderen Zeichen, das der ermordete amerikanische Präsident Kennedy bekanntlich so formuliert hat: »Heute muß jeder Bewohner auf unsrer Erde auf den Tag gefaßt sein, da diese nicht mehr bewohnbar ist. Jeder Mann, jede Frau, jedes Kind lebt unter einem nuklearen Damoklesschwert, das am dünnsten aller Fäden hängt, der jeden Augenblick durch einen Zufall, eine Fehlkalkulation oder Wahnsinnstat zerschnitten werden kann.« Verstehen wir das? So gewaltig sind die Vorräte an weltvernichtenden Waffen und so anfällig ist die ganze Apparatur, daß schon ein Zufall oder ein Erdbeben an der Stelle, wo die Schaltstellen sich befinden, die ganze Hölle von Tod und Verderben auslösen kann. Nicht von ungefähr zittern alle verantwortungsbewußten Staatsmänner und Politiker vor dieser ins Haus stehenden Gefahr und suchen sie in letzter Stunde abzuwenden. Weh dem, der kein »Droben« hat, wenn einmal alles hier im Staube wie Staub und Rauch verweht, oder wenn das Leben für ihn zu Ende geht, weil der Tod ihn ruft.

2. Alles, was Menschenantlitz trägt und nicht dort droben verankert ist, wo Christus zur Rechten Gottes ist, fährt nicht bloß dahin in ein Nichts, sondern *in das ewige Verderben.* Darüber wird heute in Kirchen und Kapellen nie mehr etwas

gesagt, aber deswegen verliert das Zeugnis der Bibel nichts von seiner Wahrheit und seinem Ernst. Und die solches verschweigen in der Verkündigung, laden eine große Verantwortung auf sich. Gott wird nicht bis in alle Ewigkeit dem gottvergessenen Treiben der Menschen zusehen und die Verachtung seiner Gebote und seines Gnadenangebots hinnehmen; sondern er wird einmal abrechnen mit allen, die den Himmel, den er uns durch die Dahingabe seines Sohnes in den bitteren Tod aufgeschlossen hat, verachten und ihn den Engeln und den Spatzen überlassen wollten, wie einer gespottet hat. Es gibt ein altes Bild, das den Sturz der gerichteten Menschen in die Tiefe abbildet. Man sieht da den ewigen Richter auf dem Thron und ein unentwirrbares Menschenknäuel in die bodenlose Tiefe stürzen. Das Erschütternde ist dies: Einer sucht sich an den anderen zu klammern. Aber keiner hat einen Halt nach oben hin, so kann auch keiner dem andern Halt bieten, und so stürzen sie alle in die ewige Nacht der Gottesferne. Was da im Bild dargestellt wird, kann schnell Wirklichkeit werden. Denn alle Zeichen der Zeit weisen darauf hin: »Der Tag des Herrn ist nahe; er ist nahe und eilet sehr.«

III.

Die notwendige Entscheidung: »Seid ihr nun mit Christus auferstanden, so suchet, was droben ist, wo Christus ist, sitzend zur Rechten Gottes.« Und noch einmal: »Trachtet nach dem, was droben ist, nicht nach dem, was auf Erden ist; denn ihr seid gestorben und euer Leben ist verborgen mit Christus in Gott.« Das ist also die unerläßliche Voraussetzung für die Erreichung dieses Ziels, der Herrlichkeit Gottes: die persönliche Verbundenheit mit Christus Jesus. Die sind hier aufgerufen, die sich dem Mann am Kreuz mit ihrem Leben in Buße und Glauben ausgeliefert haben; die das, was auf Golgatha geschehen ist, durch eine ganze Hinwendung zu Jesus angenommen haben. Ohne solche Verbundenheit mit Jesus kann es dieses Aufwärts und Vorwärts zu dem, was droben ist, gar nicht geben. Warum nicht?

1. Darum nicht, weil kein Unreiner, kein Lügner, keine Ehebrecher, kein Trunkenbold, kein Zauberer, kein Geiziger, kein Verleumder zu dem heiligen Gott und seiner Herrlichkeit

vordringen kann, sondern allein die, die ihre Kleider gewaschen haben im Blut des Lammes, das heißt: die Vergebung ihrer Sünden bei Jesus gesucht und gefunden haben; die mit Zinzendorf sagen können:

Christi Blut und Gerechtigkeit,
das ist mein Schmuck und Ehrenkleid;
damit will ich vor Gott bestehn,
wenn ich zum Himmel werd eingehn.

2. Ohne Anschluß an Jesus gibt es kein Aufwärts zu dem, was droben ist, weil der Weg nach droben von unheimlichen Mächten umlauert ist. Ein Ring gottfeindlicher Mächte umschließt diese Welt. Das erklärt all die scheußlichen Dinge, die tagtäglich auf Erden geschehen. Da ist mit unsrer Macht nichts getan. Aber – dazu starb Jesus, um diesen Ring zu durchbrechen, und mit seiner Auferstehung ist es hell an den Tag gekommen: Dieser feindliche Ring *ist* durchbrochen. Er ist durchbrochen, wo das Kreuz von Golgatha steht. Da beginnt auch der Weg zu dem, was droben ist. Da nimmt uns Jesus als der Auferstandene bei der Hand, um uns fortan als der gute Hirte mit seinem Geist und seiner Kraft zu begleiten auf dem Weg zu dem hohen, ewigen Ziel der Herrlichkeit Gottes.

3. Dieser Weg ist nämlich schmal, oft auch steil und dornig, so sagt es uns die Bibel. Wer diesen Weg gehen will, muß mit Anfeindungen und Anfechtungen von seiten des altbösen Feindes und mit Hohn und Spott von seiten der ungläubigen Welt rechnen. Niemand, der sich aufmacht, würde das Ziel erreichen, wenn Jesus nicht seine Zusage hielte: »Siehe, ich bin bei euch alle Tage bis an der Welt Ende.« Nun aber bezeugt es eine Wolke von Zeugen, die diesen Weg gegangen sind: Es stimmt, es ist wahr: Jesus hält, was er verspricht. Er ist da und er ist nah, auch noch auf dem Weg zur Hinrichtung um des Glaubens willen. Wir denken an die ergreifenden Zeugnisse der Märtyrer bis in unsre Zeit, auch derer, die im Dritten Reich um des Glaubens und der Gerechtigkeit willen starben.

Darum hängt auch für uns alles an der Frage, ob Jesus uns schon der Heiland geworden ist, dem wir gehören, zu dem wir uns bekehrt haben; ob wir seinen Namen schon angerufen haben, weil uns sein Name der Name über alle Namen geworden ist. Denn »Wer den Namen des Herrn anrufen wird, der wird gerettet werden«, sagt Gottes Wort. Der wird von Jesus

auch aufgenommen in seine Herrlichkeit, wenn die Stunde da ist. Denn wer den Namen des Herrn Jesus anruft, der tut den Willen Gottes; denn das ist der Wille Gottes, daß wir an den glauben, den er uns zum Heiland und Herrn gegeben hat.
Wir kommen zum Schluß: Man hört und liest es manchmal, daß Menschen, die dazu in der Lage sind, Kapital im Ausland anlegen, um sich so ihre Zukunft zu sichern. Dort erwerben sie sich auch meist eine Wohnung, um im gegebenen Fall, wenn bei uns alles ins Wanken kommen sollte, eine gesicherte Bleibe zu haben. Für Kinder dieser Welt ist das gar nicht so töricht gedacht und gehandelt. Jesus selbst hat in einem Gleichnis, in dem ein ungerechter Haushalter ähnlich handelte, gesagt: Die Kinder dieser Welt sind in diesem Stück klüger als die Kinder Gottes. Sie denken nämlich an ihre Zukunft, freilich nur an ihre irdische, aber immerhin: Sie denken an ihre Zukunft und wissen ihre Möglichkeiten zu nützen. Und Jesus hat in diesem Zusammenhang seine Jünger gemahnt: Macht es doch auch so: Legt euch dort Schätze an, wo sie weder Rost noch Motten fressen und wo die Diebe nicht nachgraben und sie stehlen, nämlich in der himmlischen Welt. Und das meint der Herr sehr praktisch: Wer durch den Anschluß an ihn mit seinem Glauben und Leben in der himmlischen Welt verankert ist, der hat die Freiheit und die Möglichkeit, mit seinen Gaben und Opfern, seinen Gebeten und Fürbitten, mit seinem Dienst an den armen, einsamen, heilandslosen Menschen auf Erden seinen Glauben zu bewähren und sich so Schätze zu sammeln im Himmel. Denn das alles sieht der Herr, und das alles steht unter seiner Verheißung, daß es Frucht tragen soll für die Ewigkeit. »Selig sind die Toten, die in dem Herrn sterben von nun an. Ja, der Geist spricht, daß sie ruhen von ihrer Arbeit; denn ihre Werke folgen ihnen nach«, so lautet eine Seligpreisung im letzten Buch der Bibel. Ja, Jesus selbst will dafür sorgen, daß seine Gläubigen, wenn sie einmal auf Erden alles verlassen müssen, mit Freuden aufgenommen werden in die himmlischen Wohnungen auch von denen, die durch ihren Dienst auf Erden gesegnet wurden.
Wie töricht ist also die Meinung vieler Menschen, der Glaube an Jesus mache uns zu Träumern auf Erden und nehme uns alle Freude am Leben. Das genaue Gegenteil ist der Fall; das wird auch hier deutlich. Gerade von solchem Ziel her, von der

Ewigkeit her, gewinnt mein Leben auf Erden seinen Glanz und seinen Sinn, weil ich an Jesu Hand durch die Tage gehen darf, der mir auch täglich Gelegenheit schenkt, ihm zu dienen. Die geringste Arbeit, nicht zuletzt die treue Fürbitte und Teilnahme an seinem Werk auf Erden, gilt bei ihm als ihm selber getan, so lesen wir es in seinem Wort. Und wir dürfen uns darauf verlassen: Jesus hält, was er verspricht! Darum laßt uns beherzigen, was Dora Rappard sagt und singt:

Es ist nur ein Schritt zu Jesus! Dringe durch die enge Pfort!
Und bist du in ihm geborgen, o so bleibe, bleibe dort!
Wandle hier ihm dicht zur Seiten: Wo er geht, da gehe mit;
zu des Himmels Herrlichkeiten ist's dann nur ein Schritt! Amen.

Gebet: Herr Jesus Christus, Du bist zu uns erdgebundenen Menschen gekommen, um uns für die ewige Welt zu bereiten und abzuholen. Du bist uns vorangegangen, und wir dürfen Dir folgen. Wir sehen Dich nicht mit unsren Augen, aber wir haben Dich lieb, weil wir erfahren haben, daß Du allein unsre Herzen füllen kannst mit der Freude und dem Trost des ewigen Lebens. Nun wissen wir, wo auch unsre bleibende Heimat ist. Hilf uns, daß wir auf Dich schauend und Dir vertrauend durch die Zeit kommen, und hilf uns, daß unser Leben fruchtbar sei für die Ewigkeit. Amen.

Lied: Jesus Christus herrscht als König . . .

Handelt, bis daß ich wiederkomme!

Gleichwie ein Mensch, der über Land zog, rief seine Knechte und tat ihnen seine Güter aus; und einem gab er fünf Zentner, dem anderen zwei, dem dritten einen, einem jeden nach seinem Vermögen, und zog bald hinweg. Da ging der hin, der fünf Zentner empfangen hatte, und handelte mit ihnen und gewann andere fünf Zentner. Desgleichen, der zwei Zentner empfangen hatte, gewann auch zwei andere. Der aber einen empfangen hatte, ging hin und machte eine Grube in die Erde und verbarg seines Herrn Geld. Über eine lange Zeit kam der Herr dieser Knechte und hielt Rechenschaft mit ihnen. Da trat herzu, der fünf Zentner empfangen hatte und legte andere fünf Zentner dar und sprach: Herr, du hast mir fünf Zentner ausgetan; siehe da, ich habe damit andere fünf Zentner gewonnen. Da sprach sein Herr zu ihm: Ei, du frommer und getreuer Knecht, du bist über wenigem getreu gewesen, ich will dich über viel setzen; gehe ein zu deines Herrn Freude! Da trat auch herzu, der zwei Zentner empfangen hatte, und sprach: Herr, du hast mir zwei Zentner ausgetan; siehe da, ich habe mit ihnen zwei andere gewonnen. Sein Herr sprach zu ihm: Ei, du frommer und getreuer Knecht, du bist über wenigem getreu gewesen, ich will dich über viel setzen; gehe ein zu deines Herrn Freude! Da trat auch herzu, der einen Zentner empfangen hatte, und sprach: Herr, ich wußte, daß du ein harter Mann bist: du schneidest, wo du nicht gesät hast, und sammelst, da du nicht gestreut hast; und fürchtete mich, ging hin und verbarg deinen Zentner in die Erde. Siehe, da hast du das Deine. Sein Herr aber antwortete und sprach zu ihm: Du Schalk und fauler Knecht! Wußtest du, daß ich schneide, da ich nicht gesät habe und sammle, da ich nicht gestreut habe, so solltest du mein Geld zu den Wechslern getan haben, und wenn ich gekommen wäre, hätte ich das Meine zur mir genommen mit Zinsen. Darum nehmet von ihm den Zentner und gebt es dem, der zehn Zentner hat. Denn wer da hat, dem wird gegeben werden, und er wird die Fülle haben; wer aber nicht hat, dem wird auch, was er hat, genommen werden. Und den unnützen Knecht werft in die Finsternis hinaus; da wird sein Heulen und Zähneklappen. Matthäus 25,14–30

Das also ist unsere Lage nach Christi Himmelfahrt: Jesus ist in die für uns noch unsichtbare Welt der Herrlichkeit Gottes zurückgekehrt. Wir glauben an einen für uns unsichtbaren Herrn. Daß wir ihn nicht sehen und also der Welt nicht beweisen und vorzeigen können, kann uns nach und nach zur Anfechtung werden. Die Bibel selbst spricht davon, daß am Ende unsrer Tage Menschen auftreten werden, die da fragen: Wo bleiben denn alle Verheißungen, die mit Jesus verknüpft sind? »Wo bleibt die Verheißung seines Kommens? Denn nachdem die Väter entschlafen sind, bleibt es alles, wie es von Anfang der Schöpfung gewesen ist.« Wir wissen, wie solche Stimmen heute schon zu hören sind: Die Hoffnung auf einen vom Himmel her kommenden Retter, der die Welt in Ordnung bringen soll, ist Träumerei! Wir selbst haben für eine bessere Welt zu sorgen und deshalb diese Welt umzugestalten und der Freiheit, Gleichheit und Gerechtigkeit auf Erden zum Sieg zu verhelfen, notfalls auch mit Gewalt.
Aber gerade so, daß Jesus nach seinem Sterben und Auferstehen in die für uns noch unsichtbare Welt der Herrlichkeit Gottes zurückgekehrt ist, wird nun die ganze Zeit zwischen seiner Himmelfahrt und seiner Wiederkunft für alle seine Gläubigen zu der alles entscheidenden Bewährungszeit. Denn das ist der Sinn dieser Weltzeit bis zur Wiederkunft Jesu: Es soll unter der Verkündigung der frohen Botschaft von der Gnade Gottes aus allen Völkern und Sprachen die Gemeinde der Kinder Gottes herausgerufen und gesammelt werden, die der wiederkommende Herr als seine teuer erkaufte Schar zu sich erheben und an seine Seite stellen will, um mit ihr alles zu teilen, was ihm der Vater gegeben hat: Sein Reich, seine Herrschaft, seine Herrlichkeit.
Welch ein Licht fällt doch auch an dieser Stelle auf unsere Jahre, wenn wir uns von Jesus sagen lassen, daß unser ganzes Leben auf Erden wirklich diesen hohen Sinn hat, daß also alle Aufgaben und Möglichkeiten und auch alle Prüfungen in unsrem Leben den Lektionen gleichen, die Kinder in der Schule aufbekommen, um für das spätere, das eigentliche Leben vorbereitet zu werden. Unser Leben wird anders und unser Sterben wird anders, wenn uns diese hohe Berufung deutlich wird, zu der wir von Gott in Christus Jesus berufen sind. Hören wir darum auf das, was Jesus seinen Gläubigen zu

diesem Thema hier sagt. Wir wollen uns das in vier Merksätzen zu Herzen nehmen:

I.

Wir wandeln, bis der Herr wiederkommt, in der Tat im Glauben und nicht im Schauen! Das Wort des Auferstandenen an Thomas bleibt voll in Kraft: »Selig sind, die nicht sehen und doch glauben!« Trotzdem ist der Glaube an Jesus und die Hoffnung auf ihn wirklich kein Risiko, bei dem man nicht genau weiß, wie noch alles enden kann. Sondern: Der Herr geht! Aber er geht erst nach vollbrachtem Erlösungswerk auf Erden; er geht erst, nachdem er sein Blut und Leben hingegeben hat für eine verlorene Welt; nachdem er den Tod siegreich überwunden, die Tür zum Paradiese für uns aufgetan hat und Leben und unvergängliches Wesen durch ihn ans Licht gekommen ist, so daß nun das Lob auf Erden angestimmt werden kann, mit dem der Apostel Paulus seinen Brief an die Epheser beginnt: »Gelobt sei Gott, der Vater unsres Herrn Jesus Christus, der uns gesegnet hat mit allerlei geistlichem Segen in himmlischen Gütern durch Christus.« Das soll nun kund werden auf Erden, so wie es hier im Gleichnis heißt: »Gleichwie ein Mensch, der über Land zog, rief seine Knechte und tat ihnen seine Güter aus.« Was sind das denn für Güter und Gaben, die der scheidende Herr seinen Jüngern ausgeteilt hat, als er von ihnen schied?

Da ist zuallererst *das Evangelium von der Liebe Gottes* zu nennen: »Also hat Gott die Welt geliebt, daß er seinen eingeborenen Sohn gab, auf daß alle, die an ihn glauben, nicht verloren werden, sondern das ewige Leben haben.« Solch eine Botschaft gab es vor Jesus noch nicht auf Erden. Solch ein Gott konnte auch von keinem Philosophen auf Erden erdacht und ergrübelt werden. Aber in Jesus Christus hat sich dieser Gott offenbart. In ihm hat diese Liebe Gottes auf Erden Gestalt angenommen und uns durch seinen Sühnetod auf Golgatha und sein siegreiches Auferstehen den Weg ins ewige Leben bereitet. Mit dieser Botschaft ohnegleichen sendet der Herr seine Jünger in die Welt: »Gehet hin und predigt das Evangelium aller Kreatur!«

Dazu gehört zum andern *die Gabe des Heiligen Geistes,* die wir

Jesu verdanken. Wir könnten ohne seine Erleuchtung und Kraft gar nicht an einen unsichtbaren Herrn glauben oder zu ihm kommen und seiner gewiß werden. Und doch geschieht das fort und fort in unserer Welt, gerade auch in unserer Zeit und dort, wo Menschen durch besondere Not und Bedrängnis gehen, daß sie durch das Zeugnis des Evangeliums von seiner Wahrheit ergriffen werden und sich zu ihm bekehren. Welch ein Hunger nach dem Wort Gottes ist dort aufgebrochen! Und sind wir selbst nicht auch ein Beweis für die Kraft des Heiligen Geistes, der uns durch das Wort der Bibel zum Glauben gebracht und darin erhalten hat? Ohne ihn wäre niemand von uns zur Erkenntnis seiner Sünden und seiner Verlorenheit und zum Glauben an Jesus als seinen Heiland und Herrn gekommen. Aber das ist die Erklärung dafür, daß das mit uns geschehen ist:

> Seinen Geist, den edlen Führer,
> gibt er mir in seinem Wort,
> daß er werde mein Regierer
> durch die Welt zur Himmelspfort;
> daß er mir mein Herz erfülle
> mit dem hellen Glaubenslicht,
> das des Todes Macht zerbricht
> und die Hölle selbst macht stille.

Da nennen wir weiter *das Recht zum Beten,* zum erhörlichen Beten in Jesu Namen. »Alles, was ihr bitten werdet in meinem Namen, das will ich tun!« verheißt Jesus den Seinen vor seinem Scheiden aus der Welt. Wo gibt es einen Jünger Jesu, der noch keine Gebetserhörungen erfahren hätte! Da denken wir weiter an *die lebendige Hoffnung,* mit der wir als Jünger Jesu beschenkt worden sind. Wo in aller Welt gibt es noch solche Lieder und Melodien, wie Christen sie singen und noch an Särgen und Gräbern anstimmen dürfen, wo doch alle Lieder sonst verstummen. »Lebt wohl, ihr Sterbenden, ich gehe zu den Lebenden!«, so verabschiedete sich ein Jünger Jesu auf seinem Sterbebett von denen, die um ihn waren.

Ein weiteres Gut nennt uns das Neue Testament in dem Wort Jesu, das er in seinen Abschiedsreden an seine Jünger gesagt hat: *»Meinen Frieden lasse ich euch, meinen Frieden gebe ich euch.«* Das ist der Friede des Herzens, das sich mit Gott versöhnt weiß durch den Opfertod Jesu, der höher ist als alle

Vernunft; der uns auch heute inmitten einer zitternden Welt getrost leben und zuversichtlich hoffen läßt auf den, der kommen wird und der schon heute als der Herr aller Herren die ganze Weltgeschichte auf jenen Tag hinlenkt, der alles hell machen wird!
So könnten wir fortfahren und die geistlichen Güter preisen, die Jesus uns erworben und geschenkt hat, und zu solchen Segnungen noch *Taufe* und *Abendmahl* und anderes mehr nennen.
Nein, Jesusnachfolge ist wirklich keine waghalsige Fahrt auf gut Glück, sondern der Glaubende, der das alles ergreift, kommt zu jener »gewissen Zuversicht des, das man hofft«, dem »Nichtzweifeln an dem, was man nicht sieht«, wie der Hebräerbrief sagt, so gewiß, daß, wie Luther ausruft, man sich tausendmal darüber den Kopf abschlagen ließe. Und ein unzählbares Heer von Märtyrern hat sich auch bis heute buchstäblich den Kopf für solchen Glauben abschlagen lassen. Wem es an solcher Gewißheit fehlt, der muß sich hier fragen lassen, ob er denn solche Güter und Gaben Jesu überhaupt schon angenommen hat und ob er sich schon hat rufen lassen zu diesem Herrn und seine Knie in Buße und Glauben vor ihm gebeugt hat, oder ihm nicht bis heute aus dem Wege gegangen ist. Doch solange noch Gnadenzeit währt, und wir leben – Gott sei dafür gedankt! – noch in ihr, gilt auch allen das große »Komm!« des Evangeliums, das auch hier durchklingt:

Komm, der Herr hat Himmelsgaben
für die Seele, die ihn liebt.
Komm, auch du kannst alles haben,
was er hier den Seinen gibt!

II.

Du kannst nur dann wirklich zu solchem Glauben kommen und in ihm bleiben, wenn du gleichsam mit beiden Händen nun auch deinerseits diesen Heiland und Herrn mit seinen Gaben ergreifst und dich von ihm bis zu der Stunde, da er dich ruft, halten, bewegen und regieren läßt.
Das macht Jesus deutlich, wenn er hier sagt: »Dem einen gab er fünf, dem andern zwei, dem dritten einen Zentner, einem

jeden nach seinem Vermögen.« Ein Zentner oder wörtlich: ein Talent, das sind nach unsrem heutigen Geldwert etwa rund zehntausend Mark; jedenfalls eine Summe, mit der sich etwas anfangen läßt. Mit solcher Übergabe war auch der Auftrag verbunden, das empfangene Gut treu zu verwalten und zu mehren, wie es bei Lukas auch ausdrücklich heißt: »Handelt, bis daß ich wiederkomme!«

Daß Jesus – denn um ihn geht es ja hier – bei dieser Zuteilung seiner Gaben Unterschiede macht und nicht allen – ohne Bild gesprochen – die gleiche Glaubenskraft, die gleiche Gebetsvollmacht, die gleiche Tiefe der Erkenntnis, auch nicht die gleiche Befähigung gibt, darüber vollmächtig zu reden, will sagen: Jesus sieht sich die Leute genau an; er will keinen überfordern. Er nimmt barmherzige Rücksicht darauf, ob du ein Mann oder eine Frau bist, jung oder alt, gesund oder anfällig, von starker Willenskraft oder von ängstlichem Gemüt; ob du im öffentlichen Leben stehst oder ans Haus gebunden bist; gewiß auch: ob er dich als Berufsarbeiter also als Pastor, Prediger, Missionar, Diakon oder Diakonisse in seinen Weinberg schicken kann oder dich an deinem bisherigen Platz lassen soll, damit du da durch treuen gewissenhaften Dienst und schlichtes Bekenntnis deinem Herrn leben und dienen kannst: »Einem jeden nach seinem Vermögen.«

Aber keiner seiner Gläubigen bleibt ohne Gabe und deshalb auch keiner ohne Aufgabe. Denn mit den drei Knechten meint Jesus genauso die ganze Christenschar auf Erden wie er mit den zehn Jungfrauen im vorhergehenden Gleichnis die ganze Christenheit beschreibt. Alle, die Jesus als ihren Heiland und Herrn angenommen haben, sind auch berufen, an dem großen Werk der Ausbreitung des Evangeliums und der Sammlung seiner Gemeinde auf Erden teilzunehmen. Darum heißt es auch hier: »Da ging hin, der fünf Zentner empfangen hatte und handelte mit denselben und gewann andere fünf.« Das gleiche tut, der die zwei Zentner empfangen hat. Ins praktische Leben übersetzt und gleich auf uns angewendet, sieht solches Handeln so aus:

Du hast in Jesus deinen Heiland erkannt und ihm dein Leben ausgeliefert. Es kann nicht anders sein, als daß du nun als Jünger Jesu anders lebst als bisher, daß du z. B. deine Sonntage und deine Freizeit anders verbringen wirst als früher, daß man dich nicht mehr soviel auf dem Sportplatz, dafür aber in den Gottesdiensten und Bibelstunden sehen wird – ich spreche hier aus meinem eigenen Leben –. Es wird dann nicht ausbleiben, daß du von denen, die dich kennen, gefragt werden wirst nach dem Grund deiner Veränderung. Sieh, dann kannst du ein Bekenntnis ablegen von dem, was dir widerfahren ist. Wie viele Menschen sind durch solch ein schlichtes Zeugnis von Mensch zu Mensch für Jesus gewonnen worden.

Oder es ist dir aufgegangen, was uns in der Gemeinschaft mit Kindern Gottes geschenkt ist, wie du da ein geistliches Zuhause gefunden hast und dort immer neu gestärkt wirst im gemeinsamen Hören auf das Wort des Herrn und durch Teilnahme an seinem Mahl. Also kannst du nun darauf aus sein, auch andern davon etwas zu sagen und sie zu den Versammlungen einzuladen und mitzubringen. Es stehen auch heute noch suchende und enttäuschte Menschen am Wege und warten auf solche Einladung.

Oder – und das nicht zuletzt – du hast erfahren, wie Gott Gebete erhört und du im Gebet immer neue Kraft empfangen hast für deinen Alltag. Du liest in der Bibel, daß du nicht bloß für dich, sondern auch für andere beten darfst und sollst, denn »Gott will, daß allen Menschen geholfen werde und sie zur Erkenntnis der Wahrheit kommen.« So kannst du nun in deine Gebete alle einschließen, die noch draußen sind, auch alle Missionare und Missionarinnen, alle Verkündiger des Wortes Gottes und auch die, die es werden wollen, eingedenk des Heilandswortes: »Bittet den Herrn der Ernte, daß er Arbeiter in seine Ernte sende!«

So könnten wir fortfahren, Möglichkeiten und Gelegenheiten aufzuzählen, die wir haben, den Namen unsres Herrn zu bezeugen und an seinem Werk auf Erden, auch durch Gaben und Opfer, teilzunehmen, so wie es hier von den beiden treuen Knechten heißt, daß sie hingehen und das ihnen anvertraute Gut verdoppelten. Jesus denkt dabei also an Menschen, die nicht vergessen, wie hoch sie begnadigt sind dadurch, daß der Herr sie zu sich rief, ihnen die Sünden vergab und sie zu Kindern und Erben Gottes und Miterben Christi machte. Er denkt an solche Christen, die nun nicht nur allein selig werden wollen, sondern denen es auch am Herzen liegt, daß auch andre das erfahren, was uns in Christus Jesus geschenkt ist. Sie

möchten einmal eingehen zu den Toren der ewigen Welt als solche, die auf Erden getan haben, was sie konnten, aus Liebe zu ihrem Herrn, aus Dank für seine reiche Gnade und in schlichtem Gehorsam gegen seinen Auftrag: »Handelt, bis daß ich wiederkomme!«
Wohl uns, wenn wir auch zu ihnen gehören möchten und deshalb das uns Aufgetragene auf Erden tun. Nichts Größeres gibt es für uns in unsrer Zeit, als in solchem Werk des Herrn mit Herzen, Mund und Händen dabeisein zu dürfen! Damit haben wir den dritten Merksatz schon angesprochen:

III.

Der Herr kommt wieder! Jesus kommt wieder. »Dieser Jesus, welcher von euch weg gen Himmel aufgenommen wurde, wird so wiederkommen, wie ihr ihn habt gen Himmel fahren sehen«, so sagen die himmlischen Boten den zurückbleibenden Jüngern bei Christi Himmelfahrt. Jesus sagt es hier so: »Über eine lange Zeit kam der Herr dieser Knechte und hielt Rechenschaft mit ihnen. Da trat herzu, der fünf Zentner empfangen hatte, und legte andere fünf dar und sprach: Herr, du hast mir fünf Zentner ausgetan; siehe da, ich habe damit andre fünf Zentner gewonnen. Da sprach der Herr zu ihm: Ei, du frommer und getreuer Knecht, du bist über wenigem getreu gewesen, ich will dich über viel setzen; gehe ein zu deines Herrn Freude!« Das gleiche erfährt auch der zweite Knecht.
O, was sind das doch für ehrende Worte aus dem Munde des wiedergekommenen Herrn! Aber so möchte unser Herr an seinem Tage die Seinen alle willkommen heißen können. Denn so will er ein Leben des Glaubens vollenden, wie es schon der Sänger im Alten Bunde bezeugt: »Du nimmst mich am Ende mit Ehren an!« So reich, so freundlich, so gütig ist unser Heiland und Herr! Der Schächer am Kreuz in allen Ehren! Gott sei gedankt, daß wir auch den Bericht über ihn in der Bibel haben und deshalb Menschen auch noch auf dem Sterbebett Jesu Gnade bezeugen dürfen, oder in Stunden der Anfechtung uns selbst mit dieser Bibelstelle trösten können. Aber der Wille unsres Herrn ist es nicht, daß wir erst unser ganzes Leben auf Erden ohne Gott verjubeln und dann am Ende noch wie ein Brand aus dem Feuer gerettet werden. Gottes Wille und das

Angebot seiner Gnade ist es, daß wir schon frühe uns zu Jesus rufen lassen und unter der Führung des guten Hirten durchs Leben gehen, als solche in seiner Gemeinde auf Erden dabei sind, um dann, wenn unsre Stunde schlägt, einzugehen in die himmlische Welt und am Tage des Herrn zusammen mit allen seinen Gläubigen die Erfüllung seiner Verheißung erfahren: »Vor dir wird man sich freuen, wie man sich freut in der Ernte, wie man fröhlich ist, wenn man Beute austeilt« (Jes. 9,2), oder, wenn dein Weg besonders schwer gewesen ist und du manche Träne auf ihm geweint hast, die andre Verheißung an dir sich erfüllen kann: »Die mit Tränen säen, werden mit Freuden ernten. Sie gehen hin und weinen und tragen edlen Samen und kommen mit Freuden und bringen ihre Garben« (Psalm 126).
So auch hier: »Ei, du frommer und getreuer Knecht«. Das ist überreiche Belohnung für alles Dabeisein im Werk des Herrn auf Erden, auch für allen Spott und alles Belächeltwerden, wenn man die Jünger Jesu Mucker auf Erden nannte oder Übergeschnappte und Ewiggestrige, wenn der Herr dieselben Leute an seinem großen Tage vor den Augen aller Welt als seine Getreuen darstellt und sie als seine Miterben und Mitregenten in seinem ewigen Reich einsetzt: »Ich will dich über viel setzen.« Nein, das wird kein müßiges und langweiliges Leben sein im ewigen Reich unsres Herrn. Wir sehen es auch an dieser Stelle wieder: Große und herrliche Aufgaben warten auf uns, die uns freilich so beglücken werden, daß wir darüber immer neu zu Lob und Anbetung kommen werden. Wer von uns möchte nicht so an jenem Tage von unsrem Herrn empfangen werden? Jesus sagt: Du kannst es haben; denn dazu rede ich davon, um dich einzuladen, mir zu folgen und aus meiner Fülle zu nehmen Gnade um Gnade für dein Leben und deinen Dienst auf Erden. Aber vergiß nicht: »Nicht der Anfang, nur das Ende krönt des Christen Glaubenskampf!« Das macht Jesus uns am Schicksal des dritten Knechtes deutlich:

IV.

Du kannst die höchste Berufung Gottes, die er in Christus Jesus an dich ergehen läßt, durch deine Schuld vereiteln und dich um alles bringen, was der Herr dir zugedacht hat. Nicht von ungefähr spricht Jesus in diesem Sinn von dem, der nur einen Zentner empfangen hat. Er will damit sagen: In dieser Gefahr stehen besonders die Christen, die nicht viele Gaben empfangen haben. Aber dies eine, dies Große haben sie auch gehört und angenommen, daß Jesus für alle Welt in den Tod gegangen ist und für alle Menschen den Himmel aufgetan hat. Das haben sie bejaht. Doch das bringt sie nicht in Bewegung. Sie bewahren solches Wissen für ihre Sterbestunde: »Er ging hin und machte eine Grube in die Erde und verbarg das Geld seines Herrn.« »Grube« erinnert ja buchstäblich an das Grab. Das, was er wußte, weiterzusagen und Menschen auch zum Glauben zu rufen, das kam ihm nicht in den Sinn; dazu – so meinte er – sind ja genug andre da: die Pastoren, Prediger, Evangelisten, Missionare. Die können das besser machen; die haben es ja »gelernt«. So etwa redet sich der dritte Knecht heraus: Er habe den Herrn gefürchtet und deshalb Angst gehabt, alles verkehrt zu machen. In Wirklichkeit aber hatte er keine Lust, keine Freudigkeit, sich zu regen und zu bewegen für seinen Herrn. Ein neuerer Übersetzer übersetzt das Wort im Grundtext so: »Er distanzierte sich«, er ging seinen eigenen Weg. Er wußte ja nun alles, meinte jedenfalls, die Hauptsache zu kennen und zu haben.

Ach, es gibt auch in unsren Tagen so viele Christen, die alles von ihrer Freudigkeit abhängig machen: den Besuch der Gottesdienste und Bibelstunden, der Chor- und Gebetsstunden. Und weil es an Freudigkeit so oft fehlt, fehlen sie auch so oft an ihrem Platz. Das heißt aber auch, das anvertraute Gut vergraben.

Jesus läßt alle solche Entschuldigungen nicht gelten, sondern sagt: Wenn du schon keine große Freudigkeit hast, mitzumachen, weil du keine wirkliche Liebe zu deinem Gott und Heiland hast, dann kannst du immer noch im schlichten Gehorsam das tun, was für alle meine Gläubigen selbstverständlich ist und sein muß und was du auch in deiner Bibel von den ersten Christen liest: »Sie blieben aber beständig in der Apostel Lehre, in der Gemeinschaft, im Brotbrechen und im Gebet.« Dort hatte jeder Gläubiggewordene seinen Platz. Diesen Platz treu zu besetzen, um gemeinsam mit den andern Gott zu loben und Jesus als seinen Heiland zu bekennen und seine Gabe in den Gotteskasten zu legen, das heißt: das

anvertraute Gut zur Bank bringen, wo es Zinsen trägt. Denn eine Stimme mehr im Gottesdienst verstärkt das Loblied der Gemeinde; eine Gabe mehr für das Werk des Herrn auf Erden vergrößert die Einnahme; ein Amen mehr zu dem verkündigten Wort und den Gebeten der andern unterstreicht das Gehörte. Das alles, in schlichtem Gehorsam getan und in Treue ausgeübt, hat große Verheißung schon für dieses Leben. Denn Freudigkeit hängt auch immer mit Treue zusammen: »Welche ihren Dienst wohl ausgerichtet haben, die erwerben sich selbst eine gute Stufe und eine große Freudigkeit im Glauben an Christus Jesus«, schreibt der Apostel Paulus an seinen jungen Mitarbeiter Timotheus. Also nicht immer erst warten, bis man Freudigkeit hat, zum Wachstum im Glauben und einmal auch in die ewige Freude. Aber »sich distanzieren« und nur für sich allein selig werden wollen, das geht nicht. Wer so handelt, dem fehlt es nicht nur an Liebe und schlichtem Gehorsam, sondern auch an wirklicher Gottesfurcht, am Ernstnehmen seines Wortes und Gebotes; der verfällt unweigerlich dem Gericht, sagt Jesus.
»Den unnützen Knecht werft in die Finsternis hinaus; da wird sein Heulen und Zähneklappen«. Da ist nichts auszulegen. Da wollen wir nur bitten: »O Herr, bewahre mich vor diesem Los: auf Erden ein Christ geheißen zu haben und an deinem Tag von dir als träger, fauler Knecht verworfen und in die Nacht der Gottesferne verwiesen zu werden.«
Wir haben am Anfang gesagt, daß wir einem für uns noch unsichtbaren Herrn dienen. Laßt uns zum Schluß aber doch auch dies sagen: Alle Zeichen der Zeit, auf die uns Jesus selbst achten lehrt, deuten darauf hin, daß wir wahrscheinlich die Generation sind, die schon im Schatten der Endzeit, der heraufziehenden antichristlichen Nacht, das Zeugnis von Jesus auszurichten haben in unsrer Welt. Wir können auch sagen: daß wir es schon im Morgenrot der Wiederkunft des Herrn auszurichten berufen sind. Wir haben nicht mehr viel Zeit. Nicht nur unsre Lebensjahre eilen schnell dahin, auch unsre Weltzeit geht ganz offenbar ihrem Abschluß entgegen. Laßt uns die Zeit auskaufen, die Möglichkeiten wahrnehmen zum Dienst der Liebe, die uns unser Herr heute noch schenkt, damit wir als treue Knechte und Mägde erfunden werden, wenn er uns ruft. Jeder von uns kann noch alles gewinnen! Amen.

Gebet: Herr Jesus Christus! Du hast uns Dein herrliches Evangelium anvertraut und uns damit zu Lichtträgern in dieser Welt gemacht. Durch uns soll das Zeugnis von Deiner Gnade in die Welt hinausdringen. Lehre uns, o Herr, in unsrem Haus, in unsrer Umgebung, an unsrer Arbeitsstätte in Wort und Wandel Deine Zeugen zu sein. Bewahre uns vor dem bitteren Los, an Deinem Tage als träger, fauler Knecht oder träge Magd verworfen zu werden, weil es an Treue zu Dir und Deinem Werk auf Erden gefehlt hat. Erbarm Dich unser, o Jesu! Amen.

Lied: Wach auf, du Geist der ersten Zeugen, die auf der Mau'r als treue Wächter stehn . . .

Pfingstsonntag

Ein neues Pfingsten?

Da trat Petrus auf mit den Elf, erhob seine Stimme und redete zu ihnen: Ihr Juden, liebe Männer, und alle, die ihr zu Jerusalem wohnt, das sei euch kundgetan, und laßt meine Worte zu euren Ohren eingehen! Denn diese sind nicht betrunken, wie ihr meint, ist es doch erst die dritte Stunde am Tage; sondern das ist's, was durch den Propheten Joel (Joel 3,1–5) gesagt worden ist:

»Und es soll geschehen in den letzten Tagen, spricht Gott,
da will ich ausgießen von meinem Geist auf alles Fleisch;
und eure Söhne und eure Töchter sollen weissagen,
und eure Jünglinge sollen Gesichte sehen,
und eure Alten sollen Träume haben;
und auf meine Knechte und auf meine Mägde
will ich in jenen Tagen von meinem Geist ausgießen
und sie sollen weissagen.
Und ich will Wunder tun oben im Himmel
und Zeichen unten auf Erden:
Blut, Feuer und Rauchdampf;
die Sonne soll in Finsternis
und der Mond in Blut verwandelt werden,
ehe der große Tag der Offenbarung des Herrn kommt.
Und es soll geschehen:
Wer den Namen des Herrn anrufen wird,
der soll errettet werden.« Apostelgeschichte 2,14–21

»Das Wichtigste, was wir brauchen, ist ein zweites Pfingsten. Ein zweites Pfingsten ist unbedingt notwendig.« Diese Sätze waren in einem ernsten christlichen Blatt zu lesen. Der Herr wartet darauf, daß wir wieder anfangen, so zu beten, daß von neuem Zeichen und Wunder geschehen zu Ehren seines Namens und zur Ausbreitung der Königsherrschaft Gottes, so kann man es hier und dort lesen und hören. Solche Sätze können uns bewegen. Ach, wer wünschte es von uns nicht, daß es noch einmal so ähnlich rauschen und wehen, leuchten und brennen möchte wie damals in Jerusalem! Daß es noch einmal geschehe, daß an einem Tage Tausende sich klar zum Herrn

bekehrten! Erweckungen größeren und großen Stils hat der Herr in den zweitausend Jahren, die uns von jenem Pfingsttag in Jerusalem trennen, auch immer wieder geschenkt, auch unsrem Volk. Er kann uns auch in unsrer Zeit eine Erweckung schenken, ganz gewiß!
Es kann aber auch sein, daß der Herr uns solche versagt und daß er uns durch solches Versagen deutlich macht: »Ihr habt genug gehört, gelesen und unter der Verkündigung des Evangeliums gesessen. Meine Zeugen haben laut genug unter euch gerufen. Ihr habt eure Gnadenzeit lange genug gehabt. Nun muß die Endzeit ihren Lauf nehmen.« Es kann also sein, daß heute nur noch Nachlese auf dem Acker des Reiches Gottes bei uns gehalten wird und die Letzten hereingerufen werden und daß für alles Seufzen und Rufen der Gläubigen nach einer neuen großen Erweckung das Wort Jesu gilt: »Ihr werdet begehren, zu sehen einen Tag des Menschensohnes« – das heißt: einen in die Augen fallenden Einbruch der Macht und Herrlichkeit des Herrn –, »und werdet ihn nicht sehen!«, sondern auf weiteres Warten gestellt bleiben!
Ob so oder so: Die Botschaft, die seit dem Pfingstgeschehen in der Welt verkündigt wird, ruft uns mit heiliger Eindringlichkeit auf: »Kaufet die Zeit aus!« – »Sehet, jetzt ist der Tag des Heils!« Er kann morgen zu Ende sein! Verlaß dich nicht auf ein neues Pfingsten, an dem du dann auch ganz neu und ganz anders mitmachen wolltest als heute, sondern: »Eile und errette deine Seele!« und mach deine errettete Seele fest im Glauben an den Herrn, damit du, wenn er erscheint, einen reichen Eingang findest in seinem ewigen und herrlichen Königreich! So hat schon der Apostel Petrus zu Pfingsten gerufen; so hat er später die Gläubigen in seinen Briefen gemahnt.
Und das ist der dringende Ruf auch an uns in dieser unsrer Zeit, auch an diesem Pfingstfest. Warum denn?

I.

Wir haben auf ein zweites Pfingsten tatsächlich nicht mehr zu warten. Sondern die nächste große weltbewegende Offenbarung Gottes vom Himmel her wird sein »der große und schreckliche Tag des Herrn«.

Noch einmal: Erweckungen hat es seit jenem Pfingstereignis in Jerusalem immer wieder gegeben; der Herr kann sie auch heute schenken. Aber ein zweites Pfingsten wäre das nicht. Das Pfingstereignis, von dem unser Bibelabschnitt spricht, ist einmalig wie Weihnachten, Karfreitag und Ostern und Himmelfahrt einmalige Ereignisse sind; sie gehören zu den »großen Taten Gottes« zur Rettung der Welt, von denen die Apostel künden. »Es ist erfüllt«, so stellt der Apostel auch an jenem Pfingsttage fest, »was der Prophet Joel zuvor gesagt hat: ›Und es soll geschehen in den letzten Tagen, spricht der Herr, da will ich ausgießen von meinem Geist auf alles Fleisch, und eure Söhne und eure Töchter sollen weissagen, und eure Jünglinge sollen Gesichte sehen, und eure Ältesten sollen Träume haben, und auf meine Knechte und Mägde will ich in jenen Tagen von meinem Geist ausgießen, und sie sollen weissagen.‹« Die Apostelgeschichte und die Offenbarung Johannes, ja das ganze Neue Testament zeugt von der Erfüllung auch dieser Weissagung. Denn auch in Gesichten und Offenbarungen, in Erscheinungen und Träumen hat Gott zu und nach Pfingsten zu seinen auserwählten Knechten und Mägden geredet, so deutlich, so hell, daß der Apostel Paulus, der selbst solche Erscheinungen gehabt hat, an die Galater schreiben kann: »Wenn auch wir oder ein Engel vom Himmel euch ein Evangelium predigen würde, das anders ist, als wir es euch gepredigt haben, der sei verflucht.«

Ja, das sagt die Bibel mit heller Deutlichkeit und großer Bestimmtheit: Mit dem Kommen Jesu in unsre Welt, mit seiner Geburt zu Bethlehem, seinem Sterben auf Golgatha, seiner Auferstehung und Himmelfahrt haben die letzten Tage dieser Weltzeit zu laufen begonnen. Und was zu Pfingsten geschehen ist, gehört schon zu den letzten Tagen. Und diese letzten Tage drängen unwiderstehlich zum letzten »großen Tag des Herrn«, von dem es hier heißt: »Und ich will Wunder tun oben im Himmel und Zeichen unten auf Erden: Blut, Feuer und Rauchdampf; die Sonne soll in Finsternis und der Mond in Blut verwandelt werden, ehe der große Tag der Offenbarung des Herrn kommt.« Mit diesem großen Tag des Herrn ist der Gerichtstag gemeint, an dem der Herr unter unsre Welt- und Menschheitsgeschichte einen Schlußstrich ziehen wird, um jedem, der Menschenantlitz trägt, das letzte Urteil zu spre-

chen. Mit drei Worten kennzeichnet der Prophet diesen Tag des Herrn:
Er ist »der große Tag«. Das heißt: er gilt der ganzen Welt, und keiner kann sich ihm entziehen. »Wir müssen alle offenbar werden vor dem Richterstuhl Christi, damit jeder seinen Lohn empfange für das, was er getan hat bei Lebzeiten, es sei gut oder böse«, sagt der Apostel Paulus im Blick auf diesen Tag.
Er ist ein Tag der Offenbarung. Das heißt: An jenem Tag wird alles herauskommen, auch das Verborgene des Herzens, alle unvergebene Schuld, alle unaufgeklärt gebliebenen Sünden und Verbrechen unter den Menschen; alle Justizirrtümer und Fehlurteile. Nichts wird verborgen bleiben; es werden alle Masken fallen.
Er ist der schreckliche Tag, so heißt es bei dem Propheten Joel. Er wird zeigen, daß die Worte der Bibel vom Zorn und Gericht Gottes keine Märchen sind, sondern daß es wirklich diesen doppelten Ausgang der Menschheitsgeschichte gibt: Himmel und Hölle, ewige Seligkeit und ewige Verdammnis; daß es wirklich »schrecklich ist, in die Hände des lebendigen Gottes zu fallen« – ohne Jesus!
O hören wir doch, was in der Pfingstpredigt des Petrus wirklich steht, sogar gleich am Anfang steht: Am Ende der Weltgeschichte und am Ende unsres Lebens steht der hohe Richterthron Gottes und unsres Heilandes. Das hat Petrus zu Pfingsten gesagt, und das gehört darum für alle Zeiten auch zur Predigt des Evangeliums am Pfingsttage. Entweder wir sehen Pfingsten in diesem Licht als das große Gnadenangebot Gottes, ehe der große und schreckliche Tag der Offenbarung des Herrn kommt oder wir gehen an dem Wichtigsten und Entscheidenden vorbei und bleiben taub, blind und stumm für Gottes Wort und Gottes Werk auf Erden.

II.

Ein zweites, das diesen Pfingstruf so eindrücklich macht: *Wir leben tatsächlich in der letzten Zeit; bald wird der Herr erscheinen!* Auch die letzten Tage, die mit Jesu erstem Kommen zu uns zu laufen begonnen haben, haben einen Anfang, eine Mitte und ein Ende. Und wir leben ganz gewiß schon in der zweiten Hälfte, ja dicht am Ende dieser letzten Tage. Aber dürfen wir

das wirklich so sagen? Ja! Die Bibel gibt uns das Recht dazu. Wir haben deutliche Anzeichen dafür, daß der große Tag des Herrn nahe ist und sehr eilet!
»Ich will Zeichen« – Wahrzeichen! – »tun oben im Himmel und unten auf Erden: Blut, Feuer und Rauchdampf«. Sind nicht gerade in unsrer Generation Ströme von Blut geflossen in der Welt wie niemals zuvor? Und die brennenden und rauchenden Städte im letzten Krieg, die in einer Nacht in Schutt und Asche gelegt wurden, und die heute brennenden Städte im Nahen Osten, in Afghanistan und anderwärts: sind das nicht schon alles Wahrzeichen im Sinne des Prophetenwortes? Diese Wahrzeichen können sich im Nu noch vermehren, aber aufgeblitzt sind sie schon vor unsren Augen.
»Die Sonne soll in Finsternis und der Mond in Blut verwandelt werden«: Auch das hat schon angefangen, wo die Explosionswolken der Atombomben gen Himmel stiegen und das Sonnenlicht verfinsterten und den Mond verfärbten. Das hatten unsre Väter noch nicht gesehen, aber wir haben es gesehen. Haben wir es auch verstanden?
Wir sagen gar zu schnell: Ja, das tun doch die bösen Menschen, die bringen solch Unheil über die Welt. Doch der Prophet fragt: »Ist auch ein Unglück in der Stadt, das der Herr nicht sendet?« Gott schneidet sich seine Gerichtsruten auch aus der Bosheit der Menschen und ihren schrecklichen Erfindungen.
Wir sehen heute aber auch noch andere Zeichen, die das Nahen des großen Tages des Herrn ankündigen: Die Sammlung der Juden im Land ihrer Väter; die reine Diesseitsgesinnung der Menschen und die dem Wohlleben hingegebene Welt; die zunehmenden Katastrophen: Erdbeben, Hungersnöte, Seuchen. Von dem allen hat Jesus in Matthäus 24 als von den Zeichen gesprochen, die seiner Wiederkunft vorausgehen werden. Und auch das hat Jesus gesagt: »Es wird das Evangelium vom Reich gepredigt werden in der ganzen Welt zu einem Zeugnis über alle Völker, und dann wird das Ende kommen«, nämlich das Ende dieser Weltzeit. Auch dieses Zeichen erfüllt sich vor unsern Augen: Die Weltmission läuft heute auf vollen Touren. Noch nie war die Möglichkeit dazu auch so groß: Rundfunk, Kassetten, Bibelübersetzungen und Schriften stehen heute in einem Maße zur Verfügung wie nie zuvor. Jesus mahnt, gerade auch auf dieses Zeichen zu achten!

Ja, derselbe Petrus, der am Pfingsttag die Menschen zur Buße ruft, schreibt in seinem 2. Brief an die gläubige Gemeinde: »Wir haben ein festes prophetisches Wort, und ihr tut wohl, daß ihr darauf achtet als auf ein Licht, das da scheint an einem dunklen Ort, bis der Tag anbreche und der Morgenstern aufgehe in euren Herzen.«
So deutet alles, alles darauf hin: Wir leben in der letzten Zeit. Die ganze Entwicklung auf dem Gebiet der Politik, der Wirtschaft und der Technik spitzt sich immer mehr zu für das Auftreten des Antichristen, des letzten Weltherrschers. Wir haben nicht mehr viel Zeit, die Tür zum Hochzeitssaal kann schnell geschlossen werden. Wie ruft der Apostel doch schon damals die Menschen zur Entscheidung, zur Buße und zum Glauben auf an den, der uns von Gott zum Retter aus Sünde, Tod und Teufelsmacht gegeben ist: Jesus Christus, den Sohn des lebendigen Gottes, den Herrn seiner Gemeinde und das Haupt der neuen Menschheit. Und damit sind wir bei dem dritten und wichtigsten Teil der Pfingstpredigt, die der Apostel Petrus gehalten hat, der uns sagt:

III.

Es geht auch zu Pfingsten um nichts anderes als um die Hinkehr zu Jesus! »Daß er dein Heiland werde, der dich errettet vom Tode und von der Gewalt des Teufels, und du sein Eigentum wirst, um in seinem Reich unter ihm zu leben und ihm zu dienen in ewiger Gerechtigkeit, Unschuld und Seligkeit«, darum geht es! Und darum heißt es hier schon am Anfang der Pfingstpredigt des Petrus: »Und es soll geschehen: Wer den Namen des Herrn anrufen wird, der soll errettet werden!« Der große Tag des Herrn kann und soll uns zu einem frohen Tag werden, dem wir mit großer Freude entgegengehen.

»Tag des Danks, der Freudentränen Tag,
du meines Gottes Tag!«

So singt Friedrich Gottlieb Klopstock im Blick auf jenen Tag. Und Martin Luther hat gern vom »lieben Jüngsten Tag« gesprochen, nach dem er sich von Herzen sehnte; wenn der Herr endgültig scheiden wird zwischen Gut und Böse, Licht und Finsternis, Leben und Tod, zwischen Gottes Reich und Satans Reich; wenn jene Welt anbrechen wird für alle Kinder

Gottes, von der es heißt: »Und der Tod wird nicht mehr sein noch Leid noch Geschrei noch Schmerz wird mehr sein. Denn das Erste ist vergangen, siehe, es ist alles neu geworden!«
Gibt es das auch für uns, daß wir dem großen und schrecklichen Tag mit solcher Zuversicht entgegensehen dürfen als einem »Tag des Danks, der Freudentränen Tag«? Ist das möglich? Das ist nicht nur möglich, sondern das ist Gottes Wille; das möchte der Heilige Geist bei jedem von uns zustande bringen. Und das bringt er so zustande, daß er dir Jesus groß macht, sein Sterben am Kreuz für uns hell macht, daß du am Kreuz auf Golgatha deinen Bergungsort erkennst vor dem großen und schrecklichen Tag des Gerichts! Daß du in Jesus deinen Heiland erkennst, der auch für deine Sünden sein Blut vergossen hat und dich zu seinem ewigen Eigentum erwählt hat.
Darum spricht Petrus, nachdem er zuallererst auf den großen und schrecklichen Tag des Herrn hingewiesen hat, jetzt nur noch von Jesus, von seinem Sterben für uns, seiner Auferstehung und seinem Wiederkommen, wie wir es in der Fortsetzung unsres Predigttextes lesen können. Und das schlug ein! Das ging den Hörern durchs Herz. Das brachte sie zur Erkenntnis ihrer Verlorenheit, ihrer Sünden, aber auch zur Umkehr und zum Glauben an Jesus und dann zur überströmenden Freude an seiner Gnade.
Um das geht es jetzt auch für uns: »Wer den Namen des Herrn anrufen wird, der wird errettet werden.« Anrufen, so wie der Kranke den Arzt anruft, wie der in Todesgefahr Schwebende nach dem Helfer ruft, oder besser noch: wie das Kind die Mutter oder den Vater anruft und zum erstenmal das »Abba« über seine Lippen bringt, um dann als echtes Kind ein Leben lang mit ihnen im Gespräch zu bleiben: So will der Heilige Geist unser Herz bewegen und erfüllen, daß wir unsre Lippen öffnen und im Anblick des Kreuzes erkennen: »Sehet, welch eine Liebe hat uns der Vater erzeigt, daß wir Gottes Kinder sollen heißen; und wir sind es auch!« Daß wir ihm unser Leben ausliefern und sein Geist nun unsrem Geist Zeugnis geben kann, daß wir Gottes Kinder sind und wir nun im Blick auf den kommenden großen und für die Welt schrecklichen Tag uns in Christi Blut und Wunden geborgen wissen und mit Paul Gerhardt singen können:

Nichts, nichts kann mich verdammen,
nichts raubt mir meinen Mut;
die Höll und ihre Flammen
löscht meines Heilands Blut.
Kein Urteil mich erschrecket,
kein Unheil mich betrübt,
weil mich mit Flügeln decket
mein Heiland, der mich liebt!

Noch einmal: Das will Gott durch seinen Heiligen Geist bei uns bewirken! Der Heilige Geist »wird nicht von sich selber reden, sondern er wird mich verklären«, sagt Jesus im Blick auf das, was zu Pfingsten geschehen ist. Der Heilige Geist will Jesus groß und hell machen. Er boxt aber keinen Menschen in den Himmel hinein, auch nicht zu Jesus hin. Er wirbt um uns, er zieht uns zum Wort Gottes, er will es uns lieb und hell machen, aber er respektiert unsre Freiheit. Wir können ihm widerstehen. An jenem Pfingsttag in Jerusalem wurden nicht alle Hörer gläubig, sondern nur die, »die sein Wort gern annahmen«. Die andern hatten ihren Spott über das, was da gesagt wurde.

Wir kommen zum Schluß: Ein Christuszeuge hat in unsren Tagen gemeint: Unsre Verkündigung in Kirchen und Gemeinden sei heute zu sehr und allein auf Tröstung und Zuspruch der Hörer abgestellt. Man höre kaum noch ein Wort vom Zorn und Gericht Gottes. Niemand habe deshalb mehr Angst, verloren zu gehen; niemand fürchte sich mehr vor dem kommenden Tag des Gerichts Gottes. Hat der Mann recht, der das sagte?

Gewiß, wir dürfen – Gott sei gedankt dafür – wirklich sagen: Die Bibel enthält reichen, tiefen Trost für alle angefochtenen Kinder Gottes auf ihrem Weg durch die Wüsten dieser Welt. »Tröstet, tröstet mein Volk, spricht der Herr, euer Gott!« Die Bibel nennt Gott einmal geradezu den »Gott alles Trostes«. Und auch Pfingsten ist ein Fest des Trostes; denn Jesus nennt den Heiligen Geist, den er senden wird vom Vater, den »Tröster«, wie Luther übersetzt. Ja, die ganze Bibel ist von Anfang bis zu Ende ein einzigartiges Trostbuch; keines auf Erden ist ihm gleich.

Aber – wer soll denn getröstet werden? Nicht alle Menschen, nicht die ungläubige Welt, nicht die lauen, die trägen, die halben Christen, sondern die Jünger Jesu; die Menschen, die da bekennen:

Einer ist's, an dem wir hangen,
der für uns in den Tod gegangen
und uns erkauft mit seinem Blut.

Denen sagt der Herr durch seinen Heiligen Geist: »Es sollen wohl Berge weichen und Hügel hinfallen, aber meine Gnade soll nicht von dir weichen, und der Bund meines Friedens soll nicht hinfallen!«

Der Herr allein weiß, was uns noch bevorsteht und wie schnell wir in eine Lage kommen können, in der wir nichts mehr nachholen können. Die törichten Jungfrauen konnten nichts mehr nachholen, als der Ruf erscholl: »Siehe, der Bräutigam kommt, gehet aus, ihm entgegen!«

Sorgen wir dafür, daß unsre Glaubenslampe brenne und am Brennen bleibe! Geben wir dem Geist von oben Raum in unsrem Herzen, damit er uns versiegle als Gottes und Christi ewiges Eigentum und wir so errettet und bewahrt werden in allen Versuchungen der Endzeit und dann, wenn unsre Stunde schlägt, wir heimkommen zu unsrem Herrn, um bei ihm zu sein allezeit! Ja, auch das Pfingstfest ruft uns auf:

Suche Jesum und sein Licht,
alles andre hilft dir nicht! Amen.

Gebet: Herr Gott, lieber himmlischer Vater! Tu Du uns allen die Augen auf, in Christus Jesus, Deinem lieben Sohn, unsern einzigen Retter zu erkennen und ihn als unsern Heiland und Herrn anzunehmen. Wir danken Dir, daß Du Deinen Heiligen Geist gesandt hast in die Welt, daß er solches Werk unter uns vollführe! Wir danken Dir für alles Wirken Deines Geistes auch in unsrer Welt und Zeit, daß auf den Missionsfeldern Menschen zum Glauben an Jesus kommen und um ihres Glaubens willen in der Kraft Deines Geistes auch leiden und sterben können! Festige auch uns in solchem Glauben, damit wir bewahrt werden in allen Prüfungen, die du auch über uns kommen lassen wirst, auch in den täglichen Fragen und Nöten und Aufgaben; daß wir überall uns als die Deinen erweisen möchten zu Lob und Ehre Deines Namens durch Jesus Christus unsern Herrn! Amen.

Lied: O komm, du Geist der Wahrheit, und kehre bei uns ein . . .

Pfingstmontag

Die Predigt der Steine

Es hatte aber alle Welt einerlei Zunge und Sprache. Als sie nun nach Osten zogen, fanden sie eine Ebene im Lande Sinear und wohnten daselbst. Und sie sprachen untereinander: Wohlauf, laßt uns Ziegel streichen und brennen! – und nahmen Ziegel als Stein und Erdharz als Mörtel und sprachen: Wohlauf, laßt uns eine Stadt und einen Turm bauen, dessen Spitze bis an den Himmel reiche, damit wir uns einen Namen machen; denn wir werden sonst zerstreut in alle Länder. Da fuhr der Herr hernieder, daß er sähe die Stadt und den Turm, die die Menschenkinder bauten. Und der Herr sprach: Siehe, es ist einerlei Volk und einerlei Sprache unter ihnen allen, und dies ist der Anfang ihres Tuns; nun wird ihnen nichts mehr verwehrt werden können von allem, was sie sich vorgenommen haben zu tun. Wohlauf, laßt uns herniederfahren und dort ihre Sprache verwirren, daß keiner des andern Sprache verstehe. So zerstreute sie der Herr von dort in alle Länder, daß sie aufhören mußten, die Stadt zu bauen. Daher heißt ihr Name Babel, weil der Herr daselbst verwirrt hat aller Länder Sprache und sie von dort zerstreut hat in alle Länder. 1. Mose 11,1–9

Das ist ein uralter und doch hochaktueller Bericht aus der Geschichte der Menschheit. Es mag uns zunächst merkwürdig erscheinen, daß unter die für die Pfingsttage kirchlicherseits ausgewählten Predigttexte auch dieser Bibelabschnitt aufgenommen wurde. Aber wir werden bald erkennen, daß das seine Bedeutung hat. Jesus selbst spricht einmal davon, daß Steine schreien können, um Gottes Wort und Wahrheit auf ihre Weise zu bezeugen. Das gilt auch hier. Die Steine von Babel schreien, wie überhaupt alle im Gericht Gottes eingestürzten Bauten auf Erden stumme und doch sehr beredte Zeugen sind von Gottes Wirklichkeit und Wahrheit. Denn die Steine von Babel sind ja bei weitem nicht die einzigen Ruinen auf Erden. Wir denken, um nur einige Beispiele zu nennen, an den Tempel in Jerusalem zur Zeit Jesu und die Stadt selbst. Wir denken an das großartige Kolosseum in Rom, in dem in frühchristlicher Zeit soviel

Märtyrerblut geflossen ist. Wir Deutsche dürfen uns erinnern lassen an die gigantischen Bauten des Dritten Reiches, die Reichskanzlei, das Reichsparteitagsgelände, den Berghof. Wo sind sie alle geblieben? Eingestürzt oder vom Erdboden ganz verschwunden – unter den Schlägen des Gerichtes Gottes.
Und was wird in unseren Tagen wieder gebaut! Werke, die buchstäblich ins Weltall hinauf reichen. Und in welchem Tempo und Ausmaß! Aber wer die Bibel kennt und weiß, was sie über die Entwicklung der Geschichte der Menschheit sagt, wird das Gefühl nicht los, daß wir uns mit alledem jenem Gericht nähern, von dem die Offenbarung spricht, daß ein Drittel der Erde eine Wüste werden wird, und das noch, ehe jener große Tag anbricht, an dem Himmel und Erde ganz vergehen werden (Offb. 8,7ff.). Das ist die Welt, in der wir leben. Aber wie wenige wollen daran erinnert werden, selbst unter den Gläubigen! Wie wenige sind bereit, ihr Leben zu überprüfen, ob es ein atomsicheres Fundament hat, und sich mehr denn je auf das ausrichten zu lassen, was ewig ist. Doch die Boten des Evangeliums haben zu rufen und zu zeugen »zur Zeit oder zur Unzeit«, zu warnen und zu werben im Dienst ihres erhöhten Herrn – solange sie das noch können. Es naht die Zeit, da diese eindringliche Sprache der Bibel von Babels Gewalthabern nicht mehr geduldet werden wird.
Aus obigem Bericht aus der Urgeschichte der Menschheit wollen wir ein dreifaches Zeugnis zu Herzen nehmen:

I.

Die Steine von Babel warnen uns vor einem Leben und Streben im falschen Geist. Denn den gibt es. Wir Menschen sind von Gott dazu erschaffen, uns mit unsrem Denken, Wollen und Tun unter die Leitung seines Geistes zu stellen und Gott über alle Dinge zu fürchten, zu lieben und zu vertrauen. Darin liegt unser Friede, unser Glück, unsere Geborgenheit, unsere uns von Gott zugedachte hohe Lebenserfüllung in Zeit und Ewigkeit.
Es ist aber noch ein anderer Geist da, ein hoher, himmelstürmender, aber ungöttlicher und widergöttlicher Geist, der um uns wirbt, dem schon der erste Mensch ins Garn gegangen ist und dem wir nun völlig untertänig werden sollen. Und die Bibel

lehrt, daß dieser antigöttliche und antichristliche Geist vor dem Wiederkommen Jesu die Menschen noch ganz anders in seinen Bann schlagen und mit ihnen gen Himmel stürmen wird, als in jenen Tagen, von dem unser Bibelabschnitt redet, noch mächtiger, blendender und verführerischer, weil er eine Zeitlang christlich-fromm getarnt ist.
Es wird uns auf Erden zutiefst ein Geheimnis bleiben, wo dieser fremde und himmelstürmende Geist herkommt und wie er bisher bestehen kann, wo Gott als der Allmächtige und Allweise doch alles erschaffen hat und erhält. Aber daß dieser andere Geist da ist, davon zeugt die ganze Weltgeschichte vom Sündenfall des Menschen bis auf unsere Tage. Davon zeugt auch unser eigenes Leben mit seiner Mischung von Licht und Finsternis und seinem Kampf zwischen Gut und Böse.
Davon zeugt auch diese Geschichte aus der Frühzeit der Menschheit. Hier wird der Name und das Wesen der Stadt Babel zum erstenmal in der Bibel gekennzeichnet, die fortan zum Symbol für grenzenlosen Übermut und sündhafte Selbstverherrlichung des Menschen werden soll. Von hier aus geht der Name Babel wie ein dunkles, giftiges Rinnsal durch die Bibel bis zum Buch der Offenbarung, wo wir von dem ausgereiften Babel der Endzeit lesen: »Sie ist gefallen, sie ist gefallen, Babylon, die große Stadt . . .« (Offb. 17 und 18). Babel, das ist also die Welt, die dem wahren Herrn der Welt die ihm gebührende Ehre verweigert und sich dafür selbst verherrlicht. Babel, das ist die Welt, die unter Überspielung des Sündenfalles, ohne Buße und Hinkehr zu dem lebendigen Gott zu Glück und Wohlleben, Frieden und Sicherheit kommen will und das in einem letzten großen Weltreich auf Erden auch vordemonstrieren wird.
Wir wollen alles dankbar stehen lassen, was durch Gottes Barmherzigkeit und Langmut noch auf Erden an Gutem und Schönem auch in unserer Zeit zu finden ist, auch was dem Überhandnehmen dieses letzten Übermuts der Menschen noch wehrt – wer die Dinge, die sich heute in der Welt anbahnen, im Licht der Bibel sieht, kann darüber nicht im Zweifel sein, daß dieses Babel der Endzeit im Entstehen ist. Vor einigen Jahren schon hat es in Amerika eine Weltausstellung gegeben – die Zeitungen berichteten davon –, da zeigte man modellweise kommende menschliche Errungenschaften, die diese Erde zum

Paradies machen könnten: Schalter, mit denen die Hausfrau die Zimmerfarbe beliebig verändern kann, Telefone, die automatisch Türen und Fenster schließen und Rasen sprengen, Klimaanlagen, die Obst und Gemüse zu allen Jahreszeiten wachsen lassen; Transportmaschinen, die zu Land und in der Luft gleichermaßen zu gebrauchen sind; im Raketenflugzeug werde man an Mond und Mars vorbeifliegen u. a. m. So kündete die Weltausstellung: Wir haben paradiesische Zustände im nächsten Jahrhundert zu erwarten – wenn wir nur alle Möglichkeiten nützen, zusammenhalten und Frieden wahren. Ähnliche Töne kommen aus dem Osten.

Nochmals: Wir wollen wirklich nicht alles verdammen, was Menschen erfanden, erfinden und gestalten. Wir Menschen dürfen bauen und uns die Erde untertan machen. Aber – in welchem Geist das alles geschieht, das ist die entscheidende Frage. Wir haben Bauwerke auf Erden, die wurden Gott zu Ehren errichtet: schöne Kirchen und Dome, auch Türme dabei, die wie erhobene Finger nach oben weisen und mahnen: »Suchet, was droben ist, da Christus ist!« Wir haben Wohnhäuser aus vergangenen Jahrhunderten, die durch einen Bibel- oder Sinnspruch an der Giebelwand verraten, daß Gottesfurcht und Demut die Erbauer leiteten. Aber in und um Babel weht ein anderer Geist, der Geist der Selbsterlösung und Selbstverherrlichung, der reinen Diesseitsgesinnung. »Das ist das große Babel, das ich erbaut habe durch meine Macht, zu Ehren meiner Herrlichkeit« (Dan. 4,27), so hören wir einen der Könige von Babel sich brüsten.

Doch wir würden uns die Sache um Babel zu einfach machen, wenn wir diesen Geist des Übermuts und der Selbstverherrlichung nur draußen bei den weltlichen Bauleuten sähen und suchten. Wieviel Türme und Türmlein erheben sich heute in Gestalt von allerlei Sonderlehren auch auf dem Ackerfeld des Reiches Gottes! Wieviel Geltungsbedürfnis, Eigenwilligkeit, Ehrfurchtslosigkeit und Wichtigtuerei bis zum Personenkult! Wie hindert dieser Geist die Sammlung und Zubereitung der Gemeinde! Nach der Schrift sind das Zeichen des aufrührerischen Geistes der Endzeit. »Das sollst du aber wissen, daß in den letzten Tagen werden greuliche Zeiten kommen. Denn es werden die Menschen viel von sich halten, geldgierig sein, ruhmredig, hoffärtig, Lästerer, den Eltern ungehorsam . . ., die da haben den Schein eines gottesfürchtigen Wesens, aber seine Kraft verleugnen sie« (2. Tim. 3,1 ff.). Wohlgemerkt: Das sagt der Apostel von dem, was auch in der Christenheit offenbar werden wird. Wenn wir das alles bedenken, sollten wir heute vielleicht nicht so sehr von Entrückung und Verschonung der gläubigen Gemeinde reden, sondern zuerst und noch mehr uns an das Wort des Apostels erinnern lassen: »Es ist Zeit, daß das Gericht anfange am Hause Gottes« (1. Petr. 4,17), damit erst einmal an den Tag komme, was Geist von oben und Geist von unten ist, der hier und dort am Werke ist.

Die Steine Babels warnen. Sie warnen nachdrücklich vor dem Zusammengehen mit dem hochfahrenden Geist von unten, der im Aufruhr gegen den lebendigen Gott lebt, auch wenn er sich noch so fromm tarnt, und am Ende überall doch Risse und Trümmer hinterläßt.

II.

Die Steine Babels bezeugen die Heiligkeit Gottes, der seine Ehre keinem andern gibt noch seinen Ruhm den Götzen. Es ist Gottes heiliger Wille, daß die Menschheit nur in Gemeinschaft mit ihm, dem gütigen Schöpfer, ihre hohe Berufung erfüllen kann, vereint und in mannigfacher Fülle Gottes Wesen, Güte und Weisheit auf Erden offenbar zu machen. Fällt sie von Gott ab, gerät sie in den Sog des Bösen und damit unter das Gericht Gottes.

Mit einer Sprachverwirrung beginnt das Gericht über Babel. Man soll diese ernste und zugleich erhabene Geschichte nicht künstlich illustrieren wollen. Aber es mag doch erlaubt sein, sich mit einem unserer Väter vorzustellen, wie es gewesen sein muß, als das geschah: Da wollte der Nachbar mit dem Nachbarn noch etwas verabreden, was sie am andern Morgen gemeinsam tun würden. Aber der eine sieht den anderen mit aufgerissenen Augen an; er versteht kein Wort. Da wollten die Architekten den Bauleuten ihre weiteren Pläne und Anweisungen erläutern, aber keiner versteht mehr den anderen. Da wollen sich die Söhne am Morgen von den Eltern verabschieden, um an die Arbeit zu gehen, aber die Eltern schrecken zurück: Sind die Kinder in der Nacht irre geworden? »Also

zerstreute sie der Herr von dort in alle Lande, daß sie mußten aufhören, die Stadt zu bauen.«
»Daß sie mußten aufhören!« So wurde Babel zur Ruine. So wurden die imposanten Bauten Roms zur Ruine. So wurde Nürnberg zur Ruine. So sank das stolze Bauwerk der Reichskanzlei in Staub und Asche und viele deutsche Städte samt ihren Türmen und Schätzen.
Und was lag in den Schubläden der Gewalthaber des Dritten Reiches noch an himmelstürmenden Plänen bereit! Aber dann kam das Gericht Gottes, »daß sie mußten aufhören, die Stadt zu bauen«. Und nun künden die gestürzten Bauten und die liegengebliebenen Pläne: »Es ist ja noch Gott Richter auf Erden« (Ps. 58,12).
Mit einer Sprachverwirrung begann das Gericht über das erste Babel. Ist die große um sich greifende neue Sprachverwirrung in der heutigen Welt nicht ein beängstigendes Zeichen dafür, daß Gottes Gericht über uns vor der Tür steht oder gar schon begonnen hat? Sie sprechen alle von Frieden, aber die einen verstehen unter Frieden das Gegenteil von dem, was die anderen meinen. Sie sagen alle Freiheit, aber viele Völker fühlen nichts als die Faust im Nacken. Sie reden alle von Recht und Gerechtigkeit, aber viele verstehen darunter doch nur die Verwirklichung ihrer eigenwilligen Pläne. Welche Sprachverwirrung auch in unserem eigenen Volk! Die einen verstehen unter »Lebensgefährtin« immer noch die rechtsgültig angetraute Ehefrau, die anderen die Freundin, die man auch wieder laufen lassen kann. Die einen unter Keuschheit die Beherrschung des Trieblebens in, außer und vor der Ehe, auch die Achtung vor dem anderen Geschlecht; die anderen machen darüber faule Witze und verspotten solche Haltung als »von gestern« in verhöhnenden Karikaturen und das sogar schon in christlich-sein-wollenden Blättern!
Welche Sprachverwirrung also auch in der Christenheit! »Pluralismus« nennt man sie mit einem Fremdwort, wenn z.B. in einer Kirche zu Jesus dem gekreuzigten und auferstandenen Herrn gerufen wird, in der anderen aber erklärt wird, daß man seine Auferstehung natürlich nicht buchstäblich zu verstehen habe. Diese Reihe ließe sich weit verlängern.
Und solche Sprachverwirrung reicht bis in unsere Häuser, Familien und Ehen. Da haben sich Eheleute entfremdet. Es

kommt zur Aussprache. Und dann müssen beide sich eingestehen: Wir verstehen uns nicht mehr. Oder da spricht das Kind mit den Eltern, die es erzogen haben. Sie warnen es vor dem eigenwilligen Weg, den es gehen will. Man redet hin und her. Schließlich ruft das Kind: Ihr versteht mich eben nicht mehr, ihr seid von gestern! Und dann fällt die Tür ins Schloß. Und oft sieht man sich erst vor Gericht wieder, wo halb erwachsene Kinder ihre Eltern auf Unterhalt verklagen.
Muß aus solcher Sprachverwirrung nicht eine Katastrophe von fürchterlichem Ausmaß kommen, wenn Gottes Mühlen sich erst voll in Bewegung setzen? Offenbarung Kapitel 18 gibt uns die Antwort darauf.
Und der tiefste Grund solcher Verwirrung? Es ist die sündhafte Überheblichkeit des sogenannten »mündigen« Menschen, der meint, keines Gebotes mehr zu bedürfen und keine Autorität über sich zu haben und die Bibel nach seinem Geschmack auslegen oder gar neu schreiben zu dürfen. Aber auch solche Verwirrung macht deutlich: Wo wir Gott aus den Augen lassen und nicht seine Ehre suchen in unserem Trachten und Tun, da beginnt das Verderben, bis bei den Menschen am Ende nichts anderes übrigbleibt als ein seelischer und schließlich auch buchstäblicher Trümmerhaufen: ein verfehltes Leben, Jammer, Tod, Gericht und ewiges Verderben, ganz so, wie es Gott durch Prophetenmund gesagt hat: »Deine Bosheit ist schuld, daß du so geschlagen wirst, und dein Ungehorsam, daß du so gestraft wirst. Und du mußt innewerden und erfahren, was es für Jammer und Herzeleid bringt, den Herrn, deinen Gott, zu verlassen und ihn nicht zu fürchten, spricht Gott, der Herr Zebaoth« (Jer. 2,19).

III.

Die Trümmer dieser Erde rufen nach einer neuen Welt, einer neuen Schöpfung. Denn das kann doch nicht alles sein, was von Gottes Schöpfungsgedanken übrig bleibt, die eine Welt zum Ziele hatte, in der alles sehr gut war und über die der Mensch als sein Statthalter herrschen sollte: eine Erde voller gestürzter Türme und Städte, gar von Atombomben zerstört und verseucht?

Gottlob, das ist auch nicht alles. So schließt auch die Bibel nicht mit dem Sturz des endzeitlichen Babel, sondern sie schließt mit der weit geöffneten Tür zu einem neuen Himmel und einer neuen Erde, erfüllt von Gottes Herrlichkeit, bewohnt von einer erlösten Menschheit, die Gott und dem Lamm die Ehre gibt und nun von Ewigkeit zu Ewigkeit erfährt: »Bei dir ist die Quelle des Lebens, und in deinem Licht sehen wir das Licht.«
Was ist denn zwischen dem Turmbau zu Babel und dem Anbruch jener heilen Welt noch geschehen, außer daß immer neu Türme und Türmchen unter den Schlägen des Gerichts Gottes in Staub und Asche sanken? Das ist geschehen:
In diese gefallene aufrührerische Welt ist in der Gestalt Jesu Christi der lebendige Gott neu, und diesmal ganz anders herabgestiegen und hat inmitten ihrer Trümmer einen Fußbreit Erde ersehen und beschlagnahmt und da einen neuen, auserwählten köstlichen Grund- und Eckstein für eine neue Welt gelegt. Auf dieser trümmerbesäten Erde steht nun die Krippe von Bethlehem und das Kreuz von Golgatha. Hier ist das alle Schuld der Welt sühnende Blut Jesu geflossen; hier sammelt sich nun, von der in Jesus geoffenbarten Liebe Gottes überwunden, die Schar derer, die von Gott berufen sind, in die neue Welt einzugehen und an der Seite ihres Herrn und Heilandes das reiche Erbe, die Herrschaft über die neue Welt, zu übernehmen.
Dazu ist Gott in der Sendung seines Heiligen Geistes zu Pfingsten noch einmal herabgestiegen, hat die Herzen der Menschen um Jesus mit seinem Geist erfüllt, zu einer Gemeinde vereint und so hell aufleuchten lassen, wie durch seinen Geist Menschen in Christus geeint, ja »ein Herz und eine Seele« (Apg. 4,32) werden und wieder »einerlei Zunge und Sprache« sprechen, nämlich die Sprache des Lobes und der Anbetung Gottes, die eigentliche Ursprache der Menschen.
An jenem Pfingsttag waren in Jerusalem aus allen Ländern und Sprachen Menschen zusammengekommen, und alle erfuhren: »Wie hören wir sie« – die Apostel des Herrn – »denn in unserer Sprache die großen Taten Gottes rühmen!« Nun gibt es seit Pfingsten schon auf dieser Erde Menschen, die die Trümmer Babels nicht zu bejammern und zu beklagen brauchen, sondern die inmitten einer fallenden Welt die neue Welt Gottes kommen sehen und ihr freudig entgegengehen, weil sie bekennen

dürfen: »Gott hat uns nicht gegeben den Geist der Furcht, sondern der Kraft und der Liebe und der Zucht.«
Denn ein drittes wird noch geschehen: Jesus, der Sohn des lebendigen Gottes, wird noch einmal herabkommen, dann aber in großer Kraft und Herrlichkeit, um seine Gemeinde um sich zu versammeln und Gericht zu halten über die Völker der Erde. Diesem Tag gehen wir entgegen. Er kann schnell anbrechen, ja er wird sogar ganz plötzlich über die Welt kommen, wie Gott das in seinem Wort immer wieder und so stark betont, »wie ein Dieb in der Nacht«, wie ein Blitz aus wolkenverhangenem Himmel plötzlich hervorbricht (Matth. 24,27.43). Und wer wollte nicht erkennen, wie der Himmel schon heute durch Satelliten, Raketenabwehrsysteme, Laserkanonen und anderes mehr wolkenverhangen wird und schon geworden ist, »direkt über uns«, wie eine angesehene Tageszeitung es kürzlich schrieb.
Darum die Frage an uns alle: Hast du deinen Platz schon eingenommen in der Gemeinde, die sich unter dem Kreuz von Golgatha sammelt, in der das Reich Gottes schon jetzt hereinragt in unsre Welt und Zeit, verhüllt zwar, denn sie trägt noch Knechtsgestalt, diese Gemeinde unter dem Kreuz. Sie ist von meist armseligen Baugerüsten umgeben. Gesandte aus dem Lager des andern Geistes versuchen zudem immer wieder, sie an ihrem Bau zu hindern und die Bauleute zu verwirren. Darum gibt es auch noch Kampf und Streit in ihren Reihen. Das wird so bleiben, bis der Herr kommt. Aber das hebt das Große nicht auf, das diesem Bau gilt, nämlich das Wort des Herrn: »Ich will bauen meine Gemeinde, und die Pforten der Hölle sollen sie nicht überwältigen.« Er wird an seinem Tage auch hell ans Licht bringen, wer wirklich zu seiner ewigen Gemeinde gehört und wer nur äußerlich dabei war. Denn über der Pforte zur neuen Welt steht wie in Flammenschrift geschrieben: »Es sei denn, daß jemand von neuem geboren werde, so kann er das Reich Gottes nicht sehen!« Und willst du wissen, was das heißt, dann höre, wie Jesus dieses sein Wort dem fragenden Nikodemus erklärt: »Wer an den Sohn glaubt«, das heißt: wer Jesus als den von Gott gesandten Retter und Herrn annimmt und ihm sein Leben ausliefert, »der hat das ewige Leben. Wer dem Sohn nicht glaubt, der wird das Leben nicht sehen, sondern der Zorn Gottes bleibt über ihm« (Joh.

3,36). Wir dürfen wählen! Ich habe es schon getan. Du auch? Amen.

Gebet: Herr, unser Gott! Diese Freiheit hast Du uns noch einmal geschenkt, daß wir wählen dürfen. Denn das Wort von Deiner Gnade in Christus Jesus hat diese Kraft in sich, daß wir auf den Weg ins neue und ewige Leben mitgenommen werden und Glieder der Gemeinde werden können, die von Sünde, Tod und allen Mächten des Bösen erkauft ist durch das Blut Deines lieben Sohnes. Hilf auch dem letzten unter uns, daß er Deine Gnade annehme und wir alle zusammen unter unsrem Heiland und Herrn eingehen in die kommende neue Welt – zu Deiner Ehre und uns zur Seligkeit. Amen.

Lied: Ich weiß, woran ich glaube, ich weiß, was fest besteht . . .

Daß Jesus siegt, bleibt ewig ausgemacht!

Ich will euch, liebe Brüder, dieses Geheimnis nicht verhehlen, damit ihr euch nicht selbst für klug haltet: Verstockung ist einem Teil Israels widerfahren, so lange bis die Fülle der Heiden zum Heil gelangt ist; und so wird ganz Israel gerettet werden, wie geschrieben steht (Jes. 59,20; Jer. 31,33):
»Es wird kommen aus Zion der Erlöser, der abwenden wird alle Gottlosigkeit von Jakob. Und dies ist mein Bund mit ihnen, wenn ich ihre Sünden wegnehmen werde.«
Im Blick auf das Evangelium sind sie zwar Feinde um euretwillen; aber im Blick auf die Erwählung sind sie Geliebte um der Väter willen. Denn Gottes Gaben und Berufung können ihn nicht gereuen. Denn wie ihr zuvor Gott ungehorsam gewesen seid, nun aber Barmherzigkeit erlangt habt wegen ihres Ungehorsams, so sind auch jene jetzt ungehorsam geworden wegen der Barmherzigkeit, die euch widerfahren ist, damit auch sie jetzt Barmherzigkeit erlangen. Denn Gott hat alle eingeschlossen in den Ungehorsam, damit er sich aller erbarme.
O welch eine Tiefe des Reichtums, beides, der Weisheit und der Erkenntnis Gottes! Wie unbegreiflich sind seine Gerichte und unausforschlich seine Wege! Denn »wer hat des Herrn Sinn erkannt, oder wer ist sein Ratgeber gewesen?« (Jes. 40,13). Oder »wer hat ihm etwas zuvor gegeben, daß Gott es ihm vergelten müßte?« (Hiob 41,3). Denn von ihm und durch ihn und zu ihm sind alle Dinge. Ihm sei Ehre in Ewigkeit! Amen.
Ich ermahne euch nun, liebe Brüder, durch die Barmherzigkeit Gottes, daß ihr eure Leiber hingebt als Opfer, das lebendig, heilig und Gott wohlgefällig ist. Das sei euer vernünftiger Gottesdienst. Römer 11,25–36; 12,1

Das sind wunderbar tiefe Worte für diesen Sonntag nach Pfingsten. Das ganze herrliche Evangelium von der Krippe und vom Kreuz leuchtet hier im Osterlicht auf und will uns die Augen öffnen für Gottes Wege, die er nun in seiner Heilsgeschichte gehen will bis zu jenem großen Tag, da die neue Welt

hervortreten wird, in der alles, was da lebt, dem die Ehre geben wird, der für uns starb.
Was der Apostel hier, vom Heiligen Geist erleuchtet, sagt, gehört deshalb geradezu zum Einmaleins des Erkenntnisgutes eines Christenmenschen. Was hier steht, soll und muß jeder wissen, der sich in dieser unsrer Weltzeit zurechtfinden will, zumal heute, da die ganze Weltgeschichte, auch die Geschichte des Volkes Israel ganz neu in Bewegung gekommen ist und der Tag sehr schnell anbrechen kann, an dem auch das letzte, was hier steht, sich herrlich erfüllen wird.
Wir finden nämlich hier ein Wort der Offenbarung Gottes über seinen Ratschluß

1. mit seinem Volk Israel
2. mit der ganzen übrigen Völkerwelt
3. mit dem einzelnen Menschen.

I.

Was sagt uns der Apostel in Gottes Namen über seinen Weg mit seinem Volk Israel? Er spricht darüber als von einem Geheimnis. Geheimnisse der Bibel sind Dinge, die wir noch nicht bis ins letzte erkennen können; ein Rest bleibt immer übrig, vor dem wir anbetend stehen bleiben müssen. Immerhin: Es ist dem Apostel, wahrscheinlich beim Ringen über diese Frage, dieses Geheimnis soweit offenbart, daß er mit großer Gewißheit davon reden kann: Das Volk der Juden, das Jesus gekreuzigt und sich dem Evangelium auch nach Pfingsten mehr und mehr verschlossen hat, ist nicht bis zum letzten Mann und auch nicht für immer von Gott auf die Seite getan. Nein, sondern nur so lange, bis »die Fülle der Heiden zum Heil gelangt ist« oder, wie die alte Lutherübersetzung sagt »bis die Fülle der Heiden eingegangen ist«, nämlich in die himmlische Welt, in Gottes Reich und Familie, in den königlichen Hochzeitssaal, davon auch Jesus im Gleichnis von der königlichen Hochzeit so klar gesprochen hat.
Was heißt das? Nun, als das Volk Israel Jesus als den ihm von Gott verheißenen Retter verwarf, hat Gott in seiner Weisheit einen neuen Plan in Kraft gesetzt in seiner Heilsgeschichte, den der Apostel an andrer Stelle auch ein Geheimnis nennt, weil er bis dahin auch den alten Propheten Israels verborgen geblieben

war. Dieser Plan lautet: Daß Gott nun aus der ganzen Völkerwelt, auch aus Israel unter der Verkündigung der in Christus vollbrachten Erlösung, eine Schar, eine Gemeinde herausrufen wird, eine Gemeinde von Erstgeborenen, eine Brautgemeinde, die er seinem Sohn, unserem Herrn, für alle Ewigkeit an die Seite stellen will als sein Eigentum, mit der Jesus, wenn er wiederkommt, das Regiment über die neue Welt übernehmen soll. Diese Gemeinde der Erstgeborenen aus aller Welt ist begrenzt. Gott hat ihre Zahl im voraus festgesetzt. Solange ihre Vollzahl nicht erreicht ist, solange die Tische im Hochzeitssaal nicht voll besetzt sind – um nochmals an Jesu Gleichnis zu erinnern –, kommt Jesus nicht wieder.

Diese Gemeinde wird heute noch gesammelt aus aller Welt. Das ist der Sinn der Weltmission in diesem Licht. Auch wir sind zu dieser Gemeinde berufen, ja wir gehören zu ihr, wenn wir Jesus als unsern Heiland und Herrn angenommen haben. Noch ist ihre Zahl nicht voll. Darum geht das Wort vom Kreuz noch durch die Welt. Wenn aber die Vollzahl erreicht sein wird – und sie kann jeden Tag erreicht werden –, dann wird der Herr seine Gemeinde zu sich erheben, um sich mit ihr für ewig zu vereinigen und mit ihr zusammen sein herrliches Friedensreich aufzurichten.

Doch wenn das geschieht, das heißt: wenn die Gemeinde vollzählig beisammen ist, wird noch etwas anderes geschehen: Gott wird sich aufs neue seinem alten Bundesvolk Israel zuwenden, und zwar in großer Gnade und Barmherzigkeit. Ja, wenn Jesus wiederkommen wird zum Gericht über den Antichristen, wird er auf Erden ein Israel im Heiligen Lande finden, das nicht bloß in Reue und Buße weinen wird über seine Sünde, sondern es wird ihm auch schon ein bekehrtes Häuflein der Juden zujubeln: »Gelobt sei, der da kommt, im Namen des Herrn!« (Matth. 23,39). Wer heute mit offenen, das heißt: von Gott erleuchteten und an seinem Wort geschärften Augen die Welt betrachtet und sieht, was sich im Lande Israel verändert hat, wie nach fast zweitausend Jahren der Zerstreuung wieder ein Volk der Juden dort wohnt, der wird auch erkennen, wie weit Gottes Zeiger an seiner Weltenuhr vorgeschritten ist. Weil Gott jetzt das Evangelium von seiner Gnade in der ganzen Welt verkündigen läßt, damit die Gemeinde aus allen Völkern gesammelt werde, hat er über das alte Israel als Volk gleichsam eine Decke getan, daß es das helle Licht nicht sehe, das vom Kreuz auf Golgatha auch für Israel leuchtet. Weil aber dem Volk der Juden um ihrer Väter und Gottes Ratschlusses willen die größten Verheißungen gelten, gilt ihnen Gottes Liebe, und diese Liebe hat noch Großes vor mit diesem Volk: Es wird noch einmal in Christi Friedensreich an die Spitze der Völkerwelt treten – als ein bekehrtes, dem Herrn Jesus als seinem Messias untertan gewordenes Volk. Zwar stehen Israel nach dem Wort der Propheten noch schwere Gerichte bevor, bis Gott ihm die Decke von den Augen nehmen kann, aber am Ende seiner Wege in Gericht und Gnade steht ein bekehrtes Volk der Juden, das Gott segnen und zum Segen setzen kann und wird für alle Völker der Erde.

Damit haben wir schon das zweite berührt: Gottes Ratschluß über die ganze Völkerwelt:

II.

»Gottes Treue ist unwandelbar.« Das gilt nicht bloß den Juden, das gilt auch der ganzen übrigen Welt. »Denn Gott hat alle eingeschlossen in den Ungehorsam, damit er sich aller erbarme«, so heißt es hier. Mit diesem wunderbar tiefen Wort richtet Paulus seinen Blick von den Juden hinüber auf die weite Völkerwelt. Wie sieht er sie in dem Licht, das Gott ihm geschenkt hat? O, da gibt es zunächst große Unterschiede: Da gibt es unter ihnen Menschen, die sich mühen, die Wahrheit zu finden, und andere, die Gott und Ewigkeit abgeschrieben haben. Da gibt es Arme und Reiche, Hohe und Niedrige, Denker und Gedankenlose. Und doch: Wenn man genauer hinsieht, sind sie an einem Punkt alle gleich: Sie sind alle eingeschlossen; sie sind alle wie von dicken, starken Mauern umgeben. »Gott hat alle eingeschlossen in den Ungehorsam« oder, wie man auch übersetzen kann: »in den Unglauben«. Es steht hinter dem »eingeschlossen« wirklich das Bild eines Kerkers, der die Gefangenen aufgenommen hat und eingeschlossen hält, so daß sie über die Mauern nicht hinaus können. So ist die ganze gefallene Menschheit mit all ihrer Klugheit, ihrem Wissen und ihrer Weisheit, aber auch mit ihren Nöten und Ängsten und Fragen wie in einem Kerker eingeschlossen, aus dem sie in eigener Kraft nicht heraus kann.

In der Tat: Was hat diese Welt nicht schon alles versucht, die Tür aufzubrechen und die Mauer zu durchstoßen. Wieviel kluge Leute haben sich in allen Völkern gemüht, das Geheimnis des Lebens und das Rätsel des Todes zu lösen und herauszubekommen, ob jenseits der Mauer wirklich noch eine andere Welt, eine Ewigkeit, ein Gott ist, auf den man hoffen kann. Wieviel gelehrte Bücher sind darüber geschrieben worden. Und doch ist immer wieder deutlich geworden: So Großes der Mensch auch ersann und erfand – wenn es um die letzten und tiefsten Fragen geht, dann landen Philosophen und Professoren auf der Suche nach dem Woher des Menschen immer noch im Zoologischen Garten oder, was dasselbe ist, in einer Sackgasse von Torheit und Unsinn. Warum? Hier steht's: »Gott hat alle eingeschlossen in ihren Unglauben.« Er hat die Tür zugemacht und den Schlüssel umgedreht: Gott hat es so gewollt und gesetzt, daß auf dem Weg des Unglaubens, der Gottvergessenheit und Gottesleugnung, die Fragen und Nöte des Lebens nicht gelöst werden können. Weil die Menschen ihren Verstand nicht dazu gebraucht haben, Gott zu erkennen und zu ehren und ihm zu huldigen als dem Schöpfer und Herrn der Welt und ihres Lebens, hat Gott sie zunächst einmal blind werden lassen für seine Herrlichkeit und sie in ihre Klugheit, die, weil sie Gott leugnet, in Wirklichkeit Torheit ist, eingeschlossen.

Doch Gott sei gedankt, das ist nicht alles, sondern: »Gott hat alle in den Unglauben eingeschlossen, damit er sich aller erbarme.« Das heißt: Gott läßt die Dunkelheit in der Welt groß werden und das Durcheinander auch und läßt die Macht der Sünde, die Angst und Not in der Welt mächtig werden – wozu? Damit die Welt reif werde für den Augenblick, da die Tür geöffnet wird und die Eingeschlossenen heraustreten können in die herrliche Freiheit der Kinder Gottes. Die Krippe von Bethlehem und das Kreuz von Golgatha sind Zeichen dieses Erbarmens Gottes mit der Welt. O, wie klingt auch an dieser Stelle das wunderbare »alle« auf, das durch das ganze Neue Testament geht: »Also hat Gott die Welt geliebt, daß er seinen eingeborenen Sohn gab, auf daß *alle,* die an ihn glauben, nicht verloren werden . . .«; »Gott will, daß *allen* Menschen geholfen werde und sie zur Erkenntnis der Wahrheit kommen.« »Wie durch einen Menschen gekommen ist die Sünde in die

Welt . . . also ist durch den Gehorsam des einen die Rechtfertigung für *alle* Menschen gekommen«, für alle gültig, für alle vollkommen, für alle umsonst! Seit Jesu Kommen in unsre Welt gilt, was Luther sagt und singt:

Das ewig Licht geht da herein,
gibt der Welt ein'n neuen Schein;
es leucht wohl mitten in der Nacht
und uns des Lichtes Kinder macht.
Halleluja!

Das ist unsere Lage seit Bethlehem und Golgatha.

Aber noch mehr will der Apostel hier offenbar sagen: Wie er im Blick auf Israel sagt, es wird noch einmal ein ganzes Volk der Juden dem Herrn zujubeln, wenn er erscheint, so schaut er auch auf die Völkerwelt mit Augen der Hoffnung; jener Hoffnung, von der schon der 22. Psalm im Alten Testament kündet: »Es werden gedenken und sich zum Herrn bekehren aller Welt Enden und vor ihm anbeten alle Geschlechter der Heiden.« Der Apostel sagt einige Verse vor dem verlesenen Text: Wenn schon die Beiseitestellung der Juden uns, den Nichtjuden, zum Heil gereichte, indem nun das Evangelium von der Gnade Gottes zu uns kam, was wird erst die Bekehrung Israels anders für die Welt bedeuten als Leben aus den Toten. Da schaut der Apostel auf die Zeit jenes Friedensreiches hinaus, von dem auch die Offenbarung spricht, wo wirklich eine ganze Völkerwelt sich zu Jesus bekehren und so zum Frieden kommen wird, wie es schon die alten Propheten verkünden: »Man wird die Schwerter zu Pflugscharen machen und die Spieße zu Sicheln. Kein Volk wird gegen das andre Krieg führen, denn die Welt wird voll sein der Erkenntnis ihres Heilandes – wie Wasser das Meer bedeckt.« Ja, der Apostel schaut wohl noch weiter: in die vollendete Welt Gottes, von der die letzten Blätter der Bibel zeugen: »Gott wird abwischen alle Tränen von ihren Augen, und der Tod wird nicht mehr sein noch Leid noch Geschrei noch Schmerz wird mehr sein; denn das Alte ist vergangen; siehe, es ist alles neu geworden!«

So kann auch der Apostel im Blick auf dieses Ziel der Wege Gottes in Christus Jesus nur die Knie beugen und anbeten: »O welch eine Tiefe des Reichtums, beides, der Weisheit und der Erkenntnis Gottes. Wie unbegreiflich sind seine Gerichte und unausforschlich seine Wege . . . Denn von ihm und durch ihn und zu ihm sind alle Dinge. Ihm sei Ehre in Ewigkeit! Amen.«

Können wir hier schließen? Lehrt der Apostel also das, was in der Christenheit immer wieder als Lehre von der Allversöhnung, das heißt: dem Seligwerden aller Menschen – gar auch des Teufels und seiner Engel – aufgetaucht ist, aber auch immer wieder verworfen wurde: Gibt es also kein ewiges Verlorengehen, keine Verdammnis, keine Hölle? Kommt es, wenn auch auf langen Um- und Gerichtswegen, am Ende doch mit allen Menschen gut heraus? Diese Frage führt uns auf das dritte, das derselbe Apostel gleich anschließend bezeugt:

III.

»Ich ermahne euch nun, liebe Brüder, durch die Barmherzigkeit Gottes, daß ihr eure Leiber begebt zum Opfer, das lebendig, heilig und Gott wohlgefällig ist. Das sei euer vernünftiger Gottesdienst.«

Der Apostel läßt uns also nicht an dem unergründlichen Meer der Liebe und Barmherzigkeit Gottes taten- und gedankenlos stehen. Er hat uns auch nicht wie auf einen Weltaussichtsturm hinaufgeführt, um uns zu zeigen, wie es am Ende doch gut ausgehen wird mit allen Menschen. Sondern er fordert jeden einzelnen der Leser und Hörer seiner Botschaft dazu auf, aus solchem Erbarmen Gottes mit der ganzen Welt die einzig richtige Folgerung zu ziehen, den »vernünftigen«, wörtlich: »logischen« Gottesdienst zu tun, nämlich sich diesem Gott als ein lebendiges Opfer mit Leib und Leben auszuliefern. So hoch der Apostel von der Gnade Gottes auch hier und anderwärts spricht, die alle Welt umfaßt, so wenig zieht er doch von dem großen Ernst etwas ab, mit dem der Herr selbst in seinen Erdentagen von dem Zorn und Gericht gesprochen hat, das über alle Verächter der Gnade Gottes kommen muß und kommen wird.

Er bleibt auch hier bei den drei Grundregeln des Evangeliums. Erstens: Gott will wirklich, daß allen Menschen geholfen werde, nicht bloß den Juden, sondern auch allen übrigen Menschen. Zweitens: Weil Gott das will, tut er von seiner Seite auch alles, um den Menschen das Heil nahezubringen, das er ihnen im Tod und in der Auferstehung Jesu bereitet hat. Wo sein Angebot auf direktem Wege nicht greift, kann Gott Umwege und Gerichtswege einschlagen, um Menschen zum Aufhorchen zu bringen. Aber – und das ist die dritte Grundregel in seinem Walten –: Der Mensch muß sich gewinnen lassen. Gott ist kein Sklavenhalter; er will keine willenlosen Kinder in seinem Reich, sondern Menschen, die ihm mit festem Herzen und Willen sich zugewendet haben, indem sie seine Gnade, die er ihnen in Christus bereitet hat, angenommen haben. Darum hört der Apostel mit dem Blick auf das weite Meer der Liebe Gottes nicht auf, sondern wendet sich nochmals an uns und führt uns – wohin? Er führt uns unter das Kreuz von Golgatha: »Ich ermahne euch nun durch die Barmherzigkeit Gottes, daß ihr eure Leiber begebet zum Opfer, das da lebendig, heilig und Gott wohlgefällig ist. Das sei euer vernünftiger Gottesdienst.«

»Zum Opfer«, was heißt das? Wenn im Alten Testament das Wort Opfer erscheint, dann denken wir an einen Altar, auf dem ein Tier liegt, das Gott zum Opfer dargebracht wird, an des Menschen Statt, damit er an seine Sündhaftigkeit erinnert werde und Vergebung empfange. Im Neuen Testament erhebt sich mit dem Wort »Opfer« nicht ein Altar aus Stein, sondern das Kreuz von Golgatha erhebt sich vor uns, an dem der eine hängt, der als das Lamm Gottes die Sünden der Welt auf sich genommen und dort gebüßt und gesühnt hat. An dieses Opfer erinnert uns das Wort des Apostels und fordert uns auf: Nun stell auch du dich zu dem Gekreuzigten! Und das nicht nur mit ein paar flüchtigen Gedanken, sondern mit deinem ganzen Leben. Stell dich – so wörtlich: – daneben oder dazu, zu diesem heiligen Opfer, damit die Kraft von Jesu Opfertod auch dein Leben erfasse, heilige und reinige und als Gottes ewiges Eigentum zeichne.

Ja, stell dich dazu, lieber Hörer des Evangeliums! Nimm deinen Platz unter dem Kreuz von Golgatha ein. Dann siehst du die Welt mit anderen Augen an, mit Augen der Hoffnung, und weißt:

> Daß Jesus siegt, bleibt ewig ausgemacht,
> sein wird die ganze Welt!
> Denn alles ist nach seines Todes Nacht
> in seine Hand gestellt.
> Nachdem am Kreuz er ausgerungen,

hat er zum Thron sich aufgeschwungen.
Ja, Jesus siegt!

Dann hast auch du selbst festen Grund unter den Füßen und lernst Gott im Namen Jesu zu danken und anzubeten und für alle Menschen zu beten, daß sie sich möchten retten lassen aus der Finsternis zu dem wunderbaren Licht seines ewigen Lebens und Reiches. »Denn Gott hat alle eingeschlossen in den Unglauben, damit er sich aller erbarme!« Amen.

Gebet: Herr Gott, lieber himmlischer Vater! Du hast um unsretwillen das größte Opfer dargebracht und Deinen lieben Sohn, unsern Herrn, am Kreuz auf Golgatha für uns sterben lassen, nicht allein aber für uns, sondern auch für die ganze Welt. Du hast Ihn auch auferweckt und zu Deiner Rechten erhoben, damit Er unser Heiland sei und bleibe. Stärke uns in Ihm, den Kampf des Glaubens recht zu bestehen, auf Erden Deine Bekenner zu sein, um einmal teilzuhaben an Deines ewigen Reiches Herrlichkeit. Amen.

Lied: Der du in Todesnächten erkämpft das Heil der Welt . . .

1. Sonntag nach Trinitatis

Das größte Wort der Bibel

Gott ist Liebe; und wer in der Liebe bleibt, der bleibt in Gott und Gott in ihm. Darin ist die Liebe bei uns vollkommen, daß wir Zuversicht haben am Tage des Gerichts; denn wie er ist, so sind auch wir in dieser Welt. Furcht ist nicht in der Liebe, sondern die vollkommene Liebe treibt die Furcht aus; denn die Furcht rechnet mit Strafe. Wer sich aber fürchtet, der ist nicht vollkommen in der Liebe. Laßt uns lieben, denn er hat uns zuerst geliebt. Wenn jemand spricht: Ich liebe Gott, und haßt seinen Bruder, der ist ein Lügner. Denn wer seinen Bruder nicht liebt, den er sieht, wie kann er Gott lieben, den er nicht sieht? Und dies Gebot haben wir von ihm, daß, wer Gott liebt, daß der auch seinen Bruder liebe. 1. Johannes 4,16–21

Unser Bibelabschnitt beginnt mit dem Wort, das ein Bibelleser einmal als das größte in der Bibel bezeichnet hat: »Gott ist Liebe!« In der Tat: Überall, wo in der Bibel dieses Wort erscheint, geht gleichsam die Sonne über uns auf, und wir werden aufgerufen, unser Herz und unsre Sinne weit zu öffnen, um das helle und heilende Licht der Liebe Gottes in unser Leben hereinzulassen. Wo das zum erstenmal geschieht, da ist das Größte geschehen, was an einem Menschenherzen überhaupt geschehen kann: das Wunder der Wiedergeburt, des neuen Lebens aus Gott, das von der Gewißheit getragen wird: Gott hat mich lieb! Wo das ausbleibt, erleidet der Mensch den größten Verlust, der überhaupt denkbar ist: das ewige Leben in Gottes Herrlichkeit.
Und wie viele Menschen stehen in dieser Gefahr! »Gott ist Liebe?«, so fragen sie. »Das glaubst du wirklich noch? Dann schau dich doch nur um in der Welt: dieses Meer von Leiden, dieses Heer von Unterdrückten und Entrechteten, diese Kriege und Katastrophen! Gott ist Liebe? Nein, für mich gibt es das nicht. Wenn es überhaupt einen Gott gibt, dann ist er jedenfalls nicht Liebe!« Aber auch unter denen, die mit Ernst Christen sein wollen, fehlt es häufig an solch heller und dankbarer Gewißheit, daß sie von Gott geliebt werden. Viele glauben an

Gott und glauben an den Herrn Jesus Christus, aber sie glauben mehr aus Furcht vor der Verdammnis, die ihnen sonst droht, als aus der Liebe heraus, von den Gerhard Tersteegen singt:

Ich bete an die Macht der Liebe,
die sich in Jesus offenbart;
ich geb mich hin dem freien Triebe,
wodurch ich Wurm geliebet ward;
ich will, anstatt an mich zu denken,
ins Meer der Liebe mich versenken.

Gewiß, wer da glaubt, wird selig werden, sagt unser Herr. Wenn du nur wirklich dich ihm ergeben hast und dein ganzes Vertrauen auf ihn setzst, wird er dich nicht fallen lassen, unabhängig davon, ob dein Herz mehr von der Furcht als von der Liebe zu ihm bewegt ist, ob mehr Buß- oder mehr Freudenlieder über deine Lippen kommen. Aber das möchte doch Gott ganz offenbar bei uns allen erreichen, daß es uns aufgeht: Ich werde von dem großen Gott im Himmel nicht gerade noch gelitten und geduldet, weil ich nun einmal da bin, sondern es ist wirklich so, wie es schon in dem bekannten Kinderlied heißt:

Gott im Himmel hat an allen
seine Lust, sein Wohlgefallen;
kennt auch dich und hat dich lieb!

Und das soll gelten in guten und in schweren Tagen, im Leben und im Sterben, in Zeit und Ewigkeit.

Schauen wir in unseren Text hinein: Da legt ein Mann Zeugnis ab von Gottes Liebe und das unter Umständen, die uns aufhorchen lassen. Noch in hohem Alter ist der Apostel Johannes um seines Glaubens willen auf die einsame Felseninsel Patmos verbannt. Manche Ausleger nehmen an, daß dieser Brief aus jener Zeit stammt. Aber auch ohnedies wissen wir, daß Johannes bis an sein Lebensende bei seinem Zeugnis von der Liebe Gottes geblieben ist; denn in der Offenbarung, die er, wie er selbst bezeugt, in der Verbannung empfangen und niedergeschrieben hat, lesen wir gleich am Anfang den Satz: »Er hat uns geliebt und gewaschen von den Sünden in seinem Blut.«

So wollen auch wir jetzt mit allem, was uns sonst bewegt oder anficht oder was wir zu tragen haben, uns unter dieses zentrale Wort der Bibel stellen: Gott ist Liebe!

I.

Wir fragen: Woran sehe ich denn das? Und da müssen wir uns durch den Apostel von vornherein sagen lassen: Wer diese drei Worte: Gott ist Liebe, auch nur ein wenig verstehen will, der muß eines vor allem andern zur Kenntnis nehmen: daß das Herz Gottes nirgends anderwärts uns sich so tief geöffnet hat, wie in seinem Sohn Jesus Christus. Das heißt also: Was ohne Jesus Christus über Gott und Gottes Liebe gedacht und gesagt wird, ist hohl und leer und unzuverlässig.

Und hier liegt schon eine der Ursachen für alle Enttäuschungen, die Menschen an Gott erlebt haben wollen. Man hat sich seine eigenen Vorstellungen von Gott gemacht; man hat an ihn angeblich geglaubt, aber man hat sich in seinem vermeintlichen Glauben nicht auf das gegründet, daß Gott seinen Sohn der Welt zum Heiland gegeben hat, sondern auf ganz andere Dinge; etwa auf das, was wir in der Natur draußen von Gottes Güte erkennen können, oder was wir auch im Völkerleben manchmal glauben wahrnehmen zu können, nämlich die Erfüllung des Bibelwortes: »Gerechtigkeit erhöht ein Volk, aber die Sünde ist der Leute Verderben!«; daß also doch ein gütiger Gott über allem walten muß, der das Gute lohnt und das Böse straft. Oder man hat sich auf einzelne persönliche Erfahrungen gegründet, wie Gott etwa in einer besonderen Notlage seine schützende Hand über uns gehalten hat, weil wir zu ihm riefen, so daß wir bewahrt blieben oder uns sonst geholfen wurde.

Gewiß, das sind alles Dinge, die wir nicht vergessen sollen; sie sind in der Tat in ihrer Weise Zeichen der Güte und Treue Gottes, die uns mahnen: »Vergiß nicht, was er dir Gutes getan hat!« Aber für die Begründung eines solchen Satzes: »Gott ist Liebe!« reichen sie doch nicht aus. Denn die Welt der Schöpfung hat nicht bloß eine lichte, sondern auch eine dunkle Seite. Es gilt von ihr nicht nur: »Dich predigt Sonnenschein und Sturm, dich preist der Sand am Meere . . .«, sondern auch: »Es geht ein allgemeines Weinen, soweit die lichten Sterne scheinen, durch alle Adern der Natur . . .« Und in der Weltgeschichte und im Leben der einzelnen Menschen stehen hart neben so vielen Zeichen göttlicher Güte und Barmherzigkeit auch so viele Dinge, die uns anfechten können: »Wo ist nun dein Gott?« Neben den vielen, die im Kriege und danach wunderbare Hilfeerweisungen Gottes erfahren haben, stehen Namen derer, die unter herzzerreißenden Schreien in dunkler Nacht in eisig kalter See untergegangen sind, oder die noch kurz vor ihrer möglichen Befreiung von gottlosen Machthabern und Henkern umgebracht wurden; wir denken an Dietrich Bonhoeffer und viele andere. Wenn wir nichts anderes hätten als den Blick in die Natur und die Geschichte oder die Erlebnisse äußerer Art, wären wir mit unsrem Glauben an die Liebe Gottes arm dran und würden jedesmal den Boden unter den Füßen verlieren, wenn Gott uns anders führt, als wir begehren.

Wie dankbar dürfen wir sein, daß die Bibel uns einen ganz anderen Grund für das Zeugnis von der Liebe Gottes nennt: »Darin ist erschienen die Liebe Gottes gegen uns, daß Gott seinen eingeborenen Sohn gesandt hat in die Welt, damit wir durch ihn leben sollen«, sagt derselbe Apostel einige Verse vor dem verlesenen Abschnitt. Ach, wenn wir diese Botschaft doch so hören könnten, als hörten wir sie zum ersten Mal: Gott, der Herr aller Herren, der Schöpfer Himmels und der Erde und der Herr der ganzen Weltgeschichte, ist zu uns sterblichen Menschen gekommen, er ist in diese unsre Welt, die Welt voll Tränen, voll Schuld und Not eingetreten; der große heilige Gott hat es nicht ausgehalten, uns so zu lassen, wie wir durch unsre Schuld geworden sind: fern von Gott, ohne letzte Hoffnung, ohne letzten Halt, die zuletzt nur Tod, Grab und Gericht vor Augen haben. Er ist gekommen, um unser Leben zu retten, zu erneuern, zu heilen und uns für seine ewige Herrlichkeit und sein ewiges Reich zu berufen und zu bereiten. Jesus Christus – er ist die Liebe Gottes in Person, die du erfahren kannst; die Liebe, die eingetreten ist in unsre große Verschuldung, um sie durch seinen Tod zu sühnen und wegzunehmen; in unser Sterben, um den Tod für uns zu überwinden; in die Hölle, das unterste Totenreich, um auch über dieses seine Herrschaft aufzurichten. »Ich war tot, und siehe, ich bin lebendig von Ewigkeit zu Ewigkeit und habe die Schlüssel der Hölle und des Todes«, so offenbart sich Jesus dem Seher Johannes auf Patmos.

Gott ist Liebe! Die Krippe von Bethlehem und das Kreuz von Golgatha und das offene Grab am Ostermorgen und das Wunder von Pfingsten, das sind die großen, hellen Zeichen

dafür. Denn stünde hinter der Sendung Jesu in unsre Welt nicht die große Macht der Liebe Gottes, dann hätte Gott spätestens nach dem Mord von Golgatha mit Feuer und Schwefel antworten und diese Welt vernichten müssen wie Sodom und Gomorra. Er hat aber so geantwortet, daß er auch noch den Heiligen Geist in die Welt sandte, damit diese großen Taten Gottes als Taten seiner Liebe verstanden und als große erlösende und befreiende Gewißheit in die Herzen der Menschen eingesenkt werden können, wie auch der Apostel Paulus schreibt: »Die Liebe Gottes ist ausgegossen in unsre Herzen durch den Heiligen Geist, welcher uns gegeben ist. Denn Christus ist schon zu der Zeit, da wir noch schwach waren, für uns Gottlose gestorben.« Jesus Christus, der Heiland für alle Menschen – das ist die helle Sonne der Liebe Gottes über unsrer Welt. Sie will auch die Sonne über unsrem Leben sein.
Das führt uns auf das zweite zu unsrem Thema:

II.

Gott ist Liebe – wie erfahre ich das? »Darin ist die Liebe bei uns vollkommen« – oder: sie ist bei uns zum Ziel gekommen –, »daß wir Zuversicht haben am Tage des Gerichts, denn wie er ist, sind auch wir in der Welt. Furcht ist nicht in der Liebe, sondern die vollkommene Liebe treibt die Furcht aus; denn die Furcht rechnet mit Strafe.« Verstehen wir das? Nein, das verstehen wir nicht ohne weiteres, wie sich Gottes Liebe mit einem Tag des Gerichts überhaupt verträgt. Viele Menschen meinen: Ist Gott ein Gott der Liebe, dann kann es doch das überhaupt nicht geben: Gericht, Verurteilung, Verdammnis. Wie könnte ein Gott der Liebe Menschen gar in die Hölle schicken!
Damit stehen wir wieder an einem Punkt, an dem viele Menschen nicht weiterkommen, und zwar deshalb nicht, weil sie die Sünde nicht ernst nehmen, in der wir von Natur leben und die uns im Blute liegt. Sie meinen etwa: Wenn nicht die dauernde Angst vor einem neuen Krieg wäre oder wenn ich nicht dies heimtückische Leiden hätte oder nicht so einsam geworden wäre – dann wäre ja alles in Ordnung und ich wäre auch mit Gott zufrieden. Aber Gott sagt in seinem Wort: Dann wäre noch nichts wirklich in Ordnung. Deine Lage ohne Jesus

ist viel ernster: Du befindest dich mit deinem Leben von Natur gleichsam auf einem sinkenden Schiff; dazu nagt an dir gleichsam auch noch ein unheilbarer Krebs. Denn diese Welt liegt im Argen; sie vergeht mit ihrer Lust. Und von den Menschen auf ihr gilt, was der Apostel von sich sagt: »Ich weiß, daß in meinem Fleisch wohnt nichts Gutes; Wollen habe ich wohl, aber vollbringen das Gute finde ich nicht.« Das heißt: Wir Menschen sind völlig außerstande, uns selbst zu helfen und zu wandeln. Dazu stehen wir unter dem ehernen Gesetz: »Es ist dem Menschen gesetzt, einmal zu sterben, danach aber das Gericht.«

So groß Gott in seiner Liebe ist, so groß ist er auch in seiner Heiligkeit und Gerechtigkeit. Er schließt mit Sünde, Bosheit und Ungerechtigkeit keinen Frieden. Seine Liebe gleicht nicht der Gutmütigkeit eines müden Großvaters, der alles geschehen läßt, was Kinder um ihn her auch anstellen mögen, sondern vielmehr dem Verhalten eines verantwortungsbewußten Herrschers, der um der Gerechtigkeit willen und aus Liebe zu seinem Volk, damit es erhalten und bewahrt bleibt, die hinter Schloß und Riegel bringen läßt, die sich durch ihre Schuld aus der Gemeinschaft seines Volkes ausschließen. Wer Gott in dieser seiner Heiligkeit nicht ernst nimmt, dem wird es auch nie aufgehen, was Gottes Liebe ist.

»Sieh«, sagt der Apostel, »gerade darin will Gottes Liebe sich an dir erweisen, daß Gott dir das Zittern nimmt vor jenem großen Tag des Gerichts, wenn die Flammen des Zornes Gottes alles verzehren werden, was gottlos und unrein ist, und die Menschen empfangen werden, was ihre Taten wert sind.« Du sollst, wenn du Jesus als deinen Heiland angenommen hast, diesem Tag mit Freimütigkeit entgegengehen können; denn du stehst und gehst als sein Nachfolger auf dem Weg, den er in dieser Welt uns bahnbrechend vorangegangen ist. Und in solcher Verbundenheit mit ihm gilt:

> Stark ist meines Jesu Hand,
> und er wird mich ewig fassen;
> hat zuviel an mich gewandt,
> um mich wieder loszulassen.
> Mein Erbarmer läßt mich nicht,
> das ist meine Zuversicht.

Martin Luther hat darum gern vom »lieben Jüngsten Tag« gesprochen, weil er Gottes Zusage in Christus Jesus begriffen hatte: »Es findet keine Verdammung statt für die, die in Christus Jesus sind.« Wer das noch in keiner Weise sagen kann, der gehört nach dem Zeugnis des Apostels noch zu denen, bei denen Gottes Liebe noch nicht zu ihrem Ziel gekommen ist. Denn Gott will schon auf Erden Kinder, die ihm, ihres Weges gewiß, fröhlich danken und dienen.
Und warum ist Gottes Liebe, vielleicht auch bei dir, lieber Leser, noch nicht zum Ziel gekommen? so fragt dieses Wort. Vielleicht darum nicht, weil du die Gebote Gottes und darum auch die Sünde nie wirklich ernst genommen hast, zu der auch Gottvergessenheit und Undankbarkeit ihm gegenüber gehören. Und weil du sie nie wirklich ernst genommen hast, ist es auch nie über deine Lippen gekommen: »Gott sei mir Sünder gnädig!« Aber ohne solche Selbsterkenntnis kann es uns nicht aufgehen, daß Gott wirklich auch den einzelnen Menschen, also auch dich, liebhat. Daß Gott die ganze Welt geliebt hat und der ganzen Welt den Himmel aufgetan hat, sehen wir sonnenhell daran, daß er seinen Sohn für sie sterben ließ. Daß Gott auch dich persönlich meint und liebt, kannst du nur auf diesem Weg erfahren, daß du dich betend persönlich an ihn wendest, ihm deine ganze Lebensschuld und deine bisherige Gottvergessenheit bekennst und es dir dann im Angesicht des Heilandes sagen läßt: »Er hat auch an mich gedacht, als er rief: Es ist vollbracht!«
Und wenn das fortan in der Mitte deines Glaubens und Lebens steht, dann werden dich auch alle Rätsel und Prüfungen dieses Lebens nicht mehr irre machen können an Gottes Liebe. Denn wenn man unter dem Kreuz von Golgatha der Liebe Gottes begegnet und ihrer gewiß geworden ist, kann man auch alle Dunkelheiten des Lebens ganz anders tragen; das weiß ich aus vielfacher Erfahrung. Denn über dem Kreuz von Golgatha leuchtet die Ostersonne und kündet das Kommen eines neuen Tages an, des Anbruchs jener Welt, von der es auf den letzten Blättern der Bibel heißt: »Der Tod wird nicht mehr sein noch Leid noch Geschrei noch Schmerz wird mehr sein; denn das Alte ist vergangen. Siehe, es ist alles neu geworden!« Dieses Ende der Wege Gottes müssen wir immer dazunehmen, wenn wir von seiner Liebe reden. Und das andere auch, nämlich die

Verheißung, daß wir auf dem Wege dahin nicht allein gelassen sind, sondern Jesus als der gute Hirte mit uns geht, um uns auf rechter Straße zu führen, in den dunklen Tälern uns beizustehen, um uns am Ende in die himmlischen Wohnungen aufzunehmen, an den wir uns darum auch immer halten und wenden dürfen.
Und nun? Kommt denn überhaupt noch etwas, was nun auch wir zu tun und zu beachten haben? Doch! Denn der Apostel fügt zu diesem Lobpreis der Liebe Gottes noch eine Mahnung an, die wir nicht überhören dürfen:

III.

»Lasset uns lieben, denn er hat uns zuerst geliebt.« Gewiß denkt der Apostel zuallererst an die Liebe zu Gott, die nun in unsren Herzen entzündet werden und die in Dank und Lobpreis seiner Gnade sich äußern soll. Darum heißt es auch in einigen Handschriften des Neuen Testaments an dieser Stelle: »Lasset uns ihn lieben!« Aber, wie die Fortsetzung zeigt, denkt der Apostel ebenso daran, daß unser ganzes Leben nun davon bestimmt sein muß, daß wir Gottes geliebte Kinder sind; auch unser Verhältnis zu den Menschen um uns her. Der Apostel sagt: »So jemand spricht: Ich liebe Gott und haßt seinen Bruder, der ist ein Lügner. Denn wer seinen Bruder nicht liebt, den er sieht, wie kann er Gott lieben, den er nicht sieht? Und dies Gebot haben wir von ihm, daß, wer Gott liebt, daß der auch seinen Bruder liebt.« Hier ist also nicht so sehr an das gedacht, was wir heute unter »Mitmenschlichkeit« verstehen. Daß auch dem Christen das grundlegende Gebot: »Du sollst deinen Nächsten lieben wie dich selbst!« gilt, ist selbstverständlich. Und der Nächste, sagt Jesus, ist der Mensch, der deine Hilfe braucht, den Gott dir in den Weg führt. Und das kann ein Mensch sein, den du bis dahin überhaupt nicht kanntest.
Aber hier an dieser Stelle geht es noch um etwas anderes: Es geht um die Liebe zu den Brüdern. Und mit Brüdern bezeichnet der Apostel überall die Leute, die sich mit ihm zu Jesus bekennen. Wer nämlich zu Jesus ja sagt, wer also Gottes Liebe annimmt, der wird von ihm in die Schar derer hineingestellt, die das auch getan haben; sie gehören fortan zusammen. »Ohne Gemeinschaft konstatiere ich kein Christentum«, so hat darum einer unsrer Väter gesagt. Hier, in der Gemeinschaft

der Glaubenden, soll ich wachsen im Glauben und mich bewähren in der Liebe Christi, mich auch freuen, daß der Herr sein Werk auch an anderen hat und tut, die ich nun als meine Brüder und Schwestern schätzen darf und schätzen soll. Sie werden mir vielleicht nicht alle sehr sympathisch sein; der Apostel rechnet damit, daß wir manchen gegenüber sogar, wenn's nach unsrem natürlichen Geschmack ginge, eine Abneigung verspüren und sie meiden möchten. Aber er warnt vor solchem Verhalten und nennt den einen Lügner, der vorgibt, Gott zu lieben, aber Menschen ablehnt, die Gott auch liebt und die wiederum auch Gott lieben, weil sie durch Jesus Kinder Gottes geworden sind wie auch wir. »Wie kann einer vorgeben, Gott zu lieben, den er nicht sieht, wenn er seinen Bruder« – also ein Kind Gottes – »meidet und ablehnt, den er sieht?« so fragt der Apostel. Es wäre ja auch keine glaubwürdige Sache, wenn ich zum Beispiel einen reichen und hochgestellten Freund in weiter Ferne hätte, dem ich brieflich und telefonisch immer wieder beteuere, wie sehr ich seine Freundschaft schätze und wie glücklich sie mich macht – und dieser Freund hätte Kinder, die in meiner Stadt wohnen und mir oft begegnen, aber ich würde diese seine Kinder übersehen, ihnen aus dem Wege gehen oder sogar lieblos mit ihnen umgehen, sooft ich mit ihnen zusammentreffe. Dann wären alle meine Freundschafts- und Liebesbeteuerungen an den Freund in der Ferne unlauter und nichts wert. So ähnlich meint es Johannes.

Wir werden in solchem Dienst der Liebe zueinander noch oft versagen und schuldig werden. Wir werden solche Gemeinschaft nicht halten können, ohne daß wir den Herrn um Vergebung bitten für unsre Versäumnisse und unser Versagen. Aber daß wir einen echten Anfang machen mit der Annahme der Liebe Gottes, daß wir dann unsren Platz einnehmen in einer Gemeinde, da man im Namen Jesu zusammenkommt, und da unsre Aufgabe sehen und einander in der Liebe Christi zu dienen suchen und uns mit ehrlichem Verlangen nach der Vollkommenheit ausstrecken, darauf kommt alles an.

Möge das deshalb unser aller Antwort auf dieses größte Wort der Bibel von der Liebe Gottes sein, daß wir in Jesu Namen bitten und geloben: »Und so wünsch ich, ewge Güte, für mein Leben eine Blüte, einen Ruhm an meinem Grabe, daß ich dich geliebet habe!« Amen.

Gebet: Ja, das wünschen und erbitten wir von Dir in Jesu Namen, Du Gott der Liebe, daß Deine Liebe unsre Herzen erfülle und wir allezeit an andern üben möchten, was Du an uns getan! Vergib uns, wo wir gefehlt haben, und laß uns durch Deinen Heiligen Geist mehr und mehr in Jesu Bild verklärt werden, Dir zu Lob und Ehren und uns zur Seligkeit! Amen.

Lied: Herzlich lieb hab ich dich, o Herr . . .

2. Sonntag nach Trinitatis

Werdet voll Geistes!

Darum werdet nicht unverständig, sondern verständig, was da sei des Herrn Wille. Und saufet euch nicht voll Wein, daraus ein unordentlich Wesen folgt, sondern werdet voll Geistes: redet untereinander in Psalmen und Lobgesängen und geistlichen Liedern, singet und spielet dem Herrn in euren Herzen und saget Dank allezeit für alles Gott und dem Vater in dem Namen unsers Herrn Jesu Christi, und seid untereinander untertan in der Furcht Gottes. Epheser 5,17–21

Von Stephanus, dem ersten christlichen Märtyrer, heißt es in der Apostelgeschichte: »Er aber voll Heiligen Geistes sah auf gen Himmel und sprach: Siehe, ich sehe den Himmel offen und des Menschen Sohn stehen zur Rechten Gottes!« In solchem Aufblick zu Jesus konnte er noch für seine Mörder beten, ehe er unter den Steinwürfen der jesusfeindlichen Juden zusammenbrach.
Ob wir in aller Wirrnis unsrer Zeit und in allen Dunkelheiten unsres Lebens hängenbleiben müssen bei dem Schweren und Widerwärtigen, bei den Stein- und Scherbenhaufen dieser Welt, den Särgen und Gräbern, vor die wir gestellt werden – oder ob auch wir alle Leiden dieser Zeit in der Kraft Gottes überwinden können und so zur Herrlichkeit gelangen, das alles hängt davon ab, ob wir einen offenen Himmel über uns haben oder, was dasselbe ist: ob wir Menschen voll Heiligen Geistes sind, denen der Blick für die Herrlichkeit Jesu geschenkt ist und die sich immer neu füllen lassen von den Kräften und dem Trost der ewigen Welt.
Wer an Jesus als seinen persönlichen Heiland und Herrn glaubt, der hat den Heiligen Geist empfangen und steht unter dem offenen Himmel der Gnade Gottes. Wie sollte sonst ein Mensch singen und sagen dürfen:

»Herr, mein Hirt, Brunn aller Freuden,
ich bin dein, du bist mein,
niemand kann uns scheiden.

Ich bin dein, weil du dein Leben
und dein Blut mir zugut in den Tod gegeben!«

Von Natur sagt das keiner von uns. Von Natur ist uns das Kreuz Jesu dunkel und anstößig. Hell und tröstlich wird es uns erst dann, wenn Gottes Heiliger Geist uns von unsrer Verlorenheit überführt und uns dann das Geheimnis des Kreuzestodes Jesu aufschließt und uns Jesu Namen hell macht und ins Herz legt als den Namen über alle Namen. Wenn du Jesus also als deinen Heiland erkannt und angenommen hast, dann bist du auch mit dem Geist von oben beschenkt, zwar nicht so sinnenfällig wie die Jünger am ersten Pfingsttag, mit Feuerzungen und Sturmesbrausen – solches Geschehen war einmalig wie Weihnachten, Ostern und Karfreitag! –, aber doch so, wie nach Pfingsten Menschen aus allen Rassen und Klassen Heiligen Geist empfingen und bis heute empfangen, nämlich so, daß du beten und danken kannst, weil du es glauben und fassen kannst, daß »Du, Herr, bist für mich gestorben und mir den Himmel hast erworben.«

Was jetzt nottut, ist, daß solche Gemeinschaft zwischen dir und deinem Herrn, die der Heilige Geist hergestellt hat, immer fester und inniger wird und sich in allen Wechselfällen des Lebens bewährt, »also daß sich kein Gebiet seinem Einfluß mehr entzieht.« Fragen wir nun: Wie geschieht das? Wie werden wir Menschen, die Gottes Geist immer neu erfüllen und bewegen kann? Wie werden wir Menschen voll Glaubens, voll Kraft und Trost auf Erden – dann gibt uns das Wort hier überraschend praktische Wegweisungen.

I.

Gottes Geist kommt nur in Herzen, die ihn begehren und sich ihm öffnen. Es kann auch im Leben gläubiger Menschen einen Herzenszustand geben, bei dem der Heilige Geist nichts ausrichten kann, als daß er den Menschen gerade so zu einem Glaubensanfang gebracht hat. Das meint der Apostel hier, wenn er sagt: »Saufet euch nicht voll Wein, daraus ein unordentlich Wesen folgt.« Unordentlich Wesen: das meint einen inneren Zustand, bei dem der Geist Gottes das Herz nicht weiter fassen und bewegen kann, weil kein Wille, kein Verlangen nach »mehr«, nach Wachstum, tieferer Erkenntnis Jesu

und seiner Gnade vorhanden ist. Wenn der Apostel in solchem Zusammenhang vom Wein spricht, dann denkt er an die Gefahr des Rausches und der Lähmung des Willens, die im Alkohol liegt. Er denkt daran, daß auch gläubige Menschen zu berauschenden und erheiternden Mitteln greifen können, um vielleicht üble Launen zu vertreiben und Schweres zu vergessen, wo sie doch in der Kraft des Geistes und mit wachen Sinnen ihre Aufgaben und Nöte vor Gott bringen und sie in seiner Kraft tragen, verkraften und überwinden sollen.
Wie viele Menschen gehen diesen Weg: Um Berufsnöte, Familiennöte, Einsamkeit, Enttäuschung zu vergessen, greift man zum Alkohol oder anderen berauschenden Mitteln. Denn, was Paulus damals vom Wein sagt, würde er heute auch von allen Drogen sagen, die den Menschen ein Hochgefühl von Glück und Freude versprechen, so daß er Leid und Schmerz nicht mehr spürt und Tränen nicht mehr zu weinen braucht. Aber was dabei herauskommt für den inneren Menschen, ist genau das, was das Wort meint: unordentliches Wesen, nämlich jener innere Zustand, der sich nicht mehr nach oben öffnet für die Kraft aus der Höhe, sondern auf seine eigene Weise mit dem Leben fertig werden will, bei dem der Geist von oben darum auch nichts weiter ausrichten kann.
Dasselbe gilt vom vielen Fernsehen und dem Lesen von Illustrierten. Ein Lehrer hat die Sendungen im Fernsehen einen Monat lang genau verfolgt und registiert und festgestellt, daß zigmal Ehebrüche, zigmal Raub und Totschlag, Hurerei und Porno und wie die Dinge alle heißen in den Sendungen zu sehen waren, vom bloßen Jux und von gewöhnlichen Albernheiten schon ganz abgesehen. Im Lichte dieses Wortes vom unordentlichen Wesen ist es klar: Wo sich unsere Seele mit solchem Geist täglich füllen läßt, ist für den Heiligen Geist kein Raum mehr. Da erstirbt auch der Zug zu Gottes Wort und zum Gebet. Nein, Gott schenkt die Kraft seines Geistes nur in Herzen, die ihn begehren. »Ich will dem Durstigen geben das Wasser des Lebens umsonst.« Der Heilige Geist sucht Herzen, die da rufen: »Mehr lieben möcht ich dich, hör mein Gebet! Ich flehe inniglich, ruf früh und spät: Mehr lieben möcht ich dich, mehr lieben, Heiland, dich!«

II.

Der Heilige Geist kommt auf einem ganz bestimmten Weg zu uns. Der Apostel lehrt nicht, was Menschen später schon gelehrt haben: Man müsse um den Heiligen Geist solange beten, bis die Zunge sich löse und der Mensch in Verzückung gerate und Gesichte sehe und ihn ein Hochgefühl von Wonne ergreife. Wir wissen aus der Geschichte, wie auf solchem Wege menschlicher Anstrengung und Schwärmerei Geister der Tiefe in Menschenherzen eingedrungen sind. So läßt sich Gottes Geist von uns nicht herbeizwingen. Der Apostel weist uns einen anderen, soliden Weg, nämlich den, den auch Jesus in seinen Erdentagen seinen Gläubigen im Hinblick auf ihr inneres Wachstum gewiesen hat, wenn er sagt: »Wer da hat, dem wird gegeben werden, daß er die Fülle habe.« Es ist Gottes Weg und Weise, Gnade um Gnade zu geben und seine Gabe dort zu mehren, wo man das schon Empfangene ehrt, herzlich dafür dankt und treu damit umgeht.

Daran denkt der Apostel hier, wenn er uns auffordert: Nütze und gebrauche dankbar das, was dir von Gott schon gegeben ist: Es ist dir durch den Heiligen Geist gegeben, das Wort vom Kreuz zu fassen und in Jesus deinen Heiland und Herrn zu erkennen. So lobe ihn nun, täglich und treu! Es sind dir jetzt alte Glaubenslieder ganz neu lebendig geworden, und neue werden dir geschenkt in der Gemeinschaft der Gläubigen: so lerne und singe sie doch immer neu! Du hast eine Bibel, von der Jesus sagt, sie zeuge von ihm – so sei auch treu im Umgang mit dem Worte Gottes! Du hast als Beter Zugang zu den Kräften der ewigen Welt, so nütze doch dieses Vorrecht und tritt täglich herzu mit all deinen Sorgen, »eigner und fremder Not«. Der Herr hat dir Gemeinschaft geschenkt mit solchen, die denselben Weg gehen, so pflege sie doch und lerne, dich in diese Schar als ein lebendiges Glied einzufügen! Das meint der Apostel, wenn er auf die Mahnung: Werdet voll Geistes! die Aufforderung folgen läßt: »Redet untereinander in Psalmen und Lobgesängen und geistlichen Liedern . . . und seid untereinander untertan in der Furcht Gottes.«

Das also ist der Weg – Luther sagt einmal: »die Leiter« –, auf dem der Geist von oben in die Herzen der Menschen kommt, um sie immer neu zu beschenken mit dem Frieden der ewigen

Welt, der Kraft aus der Höhe für Glauben und Leben. Luther schilt die Menschen, die da immer rufen: »Geist, Geist!«, aber alles verachten und vernachlässigen, was die »Leiter« bildet, über die Gottes Geist zu uns kommt. Darum laßt uns nicht nach Wundern und Zeichen rufen, wenn wir am inwendigen Menschen erstarken wollen. Wunder und Zeichen von Gott in allen Ehren! Er schenkt sie, wo und wann er will. Überaus deutlich hat Jesus den normalen Glaubensweg bis zu seiner Wiederkunft so gekennzeichnet: »Selig sind, die nicht sehen und doch glauben.« Nichts Höheres gibt es nach diesem Heilandswort für uns alle auf Erden als »Glauben, der nicht schaut und doch dem Unsichtbaren, als säh er ihn, vertraut.« Augenfällige Zeichen und Wunder werden nach dem Zeugnis der Bibel in der Endzeit mehr auf Seiten der antichristlichen Mächte gefunden werden (2. Thess. 2,11). Für alle Gläubigen dagegen gilt die Losung: »Hier ist Geduld und Glaube der Heiligen!« (Offb. 13,10).

III.

Die Frage nach dem Heiligen Geist ist die entscheidende Frage unsres Lebens. Denn erst Heiliger Geist in einem Menschenherzen ist Lebensverbindung mit Jesus, ist Anschluß des Herzens an die Lebenskräfte der himmlischen Welt. Solange uns der Heilige Geist nicht ermächtigt, Jesu Sterben für eine verlorene Welt auch für uns persönlich und dankbar in Anspruch zu nehmen, kommt uns Jesu Erlösungstat auch nicht zugute. Unser ganzes Leben auf Erden bleibt tot und unfruchtbar für die Ewigkeit, wenn uns nicht der Geist geschenkt wird, der uns für den Dienst der Liebe lebendig macht. Ohne den Heiligen Geist bleibt uns auch die vollendete Welt der Herrlichkeit Gottes fremd und verschlossen. Wir sehnen uns nicht nach ihr und können noch weniger Eingang in sie finden, wenn Jesus wiederkommt. »Es sei denn, daß jemand geboren werde aus Wasser und Geist – durch Buße und Empfang des Heiligen Geistes –, so kann er nicht in das Reich Gottes kommen« (Joh. 3).

Das wird uns auch an dieser Stelle deutlich. Denn wozu wird uns der Heilige Geist gegeben? Damit Gottes Rat und Wille mit uns zur Durchführung und Vollendung komme; damit wir

erkennen, »was des Herrn Wille sei«. Gottes Wille und Weg kann zwar, was unsere äußere Lebensführung angeht, für den einzelnen sehr verschieden sein. Eines aber will der Herr in jedem Fall und bei jedem von uns: Er will, daß aus meinem und deinem Leben etwas herauskomme zur Ehre seines Namens und uns zur Freude an seinem großen Tag. Er will, daß wir, wenn unser Stündlein kommt, den klugen Jungfrauen vergleichbar sind, die dem Herrn mit brennenden Lampen entgegengehen, um bei ihm zu sein allezeit.
Und das gilt wirklich für alle, die sich zu Jesus halten. Ohne Einschränkung ruft der Apostel allen Gläubigen zu: »Werdet voll Geistes!« Ob Mann oder Frau, Untergebener oder Vorgesetzter, jung oder alt, gesund oder krank – diese hohe und höchste Gabe immer neuer Stärkung von oben für unsern Glaubensweg und Glaubenskampf ist allen zugänglich, weil allen von Gott zugedacht. Nicht jeder ist berufen, wie Petrus aufzustehen und Tausende auf einmal zum Glauben an den gekreuzigten und auferstandenen Herrn zu führen. Nicht jeder ist berufen, wie Paulus in die Welt hinauszugehen und überall Gemeinden von Jesusjüngern zu gründen. Nicht jeder ist gewürdigt, den Herrn wie Stephanus mit einem Märtyrertod zu verherrlichen. Aber jeder, der an Jesus glaubt, ist berufen, an seinem Platz etwas zu sein zum Lob der Gnade Gottes, das heißt: ein Mensch zu sein, der in der Kraft des Glaubens an Jesus seinen Weg geht oder sein Kreuz trägt und so die Welt überwindet mit ihren Aufgaben, Prüfungen und Nöten. Jeder von uns ist berufen, am Ende seines Erdenlebens das zu erleben, was Jesus am Schluß des Gleichnisses von den anvertrauten Pfunden den wiedergekommenen Herrn zu seinen Knechten sagen läßt: »Ei, du frommer und getreuer Knecht, du bist über wenigem getreu gewesen, ich will dich über viel setzen. Gehe ein zu deines Herrn Freude!« Amen.

Gebet: Herr Gott, lieber himmlischer Vater! Du hast nicht nur Deinen lieben Sohn, unsern Herrn Jesus Christus, für uns sterben lassen, Du hast ihn auch auferweckt und zu Deiner Rechten erhöht, weil nun all unsre Schuld gesühnt ist und der Himmel offen steht für uns alle. Ja, Du hast noch mehr getan: Du hast Deinen Heiligen Geist gesandt in unsre Welt, der uns das Geheimnis Deiner Liebe aufgeschlossen und die Bedeutung des Kreuzestodes Jesu für uns ins rechte Licht gerückt hat. Wir danken Dir für diese unaussprechliche Gabe. Hilf uns dazu, dem Wirken des Heiligen Geistes Raum zu geben in unsern Herzen, damit wir in Jesu Bild und Wesen umgestaltet werden, auf Erden seine unerschrockenen Zeugen sind und einmal dorthin gelangen, wo wir Ihm leben und dienen werden »in ewiger Gerechtigkeit, Unschuld und Seligkeit.« Amen.

Lied: Geist des Glaubens, Geist der Stärke, des Gehorsams und der Zucht . . .

Deine Seele

Was hülfe es dem Menschen, wenn er die ganze Welt gewönne und nähme doch Schaden an seiner Seele? Oder was kann der Mensch geben, womit er seine Seele auslöse? Matthäus 16,26

Es ist doch eins der ernstesten Zeichen unserer Zeit, daß die meisten Menschen ganz vergessen oder es überhaupt nicht mehr wahrhaben wollen, daß sie eine Seele haben, die zu Gott hin und zum Ewigen hin erschaffen ist und dort mit ihrem Glauben und Hoffen verankert sein muß, wenn es um ihr Leben auf Erden recht bestellt sein soll. Die meisten Menschen haben heute nur noch dieses kurze, flüchtige Dasein zwischen Geburt und Grab vor Augen, das man nach allen Regeln der Kunst genießen müsse, weil es nach ihrer Meinung doch das einzige ist, das wir haben. Alles, was Seele, Sammlung, Ewigkeit heißt, verschwindet mehr und mehr aus ihrem Denken und Wollen.

Aber Jesus sagt, man kann solches oberflächliche, nur auf das Diesseitige gerichtete Leben nicht anders haben als so, daß man darüber das Beste und Höchste, was Gott uns gegeben und zugedacht hat und was erst den Menschen zum Menschen macht, verliert und damit das hohe Ziel verfehlt, das Gott unsrem Leben gesteckt hat. In Gottes Augen bist du, lieber Mensch, eben nicht nur ein Gebilde von Fleisch und Blut, sondern du hast ein Inwendiges, eine unsterbliche Seele, die Gott dir gab, und die Bewahrung und das Nachhausekommen dieser deiner Seele ist für dich ungleich wichtiger und erstrebenswerter als die Gewinnung der ganzen Welt mit ihren Schätzen und all ihrer Schönheit. Denn wäre dein äußeres Leben noch so glückhaft, daß du überall das große Los gewönnest und dann ein Haus neben das andere setzen und alle Länder der Erde bereisen und überall herrlich und in Freuden leben könntest – und du verlörest dabei deine Seele, das Eigentliche an dir und damit dich selbst, so hättest du alles verloren.

Wir wollen uns dazu einige Aussagen der Bibel deutlich machen lassen und zu Herzen nehmen:

I.

Ja, wir können an unserer Seele Schaden nehmen, wir können sie sogar verlieren, sagt uns Jesus hier. Sie kann zwar nicht, was viele Menschen meinen, durch Menschenmacht oder durch unsren eigenen Willen ausgelöscht werden, als wäre dann mit dem Tode alles aus. Nein, kein leiblicher Tod, keine Leichenverbrennung kann deine Seele vernichten. »Fürchtet euch nicht vor denen, die den Leib töten und darnach nichts mehr tun können. Fürchtet euch aber vor dem, der Leib und Seele verderben kann in die Hölle!«, sagt Jesus an anderer Stelle. Welch ein Geheimnis stellt also unser Menschenleben dar! Rohe Hände können einen Leib zerbrechen und einen Mund auf Erden zum Schweigen bringen. Aber das ist nach Jesu Wort niemals der ganze Tod. Denn das eigentliche Leben wohnt im Inwendigsten des Menschen, hier Seele genannt, und ist solcher Macht und Bosheit der Menschen völlig entzogen. Am Ende der Menschheitsgeschichte, nachdem die Erde und die ganze alte Schöpfung vergangen ist, sieht der Seher Johannes darum auch alle, die auf Erden Menschenantlitz trugen, »groß und klein«, stehen vor Gott, wie wir es im letzten Buch der Bibel lesen. Kein Grab, kein Krematorium, kein Weltenbrand, keine Atomzertrümmerung hat sie vernichten und keine Meerestiefe sie verdecken oder festhalten können. Gott ruft sie aus ihrem jenseitigen Aufenthaltsort vor seinen Richterthron – und sie sind alle da!

Aber das kann geschehen: Die Seele kann durch unsere Schuld Schaden nehmen, und zwar auch einen Schaden, der nicht mehr geheilt werden kann, sondern sie unbrauchbar macht für Gottes Reich und Herrlichkeit. Man kann seinen inwendigen Menschen auch wild wachsen und laufen lassen, wie ein Kind, um das sich niemand kümmert. Denn wie unser Leib, so wird auch unsere Seele als Kind geboren und ist darauf angelegt, bei rechter Pflege zuzunehmen, nicht nur an Alter, sondern auch an »Gnade und Weisheit«, wie es von Jesu Kindheitstagen auf Erden heißt. Ein Rundfunksprecher beschrieb die heutige Not des Menschen deshalb einmal treffend so: »Der Verstand des

Menschen hat sich kräftig entwickelt und verfeinert. Was hat er nicht alles erfunden und ersonnen! Aber das Herz – die Seele – des Menschen ist nicht mitgewachsen.« Und darum ist die Welt nicht glücklicher geworden – trotz ihres Wohlstandes und einer hoch entwickelten Kultur; die Menschen auch nicht, im Gegenteil: Nicht nur hinter der zunehmenden Verrohung der Sitten und der brutalen Gewalttätigkeit und der Drogensucht und den sexuellen Ausschweifungen, sondern auch hinter äußerlich glanzvoller Lebenshaltung stehen unglückliche, weil allein an das Diesseits gebundene Menschen mit einem leeren oder verunstalteten Seelenleben.

Ja, das gibt es: daß die Seele sich nicht nach Gottes Sinn und Geist entfalten und wachsen kann, sondern verwildert und verkrüppelt. Im Elternhause kann solches wilde Wachstum schon beginnen, wenn nämlich im Blick auf die heranwachsenden Kinder alles nur auf das äußere Leben abgestellt wird, auf Studium und Bildung, auf Vorwärtskommen und Wohlstand, und die Eltern dabei vergessen, daß sie und ihre Kinder eine Seele haben, die der Pflege bedarf, des Wortes Gottes, der Andacht und des Gebets, und die Gott einmal von ihnen fordern wird. So schrieb ein zu Tode verwundeter junger Mann aus dem letzten Kriege nach Hause: Liebe Mutter, Du hast uns alles gegeben und nichts versagt. Aber, Mutter, warum hast Du nicht an unsere Seele gedacht?«

Aber auch als erwachsener Mensch kann man seine Seele so schuldhaft vernachlässigen und hintenanstellen, daß sie ewigen Schaden nimmt. Das ist der Weg, den auch viele junge Menschen gehen, die aus christlichem Elternhaus kommen. Junge Menschen können von allem, was das Leben und die Welt bieten, derart angelockt und eingefangen werden, daß die gute Saat des Wortes Gottes, die man im Elternhause oder auch im Kindergottesdienst empfing, in der Seele erstickt und das Zeugnis der gläubigen Eltern vergessen wird und untergeht. Sex, Reisen, Wohlleben, schlechte Gesellschaft können sich auch bei christlich erzogenen Menschen wie Dornen und Disteln über das Inwendige des Menschen legen und ihn bestricken und lähmen. Ja, man kann heute auch – Gott sei's geklagt! – an unseren Schulen und Hochschulen durch eine gottfremde Erziehung und eine irreführende, im Grunde gottlose Theologie, die die Bibel zerpflückt, an der Seele Schaden

nehmen und, wenn man so weitermacht, untüchtig und unfähig werden, Gottes Wort und Wahrheit überhaupt noch zu fassen und zu erfahren. Dann wird der Raum, den Gott sich reserviert hat, um mit seinem Geist bei uns einzukehren, indem er uns eine Seele gab, vollgepumpt mit menschlicher Klugheit und Weisheit oder auch mit Rausch und Lust und Leidenschaft. Und wenn der Rausch vorüber und das Unglück geschehen ist, dann faßt sich mancher an den Kopf und fragt: »Wie konnte das nur geschehen? Und er oder sie kam doch aus gutem Hause!« Wie das möglich war? Jesus sagt: Weil man Schaden nehmen kann an der Seele, weil die Seele in uns verwildern kann. Und dann ist alles möglich.
Und sie kann am Ende ewig verlorengehen mit all ihren von Gott geschenkten Fähigkeiten und Möglichkeiten. Denn wenn die neue Welt der Herrlichkeit Gottes anbricht, die er uns in Jesus aufgetan hat, und wir sie mit Augen sehen und am Bilde Gottes und des Heilandes satt werden (Ps. 17,15) und dazu unser ewiges Erbe empfangen und den Platz einnehmen sollen, den Gottes Liebe uns zugedacht hat, dann sollen wir nach unsrem inwendigen Menschen imstande sein, das alles freudig zu fassen und dankbar in Besitz zu nehmen. Hast du aber an deiner Seele Schaden genommen, dann stehst du gleichsam da ohne Augen, die Gottes Licht und Herrlichkeit sehen und ertragen können; ohne Herz, das Gottes Liebe empfinden und an ihr froh werden kann; ohne Hände, die Gottes Erbe dankbar und jubelnd empfangen können. Sondern dann gilt dir das Wort Jesu im Gleichnis von der königlichen Hochzeit: »Freund, wie bist du hereingekommen?«, so wild, so frech, so unerzogen? »Bindet ihm Hände und Füße und werfet ihn hinaus in die äußerste Finsternis!« Über der Pforte eines alten Franziskanerklosters steht die Inschrift: »Ein einziger Gott – wenn der dein Feind ist, wer wird dich noch retten? Eine einzige Seele – wenn ich sie verliere, was bleibt mir noch?« Ja, was bleibt mir dann noch? »Was kann der Mensch geben, damit er seine Seele auslöse?« fragt Jesus hier. Die Antwort, die in seiner Frage liegt, heißt: Nichts, gar nichts! Sie bestätigt das Wort des Psalmisten: »Kann doch einen Bruder niemand erlösen noch ihn Gott versöhnen; denn es kostet zuviel, seine Seele zu erlösen; man muß es anstehen lassen ewiglich« (Ps. 49,8–9). Das gilt schon jetzt und hier, wieviel mehr am Tage des

Gerichts, dem die Welt und wir mit ihr unaufhaltsam entgegengeht!

II.

Gott sei ewig Lob und Dank dafür, daß wir hier nicht aufzuhören brauchen. Auch das eben zitierte Psalmwort hört so nicht auf, sondern hat eine Fortsetzung und läßt uns im 16. Vers das herrliche Bekenntnis und Zeugnis desselben Mannes hören: *»Aber Gott wird meine Seele erlösen aus der Hölle Gewalt; denn er hat mich angenommen«* (alte Lutherübersetzung).
Jesus Christus – sein Kommen zu uns, sein Leiden und Sterben am Kreuz auf Golgatha, sein siegreiches Auferstehen, seine glorreiche Erhöhung zum Throne Gottes, das ist das große und übermächtige »aber« Gottes gegen alle Verderbensmächte von Sünde, Tod und Teufel. In Jesus ist uns von seiten Gottes inmitten alles Elends dieser Welt jener Heilsbrunnen aufgetan, von dem der Prophet Jesaja vorausschauend sagen durfte: »Ihr werdet mit Freuden Wasser schöpfen aus dem Heilsbrunnen.« Denn an diesem Brunnen der Gnade erfüllt sich immer neu das Zeugnis der Bibel: »Er sättigt die dürstende Seele und füllt die Hungrigen mit Gutem.« Ja, unsere Seele und der lebendige Gott, unsere Seele und Jesus gehören zusammen wie der dürstende Wanderer mit der frischen Wasserquelle und der Hungernde mit dem gedeckten Tisch.
So haben es auch Menschen zu allen Zeiten und in allen Zonen bis heute erfahren, daß man an diesem Quell und diesem Tisch, den Gott uns in Jesus gegeben und bereitet hat, zutiefst satt werden kann. Ob wir die Glaubenslieder hören, die Menschen in den Jahrtausenden in allen Lebenslagen gesungen haben und auch heute singen, oder auf ihre Zeugnisse achten, die sie uns hinterließen – sie alle rufen uns zu: Es stimmt, es ist wahr, wir haben es erfahren: Bei dem lebendigen Gott kommt unsere Seele zur Ruhe, bei Jesus wird sie durch den Zuspruch seiner Gnade immer wieder satt. Und wie der Leib des Kindes wächst und sich entfaltet, wenn er immer neu gesättigt wird, so kann nun auch die gläubiggewordene Seele unter der Gnade Jesu wachsen, sich entfalten und erstarken. Dann kann man in der Kraft solcher Sättigung, was man sonst als glaubensloser, zweifelnder und irrender Mensch nicht konnte: Man erkennt

den ganzen Betrug der Sünde und lernt sie hassen – und Jesus lieben! Man kann schon auf zweifelhafte und schale Dinge und Lustbarkeiten verzichten; man verliert sogar den Geschmack daran, weil man Besseres gefunden hat. Man fängt sein Tagewerk jetzt ganz anders an, wenn man an Gottes Quell und Tisch geweilt hat. »Ich sitze des Morgens früh erst eine Weile forschend und betend vor meiner aufgeschlagenen Bibel, und dann gehe ich gestärkt und gerüstet von Herzen gern an meine Arbeit«, sagte mir wiederholt ein Mann in einer leitenden, verantwortungsvollen Stellung. Ja, man kann auch die Lasten, die Gott seinen Kindern noch immer aufzuerlegen pflegt, nun ganz anders tragen, weil man Grund unter den Füßen hat und auch auf rauhen Wegen immer neu erfahren darf: »Er erquickt meine Seele« (Ps. 23). Ja man kann an den Gräbern der Liebsten und Nächsten stehen, zwar gebeugt und tränenden Auges, und doch von oben her gehalten und getröstet, wie ich es kürzlich bei einer 82jährigen verwitweten Mutter am Grabe ihrer einzigen Tochter, der Stütze ihres Alters, wieder neu gesehen habe. Und man kann dem eigenen Lebensende auf Erden getrost entgegensehen, weil die in Jesus verankerte Seele weiß: »Jesus lebt! Nun ist der Tod mir der Eingang in das Leben!«

Aber zu solcher Erfahrung mit Jesus gehört auf meiner Seite eine ganze Hinwendung zu ihm, eine Sinnesänderung von Grund auf und das Bleiben bei ihm. Das heißt: Du mußt, wenn das noch nicht geschehen ist, dahin kommen, daß du deine Knie vor ihm beugst und mit deinen Worten bekennst: »Herr Jesus, auch ich habe bisher vergessen, daß ich eine Seele habe, die du einmal von mir fordern wirst. Ich habe nur immer an mein irdisches Wohl und Vorwärtskommen gedacht. Darum bin ich in meinem Inwendigsten bisher so leer geblieben, ein Mensch ohne lebendige Hoffnung, ohne Frieden, ohne letzte Gewißheit im Blick auf die Ewigkeit. Ich habe meine Seele mit Schuld beladen. Wohin soll ich mich wenden? Ich komme zu dir! Denn ich habe es vernommen, daß du, Herr, bist für mich gestorben und mir den Himmel hast erworben. Darum will ich von heute an auch dir gehören und mich deiner Führung anvertrauen!«

Wer so kommt, der hat noch immer erfahren, daß er von Jesus angenommen wird, ja daß Jesus schon längst auf ihn gewartet hat. Noch mehr: Es wird sich nun erfüllen, was Jesus solchen Menschen verheißen hat: daß er selbst mit dem Heiligen Geist in ihr Herz einkehrt und ihnen das Leben schenkt, das kein Tod mehr töten kann. Solches inwendige Geschehen wird der bloße Verstand zwar nie begreifen, aber in der Seele klingt es dann als helle Gewißheit auf:

Ich habe nun den Grund gefunden,
der meinen Anker ewig hält;
wo anders als in Jesu Wunden?
Da lag er vor der Zeit der Welt,
der Grund, der unbeweglich steht,
wenn Erd und Himmel untergeht.

In der Tat: Himmel und Erde werden einmal vergehen. Aber der Jünger Jesu weiß sich auch angesichts der sich anbahnenden endzeitlichen Gerichte mit ihren Schrecken bis zum buchstäblichen Untergang der alten Welt gehalten und geborgen in den Händen dessen, der für uns starb, und wird es am Ende erfahren: »Aber Gott wird mich erlösen aus der Hölle Gewalt; denn er hat mich angenommen!« Und sein Ziel mit den Seinen ist die neue Welt voll Leben, Frieden und Herrlichkeit. Dafür will ich ihm mit meinem ganzen Leben danken, indem ich Jesus als meinen Heiland und Herrn ehre und ihm gehorsam werde, der in der Vollmacht Gottes gekommen ist, zu suchen und selig zu machen, was verloren ist. Lob sei seinem Namen! Amen.

Gebet: Herr, Du großer Gott, es hat Dir gefallen, uns Menschen ein Inwendiges zu geben, eine Seele, die zu Dir hin angelegt ist und darum auch nirgends sonst zur Ruhe kommen kann. Wir danken Dir von Herzen, daß Du uns in Deinem lieben Sohn den Weg bereitet hast, auf dem wir von den löchrigen Brunnen dieser Welt zu den Brunnen Deiner Gnade, Deines Heils kommen dürfen, um unsere Seele zu sättigen an den reichen Gütern Deines Hauses. Wir danken Dir, Herr Jesus Christus, daß Du unsere Sünden gesühnt und unsere Schuld bezahlt hast durch Dein Leiden und Sterben für uns. Nimm uns weiterhin unter Deine Führung, damit wir nicht vom rechten Weg abkommen. Bewahre uns in den Versuchungen der Zeit. Hilf uns zu einem Leben, das Dich ehrt und von Dir und Deiner Gnade zeugt an dem Platz, an den Du uns gestellt hast, und laß uns, wenn Du uns einmal rufst, Deine Herrlichkeit schauen! Amen.

Lied: Jesus nimmt die Sünder an! Saget doch dies Trostwort allen . . .

4. Sonntag nach Trinitatis

Das Evangelium – auf Wohnungssuche!

Laßt das Wort Christi reichlich unter euch wohnen; lehrt und ermahnt einander in aller Weisheit; mit Psalmen und Lobgesängen und geistlichen Liedern singt Gott dankbar in euren Herzen.
Kolosser 3,16

»Das Wort Christi« – so wird hier das Evangelium von der Gnade Gottes genannt und damit im Grunde die ganze Bibel; sie wird deswegen so genannt, weil sie Jesus Christus, den in die Welt gekommenen Sohn Gottes zum Inhalt hat. »In ihm sind alle Gottesverheißungen Ja und Amen« geworden, wie wir an andrer Stelle lesen.
Das ist ja das Wunderbare an der Bibel: Sie enthält 66 Bücher, von verschiedenen Verfassern in einem Zeitraum von 1500 Jahren geschrieben, von Menschen mit sehr verschiedenem Bildungsgang und in ganz verschiedenen Verhältnissen stehend, vom Hirten bis zum König, vom schlichten Landmann bis zum Akademiker. Und doch ist die Bibel keine bunt durcheinandergewürfelte Sammlung von religiösen Schriften, sondern ein geschlossener, von Gottes Geist durchhauchter und zusammengehaltener Organismus, eine lebendige Einheit; eben darum, weil sie das Wort Christi ist, das heißt: weil sie vom ersten bis zum letzten Blatt vorwärts und rückwärts auf ihn, den Erstgeborenen vor aller Schöpfung Gottes weist, den Mann von Bethlehem und Golgatha, den Retter und Richter aller Welt. Er ist das Wort Gottes an uns.
In der Sebalduskirche in Nürnberg steht ein prächtiges, in Erz gegossenes Standbild, das die zwölf Apostel darstellt. Eindrucksvoll stehen die Gestalten der Apostel da: die Gestalt des Petrus, des Johannes und der anderen. Aber oben über allen steht die Gestalt des Heilandes. Diese kann man abheben. Aber sobald das geschieht, fallen die Gestalten der Apostel rechts und links herunter. So auch unsre Bibel: Die heiligen Schreiber, die Propheten und Apostel, sind gewiß ehrwürdige Gestalten. Aber sie haben ihren Wert und Halt nur in Christus und in ihrem Zeugnis von ihm. Das gilt aber auch für eine

Gemeinde: Sie kann nur bestehen, wenn er, Jesus, der Mittelpunkt ist und bleibt, dem alle Glieder untergeben sind. Und das gilt nicht zuletzt auch für unser persönliches Leben: Nur wenn er, Jesus, der Herr über uns ist, hat unser Leben Halt, Geschlossenheit, Sinn und Bestand, der in Ewigkeit bleibt.
Und das will der Herr bei uns jetzt und hier schon erreichen durch sein Wort, in dem er zu uns kommt. Nächst der Schöpfung von Himmel und Erde und der Menschwerdung des Sohnes Gottes ist die Bibel sicher das größte Wunder der Weisheit und Liebe Gottes auf Erden. In die Bibel hat Gottes Geist alles hineingelegt, was wir an Licht und Kraft, an Ermahnung und Ermunterung, an Trost und Wegweisung nötig haben, um zu einem Leben aus Gott zu kommen, in solchem Leben zu bleiben, zu wachsen und am Ende einzugehen in Gottes ewiges Reich.
Dieses Wort Christi will deshalb bei uns »wohnen«. »Laßt das Wort Christi reichlich unter euch wohnen!« Es steht hinter dieser Aufforderung das Bild eines Wohnungssuchenden, der hier und dort anklopft, wo er gern einziehen und bleiben möchte. Wir denken an Jesu Wort: »Siehe, ich stehe vor der Tür und klopfe an. So jemand meine Stimme hören wird und die Tür auftun, zu dem werde ich eingehen und das Abendmahl mit ihm halten und er mit mir.«
Hier werden Menschen angesprochen, die das Wort Christi und damit ihn selbst schon aufgenommen haben. Was nun geschehen muß ist dies, daß ihm immer mehr Raum gegeben wird: daß der hohe Himmelsgast nicht nur in die gute Stube geführt wird, sondern Wohnrecht in unsrem ganzen Haus und Leben erhält, um uns so mit seinen reichen Gaben beschenken zu können. »Laßt das Wort Christi *reichlich* unter euch wohnen«; auf »reichlich« liegt ein besonderer Ton. Davon wollen wir ausgehen und dazu ein Dreifaches uns sagen lassen:

I.

Es ist ein sehr reiches Angebot, das uns hier gemacht wird. Die ganze Liebe Christi steht dahinter, die ja die Liebe Gottes zu uns ist!
Es ist Gottes Art, reichlich zu geben. Gott mißt nicht kärglich seine Gaben. Schon ein Blick in die Schöpfung lehrt uns das:

Welch ein Reichtum an Farben, Glanz und Schönheit offenbart schon der gestirnte Himmel über uns! Welch einen verschwenderischen Reichtum der Gaben Gottes sehen wir auch auf Erden, wenn wir an das denken, was hier alles blüht und wächst und reift auf den Feldern, in den Gärten und Wäldern. Nicht anders handelt Gott auf dem Gebiet des geistlichen Lebens: Wir werden »reichlich« getröstet durch Christus, bezeugt der Apostel an andrer Stelle. Am Anfang des Epheserbriefes lesen wir von »dem Reichtum der Gnade«, welche uns »reichlich« widerfahren ist. Einen »reichen« Eingang zu dem ewigen Reich des Herrn will Gott uns schenken. Im Blick auf solchen uns angebotenen Reichtum fragt der Apostel: »Oder verachtest du den Reichtum seiner Güte, Geduld und Langmut? Weißt du nicht, daß dich Gottes Güte zur Buße leitet«; daß sie dich zur Änderung deines Sinnes und deines ganzen Lebens bewegen will, zur Annahme seines Heilsangebots in Christus Jesus? Seine Liebe steht hinter solchem Angebot, die dich aus der Leere und deiner Armut heraus zur Quelle führen möchte, von der der Apostel Johannes sagt: »Aus seiner Fülle haben wir alle genommen Gnade um Gnade.«

Aber noch mehr liegt in dieser Mahnung, daß wir das Wort Christi reichlich unter uns wohnen lassen sollen. Wir werden da auf ein Grundgesetz im Reiche Gottes hingewiesen. Die Bibel erschließt ihren vollen Reichtum nicht dem, der sie nur flüchtig anblickt. Das ist schon bei einem menschlichen Wunderwerk, zum Beispiel bei einem Gemälde so: es erschließt sich nicht, wenn wir es nur flüchtig, sozusagen im Vorbeigehen anschauen; man muß es schon aufmerksam und eingehend studieren. Dasselbe gilt von den Wundern der Natur. Und das gilt nicht zuletzt von uns selbst: Wer von uns erschließt sich denn schon einem Menschen, der für uns nie Zeit hat, uns nur im Vorbeigehen grüßt und über ein paar Höflichkeitsfloskeln nicht hinauskommt?

So aber verhält es sich auch mit dem Wort Christi und mit Christus selbst. Es und er erschließt sich uns nur bei treuem, anhaltendem, liebevollem Umgang mit ihm. Denn Jesus sucht nicht irgend etwas bei uns, sondern uns selbst, unsre Liebe. Wo sie fehlt und ausbleibt, kann sich Jesus in seiner Herrlichkeit und Größe dir nicht erschließen. Mit flüchtigem Lesen der Losung am Morgen und Fünf-Minuten-Andachten

werden wir in den Reichtum der Gnade Gottes, die uns in Christus Jesus angeboten wird, nicht hineinwachsen; dazu gehört schon mehr Hingabe an ihn und mehr Umgang mit seinem Wort.
Und wie nötig haben wir alle es doch, daß das Wort Christi reichlich und mit seinem ganzen Reichtum zu uns kommt und bei uns bleibt. Wir haben es nötig, weil wir ständig von so vielen andern Dingen so reichlich angelaufen und überschüttet werden. Mit wieviel Fragen haben wir uns täglich zu beschäftigen, wieviel Gedanken, auch unsaubere und häßliche, stürmen täglich auf uns ein! Wie ist die ganze Atmosphäre in der Welt heute mit antichristlichem Geist angefüllt! Wir sind den Bedrohungen unseres inneren Lebens nicht gewachsen, wenn nicht auch das Wort Christi reichlich von uns gehört und reichlich angenommen wird. Nur so können wir uns dem Sog unsrer Zeit zur reinen Diesseitigkeit entziehen; nur so können wir das, was für uns gefährlich ist, immer neu erkennen, und was schwer ist, immer wieder verkraften und tragen, daß das Wort Christi sein Licht über uns fallen läßt und Ewigkeit in unsre Zeit hereinleuchtet.
Pestalozzi, der große und gesegnete Pädagoge, legte seiner im Jahre 1815 heimgegangenen Gattin eine ganze Bibel in den Sarg mit den Worten: »Was gab mir und dir in jenen Tagen, in denen uns alle verließen und verspotteten und Armut und Krankheit uns niederbeugte und wir unser Brot mit Tränen aßen, die Kraft auszuharren und unser Vertrauen nicht wegzuwerfen? Aus dieser Quelle schöpften wir Mut, Stärke und Freude!« Ja, da, im Wort Christi, rauschen die Quellen des Lebens, des Trostes und der Kraft. So hat selbst Immanuel Kant einmal bezeugt, daß unter allen Büchern, die er gelesen habe, ihm keines den Trost gegeben habe, den er in dem Wort des 23. Psalmes fand: »Und ob ich schon wanderte im finsteren Tal, fürchte ich kein Unglück; denn du bist bei mir, dein Stecken und Stab trösten mich.«
O, daß das Wort Christi doch auch unter uns und bei uns reichlich wohnte zu unsrem Heil und Segen! Darum das zweite in dieser Mahnung:

II.

Es wird uns hier ganz praktisch gesagt, wie das zugehen soll. Wenn wir das ganze Wort hier auseinanderfalten, ergeben sich nämlich drei entscheidende Dinge, die bei uns reichlich zu finden sein sollten:

Da ist einmal *die Gemeinschaft unter dem Wort:* »Lehrt und ermahnt einander in aller Weisheit.« So hielten es die ersten Christen, von denen wir lesen: »Sie blieben aber beständig in der Lehre der Apostel und in der Gemeinschaft und im Brotbrechen und im Gebet.« Das wird immer ein Hauptstück bleiben für die Pflege und das Wachstum unsres inneren Lebens, des Lebens aus Gott. Denn es ist nun einmal so, daß der Herr selbst es so will und so geordnet hat, daß seine Gläubigen zusammenkommen und zusammenhalten. Darum hat er schon für die kleinste Zusammenkunft die große Verheißung gegeben: »Wo zwei oder drei versammelt sind in meinem Namen, da bin ich mitten unter ihnen.« Darum hat er in seiner Gemeinde Evangelisten, Hirten und Lehrer bestellt. Darum aber sollen auch wir einen festen Platz in der Gemeinde haben, so daß wir seine Boten hören, die uns das Wort Christi sagen und auslegen. Dort dürfen wir auch einander befragen, aufrichten und miteinander und füreinander beten. Hier, in der Gemeinschaft miteinander, wird uns so auch immer neu der Weg gewiesen werden im Dunkel unsrer Zeit, und es werden uns die Zeichen der Zeit gedeutet werden. Das alles ist nur im Miteinander unter dem Wort möglich, nur im Zusammenhalten der Gläubigen. Wo es an diesem Stück bei uns fehlt, da verarmen wir, da bleiben wir in der Erkenntnis zurück oder wir geraten auf Ab- und Irrwege, wenn wir alles allein und einsam machen wollen. Darum mahnt der Herr in seinem Wort gerade auch im Hinblick auf die kräftigen Irrtümer, die in der Endzeit auftreten werden: »Verlasset nicht eure Versammlungen, wie etliche pflegen! Sondern ermahnet einander, und das um so mehr, als ihr seht, daß sich der Tag naht!«

Ein anderes Stück, das zum reichlichen Hören und Annehmen des Wortes Christi gehört, ist *das geistliche Gespräch von Mensch zu Mensch.* »Ermahnet einander mit Psalmen und Lobgesängen und geistlichen Liedern.« Die geistliche, gegenseitige seelsorgerliche Hilfe ist hier gemeint, die in unsren

Reihen weithin verloren gegangen ist. Was ist denn der Inhalt unsrer Gespräche, wenn wir einander begegnen oder besuchen? Auch der Inhalt unsrer Gespräche bei Geburtstagsfeiern und ähnlichen Zusammenkünften? Wie selten wird da heute eine geistliche Frage angesprochen! Politische Themen füllen meist die Unterhaltung. Gewiß dürfen wir uns auch über solche Themen und über alltägliche Dinge austauschen. Aber der Apostel mahnt: Nehmt doch die Gelegenheiten wahr, auch im persönlichen Gespräch einander zu stärken, zu ermuntern, den Kampf des Glaubens zu kämpfen und einander ein Bibelwort oder einen Liedvers mit auf den Weg zu geben. Das darf man übrigens auch im brieflichen Verkehr miteinander tun. Wer von uns wüßte nicht aus Erfahrung, wie solch ein Zuspruch uns immer wieder wohl getan hat, besonders auch in Krankheitstagen oder Zeiten besonderer Prüfungen. Macht reichlich Gebrauch von solchen Möglichkeiten, mahnt der Apostel. Darauf ruht ein reicher Segen. Ich las von einer Christin, die selbst in der Anfechtung ihres Glaubens stand, aber nun hörte, daß eine andere, die sie gut kannte, in tiefes Leid gekommen war. Da suchte sie in ihrer Bibel nach passenden Trostsprüchen, die sie in ihrem Brief an sie nennen wollte. Und was geschah? Als sie einen Spruch nach dem andern fand und las, wurde sie selbst so froh darüber, daß sie wieder von Herzen danken konnte und so die eigene Anfechtung überwand. Mit neuer Freude erfüllt, konnte sie der leidgeprüften Glaubensschwester einen gesegneten Dienst tun und auch sie trösten und aufrichten.
Deshalb mahnt auch der Apostel noch zum *persönlich und einsam gebeteten und gesungenen* Wort Christi, wenn er schreibt: »Singet und spielet dem Herrn in euren Herzen!« Das können wir daheim und unterwegs tun; denn das Wort Christi, das uns gegeben wird, soll sich nicht allein an den Menschen richten, sondern soll sich auch als Gebet und Lobgesang nach oben wenden. Dazu ist uns auch der reiche Schatz an Psalmen und geistlichen Liedern gegeben, an Glaubens- und Trostliedern, an Freuden- und Ewigkeitsliedern. Mit solchem Gebet und Lied blicken wir gläubig und dankbar auch zu ihm selbst, unsrem Herrn, auf. Und wie bei allem, was wir ihm darbringen, so geschieht's auch hier: Wir werden neu gesegnet und gestärkt aus der Fülle seiner Gnade. Welch eine Wohltat erfahren wir, wenn wir etwa beim Erwachen uns mit einem Gebet und Lied

im Herzen nach oben wenden! Und das auch im Verlauf des Tages üben! Dazu braucht man nicht lange Zeit; man kann es, wie schon bemerkt, unterwegs und oft auch bei der Arbeit noch tun.
So bleiben wir in lebendigem Umgang mit unsrem Herrn, so kann er uns im rechten Augenblick auch wieder das rechte Wort aufleuchten lassen. Da bleiben wir auch nicht die Alten. Da wandelt sich von innen her unser Leben, unser Geschmack, unsre Anschauungen und Wünsche und Ziele. Denn es ist ja so auf Erden: Was uns ständig anschaut, färbt ab und hinterläßt Spuren. Jungen Männern die monate- oder gar jahrelang in das Grauen des Krieges hatten schauen müssen, sah man es an ihrem Gesicht an, was sie erlebt hatten. Gottlob, es gilt auch für die Welt des Glaubens: Umgang prägt und formt und bildet. Wer das Bild Christi in seinem Wort ständig anschaut und mit ihm Gemeinschaft hat, wird auch geprägt, gewandelt und geformt.
Das Wort Christi ist die größte Bildungsanstalt für unsren inneren Menschen, und sie steht uns allen offen: Du brauchst nur praktisch auszuüben, was uns hier angeboten und an die Hand gegeben wird: die Gemeinschaft unter dem Wort, das geistliche Gespräch von Mensch zu Mensch, das persönlich gebetete und gesungene Lied, das auch nach oben steigt und dich verbunden hält mit der Welt Gottes, mit den Kräften der Ewigkeit, mit ihm selbst, der unser Freund und Heiland sein will. Es kann nicht ausbleiben, daß bei solchem »Wohnen« des Wortes Christi bei uns das neue Leben aus Gott in dir wächst und reift und zur Vollendung kommt bis in die ewige Welt hinein; denn so sagt der Apostel an andrer Stelle: »Wir werden verklärt in sein Bild von einer Klarheit in die andere von dem Herrn, der der Geist ist.«
Dazu ein letztes:

III.

An solchem »Wohnen« des Wortes Christi bei uns hängt unsere ewige Errettung. Ohne das Wort Christi haben wir keinen Christus. Ohne Christus aber auch kein ewiges Leben, kein Licht, keinen Trost, keine Bewahrung in den Stürmen der Endzeit, denen wir entgegengehen, keine Gerechtigkeit, die vor Gott gilt. Und nicht nur insgesamt als Welt gehen wir immer näher der Nacht entgegen, »da niemand mehr wirken kann«, wie Jesus sagt, sondern noch viel mehr als einzelne. Es kommt für uns alle der Augenblick, da wir nichts mehr nachholen können. Als die Lampen der fünf törichten Jungfrauen erloschen, versuchten sie, das fehlende Öl bei den andern zu leihen. Aber das war nicht möglich. So kommt für uns alle die Stunde, in der es auf das Sein ankommt, auf das, was wir uns im Glauben an den Herrn innerlich angeeignet haben an Licht und Kraft; auf das, was er selbst uns geworden ist und uns hat geben können und auch in der entscheidenden Stunde ist und geben kann. Die nicht gelesene Bibel, die nicht besuchten Bibelstunden, die versäumten Gelegenheiten, das Wort Christi aufzunehmen und ihm im Herzen Wohnung zu geben, lassen sich dann nicht mehr nachholen.

Ich vergesse nicht, wie ich als junger Prediger bei einem meiner ersten Krankenbesuche zusammen mit einem älteren Bruder am Krankenbett einer gläubigen Christin stand. Ihre Stunden waren gezählt. Sie konnte nicht mehr viel sprechen. Aber wenn der ältere Bruder ihr Bibelworte ins Ohr sagte, fiel sie jedesmal mit letzter Kraft ein und vollendete den Spruch. Das war mir ein eindrückliches Beispiel für das, was hier geschrieben steht. Hier sah man eine Christin, in deren Herzen das Wort Christi reichlich wohnte und nun bald das eine und bald das andere Trostwort in ihrer Seele aufleuchtete und ihr den Weg durchs Todestal erhellte.

Beherzigen wir deshalb die Mahnung des Apostels: »Laßt das Wort Christi reichlich unter euch wohnen!« Keiner von uns hat es in diesem Stück schon zur Vollkommenheit gebracht. Ja, als ein gesegneter Zeuge des Evangeliums auf seinem Sterbebett gefragt wurde, was er anders und besser täte, wenn ihm das Leben noch einmal geschenkt werden würde, antwortete er: er würde noch treuer die Bibel lesen und beten. Ähnlich hat es auch der vor Jahren heimgegangene Bischof Dibelius, dieser unerschrockene Zeuge Jesu in Berlin, kurz vor seinem Tode ausgesprochen. Als er gefragt wurde, was er wohl für ganz entscheidend wichtige Dinge halten würde, wenn er noch einmal jung werden könnte, hat er unter den wichtigsten dies genannt: er würde jede Woche einen Bibelspruch lernen und

sich fest einprägen – neben dem täglichen Bibellesen – und jeden Monat ein neues Lied lernen.
Auch die Stimmen dieser gesegneten Väter unterstreichen die Mahnung: »Laßt das Wort Christi«, laßt die Botschaft der Bibel »reichlich unter euch wohnen!«
Möchten wir uns doch alle noch inniger und herzlicher auf diesem Wege verbinden mit dem, »der da war und der da ist und der da kommt«, unsrem Heiland und Herrn Jesus Christus, ihm zu Ehren und uns zum ewigen Heil und Leben! Amen.

Gebet: Herr, Du hast uns ein reiches Wort gegeben für unsern Weg durch diese Zeit und Welt. Wir brauchen nicht im Dunkel zu tappen, Du bist unser Licht und unser Heil. Die Quelle Deiner Gnade ist unausschöpflich; wir brauchen nicht kraftlos durch die Tage zu gehen. Für jede Wegstrecke hast Du uns eine Verheißung gegeben; selbst im finstern Tal trösten uns Dein Stecken und Dein Stab: Dein Wort und Deine Verheißungen. Ach hilf uns, Deine Gnade recht zu erkennen und Dein Wort zu lieben und zu ehren, ihm zu vertrauen und ganz gehorsam zu werden, bis wir Dich schauen von Angesicht zu Angesicht. Amen.

Lied: Wort des Lebens, lautre Quelle, die vom Himmel sich ergießt . . .

5. Sonntag nach Trinitatis

Ein Leben in der Nachfolge Jesu

Es begab sich aber, als sich die Menge zu ihm drängte, um das Wort Gottes zu hören, da stand er am See Genezareth und sah zwei Boote am Ufer liegen; die Fischer aber waren ausgestiegen und wuschen ihre Netze. Da stieg er in eins der Boote, das Simon gehörte, und bat ihn, ein wenig vom Land wegzufahren. Und er setzte sich und lehrte die Menge vom Boot aus. Und als er aufgehört hatte zu reden, sprach er zu Simon: Fahre hinaus, wo es tief ist, und werft eure Netze zum Fang aus! Und Simon antwortete und sprach: Meister, wir haben die ganze Nacht gearbeitet und nichts gefangen; aber auf dein Wort will ich die Netze auswerfen. Und als sie das taten, fingen sie eine große Menge Fische, und ihre Netze begannen zu reißen. Und sie winkten ihren Gefährten, die im andern Boot waren, sie sollten kommen und mit ihnen ziehen. Und sie kamen und füllten beide Boote voll, so daß sie fast sanken. Als das Simon Petrus sah, fiel er Jesus zu Füßen und sprach: Herr, geh weg von mir! Ich bin ein sündiger Mensch. Denn ein Schrecken hatte ihn erfaßt und alle, die bei ihm waren, über diesen Fang, den sie miteinander getan hatten; ebenso auch Jakobus und Johannes, die Söhne des Zebedäus, Simons Gefährten. Und Jesus sprach zu Simon: Fürchte dich nicht! Von nun an wirst du Menschen fangen. Und sie brachten die Boote ans Land und verließen alles und folgten ihm nach. Lukas 5,1–11

Das ist eine Geschichte, die sich so, wie sie dasteht, seit jenen Tagen, da Jesus auf Erden wandelte, nicht wiederholt hat. Denn sie hat sich buchstäblich so zugetragen, wie sie uns hier geschildert wird: Es wurde den Jüngern Jesu an jenem helllichten Tage gegen alle Regeln der Erfahrung ein solch reicher Fischfang beschert, daß die Schiffe zu sinken begannen, und Petrus, unter dem ungeheuren Eindruck dieses Wunders, buchstäblich in die Knie gesunken ist vor diesem Herrn.
Aber Jesus selbst hat dieses Wunder sofort auf eine höhere Ebene erhoben und es damit für alle Zeiten und auch für uns gültig gemacht: Er hat die Geschichte ins Licht der Ewigkeit

gerückt, indem er dem Petrus sagt: »Von nun an wirst du Menschen fangen«, das heißt: du wirst Menschen aus dem Leerlauf ihres Lebens und vom Weg ins ewige Verderben weg zu mir rufen und sie für mein ewiges Reich gewinnen. Damit hat Jesus den Menschen damals und heute eine unverbrüchliche und für uns alle entscheidende Doppelwahrheit deutlich gemacht. Er hat ihnen gezeigt,

1. wie ein Leben ohne ihn trotz aller Mühe, aller Arbeit, allen Fleißes zuletzt doch leer und enttäuschend bleiben muß;
2. wie wir uns aber mit unsrem ganzen Leben rückhaltslos ihm anvertrauen dürfen und bei ihm allein das finden, was unser Leben sinnvoll macht und ihm Ewigkeitswert verleiht.

Beides wollen wir uns im Licht des Wortes Gottes deutlich machen lassen.

I.

Wie vergeblich und enttäuschend alles Laufen und Mühen und wie leer das Leben ohne Jesus im Grunde bleiben muß und bleibt, das hat der Herr den Jüngern in jener Nacht dadurch deutlich gemacht, daß sie trotz aller Mühe und Arbeit nicht den geringsten Erfolg hatten. Petrus und seine Helfer waren erfahrene Fischer. Sie wußten, wie man es machen muß, um Erfolg zu haben. Dennoch waren die Netze in jener Nacht leer geblieben. Mit wenig waren sie wohl schon manches Mal nach Hause gekommen, mit gar nichts wahrscheinlich noch nie. Enttäuscht und verdrossen steht Petrus am Morgen am Ufer und klagt: Die ganze Nacht gearbeitet und nichts gefangen!
Aber das kam nicht von ungefähr. Denn wenn Jesus erst einmal sein Auge auf einen Menschen gerichtet hat, dann geschieht im Leben dieses Menschen nichts mehr von ungefähr. Dann passiert nichts mehr im Leben dieses Menschen, durch das der Herr nicht etwas sagen will; auch keine Enttäuschung, keine Not, keine Widerwärtigkeit. Dann soll uns alles dazu dienen, daß sein Werk an uns geschehen und er mit uns ganz zum Ziele kommen kann. Und diese Leute im Schiff, die die ganze Nacht gearbeitet und doch nichts gefangen haben, waren Menschen, auf die Jesus sein Auge gerichtet hatte, um sie ganz für sich zu gewinnen. Ihnen macht Jesus hier deutlich, was alle Arbeit und alles Mühen, ja das ganze Leben ohne ihn zuletzt einbringt:

Ohne mich, will Jesus sagen, ist all euer Rennen und Ringen und Schaffen umsonst. Ohne Jesus bleibt also auch unser Leben leer, enttäuschend, unerfüllt.
Vielleicht reizt uns solch ein Satz zum Widerspruch. Wir denken an die vielen, vielen Menschen, die ohne Jesus durchs Leben gehen, lustig und vergnügt, und es wirklich zu etwas bringen: Im Beruf stehen sie ihren Mann, in der Familie ist ihnen Glück beschieden, in ihrem Umkreis sind sie geachtet und angesehen und haben überall einen guten Namen. Ist das alles nichts? Kann man das alles einfach so abtun? Gewiß nicht. In der Welt des rein natürlichen Lebens bedeutet das schon etwas. Und wenn es nur das diesseitige Leben gäbe mit seinem Geborenwerden und Sterbenmüssen und der kurzen Spanne Zeit dazwischen, wenn Gott uns kein andres Ziel gesteckt hätte, dann wäre alles in Ordnung. Dann hätten diese Menschen ihr Leben gewiß erfüllt.
Aber nun steht über unser aller Leben, ob uns das lieb ist oder leid, wie in heiliger Flammenschrift das eherne Gesetz Gottes geschrieben: »Es ist dem Menschen gesetzt, einmal zu sterben, danach aber das Gericht!« Wie auf jene mühevolle Nacht über die Jünger ein neuer Morgen heraufzog, so bricht für jeden Erdenbürger, auch für uns alle, wenn wir die letzte Nacht hinter uns haben und man uns den letzten Schweiß vom Angesicht gewischt hat, der Morgen der Ewigkeit an, wo unser Lebensschifflein am andern Ufer anlegen muß und es nun auf die Frage ankommt: Was bringst du mit? Was ist herausgekommen aus deinem Leben und deiner Zeit, die Gott dir gab? Bringst du das mit, was Gott dir in Jesus schenken wollte: die köstliche Perle, den guten Schatz, die reife Frucht des Glaubens und der Liebe, in der du Gott auf Erden gedient hast? Bist du reif geworden für den Empfang des ewigen und unvergänglichen Erbes, weil du gesucht hast, was droben ist, da Christus ist? Wenn du an jenem Morgen, da du für die ewige Welt erwachst, nichts andres kennst und hast und in deinem Netz, das du bis zu deinem Tod durchs Leben ziehst, nur irdisches Geld und Gut und Ehre, dazu unvergebene Sünden gefunden werden, dann bist du ein verlorener Mann. Das würde nämlich bedeuten, daß Gott und sein Reich dir gleichgültig gewesen ist auf Erden und daß du das Irdische und Zeitliche immer höher geachtet hast als das ewige Gut, das Gott dir in Jesus anbot. Hat

er in deinem Leben nichts wirken und dir nichts schenken können, was auch im Himmel Wert hat, dann hast du auch nichts, was im Anblick des ewigen Richters und Herrn dich schützen kann und dich eintreten läßt in seines Reiches Freuden!
Das alles liegt in dieser Geschichte drin, wenn wir sie in dem Lichte sehen, in das Jesus sie selbst erhebt, mit seinem »von nun an«! Von nun an soll ein neues Leben für dich beginnen, ein Leben unter meiner Führung, ein Leben im Licht der Ewigkeit, ein gesegnetes und erfülltes Leben, auf das du einmal voll Dank für meine Gnade zurückschauen sollst. Wir wollen dies erste darum nicht abschließen, ohne vor der Frage noch einen Augenblick stehen zu bleiben: Wie, wenn das einmal von deinem Leben gelten müßte: Die ganze Nacht gearbeitet und nichts gefangen?! Wenn von deinem ganzen Leben, deinem Laufen und Sorgen und Schaffen, deiner Zeit und deiner Kraft, deinem Geld und Gut nichts andres übrig bliebe als ein toter Leib, den man zu Grabe trägt, und eine arme Seele, die nichts hat, was in der andren Welt gilt, keinen Frieden mit Gott, keine wirkliche Lebensfrucht, die den Herrn rufen läßt: »Ei, du frommer und getreuer Knecht, du bist über wenigem getreu gewesen, ich will dich über viel setzen. Gehe ein zu deines Herrn Freude!« Wenn du statt dessen das andre Wort des ewigen Richters vernehmen müßtest: »Bindet ihm Hände und Füße und werfet ihn hinaus in die äußerste Finsternis!« So ernst ist das Leben und Laufen, das Sammeln und Mühen, der Weg und das Ende unsres Lebens – ohne Jesus! »Keinen Heiland, keinen Herrn, o wie arm bist du!«, so heißt es in einem Liede. Gott sei gedankt, daß unser Lebenslauf nicht so enden muß. Denn ein zweites macht Jesus hier deutlich:

II.

Vor den enttäuschten und verdrossenen Männern steht an jenem Morgen Jesus von Nazareth und nimmt sich ihrer an. Er steigt in ihr Boot und bittet sie um einen Dienst, nämlich das Boot ein wenig vom Lande wegzufahren, damit er das Volk am Ufer besser in den Blick bekomme und ihm die Botschaft vom Reich Gottes besser sagen könne. Und dann macht er diesen Leuten deutlich, wie sie sich mit ihrem ganzen Leben getrost ihm anvertrauen dürfen, weil keiner ihm umsonst glaubt und lebt und dient, sondern sie in seiner Nachfolge wohl versorgt sind und ihr Leben und Sterben eine reiche Erfüllung findet. Jesus gibt den verdrossenen Leuten eine ganz klare Wegweisung: »Fahret hinaus, wo es tief ist, und werft eure Netze zum Fang aus!« Das ist freilich eine unerhörte Zumutung: am hell-lichten Tag auf den See hinauszufahren und die Netze auszuwerfen – das tut kein Mann vom Fach. Das ist gegen alle Vernunft und Erfahrung. Aber Petrus spürt die geheimnisvolle Macht dieses Wortes: »Fahret!« Er steht noch unter dem Eindruck der Botschaft vom Reiche Gottes, die Jesus vom Boot aus dem Volk bezeugt hat. Er überwindet alle Bedenken und greift in die Ruder: »Meister, wir haben die ganze Nacht gearbeitet und nichts gefangen, aber auf dein Wort will ich das Netz auswerfen!«

Seht, das heißt glauben und dem Ruf Jesu gehorsam werden: alle verstandesmäßigen Zweifel, alles, was Menschen gegen diesen Weg mit Jesus heute sagen, überwinden und dem Wort Jesu mehr trauen als unserer Vernunft und allen Naturgesetzen und allen unsern bisherigen Erfahrungen in einem Leben ohne Jesus. Petrus tut's, und er tut es nicht umsonst. Jesus hat ihm an jenem Tage gegen alle seine bisherigen Erfahrungen einen Fischfang beschert, von dem man noch reden wird, solange diese Welt steht, so reichlich, daß es mit Händen zu greifen war: »Schmecket und sehet, wie freundlich der Herr ist. Wohl allen, die auf ihn trauen!« Petrus ist überwältigt von solcher Güte und Macht und Herrlichkeit Jesu, daß er ausruft: »Herr, gehe weg von mir, ich bin ein sündiger Mensch!« Aber – und das ist das Wunderbare: Jesus geht nicht weg von ihm, sondern bleibt bei ihm und macht ihn mit seinen Gefährten zu seinen Freunden und Mitarbeitern und zu Erben seiner ewigen Herrlichkeit.

Und das wollte der Herr dadurch aller Welt kundmachen und dazu steht diese Geschichte in der Bibel: Wer Jesus in sein Lebensschifflein nimmt, wer diesem Herrn gehorsam wird, wer auf sein Wort baut und traut, der hat damit den aufgenommen, der im Namen Gottes gekommen ist in die Welt, damit wir in ihm Leben und volle Genüge finden; der ist auf dem Weg zu einem erfüllten Leben in der Herrlichkeit der ewigen Welt unsres Gottes und Heilandes. Mit diesem Herrn im Glauben und Vertrauen verbunden, hört der Leerlauf des Lebens auf, und es beginnt dafür der Weg und das Leben, von dem ein Jünger Jesu in unsern Tagen singt: »Du hast mein Leben so reich gemacht!«

Und das ist der Reichtum, den Jesus schenkt, zu wissen: Ich bin nun mit meinem Leben und Sterben nicht dem Zufall ausgeliefert, sondern ein Auge wacht über meinem Weg, eine starke Hand deckt mich und hält mich! Ich habe einen Herrn, dem ich alles anvertrauen darf: meine Schuld und mein Versagen, meine Sorgen und Fragen und Not, meine Wünsche, meine Zeit und meine Ewigkeit. Ich darf unterwegs sein zu einem andern Ufer, zu einer Welt ohne Kampf, Leid und Geschrei, ohne Schmerz und Tränen, zu einer ewigen und über alles Ahnen hinausgehenden Herrlichkeit. Ich darf darauf vertrauen, daß in der Verbundenheit mit Jesus und unter seiner Führung mein Leben nicht leer und fruchtlos bleiben wird, sondern daß Jesus selbst dafür bürgt, daß es herrlichste Erfüllung finden wird – mir zur Freude am Tag der Ewigkeit und ihm zur Ehre und zum Preis seiner Gnade.

Was tut's schon, daß es Leute gibt, die solch ein Leben mit und unter Jesus heute für aussichtslos halten, wenn doch Menschen mit mir, die mit Jesus durchs Leben gehen, bis auf den heutigen Tag erfahren: Es stimmt, es ist wahr, bei Jesus habe ich Frieden gefunden. Frieden mit Gott. Denn »Er gab mir die Kindschaft, nahm mich auf und an: o wie bin ich fröhlich, daß ich glauben kann!«

Es bleibt dabei: Vor diesem Herrn geht keiner umsonst auf die Knie, um ihn anzubeten! Diesem Herrn gehorcht keiner umsonst, im Leben nicht und im Sterben nicht! Er macht das Leben erst lebenswert. Denn »von nun an wirst du Menschen fangen!«, das heißt nicht, daß Jesus aus jedem, der ihm sein Leben ausliefert, einen Apostel machen wird wie Petrus und Paulus. Aber das heißt für uns: Von nun an bist du mit beteiligt an dem großen Werk, dem größten, das auf Erden geschieht und von Gott selbst begonnen wurde, nämlich an der Heimrufung einer verlorenen Welt in Gottes großes Vaterhaus und in seine Arme. Von nun an bist du unterwegs zu jenem frohen Tage, an dem die ganze Schar der Kinder Gottes sich freuen wird, »wie man sich freut in der Ernte, wie man fröhlich ist, wenn man Beute austeilt« (Jes. 9,2). Das ist die Frucht, die

Jesus allen verheißt, die sich ihm anvertrauen und sein Wort und seine Weisung und seine Verheißung zur Richtschnur ihres Lebens machen. Denn wer auch nur einem Menschen dazu mit verholfen hat, daß er den Weg zu Jesus fand und ihn als seinen Heiland und Herrn annahm, der hat nicht umsonst gelebt. Ja, vielleicht erlebst du es schon jetzt und hier, wie Gott solchen Dienst der Liebe, des Mitdabeiseins auf dem großen Erntefeld des Herrn, lohnt und segnet durch vermehrte Freude an ihm, durch vertieften Frieden. Und wenn er dich zu jenen stellen will, denen er ein Leben lang verbergen muß, was aus ihrem Beten, ihrem Mühen, ihren Gaben und Opfern für die Sache ihres Herrn wirklich herausgekommen ist, und sie keinen mit Namen nennen können, der durch sie zu Jesus gefunden hat, – sei unverzagt! Wenn du nur wirklich ein Leben mit Jesus führst und sein Wort und seine Verheißung höher stellst, als alles, was Menschen ohne ihn sagen, dann wirst du am andern Ufer, beim Eintritt in die ewige Welt erfahren: Jesus hält, was er verspricht! Keiner glaubt ihm umsonst, keiner dient ihm umsonst, keiner leidet mit ihm umsonst, und keiner stirbt einmal mit ihm umsonst, sondern

Überschwenglich ist der Lohn
der bis in den Tod Getreuen,
die der Lust der Welt entflohn,
ihrem Heiland ganz sich weihen,
deren Hoffnung unverrückt
nach der Siegeskrone blickt.

Das will Jesus uns auch durch diese Geschichte sagen. Von den Jüngern damals heißt es am Schluß: »Sie verließen alles und folgten ihm nach.« Sie gaben alles her, was sie bisher noch gehindert hatte, es mit Jesus ganz zu wagen, ihr Leben ihm ganz anzuvertrauen. So konnte Jesus mit ihnen zum Ziele kommen, sie segnen und zum Segen setzen für viele.

Möge das von uns allen gesagt werden können: Sie gaben alles her, was sie bisher noch hinderte, sich mit ihrem Leben ganz dem Herrn Jesus auszuliefern: ihre Zweifel, ihre Bedenken, ihre Menschenfurcht, und folgten ihm nach! Dann kann und wird auch unser Leben niemals anders enden als im Schauen seiner Herrlichkeit und im Empfang des reichen Erbes, das er den Seinen in seinem ewigen Reich bereitet hat. Amen.

Gebet: Herr Jesus! Du bist zu uns gekommen, damit wir wahres Leben und volle Genüge haben. Du verheißt uns, daß unter Deiner Führung aus unsrem Leben etwas herauskommen soll und wird, das Dir zur Ehre gereicht und uns zur Freude am Tag der Ewigkeit. So beten auch wir Dich im Staube an und bitten Dich: Nimm unser Leben weiter unter Deine gnädige Führung, und hilf auch dem Letzten unter uns, Dich als Heiland und Herrn anzunehmen und so zu erfahren: Wir haben alles, alles in Dir, Herr Jesus Christus! Wir preisen Deine Gnade! Amen.

Lied: Jesu, geh voran auf der Lebensbahn . . .

6. Sonntag nach Trinitatis

Das göttliche Thema unserer Zeit

So leget nun ab alle Bosheit und allen Betrug und Heuchelei und Neid und alle üble Nachrede und seid begierig nach der vernünftigen lauteren Milch wie die neugeborenen Kindlein, auf daß ihr durch dieselbe zunehmet zu eurem Heil, wenn anders ihr geschmeckt habt, daß der Herr freundlich ist. Zu ihm kommet als zu dem lebendigen Stein, der von den Menschen verworfen ist, aber bei Gott ist er auserwählt und köstlich. Und erbauet auch ihr euch als lebendige Steine zum geistlichen Hause und zur heiligen Priesterschaft, zu opfern geistliche Opfer, die Gott angenehm sind durch Jesus Christus. Darum steht in der Schrift (Jes 28,16): »Siehe da, ich lege einen auserwählten, köstlichen Eckstein in Zion; und wer an ihn glaubt, der soll nicht zuschanden werden.« Euch nun, die ihr glaubet, ist er köstlich; den Ungläubigen aber ist »der Stein, den die Bauleute verworfen haben, der zum Eckstein geworden ist, ein Stein des Anstoßes und ein Fels des Ärgernisses« (Ps. 118,22; Jes. 8,14); denn sie stoßen sich, weil sie an das Wort nicht glauben, wozu sie auch verordnet sind. 1. Petrus 2,1–8

Nach dem Ersten Weltkrieg erschien ein Buch, das den Titel trug: »Und Gott schweigt?« In diesem Buch wurde all das genannt, was mit dem Aufkommen des Bolschewismus an Entsetzlichem geschehen war und immer noch geschah. Und alles gipfelte in der Frage, die zugleich eine Anklage war: »Und Gott schweigt?« Das Buch hatte also kein Gottesleugner geschrieben, sondern ein religiöser Mann, dem aber die Frage zu schaffen machte: Wie kann Gott das zulassen?
Nach diesem furchtbaren Zweiten Weltkrieg sind viele ähnlich fragende Menschen weiter gegangen: Gott, »der alles so herrlich regieret«? – den gibt es doch gar nicht mehr! Den kann es nicht geben. Wenn es solch einen Gott gegeben hat – und alles spricht dafür –, dann ist er heute doch tot, gestorben, wie alles, was lebt, einmal sterben muß. Davon zeugen doch die Zustände in der Welt. Darum müssen wir heute, »nach dem Tode Gottes«, unser Schicksal selbst in die Hand nehmen und das

Beste aus dieser Welt machen. »Für Gott gibt es heute nur eine Entschuldigung, nämlich die, daß er gar nicht da ist«, so hat einer ausgerufen.

Arme Menschen! Denn in einer Welt wie der heutigen ohne einen lebendigen Gott als die einzige und sichere Zuflucht leben und so ohne Antwort auf die Frage nach dem letzten Sinn und Ziel unsres Lebens sein müssen, das ist ein bitteres Los. Unter einem schweigenden Himmel arm sein, arbeitslos werden, vor einem möglichen Atomkrieg Angst haben müssen, dabei alt und krank werden und als Letztes nur Tod und Grab vor Augen haben – das ist doch, wenn man's recht bedenkt, zum Verzweifeln. Davon reden ja auch die steigenden Selbstmordfälle in der Welt, auch in unserem Volk, heute besonders auch unter der Jugend, eine deutliche Sprache.

Wie anders aber sehen die Dinge aus, wenn wir in die Welt der Bibel eintreten und uns dort unter der Wirkung des Heiligen Geistes das Auge öffnen lassen für das, was sie vom ersten bis zum letzten Blatt bezeugt. Denn das ist ihre Botschaft: »Gott der Herr, der Mächtige, redet und ruft der Welt vom Aufgang der Sonne bis zu ihrem Niedergang. Aus Zion bricht an der schöne Glanz Gottes« (Ps. 50,1.2). Gott redet, Gott ruft, Gott wirkt, Gott baut, wie es hier heißt. Und das wirklich auch in unseren Tagen und in der ganzen Welt. »Siehe da, ich lege in Zion einen auserwählten, köstlichen Eckstein, und wer an ihn glaubt, der soll nicht zuschanden werden.«

Von diesem Herzstück in unserem Bibelabschnitt wollen wir ausgehen und uns dazu zwei Wahrheiten deutlich machen lassen:

1. das Große, Tröstliche, Wunderbare, nämlich die Tatsache: Gott hat in dieser Welt ein Werk angefangen mit dem Willen, daß es bleiben soll. Gott will und wird nicht ruhen, bis dieses Werk auch herrlich vollendet ist.
2. das Dringliche, Mahnende, Beschwörende, nämlich die Aufforderung: Mach mit, kaufe die Zeit aus! Laß dich einbauen in Gottes Werk und Haus. Und du findest ein erfülltes Leben und stehst auf dem Grund, »der fest und unbeweglich steht, wenn Erd' und Himmel untergeht.«

I.

Unsere Welt mit ihren Wirren, Spannungen und Nöten ist in Wahrheit, von Gott her gesehen, nicht bloß ein Kampfplatz zwischen Gut und Böse, – das ist sie auch! – sondern zugleich auch ein großer Bauplatz, ein Bauplatz Gottes. Wir haben viel gewonnen, wenn wir uns das hier sagen lassen. Dann sehen wir auch unsere aufgewühlte und zitternde Welt mit anderen Augen an. Dann können wir die mancherlei Dunkelheiten und Erschütterungen in ihr ganz anders ertragen und überwinden. Denn wo gebaut wird, da geht es immer hoch her. Da müssen unter Umständen alte Mauern niedergerissen werden, da müssen Hindernisse weggesprengt, Bäume gefällt, Wege gebahnt werden, damit das benötigte Baumaterial herangeschafft werden kann, und vieles andere mehr muß geschehen.

So aber auch in unserer Welt. Was sind all ihre Erschütterungen, ihr Zittern, ihre ungeheuren Spannungen und Nöte im Lichte der Bibel gesehen, anders als Zeichen dafür, wie abbruchreif diese von Sünde und Tod gezeichnete Welt geworden ist, wie in ihr aber auch gewirkt, gefällt und eingerissen wird, um etwas Neuem, dem Werk Gottes, den Weg zu bereiten und Raum zu schaffen. In diesem Sinne spricht auch Jesus von den Wirren und Erschütterungen der Endzeit als von den Geburtswehen, die über die Erde gehen und anzeigen, daß nicht nur das Alte vergehen soll, sondern auch etwas Neues im Kommen ist.

Wer sich auf einem Bauplatz zurechtfinden will, muß allerdings wissen, was denn da gebaut werden soll. Wer sich in unserer Welt und Zeit zurechtfinden will, muß etwas von Gottes Plan und Vorhaben wissen. Was baut denn Gott? »Siehe, ich lege in Zion einen auserwählten, köstlichen Eckstein; wer an ihn glaubt, soll nicht zuschanden werden.« – »In Zion« – das weist auf einen ganz bestimmten Punkt auf dieser Erde hin, nämlich auf das Heilige Land und auf die Geschichte, die sich dort ereignet hat. Denn Zion, so nennt die Bibel ursprünglich den Tempelberg in Jerusalem, auf dem auch die Königsburg stand, später auch die Stadt selbst, ja schließlich das ganze Land Israel. Von dem großen Rettungswerk zum Heil der Welt ist also hier die Rede, das Gott mit dem Kommen Jesu in unsere Welt, mit seiner Geburt zu Bethlehem und mit seinem Sterben

am Kreuz begonnen und mit seiner siegreichen Auferstehung besiegelt hat und mit seiner glorreichen Wiederkunft in Kraft und Herrlichkeit aufs höchste vollenden wird!
In diese Welt der Sünde und des Todes setzt Gott mit der Sendung seines Sohnes in unser Fleisch und Blut gleichsam einen einzigartigen, kostbaren Bau-, Grund- und Eckstein hinein, um auf diesem eine ganz neue Menschheit, nämlich seine in Jesus bluterkaufte Gemeinde zu bauen. Von dieser Gemeinde sagt Jesus selbst, »die Pforten der Hölle sollen sie nicht überwältigen«. Das ist hier gemeint.
Gott baut nämlich ganz anders als die Bauleute auf Erden, die Politiker und Staatsmänner dieser Welt. Die meinen immer, wenn sie neue und bessere Verhältnisse schaffen, werden auch die Menschen besser werden. Je vollkommener die Verhältnisse um den Menschen herum, desto besser würde auch der Mensch sein. Nein! sagt Gott: Erst neue Menschen und dann mit ihnen eine neue Welt! Denn auf Paradiesesboden, inmitten herrlichster Verhältnisse, ist der Mensch gefallen und hat damit das Unheil über die Welt gebracht. Hier, beim Menschen, muß es wieder neu werden, wenn der Welt geholfen werden soll.
Und so schafft Gott sich denn auch diese neuen Menschen, indem er Leute, wie wir sie sind, durch seinen Heiligen Geist zu Jesus zieht, unter das Kreuz von Golgatha, damit sie durch ihn mit Gott wieder verbunden werden. Im Kreuz von Golgatha hat sich Gott diesen Gnadenboden bereitet, auf dem er ganz neu mit uns Menschen anfangen kann. Denn da hat Gott den, »der von keiner Sünde wußte, für uns zur Sünde gemacht, auf daß wir würden in ihm die Gerechtigkeit, die vor Gott gilt« (2. Kor. 5,21). Und diese Gemeinde, die sich unter dem Kreuz von Golgatha sammelt, dieses Volk aus allen Völkern der Erde, soll einmal in der neuen Welt unter seinem König Jesus leben und ihm dienen »in ewiger Gerechtigkeit, Unschuld und Seligkeit« (Luther). Ja, schon jetzt ist es zu Königen und Priestern gemacht vor Gott und nimmt durch sein Zeugnis vor der Welt und durch seine Fürbitte teil an der verborgenen Regierung ihres Herrn. Dieses Volk von geretteten und im Blute Jesu gereinigten Sündern soll einmal unter der Herrschaft ihres Herrn der strahlende Mittelpunkt, das ewige Zion, das neue Jerusalem in der vollendeten Welt Gottes werden (Offb. 21).

Der Apostel Paulus spricht im Blick auf den Bau dieser Gemeinde von einer Vollzahl, die Gott sich ersehen hat und die erst erreicht werden muß, ehe Jesus wiederkommt in Kraft und Herrlichkeit. Auch Jesus spricht im Gleichnis von der königlichen Hochzeit von den Tischen, die »voll« werden müssen, die aber auch voll werden, ehe der König erscheint. Dasselbe bezeugt auch der Apostel Petrus hier, wenn er von dem Bau eines Tempels spricht, den Gott mit Jesu Tod und Auferstehen zu bauen begonnen hat und bis zu seiner Wiederkunft fertigstellen wird.
Als erste Schicht von lebendigen Bausteinen in diesem Tempel und zugleich als sein Fundament hat Gott die Apostel mit dem erwählten Eckstein Jesus verbunden. Darum ist die Gemeinde erbaut »auf den Grund der Apostel und Propheten, da Jesus Christus der Eckstein ist.« Dann ist es weitergegangen. Mit der Urgemeinde, der ersten Christenheit, die vornehmlich aus gläubigen Juden bestand, hat Gott eine weitere Schicht lebendiger Steine erwählt und mit dem Fundament verbunden. Als das Volk Israel sich aber auch nach Pfingsten mehr und mehr verhärtete, hat Gott Israel zunächst beiseite gestellt und seine Boten hinausgesandt in alle Welt, um aus allen Völkern und Sprachen und aus jeder Generation eine neue Schicht lebendiger »Bausteine« zu gewinnen und in seinen Tempel einzufügen. Und solches Werken und Bauen dauert immer noch an. Denn noch ist die letzte Schicht nicht gewonnen. Aber wenn sie gewonnen und bis auf den letzten Stein eingebaut ist, dann werden alle Baugerüste, das sind auch alle christlichen Organisationen, fallen: Jesus wird erscheinen und seine gläubige Gemeinde zu sich erheben und sie in ewiger Herrlichkeit vollenden.
Und wenn wir jetzt bedenken, wieviel Mühe Gott aufwenden muß, um solche Steine aus dem großen Steinbruch der Welt loszumachen, das heißt ohne Bild: um harte und trotzige, eigenwillige und verzagte Menschenherzen, wie wir sie alle von Natur haben, zu gewinnen, für Jesus zu gewinnen, und wie es doch immer geschieht, besonders auch draußen auf den Missionsfeldern, unter dem Druck von vielen Nöten und Verfolgungen, dann kann es uns aufgehen, wie mächtig Gottes Geist doch auch in unseren Tagen am Werk ist in aller Welt, gerade auch dort, wo sie am stärksten erschüttert wird. Darum sollen

wir als Christen auch nicht jammernd hängen bleiben bei den Nöten und Wirren der Zeit, sondern wir sollen, wie Jesus uns lehrt, in allen Nöten und Spannungen der Endzeit die Hammerschläge Gottes hören, die Erfüllung dessen, was Jesus selbst von der letzten Zeit sagt: »Ihr werdet hören Kriege und Geschrei von Kriegen; sehet zu und erschrecket nicht. Denn das muß so geschehen. Aber es ist noch nicht das Ende . . . Und es wird« – mitten drin – »gepredigt werden das Evangelium vom Reich in der ganzen Welt zum Zeugnis für alle Völker und dann wir das Ende kommen.« Wir sollen lernen, unsere Zeit in diesem Lichte zu sehen und uns zu freuen, daß Gott, wie er verheißen hat, am Werk ist, um noch aus einer abbruchreifen und einstürzenden Welt sich lebendige Steine in der Gestalt wahrheit- und lebensuchender Menschen zu sammeln und zuzubereiten.

Und wir sollen lernen, unser eigenes Leben in diesem Licht zu sehen und uns hineinnehmen zu lassen in Gottes Bau und Reich. Ohne Verankerung unsres Lebens in diesem herrlichen Gottesbau gleichen wir mit all unsrem Streben dem Mann, der sein Haus auf Sand baut, wie Jesus sagt. »Und da ein Gewässer kam und wehten die Winde und stießen an das Haus, da fiel es und tat einen großen Fall.« Und die »Gewässer« kommen, die reißenden Stürme der Endzeit, die Flut der Verführung, des Antichristentums, der Bosheit und zuletzt die Flut des Todes und des Gerichts. Und sie werden alles mitreißen ins ewige Verderben, was nicht auf diesem Felsen Jesus gegründet ist, was nicht zu seiner teuer erkauften Gemeinde gehört.

Darum das zweite in unserem Abschnitt:

II.

Mach mit! Laß dich einbauen! Nimm den Platz ein, den Gottes Liebe auch dir in seinem Reich zugedacht hat und dir in seinem Wort so herzlich anbietet. Denn weil es hier nicht um buchstäbliche Steine, sondern um Menschen geht, spielt unser Entschluß eine entscheidende Rolle. Darum »kommet zu ihm als zu dem lebendigen Stein, der von den Bauleuten verworfen ist«, indem sie – die damals maßgeblichen, herrschenden Leute – ihn, den gottgesandten Heiland, ans Kreuz nagelten, der aber bei Gott »auserwählt und köstlich« ist und durch seine Auferstehung aus dem Tode zum Retter, Herrn und König der neuen, heilen Welt Gottes eingesetzt wurde. An diesem für uns gekreuzigten und auferstandenen Herrn sollen sich nun, das ist Gottes unabänderlicher Wille, die Menschen entscheiden und scheiden. Kein Mensch wird gezwungen, diesen Herrn als seinen Heiland anzunehmen. Nein, die Gemeinde Jesu besteht zu allen Zeiten aus lauter Freiwilligen. Niemand wird in sie hineingepreßt, hineingezerrt, aber auch nicht hineingeschmuggelt. Sie werden alle, von den Ersten bis zu den Letzten, von Gottes Liebe umworben, gesucht, gerufen; erpreßt wird niemand.

Laß dich einbauen! heißt also: Nimm Jesus an als deinen Heiland und deinen Herrn! Faß einmal, wenn du es noch nicht getan hast, den ehrlichen Entschluß und sag ihm: »Herr Jesus, ich habe bis heute auf deinen Ruf noch nicht geantwortet. Aber nun sollst du wirklich mein Heiland und Herr sein!«

Laß dich einbauen!, das heißt dann auch: Nun laß dich in der Nachfolge Jesu in einem Leben unter ihm zubereiten, so wie die Feldsteine, die damals vornehmlich gebraucht wurden, zugerichtet werden mußten. So heißt es darum auch am Anfang unseres Abschnittes: »So leget nun ab alle Bosheit und allen Betrug und Heuchelei . . .« Daß solches auch noch denen gesagt werden muß, die schon zu Jesus gekommen sind, bestätigt die Wahrheit des Evangeliums: Du kannst zu Jesus kommen, wie du bist, mit deiner Schuld, deinen Sünden und Gebundenheiten, deiner Anlage, deinem heißen Blut, deinem Hang zur Lüge und Aufschneiderei. »Wie du bist, so darfst du kommen und wirst gänzlich angenommen!« Du empfängst, sobald du kommst, um des Opfertodes Jesu willen in der Vergebung aller deiner Sünden auf der Stelle die Gerechtigkeit, die vor Gott gilt. Aber unter der Führung Jesu und in seine Gerechtigkeit gehüllt, sollst du dann nicht bleiben, wie du bist. Es soll in deinem Leben in der Kraft des Geistes, den er dir schenkt, alles neu werden. Dazu wird Gott auch mancherlei Erziehungsmittel anwenden. Er wird dir z. B. nicht jedes Leid und jede Anfechtung ersparen. Aber es wird vom ersten Tage an, da Jesus dein Heiland wird, gelten, »daß denen, die Gott lieben, alle Dinge zum Besten mitwirken müssen«, nämlich dazu, daß du zubereitet wirst »zum Erbteil der Heiligen im Licht«. Dazu wird der Herr viel Liebe und Geduld anwenden

müssen. Aber er will es wirklich tun. Es wird ihn nie gereuen, dich angenommen zu haben, sondern »getreu ist er, der euch ruft, er wird's auch tun«.
Laß dich einbauen!, das heißt an dieser Stelle auch und nicht zuletzt: Schließ dich mit denen zusammen, die auf demselben Grunde stehen. Führ als Jünger Jesu kein Einspännerleben, sondern »ihr als die lebendigen Steine erbauet euch selbst zum geistlichen Hause und zur heiligen Priesterschaft, zu opfern geistliche Opfer, die Gott angenehm sind durch Jesus Christus.« Es hat also schon damals, wie wir auch aus anderen Stellen des Neuen Testaments wissen, die Not bestanden, daß manche Gläubige im Abseits blieben oder daß sich besondere Gruppen bildeten oder die Gläubigen sich sonstwie verzettelten und auseinanderstrebten; daß etwa die Alten unter sich blieben, die Jugend auch nur unter sich; daß etwa auch die Reichen sich irgendwie absonderten und die Sklaven und Armen allein blieben, und es so nicht zu dem kommen wollte, was Gott an jedem Ort mit seinen Gläubigen bilden möchte: ein geistliches Haus, eine Glaubensfamilie, die Anziehungskraft hat, weil dort Junge und Alte, Arme und Reiche, Hohe und Niedrige im Namen Jesu zusammenkommen und so offenbar machen, wie in Jesus wirklich etwas ganz Neues auf Erden angebrochen ist. Ja, damit so in ihrer Mitte »geistliche Opfer« Gott dargebracht werden, das heißt, daß Gottes Lob und das Zeugnis von Jesus kräftig erschallen kann; so wie es in der Fortsetzung auch heißt: »Ihr aber seid das auserwählte Geschlecht, das königliche Priestertum, das heilige Volk, das Volk des Eigentums, daß ihr verkündigen sollt die Wohltaten des, der euch berufen hat von der Finsternis zu seinem wunderbaren Licht.« Das kann nicht geschehen, wo und wenn die Gläubigen auseinanderstreben und das Ganze nicht mehr sehen wollen. In der Gemeinschaft miteinander gestärkt, soll dann freilich auch der Einzelne hingehen und an seinem Platz durch Wort und Tat werben für die Sache seines Herrn.
Gott baut! Er baut auch in unseren Tagen. Aber du und ich, wir müssen dabeisein und mitmachen, wenn wir den Platz einnehmen wollen in dem kommenden Reich unseres Herrn, den Gott uns zugedacht hat. Denn wir sehen es auf jedem Bauplatz: Wenn der Bau fertig ist, dann liegen auch immer noch Steine herum, die aus irgend einem Grunde nicht eingebaut werden

konnten. Solche Steine werden dann abgefahren und zermalmt oder irgendwo eingestampft.
So wird es an jenem großen Tage auch sein, wenn der Herr kommt und alle Baugerüste fallen werden. Dann wird nur bleiben, wer eingebaut, das heißt, wer mit Jesus als seinem persönlichen Heiland und deshalb auch mit seiner gläubigen Schar fest verbunden ist. Wir können noch so nahe dabeigestanden haben dort, wo Menschen sich zu Jesus rufen ließen – wenn wir nicht selbst uns gewinnen ließen und uns an dem Ort einbauen ließen, da vor unseren Augen Gott ein Stückchen Gemeinde baute, werden wir als unnützer Bauschutt draußen bleiben und unter sein Gericht fallen, so wie es an andrer Stelle heißt: »Auf wen der Stein aber fällt, den wird er zermalmen.« Wer Jesus verachtet und verwirft, wird zuletzt ein von Gott Verworfener. Wer nicht auf Jesus sein Leben gründet, geht einmal im Gericht Gottes unter; »wozu sie auch gesetzt sind«, so heißt es hier. Ein Judas konnte nicht eingebaut werden, der unbußfertige Übeltäter am Kreuz auch nicht, so nahe beide an Jesus herangekommen waren. Auch die törichten Jungfrauen blieben draußen, weil es an der letzten Hingabe fehlte. Das ist die ernste Kehrseite der frohen Botschaft von der Liebe Gottes, die uns in Jesus den ganzen Himmel aufgetan hat.
Darum laßt uns lebendige Steine im Hause Gottes werden und sein, das heißt, Menschen, die sich zu Jesus halten, ihn bekennen, ihm zu dienen suchen und auf ihn warten! Amen.

Gebet: Du wirst Dein herrlich Werk vollenden,
der Du der Welten Heil und Richter bist.
Du wirst der Menschheit Jammer wenden,
so dunkel jetzt Dein Weg, o Heilger, ist.
Drum hört der Glaub' nie auf, zu Dir zu flehn:
Du tust doch über Bitten und Verstehn. (Alb. Knapp)
Amen.

Lied: Die Kirche steht gegründet allein auf Jesus Christ . . .

7. Sonntag nach Trinitatis

Jesus – und die soziale Frage

Es war aber ein reicher Mann, der kleidete sich in Purpur und kostbares Leinen und lebte alle Tage herrlich und in Freuden. Es war aber ein Armer mit Namen Lazarus, der lag vor seiner Tür voll von Geschwüren und begehrte, sich zu sättigen mit dem, was von des Reichen Tisch fiel; dazu kamen auch die Hunde und leckten seine Geschwüre. Es begab sich aber, daß der Arme starb, und er wurde von den Engeln getragen in Abrahams Schoß. Der Reiche aber starb auch und wurde begraben. Als er nun in der Hölle war, hob er seine Augen auf in seiner Qual und sah Abraham von ferne und Lazarus in seinem Schoß. Und er rief: Vater Abraham, erbarme dich meiner und sende Lazarus, daß er die Spitze seines Fingers ins Wasser tauche und mir die Zunge kühle; denn ich leide Pein in diesen Flammen. Abraham aber sprach: Gedenke, Sohn, daß du dein Gutes empfangen hast in deinem Leben, Lazarus dagegen hat Böses empfangen; nun wird er hier getröstet, und du wirst gepeinigt. Und überdies besteht zwischen uns und euch eine große Kluft, daß niemand, der von hier zu euch hinüber will, dorthin kommen kann und auch niemand von dort zu uns herüber. Da sprach er: So bitte ich dich, Vater, daß du ihn sendest in meines Vaters Haus; denn ich habe noch fünf Brüder, die soll er warnen, damit sie nicht auch kommen an diesen Ort der Qual. Abraham sprach: Sie haben Mose und die Propheten; die sollen sie hören. Er aber sprach: Nein, Vater Abraham, sondern wenn einer von den Toten zu ihnen ginge, so würden sie Buße tun. Er sprach zu ihm: Hören sie Mose und die Propheten nicht, so werden sie sich auch nicht überzeugen lassen, wenn jemand von den Toten auferstünde.

Lukas 16,19–31

Es ist wunderbar und ernst zugleich, wie ewigkeitsbezogen Jesus unser ganzes Leben auf Erden sieht und wie real er von der Ewigkeit überall spricht, der wir entgegengehen. Für seine Gläubigen stellt Jesus sie dar als die ewige Heimat, in der sie nach vollbrachtem Erdenlauf über alle Maßen getröstet und, von allem Kampf und Leid befreit, von der ganzen himmlischen Welt willkommen geheißen werden sollen. In unserem Bibeltext stellt er sie aber eindrücklich auch als die Welt des großen sozialen Ausgleichs dar, wo die große Umrangierung aller Menschen, aller Stände und Klassen, stattfindet, und zwar nach Gottes heiliger und unverbrüchlicher Gerechtigkeit stattfindet. Wer nicht bereit ist, sein Leben in diesem Licht der Ewigkeit zu sehen, muß todsicher das Ziel verfehlen, zu dem Gott uns in großer Liebe berufen hat. Denn zu einem Leben auf Erden, wie Gott es will, gehört das tägliche Ernstnehmen der Ewigkeit, der Welt jenseits hinter Grab und Tod.

Nun wissen wir ja, was man in der Welt von solcher biblischen Lehre sagt: sie vertröste die Armen und Zukurzgekommenen auf Erden auf ein besseres Jenseits, damit sie schön stille blieben, wenn sie auf Erden ausgebeutet und an die Wand gedrückt werden. Die Christen, die solche Lehre predigen, leisteten damit der Ungerechtigkeit Vorschub. Aber davon kann auch an dieser Stelle überhaupt keine Rede sein. Jesus sagt doch in keiner Weise ja zu den Versäumnissen des reichen Mannes auf Erden gegenüber den Armen und Niedrigen, zu seiner Hartherzigkeit und Ichhaftigkeit. Im Gegenteil: Jesus verdammt solch gottvergessenes Leben in die Hölle hinab. Welche eindrückliche Mahnung enthält diese Geschichte also an uns alle, uns ja umzuschauen nach denen, die es schwer haben auf Erden, um ihnen zu helfen, und in solchem Dienst nicht müde zu werden!

Aber das sagt Jesus, und das sagt er hier mit besonderem Nachdruck: Der eigentliche und tiefste Ausgleich aller Ungerechtigkeiten und aller schreienden Gegensätze zwischen arm und reich, hoch und niedrig, zwischen denen, die auf der Sonnenseite des Lebens geboren sind, und denen, die im Schatten stehen, der kommt noch! Den hat Gott sich selbst vorbehalten. Du brauchst darum nicht zu verzagen und nicht zu verbittern, sondern kannst im Frieden Gottes deinen Weg gehen auch mitten durch eine Welt, die im Argen liegt, in der dir vielleicht vieles zu Unrecht versagt bleibt. Denn:

1. Wenn du nur Gott ernst nimmst in seiner Liebe, Treue und Gerechtigkeit und ein Leben unter Gott führst, muß dir alles, auch Armut, Krankheit, Not und Tod zum Besten dienen. Du hast in all diesen Lagen eine herrliche Möglichkeit, deinen Glauben an Gott zu bewähren und ihn auch in

Leid und Not zu ehren. Und das tut kein Mensch umsonst!

2. Wenn du keinen lebendigen Gott kennst und kennen willst, dann kannst du alle Tage unbeschwert und kraftstrotzend, herrlich und in Freuden leben, und es wird dir doch alles zum Verderben gereichen. Ja, um so schwerer wird dann dein Verderben sein, je mehr du auf Erden von Gott empfangen, besessen und genossen hast!

I.

Wie auch in Armut, Leid und Krankheit, ja in allen Anfechtungen und Widerwärtigkeiten des Lebens uns Gelegenheit gegeben ist, Gott zu ehren und rechten Glauben zu bewähren, stellt uns Jesus am Schicksal und in der Gestalt des Lazarus dar. Das ist schon ein Bild des Jammers: arm, krank, ohne ein rechtes Daheim auf der Straße liegend, auf die Brocken angewiesen sein, die man ihm zuwirft. Jesus übertreibt nicht. Was er hier beschreibt, konnte man damals oft auf den Gassen sehen, als man noch keine Krankenhäuser, Heilstätten und Altenheime kannte. Man kann Ähnliches auch heute noch in der Welt sehen. Wir denken an die ausgemergelten Gestalten in Indien und Afrika, wie sie in manchen Missionsblättern zu sehen sind, aber auch an manche Not und Armut in unserem Land, an die Einsamen, Siechen, Kranken, Heimatlosen.

Und was uns auf Erden noch zur besonderen Anfechtung werden kann, ist dies, daß Gott auch fromme, gläubige Menschen in solche Lagen kommen lassen kann. Denn um einen frommen Menschen geht es bei Lazarus. Und fromme Menschen haben die Schrecken des Krieges miterleiden müssen, und fromme, gläubige Menschen befinden sich unter denen, die in den Wirren und Gemetzeln im Libanon und anderswo in unserer Zeit umkommen.

Aber nun zieht Jesus den Vorhang weg, der unsere Welt hier unten von der ewigen Welt trennt und läßt uns den Hintergrund dieses Lebens schauen und öffnet uns den Blick für die Ewigkeit: »Es begab sich aber, daß der Arme starb und ward getragen von den Engeln in Abrahams Schoß«, d. h. im biblischen Sprachgebrauch: an den Ort der himmlischen Ruhe und Geborgenheit, wo alle von Gott angenommenen Seelen schon den Vorgeschmack der himmlischen Seligkeit und Geborgenheit genießen dürfen, die mit Jesu Wiederkunft allen Kindern Gottes in herrlicher Vollendung geschenkt werden wird. Welch ein tiefgreifender, erhebender Wechsel also: Vom Staub der Straße, aus Not, Jammer und Elend heraus mitten in die Schar der Seligen, der Heiligen in der himmlischen Welt!

Was will Jesus damit sagen? Das will er sagen: Lazarus war auch in seiner Armut keinem blinden Zufall preisgegeben. Gott hat diesen Menschen in seinem Elend nicht übersehen. Gott übersieht niemand und schon gar nicht den, der auf Erden zu den Armen, Niedrigen, Einsamen und Kranken gehört. Auf sie ist sein Auge sogar noch besonders gerichtet. Denn einmal gebraucht Gott ihre Armut und Not als Prüfsteine für die Gesinnung der Menschen rings um sie her. Der Lazarus vor der Tür des Reichen war die diesem Mann täglich von Gott gegebene Gelegenheit, wohlzutun und mitzuteilen und so Gottes Gebot zu erfüllen und die stete Aufforderung dazu. So sind Not, Einsamkeit, Leid und Krankheit um uns her auch heute stete Anrufe Gottes an uns zum tätigen Dienst der Liebe im Sinne des Heilandswortes: »Was ihr getan habt einem unter diesen meinen geringsten Brüdern, das habt ihr mir getan.« Und zum andern: Gott übersieht keinen Armen und Kranken und Einsamen, weil er gerade Kreuz und Elend, Leid und Not von jeher als Mittel geheiligt hat, die davon betroffenen Menschen selbst heimzusuchen und für Gott zu gewinnen und für den Himmel vorzubereiten. Nicht von ungefähr gibt Jesus diesem Armen den Namen Lazarus, d. h. »Gott ist meine Hilfe!« Oder: »Gott ist mein Erbarmer!« Das war also die innere Haltung dieses Mannes, zu der er vielleicht erst auf seinem schweren Weg gekommen war, auf alle Fälle aber die Haltung, die er in seiner schweren Lage bewährte: Gott ist meine Hoffnung; denn er ist mein Erbarmer!

Also nicht das lehrt Jesus, daß alle Armen und Kranken wegen ihres schweren Loses in den Himmel kommen. Nein, Lazarus hat glauben und beten gelernt. Und da hat er erfahren, daß Gott nicht nur Prüfungen auferlegt, sondern auch tragen hilft und tröstet und aufrichtet, so daß man auch in solchen Lagen nicht zu verzweifeln braucht, sondern erfährt, wie er uns, »während wir eine kleine Zeit leiden, vollbereiten, stärken,

kräftigen und gründen« will, um uns, wenn unser Stündlein kommt, aufzunehmen in die ewigen Wohnungen.
Darum, wer nur ein wenig verstehen lernt, was Jesus hier sagt, braucht nicht zu verzagen, wenn sein Los, sein Leiden trotz seines Glaubens und Betens nicht von ihm weichen will, sondern Gott auf ihm alles liegen läßt. Dann ist nämlich eins gewiß: daß Gott uns aus all dem, was uns getroffen hat, die große, heilige Schule bereitet hat, wo wir jene höchste Lektion lernen dürfen, die es in der Glaubensschule zu lernen gibt, nämlich das »Dennoch bleibe ich stets an dir!« Damit, wenn wir unsere Augen auf Erden schließen, er uns »in Ehren annehmen kann«, mit unserem Text gesprochen: Gottes Engel uns die Tore zur ewigen Welt auftun und uns auf Gottes Geheiß an den Ort bringen, »wo mich ohn alle Maßen mein Vater trösten wird« (Paul Gerhardt).
Und denken wir daran: Das alles sagt hier der, der aus der Ewigkeit zu uns gekommen ist und der wie kein anderer auf Erden weiß, wie die Ewigkeit aussieht und worauf es für uns alle ankommt. Darauf kommt es an: daß du an deinem Platz und ich an meinem im Anblick des für uns gekreuzigten und auferstandenen Herrn glauben und bekennen lernen: Gott ist mein Erbarmer! und solchen Glauben hindurchträgst in guten und in schweren Tagen und durch alle Leiden dieser Zeit, bis dein Auge bricht.

II.

Ohne solchen Glauben an Jesu Wort und Gnade und ohne Blick auf die Ewigkeit muß uns alles zum ewigen Verderben gereichen, auch Reichtum, Gesundheit, irdisches Wohlergehen. Ja, um so schwerer wird das ewige Verderben sein, je mehr wir auf Erden besessen und genossen, also in einem Leben ohne Gott veruntreut haben. »Es war aber ein reicher Mann . . .« Wir müssen auch das, was Jesus über den Reichen sagt, richtig verstehen: Jesus verdammt hier nicht den Reichtum an sich. Nein, die Bibel selbst und die Geschichte des Reiches Gottes kennt viele reiche Leute, die der Sache Gottes auf Erden treu gedient haben. Und Jesus selbst zeigt in seinen Reden immer wieder, wie wir auch in unsrem Geld und Gut ein Mittel haben, das Gott uns in die Hand gegeben hat, um ihm zu dienen und uns an diesem anvertrauten Gut als treue Knechte und Mägde zu bewähren, denen nichts heiliger ist als Gottes Gebote und nichts gewisser als seine Verheißungen. Und eines dieser Gebote und eine dieser Verheißungen heißt wirklich so: »Macht euch Freunde mit dem ungerechten Mammon, auf daß, wenn ihr nun darbet, sie euch aufnehmen in die ewigen Hütten.« D. h.: Gebraucht auch euer irdisches Gut so, daß Gottes Segen es begleitet und, wenn ihr in die Ewigkeit eingeht, euch Menschen dort erwarten, die euch willkommen heißen und euch danken für das, was ihr auf Erden an ihnen im Dienste Gottes getan habt!

Was hat denn den reichen Mann ins ewige Verderben gebracht? Weil er Gottes Wort kannte und ihm doch nicht wirklich glaubte. Weil er nicht lernte, sein Leben, mit allem, was er als Gottes Gabe und anvertrautes Gut empfangen hatte, im Lichte der Ewigkeit zu sehen, zu leben und zu gebrauchen. Darum verschloß er sein Herz vor den vielen Möglichkeiten, die Gott ihm gab, nach seinem Willen zu handeln, Liebe zu üben und Gutes zu tun. Darum ließ er Lazarus vor seiner Tür darben. Er lebte sich selber. Aber sich selber leben – das führt in die Hölle. Jesus läßt den Weg dieses Mannes, der seine Gnadenzeit auf Erden in einem Eigenleben versäumt und verjubelt hat, darum auch nicht bloß in einer ewigen Unruhe und Heimatlosigkeit enden, sondern an einem Ort der Pein, der Qual, der Schrecken. Und Jesus macht deutlich, daß es jenseits hinter Grab und Tod keine Rettung mehr gibt für den, der auf Erden seine Gnadenzeit gehabt hat: »Über dem allen ist eine große Kluft befestigt, daß die da wollten von hier hinüberfahren zu euch, könnten nicht, auch nicht die von dort zu uns herüber können.«

Bei solchem Ernst des Verlorengehens entsteht die Frage, die uns Jesus von den Lippen nimmt: ob diese Verlorenen auch nachdrücklich genug auf Erden gewarnt worden sind. Darum läßt er den Verlorenen bitten, daß Abraham den Lazarus in seines Vaters Haus auf Erden sende, damit seine Brüder gewarnt werden. Es ist darin doch der versteckte Vorwurf enthalten, Gott habe zu wenig getan, um Menschen vor der Verdammnis zu bewahren. Es müßte mehr geschehen. Wenn einer aus dem Totenreich zu ihnen ginge und sie warnte, dann würden sie wohl Buße tun und Gott die Ehre geben.

Aber Jesus straft solchen Sinn. Er läßt Abraham antworten:

»Glauben sie Mose und den Propheten nicht, so würden sie auch nicht glauben, wenn jemand von den Toten zu ihnen käme.« Welch ein ernstes Wort an uns alle! Jesus sagt: Die Bibel reicht völlig hin, um Menschen vor dem ewigen Verderben zu bewahren, wenn man nur auf sie hört. Denn die Bibel ist es, die von Jesus zeugt und die uns zeigt, wie wir bei ihm zu einem neuen Leben kommen, das sich nicht mehr sich selbst lebt, »sondern dem, der für uns gestorben und auferstanden ist.« Daß der verlorene Mann von einer Bibel wußte, aber sie nicht gelesen, jedenfalls nicht geglaubt hat, das zeigt, wie oberflächlich er über Gott und Ewigkeit, über Leben und Sterben gedacht hat. Aber so läßt Gott sich und sein Wort auf die Dauer nicht behandeln. Das nicht gelesene, nicht gehörte und nicht geglaubte Wort der Bibel wird am Tage des Gerichts aufstehen und bezeugen: Ich war diesen Menschen nahe zu ihrem Heil und Segen, aber sie haben mich nicht hören wollen und haben mir nicht geglaubt! –
Ob arm oder reich, gesund oder krank, jung oder alt, uns allen gilt, was Jesus hier so hell gemacht hat: Vergiß nicht, daß dein Leben auf Erden ein Anmarschweg zur Ewigkeit ist und die einmalige, große Gelegenheit, dich durch Buße und Glauben, Lieben und Hoffen auf den lebendigen Gott und Heiland für die himmlische Welt vorzubereiten. Möchten wir doch alle diesem Wort Jesu glauben und gehorsam werden, um so, wenn unser Stündlein schlägt, einzugehen zu unseres Herrn Freude und Seligkeit. Amen.

Gebet: Herr Jesus Christus! Wir danken Dir, daß Du unser Leben immer neu ins Licht der Ewigkeit ziehst. Du hast uns den Himmel aufgetan und willst nicht, daß wir vom Irdischen verschlungen werden, sondern auch im täglichen Leben den Blick aufs Ziel richten. Herr, laß uns in solchem Licht handeln und wandeln auf Erden, daß unser Sterben einmal eine selige Heimkehr sein darf in die ewigen Wohnungen. Dazu segne auch alles Leid, das uns trifft, alle Widerwärtigkeiten und Nöte des Lebens. Bewahre uns, o Herr, vor Wegen, die von Dir wegführen; bewahre uns vor einem Leben, das Deiner vergißt und in der Gottesferne endet! Mache uns selig, o Jesu! Amen.

Lied: O Gott, du frommer Gott, du Brunnquell guter Gaben . . .

8. Sonntag nach Trinitatis

Das Gewicht der kleinen Schar

Hilf, Herr! Die Heiligen haben abgenommen, und der Gläubigen ist wenig unter den Menschenkindern. Einer redet mit dem andern unnütze Dinge; sie heucheln und lehren aus uneinigem Herzen. Der Herr wolle ausrotten alle Heuchelei und die Zunge, die da stolz redet, die da sagen: Unsere Zunge soll Oberhand haben, uns gebührt zu reden; wer ist unser Herr? Weil denn die Elenden verstört werden und die Armen seufzen, will ich auf, spricht der Herr; ich will eine Hilfe schaffen dem, der sich darnach sehnt. Die Rede des Herrn ist lauter wie durchläutert Silber im irdenen Tiegel, bewähret siebenmal. Du, Herr, wollest sie bewahren und uns behüten vor diesem Geschlecht ewiglich. Denn es wird allenthalben voll Gottloser, wo solche nichtswürdige Leute unter den Menschen herrschen. Psalm 12,2–9

Dieser Psalm in unsrer Bibel könnte nach seinem Inhalt gut in unseren Tagen geschrieben worden sein. Denn wenn wir alle Erscheinungen in unserer Zeit, das Reden draußen in der Welt und drinnen in der Christenheit, hören und beobachten; wenn wir so manches Sehnen und Seufzen verantwortlicher Brüder im Werk des Reiches Gottes nach einer echten Erweckung und Neubelebung unserer Gemeinden und Gemeinschaften vernehmen und alles zu einem Gebet formen wollten, könnte es gut mit diesen Worten beginnen: »Hilf, Herr, die Heiligen haben abgenommen, und gläubig sind wenige unter den Menschenkindern!« Gläubige im Sinne der Bibel sind klar zum Herrn bekehrte Leute, sind Menschen, die ihren Weg getrost und unbeirrt gehen, weil sie wissen, was sie glauben und worauf sie hoffen dürfen, nämlich auf ihren wiederkommenden Herrn und den Eingang in das Reich der Herrlichkeit Gottes. Diese Menschen werden in der Bibel auch Heilige genannt. Das will sagen: Gott hat seine Hand auf sie gelegt und sie zu seinem Eigentum erklärt. Denn heilig ist das, was Gott gehört, also auch Menschen, denen man es nun in ihrem Leben und Handeln abspürt, daß der lebendige Gott, wie er uns in Jesus erschienen ist, für sie helle Wirklichkeit geworden ist, die ihr ganzes Leben bestimmt. »Heilige«, so hat einer unsrer Väter gesagt, »sind Menschen, die es anderen leichter machen, an Gott zu glauben.«

Und eben diese Leute sind in unseren Tagen der Verweltlichung und des reinen Diesseitsstrebens so selten geworden. Kirchengemeinden suchen Pfarrer, »die das biblische Evangelium verkündigen«, weil es nicht mehr selbstverständlich ist, daß jeder Pfarrer das biblische Evangelium bezeugt. Prediger des biblischen Evangeliums wiederum haben oft Mühe, willige Mitarbeiter zu finden, weil es auch nicht mehr selbstverständlich ist, daß sich jeder gläubige Christ zur Mitarbeit berufen und verpflichtet weiß. Da klagte an einem Ort ein Gemeindeleiter: Wir haben vor Monaten den Bruder N.N. durch einen plötzlichen Heimgang verloren; die Lücke hat sich bis heute nicht schließen lassen.

So könnte dieser Psalm – auch in seiner Fortsetzung – wirklich gut zum ersten Mal in unsrer Zeit verfaßt worden sein, und ist doch schon vor rund dreitausend Jahren über die Lippen eines Mannes gekommen, dem die Sache seines Gottes und Herrn so sehr am Herzen lag. Wenn wir das recht bedenken und davon ausgehen, kann und wird sein Gebet uns viel Licht, Trost und Wegweisung geben.

I.

Ein erstes: *Es gehört offenbar zu den gottgewollten Merkmalen der wahrhaft gläubigen Gemeinde, daß sie auf Erden immer die kleine Herde ist,* die, mit Menschenaugen gesehen, immer am Untergehen zu sein scheint, jedenfalls eine hoffnungslose Sache vertritt. Jeder wahre Jünger Jesu, jedes wirkliche Kind Gottes wird, wie David hier, von dem Wunsch beseelt sein: Ach, daß das Volk Gottes doch so anders in der Welt dastünde, viel mächtiger, eindrucksvoller und einflußreicher! Der Gedanke scheint logisch zu sein: Wenn das Wort des Herrn gilt: »Gehet hin und machet zu Jüngern alle Völker . . .«, dann müßte es doch in der Christenheit für unsere Augen ein stetes Wachstum und Vorwärts geben, das man auf Erden in unseren Gemeinden und Gemeinschaften, in unseren Jugendkreisen und Chören auch an steigenden Mitgliederzahlen ablesen

könnte. Das wäre doch der Sache würdig, die den auferstandenen und erhöhten Herrn zu ihrem Inhalt hat.
Es ist nicht falsch, wenn wir so und ähnlich denken. Es ist im Gegenteil geradezu der Echtheitsbeweis unsres Glaubens und unsrer Liebe zum Herrn und seinem Werk auf Erden, wenn wir so für Gottes Sache eintreten und unter der Verachtung seines Namens und seines Wortes in der Welt leiden; wenn wir von Herzen wünschen, daß in der Welt die Gottlosigkeit und Prahlerei und alles leere, lügenhafte und hoffärtige Reden immer weniger werden und daß stattdessen die Loblieder zu Ehren unsres Gottes und Heilandes immer lauter erschallen möchten, wie es der Beter unsres verlesenen Psalms herbeiwünscht. Es ist kein gutes Zeichen für unseren Christenstand, wenn uns das keine Not mehr macht, was David so schwer auf dem Herzen lag: daß Menschen nicht zum wahren Glauben kommen, daß andere dahinten bleiben und abseits stehen, gar der Versuchung unterliegen, sich vom Zeitgeist anstecken und verwirren zu lassen und es an Einsatz und Hingabe fehlen lassen, mit der alle Gläubigen doch des Herrn Sache auf Erden vertreten sollen. Nein, solche Not darf und muß uns umtreiben und das Gebet auf unsere Lippen legen: »Ach daß doch bald dein Feuer brennte, du unaussprechlich Liebender; und bald die ganze Welt erkennte, daß du bist König, Gott und Herr!«
Aber wenn diese Not uns so bewegt und uns ins Gebet treibt, dann – aber auch erst dann! – dürfen wir uns vom Wort der Bibel her dies zum Trost und zur Wegweisung dienen lassen: Die Geschichte des Reiches Gottes auf Erden gleicht nicht einem Weg, der immer höher und höher steigt, bis am Ende auf seinem Gipfel der wiederkommende Herr allem, was wir auf Erden wirkten, nur noch die Krone aufzusetzen braucht – das ist der Weg der Schwärmerei! –, sondern der Weg des Evangeliums durch die Welt steht im Zeichen des Kampfes zwischen dem Reich des Lichtes und dem Reich der Finsternis, zwischen Gott und seinem Widersacher, dem Satan. Auf jeden göttlichen Eingriff von oben her erfolgt darum regelmäßig ein Gegenstoß aus der Tiefe: auf das Geschehen von Bethlehem folgt der Kindermord des Herodes; auf Jesu vollmächtige Verkündigung auf Erden, seine Zeichen und Wunder, folgt seine Verwerfung und Kreuzigung; auf seine Auferstehung und

Erhöhung und das Pfingstgeschehen folgen die blutigen Verfolgungen der Gemeinde. So geht es durch die Jahrhunderte: Auf die von Gott geschenkte Reformation folgt eine blutige Gegenreformation; auf jede Erweckung folgt im Zuge satanischer Gegenangriffe eine Zeit des scheinbaren Stillstandes und Niederganges.

Darum, wenn wir die Linie von Psalm 12 über Jesu Wort von der kleinen Herde (Luk. 12,32) bis in die Endzeit verfolgen, dann zeigt uns die Heilige Schrift am Ende des christlichen Zeitalters und der weltweiten Evangelisation auf Erden nur auf Seiten der antichristlich gewordenen Welt so etwas wie eine große, eindrucksvolle »Kirche«, nämlich ein Babel, dem die Massen zufallen, auf Seiten Jesu aber eine hart bedrängte, zerstreute und äußerlich zerschlagene Gemeinde, über die die Welt triumphiert, weil es ihr augenscheinlich gelungen ist, endlich auch die letzten Rufer und Mahner mundtot zu machen. So heißt es nämlich in der Offenbarung Kapitel 11: »Und die auf Erden wohnen, freuen sich über sie und sind guter Dinge und werden einander Geschenke senden; denn diese zwei Propheten quälten die auf Erden wohnten.«

Das ist es, was wir sehen müssen: Die strahlende, triumphierende Gemeinde Jesu, die große unzählbare Schar der Heiligen findet sich erst jenseits der Todeslinie zusammen und erscheint erst auf dem Boden der ewigen Welt in Herrlichkeit. Auf Erden trägt die wahrhaft gläubige Schar der Christen, zumal in der Endzeit, bei all ihren herrlichen und siegesgewissen Glaubens-, Lob- und Hoffnungsliedern das »Kreuz auf der Schulter und den Tränenkrug in ihrer Hand«, wie es ein Christuszeuge ausdrückt. Darum kostet es etwas, sich von Jesus rufen zu lassen und diesen Weg mit ihm zu gehen. Und wenn der Herr selbst nicht durch seinen Geist uns zöge und ausrüstete, würde sich kein Mensch dazu bereitfinden, und es wäre den Seinen auf Erden längst der Atem ausgegangen. Ja, wenn er nicht auch die satanischen Gegenangriffe zur Prüfung und Sichtung benützt hätte, in der alle unechte, bloß begeisterte Gläubigkeit dahinten bleiben mußte und das wahre Evangelium wieder hell aufleuchten konnte, wäre die lebendige Saat des Wortes Gottes bei uns schon längst erstickt.

Aber nun geschieht es, daß sein Werk auf Erden niemals untergeht. In jeder Generation lassen sich Menschen zum

Glauben an den Gott der Bibel und an Jesus, den Heiland, rufen, die dann für die in den Augen der Welt so aussichtslose Sache des Reiches Gottes auf Erden eintreten, für sie einstehen, kämpfen, beten, ringen, opfern, leiden und – sterben! Ja, es wird wirklich auf unseren Missionsfeldern in Afrika und in den Ländern des Ostens für Jesus und sein Werk auf Erden auch heute wieder gestorben. Ist es nicht aber auch eine ebenso große Sache, zu sehen, an wie vielen Orten auch in unsrem Lande Brüder und Schwestern für die Sache unsres Herrn sich mühen, indem sie in großer Treue dafür sorgen, daß Bibelstunden und Versammlungen an ihrem Ort gehalten werden können, und Zeit und Gaben und Opfer darbringen im Werk des Herrn, auch wenn es nur wenige sind, die da zusammenkommen. Seid einmal an dieser Stelle herzlich gegrüßt, ihr Brüder und Schwestern, die ihr diesen Dienst tut und nicht mutlos und nicht müde werdet! Denn im rechten Licht gesehen, seid ihr Zeichen dafür, daß der Herr selbst auch an eurem Ort noch am Werke ist und seine Gemeinde baut wie zu allen Zeiten, die Gemeinde nämlich, die die Pforten der Hölle nicht überwältigen werden.

Damit haben wir schon ein zweites berührt, das sich aus diesem Wort ergibt:

II.

Wie stark und mächtig, wie treu und groß ist doch unser Herr, der so sicher seine Gemeinde auf Erden erhält, sich in jeder Generation Menschen erweckt, ihnen die Fackel des Evangeliums in die Hand drückt und sie über die ganze Erde hin sendet! Das ist es, was auch in unsrem Psalm hervorbricht: das Wissen um die Größe und Treue des Herrn, der hinter seiner kleinen Schar, hinter diesen Wenigen, Einsamen und Verkannten steht und mit ihnen sein Werk auf Erden treibt und seine Gemeinde baut. Und diese Wenigen und Etlichen beten dann: »Die Sach ist dein, Herr Jesu Christ, die Sach, an der wir stehn, und weil es deine Sache ist, kann sie nicht untergehn!« An diesem ihrem Herrn hangen sie, zu diesem Herrn rufen sie auch in glaubensarmer Zeit: »Hilf, Herr, mach dich auf! Komm aus der Höhe, komm, Geist des Herrn, rausche und wehe, o bleib nicht fern!« Und sie beten und rufen nicht umsonst. Denn so heißt es hier: »Weil denn die Elenden verstört werden und die Armen seufzen, will ich auf, spricht der Herr; ich will eine Hilfe senden dem, der sich darnach sehnt.« Wie tröstlich ist das! Die einsamen, aus der Not der Anfechtung emporgesandten Seufzer des Glaubens treffen so sicher das Ohr ihres Gottes und rühren so sicher das Herz ihres Gottes, daß er spricht: »Ich will mich aufmachen!« Das Seufzen der Armen, der Kleinen, das Rufen der Wenigen, getragen von der Fürbitte für das Werk des Herrn kann der Herr nicht ungehört verhallen lassen.

»Ich will eine Hilfe schaffen dem, der sich darnach sehnt.« Das ist eins der großen »Ich will!« unsres Gottes und Heilandes, von denen wir leben. Denn wer die Geschichte der Christenheit ein wenig kennt, der weiß, wie das immer zugegangen ist: Hinter allen Erweckungen und Neubelebungen standen immer nur wenige, manchmal nur einer solcher Gläubigen, die auch in glaubensarmer Zeit nicht abließen, ihren Herrn zu bekennen und ihn zu bedrängen mit ihrem Beten und Rufen und so den Boden zubereiteten, auf dem Gott zu seiner Stunde etwas Neues hervorbrechen ließ. Wir denken an Martin Luther und die anderen Reformatoren und Vorreformatoren. Wir denken an die Väter vieler Erweckungsbewegungen in der Welt und in unsrem Vaterland, an die Väter und Mütter so vieler christlicher Werke und Missionen. Diese Wenigen, diese Gläubigen und Heiligen, oft auf einsamem Posten, diese Minderheit im Vergleich zur Masse draußen und auch zur Masse der bloßen Namenschristenheit, war deshalb zu allen Zeiten das entscheidende, tragende Element der Christenheit.

Und sie ist es heute! Wie ja übrigens auch die Welt draußen auf vielen Gebieten von ihrer Minderheit lebt: Techniker, Vorarbeiter, Wissenschaftler und Regierende sind, gemessen an der Masse des Volkes, in einer beinahe verschwindenden Minderheit. Und was gehen doch für Einflüsse von ihnen aus ins ganze Land. Eine Mutter inmitten einer großen Familie ist zahlenmäßig in der Minderheit. Aber welche Segenswirkungen können von ihr ausgehen auf Kind und Kindeskind. So auch die jesusgläubige Schar auf Erden. Sie ist in der Minderheit, aber nichtsdestoweniger immer noch das Salz der Erde und das Licht der Welt, weil diese Leute Jesus kennen und Jesus ihnen das Wort der Wahrheit und des Lebens anvertraut hat, das im Schmelztiegel aller Leiden dieser Zeit sich immer wieder erwiesen hat als die Gotteskraft, die frei und froh und selig

macht alle, die sich dem Wort der Wahrheit öffnen. Licht und Salz sind diese Leute auch deshalb, weil sie beten können.
Die Ewigkeit wird es einmal offenbar machen, was ihr Herr durch ihr Zeugnis, ihr Rufen, ihr Beten und Seufzen zu ihm, ihr Standhalten und Festhalten am unverfälschten Wort Gottes hat tun und ausrichten können auf Erden zur Ehre seines Namens und zur Vollendung seiner ganzen Gemeinde. Diesen in jeder Generation nur Wenigen, dieser Minderheit der Kinder Gottes auf Erden gilt die große Verheißung ihres Herrn: »Fürchte dich nicht, du kleine Herde, denn es ist eures Vaters Wohlgefallen, euch das Reich zu geben«, das heißt: die ewige, herrliche Königsherrschaft des wiederkommenden Herrn!

III.

Wenn diese kleine Herde solches Gewicht in Jesu Augen hat und ihr die Zukunft gehört, dann kann es für uns alle doch nur eine Sorge geben: zu dieser glaubenden und betenden Minderheit Gottes auf Erden zu gehören. Und das heißt: den Weg zu gehen, den unsere Väter gegangen sind, in Geduld und Glauben, im Bekennen seines Namens, in der Bewahrung und Bezeugung seines unwandelbaren Wortes, und nicht soviel neue Wege zu suchen, auf denen man angeblich die ganze Welt in wenigen Jahren bekehren könnte. Bis zu Ende bleibt nach Jesu Wort der Weg schmal, der zum Leben führt. Zum Schaukeln, Tanzen, Schwärmen und Experimentieren ist er zu schmal. Da gleitet man bald ab, entweder in die Verweltlichung oder in die Schwärmerei.
Der Weg Jesu nach verlangt Opfer, Scheidung, Selbstverleugnung; er ist und bleibt ein Kreuzesweg. Man kann auf diesem Weg an seinem Platz, auch in der Familie oder Verwandtschaft sehr einsam werden. Denn es ist gar nicht so leicht, es immer wieder anders zu machen, als die Masse der Menschen es macht und die vielen es tun. Aber unser Herr sagt: Nur dieser Weg, der so schmal ist, daß nur wenige auf ihm gefunden werden, führt zum wahren Leben. Nur für diesen Weg gilt meine Verheißung: »Ich will eine Hilfe schaffen dem, der sich darnach sehnt.« Das heißt also: Nur diesen Weg geht niemand umsonst. Auf diesem Weg betet, kämpft und seufzt niemand vergeblich. Immer wieder will der Herr sich aufmachen, zu helfen, zu

trösten, aufzurichten, zu vergeben, Kraft und Mut, Frieden und Freude zu schenken, wo er Menschen in Not und Anfechtung sieht, damit sie auf diesem Wege weiterziehen können, getrost und ihres Weges gewiß.
Ja, diese Hilfe kann auch darin bestehen, daß der Herr dich eines Tages sehen läßt, wie dein anhaltendes Gebet und dein Hoffen auf ihn im Blick auf Menschen, die dir nahestehen, Erhörung gefunden hat und die Tür zu ihrem Herzen aufgeht. Was haben wir für Beispiele auch dafür!
Und ein letztes: »Ich will eine Hilfe schaffen dem, der sich darnach sehnt«, das klingt zutiefst hinüber zu jener großen Hilfe, die uns die Wiederkunft Jesu bringen wird, zu jenem Tag, der alles hell machen wird, auch das, was hier steht: daß nämlich diese Minderheit Gottes, diese kleine Schar der Jesusjünger auf Erden, in Wahrheit die gewesen sind, die mit ihrem angeblich so veralteten Glauben und ihrer so weltfremden Haltung und Hoffnung auf ein kommendes Reich Gottes auf rechtem Wege waren und jetzt als »die Heiligen des Höchsten«, wie es im Propheten Daniel heißt, »das Reich einnehmen« werden (Dan. 7) und es dann mit aller Gottlosigkeit und Gemeinheit auf Erden wirklich aus sein wird. Alle Zeichen der Zeit künden es, daß dieser Tag nahe herbeigekommen ist. Und sollen die Brüder recht haben, die da meinen, die Entrückung dieser kleinen Schar der Gläubigen und Heiligen Gottes in der Endzeit würde vor der großen antichristlichen Trübsal geschehen, dann könnte jeden Augenblick dies Große, Wunderbare für sie anbrechen.
Doch einmal bricht es wirklich an. Wer von uns wollte dann nicht dabei sein? Darum ist das auch hier die entscheidende Frage an jeden von uns: Gehörst du schon zu diesen Wenigen, die sich sehnen nach jener großen Hilfe, nach dem Tag ihres großen Herrn? Ist das Gebet der gläubigen Gemeinde, mit dem die Bibel schließt, auch schon dein Gebet und dein tiefstes Sehnen: »Ja, komme bald, Herr Jesu!«? Wohl uns, wenn dem so ist oder von heute an wird durch eine ganze Übergabe des Lebens an Jesus, im Bekennen aller Versäumnisse und Verfehlungen, aller Sünde und Schuld und im Glauben an die für uns vollbrachte Erlösung am Kreuz auf Golgatha. Denn so lautet Gottes Verheißung auch an uns: »Ich will eine Hilfe schaffen dem, der sich darnach sehnt!« Amen.

Gebet: Du großer heiliger und herrlicher Gott. Du hast uns in Jesus Christus, Deinem lieben Sohn, die Hilfe bereitet, nach der sich im Grunde jedes Menschenherz sehnt und die wir von Natur, durch des Teufels List und Werk geblendet, auf falschen Wegen suchen. Wir danken Dir, daß Du durch Deinen Heiligen Geist ausgehst, um Menschen auf den rechten Weg zu ziehen, ja daß auch wir solche sein dürfen, die Du zu Jesus gezogen hast, unter sein Kreuz, in seine Gemeinschaft. Wir haben es an Herz und Gewissen erfahren dürfen: Hier sind wir geborgen für Zeit und Ewigkeit. Laß doch noch viele herzukommen, denen Du helfen kannst in ewiger Gnade, und gebrauche auch uns zu solchem Dienst an anderen! Herr, erhöre unser Beten! Amen.

Lied: Jesu, der du bist alleine Haupt und König der Gemeine . . .

9. Sonntag nach Trinitatis

Was hältst du für das größte Glück?

Das Himmelreich ist gleich einem Schatz, verborgen im Acker, den ein Mensch fand und verbarg; und in seiner Freude ging er hin und verkaufte alles, was er hatte, und kaufte den Acker. Wiederum gleicht das Himmelreich einem Kaufmann, der gute Perlen suchte und als er eine kostbare fand, ging er hin und verkaufte alles, was er hatte, und kaufte sie. Matthäus 13,44–46

Was hältst du für das größte Glück? Wenn alle Leser dieser Frage darauf antworten sollten, was gäbe das wohl für verschiedene Ansichten! Gesundheit, ein glückliches Familienleben, Wohlstand, eine einflußreiche Stellung, langes Leben – das und ähnliche Dinge würden gewiß genannt werden. Und niemand von uns wird behaupten wollen, daß das alles nichts sei.
Aber wenn all diese Dinge das größte Glück ausmachten, müßten alle gesunden, alle gut verheirateten, alle wohlhabenden, alle einflußreichen, zuletzt auch alle alten Menschen auch immer die glücklichsten sein. Und wie wenig ist das doch der Fall! Amerika ist zum Beispiel das Land, das den größten Wohlstand aufweist, aber – so sagt der bekannte amerikanische Evangelist Billy Graham –: »Die Menschen in Amerika sind innerlich so leer geworden, daß sie sich nicht mal mehr richtig daheim unterhalten können, sondern nur noch abends am Fernseher sitzen, damit andere, bezahlte Leute sie belustigen und ihnen für ein paar Minuten das Gefühl von Glück und Behaglichkeit verschaffen und sie so jenes schreckliche Empfinden loswerden, verloren und einsam zu sein.«
Müßten wir im Blick auf unser Land nicht dasselbe sagen? Wie wenig wirklich glückliche und zufriedene Menschen gibt es wohl auch unter uns, in einem der reichsten Länder der Erde, gemessen an der Zahl seiner Einwohner?
Und was sagt die Bibel zu derselben Frage, was das größte Glück für einen Menschen auf Erden sei? Das sagt sie uns ohne Einschränkung, daß wahres Christsein – um das geht es auch in den beiden verlesenen Gleichnissen – bei allem Kampf und allen Prüfungen, die es gewiß auch kennt, doch der glücklichste

und fröhlichste Stand schon auf Erden ist. Der Kaufmann, von dem Jesus spricht, hatte ein Auge für gute Perlen und besaß offenbar auch solche. Als er aber die eine kostbare entdeckt hatte, verblaßten alle anderen. Das heißt also: Es gibt mancherlei Schönes und Herrliches auf Erden. Es ist nicht alles Kehrricht, was die Welt bietet. »Ich bin durch die Welt gegangen, und die Welt ist schön und groß«, heißt es in einem bekannten Liede. Man kann schon das Herz, wenigstens für eine Weile, an manche Dinge verlieren. Aber alles verblaßt nach diesem verlesenen Wort vor dem, was uns Jesus bringt. Wenn wir das noch in keiner Weise sagen können, ist uns das Auge für Jesus noch nicht aufgegangen.
Wir fragen anhand dieser Heilandsworte darum:

I.

Warum stellt das, was uns Jesus bringt, alles in den Schatten, was sonst Glück, Freude und Ehre auf Erden heißt? Antwort: *Weil Jesus die tiefste Erfüllung aller Sehnsucht unsres Herzens ist.* Und was will und sucht unser Herz im tiefsten Grunde? Zwei Dinge sind es doch, über die nicht lange zu streiten ist; das sind: eine bessere Welt und bessere Menschen. Darin sind sich doch alle Menschen einig in Ost und West, die hochentwickelten und die unterentwickelten Völker: Diese Welt ist nicht so, wie sie sein sollte, daß sie uns alles bieten und vollkommen glücklich machen könnte. Neben manchem und vielem Guten und Schönen steht so viel Unvollkommenheit, so viel Böses, so viel Not, Mangel und Ungemach und am Ende der bittere Tod. Darum das Verlangen in jedem Volk und Land nach Fortschritt, nach Überwindung der Nöte, der Armut, der Unvollkommenheit, ja der Angst vor einem möglichen Untergang. Darum das Bestreben in aller Welt, die Kräfte der Natur noch viel mehr zu nützen und in den Dienst des Menschen zu stellen; das Wetter in den Griff zu bekommen, um Dürre und Katastrophen auszuschalten; darum das Mühen der Wissenschaftler und Techniker, Verhältnisse zu schaffen, die jeden in Wohlstand und gesichert leben lassen. Wir wollen alles Mühen dieser Menschen achten und alle Erleichterungen dankbar annehmen, die uns gegeben werden.
Nur eins dürfen wir nicht vergessen: Noch ist es keinem

Menschen gelungen und wird es auch keinem Menschen gelingen, die Folgen des Sündenfalls in eigener Kraft zu überwinden; denn um sie geht es zutiefst bei allem Leid, Not und Tod auf Erden. Den Sündenfall des Menschen zu heilen, das hat sich Gott allein vorbehalten und führt es in Jesus allein hinaus. Darum wird es bis ans Ende dieser Welt so sein: Wo der Mensch meint, auf dem Weg zur Heilung aller Weltnöte ein Stück geschafft zu haben – da brechen Nöte hervor, denen er aufs neue machtlos gegenübersteht. Wo er glaubt, für eine Krankheit das Heilmittel gefunden zu haben, da brechen andere hervor, die es noch nicht gab; wo er meint, mit neuen Erfindungen und neuen Mitteln das Leben zu heben, zu erleichtern und zu verschönern, da muß er es mit einer beängstigenden Umweltverschmutzung bezahlen, in der die Vögel sterben und die Blumen verderben und die ganze Kreatur leidet und seufzt. Ja, die Bibel lehrt, daß gerade die endzeitliche Welt trotz ihrer großen Fortschritte auf allen Gebieten durch Kriege und Geschrei von Kriegen, durch Erdbeben, Pestilenz und Hungersnöte heimgesucht und gekennzeichnet sein wird. Nein, diese Welt ist nicht so, wie sie sein sollte und wie wir sie alle ersehnen.

Und auch darin ist sich alle Welt in Ost und West einig: daß auch wir Menschen noch nicht so sind, wie wir sein sollten. Darum müssen die Menschen geschult und umgeschult, erzogen und umerzogen werden, ja möglichst schon vor ihrer Geburt, in der Keimzelle, umfunktioniert werden. Daran arbeitet man ja heute fieberhaft: einen Menschen heranzuzüchten, der stärkere Nerven hat als wir heute, eine stabilere Gesundheit, eine größere Leistungsfähigkeit aufweisen und gar ohne Sauerstoffmaske im Weltall leben kann. Ja, und wer ist unter uns, der nicht zugeben wollte, daß wir allzumal nicht so sind, wie wir sein sollten und es auch zutiefst wünschen. Welcher ehrlich denkende Mensch muß nicht immer wieder sein Versagen sich eingestehen! Wie wird das besonders an Särgen und Gräbern so oft deutlich, wenn du weißt und fühlst: Du bist dem, der dir entrissen wurde, viel schuldig geblieben an Liebe und Aufmerksamkeit, und du kannst nun nichts mehr ändern. Und wie haben das auch Sterbende immer wieder erlebt bis auf den heutigen Tag: wie Versäumnisse und Missetaten und Sünden, über die man lebenslang leichtfertig hinweg-

gegangen war, auf einmal als schwere Lebensschuld dastehen, die das Gewissen schrecken und das Sterben so schwer machen, weil sie in der Tiefe der Seele etwas von dem spüren, was Gott in seinem Wort sagt: »Es ist dem Menschen gesetzt, einmal zu sterben, danach aber das Gericht!«
Sieh, in Jesus finden wir deshalb das große Glück, an das nichts anderes heranreicht, weil wir in ihm die große Erlösung, Befreiung und Vollendung finden. Jetzt und hier schon durch eine ganze, volle Vergebung aller Sünden. Und bis heute hat noch jeder erfahren, was Luther sagt: »Wo Vergebung der Sünden ist, da ist auch Leben und Seligkeit.« Da lerne ich mitten in aller Unvollkommenheit dieser Welt und meines Lebens mich zu freuen, »daß ich einen Heiland habe, der vom Kripplein bis zum Grabe, bis zum Thron, wo man ihn ehret, mir, dem Sünder, zugehöret«, wie Ernst Gottlieb Woltersdorf sagt und singt; mich auch zu freuen an seiner Verheißung, daß wir in seiner Nachfolge nicht bleiben werden, wie wir sind, sondern daß wir ihm ähnlich, ja gleichgestaltet werden sollen, auf daß er »der Erstgeborene sei unter vielen Brüdern«, wie die Bibel sagt. »Ist jemand in Christus, dann ist er eine neue Kreatur; das Alte ist vergangen, siehe, es ist alles neu geworden«, so heißt es an andrer Stelle. Und »der in euch angefangen hat das gute Werk, der wird's auch vollenden bis auf den Tag Jesu Christi«, bezeugt der Apostel Paulus in seinem Brief an die Philipper. Und als neue und zur Vollkommenheit gelangte Menschen sollen und werden wir dann mit Christus die Herrschaft über eine neue Welt übernehmen.
Damit haben wir das andere genannt, was zu dem großen Glück gehört, das wir bei Jesus finden: »Das Himmelreich ist gleich einem Schatz, den ein Mensch fand« und »das Himmelreich gleicht einem Kaufmann, der die kostbare Perle entdeckte«, so heißt es hier. Himmelreich – das lenkt unsern Blick aufwärts und vorwärts zu jener Welt, von der das letzte Buch der Bibel sagt: »Gott wird abwischen alle Tränen von ihren Augen, und der Tod wird nicht mehr sein noch Leid noch Geschrei noch Schmerz wird mehr sein; denn das Alte ist vergangen, siehe, es ist alles neu geworden.« Nein, wir wollen uns nicht schämen und nicht müde werden, zu bezeugen, daß Christenglaube wirklich auch Jenseitsglaube ist. Das kommende vollendete Reich Gottes gehört unlöslich zum Evangelium

von der Gnade Gottes. Und je mehr die heutige Welt im reinen Diesseits zu versinken droht, desto mehr wollen und sollen wir nach Jesu Wort hinüberschauen in die neue Welt, die er heraufführt, wenn er wiederkommt; desto freudiger wollen wir zu ihr rufen. In solch lebendiger Hoffnung, die Jesus uns schenkt, werden wir dann auch frei von der Angst vor dem Morgen, vor einem neuen Krieg oder vor dem Sterben. Wenn uns Jesus sagt, und das sagt er so oft: Das Schönste kommt noch!, dann lernen wir sogar mehr und mehr, uns zu sehnen nach unsrer Vollendung und nach jenen Wohnungen, von denen Jesus sagt, daß er hingehe, sie für die Seinen zu bereiten.
Darüber werden wir jedoch nicht weltmüde und unsres Lebens überdrüssig, im Gegenteil: Bei Jesus lernen wir, unser Leben auf Erden im rechten Licht zu sehen als Stätte der Bewährung im Dienst der Liebe an den Menschen, der Treue an dem Platz, an dem wir stehen, als Schule des Glaubensgehorsams und der Zubereitung für unsren himmlischen Beruf. Welch eine Entdeckung, welch ein Schatz an Erkenntnis und Gewißheit in bezug auf Zeit und Ewigkeit wird uns bei Jesus geschenkt! Welch eine Welt- und Lebensanschauung kann sich denn mit den Aussagen messen, die seine Gemeinde auf Erden mit ihrem Glaubensbekenntnis machen darf! Nein, es bleibt dabei: Die Botschaft vom Himmelreich, und das ist die Botschaft von Jesus, dem für uns gekreuzigten, auferstandenen und wiederkommenden Herrn, stellt alles in den Schatten, was sonst Glück und Schönheit, Hoffnung und Herrlichkeit, auch fortschrittliche Welt- und Lebensanschauung heißen mag.
Es ist ja das unheimliche Zeichen unsrer Zeit, daß starke Mächte sich mit Wissen, Macht, Ruhm und Ehre, wobei mehr und mehr okkulte Dinge ins Spiel gebracht werden, die Menschen in ihren Bann ziehen. Aber Jesus sagt: Es ist und bleibt allein Gottes Recht und sein Vermögen, ein Menschenherz zu befreien und zu beglücken und zur Ruhe zu bringen. Gott tut es, indem er uns Jesus schenkt als unsern Heiland und Herrn, als unsern erstgeborenen Bruder, als den König der kommenden Welt und mit ihm den ganzen Reichtum der Herrlichkeit des Reiches Gottes. Das ist das erste, was in diesen beiden Gleichnissen liegt: das Angebot der Gnade Gottes in ihrem unvergänglichen Reichtum.

II.

Und das ist nun das zweite, ohne das wir das erste nie gewinnen können: *Die klare Bekehrung zu diesem Herrn und die Annahme seiner Gnade,* die Gott von uns fordert. Der Kaufmann und der Landmann gaben alles her, was hergegeben werden mußte, um in den Besitz der Perle und des Schatzes zu kommen. Damit sagt Jesus, daß wir das Leben, das er uns bringt und uns heute schon ins Herz legen will, und das ewige Reich, das noch vor uns steht, nur dann gewinnen können, wenn wir alles drangeben, was sich mit dem Glauben an Jesus und der Hoffnung auf sein kommendes Reich nicht verträgt, und das können mancherlei Dinge sein:

Das kann unsre eingebildete Klugheit sein. Wieviel Menschen gibt es – ich weiß es aus eigner Erfahrung –, denen ihr Verstand im Wege steht, um das anzunehmen, was Jesus uns anbietet: Vergebung der Sünden, Leben und Seligkeit. Es ist ihnen solche Botschaft zu »primitiv«, zu töricht: »Nur in ihm, o Wundergaben, können wir Erlösung haben, die Erlösung durch sein Blut!«: wer soll das glauben? Nun, die Bibel verherrlicht nicht die Dummheit. Aber es hat Gott nun einmal gefallen, weil die Menschen in ihrer Fähigkeit, zu denken, Gott nicht suchten und erkannten, diesen Weg endgültig zu versperren, durch bloßes Denken, Grübeln und Sinnen bis zu Gott vorzudringen, und uns nur diesen einen Weg zu bereiten und offen zu halten, der Jesus heißt. »Der Weg zum Paradiese geht über Golgatha!« Darum mußt du deine eigne Klugheit, die dir im Wege steht, das Wort vom Kreuz anzunehmen, drangeben, und in kindlicher Einfalt zur Bibel greifen und dein Herz und Gewissen ihrer Botschaft öffnen. Denn das Wort vom Kreuz ist und bleibt aller menschlichen Klugheit eine Torheit.

Drangeben müssen wir, um Jesus zu gewinnen, unser Sündenleben, unsern Eigendünkel, unsern Stolz, vielleicht auch eine verderbliche Freundschaft, eine verbotene Liebschaft, die dich daran hindert, den letzten Schritt zu Jesus hin zu tun. Wer beides will: neben Gottes Reich auch noch alle Lust und Liebe und Ehre dieser Welt, bringt sich um diesen großen Gewinn, von dem Jesus hier spricht. Jesus will ganz von uns ergriffen werden – oder ganz gemieden sein!

Vielleicht mußt du auch deine Freizeit hergeben, wie du sie

bisher gestaltet hast: Spiel und Sport, Rundfunk und Fernsehen, Geselligkeit und Vergnügen. Vielleicht kommt es deshalb nicht zur Entdeckung der Herrlichkeit des Evangeliums von Christus Jesus, weil du dir keine Zeit nimmst, die Bibel zu lesen und Jesu Ruf zu hören, oder weil du jedesmal nach dem Hören dir von »den Vögeln des Himmels«, von denen Jesus in einem andern Gleichnis spricht, wieder alles wegnehmen läßt und kaum nach Hause gekommen schon wieder bei den Sportnachrichten sitzt oder bei sonst zerstreuenden Dingen. So läßt sich Jesus aber nicht finden. So bleibt dir seine Wahrheit und seine Liebe verborgen. So entdeckst du niemals, »welch Glück es ist, erlöst zu sein, Herr, durch dein Blut«, wie wir's in einem Liede singen.

Beide Männer hier mußten alles hergeben, um den gefundenen Schatz zu kaufen. Ja, es heißt sogar: Sie haben alles »verkauft«, was sie hatten, um dafür den entdeckten Schatz kaufen zu können.

Das stellt uns vor die Frage: Was heißt denn hier verkaufen und kaufen? Wer nimmt mir denn solche Dinge ab und wer zahlt mir noch etwas für meinen Stolz, meine eingebildete Klugheit, die weiser sein wollte als Gott? Wer zahlt mir denn etwas für meinen Eigendünkel, gar für meine Schuld und meine Sünden, daß ich mit dem Erlös gleichsam das Himmelreich »kaufen« kann?

Das Evangelium von Jesus antwortet darauf: Das ist eben das wunderbare Geheimnis der Gnade Gottes: Das Kreuz von Golgatha ist dieser einmalige Ort, wo das sonst Unmögliche möglich wird, die einmalige Wechselbank, wo das geschieht: daß du deine Ungerechtigkeit, dein beflecktes Lebenskleid hergibst und empfängst dafür in der Vergebung deiner Sünden die Gerechtigkeit, die vor Gott gilt; daß du deine eigene Klugheit hergibst und empfängst dafür die Weisheit, Gottes Liebe im Angesicht Jesu Christi zu erkennen; daß du dein leeres, vom Tod gezeichnetes Leben hergibst und empfängst dafür ein unvergängliches Leben, dem auch der leibliche Tod nichts mehr anhaben kann; daß du verderbliche Freundschaften hergibst und wirst dafür in die Schar der Kinder Gottes eingereiht, schon hier auf Erden; daß du vielleicht deine Schlagermusik hergibst und erhältst dafür das neue Lied in Herz und Mund, das der Glaube singt und das Jesu Gnade

preist; daß du deine bisherige Freizeitgestaltung hergibst und Jesus füllt nun deine Freizeit mit »Atem aus der ewgen Stille«; kurz: du lernst dich an Jesus und an seiner Zukunft und seinem Reich zu freuen und jenes junge Mädchen verstehen, das auf solchem Wege Jesus fand und dann bekannte: »Ich lebe jetzt viel lieber als früher und freue mich unsagbar auf die Ewigkeit.« So wird dann dein Leben mit Jesus bei allem Kampf, den es noch fordern kann und auch fordert, bei allen Widerwärtigkeiten und Prüfungen und Anfechtungen, die uns zur Festigung und Vollendung unsres Glaubens und Hoffens von Gott verordnet sind, doch eine große, zutiefst fröhliche, weil ganz gewisse Sache und weil Jesus dir Himmel und Ewigkeit öffnet und dir ein unvergängliches Leben schenkt.
Möge das, was hier gesagt wird, auch von jedem von uns gesagt werden können, auch nach dem Hören dieser Botschaft: Er oder sie ging hin und verkaufte alles und kam und kaufte diese Perle, diesen Acker! Amen.

Gebet: Jesu, Du Sohn des lebendigen Gottes, Du bist die Gabe, die ewiglich bleibt! Was ist das Zischen des irdischen Spottes, wenn Deine Hand mich ins Lebensbuch schreibt? Drum gib mir eins nur, die Gabe der Gaben, Dich zu umfassen und Dich nur zu haben! (Alb. Knapp) Amen.

Lied: Ich bin durch die Welt gegangen, und die Welt ist schön und groß . . .

10. Sonntag nach Trinitatis

Verschmähte Liebe

Und als er nahe hinzukam, sah er die Stadt und weinte über sie und sprach: Wenn doch auch du erkenntest zu dieser Zeit, was zu deinem Frieden dient! Aber nun ist's vor deinen Augen verborgen. Denn es wird eine Zeit über dich kommen, da werden deine Feinde um dich einen Wall aufwerfen, dich belagern und von allen Seiten bedrängen und werden dich dem Erdboden gleichmachen samt deinen Kindern in dir und keinen Stein auf dem andern lassen in dir, weil du die Zeit nicht erkannt hast, in der du heimgesucht worden bist. Lukas 19,41–44

Durch das Evangelium für den heutigen Sonntag, ja durch alle Schriftlesungen für diesen Tag geht ein ernster Ton, der Ton des Gerichtes und des Weherufes Jesu über das Volk der Juden und die Stadt Jerusalem. Was hat unsere Väter denn bewogen, in dieser hochsommerlichen Zeit diese ernsten Bibelabschnitte als Predigttexte zu wählen, wo doch alles um uns her Leben und Freude atmet: die blühenden Blumen, die reifen Felder, die frohe Ferienstimmung, in der viele Menschen diese Wochen verbringen?

Nun, das hat schon seinen Sinn; diese hochsommerliche Zeit ist durch erschütternde Ereignisse in der Weltgeschichte gekennzeichnet. Unsere Väter dachten bei der Wahl dieser Texte daran, daß es der Monat August war, als im Jahre 587 v. Chr. der König Nebukadnezar Jerusalem eroberte und das Volk der Juden gefangen nach Babel wegführte. Und es war wieder der Monat August, als im Jahre 70 n. Chr. der römische Feldherr Titus Jerusalem gewann, die Stadt und den Tempel anzündete und zerstörte und das Volk Israel, soweit es nicht dabei umkam, in alle Welt zerstreut wurde.

Wir Heutigen, zumal wir Deutschen, denken in diesen Tagen an jene hochsommerliche Zeit im Jahre 1914, als der Erste Weltkrieg begann, der eine Welt in Blut und Tränen stürzte und das Deutsche Reich mitsamt seinem Kaiserhaus in den Zusammenbruch führte. Und es war noch hochsommerliche Zeit, als am 1. September 1939 ein noch schrecklicherer

Zweiter Weltkrieg ausbrach, unter dessen Folgen ganz Europa noch leidet, besonders auch unser geteiltes Vaterland.
So haben auch wir allen Anlaß, vor solch einem Evangelium stille zu werden und auf seine Botschaft zu hören. Denn wenn wir zur Zeit auch wieder oder noch in äußerem Frieden leben dürfen und für solche Tage Gott von Herzen dankbar sein wollen, so wollen wir doch nicht vergessen, daß es nicht immer so bleiben wird. Die Zeit steht nicht still, sondern sie bewegt sich seit Christi Tod und Himmelfahrt unaufhaltsam ihrem Abschluß entgegen und damit auch dem, was noch an Gerichten und Erschütterungen über die Welt kommen soll. Und von solchen endzeitlichen Erschütterungen sagt der Apostel im Namen des Herrn: »Wenn sie sagen werden: Friede, Sicherheit!, dann wird sie das Verderben schnell ergreifen gleichwie der Schmerz eine schwangere Frau und werden nicht entfliehen« (1. Thess. 5,3). Und wann ist wohl lauter und eifriger von Frieden und Sicherheit in der Welt gesprochen worden als heute? Wir wollen gewiß alles ehrliche Mühen der Staatsmänner um Frieden und Sicherheit ehren und für sie beten, wie uns das Wort Gottes dazu ermahnt. Aber Kinder Gottes haben alles im Lichte seines Wortes zu sehen, das uns sagt, daß solche Friedenszeiten Gnadenzeiten sind, die wir auskaufen sollen im Werk unseres Herrn und zur Befestigung unsres Glaubens, weil sie auch immer wieder zu Ende gehen. Denn:

Es kann nicht Friede werden,
bis Jesu Liebe siegt
und dieser Kreis der Erden
zu seinen Füßen liegt.

Das Herz, d. h. die Mitte in unserem Evangelium sind die Tränen Jesu: »Als er nahe hinzukam, sah er die Stadt an und weinte über sie.« Von diesem Satz wollen wir ausgehen. Man sagt, wenn ein Mann weint, dann hätte das schon etwas zu bedeuten; ein Mann weint nicht so schnell, und wenn, dann vielleicht etwas verschämt und verborgen. Aber hier weint der Mann, der sagen konnte: »Ich und der Vater«, der lebendige Gott, »sind eins«: Der Sohn Gottes weint. Und er tut es ganz offen, so daß man ihn hört und sieht. Welch ein Bild! Vielleicht finden wir es zu sentimental, wenn wir das so herausstellen, vielleicht denken wir, wir vermenschlichen Gott zu sehr mit solcher Betonung. Aber das ist gewiß nicht der Fall. Das Bild, das die Bibel von Gott zeichnet, trägt wirklich auch diesen leidenden Zug. »Ein Ochse kennt seinen Herrn und der Esel die Krippe seines Herrn; aber mein Volk kennt mich nicht und Israel versteht es nicht«, so klagt Gott durch Prophetenmund (Jes. 1,3). Und solche Töne finden sich immer wieder in der Bibel. So auch hier: Die Tränen Jesu gehören zwar zu dem Seltsamsten, Unbegreiflichsten und Geheimnisvollsten, was uns das Neue Testament über ihn und damit über Gott sagt, aber auch zu dem Tröstlichsten und Eindrucksvollsten für alle Kinder Gottes und alle, die es werden wollen. Auf beides wollen wir nun hören.

I.

Beginnen wir mit dem Tröstlichen. Denn *in Jesu Tränen liegt zuallererst wirklich ein tiefer Trost für alle angefochtenen Kinder Gottes, für alle suchenden, enttäuschten und heimatlosen Herzen.* Es ist der Trost, von dem die Bibel an anderer Stelle sagt: »Wir haben nicht einen Hohenpriester, der nicht könnte Mitleiden haben mit unsrer Schwachheit«, mit unsrem Elend, unsrem Kummer und Leid. Wir haben nicht einen Heiland, der unsre Welt nicht kennt, der die Mächte des Bösen, die Macht der Versuchung, der Angst und Not und des Todes nicht kennt, dem das alles fremd wäre! Wir haben auch nicht einen Gott und Vater, der in unerreichbaren fernen Welten thront, unberührt von allem Erdenweh und Weltenjammer. Nein, sondern wir haben einen Heiland und Herrn, der hat auf dieser Erde gestanden und hat im Anblick dessen, was Sünde und Tod angerichtet haben, Tränen vergossen, wie am Grabe Lazarus, und er hat unter dem Schmerz der Enttäuschungen und der Verstocktheit der Menschen geschluchzt und geweint. »Als er nahe hinzukam, sah er die Stadt an und schluchzte laut auf«, so lesen wir in einer anderen Übersetzung. Es sind Tränen verschmähter Liebe, aber eben Tränen der Liebe, die Jesus weint. Er weint sie über ein Volk, eine Stadt, über Menschen, die er zu Gott zurückgerufen, in heißer Liebe um sie geworben und gerungen hat und die ihn doch abweisen und dabei sind, ihn ans Kreuz zu schlagen.

Die Tränen Jesu also – welch ein unaussprechlich tröstliches Evangelium für mich und dich, für die ganze unter dem Fluch der Sünde und des Todes seufzende Menschheit. Sie künden uns: Du hast einen Heiland und Herrn und einen Gott im Himmel, der kein Gefallen hat am Tode des Gottlosen und am Verderben der Menschen, auch nicht an den Gerichten, die über die Welt gehen, sondern der will, daß allen Menschen geholfen werde und daß sich der Sünder bekehre von seinem Irrweg und heimkehre zu dem lebendigen Gott. Denn der da vor den Toren einer gerichtsreifen Stadt weint, ist ja – um es noch einmal zu sagen – nicht nur ein Mensch wie wir alle. Er ist der Mensch gewordene Sohn Gottes, Mensch geworden, um mit uns reden zu können in unsrer Sprache, um für uns leiden und sterben zu können, um mir und dir und einer ganzen Welt zu sagen: »Er selbst, der Vater, hat euch lieb!«

Welch eine ergreifende Wahrheit! Solch ein Herz voll Liebe steht also nicht bloß hinter allem, was auf Erden ganz offenbar zu unsrem Wohl und Segen geschieht bis zu den reifen Feldern um uns her, nein, solch ein Herz steht auch hinter allem, was in unsrer Welt an Schwerem, Dunklem, Notvollem geschehen ist und geschieht. Sind doch alle Gerichte, die Gott über diese Welt kommen läßt, niemals das erste, was wir von ihm empfangen. Das erste ist immer Güte, Barmherzigkeit, Treue. Am Anfang der Menschheitsgeschichte steht ein Paradies! Und auch danach gilt: »Die Güte des Herrn ist's, daß wir nicht gar aus sind; seine Barmherzigkeit hat noch kein Ende, sondern sie ist alle Morgen neu« (Klagl. 3,22ff.). Alles andere, was Gott über uns hat kommen lassen, bildet den Gegenwind seiner Liebe, den der zu spüren bekommt, der sich von seiner Güte nicht ziehen und rufen läßt.

Auf jeden Fall sagt uns das Wort hier: Wenn Städte in Staub und Asche sinken, wie damals Jerusalem, wenn Kriege die Welt erschüttern, wenn Mauern fallen oder gebaut werden, oder wenn du selbst in kummervollen Nächten seufzest und weinst über Dinge, die dir zu schwer geworden sind, dann ist das alles erst an diesem Herrn vorbeigegangen, der das allermitleidigste Herz gegenüber der Welt und seinen Kindern hat. Mit welchem Vertrauen darfst du ihm also deine Not klagen, deine Tränen weinen und ihm auch deine Sünden und dein Versagen offenbaren! Wie gern wird er dich anhören, dir vergeben und dich annehmen, reinigen und heilen, er, der gerade darüber weint, daß Menschen hart bleiben, sich nicht rufen und helfen lassen, sondern ihn von sich weisen, er, der an andrer Stelle sagt: »Es wird Freude sein bei den Engeln über einen Sünder, der Buße tut«, über einen Menschen, der umkehrt und Gott die Ehre gibt!

Mit welcher Hoffnung dürfen wir darum auch auf das Ende der Wege blicken, die dieser Heiland seine Leute führt: Er will und wird nicht ruhen, bis auch das letzte Erdenweh von den Seinen genommen und jene Welt gekommen ist, von der wir im letzten Buch der Bibel lesen: »Und der Tod wird nicht mehr sein, noch Leid noch Geschrei noch Schmerz wird mehr sein. Denn das Alte ist vergangen, siehe, es ist alles neu geworden!« Denn dieser Heiland hat angesichts der Sünde und der Bosheit auf Erden nicht bloß geweint, sondern er ist hingegangen, um durch sein Leiden und Sterben uns den Weg zu bereiten zu solchem Ziel und Erbe. Und diesen Herrn hat Gott erhöht und ihm den Namen gegeben, der über alle Namen ist.

Die ganze Welt also in den Händen dieses Herrn – welch ein Trost! Also nicht in den Händen des Bösen, nicht in den Händen blinder Gewalten, auch nicht in den Händen menschlicher Tyrannen – sie alle haben nach Gottes Willen ihre genau begrenzte Zeit! –, sondern unsre Welt in den Händen des Heilandes, der um sie geweint hat und dann für sie gestorben ist. Ihm hat Gott alle Gewalt gegeben im Himmel und auf Erden. Deshalb steht diese Welt noch. Deshalb wird das Zeugnis von seiner Gnade noch durch die Welt getragen. Deshalb dürfen wir noch beten und hoffen für eine verlorene Welt.

Ja, die Tränen Jesu – sie sagen allen suchenden, angefochtenen und erschrockenen Herzen:

> Komm, der Herr hat Himmelsgaben
> für die Seele, die ihn liebt:
> Komm, auch du sollst alles haben,
> was der Herr den Seinen gibt!

Diesem Herrn können wir keine größere Freude bereiten als die, daß wir kommen und nehmen, glauben und beten:

> Aus Erbarmen nimm mich Armen,
> nimm mich, Jesu, wie ich bin!
> Dir, dem Einen, Heilgen, Reinen,
> dir gehöre ich forthin!

II.

Die Tränen Jesu – *welch eine eindrückliche Mahnung und ernste Warnung an alle unbußfertigen heilandslosen Menschen!* Das ist das andere, das uns hier deutlich wird. Jesu Tränen sind ja keine Tränen der Ohnmacht, die Kinder oder auch Große weinen, wenn sie in ihrem Trotz nicht können, wie sie wollen; sondern es sind Tränen verschmähter Liebe, Tränen über das nun heraufziehende Gericht Gottes. »Denn es wird eine Zeit über dich kommen, da werden deine Feinde um dich einen Wall aufwerfen, dich belagern und von allen Seiten bedrängen und werden dich dem Erdboden gleichmachen samt deinen Kindern in dir und keinen Stein auf dem andern lassen in dir, weil du die Zeit nicht erkannt hast, in der du heimgesucht worden bist.« Jesus weiß um die Bedeutung der Gnadenzeit, die jedem Volk, auch dem einzelnen Menschen geschenkt wird, aber die unweigerlich zum Gericht führt, wenn sie versäumt, verträumt und vertan wird.

Als Jesus solche Worte sprach, da ging im Volk Israel äußerlich alles noch seinen gewohnten Gang. Nichts deutete auf solch einen Untergang hin. Jerusalem rüstete sich gerade auf das Passahfest. Große Scharen von Festbesuchern zogen singend durch Jerusalem. Der Rauch von den Opfern, die Gott dargebracht wurden, stieg über dem Tempel auf. Ein Bild des Friedens. Gewiß, die Römer waren im Lande, aber wer sich ruhig verhielt, konnte unbehelligt im Frieden leben und Feste feiern und das Leben genießen. Aber vierzig Jahre später lag diese Stadt mit ihrem Tempel in Schutt und Asche. Und rings um die Stadt standen Kreuze, an denen Juden zu Hunderten hingen.

Lassen wir uns, liebe Freunde, nicht blenden durch den Frieden und Wohlstand und die Freiheit, die wir noch haben dürfen. Niemals ist äußerer Wohlstand ein Zeichen, an dem man etwa ablesen könnte, daß es um ein Volk oder einen Menschen gut bestellt ist in seinem Verhältnis zu Gott und daß er deshalb von ihm so gesegnet wird. Entscheidend für eine Zeit, ein Volk und für einen Menschen ist immer die innere Seite seines Lebens. Der reiche Mann, von dem Jesus an andrer Stelle erzählt, »lebte alle Tage herrlich und in Freuden«. Wer nur das äußere Bild sah, konnte meinen, im Leben dieses

Mannes müsse doch auch in bezug auf den lebendigen Gott alles in Ordnung sein! Wie könnte es ihm sonst so gut gehen? Und doch saß in seinem Leben der Wurm, weil ihm das Entscheidende fehlte: die Verbindung mit dem lebendigen Gott. Und Lazarus saß im Elend, war arm und krank, und war in Wahrheit doch ein reicher Mann, weil er alles im Aufblick zu seinem Gott trug und auf dem Weg zum Himmel war. So kann es mit einer ganzen Zeit und Welt bestellt sein: Äußerlich kann sie glänzen vom Wohlstand und sich in Ruhe und Sicherheit wiegen. Aber wenn nicht Gottesfurcht, Glaube und Liebe solche Zeit innerlich hält, sondern Gottes Gebote verachtet werden, wenn – um nur eines zu nennen –, keimendes Leben im Mutterschoß am laufenden Band getötet wird, dann sitzt der Wurm in solcher Zeit und solchem Volk. Dann sind seine Jahre gezählt, bis die ganze innere Hohlheit und Fäulnis in einer Katastrophe offenbar wird. Und auf solchem Wege befindet sich unsere ganze heutige Welt.
Und das gleiche gilt auch für jeden einzelnen Menschen: Entweder bildet der Friede mit Gott durch den lebendigen Glauben an Jesus das Mark unseres Lebens, oder es sitzt in unsrem Leben bei allem derzeitigen Wohlergehen der todbringende Bazillus. Und der Tag ist dann nicht fern, an dem sich das Wort Jesu erfüllen muß: »Du Narr, diese Nacht wird man deine Seele von dir fordern«, und dann wird jeder erfahren, daß ein Gott im Himmel ist und war, unter dessen Augen und von dessen Güte du Tag für Tag gelebt hast, ohne aber nach diesem Gott zu fragen, ohne ihm zu danken für dein Leben und ohne ihm auf sein Gnadenangebot geantwortet zu haben, mit dem er dir in Jesus das ewige Leben anbot. In deinem äußerlich so schönen Leben saß der Wurm!

Eins ist not, eins ist not!
Eins nur ist das gute Teil:
Jesum suchen, Jesum finden
und durch seine Wunden heil,
loszuwerden von den Sünden,
frei von Satans Macht und ewgem Tod.
Eins ist not!

Das ist der Ruf auch dieses biblischen Zeugnisses von den Tränen Jesu, das ist der Sinn der letzten Gnadenzeit, in der wir leben. Und das ist der Sinn auch meines und deines Lebens!

Möchte doch keiner von uns diesen hohen Sinn unsrer Zeit verkennen und sein ganzes Leben verfehlen, verfehlen durch Glaubenslosigkeit, Gleichgültigkeit, durch Hängen an dem, was uns schon morgen genommen werden kann und auch einmal wirklich genommen werden wird! O daß doch jeder von uns sich heimsuchen und heimbringen lassen möchte zu dem Gott und Heiland, der da spricht: »Wer an mich glaubt, der hat das ewige Leben und kommt nicht in das Gericht, sondern er ist aus dem Tode zum Leben hindurchgedrungen.« Amen.

Gebet: Herr Jesus Christus! Bewahre einen jeden von uns vor der Sünde des hartnäckigen Unglaubens, über die Du geweint hast, weil sie ins Gericht und in das ewige Verderben führt. Du aber willst Menschen retten und ins ewige Leben einführen. Öffne auch dem Letzten unter uns die Augen für Deine Herrlichkeit! Wir gedenken vor Dir auch Deines irrenden Volkes Israel. Laß doch bald den Tag kommen, da auch Israel in Dir seinen erwarteten König und Retter erkennt und Dir die Ehre gibt und so der ganzen Welt zum Segen wird! Amen.

Lied: Gott rufet noch. Sollt ich nicht endlich hören? . . .

11. Sonntag nach Trinitatis

Nur glauben – sonst nichts?

Was hilft's, liebe Brüder, wenn jemand sagt, er habe Glauben und hat doch die Werke nicht? Kann denn der Glaube ihn selig machen? Wenn ein Bruder oder eine Schwester Mangel hätte an Kleidung und an der täglichen Nahrung und jemand unter euch spräche zu ihnen: Geht hin in Frieden, wärmt euch und sättigt euch!, ihr gäbet ihnen aber nicht, was der Leib nötig hat – was könnte ihnen das helfen? So ist auch der Glaube, wenn er nicht Werke hat, tot in sich selber. Denn wie der Leib ohne Geist tot ist, so ist auch der Glaube ohne Werke tot. Jakobus 2,14–17.26

»So halten wir nun dafür, daß der Mensch gerecht werde ohne des Gesetzes Werke, allein durch den Glauben«, so sagt es uns der Apostel Paulus im Römerbrief. »Bei dir gilt nichts denn Gnad und Gunst, die Sünden zu vergeben; es ist doch unser Tun umsonst auch in dem besten Leben«, so singt Martin Luther ganz im Sinne jenes Apostelwortes. Und so hallt es durch all unsre Glaubenslieder:

Nichts, nichts kannst du tun zur Erlösung,
sie ist ja vollbracht, sie ist dein;
du sollst sie nur nehmen und glauben,
um ewig errettet zu sein!

Wie verträgt sich aber damit das, was wir eben aus dem Jakobusbrief vernommen haben: »Kann auch der Glaube selig machen?«, der Glaube allein? Auf den ersten Blick möchten wir sagen: Das klingt doch wesentlich anders als das Wort des Paulus und die Lehre Luthers. So ist denn auch seit altersher gegen dieses Wort des Jakobus gestritten worden. Gerade auch wegen dieses Wortes hat Luther in einer trüben Stunde den Brief des Jakobus eine »stroherne Epistel« genannt; später hat er allerdings seine Meinung geändert und erkannt, wie nötig wir auch diese Mahnung und Warnung des Jakobus für unsern Glaubensweg haben.
Lassen wir also diese Frage in ihrem ganzen Ernst und in ihrer ganzen Wucht stehen: Kann auch der Glaube, der Glaube allein einen Menschen retten und in den Himmel bringen?

Wenn wir diese Frage ins Licht der ganzen Bibel halten, dann heißt die Antwort:

1. Ja! und nochmals ja! Der Glaube rettet, der Glaube allein!
2. Aber Glauben und Glauben ist zweierlei.

I.

Die erste Antwort auf die Frage: Kann auch der Glaube selig machen, der Glaube allein? Ist es wirklich so einfach, in den Himmel zu kommen? Ist es wirklich so einfach, seine ganze Lebensschuld loszuwerden und schon jetzt auf Erden ein freier, froher seines Heilandes gewisser Mensch zu werden und auch dem kommenden Gericht Gottes über die Welt ohne Zittern und Zagen entgegenzugehen? *Die erste Antwort, die von allen Seiten des Neuen Testamentes uns entgegentönt, heißt: ja, wahrhaftig, ohne Zweifel.* So hat es Christus selbst gesagt: »Ich bin die Auferstehung und das Leben! Wer an mich glaubt, der wird leben, auch wenn er stirbt.« Dasselbe bezeugen seine Apostel: »Unser Glaube ist der Sieg, der die Welt überwunden hat!« – »Ihr werdet bewahrt durch den Glauben zur Seligkeit!« Sie rufen es den Menschen allüberall zu: Glaubet an den Herrn Jesus Christus, so werdet ihr gerettet, gerettet aus Sünde, Tod und ewigem Verderben. So singt Paul Gerhardt im Glauben an die Botschaft der Bibel:

Nichts, nichts kann mich verdammen,
nichts raubt mir meinen Mut,
die Höll und ihre Flammen
löscht meines Heilands Blut.
Kein Urteil mich erschrecket,
kein Unheil mich betrübt,
weil mich mit Flügeln decket
mein Heiland, der mich liebt!

Überall geht's um Glauben! Und das zeigen die Beispiele und Erfahrungen, von denen die Bibel selbst und die Zeugnisse ungezählter Menschen bis auf den heutigen Tag reden. Allen voran steht der eine Schächer am Kreuz. Er hat nichts mehr tun können und getan als dem Herrn Jesus geglaubt und ist durch den Glauben an ihn vom Galgen in das Paradies versetzt worden, mitten unter die Seligen der ewigen Welt. Und wieviel Beispiele kennen wir von Menschen, auch jungen Menschen, die heute aufstehen und bekennen: Jesus hat uns frei gemacht von der Drogensucht oder Trunksucht und dem Leerlauf unsres Lebens und hat unsrem Leben Inhalt, Weg und Ziel gegeben. Dies alles könnte und würde nicht geschehen und alle Glaubenslieder müßten und würden verstummen in unsern Tagen, wenn wir diese herrliche Botschaft der Bibel nicht mehr sagen dürften: Du sollst aus Gnaden selig werden, allein durch den Glauben, ohne jede Werke deiner Kraft, deiner Leistung und Anstrengung.

Und warum das? Nicht, weil das Seligwerden so billig wäre; nein, das Seligwerden, das In-den-Himmel-Kommen ist eine überaus große, teure, für den reichsten Menschen unbezahlbare Sache. Aber nun hat Gott selbst ein Werk geschaffen, ein Werk der Gnade, des Heils, das ist so groß, so gewaltig, so teuer, aber auch so umfassend, so vollkommen und kräftig, daß der Mensch nichts weiter zu tun braucht, als es gelten zu lassen und Gottes Angebot anzunehmen. Was hat denn Gott getan? »Also hat Gott die Welt geliebt, daß er seinen eingeborenen Sohn gab, auf daß alle, die an ihn glauben, nicht verloren werden, sondern das ewige Leben haben.« Ja, »Gott hat den, der von keiner Sünde wußte, für uns zur Sünde gemacht, damit wir in ihm die Gerechtigkeit würden, die vor Gott gilt.«

Gott selbst hat also ein Werk geschaffen, das das sonst Unmögliche möglich macht, nämlich daß arme, elende, sündige Menschen, die Tod und Verdammnis verdient hatten, gerecht und gerettet werden – allein durch den Glauben. Die Krippe von Bethlehem und das Kreuz von Golgatha sind Zeichen dieses großen und einmaligen Werkes Gottes. Auf unsrer Seite ist nichts als Sünde, Tod und Verderben. Auf unsrer Seite stehen die Särge und die Gräber als Zeichen unserer Art und unsres Elends. Und alle Blumen und Kränze, mit denen wir sie schmücken, ändern nichts an diesem unsrem Elend. Aber nun hat Gott durch die Dahingabe seines Sohnes und seine Auferweckung dem Tod die Macht genommen und uns den Himmel aufgetan. Und nun gibt es für uns das Unbegreifliche, daß wir leben dürfen, ob wir gleich sterben, daß wir gerecht und heilig vor Gott erscheinen dürfen, ob wir gleich Sünder sind, weil Jesus durch seinen Tod unsre Schuld gebüßt, gesühnt, bezahlt hat. Und nun dürfen wir Kinder Gottes sein – durch den Glauben an Jesus. Also nicht automatisch, nicht ungefragt,

aber dadurch, daß wir uns diesem Herrn von Herzen anvertrauen und ihm glauben.
Ohne dieses allgenugsame Werk der Liebe Gottes wäre freilich auch der stärkste Glaube eitel und leer. »Ist Christus nicht auferstanden von den Toten« – so fragt der Apostel 1. Korinther 15 –, hat Gott zu seinem Sterben für uns kein ja gesagt, »dann ist unsre Predigt vergeblich, dann ist auch euer Glaube vergeblich!« Wenn also einer an unsre Tür kommt und uns weismachen will, wir brauchten Tod und Gericht nicht mehr zu scheuen, er sagt uns aber nichts von Jesu Tod und Auferstehen, sonden will uns für seine Sache und seine Gruppe gewinnen, etwa zu den 144 000 bringen, zu den ganz Echten und Richtigen, dann ist er gewiß ein falscher Prophet und gleicht einem Prahlhans, der uns einen Scheck über eine große Summe anbietet, aber du kannst dir dafür nichts kaufen, weil nichts dahintersteht und keine Deckung vorhanden ist. »Nun aber ist Christus auferstanden von den Toten«, fährt der Apostel an der genannten Bibelstelle fort. Gott hat zu Golgatha ja gesagt. Und sein ja macht das Werk Christi so gültig, so vollkommen, so reich, daß du nichts dazuzutun brauchst, als nur zu glauben, zu nehmen, was er dir anbietet.
Weil es so ist, darum ist glauben, also nehmen und ergreifen, das Höchste, Herrlichste und Heiligste, was ein Mensch auf Erden haben kann. Über nichts sollten wir uns so freuen als darüber, daß wir an Jesus als unsern Heiland glauben dürfen, glauben können. Und nichts sollte uns so unruhig machen als dies, daß wir noch nicht recht glauben oder nicht mehr so recht glauben können.
Weil der Glaube, der einfache, kindliche Glaube uns rettet, darum dürfen wir jeden Menschen ohne Unterschied rufen, dürfen noch zu den Kranken und Sterbenden eilen und ihnen die allgenugsame Gnade Gottes in Christus Jesus bezeugen, die nichts mehr tun können als sie hören und annehmen. Ja, weil das Gnadenwerk Gottes so groß, so teuer und umfassend ist, dürfen wir hoffen, daß wir in der Ewigkeit viele, viele Menschen als Gerettete und Seliggewordene antreffen werden, die in den Bombennächten des Krieges in verschütteten Kellern oder in den untergehenden Schiffen und abstürzenden Flugzeugen umkamen oder auf den Schlachtfeldern starben, die bis dahin nicht zu den Glaubenden gehörten, aber in ihrer letzten

Not und Angst zum Herrn riefen und er sie erhörte nach jener Verheißung, die wir im Propheten Joel lesen, die auch da noch gilt, wo die Bomben fallen und die Schiffe untergehen: »Und ich will Wunderzeichen geben im Himmel und auf Erden: Blut, Feuer und Rauchdampf. Die Sonne soll in Finsternis und der Mond in Blut verwandelt werden, ehe denn der große und schreckliche Tag des Herrn kommt. Und es soll geschehen, wer des Herrn Namen anrufen wird, der soll errettet werden«, errettet ins ewige Leben hinein, errettet um Jesu willen.
Das ist für keinen unter uns ein Grund, seine Bekehrung zum Herrn bis auf die letzte Stunde zu verschieben, aber diese Verheißung macht wie viele andere deutlich, wie groß und vollkommen das Werk der Gnade ist, das in Christus Jesus geschehen ist, der ganzen Welt zum Heil. Weil sie aber so teuer und heilig ist, fordert Gott uns auf und wir haben es in jede Versammlung hineinzurufen: »Heute, so ihr seine Stimme höret, so verstocket eure Herzen nicht!« Das gibt es nämlich auch, daß Menschen ihre Gnadenzeit verträumen und versäumen und so die Fähigkeit verlieren, sich in ihrer letzten Not an den zu wenden, von dem sie ein Leben lang nichts wissen wollten. Es gilt darum auch in dieser Stunde:

Benütze dein seliges Heut,
die Gnade hat Schranken und Zeit!
Laß die nicht verschwinden
und bleib nicht dahinten!
Komm, eile herzu, in Jesus ist Ruh!

Denn »Wer Jesum am Kreuze im Glauben erblickt, wird heil zu derselbigen Stund!« Nur wenn wir dies erste auch an dieser Stelle ganz und gar gelten lassen: »Allein durch den Glauben!«, wird uns das zweite deutlich werden, das uns in unsrem Wort nun auch so nachdrücklich bezeugt wird:

II.

Glauben und Glauben ist zweierlei! Auch Jakobus denkt nicht daran, das große allgenugsame Erlösungswerk Jesu am Kreuz auf Golgatha zu übersehen oder zu verkürzen. Im Gegenteil: Er steht mit dem, was er schreibt, ganz unter dem Kreuz Jesu, den er gleich am Anfang seines Briefes seinen Herrn und am Anfang dieses 2. Kapitels den »Herrn der Herrlichkeit« nennt.

Kein Wort streicht er von der Gnade ab, die uns in Jesu Tod und Auferstehen von Gott bereitet ist. Aber gerade weil dieses Große geschehen ist, dieses überaus herrliche Werk Gottes zu unsrer Erlösung, darum gilt es zu glauben, und zwar wirklich und von Herzen.

Schon damals aber standen Menschen wie heute in der Gefahr, aus dem Glauben eine billige Sache zu machen, die zu nichts verpflichtet, zu der man nur mit dem Kopf zu nicken braucht, um dann mit seiner Seele gleichsam wie in einem Schlafwagen zum Himmel gefahren zu werden. Zum Glauben kommen aber heißt in Bewegung kommen, heißt unter der Führung Jesu als des guten Hirten einen Weg betreten, wie er uns in dem bekannten 23. Psalm beschrieben wird, der uns zwar über sonnige Höhen und zu frischen Wasserquellen, aber auch durch dunkle Täler führt, auf dem aber immer noch zu Fuß gegangen wird, bis wir am Ende einkehren dürfen im Hause des Herrn für immer und ewig. Ja, noch mehr: Wenn einer zum Glauben kommt, dann ist das so, wie wenn ein welkes, sterbendes Bäumchen am Rande der Wüste aus dem Sandboden an die Wasserbäche verpflanzt wird, und nun dürfen und müssen die Wurzeln in den nahrhaften Boden eindringen und so dem Baum Saft und Kraft liefern. Geschieht das nicht, dann ist es um den Baum geschehen. Ohne Bild gesprochen heißt das: Wenn wir wirklich zum Glauben an den lebendigen Heiland und Herrn kommen und ihm unser Leben ausliefern, dann muß sich das nun in unsrem Leben zeigen. Dann wird und muß solcher Glaube Frucht bringen wie ein Zweig am Baum und wie eine Rebe am Weinstock.

Die erste Frucht des Glaubens wird das Lob der Gnade Gottes sein. Wer im Kraftfeld des Kreuzes von Golgatha steht, Vergebung seiner Sünden gesucht und gefunden hat, der wird und muß dafür danken können. Die Bibel nennt solche immer neue Danksagung ein Opfer, also ein Werk des Glaubens, das Gott wohlgefällig ist: »Wer Dank opfert, der preist mich, und da ist der Weg, daß ich ihm zeige das Heil Gottes.« Wer trotz Golgatha nur murrend und klagend und mit Gott hadernd durchs Leben geht und für nichts täglich zu danken hat, der hat einen toten Glauben, auch wenn er sich Christ nennt.

Eine andere Frucht des Glaubens wird das Bekenntnis zu Jesus sein. Ich werde das vor andern ablegen, nicht so, daß ich

deswegen jeden auf der Straße anhalte, aber wo mir Gott Gelegenheit dazu schenkt, werde ich das tun. »Wer mich bekennt vor den Menschen, den werde auch ich bekennen vor meinem himmlischen Vater und seinen Engeln. Wer mich aber verleugnet vor den Menschen, den werde auch ich verleugnen vor meinem himmlischen Vater und vor seinen Engeln«, sagt Jesus. Unser Bibelwort hier nennt noch mehr: Es denkt an unser ganzes praktisches Leben und Handeln. Kein Mensch auf Erden ist ganz tatenlos. Irgend etwas tut jeder Mensch. Aber das ist der Unterschied: Der Unglaube und auch der tote Glaube läßt sich allein von seiner Eigensucht bestimmen. Dabei dreht sich der Mensch allein um sich selbst und seine Interessen und seinen Vorteil. Wer gläubig geworden ist, der fragt wie Paulus: »Herr, was willst du, daß ich tun soll?« Mit dieser Frage liest er auch seine Bibel. Und das wissen dann auch junge Christen sehr bald: Disco und Saufgelage und Porno und wie die Dinge alle heißen, die kommen jetzt für uns nicht mehr in Frage. Das waren Werke der Finsternis. Das alles verträgt sich nicht mit einem Leben im Glauben an Jesus. Statt dessen wollen wir jetzt unsern gefallenen und gebundenen Freunden von damals nachgehen und sie zur Umkehr rufen.
Ja, wenn ich an Jesus glaube, also auch dem glaube, was er über den Sinn unseres Lebens und über die Ewigkeit sagt, dann muß ich lernen, mein Leben wirklich in diesem Licht zu sehen: meine Zeit, meine Tage, meine Familie, meinen Beruf, meine Mitmenschen, mein Geld und Gut – alles mir anvertraute Güter für diese Erdenzeit und dazu Gelegenheiten, meinen Glauben an Jesus zu beweisen und zu bewähren. Bleibe ich aber der alte eigensüchtige, geizige, griesgrämige Mensch, obwohl ich vorgebe zu glauben, dann kann es nur ein toter Glaube sein, den ich habe. Aber ein toter Glaube rettet uns nicht, sondern nur der lebendige Glaube an den lebendigen Herrn, der zugleich Gehorsam ist im Blick auf seine Weisungen, gilt vor Gott.
Jakobus braucht ein Beispiel: »Wenn ein Bruder oder eine Schwester Mangel hätte an Kleidung und an der täglichen Nahrung und jemand unter euch spräche zu ihnen: Geht hin in Frieden, wärmt euch und sättigt euch!, ihr gäbet ihnen aber nicht, was der Leib nötig hat – was könnte ihnen das helfen? So ist auch der Glaube, wenn er nicht Werke hat, tot in sich

selber.« In unsre Zeit hineingestellt: Wenn einer angesichts der Not andrer Menschen nur fromme Worte macht, vielleicht an arme Verwandte oder Glaubensgeschwister gelegentlich nur eine fromme Spruchkarte schickt und nicht daran denkt, ihnen auch praktische Hilfe zukommen zu lassen, dann ist solch ein Gruß ein leeres Wort. Und ganz im Sinne dieses Wortes können wir sagen: Wenn wir vorgeben, zu glauben, daß es in keinem andern Heil gibt und kein andrer Name unter dem Himmel den Menschen gegeben ist, darin sie sollen selig werden als allein der Name Jesus, und wir lassen es nur bei diesem Wissen sein und haben nichts übrig für die Sache des Reiches Gottes auf Erden, für Mission und Evangelisation, wir lehnen uns gar auf, wenn schon wieder dafür gesammelt wird, dann ist unser Glaube tot, dann machen wir selbst ihn unglaubwürdig. Mit solchem Glauben, so heißt es in einem Vers dieses 2. Kapitels kann man schnurstracks in die Hölle fahren. Denn »die Teufel glauben auch, daß ein lebendiger Gott da ist«. Sie wissen auch von Jesu Tod und Auferstehung. Aber es ändert sich nichts bei ihnen; sie bleiben, was sie sind. Doch »ist jemand in Christus«, gehört er ihm wirklich an, »dann ist er eine neue Kreatur. Das Alte ist vergangen, siehe, es ist alles neu geworden.«

Es bleibt dabei: Retten, aus Sünde und Tod ins ewige Leben hinein, kann mich und dich allein Jesus und sein Erbarmen. An ihn dürfen wir uns halten mit allen Fasern unsres Herzens. Aber ob wir uns wirklich an ihn halten, das muß und wird sich auch zeigen in unsrem Leben. Jakobus spricht gewiß mit Bedacht nicht von Früchten, sondern von Werken des Glaubens. Er will sagen, daß solche Wandlung in unsrem Leben und solcher Dienst der Liebe nicht automatisch, nicht von selbst geschieht, sondern daß wir solche Erneuerung unsres Lebens wollen müssen und bei solchem Werk des Herrn für uns und an uns ganz dabei sein müssen. Und weil keiner von uns darin schon vollkommen ist, sondern wir noch so oft versagen und dahintenbleiben, darum gehört zum lebendigen Glauben auch die Bußfertigkeit, nämlich die Bitte an den Herrn um Vergebung und Reinigung; es gehört dazu die tägliche Fußwaschung von dem, der für uns starb. Er will sie auch an uns tun, denn er weiß, was für ein Gebilde wir sind, und es gereut ihn nicht, daß er uns zu sich gerufen hat. Er will uns auch vollenden. Nur daß wir ihm glauben und vertrauen und von Herzen anhangen! Ja, er helfe uns dazu, daß wir, wenn unser Stündlein kommt, mit dem Apostel sprechen können: »Ich habe einen guten Kampf gekämpft, ich habe den Lauf vollendet, *ich habe Glauben gehalten«,* im Vertrauen auf meinen Herrn Jesus Christus gehe ich hinüber in die ewige Welt. Denn wer Jesus hat, hat alles! Amen.

Gebet: Herr Jesus! Du bist uns gemacht von Gott zur Weisheit, zur Gerechtigkeit, zur Heiligung und zur Erlösung. Wir haben uns Dir anvertraut, und Du hast das gute Werk in uns angefangen. Wir danken Dir, daß Du es auch vollenden willst und wirst. Hilf uns, Dir treu zu bleiben und allezeit in dem Glauben an Dich erfunden zu werden, der in der Liebe tätig ist – zu Deiner Ehre und uns zum Heil! Amen.

Lied: Ist Gott für mich, so trete gleich alles wider mich . . .

12. Sonntag nach Trinitatis

Was ist ein Menschenleben wert?

Und sie kamen ans andre Ufer des Sees in die Gegend der Gadarener. Und als er aus dem Boot trat, lief ihm alsbald von den Gräbern her ein Mensch entgegen mit einem unreinen Geist, der hatte seine Wohnung in den Grabhöhlen. Und niemand konnte ihn mehr binden, auch nicht mit Ketten; denn er war oft mit Fesseln und Ketten gebunden gewesen und hatte die Ketten zerrissen und die Fesseln zerrieben; und niemand konnte ihn bändigen. Und er war allezeit, Tag und Nacht, in den Grabhöhlen und auf den Bergen, schrie und schlug sich mit Steinen. Als er aber Jesus sah von ferne, lief er hinzu und fiel vor ihm nieder und schrie laut: Was willst du von mir, Jesus, du Sohn des Allerhöchsten? Ich beschwöre dich bei Gott: Quäle mich nicht! Denn er hatte zu ihm gesagt: Fahre aus, du unreiner Geist, von dem Menschen! Und er fragte ihn: Wie heißt du? Und er sprach: Legion heiße ich; denn wir sind viele. Und er bat Jesus sehr, daß er sie nicht aus der Gegend vertreibe. Es war aber dort an den Bergen eine große Herde Säue auf der Weide. Und die unreinen Geister baten ihn und sprachen: Laß uns in die Säue fahren! Und er erlaubte es ihnen. Da fuhren die unreinen Geister aus und fuhren in die Säue, und die Herde stürmte den Abhang hinunter in den See (etwa zweitausend) und sie ersoffen im See. Und die Sauhirten flohen und verkündeten das in der Stadt und auf dem Lande. Und die Leute gingen hinaus, um zu sehen, was geschehen war, und kamen zu Jesus und sahen den Besessenen, wie er dasaß, bekleidet und vernünftig, den, der die Legion unreiner Geister gehabt hatte; und sie fürchteten sich. Und die es gesehen hatten, erzählten ihnen, was mit dem Besessenen geschehen war, und das von den Säuen. Und sie fingen an und baten Jesus, aus ihrem Gebiet fortzugehen. Und als er in das Boot trat, bat ihn der Besessene, daß er bei ihm bleiben dürfe. Aber er ließ es ihm nicht zu, sondern sprach zu ihm: Geh hin in dein Haus und zu den Deinen und verkünde ihnen, welch große Wohltat dir der Herr getan und wie er sich deiner erbarmt hat. Und er ging hin und fing an, in den Zehn Städten auszurufen, welch große Wohltat ihm Jesus getan hatte; und jedermann verwunderte sich. Markus 5,1–20

Was ist ein Menschenleben wert? Hat der einzelne Mensch überhaupt noch einen Wert in unsrer Welt und Zeit? Wenn wir uns in der Welt umschauen, möchten wir sagen: Wenn wir nicht zu den wenigen Menschen gehören, die sich eine besondere Stellung und sich so auch einen Namen erworben haben, gelten wir in der Werttabelle unsrer Welt doch mehr oder weniger nur als eine Nummer. Ist man doch auch behördlicherseits schon dabei, jeden Menschen unter einer Nummer zu erfassen, die er schon bei seiner Geburt erhält und unter der er dann bis zu seinem Tode durch alle Instanzen dieser Welt läuft. Ja, wir alle stehen in der Gefahr, den Blick für den einzelnen Menschen zu verlieren. Wie schnell lesen wir über Berichte von Unglücksfällen hinweg, wenn nur ein einziger Mensch davon betroffen wurde. Erst wenn es viele, gar Hunderte sind, hören wir richtig hin. Wie unbefriedigt können wir sein, wenn in unsren Gottesdiensten und Versammlungen nur wenige anwesend sind, und wie kann uns die Menge und die Masse erheben!

Wie anders aber verhält es sich doch in der Welt der Bibel: Hier hat jeder Mensch seinen Namen, seine Bedeutung, seinen Ewigkeitswert. Die Geschichte der Menschheit beginnt mit einem einzigen Menschenpaar, und am Ende der Weltgeschichte steht zwar eine für uns unzählbare Schar vor Gott, aber jeder einzelne ist ein Gegenstand des Interesses Gottes. Er ruft nicht bloß das Heer der Sterne mit Namen, er hält es auch mit den Menschen so. Er wird auch mich und dich einmal mit Namen vor seinen Thron rufen, und zwar mit dem Namen, auf den kein andrer hören wird als eben nur du oder ich.

Vom Wert eines Menschenlebens redet auch diese Geschichte in unsrer Bibel. Wollen wir sie recht erfassen, dann laßt uns drei Fragen stellen, die sich aus dem verlesenen Text ergeben und die uns das Wort Gottes beantworten soll:

1. Was ist ein Menschenleben dem Teufel wert?
2. Was ist es dem Herrn Jesus Christus wert?
3. Was ist dein Leben dir selber wert?

I.

Was ist ein Menschenleben dem Teufel wert? Damit müssen wir beginnen; denn das ist das erste, was uns hier entgegentritt: die Wirklichkeit dämonischer Mächte, an deren Spitze, wie wir an andrer Stelle lesen, der Satan selbst steht. Wenn es den nicht gäbe, sähe unsre Welt anders aus. Gott, sein hoher Name, seine lebendige Wirklichkeit wäre uns hell und groß. Ein Loblied zu Ehren Gottes würde das andere ablösen, weil alles, was Odem hat, den Herrn preisen würde über den Wundern seiner Werke und seiner Güte.

Aber nun ist es anders. Es ist eine Macht da, die verdeckt, was leuchten will; sie hat sich zwischen uns und Gott geschoben und liegt mit ihrem Schatten schwer auf unsrer Welt und uns. Trotzdem gibt es Menschen, die zur Freude Satans meinen: So etwas gäbe es nicht: einen Teufel, Dämonen, die in der Welt ihr Wesen treiben und Menschen binden und verderben könnten. Sie erklären, das alles sei ein Spuk aus dem finsteren Mittelalter, von dem uns eine fortschreitende Wissenschaft befreit habe. Als ich aber einen Vertreter dieser Richtung einmal fragte, wie er mir denn ohne Teufel und ohne Sündenfall des Menschen den furchtbaren Tatbestand in der Welt erklären wolle: Haß, Neid und Streit, das Völkermorden, die Zerstörungswut und all das Scheußliche und Abgründige unter den Menschen, das wir doch täglich vor Augen haben, da zuckte er mit den Achseln und meinte, das wisse er auch nicht; dafür gäbe es noch keine Antwort.

Es gibt leider auch unter den Christen Leute, die so tun, als ob das alles doch nicht mehr vorhanden sei, was die Bibel über die Mächte des Bösen sagt. Sonst würden sie die Warnungen anders beachten, die Gott in seinem Wort ausgesprochen hat, und sich nicht mit Dingen befassen, die nichts anderes sind als Fangnetze des altbösen Feindes: Kartenlegerei, Horoskopstellen, Besprechen, Tischrücken und anderes mehr, von massivem Spiritismus und Okkultismus schon ganz zu schweigen, der heute so mächtig um sich greift, schon in den Schulen unter den Kindern.

O was wird das einmal für ein Erwachen geben, wenn's ans Sterben geht und der Teufel den Wechsel präsentieren wird, den Menschen auf diese Weise unterschrieben haben! Was haben wir für ernste Beispiele dafür.

Die Bibel sagt es so und das Leben bestätigt es bis heute: Nicht bloß Gott wirbt um uns Menschen, auch teuflische Mächte tun es. Und was sie im Leben eines Menschen anrichten können, sehen wir auch hier: Das ist ein bedauernswerter Mensch, auf

den Jesus hier stößt. Wie es bei diesem Menschen so jammervoll zu werden anfing, wissen wir nicht. Aber irgendwie hat es angefangen; denn so, wie dieser Mensch jetzt war, wird kein Mensch auf Erden geboren. Kein Mensch kommt als ein vom Teufel Besessener auf diese Welt. Zwar ist das Menschenherz, wie die Bibel sagt, böse von Jugend auf. Aber auch der gefallene Mensch ist nicht von Gott verlassen, sondern wird von Gottes Güte und Geduld getragen und gesucht. Gott hat um sein Innerstes, um die Seele des Menschen, daher Schutzwälle gelegt, so daß der alt-böse Feind zwar vor der Tür zu unsrem Herzen lauert, aber doch nicht mit uns machen kann, was er will, und uns ganz in Besitz nehmen. Doch kann der Mensch sich dem Bösen so öffnen, das er einziehen kann und dann nur noch ein Werkzeug des Bösen wird. Dabei kann es große Verschiedenheiten geben. Es braucht nicht jeder Mensch mit Ketten gebunden zu werden wie dieser hier in unserem Bericht. Es braucht nicht jeder ein Trunkenbold und Verbrecher, ein Dieb oder Mörder zu werden. »Legion heiße ich; denn wir sind viele«, so tönt es aus diesem Mann heraus. Es gibt vielerlei Gestalten, unter denen das teuflische Heer sein Unwesen treibt. In den Evangelien heißt es an einer Stelle von einem Menschen: »Er hatte einen sprachlosen Geist.« Der Teufel kann einen Menschen dahin bringen, daß er alles in sich hineinfrißt, bitter und trotzig wird und mit Gott und allen Menschen bricht. Die Bibel spricht auch davon, daß in der Endzeit Menschen auftreten werden, die teuflische Lehren verbreiten werden und davon so besessen sein werden, daß man mit ihnen nicht mehr reden kann über Gott und sein unwandelbares Wort und Gebot. Unsre Zeit bekommt mehr und mehr solch ein dämonisches Gefälle.
Man könnte aus all den Anstrengungen, die das Heer des Bösen macht, folgern, daß wir Menschen auch dem Satan teuer sind und daß es eine Art Liebe ist, die ihn zu uns zieht, und eine Art Eifersucht ihn zum Kampf mit Gott um uns treibt. Aber nichts ist verkehrter als solch ein Schluß. Nein, nicht Liebe zu den Menschen treibt Satan auf den Plan, sondern eitel Haß gegen Gott und Zerstörungswut gegen alles, was Gott plant und wirkt und was Gott gehört, wie wir es auch hier sehen. Er weiß: Wenn ich einen Menschen ganz in meine Gewalt bekomme, ist er für Gott verloren und ich kann mit solch einem

Menschen eine ganze Gegend in Angst und Schrecken jagen. »Was willst du von mir, Jesus, du Sohn des Allerhöchsten? Ich beschwöre dich bei Gott, daß du mich nicht quälst!« so schreit der Besessene. Das ist bis heute des Teufels Art: Erst wird dem Menschen der Himmel auf Erden versprochen, wenn er sich von allen Hemmungen frei macht und alle Laster der Sünde probiert und genießt, und wenn der Mensch ruiniert ist, dann wird er sich selbst überlassen. Und sofern dann noch eine Spur von Sehnsucht nach Wahrheit und Freiheit im Menschenherzen vorhanden ist, wird der eine, der gekommen ist, zu suchen und selig zu machen, was verloren ist, als Quälgeist hingestellt, der unsrem Leben auch das letzte Fünklein an Freude und Hoffnung nehmen will. Es ist derselbe Geist, der schon am Anfang der Menschheit Gott als harten Mann hinstellte, der dem Menschen die wirkliche Freiheit nicht gönnt, und der heute noch alle Schuld an allem Elend in der Welt Gott zuschiebt.
Sieh, das ist der Mensch in Satans Augen wert. Es ist Haß gegen Gott und alles, was Gottes Bild trägt, der ihn zu uns treibt. Zu bieten hat der Satan nichts. Denn er selbst und sein ganzes Heer leben in der Angst vor dem kommenden Gericht. Darum läßt es ihn auch kalt, was aus den Menschen wird, die er gefangen hat. Wir haben dafür ein erschütterndes Beispiel in der Bibel: Judas. Als er dem Teufel ins Garn gegangen war und dann in seiner Verzweiflung ausrief: »Ich habe übel getan, daß ich unschuldiges Blut verraten habe!«, da antworteten ihm Satans Helfer: »Was geht uns das an, da siehe du zu!« Welch ein eiskaltes Wort an einen verzweifelten Menschen. Aber im Reich des Bösen gibt es eben keine Liebe, keine Wärme, keine Hilfe und keinen Trost für zerrissene und verzweifelnde Herzen. Da gibt es am Ende nur ein eisiges: »Da siehe du zu, wie du fertig wirst mit deinem Schicksal!«
Etwas von dieser Kälte spüren wir ja schon heute in dem dämonischen Gefälle unsrer Zeit: Wenn werdende Menschen kaltblütig im Mutterleibe am laufenden Band umgebracht werden – wo bleibt da die in aller Welt gepriesene Mutterliebe, die sogar in der außermenschlichen Kreatur, der Tierwelt, beobachtet werden kann, weil sie allem Mütterlichen von Gott mitgegeben ist! Dann ist von solcher Verrohung bis zu den Grausamkeiten, von denen wir jeden Tag in der Zeitung lesen,

kein sehr langer Weg mehr. Alles läßt uns aber ahnen, wie schaurig es einmal im Reich des Bösen und im Reich der Finsternis sein wird, von dem Jesus sagt: »Da wird sein Heulen und Zähneklappen.« Denn die Welt des Bösen ist eine Welt ohne Wärme, ohne Liebe, ohne Mitleid, ohne Erbarmen.
Doch genug zu der ersten Frage: Was ist ein Menschenleben dem Teufel wert? Wir mußten von diesen Dingen so ernst reden, weil unser Text das tut und auch anderwärts Gott in seinem Wort darüber so ernst redet, der Mensch von heute aber das alles nicht mehr wahrhaben will, sich aber dadurch selber belügt und betrügt. Doch nun fragen wir:

II.

Was ist ein Menschenleben dem Herrn Jesus wert? Ach, daß wir das jetzt doch recht sagen und hören könnten! Luther sagt einmal: Christ werden, also zum Glauben an Jesus kommen, das hieße: aus einem dunklen, kalten Raum in die helle Sonne springen. Wahrhaftig, so kann man es sagen. So ähnlich, aber noch tiefer sagt es Jesus selbst: »Wer an mich glaubt, der kommt nicht ins Gericht, sondern er ist vom Tode zum Leben hindurchgedrungen!« Und ein andermal: »Wahrlich, wahrlich ich sage euch: Wenn jemand mein Wort wird halten, der wird den Tod nicht sehen ewiglich!« Das heißt also auch: Er wird den Teufel nicht sehen ewiglich! denn er hat nach dem, was die Bibel sagt, des Todes Gewalt. Wer sich zu Jesus hält, wird an der Schwelle zur Ewigkeit von Engeln Gottes erwartet und in die Herrlichkeit eingeführt werden, um bei Christus zu sein.
Was ein Mensch in Gottes Augen wert ist, zeigt auch dieser Bericht überaus deutlich: Dieser Mensch hatte für seine Mitmenschen absolut keinen Wert mehr, im Gegenteil: Er war für seine Umgebung eine Last und ein Schrecken geworden. Heute würde man ihn in einer Anstalt unterbringen. Damals überließ man solch einen Menschen sich selbst und ging ihm aus dem Wege. Was sollte man auch mit ihm anfangen? Doch wie anders verhält sich Jesus! Laßt uns auf einige Dinge achten:
Jesus geht diesem Menschen nicht aus dem Wege, sondern geht ihm direkt und unerschrocken entgegen. Und Jesus bleibt vor ihm stehen und hat Zeit für ihn. Denn mit seinem Heilands-

blick sieht er durch alle Bindungen und Verzerrungen hindurch das Bild eines zu Gott hin geschaffenen Menschen.

Jesus fragt nach seinem Namen; er behandelt ihn als einen Menschen. Und als aus dem Innersten dieses Mannes eine fremde Stimme sich meldet: »Legion heiße ich; denn wir sind viele«, ergreift Jesus sofort Partei für den geplagten und gefangenen Menschen, stellt sich entschieden auf seine Seite, tritt den fremden Geistern in der Vollmacht Gottes entgegen und treibt sie für immer und ewig weg und hinaus aus diesem Menschen.

Die dämonischen Geister bitten Jesus, daß er ihnen erlaube, in die Herde Säue zu fahren. Und Jesus erlaubt es ihnen. Warum wohl? Gewiß einmal darum, um deutlich zu machen, daß diese verderblichen Mächte wirklich existieren und daß sie nun auch tatsächlich aus dem Menschen ausgetrieben sind. Zum andern aber erlaubt Jesus das, um deutlich zu machen, daß ihm, dem Sohn Gottes, eine einzige Menschenseele weit mehr wert ist als eine Herde von zweitausend Schweinen. Damit bestätigt er, was er oft ausgesprochen hat, daß ein Mensch viel mehr wert ist als ein Schaf oder alle Blumen auf dem Felde oder alle Vögel unter dem Himmel. Wenn Dämonen Tiere verderben, weint Jesus nicht, obwohl sie auch Geschöpfe Gottes sind. Wenn aber Menschen Gottes Liebe verschmähen und Gefangene des Teufels werden oder bleiben wollen, dann sehen wir Jesus weinen. Wir denken an seine Tränen über Jerusalem.

Welchen Wert wir Menschen in Jesu Augen haben und wie groß seine Liebe zu uns ist, zeigt noch ein viertes, von dem wir einige Seiten weiter im Evangelium lesen, nämlich daß Jesus für meine und deine und aller Welt Seelen ans Kreuz geht und dort der Heiligkeit und Gerechtigkeit Gottes das höchste Opfer darbringt und den höchsten Preis für uns bezahlt, den er zahlen konnte: sein Blut und Leben. »Niemand hat größere Liebe als die, daß er sein Leben läßt für seine Freunde«, hat Jesus an andrer Stelle gesagt. Und eben das hat Jesus getan. Und Gott hat dieses Opfer angenommen und hat Jesus zum Heiland, Retter und Richter der ganzen Welt gemacht.

Seht, solchen Heiland haben wir, der deshalb auch allem Bösen gewachsen ist und dem alle bösen Gewalten zu gehorchen haben. Und was das heißt, wenn Jesus uns von ihrer Macht befreit, sagt der Schluß dieser Geschichte: Der Geheilte möch-

te nun immer in der Nähe Jesu bleiben, wahrscheinlich auch aus Furcht, er könnte wieder von den teuflischen Mächten gepackt werden. Aber Jesus sagt ihm: Geh nur getrost nach Hause und erzähle den Deinen, wie sich Gott deiner erbarmt hat. Und das hieß auch: Fürchte dich nicht! Du bist nicht für einen Augenblick erlöst worden, sondern für Zeit und Ewigkeit gehörst du mir! Und der Geheilte geht hin und sagt es nicht nur zu Hause, was Jesus an ihm getan hat, sondern in den Zehn-Städten, in dem ganzen Gebiet jenseits des Jordans, legt er ein freudiges Zeugnis von Jesus, dem Sohn Gottes, ab. Kein Teufel konnte ihn mehr hindern, sich zu Jesus zu bekennen und sein Zeuge zu sein.
So groß ist Jesus, so groß sein Erbarmen, so herrlich seine Macht und Liebe, daß er auch jeden von uns gewinnen will als sein ewiges Eigentum und für sein herrliches Reich und uns schon jetzt teilnehmen lassen will an der Ausbreitung seines herrlichen Evangeliums und so unsrem Leben Sinn und Inhalt geben will. Und was Jesus dem Geheilten mitgab für seinen Weg, nämlich das ihn schützende: »Fürchte dich nicht!«, das gilt dann auch uns für unser Leben und unsern Zeugendienst: »Siehe, ich bin bei euch alle Tage bis an der Welt Ende!« Nichts soll und kann uns dann aus Jesu Hand reißen, bis wir auf ewig bei ihm sind.
Darum nur noch kurz die dritte Frage:

III.

Was ist dir selbst dein Leben wert, das Gott dir gab, deine Seele, der Gott Unsterblichkeit verliehen hat? Von der Antwort auf diese Frage hängt nun alles ab. Diese Freiheit hat uns Gott gegeben, zu wählen, uns zu entscheiden. Was können wir denn tun?
Wir können uns Jesus entziehen und unsre Seele dadurch verderben lassen. Wir können es so machen, wie es die anderen Leute machten, von denen unser Bericht sagt: »Sie baten Jesus, daß er von ihnen fortzöge.« Wahrscheinlich spielte der Verlust der zweitausend Schweine dabei eine Rolle. Der Preis erschien ihnen zu teuer, sich weiter mit Jesus einzulassen. Und Jesus ging von ihnen fort. Er zwingt sich niemandem auf.
So kann man heute seine Seele, sein Innerstes, das Leben, das

Gott einmal von uns fordern wird, hintenanstellen, um sich allein dem hinzugeben, was diese Welt an Lust und Ehre, Geld und Gut zu bieten hat. Man kann bis in die Nacht hinein am Fernseher sitzen, um das aufzunehmen, was da läuft; man kann den Sonntag, den uns Gott besonders zur Pflege unseres inwendigen Lebens geschenkt hat, so verbringen, daß man allein an des Leibes Wohl denkt und darüber Gottesdienst oder Versammlung versäumt und seine Seele vernachlässigt und darben läßt. Jesus ruft einmal aus: »Was hülfe es dem Menschen, wenn er die ganze Welt gewönne und nähme doch Schaden an seiner Seele!« Ja, unsre Seele kann verwildern, sie kann unfähig werden, einmal in Gottes Reich einzugehen und seine Herrlichkeit zu fassen, weil sie keine Buße mehr tun kann und deshalb auch Gottes Gnade nicht mehr fassen kann.

Und wir können uns mit unsrem ganzen Leben diesem Herrn ausliefern, der gekommen ist, zu suchen und zu erretten, was verloren ist. Wir können unser Innerstes, das den Tod überdauert, dem zuwenden, der für uns gestorben und auferstanden ist. Wir können es ihm entgegenhalten, wie der Psalmist es tut, wenn er sagt: »Ich trage meine Seele immer in meinen Händen« – als das kostbarste Gut, das mir Gott gegeben hat, um dann, wenn unser Stündlein kommt, auch sprechen zu können: »In deine Hände befehle ich meinen Geist, du hast mich erlöst, Herr, du treuer Gott!«

Wer du auch bist, was immer auf deinem Leben liegt an Schuld und Schande, an Erinnerungen, die du nicht auslöschen kannst, an Bindungen, von denen du dich nicht befreien kannst – das Wort Jesu sagt es dir: Du bist ihm immer noch zu schade, daß du darin stecken bleibst und verloren gehst. Laß darum deine Seele auch dir selbst zu schade sein, daß sie verderbe. Gib dein Leben dem hin, der für uns alle das Lösegeld bezahlt hat, der auch dich mit seinem Blut zeichnen will als sein teuer erkauftes Eigentum. Und du hast dich dann dem anvertraut, der als der gute Hirte dich nicht nur reinigt und auf den Weg bringt, sondern der dich auch geleiten und bewahren, segnen und zum Segen setzen will.

Ja, unser Evangelium mahnt jeden von uns, auch daran zu denken, daß auch dein Nächster eine unsterbliche Seele hat. Begegne den Menschen, in deren Mitte du lebst, in Haus und Familie und an der Arbeitsstelle so, daß du ein Zeugnis für

Jesus wirst. Hüte dich, einen Menschen so zu behandeln, daß er an seiner Stelle durch dein Verhalten, dein böses Beispiel oder durch eine üble Nachrede oder was es sei, Schaden nimmt. Auch der geringste Mensch ist in Jesu Augen immer noch so teuer, daß er warnt: »Wer einem von diesen Geringsten zum Ärgernis wird«, das heißt: ein Anstoß zum Verderben hin wird, »dem wäre es besser, wenn ihm ein Mühlstein um den Hals gehängt und er ersäuft werde im Meer, da es am tiefsten ist.« Wer aber seine eigene Seele dem Herrn Jesus übergibt und dann Jesus vor anderen bekennt und mithilft, daß sein Name auf Erden gepriesen werde, den will Jesus am Tag der Ewigkeit vor seinem Vater und allen heiligen Engeln bekennen als sein ewiges Eigentum und als seinen Miterben an seinem Reich und seiner Herrlichkeit. So wert sind wir vor ihm geachtet! Amen.

Gebet: Herr Jesus Christus! Wir danken Dir, daß Du uns auch in dem Evangelium, das wir heute gehört haben, Deine Liebe und Deine Macht so hell und groß gemacht hast. Ach, daß doch auch der Letzte unter uns sich Dir ganz ergeben möchte, damit Du seine Seele erlösest vom Tode und von der Gewalt des Teufels! Du hast für uns alle das Lösegeld bezahlt durch Dein Sterben für uns. Hilf uns, o Herr, daß wir das alle erkennen und Dir die Ehre geben. Amen.

Lied: O Durchbrecher aller Bande, der du immer bei uns bist . . .

13. Sonntag nach Trinitatis

Die zwei Wege des Menschen

Und Adam erkannte sein Weib Eva, und sie wurde schwanger und gebar den Kain und sprach: Ich habe einen Mann gewonnen mit Hilfe des Herrn. Danach gebar sie Abel, seinen Bruder. Und Abel wurde ein Schäfer, Kain aber wurde ein Ackermann. Es begab sich aber nach etlicher Zeit, daß Kain dem Herrn Opfer brachte von den Früchten des Feldes. Und auch Abel brachte Opfer von den Erstlingen seiner Herde und von ihrem Fett. Und der Herr sah gnädig an Abel und sein Opfer, aber Kain und sein Opfer sah er nicht gnädig an. Da ergrimmte Kain sehr und senkte finster seinen Blick. Da sprach der Herr zu Kain: Warum ergrimmst du? Und warum senkst du deinen Blick? Ist's nicht also? Wenn du fromm bist, so kannst du frei den Blick erheben. Bist du aber nicht fromm, so lauert die Sünde vor der Tür, und nach dir hat sie Verlangen; du aber herrsche über sie. Da sprach Kain zu seinem Bruder Abel: Laß uns aufs Feld gehen! Und es begab sich, als sie auf dem Felde waren, erhob sich Kain wider seinen Bruder Abel und schlug ihn tot. Da sprach der Herr zu Kain: Wo ist dein Bruder Abel? Er sprach: Ich weiß nicht; soll ich meines Bruders Hüter sein? Er aber sprach: Was hast du getan? Die Stimme des Blutes deines Bruders schreit zu mir von der Erde. Und nun: Verflucht seist du auf der Erde, die ihr Maul hat aufgetan und deines Bruders Blut von deinen Händen empfangen. Wenn du den Acker bebauen wirst, soll er dir hinfort seinen Ertrag nicht geben. Unstet und flüchtig sollst du sein auf Erden. Kain aber sprach zu dem Herrn: Meine Strafe ist zu schwer, als daß ich sie tragen könnte. Siehe, du treibst mich heute vom Acker, und ich muß mich vor deinem Angesicht verbergen und muß unstet und flüchtig sein auf Erden. So wird's mir gehen, daß mich totschlägt, wer mich findet. Aber der Herr sprach zu ihm: Nein, sondern wer Kain totschlägt, das soll siebenfältig gerächt werden. Und der Herr machte ein Zeichen an Kain, daß ihn niemand erschlüge, der ihn fände. So ging Kain hinweg von dem Angesicht des Herrn und wohnte im Lande Nod, jenseits von Eden, gegen Osten. 1. Mose 4,1–16

»Es gibt wenige Stellen in der Bibel von solcher Wucht und Gewalt wie die Erzählung von Kain und Abel«, sagt einer unsrer Väter zu diesem Bericht. Aus der Frühe der Menschheitsgeschichte ragt sie auch in unsre Zeit hinein, um uns entscheidende Aufschlüsse und Wegweisungen zu geben für unser Leben auf Erden. Jeder einzelne Zug in diesem Bibelabschnitt ist deshalb bedeutsam, zeigt er uns doch die beiden Richtungen, in denen sich die Geschichte der Menschheit nach dem Sündenfall entwickelt hat und sich noch entwickeln wird bis zu jenem Tag, an dem Gott im Weltgericht unter die ganze Welt- und Menschheitsgeschichte den Schlußstrich ziehen wird.
Kain und Abel – die ersten Wanderer auf Erden auf dem breiten und dem schmalen Weg durch die Welt. Über diese beiden Grundrichtungen des Herzens ist die Menschheit bei all ihren Entwicklungen und Erfindungen, mit all ihrer Kunst und ihrem Können im tiefsten Grunde nie hinausgekommen. Zu allen Zeiten war der Mensch in seinem Wesen und in seinen Wegen entweder ein Abel oder ein Kain. Und auch wir können im tiefsten Grunde unsres Herzens nur eins oder das andre sein. Aber wie wir uns entscheiden und wer wir sind, das allerdings ist bedeutsam für unsre Zeit und unsre Ewigkeit. Lassen wir nun die Geschichte selbst zu uns reden.

I.

Eine erste, selige Wahrheit wird uns sofort deutlich: *Gott bleibt Herr und Helfer auch der gefallenen Welt und der gefallenen Menschen.* Haben sich die Tore des Paradieses nach dem Sündenfall auch schließen müssen, Gottes Vaterherz verschließt sich nicht: Er gibt auch den gefallenen Menschen nicht auf. Gott zieht sich nicht in ferne Welten zurück, die Welt und die Menschen sich selbst überlassend, nein, er bleibt der Herr der Welt. Das zeigt uns sein Wort hier an folgendem:
Einmal: Die Schöpfungsordnung gilt weiter, nach der das Menschengeschlecht wachsen und sich mehren und die Erde in Besitz nehmen soll. Wenn diese Mehrung nun auch mit Wehen und Schmerzen verbunden ist, so geschieht sie doch. Damit setzt Gott ein Zeichen, daß er von seinem Vorsatz nicht lassen will, Menschen vor sich und einmal um sich zu haben, die er in

seine Gemeinschaft hineinziehen kann. Muß er mit ihnen nun auch einen ganz anderen Weg gehen, das Ziel bleibt dasselbe: Herrlichkeit. Kann der Mensch diese Herrlichkeit nicht mehr auf dem geraden Weg steter innerer Entwicklung und Reifung erreichen, dann auf dem »neuen lebendigen Weg«, den er in Jesus Christus bereiten wird – durch Sterben und Auferstehen! Aber »was er sich vorgenommen und was er haben will, das muß doch endlich kommen zu seinem Zweck und Ziel.« Das wird schon hier von fern sichtbar.

Ein zweites: Kein Zweifel, die Lage nach dem Sündenfall ist für uns Menschen höchst gefährlich geworden. Ein grimmiger Feind lauert wie ein Raubtier sprungbereit vor unsrer Tür. Es ist die Sünde in ihrer ganzen verderblichen Macht, hinter der Satan selbst steht. Aber so groß ihre Macht auch ist, sie darf den Menschen doch nicht verschlingen. Gott setzt dem Bösen Schranken: »Die Sünde ruht vor der Tür; nach dir hat sie Verlangen« – um dich ganz und gar zu verschlingen –; »du aber herrsche über sie.« Das also war im Bunde mit Gott möglich. Und dieser Schutzwall besteht heute noch: Kein Mensch wird schon als kaltblütiger Mörder, als Ehebrecher oder Amokläufer geboren. Soviel wir auch als Adamskinder an Erbsünde mitbringen – Gott hat heilige Dämme um uns her aufgerichtet und uns nicht mit Haut und Haaren dem Bösen überlassen. Er hat dem Teufel Schranken gesetzt.

Ein drittes: So ernst das Gericht auch ist, das den Menschen trifft, so schwer der Fluch nach dem Fall des Menschen auch niedergeht auf die Erde: auch der verfluchte Acker soll dem Menschen, wenn nun auch in harter Arbeit, geben, was er zum leiblichen Leben braucht und das tut er bis heute.

So setzt Gott überall seine welterhaltende Ordnung, damit Welt und Mensch nicht im Chaos versinken. Welch ein Erbarmen Gottes! Denn hätte Gott dem Bösen freie Hand gegeben, wir wären alle vom Bösen Besessene geworden. Denn der Böse hat kein anderes Ziel, als den Menschen von Gott loszureißen und ihn ganz unter seine Macht und Gewalt zu bringen. Noch stehen darum diese geistigen Dämme um uns her und werden stehen bis zu jenem Augenblick in der endzeitlichen Entwicklung, da sie nach Gottes Rat und Willen hinweggetan werden sollen, damit die Bosheit der Sünde ganz ans Licht komme (2. Thess. 2,7–8). Denn die Geschichte des Sündenfalls drängt zum Abschluß. Die Felder dieser Welt müssen reif werden zur Ernte. In diesem Sinne gilt wirklich auch uns in unsrer Zeit, nur noch um ein vielfaches verstärkt, die Mahnung: Die Sünde in ihrer ganzen Bosheit und Reife ruht vor der Tür; die Engel des Gerichts stehen schon bereit, die Dämme einzureißen und eine Flut des Verderbens hereinbrechen zu lassen in unsre Welt, wie wir es im letzten Buch der Bibel lesen. Darum eile und errette deine Seele! Stell dich im Glauben an Jesus auf den Fels, »der fest und unbeweglich steht, wenn Erd und Himmel untergeht«! Das ist die Botschaft, die wir ernstzunehmen und weiterzugeben haben an die Menschen unsrer Tage.

II.

Auch der gefallene Mensch muß sich für den einen oder anderen Weg entscheiden. Das wird uns an der Geschichte von Kain und Abel ganz deutlich gemacht. Zwei Wege stehen beiden offen, auf die fortan die Bibel immer wieder hinweisen wird, bis es auf dem letzten Blatt der Bibel heißen wird: »Wer böse ist, der sei fernerhin böse, und wer unrein ist, der sei fernerhin unrein; aber wer fromm ist, der sei fernerhin fromm, und wer heilig ist, der sei fernerhin heilig.« Jesus selbst nennt diese beiden Wege den breiten und den schmalen Weg.
Der breite Weg, das ist der Weg Kains, den er in Auflehnung gegen Gott einschlägt und auf dem er das Leben selbst meistern will. Aber wieso?, fragen wir vielleicht. Der breite Weg, so meinen viele Menschen, ist doch der Weg, auf dem die Menschen von Gott überhaupt nichts wissen wollen, die den Himmel »den Engeln und den Spatzen überlassen«, wie einer gespottet hat. So war aber doch Kain nicht. Kain denkt doch an Gott. Nun, Gott zu leugnen wäre damals auch noch etwas zu schwer, gar unmöglich gewesen. Denn Gott ließ sich immer noch persönlich vernehmen; auch mag die Stätte des Paradieses noch im Glanz Gottes von fern geleuchtet haben, bis es Gott von der Erde ganz wegnahm. Auf alle Fälle aber: Kain denkt an Gott. Was wollen wir mehr. Mit seinem Opfer beweist er doch auch, daß er nicht ungläubig und auf keinen Fall ein Gottloser ist und sein will.
Aber – und das ist es, was die Bibel uns schon am Anfang der

Menschheitsgeschichte deutlich macht: Es gibt auch einen Glauben, den Gott nicht annimmt. Das ist der Glaube Kains. Und in diesem Glauben leben viele, viele Menschen. Gott ist für sie nicht gerade tot. Schließlich muß es doch irgendwo »ein höheres Wesen« geben, das das ganze Weltgefüge zusammenhält, so sagen sie. Man möchte mit diesem höheren Wesen auch nicht alles verderben; denn was weiß man, ob es nicht doch auch ein Fortleben nach dem Tode, eine Ewigkeit für uns gibt. Sicher ist sicher: So zahlt man seine Kirchensteuer, seinen Beitrag für wohltätige Zwecke und anderes mehr. Nun ja, das alles wäre gut und schön; denn es kann damit auf Erden allerlei getan werden. Im rechten Geist dargebracht, sind das sogar Saaten, die unter der Verheißung stehen: »Wer da sät im Segen, der wird auch ernten im Segen; denn einen fröhlichen Geber hat Gott lieb.«

Aber eben – an diesem Geist fehlt es Kain. Was er darbringt, ist ein Glaube und ein Opfer des guten Tons, des Anstands, der Pflicht, ohne Liebe und ohne Herz. Aber gerade auf unser Herz und unsre Liebe hat es Gott von Anfang an abgesehen. »Wenn ich alle meine Habe den Armen gäbe und ließe meinen Leib brennen und hätte die Liebe nicht, so wäre es mir nichts nütze«, läßt uns Gott darum durch seinen Apostel Paulus ausdrücklich sagen. Dem Gottesdienst und Opfer Kains fehlt aber gerade diese Liebe und dieses Herz, das für Gott schlägt. Denn niemals hat Gott einen Menschen verworfen, der ihn wirklich suchte und ehrte, auch wenn er mit erdrückender Sündenlast vor ihm stand. Aber hier lesen wir: »Kain und sein Opfer sah der Herr nicht gnädig an.« Nein, so linkshändig und oberflächlich läßt Gott sich von uns Menschen nicht behandeln. Wer von dem lebendigen Gott nichts weiß, nicht weiß, wer er ist und was er will, den behandelt Gott sehr nachsichtig; von dem nimmt er auch den schwächsten Glauben an. Aber wo ein Mensch Gottes Wort kennt und ihn doch nicht als einen Gott ehrt, da wendet sich Gott entschieden ab, damals und heute. »Aber Kain und sein Opfer sah der Herr nicht gnädig an« – welch ein inhaltsschweres Wort! Wie sich das zeigte, wird uns nicht gesagt. Maler haben es so dargestellt, daß der Rauch von Abels Opfer hoch gen Himmel stieg, der Rauch von Kains Opfer aber zur Erde fiel. Einige Ausleger vermuten, daß Gott selbst das Opfer Abels angezündet habe, wie es Elia auf dem

Karmel erfuhr, was aber bei Kain ausblieb. Ob so oder anders: Es wurde jedenfalls hell und klar, daß Gott Kains Opfer nicht annahm, das des Abel jedoch sein Wohlgefallen fand.
Welch ein Ernst liegt über diesem Bericht von Kain und seinem Opfer! Wir können alles haben: Berge von Gold und Silber, Haus, Hof und Garten. Wenn Gott uns nicht gnädig ansieht, sind wir verlorene Leute, sind wir wie Kain flüchtig und unstet auf Erden, ohne letzten Halt und Trost und Frieden. Jesus sagt auch ganz deutlich, wie der Kainsweg endet. »Es werden viele an jenem Tage zu mir sagen: Herr, Herr, haben wir nicht in deinem Namen geweissagt, haben wir nicht in deinem Namen große Taten getan?«, das heißt in der Sprache Kains: Haben wir nicht vor deinen Altären gekniet, unsre Opfer dargebracht und unsre Pflicht erfüllt? Und Jesus wird sagen: »Hinweg von mir, ich kenne euch nicht!« Warum nicht? Waren es nicht fromme Menschen, die so rufen konnten? Ja, aber fromm in der Art Kains. Es fehlte ihnen und ihren Taten das an Gott hingegebene Herz; es war keine Liebe darin. Wenn aber schon ein Kain abgewiesen wurde, und das zu einer Zeit, als er seinen Bruder noch nicht erschlagen hatte, sondern noch vor dem Altar kniete und opferte, gar noch einen frommen Spruch dazu sagte, was soll erst aus denen werden, die sich um Gott überhaupt nicht kümmern, für die er überhaupt nicht existiert. »Sie werden in die ewige Pein gehen«, sagt die Bibel kurz und inhaltsschwer vom Ende des Weges aller Kainsmenschen.

II.

Gottlob – es tut sich noch ein anderer Weg vor uns auf, auf den wir von Gott gerufen werden: der Weg Abels. Was Kain fehlte, war bei Abel vorhanden: echte, wirkliche Hingabe seines Herzens an Gott. Daß er blutige Opfer darbrachte, war sicher nicht von ungefähr. Gewiß kannten beide Söhne die Geschichte vom Sündenfall von ihren Eltern her, wußten auch, wie Tiere ihr Leben lassen mußten, damit ihre Eltern bekleidet werden konnten. Wir dürfen annehmen, daß die Eltern Adam und Eva ihren Kindern solchen Unterricht erteilt hatten. Bei Abel war solcher Unterricht auf fruchtbaren Boden gefallen. Mit seinem blutigen Opfer bekannte er sich als verlorener, sündiger Mensch, der nichts anderes als den Tod verdient hatte. Aber

mit diesem Opfer brachte er auch zum Ausdruck, wie sein Herz danach verlangte, Gottes Gnade zu empfangen und wie ihm für Gott nichts zuviel und nichts zu teuer war.
»Und der Herr sah gnädig an Abel und sein Opfer.« Wie schon bei Kain bemerkt, wissen wir nicht, in welcher Weise das deutlich wurde. Jedenfalls so, daß Abel es zu spüren bekam, daß Gott sein Gebet und Opfer gnadenvoll annahm. Denn wie Abel durch aufrichtigen Glauben sich so ganz zu Gott hinwendete, so wendete sich Gott ganz und gnädig Abel zu. Wohl nicht von ungefähr heißt es auch: »Abel brachte Opfer von den Erstlingen seiner Herde und von ihrem Fett.« Es war das Beste vom Besten. Für Abelsmenschen kommt zuerst Gott und seine Sache. Sie handeln nach Jesu Wort: »Trachtet am ersten nach dem Reich Gottes und nach seiner Gerechtigkeit, so wird euch alles andere dazugegeben werden.«
»Und der Herr sah gnädig an Abel und sein Opfer.« Welch ein unausdenkbar reiches, seliges Wort. Denn »Ist Gott für uns, wer mag wider uns sein? . . . Wer will uns scheiden von der Liebe Gottes?« so ruft der Apostel in Römer 8 aus.
Freilich, die Fortsetzung der Abelsgeschichte scheint dem ins Gesicht zu schlagen. Kain, der Gewaltmensch mit seiner Allerweltsreligion setzt sich durch, und Abel fällt unter den Fausthieben seines Bruders. Was nützt da der Glaube? Doch die Bibel sagt: »Durch den Glauben redet Abel noch, wiewohl er gestorben ist« (Hebr. 11). Das heißt: Das Ende der Geschichte Abels und aller wahren Kinder Gottes kommt erst noch, es kommt an jenem großen Tag der Auferstehung, dem die ganze Menschheit entgegengeht. Da will Gott Abel und allen seinen Nachfolgern überaus reich erstatten, was sie auf Erden erlitten und erduldet haben um ihres Glaubens willen. Da wird offenbar werden, daß der Weg Abels der Weg zum Leben und zu ewiger Herrlichkeit war, auch als er durch dunkle Täler hindurchging. Dieses Festhalten an Gott hat den Abel vor Gott so teuer gemacht, daß er ihm das nicht vergessen will noch kann. Und es wird offenbar werden, daß der Weg Kains ein Weg des Todes war, auch wenn es auf Erden immer wieder so aussah, als seien die Menschen besser dran, die sich auf sich selbst verlassen und dabei über Leichen gehen und sich durchsetzen, koste es was es wolle.
Ja, den Menschen vom Geiste Abels gehört die Zukunft; so will

es Gott. »Selig sind die Sanftmütigen, denn sie werden das Erdreich besitzen«, sagt Jesus im Blick auf die kommende neue Welt. Und von den Erlösten, die sie einnehmen werden, sagt die Bibel zwar nicht, daß sie alle um ihres Glaubens willen auf Erden totgeschlagen wurden, aber sie sagt: »Sie folgen dem Lamme nach«, das heißt: dem großen Dulder von Golgatha, wohin es immer ging. Sie hatten sich dem verschrieben, der für sie gestorben und auferstanden ist. Darum stehen sie vor Gott und dienen ihm Tag und Nacht in seinem Tempel. Denn der Geist Abels ist der Geist Jesu Christi des Herrn, der das Kreuz erduldete und der Schande nicht achtete, gerade aber deshalb von Gott erhöht wurde und zum Herrn über alle Welt gesetzt. Weil dieser Weg durch Jesu Tod und Auferstehen der ganzen verlorenen Welt bereitet ist, steht er auch jedem Menschen offen. Damit haben wir schon das dritte berührt:

III.

Aus Kainsleuten können Abelsmenschen werden. Das macht diese Geschichte ebenso hell und klar. Wir sehen nämlich, wie Gott auch um einen Kain wirbt. Er muß sein Opfer verwerfen und ihm deutlich machen, daß er seinen oberflächlichen, lieblosen Glauben nicht annehmen kann; aber Gott tut es nicht, ohne dem Kain den Weg zu zeigen, der auch ihn zum Leben führen will: »Ist's nicht also? wenn du fromm bist, so bist du angenehm.« Das heißt: Wenn du dein Herz nur wirklich und ganz mir öffnest und zuwendest, dann gilt auch dir meine Gnade und mein Wohlgefallen.
Also kein Wort hören wir davon, daß Kain etwa von Anfang an von Gott nicht zur Seligkeit erwählt und deshalb verworfen worden wäre. Solch gräßlicher Gedanke hat in Gottes Worten keinen Raum. O nein, Gott möchte auch den Kain so gern in seine Gemeinschaft ziehen. Aber Kain lehnt ab. Es kommt keine Bitte über seine Lippen: »Gott, sei auch mir Sünder gnädig!« Kain läßt sich von seinem Grimm treiben, und da geschieht das Furchtbare: Abel fällt unter seinen rohen Faustschlägen; der Ackerboden rötet sich von seinem Blut. Kain wird zum Mörder, zum Brudermörder. Nun hat Kain sein Leben verwirkt. Er hat sich gegen Gott und seinen Bruder gestellt. Wie sehr sich Kain damit dem Bösen geöffnet hat, sagt

uns die Bibel hier: Der bösen Tat folgt eine freche Lüge. Auf die Frage Gottes: »Wo ist dein Bruder Abel?«, antwortet er trotzig: »Ich weiß nicht; soll ich meines Bruders Hüter sein?« Frechen Sünden freche Lügen folgen zu lassen, das ist heute noch die Art der Kainsmenschen. Wie patzig und aufsässig geben sich manche Menschen auch in christlichen Kreisen. Und dann kommt es eines Tages heraus: Auf ihrem Gewissen lag schwere Schuld.

Zurück zu Kain: Sein Trotz, seine Frechheit schlägt um in Verzweiflung, nicht etwa in Buße. Panische Angst vor den Folgen, die ihm nun drohen, überkommt ihn; er könnte von jedem, der ihn findet, erschlagen werden. Wir wissen nicht, an was er dabei gedacht hat: an jüngere Brüder, an wilde Tiere, an Engel? Jedenfalls befällt Kain nun schreckliche Angst. »Aber der Herr sprach zu Kain: Nein, sondern wer Kain totschlägt, das soll siebenfältig gerächt werden. Und der Herr machte ein Zeichen an Kain, daß ihn niemand erschlüge, der ihn fände. So ging Kain hinweg vom Angesicht des Herrn und wohnte im Lande Nod, jenseits von Eden, gegen Osten.«

So schließt der biblische Bericht: Gott nimmt auch den Mörder unter seine schützende Hut – bis Jesus einmal das letzte Wort auch über ihn sprechen wird; so dürfen wir es im Licht des Neuen Testamentes sagen. Denn wer spürt hier nicht den Hauch des Evangeliums von der Gnade Gottes in Christus Jesus? Wer sieht hier nicht von fern das Morgenrot der Welterlösung aufleuchten, wie sie am Kreuz auf Golgatha in Erscheinung tritt, wo Jesus buchstäblich inmitten von Kainsleuten, von Räubern und Mördern blutet und stirbt. Aber eben da geschieht nun auch das Wunder, ohne das es auch für uns keine Rettung gäbe, das Wunder, »das aus einem Sündenknechte einen neuen Menschen macht«. Was war denn der gerettete Übeltäter nach seiner Blutgruppe? Ein Kainsmensch, ein Mensch voll Rücksichtslosigkeit, Haß und Neid, der über Leichen gegangen war. Aber nun kommt er mit Jesus in Berührung, und da geschieht das Wunder. Ein Kainsnachkomme wird klein und schwach und arm: »Jesus gedenke an mich, wenn du in dein Reich kommst!« Und dieser Kainsmensch empfängt die über alles Bitten weit hinaus gehende Zusage: »Wahrlich, ich sage dir: Heute wirst du mit mir im Paradiese sein!« Aus Kain wird ein Abel.

Von Haus aus gehören wir alle zur Blutgruppe Kain: Oberflächlichkeit, Rücksichtslosigkeit, Neid, Haß, Frechheit, Lüge – wer kennt diese Dinge nicht? In wessen Blut haben sich diese Sünden noch nie geregt? Wenn sie nicht zur letzten Reife gekommen sind, dann ist es Gottes gnädige Bewahrung; fähig sind wir alle dazu.
Aber gerade dazu ist Jesus gekommen, um sich aller dieser Menschen anzunehmen, um aus den unstetigen, vor Gott flüchtenden und nirgends Ruhe findenden Menschen solche zu machen, die Grund unter den Füßen haben, weil sie Weg und Ziel bei dem gefunden haben, der gekommen ist, zu suchen und selig zu machen, was verloren ist: Jesus dem Gekreuzigten.
Nur eines ist vonnöten: Diesem Herrn müssen wir uns ausliefern. Für ihn müssen wir uns entscheiden. Diese Freiheit hat Gott auch den gefallenen Menschen gelassen. Kommt es zu keiner klaren Entscheidung für Jesus, dann bleiben wir verlorene Leute. Dann gilt uns die Frage der Bibel: »Wie sollen wir entfliehen« – nämlich dem Gericht Gottes –, »wenn wir eine solche Seligkeit nicht achten?« Amen.

Gebet: Herr Jesus, Du unser Gott und Heiland! Wir danken Dir, daß Du uns diesen Weg aus dem Tod ins Leben bereitet hast; daß wir, die wir von Natur alle Kainsblut in uns tragen, durch die Kraft Deines für uns vergossenen Blutes rein werden können von aller Sündenschuld. So bitten wir Dich auch: Hilf auch dem Letzten unter uns zu dem Gelöbnis: »Mein Gott, ich bin entschieden, auf ewig bin ich Dein! Ich kann ja ohne Frieden und ohne Dich nicht sein.« Amen.

Lied: So wahr ich lebe, spricht dein Gott, mir ist nicht lieb des Sünders Tod . . .

14. Sonntag nach Trinitatis

Die Sünde des Undanks

Und es begab sich, als Jesus nach Jerusalem wanderte, daß er durch Samarien und Galiläa hin zog. Und als er in ein Dorf kam, begegneten ihm zehn aussätzige Männer; die standen von ferne und erhoben ihre Stimme und sprachen: Jesu, lieber Meister, erbarme dich unser! Und als er sie sah, sprach er zu ihnen: Geht hin und zeigt euch den Priestern! Und es geschah, als sie hingingen, da wurden sie rein. Einer aber unter ihnen, als er sah, daß er gesund geworden war, kehrte er um und pries Gott mit lauter Stimme und fiel nieder auf sein Angesicht zu Jesu Füßen und dankte ihm. Und das war ein Samariter. Jesus aber antwortete und sprach: Sind ihrer nicht zehn rein geworden? Wo sind aber die neun? Hat sich sonst keiner gefunden, der wieder umkehrte, um Gott die Ehre zu geben, als nur dieser Fremde? Und er sprach zu ihm: Steh auf, geh hin; dein Glaube hat dir geholfen. Lukas 17,11–19

Zwei Dinge macht uns das verlesene Evangelium von vornherein deutlich: Wir Menschen stehen erst dann recht zu dem lebendigen Gott, das heißt: Wir sind erst dann aus aller Gottesferne wirklich heimgekehrt zu ihm, der uns das Leben gab, wenn wir ihm danken können, danken zu Füßen dessen, den er uns zum Heiland gegeben hat. »Einer aber unter ihnen, als er sah, daß er gesund geworden war, kehrte er um und pries Gott mit lauter Stimme und fiel auf sein Angesicht zu Jesu Füßen und dankte ihm.« Das ist gleichsam das Herz in dieser Geschichte. Auf dies eine, sagt uns dieser Abschnitt, will Gott vor allem andern bei uns Menschen hinaus, und dies eine erwartet er auch von mir und von dir. Der Herr erwartet von uns keine tiefen Gedanken, kein langes, wohlgesetztes Glaubensbekenntnis, aber er sucht und erwartet ein Herz, das schlicht und aufrichtig und jeden Tag neu dankt, dankt für das tägliche Brot, für all seine Güte, seine Hilfe, seinen Trost, dankt für den Reichtum seiner Gnade und die Herrlichkeit, zu der er uns in Christus Jesus berufen hat. Es stimmt in unsrem

Leben nicht, wir sind noch nicht zu Gott heimgekehrt, solange wir das nicht können und tun.
Und das andere: Viele Menschen leben Gott gegenüber wie die Diebe: Wie einen Raub nehmen sie alles hin, was Gott uns gibt: das tägliche Brot, die Gesundheit, das ganze Leben. Sie rufen zwar gelegentlich auch zu Gott, wenn sie eine besondere Not drückt, aber wenn die Not vorüber ist, machen sie es wie die neun, von denen hier die Rede ist, wie Diebe, die abziehen in ihr Versteck und ihre Beute verzehren. Das ist der tiefe Jammer in ihrem Leben: Sie bleiben im besten Fall Bettler an Gottes Tür; sie werden keine Kinder Gottes, die im Hause ihres Vaters ein- und ausgehen dürfen und ihren festen Platz an seinem Tisch haben. Welche Wehmut spricht darum aus Jesu Worten: »Sind ihrer nicht zehn rein geworden? Wo sind aber die neun? Hat sich sonst keiner gefunden, der wieder umkehrte, um Gott die Ehre zu geben?«
Könnte das nicht die Klage sein, die Jesus auch über so viele Menschen in unserer Zeit, gar auch über viele unter uns, die sich Christen nennen, ausrufen müßte? Würde es nicht anders aussehen in unseren Gemeinden und Gemeinschaften, wenn auch die neun da wären, wo Jesus sie sucht, wo der eine stand und Gott im Namen Jesu dankte?
Machen wir uns, um das zu verstehen, drei Dinge in diesem Evangelium deutlich:

I.

Wer sind denn die neun? Wir haben es vernommen: Das sind nicht irgendwelche beliebige Menschen, sondern das sind solche, die etwas mit Gott, die etwas mit dem Herrn Jesus erlebt haben; sie waren von Hause aus Glieder des Volkes Israel, des Volkes Gottes auf Erden. Und was hatten sie erlebt? Sie hatten zusammen mit dem zehnten, dem Samariter, sich in einer verzweifelten Lage befunden. Sie waren von der gefährlichsten Krankheit, die damals ein Mensch haben konnte, dem Aussatz, befallen, bei dem man nach menschlicher Erfahrung keine Aussicht auf Rettung haben konnte. Sie waren Menschen, die deshalb, vom öffentlichen Leben ausgestoßen, nur einen langen Leidensweg und einen langsamen Tod vor sich sahen.

In dieser Not war ihnen Jesus von Nazareth auf Sicht- und Rufweite nahegekommen. Ergreifend wird uns das hier beschrieben, wie sie gemeinsam mit ihrer vielleicht schon heiseren Stimme nach ihm rufen: »Jesu, lieber Meister, erbarme dich unser!« Und dann geschieht das Wunderbare: Ihr Schreien dringt an Jesu Ohr, sein Auge erkennt ihre Not, und er antwortet ihnen: »Geht hin und zeigt euch den Priestern!« So verlangte es das jüdische Gesetz, daß von Aussatz Befallene, die meinten, ihre Krankheit doch überwunden zu haben, sich dem Priester zeigen mußten; dieser entschied, ob sie als geheilt anzusehen waren oder nicht. »Und es geschah, als sie hingingen, wurden sie rein.« So lesen wir hier. Alle zehn finden Erhörung, so handgreiflich, so offensichtlich als Wunder Gottes, daß es keinen Zweifel geben kann: Jesus ist es, der ihnen diese Hilfe im Namen Gottes vermittelt und geschenkt hat.
Die neun und die zehn sind also Menschen, die irgendwann und irgendwo einmal mit Jesus in Berührung gestanden und etwas mit ihm erlebt haben. Es sind Menschen, die ungefähr wissen, wer Jesus ist. Und ich meine, das sind wir alle! Ich glaube nicht, daß einer unter uns ist, der aufstehen und sagen könnte: Ich weiß nichts von Jesus; seinen Namen habe ich nie gehört; ich weiß auch nichts von Gott; in meinem Leben ist noch nie etwas geschehen, was ich auf Gott oder auf Jesus zurückführen könnte oder müßte. Hat Gott nicht in jedes Menschenleben, auch in das deinige, Denksteine seiner Güte und Treue gesetzt? Viele unter uns haben noch die schweren Jahre des Krieges, der Bombennächte, der Gefangenschaft, der Vertreibung und der bitteren Armut erlebt und erlitten. Wir pflegten als Kriegsgefangene zu sagen: »Wer aus diesen Jahren lebend nach Hause kommt, dem ist das Leben neu geschenkt.« Es sind auch viele noch unter uns, die von dem Aussatz des Dritten Reiches befallen waren und geheilt worden sind. Welche Gnade! Und wie viele mögen unter uns sein, die in schweren Krankheitstagen oder in irgend einer Familiennot weder ein noch aus wußten und sich fragten: Was soll mit mir werden? – und nach oben blickten und sogar gebetet und erfahren haben: »Als die Stunden sich gefunden, brach die Hilf mit Macht herein«: Dein Kind, um das du bangtest, wurde dir neu geschenkt; dein Mann kehrte heim; deine Krankheit wich; deine Familiennot erhellte sich oder du gewannst Kraft, das Schwere auf dich zu nehmen

und zu tragen. Wer ist unter uns, der nicht irgendein solches Wunder auf sein Gebet hin erlebt hat? Und wer ist unter uns, der nicht zum allermindesten von dem Wunder Gottes lebt, daß seine Güte noch nicht gar aus ist und seine Treue noch kein Ende hat; von dem Wunder des Kreuzes nämlich, dem Wunder der Gnade Gottes auf Golgatha, um dessentwillen unsre Welt überhaupt noch steht und wir alle, du und ich, glauben und hoffen und leben dürfen, glauben und hoffen dürfen, daß es mit uns noch einmal ganz gut werden und eine neue Welt uns aufnehmen wird, die nichts mehr weiß von allen Leiden und Schrecken der jetzigen Welt? Wir alle sind Menschen, die so oder so von Gottes Wunder, von seiner Treue, seiner Barmherzigkeit und Hilfe leben, die er uns um Jesu willen erwiesen hat und täglich neu erweist. Darum gleichen wir bis hier auch alle diesen zehn Menschen, den neun und dem einen, die Gottes Barmherzigkeit erfuhren. Wir wären alle schon längst den Mächten des Verderbens zum Opfer gefallen, wenn der Eine nicht für uns eingetreten wäre und immer neu einträte, der das Wunder aller Wunder Gottes in Person ist: Jesus. Bis dahin ist die Geschichte also klar.

Aber nun beginnt etwas Seltsames, eine seltsame Scheidung. Nun, da diese Menschen antworten sollen auf diese große Liebe Gottes, nun, da sie gerufen sind, dem lebendigen Gott das zu geben, was ihm gebührt, nämlich Dank und Anbetung, geschieht etwas Abscheuliches: Wie nach einer bangen Pause, die an dieser Stelle im Text spürbar wird, erhebt das Evangelium seine Stimme wieder und beginnt zu reden: »Einer aber« – nur einer! –, »als er sah, daß er gesund geworden war, kehrte er um und pries Gott mit lauter Stimme und fiel auf sein Angesicht zu Jesu Füßen und dankte ihm. Und das war ein Samariter«, also einer, der in den Augen der Juden als unfromm galt, als Mischling, den man verachtete. »Jesus aber antwortete und sprach: »Sind ihrer nicht zehn rein geworden? Wo sind aber die neun? Hat sich sonst keiner gefunden, der wieder umkehrte, um Gott die Ehre zu geben, als nur dieser Fremde?« Ein erschütternder Bericht! Wir machen uns das deutlich, indem wir nochmals fragen:

II.

Was erwartet der Herr denn von den neun, also von den Menschen, denen er kein Unbekannter geblieben ist, denen er sich nicht unbezeugt gelassen hat? Was erwartet er von mir und dir, die wir in einem christlichen Lande geboren wurden und seinen Namen von Kindesbeinen an kennen und heute in einem der reichsten Länder der Erde leben, wo kein Kranker ausgestoßen wird und keiner zu hungern und zu darben braucht? Er erwartet die Frucht solcher Erfahrung der Güte Gottes, die der eine von den zehn ihm brachte: »Er kehrte um und pries Gott mit lauter Stimme und fiel auf sein Angesicht zu Jesu Füßen und dankte ihm.« Und der das tat, war, wie bemerkt, ein Samariter, ein Fremdling, kein frommer Mann bis dahin gewesen. Offenbar kommen also die ausgesprochenen Sünder eher zu solcher Hingabe ihres Lebens an Jesus, wenn sie ihm begegnen, als die Leute, die von Hause aus ein Leben lang sich für fromm und tugendsam halten, ohne aber das eine je getan zu haben: umkehren und Jesus als ihren Heiland annehmen und so Gott ehren und preisen! Offenbar ist also nichts schwerer für uns auf Erden, die wir von Kindheit an den Christennamen tragen, als echte, herzliche Dankbarkeit zu üben für das, was Gott an uns getan hat; nichts schwerer für uns als solche Umkehr, solche Buße und Sinnesänderung; nichts schwerer, als ein ganzes Leben in Dank und Anbetung Gottes und des Heilandes zu leben. Denn warum brauchten wir sonst in der Bibel so sehr dazu aufgerufen zu werden! Und wie könnte sonst unter uns so viel geklagt und angeklagt, gemurrt und gehadert und geschimpft werden. Das alles ist doch nur möglich, weil gerade wir, die wir uns Christen nennen, dies eine so schwer lernen: »Er kehrte um und pries Gott mit lauter Stimme und dankte ihm.«

Aber es liegt auf dieser Geschichte auch ein heller Schein, eine große Einladung und Verheißung. Denn es ist einer unter den zehn doch da, der das lernt und tut. Also ist es doch möglich, ein Mensch zu werden, der das Größte lernt und übt, was es für uns auf Erden und im Himmel gibt: das Lob Gottes im Namen Jesu. Ganz gewiß, wie würde Jesus das sonst auch von den neun erwartet haben können! Und fragst du, wie das denn möglich wird und wie denn auch unser Leben etwas von diesem stillen

verborgenen Glanz des Lobes Gottes bekommen kann, dann nimm vor allem diese drei Worte zu Herzen: »Er kehrte um!« Bedenke die Güte Gottes in deinem Leben, seine Hilfe in den Tagen deiner Not, den Trost in deinem Leid, bedenke das Heil, das Jesus auch für dich erwarb, die Hoffnung auf die ewige Herrlichkeit, und wisse, das alles ist nicht eine Sache, die man hört und gleichsam in einen Sack steckt, um mit solcher Beute wie ein Dieb oder Räuber abzuziehen, sondern das alles ist ein einziger Ruf deines Gottes und Heilandes an dich, ein Ruf zur Umkehr aus selbstgemachter Frömmigkeit zu einem bewußten Leben unter Gott, zur Heimkehr an Gottes Vaterherz unter der Führung Jesu. Das alles will dir sagen: Sieh, solch einen Gott und Heiland hast du! Alles, was du erlebt hast, sei's Leid, sei's Freude, jedes Wort der Bibel, das du hörst, alles ruft dich mit deinem Leben zu diesem deinem Gott und Herrn, »auch wenn alle andern breite, lichte, volle Straßen wandern« in Gottvergessenheit und Welttrunkenheit. Das ist das Große an diesem einen, daß er aus der Gesellschaft der neun ausbricht und den Rückweg findet zu dem Einen, der ihm geholfen hat: Jesus! Bei Jesus hört er dann das Wort, das für sein ganzes ferneres Leben wegweisend bleiben sollte: »Steh auf, geh hin; dein Glaube hat dir geholfen.« Das heißt doch auch: Vergiß nicht, worauf es auch fernerhin in deinem Leben ankommt: Glaube an Gott, und glaube an mich! (Joh. 14,1).
Und das erwartet der Herr auch von jedem unter uns, daß wir diese Umkehr vollziehen, daß wir ausbrechen aus der Gefangenschaft der oberflächlichen, undankbaren, gottvergessenen Menschen und heimkommen zu dem, der auf uns wartet. Das ist auch der Sinn jeder Predigt, jedes Gottesdienstes, daß du immer neu oder auch zum erstenmal erkennst, worauf es auch in deinem Leben ankommt, nämlich auf diese innere Einkehr und Umkehr; daß dir die Augen aufgehen für das Wunder der Liebe Gottes, für das Wunder des neuen Lebens, das er dir in Jesus Christus anbietet, für die Gerechtigkeit und Heiligkeit, die Vergebung aller Sünden und Hinwegnahme aller Schuld, so daß du einmal, unangetastet von gottfeindlichen Mächten, eintreten kannst in die himmlische Welt; auch für die treue Führung und Bewahrung bis ans Ende, die Gott dir in Jesus, dem guten Hirten, anbietet; daß du das alles erkennst und dann eins tust, nämlich was dieser eine tat: »Er fiel auf sein Ange-

sicht zu Jesu Füßen und dankte ihm.« Und das ist auch für uns ganz praktisch gemeint. Das ist so gemeint, daß du, wenn du das noch nicht kennst, aber damit anfangen willst, heute abend nicht schlafen gehen sollst, ehe du nicht deine Knie vor Gott gebeugt und deine Hände gefaltet und deine Dankesschuld bekannt und dein Leben dem übergeben hast, der für dich starb und so damit beginnst, das Lob Gottes auf Erden zu mehren; und daß du morgen früh, wenn du aufstehst und deine Aufgaben vor dir stehen, du dich zuerst darauf besinnst, daß wir einen Heiland haben, der auch heute bei den Seinen ist, wie er es gestern war und in Ewigkeit bleiben wird; daß wir in seinem Namen alle unsre Sorgen, eig'ne und fremde Not vor Gott ausschütten dürfen; daß wir auch an dem neuen Tag auf keinen Fall allein gelassen sind; so wie es die gesegnete Schwester Eva v. Tiele-Winckler machte, die in einem ihrer Zeugnisse sagt: »Ich fange jeden Tag damit an, daß ich meinem Heiland danke, daß er auch für mich sein Blut und Leben hingegeben hat und mir die Gerechtigkeit und Reinheit geschenkt hat, die vor Gott gilt! Und dann gehe ich fröhlich an mein Tagwerk.« Ja, das ist dann ein anderes Leben. Dann kann man anders tragen, dulden, wenn es sein muß, auch leiden. Denn »danken schützt vor wanken, loben zieht nach oben!« Das bleibt wahr.
Können wir hier schließen? Nein, wir müssen noch eine Frage beantworten, die sich aus allem ergibt: Und wenn es nicht zu solchem Lob Gottes in unsrem Leben kommt, was dann? Lob Gottes, Dankbarkeit, Dank vor allem für Golgatha, das ist ja nicht eine bloße Verzierung des Glaubens für besonders fromme Christen, sondern das ist die entscheidende Frage an jeden, der selig werden will. Deshalb hören wir noch ein drittes zu unsrem Evangelium:

III.

Wo enden denn die neun? Wo enden alle Menschen, die nicht heimkehren zu ihrem Gott, die seine Gnade nicht ergreifen, die er uns in Jesus entgegenbringt, und ihm dafür mit ihrem ganzen Leben nicht danken? Die neun hier gingen ihren Weg. Aber jeder Weg hat einmal ein Ende, auch unser Weg. Und wenn das Ende des Weges der neun hier auch nicht näher beschrieben wird, so läßt uns der Schmerz und die Wehmut Jesu doch

deutlich genug die Antwort ahnen, wie dieser Weg enden muß: »Jesus aber antwortete und sprach: Sind ihrer nicht zehn rein geworden? Wo sind aber die neun? Hat sich sonst keiner gefunden, der wieder umkehrte, um Gott die Ehre zu geben?« Jesus weiß, wie es bei Menschen zugeht, die ihm nahe gekommen waren, die etwas erlebt und empfangen haben, aber keine wirkliche Umkehr vollziehen: Die Eindrücke werden bald verblassen, und was nach Glauben aussah, wird bald erlöschen. Ja, es wird oft mit solchen Menschen ärger als zuvor: sie werden oberflächlicher und gottvergessener als zuvor.
Aber das ist noch nicht alles zu der Frage: Wo enden die neun? Wo enden die Menschen, die Gott den Dank und die Ehre schuldig bleiben? In Römer 1 steht die Antwort auf diese Frage; dort heißt es: »Denn obwohl sie von Gott wußten, haben sie ihn nicht als Gott gepriesen noch ihm gedankt, sondern sind dem Nichtigen verfallen in ihren Gedanken , und ihr unverständiges Herz ist verfinstert . . . Darum hat Gott sie in den Begierden ihrer Herzen dahingegeben . . .« Wenn aber Gott Menschen dahingibt, dahingeben muß, weil sie ihm die schuldige Ehre verweigern, dann erlöschen für solche Menschen alle Hoffnungslichter. Dann steht am Ende solcher Wege nur der Tod und die ewige Verdammnis in der ewigen Trennung von Gott.
Und wohin gelangt der eine, der umkehrt und Gott die Ehre gibt? Er gelangt buchstäblich dorthin, wo alles, was Odem hat, den lobt, der auf dem Thron der Herrlichkeit sitzt, und das Lamm lobt, das für uns in den Tod gegangen ist, unsern Herrn und Heiland Jesus Christus; der Weg des einen, der umkehrt und Gott die Ehre gibt zu den Füßen des Heilandes, endet in der Herrlichkeit Gottes und der neuen Welt. Darum laßt uns keine Räuber sein vor Gott, die alles begierig hinnehmen, was er uns täglich schenkt, aber gebetslos und oberflächlich durch die Tage gehen und so auch an dem Einen vorübergehen, der für uns gestorben und auferstanden ist, damit wir Leben und volle Genüge haben in alle Ewigkeit. Sondern laßt uns Menschen sein, die sich rufen lassen zu dem Gott, der uns in Jesus die Fülle seiner Gnade aufgeschlossen hat, damit auch unser Leben etwas sei zur Verherrlichung seines hohen Namens! Amen.

Gebet: Herr, Du großer Gott, der Du uns in Deinem lieben Sohn alles anbietest und schenkst, was wir nötig haben für ein Dir wohlgefälliges Leben auf Erden und im Himmel, wir bekennen Dir, daß wir Dir viel Dank schuldig geblieben sind. Vergib uns diese große Dankesschuld! Gib uns durch Deinen Heiligen Geist die Kraft, fortan in Wahrheit und Treue nach dem Bekenntnis und Gelöbnis zu leben: »Ach, ich bin viel zu wenig, zu rühmen Deinen Ruhm; der Herr allein ist König, ich eine welke Blum. Jedoch weil ich gehöre gen Zion in sein Zelt, ist's billig, daß ich mehre sein Lob vor aller Welt.« Amen.

Lied: Gott rufet noch. Sollt ich nicht endlich hören?

15. Sonntag nach Trinitatis

Unter Gottes gewaltiger Hand

Gott widersteht den Hochmütigen, aber den Demütigen gibt er Gnade. So demütigt euch nun unter die gewaltige Hand Gottes, damit er euch erhöhe zu seiner Zeit. Alle eure Sorge werft auf ihn; denn er sorgt für euch. Seid nüchtern und wacht; denn euer Widersacher, der Teufel, geht umher wie ein brüllender Löwe und sucht, wen er verschlinge. Dem widersteht, fest im Glauben, und wißt, daß ebendieselben Leiden über eure Brüder in der Welt gehen. Der Gott aller Gnade aber, der euch berufen hat zu seiner ewigen Herrlichkeit in Christus Jesus, der wird euch, die ihr eine kleine Zeit leidet, aufrichten, stärken, kräftigen, gründen. Ihm sei Ehre und Macht von Ewigkeit zu Ewigkeit. Amen.

1. Petrus 5,5–11

Martin Luther vergleicht einmal unser inwendiges Seelenleben mit einem Drehspiegel, den man nach unten und nach oben stellen kann. Ist er nach unten gestellt, dann spiegelt sich darin naturgemäß all das, was man hier auf Erden sieht und was uns immer wieder ängstigen und bedrücken will; denn in der Welt scheinen Elend, Not und Tod weitaus zu überwiegen. Aber, so sagt Luther, unsere Seele hat auch die Fähigkeit, den Spiegel nach oben zu richten, zum Himmel hin, der unsre Erde umspannt und uns deutlich macht, daß es auch noch eine andere Welt gibt als diese unsre dunkle, arme Erde.
So macht es der Apostel in dem verlesenen Abschnitt seines Briefes. Wie mit einem Drehspiegel leuchtet er zunächst das ab, was auf Erden ist: da sieht er Not, Leid, Sorgen und Angst; denn da geht buchstäblich der Teufel umher wie ein brüllender Löwe, um Menschen zu verderben und umzubringen. Da unten ist alles so niederdrückend und düster. Aber dann richtet er den Spiegel seiner Seele nach oben und leuchtet gleichsam den Himmel über uns ab. Und was sieht er da? Er sieht mit dem inneren Auge seiner Seele eine gewaltige, mächtige, kraftvolle Hand, die über unserer Erde waltet, sie hält, trägt und sich immer neu auftut, um sie zu versorgen. Und nun ruft er seinen angefochtenen Brüdern und Schwestern im Glauben zu: Ihr

Lieben, faßt es doch: Wir sind mit unseren Sorgen, Nöten und Beschwernissen nicht blinden Schicksalsmächten ausgeliefert, auch nicht allein menschlicher Bosheit und Gewalt; nein, es waltet über allen Erdennöten und -geschehnissen, auch über eurem Leben und Weg, die starke Hand des großen Gottes. Demütigt euch unter sie, das heißt: stellt euch mit allem, was auf euch liegt, täglich bewußt unter diese Hand, und es wird euch dann nicht fehlen an Kraft und Trost und Zuversicht, an eurem Platz zu stehen oder den Weg zu gehen, den Gott euch führt.
Es ist das eine so notwendige Erkenntnis und Glaubensübung auch für uns in unseren Tagen. Denn was sich in unserer Welt und Zeit regt, will auch uns immer wieder ängstigen und beunruhigen, von den Spannungen unter den Völkern angefangen bis zu der Unsicherheit im eigenen Land vor Überfällen, Entführungen und all den schrecklichen Dingen, die täglich geschehen, und den persönlichen Widerwärtigkeiten und Nöten, die den einzelnen bedrücken und beschweren. Lassen wir uns nur davon bewegen, dann kommen wir aus den Sorgen und der Angst vor dem Morgen nicht heraus. Doch Gott sei gedankt, es gibt auch für uns noch die andere Möglichkeit und die müssen wir täglich üben und nützen, wenn wir mit unserem Leben und einmal auch mit unserem Sterben fertig werden wollen: nämlich den Spiegel unserer Seele, das ist unser inwendiges Auge, das Gott uns gegeben hat, nach oben zu richten, zu der Welt über uns, die uns die Bibel offenbart. Und was sehen wir da? Auch über unserer heutigen Welt mit ihren Nöten und Wirren und Spannungen, über allen Gewalthabern auf Erden, auch über allen Atom- und Neutronenbomben und Raketenabschußbasen steht und waltet immer noch, und wird es bis zum letzten Tag unserer Weltzeit tun, der Herr, in dem die Hand Gottes für uns schaubar und faßbar geworden ist und der gesagt hat: »Mir ist gegeben alle Gewalt im Himmel und auf Erden« und »Siehe, ich bin bei euch alle Tage bis an der Welt Ende«: Jesus! Uns in diese Hand glaubend und betend bergen und sich ihr anvertrauen dürfen, das ist die größte Geborgenheit, die wir finden können; das gibt ein sicheres Gehen durch diese Erdenzeit, ja das gibt am Ende ein erfülltes Leben. Diese Hand Gottes aber zu mißachten, gegen sie anzulaufen und sie so schließlich gegen sich zu haben, das ist das Furchtbarste, was

Menschen tun und erleiden können. Denn »schrecklich ist's, in die Hände des lebendigen Gottes zu fallen«, sagt der Hebräerbrief.

In drei Aussagen wird uns Gottes und des Heilands Hand hier beschrieben

1. als die gewaltige Herrscherhand
2. als die treue Vaterhand
3. als die weise Meisterhand

I.

Von der *gewaltigen Herrscherhand* sagt der Apostel: »Demütigt euch unter die gewaltige Hand Gottes.« Woran denkt der Apostel dabei? Er denkt an die Verfolgung, die über die jungen Christengemeinden hereingebrochen ist, an den Druck, der auf ihren Gemütern liegt, an die Angst vor dem, was noch kommen kann. Aber wenn wir das so sagen, entsteht sofort die Frage: Ja, schickt denn Gott solche Verfolgungen, in denen Menschen drangsaliert und sogar getötet werden? Schickt Gott das Böse in die Welt? Läßt der Herr Christus die Luftpiraten und die Terroristen kommen? Müssen wir denn alles Böse, Schwere, Sündhafte aus seiner Hand hinnehmen und uns allem widerspruchslos ergeben? Nein, nicht ohne weiteres. Die Bibel spricht oft und ernst in solchen Dingen von Menschenschuld und Teufels Macht. Auch hier heißt es: »Siehe, der Teufel geht umher wie ein brüllener Löwe und sucht, welchen er verschlinge.« Deshalb ermahnt der Apostel zur Wachsamkeit, zur Nüchternheit, zum Achthaben aufeinander, ja zum Widerstand: »Widersteht dem Teufel!«

Aber das ist allerdings wahr, daß auch die bösen Dinge auf Erden sich unter den Augen unseres Herrn vollziehen und unter seiner gewaltigen Herrscherhand stehen; ja daß der Herr auch solche bösen Dinge zulassen und kommen lassen kann, um Menschen zur Besinnung zu rufen, sie zu wecken und aufzuschrecken, damit sie erkennen, wie erlösungsbedürftig die ganze Welt doch ist. Gott pflegt es immer dort und dann geschehen zu lassen, wenn Menschen, auch Christen, in der Gefahr stehen, in Weltseligkeit und Gottvergessenheit einzuschlafen, oder wo sie wie Bäume in den Himmel wachsen wollen und höher von sich halten, als sich's gebührt zu halten.

Und wie tief liegt uns gefallenen Menschen solcher Hochmut doch im Blut, diese Ursünde, an der offenbar auch der Teufel gefallen ist. Welche Hoffart und Gottvergessenheit atmet doch alles, was heute in der Welt geplant, entdeckt, gebaut und gelehrt wird! Ist unsre Welt nicht drauf und dran, ein Babylon zu werden, eine Welt, die nach Gott nicht mehr fragt, weil sie »mündig« geworden sein will. Und dann muß Gott es zulassen, daß durch Katastrophen und Seuchen und andere Dinge deutlich wird, wie böse es im Grunde um diese Welt bestellt ist.

Aber hier wird ja nicht die Welt draußen, sondern es werden die Gläubigen, die Christen angesprochen: »Demütigt euch unter die gewaltige Hand Gottes!« Wie stehen also auch sie, solange sie auf Erden sind und solange der Teufel auf ihr umhergehen darf, in der Gefahr, hochmütig zu werden und höher von sich zu halten, als sich's gebührt zu halten. Wie tief sitzt doch dieser Trieb uns allen im Blut. Kann einer besser reden oder singen als der andere, schon steht er in der Gefahr, sich selber die Ehre zu geben! Haben wir uns durch Gottes Gnade in jungen Jahren bekehrt und sind wir so vor groben Sünden bewahrt geblieben, schon stehen wir in der Gefahr, uns das als unser Verdienst anzurechnen und Richter der Gefallenen zu werden. Ist uns vielleicht in endzeitlichen Dingen Licht und Erkenntnis geschenkt worden, schon stehen wir in der Gefahr, uns darauf etwas einzubilden und kleine oder sogar große Päpste zu werden und nur unsere Schau gelten zu lassen; stand doch sogar ein Paulus in der Gefahr, sich der hohen Offenbarungen zu überheben, die ihm geschenkt wurden, wie er es selbst im 2. Korintherbrief bekennt.

Darum muß Gott immer neu auch über seine gläubigen Scharen mit liebender, aber doch fester Hand kommen, muß beugen, fällen, zerbrechen und kann auch seine gläubige Gemeinde nicht immer verschonen, wenn er die Welt erschüttert, sondern läßt sie teilnehmen an den Leiden dieser Zeit und gibt sie in mancherlei Prüfungen hinein. Bei den Christen damals waren es schwere Verfolgungen; bei Paulus dazu noch ein Pfahl im Fleisch, wahrscheinlich ein körperliches Leiden. Bei uns können es Dinge sein, die im Beruf, in der Familie, vielleicht von anderen verschuldet, uns drücken, bis hin zu leiblicher Not und Schwachheit. »Ich kann nicht sagen, wie

sehr mich meine Schwachheit demütigt«, bekannte eine liebe, gläubige Schwester auf ihrem schweren Leidenslager, von dem der Herr sie heimrief. Ihr wurde deutlich, wie sehr sie auch noch oft auf die eigene Kraft und Begabung gebaut hatte.
So muß Gott uns immer wieder in die Schule nehmen, muß endlich auch unsern Leib, in dem wir solche Hoffnung beherbergt und gepflegt haben, in den Staub legen und der Erde übergeben und so mit all unserer eignen Herrlichkeit ein Ende machen – ehe er das an uns tun und vollenden kann, was er so gerne möchte. Denn was möchte er tun und vollenden? »Demütigt euch unter die gewaltige Hand, damit er euch erhöhe zu seiner Zeit.« Gottes eigentliches Ziel mit uns ist die Erhöhung; daß wir zu ihm gelangen; daß wir gleichgestaltet werden dem Ebenbild seines Sohnes und mit ihm Gottes ewiges Reich und Herrlichkeit erlangen. Nein, Gott will keinen Menschen immer und ewig im Staub, in der Tiefe und in der Not lassen, keinen! »Gott will, daß allen Menschen geholfen werde!« Er will meine und deine Erhöhung an sein Herz und an seinen Tisch, in seines Reiches Freuden. Aber möglich ist das nur, wenn wir allen eigenen Stolz, alles Widerstreben und Mißtrauen gegen ihn aufgeben und alle angemaßte Herrlichkeit, die vom Teufel kommt, fahren lassen, damit seine reiche Gnade an uns ihr Werk tun kann. Solche Erhöhung in seine Herrlichkeit schenkt Gott nur den Demütigen, das heißt: den Menschen, die Gott recht geben in seinem Urteil über uns, daß wir von Natur verlorene und verdammungswürdige Sünder sind, weil wir nicht nach Gott und seinen Geboten gefragt haben, darum aber seine Retterhand, die Jesus heißt, gläubig fassen und ihm gehorsam werden. In diesem Sinn mahnt der Apostel hier: »So demütigt euch unter die gewaltige Hand Gottes!« Laßt alles, was euch widerfährt, euch zuallererst zur Beugung dienen vor Gott, zur Gelegenheit, euch noch völliger unter seinen Willen zu stellen. Beugung unter seine gewaltige Hand auch dort, wo sie wehtut, wo euch Böses widerfährt, wo sie schwer auf euch lastet, auch wo euch Unrecht geschieht, ist immer der sicherste Weg zur Befreiung, zum Heil und Leben. Denn auf solchem Weg steht ihr in den Fußtapfen Jesu, und am Ende solches Weges erwartet auch euch die große Rechtfertigung eures Glaubens: die große Verherrlichung eures Lebens an der Seite eures Herrn!

II.

Die treue Vaterhand wird in dem Satz offenbar: »Alle eure Sorgen werft auf ihn; denn er sorgt für euch.« Mit diesem Wort geht gleichsam die helle Sonne auf auch über dem schweren Vers von der gewaltigen Hand Gottes, die auch stürzen und zerschlagen kann. Denn hier wird es ganz klar: Die gewaltige Hand Gottes, die immer wieder über alles Hohe und Hoffärtige in der Welt und auch in unsrem Leben dahinfahren muß, ist zutiefst und zuallererst doch die liebende Vaterhand Gottes, ausgestreckt zum Besten über alle Welt und ganz besonders über seine Kinder. Was für ein wunderbarer Blick wird uns hier in Gottes Herz geschenkt. So gegenwärtig, so nahe ist uns Gott, daß wir alles, was uns beschwert und bewegt, auf ihn werfen können. Was wir werfen können, muß ein bestimmtes Gewicht haben. Ein Christ soll also nicht so durch die Tage gehen, daß ihn überhaupt nichts mehr berühren und beschweren kann, nicht stumpf und teilnahmslos, nicht unempfindlich und unberührt von eigner und fremder Not, nicht sorglos in dem Sinn, daß ihn nichts mehr angeht und er sich willen- und seelenlos in alles fügt, was über ihn kommt, etwa deshalb, weil ja doch »alles bestimmt« sei, was ihm oder andern widerfährt. Das wäre Leichtsinn und der Tod lebendigen Glaubens- und Gebetslebens. Wir sollen sehr wohl Not und Leid zu Herzen nehmen, das uns und andere trifft, aber wir sollen solche Sorgen und Nöte nicht bei uns behalten, sondern aus ihnen ein Gebet machen, mit dem wir sie weitergeben an den, der für uns sorgt. Ja, *»alle* eure Sorgen werft auch ihn.« Dazu gehören die äußeren und inneren Dinge unsres Lebens, das Heute und das Morgen, die Fragen im Blick auf deine Zukunft, dein Alter, dein Leiden, dein Sterben. Alles sollst und darfst du betend in seine Vaterhand legen, daß er alles ordne und lenke, wie es für dich gut und heilsam ist. Dazu gehört ganz gewiß aber auch das Gestern, das, was noch etwa als verborgene Schuld auf dir liegt oder dir in der Erinnerung noch Not macht. Du brauchst an nichts zu verzagen und zu verzweifeln. Die liebende Vaterhand Gottes, die er dir in Jesus entgegenhält, will Berge von Schuld und Versagen in die Tiefe des Meeres senken, des Meeres der Gnade. Liebende Vaterhände wollen dir den Weg bereiten durch die Zeit, helfen, lindern, bewahren und uns am Ende in

Ehren aufnehmen, wenn unsre letzte Stunde kommt. Das Gebet, mit dem Jesus am Kreuz die Augen schloß, darf dann um seinetwillen auch unser Gebet werden: »Vater, in deine Hände befehle ich meinen Geist!«
O laßt uns einschlagen in diese treue Vaterhand Gottes, auch dort, wo sie sich einmal schwer auf unser Leben legt; denn »Gott hat die Fülle, ob mühsam der Pfad, halte ein wenig nur aus! Gott führt die Seinen mit ewiger Gnad und bringt sie sicher nach Haus!«
Damit haben wir auch schon das dritte ausgesprochen:

III.

Die weise Meisterhand Gottes; von ihr heißt es hier: »Der Gott aller Gnade aber, der euch berufen hat zu seiner ewigen Herrlichkeit in Christus Jesus, der wird euch, die ihr eine kleine Zeit leidet, aufrichten, stärken, kräftigen, gründen. Ihm sei die Macht von Ewigkeit zu Ewigkeit. Amen.« Die Worte »aufrichten, stärken, kräftigen, gründen« sind im Grundtext der Sprache des Bauhandwerks entnommen. Mit diesen Worten beschrieb man in Griechenland damals das Werk des fachkundigen Baumeisters, wenn er ein Haus fachgerecht aufbaute und vollendete, schön, stil- und geschmackvoll, bei dem nichts vergessen, sondern an alles gedacht war. Das soll also hier gesagt werden: Wer sein Leben in Gottes Hand gibt, muß wissen, daß Gott sich nicht damit begnügt, unser Leben auf Erden gerade so zu erhalten und durchzubringen, wie wir sind, sondern daß seine Hand etwas aus uns machen, uns ganz persönlich neu gestalten und uns zur herrlichen Vollendung bringen will. »Du bist Simon, Jonas Sohn, du sollst Kephas heißen«, d. h. ein Fels, so sagt Jesus dem nachmaligen Petrus, als er ihn in seine Nachfolge ruft. Und er ist wirklich in der Schule Jesu ein neuer Mensch geworden. Neue Menschen will Gott aus uns allen machen; dazu hat er Gnade die Fülle; dazu weiß er auch alles zu verwenden, auch Kummer und Leid, Armut und Krankheit, Enttäuschungen und Anfechtungen, gute und böse Tage. Da gilt wirklich das Wort, »daß denen, die Gott lieben, alle Dinge zum Besten dienen«. Wie in einer Papierfabrik aus Lumpen das feinste Briefpapier gemacht wird, so kann und will unser Gott in seiner Gnade aus dem

gesamten Elend der Erde und unsres Lebens und allem, was uns widerfährt, etwas für uns und an uns machen, worüber wir am Ende nur staunen und sagen: Der Herr sei hochgelobt!
Die Christen, an die der Apostel schreibt, standen unter schwerem Druck. Niemand wußte, was morgen sein wird. Und doch sagt Petrus: Auch diese schwere Zeit ist ein Mittel in Gottes Hand. Während ihr eine kleine Zeit leidet – denn was ist unsere Zeit auf Erden, gemessen an der ewigen Herrlichkeit, anders als klein und kurz –, wird Gott euch zubereiten, formen und läutern und vollenden für die ewige Herrlichkeit, zu der er uns in Christus Jesus berufen hat. Für Gott gibt es also keine verlorenen Zeiten. Auch wir wissen nicht, was morgen sein wird. Nicht nur, was wir auf Erden mit Augen sehen, sondern viel mehr noch, was wir im Worte Gottes lesen, sagt uns, daß wir als Christen schweren Zeiten entgegengehen. O, da wollen wir uns doch bergen in Gottes gewaltige Hand, die auch heute üer allem Weltgeschehen waltet und die auch über meinem und deinem Leben walten will, uns zum Heil und Leben! Eine Ewigkeit wird offenbar machen, was Gott aus denen gemacht hat, die sich ihm ergaben, indem sie glaubend und betend in die Hand Gottes einschlugen, die vom Kreuz auf Golgatha her sich uns entgegenstreckt, ihren Segen, Schutz und ihre Macht und Geborgenheit immer neu erfuhren, und nun mit dem Chor der Vollendeten bekennen werden:

»Hand, die mich gesucht hat,
Blut, das mich erkauft hat,
Gnade, die mich wieder heimgebracht:
Lob und Preis sei deiner Liebe Macht!« Amen.

Gebet: Herr, unser Gott, wir wollen Dich im Namen Jesu preisen, wenn wir mit den Worten eines unserer Väter bekennen als unsre Erfahrung und unsre Zuversicht: »Wenn wir Dich haben, kann uns nicht schaden Teufel, Welt, Sünd oder Tod. Du hast's in Händen, kannst alles wenden, wie auch heißen mag die Not. Drum wir Dich ehren, Dein Lob vermehren mit hellem Schalle, freuen uns alle zu dieser Stunde. Halleluja! Wir jubilieren und triumphieren, lieben und loben Dein Macht dort droben mit Herz und Munde. Halleluja!« Amen.

Lied: Ich steh in meines Herren Hand und will drin stehen bleiben . . .

16. Sonntag nach Trinitatis

Vom Einmaleins biblischer Lehre

Um diese Zeit legte der König Herodes Hand an einige der Gemeinde, sie zu mißhandeln. Er tötete aber Jakobus, den Bruder des Johannes, mit dem Schwert. Und als er sah, daß es den Juden gefiel, fuhr er fort und nahm auch Petrus gefangen. Es waren aber eben die Tage der ungesäuerten Brote. Als er ihn nun ergriffen hatte, warf er ihn ins Gefängnis und überantwortete ihn vier Wachen von je vier Soldaten, ihn zu bewachen. Denn er gedachte, ihn nach dem Fest vor das Volk zu stellen. So wurde nun Petrus im Gefängnis festgehalten; aber die Gemeinde betete unaufhörlich für ihn zu Gott. Und in jener Nacht, als ihn Herodes wollte vorführen lassen, schlief Petrus zwischen zwei Soldaten, mit zwei Ketten gefesselt, und die Wachen vor der Tür bewachten das Gefängnis. Und siehe, der Engel des Herrn kam herein, und Licht leuchtete auf in dem Raum; und er stieß Petrus an die Seite und weckte ihn und sprach: Steh schnell auf! Und die Ketten fielen ihm von seinen Händen. Und der Engel sprach zu ihm: Gürte dich und zieh deine Schuhe an! Und er tat es. Und er sprach zu ihm: Wirf deinen Mantel um und folge mir! Und er ging hinaus und folgte ihm und wußte nicht, daß ihm das wahrhaftig geschehe durch den Engel, sondern meinte, eine Erscheinung zu sehen. Sie gingen aber durch die erste und zweite Wache und kamen zu dem eisernen Tor, das zur Stadt führt; das tat sich ihnen von selber auf. Und sie traten hinaus und gingen eine Straße weit, und alsbald verließ ihn der Engel. Und als Petrus zu sich gekommen war, sprach er: Nun weiß ich wahrhaftig, daß der Herr seinen Engel gesandt und mich aus der Hand des Herodes errettet hat und von allem, was das jüdische Volk erwartete.

Und als er sich besonnen hatte, ging er zum Haus Marias, der Mutter des Johannes mit dem Beinamen Markus, wo viele beieinander waren und beteten. Als er aber an das Hoftor klopfte, kam eine Magd mit Namen Rhode, um zu hören, wer da wäre. Und als sie die Stimme des Petrus erkannte, tat sie vor Freude das Tor nicht auf, lief hinein und verkündete, Petrus stünde vor dem Tor. Sie aber sprachen zu ihr: Du bist von

Sinnen. Doch sie bestand darauf, es wäre so. Da sprachen sie: Es ist sein Engel. Petrus aber klopfte weiter an. Als sie nun aufmachten, sahen sie ihn und entsetzten sich. Er aber winkte ihnen mit der Hand, daß sie schweigen sollten, und erzählte ihnen, wie ihn der Herr aus dem Gefängnis geführt hatte, und sprach: Verkündet dies dem Jakobus und den Brüdern. Dann ging er hinaus und zog an einen andern Ort.
Als es aber Tag wurde, entstand eine nicht geringe Verwirrung unter den Soldaten, was wohl mit Petrus geschehen sei. Als aber Herodes ihn holen lassen wollte und ihn nicht fand, verhörte er die Wachen und ließ sie abführen. Dann zog er von Judäa hinab nach Cäsarea und blieb dort eine Zeitlang.
Er war aber zornig auf die Einwohner von Tyrus und Sidon. Sie aber kamen einmütig zu ihm und überredeten Blastus, den Kämmerer des Königs, und baten um Frieden, weil ihr Land seine Nahrung aus dem Land des Königs bekam. Und an einem festgesetzten Tag legte Herodes das königliche Gewand an und hielt eine Rede an sie. Das Volk aber rief ihm zu: Das ist Gottes Stimme und nicht die eines Menschen! Alsbald schlug ihn der Engel des Herrn, weil er Gott nicht die Ehre gab. Und von Würmern zerfressen, gab er den Geist auf.
Und das Wort Gottes wuchs und breitete sich aus.

Apostelgeschichte 12,1–24

»Der Herr ist gerecht in allen seinen Wegen und heilig in allen seinen Werken«, so bekennt ein Mann des Glaubens im Alten Testament. Wohl dem, der das im Glauben an seinen Gott sagen kann! So einfach ist das nämlich nicht. Ein kleingläubiges Herz wird das nicht sagen können. Denn Gottes Wege sind nicht unsre Wege.
Wie wird das auch in dem verlesenen Kapitel aus der Apostelgeschichte deutlich: Wie verschieden ist das Los, das die einzelnen Menschen zu gleicher Zeit und am gleichen Ort trifft, die hier im Blickfeld stehen. Da sind zunächst zwei Jünger Jesu; der eine erlebt eine wunderbare Errettung, der andere stirbt unter dem Schwerthieb eines tyrannischen Königs. Da sind die Soldaten, die ihre Pflicht tun und an der Befreiung des Petrus unbeteiligt bleiben; aber es wird ihnen nicht geglaubt, sondern sie werden abgeführt und hingerichtet. Am Ende erreicht auch den gottlosen Regenten sein Schicksal: ein schrecklicher Tod,

aber erst, nachdem er soviel Blut vergossen und soviel Leid auf Erden angerichtet hat.
Und das alles geschieht unter den Augen Gottes, unter seinem Regiment, denn wiederholt ist von dem Engel des Herrn die Rede, der im Auftrag Gottes überall dabei ist. Wir hören heute angesichts ähnlicher Geschehnisse und Ungereimtheiten auf Erden Menschen fragen: Wo bleibt da der Gott, der angeblich »alles so herrlich regieret«? Aber unsre Geschichte schließt wirklich so: »Aber das Wort Gottes wuchs und breitete sich aus.« Das heißt: Das Wort von dem gerechten und heiligen, dem gnädigen und barmherzigen Gott, wie er sich in Jesus Christus offenbart hat, nahm weiter seinen Lauf und überwand immer neu die Herzen der Menschen und mehrte Gottes Lob auf Erden, weil es die bedrängten Christen glaubhaft und unerschütterlich bezeugten: »Es ist in keinem andern Heil, ist auch kein andrer Name unter dem Himmel den Menschen gegeben, durch den wir selig werden« als der Name Jesus.
Möchten wir das doch auch so halten und die Botschaft von dem lebendigen und allgewaltigen Herrn und Heiland der Welt unbeirrt und getrost bezeugen auch in unsrer wirren Zeit. Der verlesene Bibeltext will uns dazu anleiten und wird uns dazu Mut machen, wenn wir uns zwei Dinge darin deutlich machen lassen:

1. die Anfechtungen, durch die die gläubige Gemeinde damals und heute immer neu hindurch muß;
2. die Quelle der Kraft, aus der wir in allen Wirrnissen der Zeit und bei aller Rätselhaftigkeit der Wege Gottes dennoch unsres Glaubens gewiß unsre Straße ziehen und unser Zeugnis an die Welt ausrichten können.

I.

Wir sehen uns die einzelnen Gestalten nochmals näher an und denken jedesmal an das, *was aus ihrer Lage und ihrem Los als Versuchung, als Glaubensprüfung* an sie und die Christen damals herantreten mußte. Da ist der Jünger Jakobus, einer aus der Zahl der zwölf Apostel, ja einer von den dreien, die Jesus ganz besonders nahe gestanden haben; sie durften ihn auf den Berg der Verklärung begleiten und waren in Gethsemane Zeugen seines schweren Kampfes. Seit der Himmelfahrt Jesu und der Aussendung der Apostel sind etwa zehn Jahre vergangen. Wenn wir bedenken, wieviel Mühe Jesus um seine Jünger hatte, bis sie soweit waren, daß er sie senden konnte, dann war das noch keine so lange Zeit, die er im Dienst des Evangeliums tätig war. Was hätte gerade dieser Mann noch alles tun und wirken können im Dienst des Herrn. *Aber Jakobus stirbt, er stirbt in den besten Jahren unter dem Henkerbeil eines ungerechten und brutalen Herrschers;* er stirbt, obwohl die gläubige Gemeinde ganz gewiß auch für ihn gebetet haben wird. Wir kennen alle die Anfechtung, die uns trifft, wenn wir für etwas gebetet haben und es doch so ganz anders kommt: daß wir leicht den Mut verlieren, auch die Freudigkeit zum Beten und Bekennen, und dann unsicher werden und uns gar in einen müden Schicksalsglauben ergeben, weil doch Gott alles bestimmt habe und wir nichts ändern können. Hier ist es anders: Jakobus selbst geht getrost zur Richtstätte; ja die Überlieferung weiß zu sagen, daß der Diener, der ihn abführte, von dem freudigen Zeugnis und der Standhaftigkeit des Jakobus so beeindruckt war, daß er auf der Stelle Christ wurde und das auch mit seinem Leben bezahlt hat. Und die gläubige Gemeinde läßt sich auch nicht aufhalten; sie bleibt zusammen und tut ihren Dienst, auch den Dienst anhaltender Fürbitte für den noch gefangenen Petrus. Welch ein Vorbild! Denn soll unser Zeugnis an die Welt glaubwürdig sein, dann dürfen auch wir uns durch solche Prüfungen nicht irremachen lassen; dann müssen wir lernen, uns in Gottes Wege zu schicken. Ist doch gerade das Zeugnis, das Menschen in Leidenstagen und auf rauhen Wegen von ihrem Herrn abgelegt haben, zu allen Zeiten besonders wirksam gewesen. Wir denken an Paul Gerhardts unsterbliche Glaubens- und Trostlieder.

Wir kommen zu Petrus: *Bei ihm geschieht das Wunder.* Auch ihn will Herodes vorführen und hinrichten lassen. Aber in der Nacht vor der beschlossenen Hinrichtung wird er durch den Engel Gottes von den Ketten gelöst und an den ihn bewachenden Soldaten vorbei aus dem verschlossenen Gefängnis sicher herausgeführt. Die Befreiung ist so wunderbar, daß selbst die betende Schar es gar nicht recht fassen kann. Wir haben die Einzelheiten gehört. Wie groß war nun aber die Gefahr, daß die Gläubigen in eine Schwärmerei gerieten; daß sie etwa sagen konnten: »Da seht ihr! Für Jakobus haben wir nicht genug gebetet, ›alle Dinge sind möglich dem, der da glaubt!‹. Nun laßt sie nur alle kommen, wir haben den Schlüssel gefunden; nun werden wir Wunder über Wunder erleben!« Wir wissen ja, wie groß die Versuchung zu solchem schwärmerischen Glauben bis heute geblieben ist: Da hat der Herr in einem Fall wirklich ein Wunder getan, etwa einen Menschen auf das Gebet und die Fürbitte der Gläubigen von einem Krebsleiden geheilt, auch zur Verwunderung der Ärzte. Solche Dinge geschehen bis auf den heutigen Tag. Aber nun kommt die Versuchung. Wenn hier, warum nicht auch anderwärts? Also liegt es überall nur am rechten Glauben! Denn wo wirklich Glaube ist, da gibt es Wunder am laufenden Band. Wie viele Kinder Gottes sind so in Verwirrung geraten und haben Schaden genommen an ihrer Seele! Wie anders ist es hier: Bei aller Freude und Dankbarkeit bleiben die Gläubigen in einer heiligen Nüchternheit. Petrus verbirgt sich vor seinen Häschern; er wird nicht übermütig. Es ist auch kein andrer da, der ihm davon abrät und nun alles auf weitere Wunder setzt, sondern sie gehen ihm zur Hand, als er sich zu einem anderen Ort begibt. Petrus erkennt aber: Wenn der Herr mein Leben auf solch wunderbare Weise errettet hat, dann hat er mit mir noch etwas vor, dann hat er für mich noch Aufträge. Dann will ich die Zeit, die er mir geschenkt hat, nicht aufs Spiel setzen, sondern schätzen und auskaufen. Kann ich das nicht so wie bisher, dann will ich aus dem Verborgenen und aus der Stille heraus tun und darauf achten, wie und wo der Herr mich noch brauchen will. So hat er offenbar diese Errettung verstanden und danach gehandelt, wie seine Briefe ausweisen, bis, ja bis nach Jahren auch für ihn die Stunde kam, da man ihn zur Richtstätte führte und Gott kein Wunder tat, um ihn zu befreien, wie die Geschichte berichtet. So steht er hier als Vorbild für heilige Klugheit und Nüchternheit, für Glauben und Treue, und die gläubige Gemeinde mit ihm; und sie mahnen uns, in allen Dingen heilige Nüchternheit zu bewahren, uns auch da, wo Gott uns Wunder erfahren läßt, uns doch nicht auf Wunder zu verlassen, sondern auf ihn, der für uns gestorben und auferstanden ist, und uns seiner Führung anzuvertrauen, der uns einmal wunderbar erhören und erretten kann und ein anderes Mal auch warten und leiden, gar sterben lassen kann. Um ihn, sein Kreuz, seine

Ehre, sein Reich und seine Verherrlichung geht es überall und immer.
Da sind weiter die Soldaten, zwischen denen Petrus gefangen gehalten wird. Von ihnen heißt es: »Herodes aber, da er Petrus forderte und nicht fand, ließ er die Hüter verhören und hieß sie abführen«, das heißt *zur Hinrichtung abführen.* Daß diese Hüter hier nicht übergangen werden, hat gewiß auch seinen Sinn: Sie stehen für alle diejenigen auf Erden, die keinen Einfuß haben auf das, was die Großen in der Welt beschließen, sondern die schlicht ihren Dienst tun und dabei durch die Schuld anderer ihr Leben hergeben müssen. Sie stehen für alle Krieger, die von herrschsüchtigen Regenten in den Tod geschickt wurden und ihr junges Leben opfern mußten; sie stehen auch für alle, die im Dienst der staatlichen Gewalt, des Rechts und der Gerechtigkeit ihr Leben lassen bis zu den erschossenen Polizeibeamten in unsren Tagen und den schuldlosen Geiseln, bei deren Schicksal sich auch schnell die Frage erhebt: Wie kann Gott das zulassen? Die gläubige Gemeinde hat damals gewiß auch keine letzte Antwort gewußt auf die Frage, warum Gott nicht auch die Wächter durch seinen Engel in Schutz genommen hat, sondern sie schuldlos sterben ließ und ihre Gnadenzeit auf Erden so jäh ein Ende nahm. Sie hat das getragen und eingestanden, daß es auch für sie noch Fragen gibt, die sie nicht beantworten kann, sondern in Demut ihrem Herrn überlassen muß, der das letzte Wort über jeden Menschen sprechen wird. Und das ist wieder für uns die Lehre: Bleib nicht hängen bei der Frage: Wie kann Gott dies und jenes zulassen? Gib es ruhig zu, daß du auch nicht alles weißt, sondern daß es auch für dich noch Fragen gibt, die nur die Ewigkeit beantworten kann und wird. Bekenne aber um so mehr das, was du weißt, wie es die gläubige Gemeinde getan hat, nämlich, daß Jesus der Heiland und Herr, der Retter und der Richter der Welt ist und daß sein großer Tag kommt!
Am Ende, so lesen wir hier, erreicht auch den König Herodes sein Schicksal; er stirbt einen qualvollen Tod. Der Engel des Herrn vollzieht Gottes Gericht an ihm. Aber warum so spät? Warum dürfen Tyrannen erst so wüten und morden, ehe Gott sie vom Thron stürzt? Warum sieht Gott so lange zu, obwohl er als der Allwissende doch weiß, daß sie sich nicht bekehren werden? Warum dürfen Terroristen ihr grausames Spiel trei-

ben und Menschen, Familien, ja ein ganzes Volk ängstigen und quälen? Es mag auch damals manches gläubige Herz so oder ähnlich gefragt haben in seinem Leid. Und doch hat die gläubige Schar als Ganzes sich nicht aufhalten lassen, sondern Gott die Ehre gegeben und daran festgehalten, daß er allein die rechte Stunde weiß, wo und wie er eingreifen soll. Sie hat nicht aufgehört, ihn zu loben und ihn zu bekennen und uns so auch in diesem Stück ein Vorbild hinterlassen.
Wenn wir das Ganze überschauen, müssen wir nochmals sagen: Wie verschieden sind doch das Los und die Wege des Herrn mit den Menschen, auch mit seinen Gläubigen. Wieviel Fragen brechen hier auf, wieviel Anfechtungen können daraus kommen und wieviel Versuchungen, bei Fragen hängenzubleiben, die uns zu schwer sind, die uns aber lähmen und aufhalten und müde machen im Kampf des Glaubens.
Und doch: da ist eine Schar, die überwindet das alles und ist ihres Weges gewiß, so gewiß, daß immer neu auch andere gewonnen werden und sich auf diesen Weg rufen lassen, zu diesem Herrn, der Christus Jesus heißt. Denn so schließt unser Bericht: »Und das Wort des Herrn wuchs und breitete sich aus.« Wie war das möglich? Die Frage führt uns zu einer zweiten Besinnung und Erkenntnis, die uns das Wort hier schenkt.

II.

Ja, wie war das möglich? Wie wird das möglich, daß auch von uns in unserer von Katastrophen, Verfolgungen, Gewalttätigkeiten und Ungerechtigkeiten durchtränkten Zeit und angesichts aller sich schon abzeichnenden kommenden endzeitlichen Geschehnisse solch glaubwürdiges und gewinnendes Zeugnis und Bekenntnis ausgeht? Der Satz vom wachsenden Wort gibt uns die Antwort: »Das Wort Gottes aber wuchs und breitete sich aus.« Es ist doch merkwürdig, daß es nicht heißt: Die Schar der Gläubigen wuchs und mehrte sich; kann sich das Wort Gottes doch nur dadurch ausbreiten in der Welt, daß es in immer mehr Menschenherzen dringt und Menschen überwindet. Aber Gottes Wort sagt es an dieser Stelle eben so: »Das Wort Gottes wuchs und breitete sich aus.« So wird uns hier besonders hell und klar die Quelle genannt, aus der die gläubige Gemeinde Kraft und Mut und Trost schöpfte und was auch der Inhalt ihres Zeugnisses an die Welt war. Es war das Wort ihres Herrn. Durch den Mund der Apostel hatten sie es empfangen, »das Wort von Jesu Wunden, von Jesu Sieg und Kraft, wie er ein Heil erfunden, das hier schon selig macht.« Und das ist ein reiches, herrliches und helles Wort. Darin lebten und atmeten sie. Und je schwerer die Nöte und mancherlei Fragen vor ihnen aufbrachen, desto mehr haben sie auf das Wort des Herrn gehört und es bewegt nach jenem Spruch: »Anfechtung lehrt auf das Wort achten.«

Und was sagt das Wort Gottes uns auch im Blick auf all die Nöte und Dunkelheiten dieser Zeit und Welt? Es gibt uns einige grundlegende Antworten, die geradezu zum Einmaleins biblischer Lehre und biblischen Glaubens gehören. Die Gläubigen der ersten Christenheit kannten dieses biblische Einmaleins, das wir Christen heute kaum noch kennen, jedenfalls schwer lernen und anwenden. Und doch hängt davon unser Sieg im Kampf des Glaubens in den Anfechtungen unserer Zeit und der anbrechenden Endzeit ab. Zum Einmaleins des Wortes Gottes, wir können auch sagen: zu seiner Form und Gestalt, zu seinem Inhalt und zu seiner Lehre gehören folgende Richtsätze, die wir nur noch in Stichworten nennen können:

Es gehört dazu die Wahrheit, daß *unsre Welt eine gefallene Welt ist,* in der auch der Teufel, der Widersacher Gottes, noch sein Werk treiben darf. Darum darf auch noch so viel Ungerechtigkeit, Bosheit und Gewalt auf ihr geschehen. Nach Gottes Willen muß auch die Bosheit reif werden.

Weiter lehrt das Wort Gottes: Die ganze Zeit zwischen Jesu Tod und Auferstehen und seiner Wiederkunft steht *im Zeichen der Weltmission:* »Es muß das Evangelium vom Reich verkündet werden in der ganzen Welt zu einem Zeugnis über alle Völker, und dann wird das Ende kommen«, nämlich der Abschluß dieser und der Anbruch einer neuen Weltzeit.

Das Wort des Herrn sagt deshalb weiter, daß diese unsre jetzige Welt und Zeit nicht so sehr von der Gerechtigkeit, sondern *von der Gnade, Geduld und Langmut Gottes getragen und regiert wird,* weil »Gott will, daß allen Menschen geholfen werde und sie zur Erkenntnis der Wahrheit kommen«, und daß unter der Verkündigung der Botschaft von dem in Jesu Tod und Auferstehen erschienen Heil Gottes die Gemeinde gesam-

melt werde, die der wiederkommende Herr an seine Seite rufen wird, um mit ihr zusammen das Regiment über eine neue Weltzeit zu übernehmen.
Und weiter lehrt das Wort der Bibel, daß die ganze Welt seit Bethlehem und Golgatha unaufhaltsam *diesem großen Tag entgegengeht,* von dem es an andrer Stelle heißt: »An dem Tage werdet ihr – die Jünger Jesu – mich nichts fragen«; so gerecht, so heilig, so makellos wird des Herrn Gericht sein über alles, was Menschenantlitz trägt, also auch über alle, die im Kampf mit der Bosheit und den gottfeindlichen Mächten auf Erden vor der Zeit dahingerafft wurden. Bis dahin mutet der Herr seinen Gläubigen zu, auch noch manche Dunkelheiten und Rätselhaftigkeiten auf Erden zu ertragen und sie mit einem Dennoch! des Glaubens zu überwinden.
Und auch dies sagt uns das Wort der Bibel, daß mitten in einer Welt voll Angst, Not und Tod Jesu Zusage gilt: »Siehe, ich bin bei euch alle Tage bis an der Welt Ende.« Jesus führt nicht alle seine Gläubigen denselben Weg auf Erden, aber er bringt sie alle nach Hause. Wie der Engel des Herrn den Jakobus zur Richtstätte begleitete und ihm die Tür zur Herrlichkeit öffnete und den Petrus wunderbar errettete und bewahrte, so ist der Herr mit seinem himmlischen Heer unter den Seinen, um jedem an seinem Platz und auf seinem Weg zu helfen, beizustehen, ihn zu stärken, zu trösten und zu bewahren auf den Tag der Erlösung und Vollendung seiner ganzen gläubigen Gemeinde.
An diesem reichen Wort des Herrn, das ihr in solcher Gestalt gegeben wurde, hielten die Gläubigen damals fest und erfuhren so seine Kraft und Wahrheit, seinen Trost und seinen Frieden mitten in aller Wirrnis ihrer Zeit und aller Angst der Welt.
Wahrlich, wenn wir so im Wort unseres Herrn leben und atmen und alles in seinem Licht sehen, wird es nicht ausbleiben, daß es auch in unseren Herzen wächst und unser Herz fest wird im Glauben und Hoffen auf ihn, der da war und der da ist und der da kommt! Es wird uns dann geschenkt werden, daß nicht bloß wir selbst das hohe Ziel erreichen, das uns von Gott gesteckt ist, sondern auch andere noch herbeirufen und mitbringen dürfen auf diesem Weg. »Daß Jesus siegt, bleibt ewig ausgemacht, sein wird die ganze Welt. Denn alles ist nach seines Todes Nacht in seine Hand gestellt. Nachdem am Kreuz er

ausgerungen, hat er zum Thron sich aufgeschwungen. Ja, Jesus siegt!« Amen.

Gebet: Ja, Jesus siegt! Wir glauben es gewiß und glaubend kämpfen wir. Wie Du uns führst durch alle Finsternis, wir folgen, Jesu, Dir! Denn alles muß sich vor Dir beugen, bis auch der letzte Feind wird schweigen. Ja, Jesus siegt! Amen.

Lied: König, gib uns Mut und Klarheit, einen will'gen, einen muntern Jüngersinn . . .

17. Sonntag nach Trinitatis

In der Hochschule des Glaubens

Israel hat dennoch Gott zum Trost, wer nur reines Herzens ist. Ich aber hätte schier gestrauchelt mit meinen Füßen, mein Tritt wäre beinahe geglitten. Denn es verdroß mich der Ruhmredigen, da ich sah, daß es den Gottlosen so wohl ging. Denn sie sind in keiner Gefahr des Todes, sondern stehen fest wie ein Palast. Sie sind nicht in Unglück wie andere Leute und werden nicht wie andere Menschen geplagt. Darum muß ihr Trotzen köstlich Ding sein, und ihr Frevel muß wohlgetan heißen. Ihre Person brüstet sich wie ein fetter Wanst; sie tun, was sie nur gedenken. Sie achten alles für nichts und reden übel davon und reden und lästern hoch her. Was sie reden, das muß vom Himmel herab geredet sein; was sie sagen, das muß gelten auf Erden. Darum fällt ihnen ihr Pöbel zu und laufen ihnen zu mit Haufen wie Wasser und sprechen: Was sollte Gott nach jenen fragen? Was sollte der Höchste ihrer achten?
Siehe, das sind die Gottlosen; die sind glückselig in der Welt und werden reich. Soll es denn umsonst sein, daß mein Herz unsträflich lebt und ich meine Hände in Unschuld wasche? Und bin geplagt täglich, und meine Strafe ist alle Morgen da. Ich hätte auch schier so gesagt wie sie; aber siehe, damit hätte ich verdammt alle deine Kinder, die je gewesen sind.
Ich dachte ihm nach, daß ich's begreifen möchte; aber es war mir zu schwer, bis daß ich ging in das Heiligtum Gottes und merkte auf ihr Ende. Ja, du setzest sie aufs Schlüpfrige und stürzest sie zu Boden. Wie werden sie so plötzlich zunichte! Sie gehen unter und nehmen ein Ende mit Schrecken. Wie ein Traum, wenn einer erwacht, so machst du, Herr, ihr Bild in der Stadt verschmäht. Da es mir wehe tat im Herzen und mich stach in meinen Nieren, da war ich ein Narr und wußte nichts; ich war wie ein Tier vor dir.
Dennoch bleibe ich stets an dir; denn du hältst mich bei meiner rechten Hand, du leitest mich nach deinem Rat und nimmst mich endlich mit Ehren an. Wenn ich nur dich habe, so frage ich nichts nach Himmel und Erde. Wenn mir gleich Leib und Seele verschmachtet, so bist du doch, Gott, allezeit meines Herzens

Trost und mein Teil. Denn siehe, die von dir weichen, werden umkommen; du bringest um alle, die von dir abfallen. Aber das ist meine Freude, daß ich mich zu Gott halte und meine Zuversicht setze auf den Herrn Herrn, daß ich verkündige all dein Tun. Psalm 73

Wer sich durch die frohe Botschaft von der Gnade Gottes zu Jesus rufen läßt und in seine Nachfolge tritt, der begibt sich damit zugleich in die höchste Schule, die es für uns Menschen auf Erden gibt: die Hochschule des Glaubens. Denn was sind alle Schulen und Hochschulen dieser Welt gegenüber dieser göttlichen Hochschule! Alle weltlichen Bildungsstätten, so richtig und wichtig sie an ihrem Platz auch sind, vermitteln uns Erkenntnisse und rüsten uns zu, damit wir im besten Fall einige Jahrzehnte einen entsprechenden Platz auf Erden einnehmen können, den wir aber endgültig verlassen müssen, wenn unser Stündlein kommt. In der Hochschule des Glaubens aber, in die uns Jesus aufnimmt, geht es um nichts weniger als um die Heranbildung der Bürger und Regenten, die einmal mit ihrem wiederkommenden Herrn die Königsherrschaft über die neue Welt Gottes übernehmen sollen, die kein Ende hat.

Wer das nicht erkennt und solches Gnadenangebot Gottes nicht wertschätzt, dem fehlt ein entscheidendes Stück biblischer Erkenntnis. Der wird in Zeiten der Anfechtung aus dem quälenden »Warum?« nicht herauskommen und sein Ungemach nur widerwillig tragen. Er wird gar alles so sinnlos finden wie etwa jenes lungenkranke Mädchen, das in einem Brief einen ihr bekannten Seelsorger fragte: »Beantworten sie mir doch die eine Frage: Was hat mein Leben jetzt noch für einen Sinn?«

So braucht grundsätzlich der nicht mehr zu fragen, der in der Nachfolge Jesu steht. Und wenn er in einer Stunde der Anfechtung doch so fragt, dann ist das eine Versuchung, die überwunden werden kann und muß. Denn wir haben in der Hochschule des Glaubens auch Lektionen zu lernen, die uns nur schwer eingehen, die man sonst auch in keiner Schule auf Erden lehrt und lernt, die aber in der Schule Jesu ein Leben lang eingeübt werden wollen, wie etwa Geduld, Leidenswilligkeit, Demut, Feindesliebe. Eine der höchsten Lektionen aber ist fraglos die, um die es in unserem Psalm geht: das Dennoch des Glaubens.

Wir alle wissen: Es gibt ein Halleluja des Glaubens. Es gibt Zeiten und Strecken auf unserem Lebensweg, da uns Glauben und Vertrauen zum Herrn und zu seiner Führung leicht fällt, weil er uns Wege führt, auf denen wir fröhlich und von Herzen ihm für alle Güte danken und singen können. Dieses Halleluja wird ja heute auch mancherorts sehr betont und geübt; wozu machmal allerdings zu sagen wäre, daß allerlei Allotria noch kein Halleluja ist. Immerhin, es gibt ein echtes Halleluja des Glaubens.

Und es gibt Zeiten und Wegstrecken, da alles über uns zusammenstürzen will, da uns die Verhältnisse um uns her geradezu anschreien können: »Wo ist nun dein Gott?« Ich weiß nicht, ob es schon einen glaubenden Menschen gegeben hat, der seinen Lauf auf Erden ohne jede Anfechtung vollendet hat. Aber ich weiß es, weil das Wort Gottes es uns sagt, daß wir als Christen jener Stunde immer näher kommen, die Jesus so beschreibt: »Ihr werdet begehren, zu sehen einen Tag des Menschensohnes und werdet ihn nicht sehen.« Das heißt: Die Verhältnisse auf Erden werden so sein, daß nichts so aussichtslos erscheinen wird wie der Glaube und die Hoffnung auf den Sieg Jesu und seiner Gerechtigkeit. Wir werden guttun, uns darauf zu rüsten.

Der 73. Psalm gibt uns dazu helle Wegweisung. Er spricht wie vielleicht kein anderer Abschnitt in der Bibel von des Glaubens Kampf und Sieg. Wir wollen uns die drei Abschnitte darin deutlich machen: die notvolle Frage – die heilsame Besinnung – das erneuerte Glaubensbekenntnis.

I.

Die notvolle Frage. Was den Beter hier so angefochten hat, ist die Beobachtung, daß man doch auch ohne lebendigen Glauben an Gott leben kann. Und man kann nicht nur leben, sondern anscheinend sogar besser leben, wenn man Gott einen lieben oder gar toten Mann sein läßt; besser leben schon allein deshalb, weil der gottvergessene Mensch kein Gebot anerkennt, das ihm dies gebietet und anderes verwehrt, und sich deshalb auch kein Gewissen zu machen braucht über das, was

Gott in seinem Wort Sünde und Schuld nennt. Für ihn gibt es ja keinen Gott, auf keinen Fall einen, der es so genau nimmt. Darum kennt er auch keine Gewissensplagen, keine schlaflosen Nächte über schuldhaftes Versagen und begangenes Unrecht. Nein, diese Leute genießen das Leben mit all seinen Möglichkeiten nach Herzenslust. Und siehe da: Statt daß Gott sie strafen und ihnen allen Segen auf Erden entziehen würde, haben diese Menschen Erfolg, machen Karriere, werden dreist und aufgeblasen, lächeln überlegen über die Frommen und – die Masse hält es mit ihnen und sagt: Jawohl, so muß man leben! Ein Narr, ein Mucker ist der, der anders lehrt und es anders hält!

Wir brauchen diese Verse nicht weiter auszulegen, um zu erkennen, wie diese jahrtausendalte Frage die Frage ist, die so und ähnlich sich immer wieder erhebt: Läßt es sich nicht auch ohne Gott leben? Gibt es nicht auch ohne Glauben an Gott Glück, Freude, Wohlergehen auf Erden? Beweisen das nicht die Menschen, die sich mit ihrem Denken, Wollen und Tun allein auf dem Boden dieser sichtbaren Welt bewegen? Und Tatsache ist doch, daß das Leben Kampf und die Welt ein Kampfplatz ist. Und da ist eben jeder sich selbst der Nächste. Da muß man seine Ellenbogen gebrauchen; da muß man auch immer wieder fünf gerade sein lassen. Mit der Bergpredigt Jesu kann man nicht durch dieses Leben kommen. So denken, sprechen und handeln doch viele Menschen auch in unseren Tagen.

In der Tat: Wenn es auch nicht immer so ist, wie es unser Psalm schildert, daß es allen gottvergessenen und weltbesessenen Menschen so gut und allen Glaubenden auf Erden so übel gehe – das Leben gibt uns schon manche Rätsel auf in dieser Richtung. Wer solche und ähnliche Anfechtungen nicht kennt, prüfe sich, ob er überhaupt schon im lebendigen Glauben steht; ob er überhaupt schon gelernt hat, auch im Alltagsleben nach Gottes Willen und Gebot zu fragen, oder ob er vielleicht schon der Versuchung erlegen ist, sich der Welt gleichzustellen und sich dem Zeitgeist anzupassen, und darum nichts mehr von dieser Spannung spürt. Das gibt es auch. Denn mancher, der einmal fein anfing, lächelte später darüber, daß er einmal so »eng« gewesen wäre und sich über alles mögliche ein Gewissen gemacht hätte, und merkte gar nicht mehr, wie arm er innerlich geworden war und wie wenig er noch als Christ ernstgenommen wurde in der Welt, weshalb auch der altböse Feind ihn nicht mehr anzufechten brauchte. Der Herr bewahre uns vor diesem Weg, von dem er sagt: »Wenn aber das Salz dumm wird, womit soll man's salzen? Es ist hinfort zu nichts nütze, als daß man es hinauswerfe und lasse es die Leute zertreten.« Und ein andermal: »Wehe dem, dem jedermann wohlredet!«

II.

Die heilsame Besinnung. Drei Dinge helfen dem Beter des Psalms, die Anfechtung zu überwinden und so in seinem Glauben noch viel froher, einfältiger und gewisser zu werden: 1. Der Blick auf die Wolke von Zeugen: »Ich hätte schier auch so gesagt wie sie; aber siehe, damit hätte ich verdammt alle deine Kinder, die je gewesen sind« (V. 15, alte Lutherübersetzung). Das heißt: Wenn der angefochtene Glaubensmann auch so gesprochen hätte wie die Masse: »Ach, das Frommsein hat doch keinen Sinn; das ist höchstens etwas für die Alten, Kranken, für Kinder und Großmütter, aber doch niemals etwas für Menschen, die im Leben stehen«, dann hätte er damit alle Kinder Gottes, die je vor ihm gelebt haben, auch einen Abraham, einen Mose, einen Elia, samt und sonders als Narren abgetan. Und das bekam er doch nicht fertig, sondern der Blick auf die Wolke von Zeugen, die vor ihm gewesen sind, nötigt ihn zu tieferem Nachdenken.
Das ist aber auch für uns und für alle Zweifler und Angefochtenen ein heilsamer Gedanke, den man zu Ende denken soll. Denn mit uns fängt ja der Glaube an den Gott der Bibel, und das heißt auch an Jesus, den Gekreuzigten und Auferstandenen, nicht an. Wir stehen gleichsam auf den Schultern derer, die vor uns gewesen sind und den Weg der Jesusnachfolge gegangen sind, und wie gegangen sind! Sollten sie alle irregeleitet gewesen sein, vielleicht weil sie nicht richtig denken konnten: die Märtyrer der ersten Christenheit, die Glaubenden, von denen Hebräer 11 redet, die Hugenotten, die Salzburger, die Leute in unserer Generation, die in den Gefängnissen des Dritten Reiches gelitten haben und sich hängen ließen um ihres Glaubens und Gewissens willen? Sollten unsere betenden

Väter und Mütter – und wahrscheinlich hat jeder von uns in seiner Ahnenreihe solche – wirklich auf dem Holzweg gewesen sein mit ihrem Glauben und Beten und den Ermahnungen, die sie ihren Kindern mitgaben auf ihren Weg durchs Leben? Konnte Torheit ihnen die Kraft geben, das Leben zu meistern, schwere Lasten zu tragen, Prüfungen zu überwinden und im Frieden zu sterben? Hast du wirklich den Mut, so fragt uns das Wort heute, ihnen allen nachzurufen: Was seid ihr Leute doch für Narren gewesen, die Bibel als ein heiliges Buch zu verehren und sie euch als Richtschnur für euer Leben gelten zu lassen und täglich betend Kraft und Trost, Licht und Wegweisung darin zu suchen, wo uns doch – so hören wir heute hinzufügen – nicht nur der gesunde Menschenverstand zeigt, sondern es auch Wissenschaftler bewiesen haben und moderne Theologen es auf den Kanzeln verkündigen, daß die Bibel Märchen und Legenden enthält, die kein denkender Mensch mehr glauben kann! Bekommst du das fertig, das ganze Heer der Kinder Gottes und alle Blutzeugen des Evangeliums, die über die Erde gegangen sind, so abzutun? Der Beter unsres Psalms schrickt davor zurück.

2. Das zweite, das ihm weiterhilft, ist der Weg ins Heiligtum. »Ich sann ihm nach, ob ich's begreifen möchte, aber es war mir zu schwer, bis daß ich ging ins Heiligtum . . .« Der angefochtene Glaubensmann tut also den Schritt, den wir nicht oft genug tun können, wenn wir in den Nöten und Anfechtungen des Lebens nicht erliegen wollen: Er flieht aus und in aller Unruhe des Herzens in die Stille vor Gott, aus aller Wirrnis der vielen Warum? in die Besinnung vor Gottes Angesicht, hat er doch offenbar schon so manches Mal erfahren, was alle Kinder Gottes, auch alle wahrheitssuchenden Menschen bis heute erfahren: Nicht im Lärm der Welt, nicht am Rundfunk und Fernseher und nicht in der Zerstreuung und Hetze des Tages lösen sich unsere tiefsten Lebensnöte, sondern nur in der Stille, im Hören auf den, dessen Wort uns als Licht für unseren Weg gegeben ist. Ohne solche stillen Augenblicke vor Gott im Alltagsleben, ohne Gang ins Gotteshaus und ins Gebetskämmerlein hat noch kein Glaubenskämpfer den Sieg gewonnen. Denn »Heiligtümer«, d. h. Gotteshäuser, Versammlungsstätten, auch Gebetskämmerlein gibt es gerade deshalb auf Erden, damit wir dort immer neu lernen, unser Leben im rechten Licht

zu sehen und zu erkennen, daß dieses Leben auf Erden ja wirklich nicht das einzige ist, das wir zu leben haben. Wie sieht dieselbe Sache denn in der Stille vor Gott aus? Das sagt uns das dritte:

3. ». . . und merkte auf ihr Ende.« Im Licht der Ewigkeit, die ihn in der Stille vor Gott umfängt, erkennt er aufs neue, wie hohl und brüchig das scheinbar so glänzende Glück der Gottesverächter in Wirklichkeit doch ist: Geld, Gut, natürlicher Frohsinn, Gesundheit – alles ist beschattet von der Frage: Wer weiß, wie lange? Denn sie müssen ja alle davon, auch die leichtlebigen und selbstsicheren Menschen. Und nicht bloß davon, sondern auch hinein in die Welt der Ewigkeit, wo der ewige Richter sie fragen wird nach dem Ertrag ihres Lebens, wo das eherne Gesetz Gottes gilt: »Was der Mensch sät, das wird er ernten«; wo es sich zeigen wird, daß man auf Erden alle Tage herrlich und in Freuden leben und doch gerade so sich sein ganzes Leben verpfuschen kann.

Wie ernst diese Wirklichkeit ist, wird dem Beter an Ereignissen deutlich, die er kennt und die ihn sprechen lassen: »Ja, du stellest sie auf schlüpfrigen Grund; du stürzest sie zu Boden. Wie werden sie so plötzlich zunichte, sie gehen unter und nehmen ein Ende mit Schrecken. Wie ein Traum verblaßt, wenn man erwacht, so verschmähst du, Herr, ihr Bild, wenn du dich erhebst.«

Der Psalmist denkt gewiß an bestimmte Ereignisse in seiner Zeit, die wir nicht im einzelnen ausmachen können. Aber Gott richtet ja in jeder Generation solche Zeichen auf; er hat sie auch unter uns aufgerichtet! Wo sind sie denn alle, die »anstelle der göttlichen Gebote die menschliche Willkür« setzten und über Leichen gingen und die Welt in ein Meer von Blut und Tränen stürzten? Untergegangen, ihr Bild ist verschmäht. Und wenn uns solche Beispiele für unser kleines Leben zu groß erscheinen, dann laßt uns an anderes denken, z. B. daran, daß noch kein gottvergessener Mensch einen anderen in dessen letzter Stunde hat trösten und aufrichten können, wenn's hart auf hart ging. Von dem berühmten Chirurgen Virchow liest man, wie er, der kein gläubiger Christ war, seinen Studenten einmal doch gesagt habe: »Gehen sie doch einmal in den Saal, wo die krebskranken Frauen liegen, und versuchen sie, diese mit Goethes Faust zu trösten!« Oder frage dich einmal in der

Stille und angesichts des Endes, das uns allen auf Erden gesetzt ist, was wohl mehr Gewicht hat und was du vorziehen möchtest – das Leben derer, die mit Gott gerechnet haben und sich noch im Sterben ihres Heilandes und deshalb auch einer ewigen Heimat getrösten konnten, oder das Leben derer, die Gott einen toten Mann nannten, nur dem Diesseits lebten und am Ende ins Leere schauten oder nichts anderes zu tun wußten, als sich, wie z. B. jener Hundeliebhaber, ein Wau-Wau in seine Gruft nachrufen zu lassen oder ihren Leichnam verbrennen zu lassen, allein zum Zeichen dafür, daß es jetzt mit allem aus ist, aus sein muß! Frage dich, auf welcher Seite du stehen möchtest, wenn es ans Letzte kommt! Das alles sind heilsame Überlegungen; sie können wahrheitsliebenden Menschen helfen, das eine zu suchen und zu finden, auf das es zuletzt allein ankommt, und sie können Angefochtenen neu dazu verhelfen, sich dessen bewußt zu werden, was Großes sie doch schon jetzt an ihrem Gott und Heiland im Glauben haben!

III.

Das erneuerte Glaubensbekenntnis. Mit einem »Dennoch« beginnt das Bekenntnis nach dem gewonnenen Sieg: »Dennoch bleibe ich stets an dir . . .« Merkwürdig: Der Beter sagt nach allen Überlegungen in der Stille nicht etwa ein »Also«, nicht: »Also bleibe ich stets an dir«, weil mir jetzt alles restlos klar geworden ist; weil ich einsehe, wie vernünftig es ist, an dich, Herr, zu glauben, und wie unvernünftig, an dir zu zweifeln. Nein, der Beter sagt: Dennoch! Das heißt: Der Blick auf die Wolke von Zeugen, der Gang ins Heiligtum, das Bedenken des Endes der Menschen – das alles sind zwar wertvolle Hilfen und Stützen im Kampf des Glaubens, aber sie zwingen nicht zum Glauben. Sie beantworten auch nicht alle Fragen; es bleiben für uns noch Rätsel übrig in Gottes Walten auf Erden. Das muß so sein. Gott überrollt uns nicht. Jesus zwingt uns nicht, ihm zu vertrauen. Er achtet unsere Freiheit. Er wirbt um unser Vertrauen, er ruft uns zur Besinnung; er ruft uns unter sein Wort; er führt uns an Krankenbetten, an Särgen und Gräbern vorbei; er mahnt uns dabei immer neu, über unseres Lebens Sinn und Ziel nachzudenken. Aber es ist in deine Freiheit gestellt, was du aus dem allen machen willst. Du kannst auch

nein sagen. Du kannst ihm sogar aus der Schule laufen. Schwer ist es für den, der Jesus kennt, aber unmöglich wäre das nicht. Der Psalmist hier tut es nicht, sondern erneuert sein Glaubensbekenntnis und setzt an den Anfang ein entschiedenes Dennoch! »Dennoch bleibe ich stets an dir, denn du hältst mich bei meiner rechten Hand, du leitest mich nach deinem Rat und nimmst mich endlich mit Ehren an . . .« Glückselig der Mensch, der in dieser Gewißheit durchs Leben gehen darf: Ich bin mit meinem Leben, meinen Aufgaben, meinem Leiden nicht einem blinden Schicksal ausgeliefert, sondern Gottes Vateraugen sind auf mich gerichtet, die Hand des guten Hirten Jesus hält mich und führt mich nach seinem ewigen Rat und das heißt mit dem unverrückbaren Ziel, mich endlich nach Hause zu bringen. Und dazu soll und muß mir alles zum Besten dienen, gerade auch alle Leiden dieser Zeit, auch jene noch, bei denen mir Leib und Seele buchstäblich verschmachtet.
Statt weiterer Auslegung nur ein Beispiel: Als Helmut Graf Moltke, ein gläubiger Christ, der im Zusammenhang mit dem 20. Juli 1944 zum Tode verurteilt worden war, am Morgen seiner Hinrichtung noch einen letzten Gruß an seine Frau schreiben durfte, schrieb er ihr: »Welch eine Gnade wird mir jetzt zuteil, daß Jesus kommt, um mich heimzuholen.«
Niemand von uns weiß, unter welchen Umständen unser Herr uns einmal abholen wird: ob plötzlich, ob nach langer, schwerer Krankheit, ob in einer Zeit des Friedens wie der unsrigen oder in einer Zeit neuer Gerichte. Das alles ist auch ganz nebensächlich, wenn wir dies eine im Glauben festhalten: »Du hältst mich bei meiner rechten Hand; du leitest mich nach deinem Rat und nimmst mich am Ende mit Ehren an!« Dann steht es gut mit uns. Dann muß uns am Ende auch noch der Tod, und wenn es gleich ein bitterer Tod wäre, zum Besten dienen: Er muß uns vom Glauben zum Schauen bringen, aus der Fremde in die Heimat, aus dem Schatten aller Mächtigen auf Erden zu unserem Herrn, damit wir bei ihm seien allezeit.
Wie sagt doch Matthias Claudius in einem Brief an seinen Freund: »O Andrä, wer nicht an Jesus Christus glauben will, der muß zusehen, wie er ohne ihn raten kann. Ich und du können es nicht. Wir brauchen einen, der uns hebe und halte, dieweil wir leben, und uns die Hand unter den Kopf lege, wenn's ans Sterben geht. Und das kann er überschwenglich tun

nach allem, was von ihm geschrieben steht, und ich weiß keinen, von dem ich es lieber hätte.«
Der Herr unser Gott helfe uns allen zu solchem Dennoch des Glaubens auch in schweren Tagen und zum Sieg über alle Glaubensanfechtungen – ihm zur Ehre und uns zur Seligkeit! Amen.

Gebet: Ja, dazu verhilf uns, lieber Vater im Himmel, der Du Deine Hand in Deinem lieben Sohn, unsrem Herrn, nach uns ausgestreckt hast. Laß uns das täglich spüren, daß wir ohne Dich nichts zu hoffen haben, in Dir aber geborgen sein dürfen in Zeit und Ewigkeit! So wollen wir Dich loben immer und ewiglich. Amen.

Lied: Keiner wird zuschanden, welcher Gottes harrt . . .

18. Sonntag nach Trinitatis

Jesus – und die guten Menschen

Und als Jesus sich auf den Weg machte, lief einer herbei, kniete vor ihm nieder und fragte ihn: Guter Meister, was soll ich tun, damit ich das ewige Leben ererbe? Aber Jesus sprach zu ihm: Was nennst du mich gut? Niemand ist gut als Gott allein. Du kennst die Gebote: »Du sollst nicht töten; du sollst nicht ehebrechen; du sollst nicht stehlen; du sollst nicht falsch Zeugnis reden; du sollst niemand berauben; ehre Vater und Mutter.« Er aber sprach zu ihm: Meister, das habe ich alles gehalten von meiner Jugend auf. Und Jesus sah ihn an und gewann ihn lieb und sprach zu ihm: Eines fehlt dir. Geh hin, verkaufe alles, was du hast, und gib's den Armen, so wirst du einen Schatz im Himmel haben, und komm und folge mir nach! Er aber wurde unmutig über das Wort und ging traurig davon; denn er hatte viele Güter. Markus 10,17–22

Eine Zeitschrift brachte längere Zeit unter der Rubrik »Die vorbildliche Tat« einen kurzen Bericht, wie etwa einer eine dicke Brieftasche mit Geld, die er fand, auf der nächsten Polizeistation abgegeben hatte, oder ein anderer unter Einsatz seines Lebens einen Mitmenschen aus größter Gefahr errettet hatte und anderes mehr. Immer, wenn wir von solchen Dingen hören, pflegt man gern zu sagen: Es gibt doch auch noch gute Menschen!

Und nun höre und staune: Das ist nicht nur ein Wort, das wir gelegentlich in der Welt hören, sondern gleiche Aussagen finden wir sogar in der Bibel. Und damit sind wir sofort beim ersten Punkt unsres Themas: Jesus – und die guten Menschen:

I.

Es gibt auch noch gute Menschen. Vielleicht ist mancher unter uns nun etwas verwundert und fragt: Was sagst du da? Steht und fällt nicht die ganze Bibel mit dem Satz: »Wir sind allzumal Sünder und mangeln des Ruhmes, den wir vor Gott haben sollten?« Und heißt es nicht auch hier: »Niemand ist gut als

Gott allein!«? Gewiß, auch das steht geschrieben und gilt, wie wir noch sehen werden.
Aber zunächst stellen wir fest, daß die Bibel wahrhaftig in einem gewissen Sinn auch von *guten* Menschen spricht. Jesus selbst sagt von Gott, daß er seine Sonne aufgehen lasse über die Guten und über die Bösen. Er sagt ein andermal: »Ein guter Mensch bringt Gutes hervor aus dem guten Schatz seines Herzens; ein böser aber bringt Böses hervor aus dem bösen Schatz seines Herzens.« Jesus teilt ganz unbefangen die Menschen in gute und böse. Und das nicht so, daß die guten etwa alle in der Kirche oder in einer Gemeinschaft zu Hause wären und alle, die draußen sind, die bösen wären. Nein, Jesus denkt an die ganze Welt. Aus der Welt, von den Hecken und Zäunen, bringen die Boten des Königs in den Hochzeitssaal, »wen sie fanden, Gute und Böse«, sagt Jesus in einem Gleichnis. Da hat Jesus wirklich die Menschen außerhalb der Christenheit im Auge, die noch fern von ihm sind und erst hereingerufen werden sollen. Und auch unter ihnen gibt es gute und böse Menschen. Wie merkwürdig. Aber so steht es nun einmal da. Und wenn Jesus so von den Menschen spricht, dann wollen wir diesen jungen Mann, der da zu Jesus gekommen ist, nicht etwa zu den bösen zählen, sondern zu den guten. Wir wollen aus ihm nicht gleich einen Heuchler machen oder einen verstockten Pharisäer; das hat Jesus nicht getan. Nein, wir finden Züge an ihm, die uns gefallen müssen, die vorbildlich sind, die auch die Bibel hier hervorhebt:
Schon seine Frage: »Was soll ich tun, daß ich das ewige Leben ererbe?« spricht für ihn, für seine Aufrichtigkeit. Mit vielen Menschen müssen wir heute lange darüber reden, ob es überhaupt einen Gott und eine Ewigkeit gibt; denn viele wollen nicht mal das glauben, weil es ihnen nicht paßt; sie sprechen lieber mit den Toren: »Es ist kein Gott!« Aber für diesen jungen Mann ist Gott eine Wirklichkeit. Was ihn bewegt, ist allein die Frage, wie er vor Gott bestehen und das ewige Leben ererben kann. Wir wollen diesem jungen Menschen auch glauben, daß er ehrlich bestrebt gewesen ist, Gottes Gebote zu halten, wenn er Jesus antwortet: »Meister, das habe ich alles gehalten von meiner Jugend auf!« Ein Mensch, der von Jugend auf Gottes Gebote zur Richtschnur seines Lebens macht, wird vor vielen, vielen Sünden bewahrt. Gottes Gebote sind ja nicht

bloß ein Spiegel, der uns entgegengehalten wird, sondern sie sind auch Zügel und Riegel, die unsere Leidenschaften bändigen und in Schranken halten, wenn wir sie wirklich ernst nehmen.

Auch seine Frage: »Was fehlt mir noch?«, die wir bei Mätthäus finden, spricht für seine Ehrlichkeit. Er bekennt offen, daß trotz all seines Mühens und seines sittsamen Lebens eine große Leere in seinem Herzen ist und es ihm an Gewißheit fehlt, bei Gott in Gnaden zu sein. Schließlich ist auch das noch beachtenswert, daß er sich nicht schämt, als reicher Mann vor Jesus, dem Wanderprediger, vor dem die Obersten des Volkes so warnten, am hellen Tage niederzuknien und ihn damit hoch zu ehren.

Ja, es gibt noch gute, tugendsame und vorbildliche Menschen. Auch die Bibel läßt das gelten. Nirgends sagt Gott in seinem Wort, daß wir Menschen alle dumme Geschöpfe sind, die im Urwald oder im Zoologischen Garten ihre Heimat haben und sich nur im Sumpf und Schmutz wohlfühlen können. So dumm haben nur Menschen von Menschen gesprochen, wenn sie lehrten, die Menschen seien ein Ungeziefer, das sich in der Erdrinde festgesetzt habe (Nitzsche) und anderes mehr. Nein, die Bibel sagt: »Gott schuf den Menschen ihm zum Bilde, zum Bilde Gottes schuf er ihn.« Seine Heimat ist nicht der Zoo, sondern das Paradies, und seine Stammeltern sind nicht Affen, sondern der Vater, der ihn ins Leben rief, ist der ewig reiche Gott. Das ist die Grundlage unsres Lebens auch nach dem Sündenfall. Auf diesem Grund kann fort und fort manches Gute erwachsen.

Und in der Tat: Was ist auf diesem natürlichen Boden, den Gott uns bereitet hat, Großes und Edles hier und dort entsprossen! Wir denken an erhabene Tondichtungen, an edle Musik und Malerei; wir denken an edle griechische Philosophen und ihren Drang nach Wahrheit und Weisheit. Wir kennen Aussprüche dieser Edlen, die sind so groß und hehr, daß sie beinahe in der Bibel stehen könnten. Und wie viele Menschen kennen wir, die vielleicht nie in die Kirche gehen, aber sie sind gütig und hilfsbereit, freundlich und zuvorkommend. Das Verkehrte, das viele Menschen tun, wenn sie von solchen sprechen, ist nur immer dies, daß sie das Vorbildliche und Gute gegen Gott ins Feld führen und meinen: Also so schlimm steht

es nicht mit den Menschen, wie die Frommen es predigen. Wir brauchen keine Gnade, keine Kirche, keine Buße zu tun. »Wir tun recht und scheuen niemand.«
Die Wahrheit aber heißt: Was hat Gott uns Menschen doch auch nach dem Sündenfall noch gelassen, wenn er uns nicht ins Bodenlose fallen und uns nicht wie ein Tier verblöden ließ, als wir ihm den Rücken kehrten. Nein, er gab uns ein reiches Erbe mit. Er ließ uns unsern Verstand, dazu ein Gemüt, ein Herz und ein Gewissen. Er gab uns ein Gesetz, seine heiligen Gebote, an die wir uns halten dürfen, damit wir von der Welt des Bösen nicht gänzlich verschlungen werden. Weil Gott das tat und immer noch tut, darum kann Paulus im Römerbrief sagen, daß es auch im Heidentum Menschen gibt, die die Bibel nicht kennen, von Natur aber des Gesetzes Werke, das heißt das tun können, was Gott gefällt.
Manches verkehrte Reden mit ungläubigen Menschen kommt daher, daß wir diese Seite übersehen. Aber wir dürfen sie gelten lassen. Auch Jesus läßt sie aufs erste gelten. Er stößt diesen jungen Mann nicht vor den Kopf: »Was, du willst die Gebote gehalten haben? Das gibt es doch gar nicht; du bist in Wahrheit ein verlorener, elender, sündiger, armer Mensch!« Nein, sondern so lesen wir hier: »Jesus sah ihn an und gewann ihn lieb.« Jesus hatte Wohlgefallen an diesem jungen Idealisten, seiner Offenheit, seinem tugendsamen Streben und seinem Gottsuchen. Ja, es gibt auch noch »gute Menschen« in der Welt, und Jesus liebt sie. Lassen wir das als erstes hier stehen.
Aber nun müssen wir anhand unserer Geschichte hier ein zweites ebenso deutlich uns sagen lassen:

II.

Auch diese guten Menschen sind verlorene Menschen und müssen samt und sonders vom ewigen Verderben errettet werden. Was heißt das? Hören wir auf das, was hier geschrieben steht:
Zunächst wollen wir beachten, wie Jesus den jungen Mann vor dem verschwenderischen Gebrauch des Wortes »gut« warnt. Der junge Mann sieht in Jesus nicht den Sohn Gottes, der gekommen ist, zu suchen und zu retten, was verloren ist, sondern einen besonders weisen Lehrer oder Propheten, zwar

von Gott gesandt und ausgerüstet, aber eben doch einen Menschen. Darum redet er Jesus als guten Lehrer an. Da hebt Jesus den Finger: Lieber Freund, brauch das Wort »gut« ja nicht zu schnell. Denn gut, wirklich und wahrhaftig gut und vollkommen ist Gott allein. Unter den Menschen gibt es keinen, der durch und durch gut wäre. Neben manchem Guten, das ein Mensch tun kann, und manchem guten Wesenszug steht auch immer das Böse, die Sünde, soviel Versagen und so viele Versäumnisse. Und das steht so dicht und groß daneben, daß es für Stolz und Prahlerei wirklich keinen Grund gibt. »Niemand ist gut, ganz gut, wirklich und vollkommen gut als Gott allein.«
Nach dem Weg zum ewigen Leben hat der Mann den Herrn gefragt, und Jesus hat ihm geantwortet: Halte die Gebote! Dabei hat Jesus nur die Gebote genannt, die unser Verhalten dem Nächsten gegenüber betreffen, und die der Mann alle gehalten haben will von Jugend auf. Nun fragt Jesus, wie es denn um das erste Gebot steht, an dem sich unser ewiges Schicksal vor allen andern entscheidet: »Ich bin der Herr, dein Gott; du sollst keine anderen Götter haben neben mir!« Und nun wird der Grundschaden im Leben dieses Mannes offenbar: Die erste Stelle in seinem Leben hat sein Reichtum, sein Gut und Geld. Das ist der andere Gott, an dem sein Herz im tiefsten Grunde hängt und vor dem Jesus in der Bergpredigt gewarnt hat: »Ihr könnt nicht Gott dienen und dem Mammon!« Aber dieser andere Gott gibt keinen Frieden, keine Seligkeit, keine lebendige Hoffnung, im Leben nicht und im Sterben erst recht nicht. Denn ein Menschenherz wirklich froh und frei und des Weges gewiß zu machen, das ist und bleibt allein das Recht und das Vermögen des wahren Gottes, des Vater unsres Herrn Jesus Christus.
»Was fehlt mir noch?« so mußte deshalb dieser Mann trotz seiner vermeintlichen Tugendhaftigkeit fragen. Und müßtest du das nicht am Ende auch noch ausrufen, lieber Leser? Du versuchst, wie dieser Mann von Kindesbeinen an ein ordentliches Leben zu führen. Du bist vielleicht getauft und konfirmiert. Du machst die ausgesprochene Gottlosigkeit nicht mit. Gott hat dich auch vor groben Sünden und Schanden bewahrt. Du bist in Beruf und Familie weitergekommen. Du hast eigentlich alles, was in unsrer Zeit zu einem gesicherten Leben gehört. Aber – Frieden mit Gott hast du nicht! An die Ewigkeit

magst du nicht denken, von Heilsgewißheit kann bei dir keine Rede sein. Und warum hast du keinen Frieden im Herzen? Jesus sagt: Weil du auch als unbescholtener Mensch noch draußen stehst! Weil wir von Natur allzumal als Angehörige eines gefallenen, eines von Gott abgefallenen Menschengeschlechtes alle draußen stehen, wir mögen sein, wer wir wollen. Weil wir alle, wenn wir das ewige Leben ererben wollen, erst noch hereinkommen müssen in den königlichen Hochzeitssaal, wie Jesus es an andrer Stelle sagt, das heißt aber: in die persönliche Gemeinschaft mit dem lebendigen Gott, wie er sie uns in seinem Sohn, dem Herrn Jesus Christus, anbietet. Und warum bist du noch nicht hereingekommen? Ist es nur dein Stolz, der sich nichts schenken lassen will? Auch das ist eine böse Sache, denn Gott nötigt sein Heil niemandem auf; stolze Herzen kann er darum nicht ins ewige Leben erheben. Oder gibt es nicht doch auch in deinem angeblich unbescholtenen Leben noch einen verborgenen Punkt, an den du gebunden bist? Und wie steht es mit deiner Tugendhaftigkeit: Hast du in deinem Leben wirklich noch nie eine Lüge ausgesprochen und auch nie die geringste Untreue begangen? Hast du nie etwas versäumt, was nach Gottes Willen durch dich hätte geschehen sollen, vielleicht an deinen alten Eltern, deinen Kindern, deinen Nächsten? Du meinst: Na ja, davon kann sich wohl keiner ganz freisprechen! Sehr richtig; genau das sagt auch die Bibel, wenn sie feststellt: »Alle Menschen sind Lügner«, alle, also auch die vermeintlich guten, »alle ermangeln des Ruhmes«, das heißt der Reinheit, der Makellosigkeit, »die sie vor Gott haben sollten.« In Gottes Augen ist eben nicht bloß Habsucht, Ehebruch und Mord und Diebstahl Sünde; Undankbarkeit gegenüber Gott, Ehrfurchtslosigkeit vor ihm, die dich vielleicht am Tag zigmal so nebenher »Ach Gott!« sagen läßt, böse Worte und vieles andere mehr sind auch Sünden, die vom ewigen Leben ausschließen. Was würde auch aus dem Himmel werden, wenn wir mit all diesen Sünden und Gebundenheiten und Neigungen in seine Heiligkeit einträten?
Darum: Was willst du tun, wenn du doch auch Böses getan hast? Vergessen? Das sagt dir heute jeder Nervenarzt, daß es das gar nicht gibt. Du kannst unaufgeräumte Dinge höchstens verdrängen, sie gleichsam in den Keller deiner Seele hinunterschieben, aber wenn eines Tages die Tür aufgeht, spätestens

also in der Todesstunde, ist alles wieder da! Was willst du also machen? Brauchst du immer noch keinen Heiland, oder brauchst du doch einen? Das ist jetzt die Frage. Und diese Frage führt uns zu einem dritten Abschnitt in unsrem Thema: Jesus – und die guten Menschen.

III.

Jesus – der Heiland für alle! »Sie brachten herein, wen sie fanden, Böse und Gute«, so heißt es in dem schon angeführten Gleichnis unseres Heilands. Jawohl, Jesus ist der Heiland für alle Menschen, für die, die auf der untersten Stufe der Verkommenheit angelangt sind. Er hat das lösende und befreiende Wort für jene arme Sünderin, deren Leben nur aus Sünden und Schande zusammengesetzt war; er hat ein lösendes und befreiendes Wort für jenen Zachäus, den vielfachen Betrüger in Jericho. Beide empfangen von ihm das Wort der Gnade: »Deine Sünden sind dir vergeben!« Und sie empfangen die Kraft, in einem neuen Leben zu wandeln, darum: »Sündige hinfort nicht mehr!« Beide werden in Jesu Gemeinschaft aufgenommen. Und wer sich in diesem Augenblick mit solchen Sündern verwandt weiß, darf es hören: Jesus nimmt die Sünder an, mit Vorliebe sogar die, die vor dem Untergang stehen, weil diese sich meist auch am ehesten helfen lassen.
Aber das Evangelium sagt wirklich auch dies: Jesus ist der Heiland auch für die sogenannten guten und anständigen und edlen Menschen. Er hat ein Wort des Lebens auch für den sittlich hochstehenden Nikodemus. Ihm sagt Jesus liebevoll und doch ernst: »Was vom Fleisch geboren ist, das ist Fleisch.« Das heißt: Der Mensch von Natur, mag er noch so ehrlich und edel denken – er steht doch draußen! Denn »Fleisch und Blut können das Reich Gottes nicht ererben.« Und Jesus hat auch ein wegweisendes, gnadenvolles Wort für den jungen Idealisten hier. Er sagt ihm: »Gehe hin, verkaufe alles, was du hast . . . und komm und folge mir nach!« Damit bietet Jesus ihm das Größte an, was er damals und heute einem Menschen überhaupt schenken kann: den Eintritt in seine Jüngerschaft, die Aufnahme in die Familie der Kinder Gottes, denen das Reich und die Herrlichkeit ihres Gottes und Heilandes gehört. Ja, dem jungen Mann in unserem Text bietet Jesus den Eintritt

in seine engste Jüngerschaft, in den Kreis seiner Apostel an. Vielleicht hätte er ein Nachfolger für Judas, den Verräter, werden sollen. Allein – diesen Schritt wollte der Mann nicht wagen. Darum ging er traurig davon.
Ob du dich zu den bösen oder weniger bösen, zu den guten oder weniger guten Menschen rechnest – an Jesus kommt niemand vorbei, der das ewige Leben erlangen will. Denn Jesus allein ist der Weg und die Wahrheit und das Leben; niemand kommt zu dem lebendigen Gott als allein durch ihn. Denn er hat durch sein Sterben auf Golgatha und sein siegreiches Auferstehen uns die Tür zum ewigen Vaterhause aufgetan dadurch, daß er all unsre Sünden auf sich genommen und sie am Kreuz in seinem Blut gesühnt hat. Darum – was willst du tun, um das ewige Leben zu ererben? O geh doch den Weg des Nikodemus, der anfänglich auch nicht begreifen wollte, daß er, dem doch niemand etwas nachsagen konnte, zu einem neuen Leben kommen müsse durch den Glauben an Jesus, den Gekreuzigten. Aber dann finden wir ihn später doch unter dem Kreuz Jesu bei den ersten, die sich vor ihm, dem Gekreuzigten, beugen und sich zu ihm bekennen und ihm vor aller Welt Ehre erweisen! Prüfe doch auch du im Licht des Wortes Jesu, im Licht seines Leidens und Sterbens auf Golgatha, dein bisheriges Leben, wie ich es auch getan habe, sonst könnte ich es so nicht sagen! Bitte Gott, daß er dir aufdecken möge, was nicht in seinem Lichte rein ist in deinem Leben und was dich noch gebunden hält. Und dann bekenne dem, der der Heiland für alle ist, daß es auch mit deinem vermeintlichen reinen und makellosen Leben doch nicht ganz stimmt. Sag ihm, daß auch du einen Heiland brauchst und dich von jetzt an betend und glaubend ihm anvertrauen willst, der auch für dich starb und auferstanden ist und auf deine Antwort wartet. Einen Apostel im urchristlichen Sinn wird er aus dir dann gewiß nicht machen wollen. Darum wird er auch nicht fordern, daß du alles verkaufst, um dich für solchen Beruf frei zu machen. Aber er wird dich in die Zahl seiner Jünger aufnehmen, die dazu berufen sind, jetzt und hier von seiner Gnade Zeugnis abzulegen an dem Platz, an dem sie stehen, um einmal, wenn die Stunde schlägt, einzugehen in das ewige Leben. Amen.

Gebet: Der Du, Herr Jesus Christus, durch Dein Leiden und

Sterben für uns und Dein siegreiches Auferstehen einen heiligen Weg für uns bereitet hast aus aller Vergänglichkeit dieser Welt und aller Sündhaftigkeit unsres Lebens in die reine unvergängliche Welt der Herrlichkeit Gottes, nimm uns alle aufs neue bei der Hand und halte uns fest, damit wir Dir nachfolgen in dieser unsrer Zeit, alles drangeben, was uns von Dir trennen will und an Deiner Hand am Ende unsres Weges heimkommen in das Reich der Herrlichkeit und des ewigen Lebens. Amen.

Lied: Mir nach! spricht Christus, unser Held, mir nach, ihr Christen alle . . .

19. Sonntag nach Trinitatis

Kann ich mein Schicksal ändern?

Und siehe, da brachten sie zu ihm einen Gelähmten, der lag auf einem Bett. Als nun Jesus ihren Glauben sah, sprach er zu dem Gelähmten: Sei getrost, mein Sohn, deine Sünden sind dir vergeben! Und siehe, einige unter den Schriftgelehrten sprachen bei sich selbst: Dieser lästert Gott. Als aber Jesus ihre Gedanken sah, sprach er: Warum denkt ihr so Böses in euren Herzen? Was ist denn leichter, zu sagen: Dir sind deine Sünden vergeben, oder zu sagen: Steh auf und geh umher? Damit ihr aber wißt, daß der Menschensohn Vollmacht hat, auf Erden die Sünden zu vergeben – sprach er zu dem Gelähmten: Steh auf, hebe dein Bett auf und geh heim! Und er stand auf und ging heim. Als das Volk das sah, fürchtete es sich und pries Gott, der solche Macht den Menschen gegeben hat. Matthäus 9,2–8

Es gibt ein Bild zu unsrem Thema: Man sieht auf diesem Bild einen starken Riesen, der seine langen Arme zu einem Ring zusammengeschlossen hat. In diesem Ring befindet sich ein Mensch, der krampfhaft versucht, aus seinem Gehege auszubrechen. Aber man erkennt auf den ersten Blick: Es ist ein aussichtsloses Beginnen. Denn der Riese hat seine Muskeln gespannt, um seine Arme immer enger zusammenzuschließen, und es ist nur eine Frage der Zeit, dann wird das Menschlein an der Brust des Riesen zerquetscht sein. Unter dem Bild stehen die zwei Worte: Das Schicksal.
So sah es der Maler, und so sehen es mit ihm viele andere: Jeder Mensch ist unter einem bestimmten Sternbild geboren und trägt von daher seine bestimmten Anlagen. Sein Weg ist ihm von Anfang an vorgezeichnet und Glück und Unglück zugemessen. So befragen viele Menschen das Horoskop und laufen zu sogenannten Hellsehern, um herauszukriegen, was ihnen demnächst begegnen wird. Sie versuchen dann vielleicht, diesem und jenem doch noch aus dem Wege zu gehen; andere fügen sich, wenn nichts Schlimmeres geschieht, mehr oder weniger stumpf in die Macht des Schicksals: Es ist doch alles Bestimmung; da kann man nichts ändern.

Verhält es sich wirklich so mit uns Menschen? Was sagt denn die Bibel zu unsrem Thema? Wenn wir genau hinhören, dann sind es zwei Antworten, die uns auch der verlesene Abschnitt zu unsrer Frage gibt: Die erste Antwort ist ein herbes Nein! Die zweite Antwort ist ein nachdrückliches und befreiendes Ja! Laßt uns auf beides hören.

I.

Auch die Bibel lehrt, was der Maler auf seine Weise im Bilde dargestellt hat und was das Leben bis heute bestätigt, nämlich *daß wir Menschen von Mächten eingeschlossen sind, von denen wir uns selbst nicht befreien können.* Das wird auch in der verlesenen Geschichte offenbar: Da liegt ein Mann, wahrscheinlich noch in den besten Jahren, hilflos auf der Krankenbahre. Der dazu berufen wäre, eine ganze Familie zu versorgen, muß selbst versorgt werden. Der starke Lasten tragen sollte, muß selbst getragen werden und fällt anderen zur Last. Was mag der gelähmte Mann alles aufgeboten haben, um aus seinem Verhängnis auszubrechen und sein Schicksal zu wenden! Umsonst!

Wir brauchen nur einen Augenblick vor diesem Bild stille zu werden, um zu erkennen, wieviel Schicksalsgenossen dieser Mann doch hat, ja wie in diesem Gelähmten auf der Bahre eigentlich unser aller Erdennot abgebildet und abgestellt ist: Da sind einmal die mit gleicher und ähnlicher leiblicher Not behafteten Menschen, das große Herr der Siechen und Kranken, die schwer an ihrem Schicksal tragen. O wie kann anhaltende leibliche Not den Menschen zu Boden drücken! Da sind weiter die seelisch-kranken Menschen, deren es gerade heute so viele gibt; die alten und einsamen Menschen, einsam geworden, weil ihnen alle Stützen auf Erden genommen wurden, oder einsam geblieben, weil der mörderische letzte Krieg soviel junges, hoffnungsvolles Leben vernichtet hat und sie so zu dem ersehnten Familienglück nicht kommen konnten. Da gibt es weiter Menschen, denen im Leben alles schiefgegangen ist: das große Heer der Betrogenen und Enttäuschten, der Arbeitslosen, die über allem, was sie erlebten, bitter geworden sind und keinem Menschen mehr trauen mögen; die unglücklich verheirateten Menschen, unglücklich, weil der Mann oder

die Frau andere Wege geht oder das Familienleben sonst schwer leidet.
Ja, an dem entscheidenden Punkt gleichen wir doch alle diesem Mann auf der Bahre: Wir möchten alle rüstig und unbeschwert durchs Leben gehen und spüren doch immer wieder, wie gehemmt und behindert wir sind. Wir möchten unser Leben endlos verlängern und gehen doch unaufhaltsam dem Augenblick entgegen, da man auch uns buchstäblich auf die Bahre legt. Wie beinahe wehmütig mutet es z. B. schon an, wenn eine Frau, die spürt, daß sie älter wird, mit allen Mitteln versucht, das grau werdende Haar zu verdecken und die ersten Falten im Gesicht zu glätten; wie nicht weniger wehmütig, wenn der älter werdende Mann auf einmal stark zu trainieren anfängt, um seine schwindenden Kräfte zu erneuern. Aber das eherne Gesetz des Alterns läßt sich auf diese Weise nicht aufheben, und der Gewalthaber Tod, den die Bibel den letzten Feind nennt, läßt sich vollends nicht täuschen. Gerade er macht es zuletzt noch ganz besonders deutlich, wie sehr wir alle, jung und alt, in seiner Gewalt stehen.
Wir Menschen können gar vieles tun. Wir können innerhalb der Grenzen, die uns gezogen sind, uns selber und anderen zu manchem Glück verhelfen. Wir können einander Lasten abnehmen, Nöte lindern und Wunden verbinden, dem Sterbenden noch den Schweiß vom Angesicht wischen. Die ärztliche Kunst hat es zu erstaunlichen Fortschritten gebracht. Aber immer wieder stehen wir und sie im Blick auf uns selbst und im Blick auf andere so hilflos da wie der Kranke auf der Bahre und seine Freunde mit ihm, und wir müssen erkennen, daß unsrem Leben schon von Gott Schranken gesetzt sind, über die wir nicht hinaus können. Zudem macht aber vieles grausame Geschehen um uns her bis zu den unheilvollen Spannungen und fürchterlichen Kriegen unter den Völkern heute überaus deutlich, daß es auch böse, verderbliche Mächte sind, die gleichsam ihren Ring um uns gelegt haben. Die Bibel bestätigt das und nennt sogar ihre Namen: Sünde, Tod und Teufel, und sagt auch von ihnen, daß wir von uns aus ihre Gewalt nicht brechen können, sondern, wenn nichts anderes geschieht, am Jüngsten Gericht mit ihnen die ewige Verdammnis erleiden werden. »Und der Tod und sein Reich wurden geworfen in den feurigen Pfuhl«, so heißt es im letzten Buch der Bibel von diesen

Mächten und denen, die in ihrer Gewalt stehen. So ernst steht es um unser Schicksal – wenn nichts anderes geschieht. Gottlob, das andere ist geschehen und soll nun auch an dir geschehen.

II.

Du kannst dein Schicksal ändern! Das ist die frohe Botschaft, die uns auch aus unserer Geschichte entgegentönt. Du kannst es, weil ein Stärkerer über den Starken gekommen ist. Du sollst es sogar! Denn das ist das große Gnadenangebot Gottes an uns. Denn hören wir weiter auf den biblischen Bericht:
Man hat diesen vom Schicksal hart getroffenen Mann vor Jesus abgestellt und damit vor dem, der gerade zu dem einen Zweck in die Welt gekommen ist, uns Menschen aus den Fängen aller Mächte des Verderbens zu befreien. Von ihm singt deshalb ein Dichter:

Er kann dein Schicksal wenden,
wie du es nie gedacht.
Er kann dein Trauern enden
in Freude über Nacht!

Und ein vieltausendstimmiger Chor aus Jahrtausenden bis heute bezeugt es aus Erfahrung: Er kann es wirklich!
Aber wie macht Jesus das? Dafür ist unser Bericht ein besonders helles Beispiel: Als Jesus den Gelähmten so hilflos vor sich liegen sieht, sagt er zu ihm ein gar merkwürdiges Wort: »Sei getrost, mein Sohn, deine Sünden sind dir vergeben!« Merkwürdig! Denn die drückende Not dieses Mannes bestand doch, wie es scheint, allein in seiner leiblichen Krankheit. Und gerade die läßt Jesus aufs erste beiseite: Der Kranke bleibt auch nach solchem trostvollen Zuspruch Jesu gelähmt auf der Bahre liegen.
In der Gegenwart Jesu ist nämlich noch eine ganz andere Not offenbar geworden, die dem Mann nun noch brennender auf der Seele liegt: Es ist die Not des erwachten Gewissens. Denn Jesus spricht sein vergebendes Wort ganz gewiß nicht ins Leere; es paßt nur zu einem geängsteten Herzen und einem erschrockenen Gewissen. Man hat in der Auslegung deshalb schon angenommen, daß ein besonderer Zusammenhang zwischen dem persönlichen Sündenleben dieses Mannes und sei-

ner Krankheit bestanden haben müsse. Das mag zwar so sein; denn so etwas gibt es. Wenn z. B. heute ein Mensch seinen Leib durch Alkohol- oder Drogenmißbrauch vergiftet oder seine Kräfte durch ein ausschweifendes Leben ruiniert und dann vor der Zeit alt und krank wird, dann liegt der Zusammenhang zwischen seiner Schuld und seinem Schicksal offen zutage. Oder wenn ein anderer sich mit okkulten Dingen befaßt und seine Nerven dabei ruiniert und schließlich schwermütig und lebensüberdrüssig wird, dann ist der Zusammenhang zwischen seinem sündigen Tun und seinem Leiden unverkennbar.

Aber nicht jede Krankheit steht in solchem Zusammenhang. Und das Buch Hiob warnt uns sogar davor, bei schwer leidenden Menschen immer gleich solchen Zusammenhang anzunehmen. So brauchen wir es auch bei diesem Mann nicht zu tun. Das andere ist ebenso möglich, nämlich daß sein Gewissen erst in der Gegenwart Jesu erwacht ist, weil er Jesu Größe und Heiligkeit in diesem Augenblick so tief empfindet, wie z. B. ein Petrus sie auch empfand, als er sich einmal zu Jesu Füßen niederwarf und ausrief: »Herr, gehe von mir hinaus, ich bin ein sündiger Mensch!« Denn alle Nöte und Leiden unsres Lebens, auch unser Sterbenmüssen, kommen zuletzt doch aus der einen großen Ursache, daß wir ein gefallenes Menschengeschlecht sind. Die Bibel sagt es so: »Wie durch einen Menschen die Sünde gekommen ist in die Welt und der Tod durch die Sünde, so ist der Tod zu allen Menschen hindurchgedrungen, weil sie alle gesündigt haben.« Sünde aber scheidet uns von Gott und seinem Leben. Darum, wenn uns zutiefst geholfen werden soll – hier muß es geschehen: Es muß unsere Sündenschuld, die wie eine Mauer zwischen dem heiligen Gott und uns steht, hinweggetan werden: die große Gottvergessenheit, in der wir vielleicht unser Leben lang dahingegangen sind, die Undankbarkeit, in der wir all das Gute hingenommen haben, das uns Gott jahre- und jahrzehntelang in großer Güte gab, ehe uns das Widerwärtige widerfuhr, und die vielen unzählbaren Versündigungen gegen seine Gebote. Es muß reiner Tisch gemacht werden und der Kontakt zwischen ihm, dem heiligen Gott, und uns, den gefallenen Menschen, wieder hergestellt werden.

Ob nun so oder so: In der Gegenwart Jesu wird es dem Kranken auf der Bahre brennend bewußt: Die Wegnahme alles dessen, was in meinem Leben Schuld und Schande, Sünde und Übertretung heißt, ist jetzt noch wichtiger als meine leibliche Gesundheit. Und eben in diese Not des erschrockenen Gewissens spricht Jesus das große Wort: »Sei getrost mein Sohn, deine Sünden sind dir vergeben!«

Doch an diesem Punkt protestieren die Schriftgelehrten: »Wer kann Sünden vergeben als allein Gott!« Sie fühlen im Gegensatz zu vielen Menschen heute: Sündenvergebung ist eine so große, gewaltige Sache, daß sie nur Gott selbst aussprechen kann. Weil sie in Jesus nur einen gewöhnlichen Menschen, allenfalls einen frommen Lehrer, sehen, empfinden sie seinen Zuspruch als Lästerung Gottes. Aber Jesus fragt sie ruhig: »Warum denkt ihr so Arges in eurem Herzen? Was ist leichter, zu sagen: dir sind deine Sünden vergeben, oder zu sagen: stehe auf und wandle?« Für den Blick des Menschen ist selbstverständlich das erste das leichtere: denn die Wirkung solchen Zuspruchs läßt sich im Gegensatz zu Jesu zweitem Wort nicht nachprüfen. Darum sagt Jesus: »Damit ihr aber wißt, daß des Menschen Sohn Vollmacht hat, auf Erden die Sünden zu vergeben – sprach er zu dem Mann: Stehe auf, nimm dein Bett und gehe heim!« Und es geschah also. Nun wird es sonnenhell, daß auch das vergebende Wort ein Wort voll Kraft und Leben ist.

Was heißt das alles aber nun für uns? Das will uns diese Geschichte sagen: 1. Es gibt für uns alle, ob wir gesund oder krank sind, ob wir noch unter Gottes Geduld unsern Weg frisch und fröhlich dahingehen oder ob wir schon an den Ring stoßen, der um das ganze gefallene Menschengeschlecht gelegt ist, nichts Wichtigeres und Höheres als Vergebung der Sünden. Denn erst »wo Vergebung der Sünden ist, da ist auch Leben und Seligkeit« (M. Luther). Sündenvergebung aber finden wir allein bei Jesus. Er hat durch sein Leiden und Sterben auf Golgatha, zu dem er sich schon anschickte, als er vor dem Gelähmten stand, Vollmacht von Gott erworben, die ganze Last unserer Lebensschuld von uns zu nehmen. Wenn Jesus dir sagt: »Dir sind deine Sünden vergeben«, dann gilt das im Himmel und auf Erden, im Leben und im Sterben.

2. Jesus kann mit der Vergebung der Sünden auch schon heute dein äußeres Schicksal wenden. Ja, wieviel Lähmungen der Seele und oft genug auch des Leibes hören mit einem Schlage

auf, wieviel Gebundenheiten fallen, wenn Menschen im tiefsten erst mit Gott ins reine gekommen sind durch Vergebung ihrer Sünden. Und wieviel Gebetserhörungen, durch die Lasten abgenommen und Wünsche erfüllt werden, werden jetzt dem geschenkt, der nun beten darf in Jesu Namen! Auch Stellensuche, Familien- und Wohnungsnot sind davon nicht ausgenommen.

3. Aber es kann auch noch anders sein. Jesus trennt hier nicht von ungefähr Sündenvergebung und Krankenheilung voneinander. Es sind zwei Akte, die er vornimmt, zwei Heilandsworte, die er spricht. Er kann auch Sünden vergeben, aber das Kreuz, das du trägst, dir noch lassen. Denn grundsätzlich gilt, daß Jesus einmal gekommen ist, »wegzunehmen vieler Sünden« (Hebr. 9,28). Erst das zweite Mal wird er kommen denen, die auf ihn warten, zur Seligkeit, d. h. auch zur Erlösung ihres Leibes von allem Übel. Wieviel Menschen sind mir im Leben begegnet, die an Jesus gläubig waren und Vergebung der Sünden hatten, ihr Kreuz aber behielten und unter dem Kreuz bekannten: »Du hast mein Leben so reich gemacht!«

Es gibt gar keine größere Veränderung im Leben eines Menschen als die, die dann eintritt, wenn er sich dem Herrn Jesus ergibt. Das Leben wird anders, das Leiden wird anders, und das Sterben wird anders. Jesus selbst sagt von solcher Wende: »Er ist vom Tode zum Leben hindurchgedrungen« (Joh. 5,24). Der Ring des Riesen ist dann gesprengt, der Weg zum Throne Gottes frei, der Himmel steht über ihm offen. Statt von einem Ring dunkler Mächte weiß sich solch ein Mensch dann in die starken Arme Gottes und des Heilandes eingeschlossen, so fest, daß ihn keine Macht des Bösen mehr aus ihnen reißen kann. Auch der letzte Feind, der Tod, kann ihm nichts mehr anhaben. Denn »Jesus lebt, nun ist der Tod mir der Eingang in das Leben!«, so darf es der Glaubende wissen.

Also, kann ich mein Schicksal ändern? Ja, du kannst es. Diese Freiheit hat uns Gott ausdrücklich eingeräumt. Du kannst es durch eine ganze Übergabe deines Lebens an ihn, der für uns starb und lebt. Glauben nennt die Bibel das auch an dieser Stelle: »Da Jesus ihren Glauben sah . . .«, den Glauben der Träger, gewiß, aber doch auch den Glauben des Gelähmten. Und das will sagen: Wirst du allein nicht fertig mit deiner Not und kannst du den Weg zu Jesus allein nicht finden, dann nimm

Hilfe in Anspruch von denen, die Jesus kennen, aber komm! Keine noch so tiefgründige Lehre über Gottes Erwählung und Vorherbestimmung kann das aus der Bibel wegstreichen, das dir sagt: Die Entscheidung über dein persönliches Schicksal hat Gott, nachdem er im Tode Jesu und in seiner Auferstehung für alle Menschen den Himmel aufgetan hat, in deine Hand gelegt. Denn »Gott will, daß allen Menschen geholfen werde und sie zur Erkenntnis der Wahrheit kommen« (1. Tim. 2,4). Wer einmal verloren geht, geht an seiner eignen Schuld verloren. Er hätte sein Schicksal ändern können, aber er hat es nicht getan. Solche Schuld willst du doch nicht auf dich nehmen? Also komm zu Jesus! Rufe ihn an! Denn »wer den Namen des Herrn anrufen wird, der wird errettet werden.« So sagt uns Gottes Wort, und es ist unmöglich, daß Gott lügt. Amen.

Gebet: Herr Jesus Christus! Wo immer wir Deine Stimme hören, da ruft sie uns zu Dir, der Du gekommen bist, zu suchen und selig zu machen, was verloren ist. Und wo immer wir unser Leben im Licht Deines Wortes sehen, da erkennen wir, wie erlösungsbedürftig wir sind. So danken wir Dir auch jetzt, daß wir unser Leben Dir anvertrauen dürfen für Zeit und Ewigkeit. Du führst dann auch mit uns alles herrlich hinaus. Amen.

Lied: Gott will's machen, daß die Sachen gehen, wie es heilsam ist . . .

20. Sonntag nach Trinitatis

Die Frage aller Fragen

Das Himmelreich gleicht einem König, der seinem Sohn die Hochzeit ausrichtete. Und er sandte seine Knechte aus, die Gäste zur Hochzeit zu laden; doch sie wollten nicht kommen. Abermals sandte er andere Knechte aus und sprach: Sagt den Gästen: Siehe, meine Mahlzeit habe ich bereitet, meine Ochsen und mein Mastvieh ist geschlachtet, und alles ist bereit; kommt zur Hochzeit! Aber sie verachteten das und gingen weg, einer auf seinen Acker, der andere an sein Geschäft. Einige aber ergriffen seine Knechte, verhöhnten und töteten sie. Da wurde der König zornig und schickte seine Heere aus und brachte diese Mörder um und zündete ihre Stadt an. Dann sprach er zu seinen Knechten: Die Hochzeit ist zwar bereit, aber die Gäste waren's nicht wert. Darum geht hinaus auf die Straßen und ladet zur Hochzeit ein, wen ihr findet. Und die Knechte gingen auf die Straßen hinaus und brachten zusammen, wen sie fanden, Böse und Gute; und die Tische wurden alle voll. Da ging der König hinein, sich die Gäste anzusehen, und sah da einen Menschen, der hatte kein hochzeitliches Gewand an, und sprach zu ihm: Freund, wie bist du hereingekommen und hast doch kein hochzeitliches Gewand an? Er aber verstummte. Da sprach der König zu seinen Dienern: Bindet ihm die Hände und die Füße und werft ihn in die Finsternis hinaus! Da wird Heulen und Zähneklappen sein. Denn viele sind berufen, aber wenige sind auserwählt.

Matthäus 22,2–14

In diesem Gleichnis von der königlichen Hochzeit stellt Jesus die ganze Geschichte des Reiches Gottes von Anbeginn der Welt bis zu ihrem Abschluß in einem wunderbar einprägsamen Bild dar:

»Das Himmelreich gleicht einem König, der seinem Sohn die Hochzeit ausrichtete.« Damit rührt Jesus an das Geheimnis, das wir auf Erden nie ergründen werden, von dem wir aber alle leben: das Geheimnis Gottes und seines Sohnes, unsres Herrn. Denn »in ihm ist alles geschaffen, was im Himmel und auf Erden ist, das Sichtbare und das Unsichtbare, es seien Throne

oder Herrschaften oder Reiche oder Gewalten; es ist alles durch ihn und zu ihm erschaffen«, so lesen wir es im Kolosserbrief. Und der Hebräerbrief sagt: »Ihn – Jesus – hat Gott gesetzt zum Erben über alles.« Und an seinem Reich und seiner Herrlichkeit sollen auch wir Menschen teilhaben. Das ist der Wille Gottes. Das ist auch der Wille des Sohnes. Darum: »Und er sandte seine Knechte aus, die Gäste zur Hochzeit zu laden.« Und nun zeigt uns Jesus, was bei allem, was Gott zu diesem Zweck tut, trotz aller Widerstände von Sünde, Tod und Teufel zuletzt heraus – und hell an den Tag kommt: »Die Tische wurden alle voll.« Das will sagen: Die Geschichte von Bethlehem und Golgatha, die Geschichte der Christenheit und der Weltmission endet nicht mit einem kläglichen Mißerfolg, wie der Unglaube das prophezeit, sondern sie endet mit einem großen Sieg und Jubel. Nichts ist so sicher wie das. »Der Sieg Gottes ist der Sinn der Weltgeschichte«, sagt mit Recht ein Christuszeuge.
Aber neben diesen hellen Worten vom Sieg der Sache Gottes steht das ernste Bild von dem einen, der vom Festmahl ausgeschlossen wird. Und das heißt: Gottes Reich wird vollendet, aber die ernste Frage an jeden unter uns lautet, ob es mit oder ohne uns vollendet wird. Noch persönlicher: Der Glanz der neuen Welt bricht einmal an, aber die Frage ist, ob er auch für mich und dich anbrechen kann.
Wir wollen deshalb in diesem Gleichnis Jesu auf zweierlei achten:

1. die große Linie, die Jesus durch die ganze Weltzeit, auch durch unsre Zeit, zieht;
2. die ganz persönliche Frage, die er daraus zuletzt an jeden von uns richtet: die Frage aller Fragen.

I.

Jesus vergleicht hier unsere ganze Weltzeit mit den Vorbereitungswochen auf ein großes, königliches Hochzeitsfest. Das Bild der Hochzeit ist ja an sich schon ein Bild der Freude, des Glückes und Glanzes. Es wird hier noch dadurch verstärkt, daß es ein königliches Hochzeitsfest ist, das gefeiert werden soll. Wenn Könige ein Hochzeitsfest veranstalten, sieht das noch ganz anders aus. Das wissen wir aus Bildern und Berichten auch aus unseren Tagen. Welch ein Glanz tritt da zutage! Und welch eine Ehre ist es, in ein Königsschloß zur Hochzeit geladen zu werden! Nur auserwählten Gästen wird solche Ehre zuteil.

Solche Bilder gebraucht Gott in seinem Wort aber immer wieder, um uns das vor Augen zu stellen, worauf er mit uns hinaus will: Nicht Grab und Tod, nicht Verwesung und Vernichtung ist das letzte auf Gottes Programm mit der Menschheit; nicht die Explosion von Atombomben mit anschließendem Weltuntergang ist das letzte Zukunftsbild der Bibel. Diese düsteren Bilder steigen vor uns auf, wenn wir an das denken, was die gottfeindlichen Mächte planen und was dann schließlich Gott auch einmal kommen lassen muß über Menschen, die mit diesen im Bunde stehen. Aber sobald wir auf Gottes Ruf hören und ihm gehorsam werden, tritt ein ganz anderer Ausgang der Geschichte in unser Blickfeld: Nicht Tod und Untergang, sondern Auferstehung, nicht Kampf ohne Ende, sondern Ruhe, Frieden und Glückseligkeit immer und ewiglich – das ist die Zukunft der Menschheit nach Gottes Willen.

Hört es doch, ihr Menschen, ruft Jesus uns zu: Das ist euer Gott! Das sind seine Gedanken bei allem, was er tut. Niemand hat euch soviel zu bieten wie er. Niemand kann und will euch so hoch erheben wie er: Ehrengäste an seiner Tafel, ja Kinder an seinem Tisch, Teilhaber seiner ewigen Herrlichkeit, dazu hat er euch ersehen. Und zu solcher Herrlichkeit läßt er euch nun bitten.

»Und er sandte seine Knechte aus, daß sie die Gäste zur Hochzeit riefen.« Wer sind diese zuerst gerufenen Gäste? Offenbar meint Jesus hier niemand anders als das Volk Israel. Zu ihm hat Gott schon in der Morgenfrühe seines Heilstages seine Boten gesandt. Von Mose bis zu Johannes dem Täufer waren sie alle berufen und gesandt, das Volk Israel auf das Kommen der Königsherrschaft Gottes in Christus vorzubereiten. Alle Verheißungen des Alten Testaments, die diesem Volk gegeben wurden, sind eine einzige Einladung zu solcher hohen Bestimmung. »Aber sie wollten nicht kommen.« Der Leidensweg der Propheten im Alten Bunde, die Tränen Jesu über Jerusalem machen das überaus deutlich.

»Abermals sandte er andere Knechte aus . . .« Diese anderen Knechte sind offenbar die Apostel, die Boten des Evangeliums, die nach dem Sühnetod Jesu auf Golgatha, nach Himmelfahrt und Pfingsten aufs neue und zuallererst wieder zu dem Volk Israel ausgesandt wurden. »Tut Buße und bekehrt euch, auf daß da komme die Zeit der Erquickung vom Angesicht des Herrn«, so ruft der Apostel Petrus nach Pfingsten den Juden zu. Welch ein ergreifendes Werben des Königs um seine zuerst geladenen Gäste! »Aber sie verachteten das und gingen hin . . . etliche aber griffen seine Knechte, höhnten und töteten sie.« Die ganze Apostelgeschichte in unserer Bibel ist eine Auslegung des Wortes vom Verhöhnen und Töten der Boten des Evangeliums durch die zuallererst geladenen Gäste.

Aber es liegt auch für uns schon hier ein tiefer Ernst über diesem Wort: Wer nämlich Gottes Wort hört und immer wieder hört, der bleibt nicht, wie er ist. Entweder er läßt sich gewinnen und macht mit oder er verstockt und wird mehr und mehr ein ausgesprochener Gegner Gottes, ein Feind des Kreuzes Christi. Ja, ein Mensch kann unter dem Hören des Wortes Gottes es dahin bringen, daß ihm schließlich nichts so zuwider ist wie das werbende, lockende Wort des Evangeliums von der Gnade Gottes. Das Antichristentum der Endzeit wird ja nichts anderes sein als die Antwort der Menschen auf das gehörte, aber nicht angenommene Evangelium. Sie geraten mit ihrem Nein immer tiefer in das Garn des großen Christushassers, des Teufels, und holen sich auf diesem Wege mit ihm den Untergang!

So heißt es denn auch von den Zuerstgeladenen: »Da das der König hörte, wurde er zornig und schickte seine Heere aus und brachte diese Mörder um und zündete ihre Stadt an.« Buchstäblich hat sich dieses Wort an Israel erfüllt, als im August des Jahres 70 n. Chr. der römische Feldherr Titus in Jerusalem eindrang, die Stadt zerstörte, den Tempel anzündete und das Volk Israel, soweit es nicht dabei umkam, in alle Winde zerstreut wurde.

Aber kein Geringerer als Martin Luther hat dazu mit prophetischem Scharfblick gesagt: »Die Juden haben die Propheten verjagt, Jesus gekreuzigt und die Apostel abgewiesen und getötet, aber bald lag Jerusalem in Trümmern . . . Also wird es dem deutschen Volk auch gehen, da man Gottes Wort nicht mehr frei auf den Kanzeln wird lehren können . . . und alsdann wird bald der Jüngste Tag anbrechen.« Noch hat sich diese

Prophezeiung Luthers nicht erfüllt. Noch ist die Nacht nicht hereingebrochen, aber die Abenddämmerung ist da. Die vielen Atomraketen, die im Osten gerade auf unser Land gerichtet sind, unterstreichen nachdrücklich solche Warnung. Auch das Schicksal unseres Volkes wird sich zuletzt nicht entscheiden an der Politik, die in Moskau und Washington gemacht wird, sondern vor allem daran, was wir aus dem Ruf Gottes machen, der an uns, ja an unser Volk in ganz besonderer Weise ergangen ist. Wir denken an das Geschenk der Reformation und so mancher Erweckungen. Das Evangelium hat hell unter uns geleuchtet. Um so dunkler wird die Nacht sein, die über uns kommen wird, wenn unser Volk Gottes Ruf zur Buße und Umkehr verachtet. Das will Jesus auch uns am Schicksal der Zuerstgeladenen sagen.

Aber es geht noch weiter: Mit der Verwerfung des Wortes vom Kreuz geht die Geschichte Gottes mit Israel zunächst zu Ende. Nicht zu Ende aber geht die Geschichte des Reiches Gottes überhaupt. Sondern:

»Da sprach der König zu seinen Knechten: Die Hochzeit ist zwar bereitet, aber die Gäste waren's nicht wert. Darum geht auf die Straßen und ladet zur Hochzeit, wen ihr findet.« In diesen Worten spricht Jesus von der Berufung der Heiden, der Nichtjuden, zu Gottes Reich. Als das Volk Israel das Evangelium von sich stieß, wandte sich Gott an die übrige Welt, genau so, wie es sein Apostel später ausgesprochen hat: »Euch zuvörderst mußte das Wort Gottes gesagt werden; nun ihr es aber von euch stoßet . . . siehe, so wenden wir uns an die Heiden« (Apg. 13,46). Diese Berufung der übrigen Welt geschieht wie bei Israel in freier Gnade. Nachdem der Vorzug Israels aufs erste gefallen ist, gibt es keinen Unterschied mehr unter denen, die gerufen werden. »Rufet die Armen, die Lahmen, die Krüppel herein«, heißt es bei Lukas in einem ähnlichen Gleichnis Jesu. Und hier: »Sie brachten zusammen, wen sie fanden, Böse und Gute.« Das ist ein herrliches Wort für alle Boten des Evangeliums und alle, die es hören! Jeder Verkündiger des Evangeliums soll seinen Dienst in der Gewißheit tun können: Ich darf im Namen Jesu jeden laden, der Menschenantlitz trägt. Es gibt gar keinen Menschen auf Erden, der nicht gerufen werden darf. Jeder Mann, jede Frau, jede Rasse, jede Klasse ist geladen mit ihrer Not und ihrer Sorge, ihrer Schuld und ihrem Jammer. Ach, daß wir Boten des Evangeliums so rufen könnten, daß es auch heute jeder Hörer wirklich spürt: Ich bin gemeint und eingeladen, ich mit meinem wunden Herzen, meinem kranken Leib, ich, der gehetzte und geplagte, im Leben so vielfach enttäuschte – oder auch emporgekommene, im tiefsten Grunde aber unbefriedigte, heimatlose Mensch! Ich kann noch alles gewinnen; denn es wird mir für alle Ewigkeit ein Platz an Gottes Tisch und Herzen angeboten!

II.

Aber eben deshalb gibt es für alle, die dabeisein wollen, wenn Christi Tag in seinem Glanz hervorbricht, keine wichtigere Frage als die, auf die Jesus nun alles zuspitzt: Hast du Gottes Einladung wirklich angenommen? Bist du auf den Augenblick vorbereitet, wenn der König hereintritt, »die Gäste zu besehen«, d. h. auf die Stunde der Prüfung und Scheidung, die jenseits der Todespforte dem Eingang in Gottes Herrlichkeit vorangeht? Denn so groß die Gnade auch ist, in der sich Gott nach der Beiseitestellung Israels uns, den Nichtjuden, zugewandt hat und immer noch zuwendet, so bleibt Gott doch der Heilige und Gerechte auch uns gegenüber. Er wirft uns seine Gnade nicht an den Kopf, sondern er sucht für sie bußfertige, willige, offene und dankbare Herzen. Er wendet sich von jedem ab, der mit seiner Gnade Mutwillen treibt, sie nicht ehrt, sich nicht durch sie so ergreifen läßt, daß er ein neuer Mensch wird. Denn hören wir den Fortgang in Jesu Gleichnis:
Nachdem die Tische alle voll geworden waren, nachdem – mit dem Apostel Paulus gesprochen – die Vollzahl aus den Heiden eingegangen war (Röm. 11,25), »kam der König herein, die Gäste zu besehen und fand allda einen Menschen, der hatte kein hochzeitliches Kleid an und sprach zu ihm: Freund, wie bist du hereingekommen und hast doch kein hochzeitlich Kleid an? Er aber verstummte.«
Was sagt Jesus damit? Das sagt er im Zusammenhang: Kein Heide ist zu schlecht, kein Sünder zu gottlos, als daß er nicht gerufen wäre. Du kannst durch erbliche Anlage, falsche Erziehung, harte Schicksalsschläge, auch durch eigene Schuld an Leib und Seele verkrüppelt und verbogen sein; du magst schwache Nerven haben und von Minderwertigkeitsgefühlen

geplagt sein und oft schon zu sterben gewünscht haben – nichts, gar nichts davon schließt dich von der Einladung aus: »Kommt, denn es ist alles bereit!« Nur eines schließt dich am Ende aus: Das Fehlen von dem, was Jesus hier das »hochzeitliche Kleid« nennt. Das müssen sie alle haben, die in Gottes Reich und Herrlichkeit eingehen wollen, die Guten und die Bösen, die Gesunden und die Kranken, die Armen und die Reichen. Nur das allein versetzt uns in den Stand, vor Gottes Flammenaugen erscheinen und an seiner Herrlichkeit teilhaben zu können.
Was meint Jesus aber mit dem »hochzeitlichen Kleid«? Was anders kann er meinen als das, was Zinzendorf beschreibt, wenn er sagt: »Christi Blut und Gerechtigkeit, das ist mein Schmuck und Ehrenkleid; damit will ich vor Gott bestehn, wenn ich zum Himmel werd eingehn.« Aber weil wir diesen Vers vielleicht von Kindesbeinen an kennen und er uns deshalb manchmal gar zu leicht über die Lippen kommt oder wir ihn auch mißverstehen können, müssen wir uns ganz deutlich machen, was Jesus hier meint. Dann heißt die Frage nach dem hochzeitlichen Kleid:
1. Hast du Vergebung deiner Sünden? Ohne Vergebung der Sünden gibt es keinen Eingang in Gottes Reich. Die Bürger der neuen Welt sind, wie uns das letzte Buch der Bibel wiederholt sagt, ausnahmslos Menschen, die ihre Kleider gewaschen haben im Blut des Lammes. »So wir aber unsere Sünden bekennen, so ist er treu und gerecht, daß er uns die Sünden vergibt und reinigt uns von aller Untugend« (1. Joh. 1,9). Hast du wirklich schon einmal mit Gott über deine Sünden und deine ganze Lebensschuld gesprochen und sie ihm bekannt? Wenn du das noch nie getan hast, noch nie Vergebung deiner Sünden im Blute Jesu gesucht und empfangen hast, dann hast du auch noch nicht das hochzeitliche Kleid angezogen!
2. Wie stehst du überhaupt zur Sünde? Nimmst du die Gebote Gottes noch ernst, die Gott uns als Wegweisung für ein Leben nach seinem Willen gegeben hat? Jesus will nicht bloß Sünden vergeben, sondern uns auch durch die Kraft des Heiligen Geistes von ihrer Knechtschaft befreien. Er will den Trinker befreien von der Trunksucht, den Geizigen von seiner Habsucht, den Schwätzer von seinem losen Geschwätz. Er will uns Kraft geben, in einem neuen Leben zu wandeln. Wer Christ sein will, aber der Trunksucht ergeben bleibt oder zur Karten-

legerin läuft oder das Horoskop stellen läßt oder an den Nöten auf Erden und den Belangen des Reiches Gottes gleichgültig vorübergeht, weil er dafür kein Auge und kein Herz hat – der steht gewiß nicht im hochzeitlichen Kleid da, wenn der Herr kommt.

3. Freust du dich überhaupt auf den Tag der Wiederkunft Jesu, freust du dich auf die Herrlichkeit Gottes und das ewige Leben? Auf die ewige Vereinigung mit Jesus, deinem Herrn? Sein Apostel sagt, daß die Krone der Gerechtigkeit denen zuteil werden soll, »die seine Erscheinung liebhaben«. Wer lieber ewig in dieser Welt bleiben möchte, wer im Blick auf die endzeitlichen Katastrophen auf Erden nur immer davor zittert, daß ihm über Nacht alles genommen werden könnte, und darüber das Wort des Herrn ganz vergißt: »Wenn solches anfängt zu geschehen, dann erhebet eure Häupter, weil sich eure Erlösung naht!«, der wird hier auch gefragt, ob er denn das hochzeitliche Kleid wirklich angezogen hat, das heißt: ob er sich von Gottes Liebe wirklich hat ergreifen lassen und zu einer lebendigen Hoffnung wiedergeboren ist, weil der auferstandene Jesus Heiland und Herr seines Lebens geworden ist.

Mit Menschen, die Gottes Liebe gering achten und aus seiner Gnade eine billige Sache machen, die zu nichts verpflichtet und deshalb in ihrem Leben auch nichts ausrichten kann, hat Gott kein Erbarmen. »Bindet ihm Hände und Füße und werfet ihn hinaus in die äußerste Finsternis, da wird sein Heulen und Zähneklappen«, so heißt es hier. Es gibt auch eine ewige Nacht der Gottesferne, es gibt auch ein Zuspät im Reiche Gottes.

»Denn viele sind berufen, aber wenige sind auserwählt.« Hier denkt Jesus offenbar an die Scheidung, die an seinem Tage vor dem Eingang in sein ewiges Reich vorgenommen werden wird. Die werden am Tage des Herrn nicht zur Teilnahme an seiner Königsherrschaft erwählt, die es an der ganzen Hingabe an ihn haben fehlen lassen. Erwählt zum Eingang in sein herrliches Reich werden nach seinem Wort nur die, die ihre Kleider gewaschen haben in seinem Blut und die ihm aus Dank und Liebe auf Erden leben und dienen und auf ihn warten, bis daß er kommt!

Hast du Jesus als deinen Heiland und Herrn schon angenommen? Freust du dich auf sein Kommen? Amen.

Gebet: Herr Jesus Christus, Du bist uns gemacht von Gott zur Weisheit, zur Gerechtigkeit, zur Heiligung und zur Erlösung. Darum bitten wir Dich, erhör uns, wenn wir mit den Worten des Dichters beten und Dir geloben: »So wie ich bin, ohn alle Zier, komm ich, Herr, durch Dein Blut zu Dir; Du rufst mich von des Kreuzes Stamm; so komme ich, o Gotteslamm! So wie ich bin, hast Du mich nun. In Deinen Wunden will ich ruhn, im Frieden unterm Kreuzesstamm: so komme ich, o Gotteslamm!« Amen.

Lied: Daß ich dein auf ewig sei, sei die größte meiner Sorgen . . .

Was uns die herbstliche Natur lehrt

Die Himmel erzählen die Ehre Gottes, und die Feste verkündigt seiner Hände Werk. Ein Tag sagt's dem andern, ohne Sprache und ohne Worte; unhörbar ist ihre Stimme. Ihr Schall geht aus in alle Lande und ihre Reden bis an die Enden der Welt. Er hat der Sonne ein Zelt am Himmel gemacht; sie geht heraus wie ein Bräutigam aus seiner Kammer und freut sich wie ein Held, zu laufen ihre Bahn. Sie geht auf an einem Ende des Himmels und läuft um bis wieder an sein Ende, und nichts bleibt vor ihrer Glut verborgen.
Das Gesetz des Herrn ist vollkommen und erquickt die Seele. Das Zeugnis des Herrn ist gewiß und macht die Unverständigen weise. Die Befehle des Herrn sind lauter und erleuchten die Augen. Die Furcht des Herrn ist rein und bleibt ewiglich. Die Rechte des Herrn sind Wahrheit, allesamt gerecht. Sie sind köstlicher als Gold und viel feines Gold, sie sind süßer als Honig und Honigseim. Auch läßt dein Knecht sich durch sie warnen; und wer sie hält, der hat großen Lohn.
Wer kann merken, wie oft er fehlet? Verzeihe mir die verborgenen Sünden! Bewahre auch deinen Knecht vor den Stolzen, daß sie nicht über mich herrschen; so werde ich ohne Tadel sein und rein bleiben von großer Missetat. Laß dir wohlgefallen, die Rede meines Mundes und das Gespräch meines Herzens vor dir, Herr, mein Fels und mein Erlöser. Psalm 19,2–15

Das ist ein hehres Loblied auf die Größe und Erhabenheit Gottes! Wohl dem Menschen, der das inmitten einer Welt wie der unsrigen sagen kann: »Herr, mein Fels und mein Erlöser!« Mit solch einem Glaubensbekenntnis im Herzen und auf den Lippen muß man mit dem Leben fertig werden können. Denn wer sagen kann: »Mein Gott und mein Erlöser!«, der hat alles, auch wenn er einmal in Stunden der Anfechtung wie Jesus am Kreuz rufen müßte: »Mein Gott, mein Gott, warum hast du mich verlassen?« An Jesus sehen wir aufs deutlichste: Gott läßt eben keinen fallen und zugrunde gehen, der sich so zu ihm hält,

sondern führt ihn auch aus der tiefsten Tiefe, ja buchstäblich aus dem Tode wieder herauf.
Aber wer kann das wirklich sagen: »Herr, mein Gott und mein Erlöser«? Kann die Natur um uns her uns solche Zuversicht schenken? Kann die Natur uns Gott so nahe bringen, wie es viele Menschen meinen, wenn sie sagen: Mein Gott ist die Natur. Ich brauche keine Kirche, keinen Gottesdienst, keine Predigt, keine Bibel. Wenn ich hinausgehe in die freie Natur oder mich in den Garten setze und das Leben in der Natur betrachte und belausche, dann habe ich die schönste Andacht und Erbauung.
Ist dem wirklich so? Kann die Natur unser Gott sein? Laßt uns auf das achten, was der Dichter des verlesenen Psalms, der König David, zu dieser Frage sagt. Sein Bekenntnis hat deutlich drei Strophen. Wir wollen sie nacheinander betrachten:

I.

»Die Himmel erzählen die Ehre Gottes, und die Feste verkündigt seiner Hände Werk. Ein Tag sagt's dem andern, ohne Sprache und ohne Worte; unhörbar ist ihre Stimme . . .« Kein Zweifel: *Der Beter dieses Psalms spricht* zwar nicht in der Sprache der Naturwissenschaftler, aber in einer, die wir alle verstehen, *groß von der Herrlichkeit Gottes in der Natur.* Er spricht davon so hoch, daß sogar fromme Menschen schon gefragt haben: Kann man wirklich so groß von Gottes Schöpferherrlichkeit und Wirksamkeit in der Natur sprechen? Ist denn nicht allein die Bibel die einzige Quelle, aus der wir etwas Gewisses und Zuverlässiges über Gott erfahren, und sonst nirgendwo? Solcher Einwand hat einiges für sich, greift aber doch nicht durch. Denn wenn es so wäre, daß wir außer in der Bibel überhaupt nichts vom Dasein Gottes erfahren könnten, wären alle Menschen, die keine Bibel kennen, entschuldigt, wenn sie Gott leugnen.
Aber so billig läßt Gott keinen Menschen, auch keinen Heiden, mit seinem Unglauben davonkommen. So sagt der Apostel Paulus am Anfang des Römerbriefes gerade im Blick auf die Menschen, die keine Bibel kennen: Für Gottesleugnung gibt es keine Entschuldigung. »Denn was man von Gott erkennen kann, ist unter ihnen offenbar; denn Gott hat es ihnen offen-

bart. Denn Gottes unsichtbares Wesen, das ist seine ewige Kraft und Gottheit, wird seit der Schöpfung der Welt ersehen aus seinen Werken, wenn man sie wahrnimmt, so daß sie keine Entschuldigung haben.« Nein, es wird am Tage des Gerichts kein Mensch sagen können: »Gott, ich habe nichts von dir geahnt und auch nicht ahnen können. Die Bibel kannte ich nicht, und anderswo war von dir doch nichts zu vernehmen.« Nein, denn so fragt auch der verlesene Psalm: Wo ist ein Volk auf Erden, über dem die Sonne am Himmel nicht täglich aufgeht? Wo sind die Menschen, über denen sich der gewölbte Sternenhimmel nicht ausbreitet? Wo sind die Leute, die den Wechsel von Saat und Ernte, Frost und Hitze, Sommer und Winter, Tag und Nacht nicht erleben? Wir können fortfahren und fragen: Wo sind die Leute bei uns, die in diesen Herbsttagen nicht mit offenen Augen sehen können, wie die Zugvögel rechtzeitig aus den Gärten, Feldern und Wäldern verschwinden, um die Reise in wärmere Länder anzutreten; wie die Bäume rechtzeitig ihre Blätter abwerfen, um sich auf den nahenden Winter einzustellen; wie bis zu den Mücken und Ameisen hin jedes Tierlein draußen dazu angehalten wird, Schutz und Geborgenheit vor der Kälte des Winters zu suchen? Wer gab ihnen allen dieses Zeichen zum Aufbruch? Wo solches alles aber geschieht, da gilt auch immer, was in unsrem Gesangbuch steht:

Dich predigt Sonnenschein und Sturm,
dich preist der Sand am Meere.
Bringt, ruft auch der geringste Wurm,
bringt unsrem Schöpfer Ehre!
Mich, ruft der Baum in seiner Pracht,
mich, ruft die Saat, hat Gott gemacht,
gebt unsrem Schöpfer Ehre!

Nur sträfliche Gedankenlosigkeit und Oberflächlichkeit und Torheit, nur der Wunsch vieler Menschen, es möchte keinen Gott geben, der uns einmal vor seinen Thron ruft, kann an seinen Werken achtlos vorübergehen und ausrufen: »Es ist kein Gott!«

Es ist deshalb auch nicht von ungefähr, daß viele, gar die meisten Naturforscher alter und neuer Zeit das Dasein eines großen, weisen Schöpfers bejahen und sich in Ehrfurcht vor der Größe und Weisheit seiner Werke neigen, und mit Recht sagt man heute, daß man mit modernen Naturforschern über die Wunder der Bibel ernsthafter reden könne als mit manchen der modernen Theologen. Denn sie, die Naturforscher, haben so tief in die Wunderwelt der Schöpfung hineingeschaut, daß sie grundsätzlich dem nicht widersprechen, was sogar der Spötter Voltaire vor zweihundert Jahren im Blick auf die Möglichkeit einer Totenauferstehung einräumen mußte, als er bemerkte: »Die Auferstehung der Toten ist die einfachste Sache der Welt. Der Gott, der den Menschen einmal schuf, der kann ihn doch auch ein zweites Mal erschaffen.«

Und doch müssen wir sagen – und soviel ist an jenem Einwand, von dem wir am Anfang sprachen, richtig –: Wenn wir bloß auf die Natur angewiesen wären, blieben wir doch arme Menschen, weil ohne letzte Antwort auf unsre tiefste Not und unsre tiefsten Fragen. Denn die Werke der Schöpfung, so sagt es unser Psalm, so sagt es auch der Apostel Paulus, zeugen von der Wirklichkeit, Größe und Kraft Gottes und von seiner Weisheit; mehr tun sie nicht. Ob dieser Gott nun auch ein liebender Gott ist; ob ich auch als einzelner Mensch vor ihm etwas gelte oder nur ein Tropfen im großen Weltmeer bin; ob ich mich in meiner Not an ihn wenden darf; ob nach diesem kurzen Erdenleben für mich alles völlig aus ist oder es vielleicht doch noch ein anders Leben für mich gibt – das kann ich draußen in der schönsten Natur nicht erfahren. Zwar machen mich einige Forscher auch auf das unfaßbare Wunder aufmerksam, daß aus einer am Boden kriechenden Raupe nach einem scheinbaren Todesschlaf ein herrlicher Schmetterling aufersteht und also auch der Mensch zu solch herrlicher Auferstehung berufen sein könnte. Aber ob es wirklich so ist, das kann mir auch der schönste Schmetterling und der schönste Blumenstrauß nicht sagen. Denn bei aller Herrlichkeit des Lebens, das draußen pulsiert, liegt doch auch ein tiefer, dunkler Schatten über der ganzen Natur. Jedes Unwetter, das in reifende Saatfelder fährt, jedes Erdbeben, das blühende Menschenleben zu Tausenden auf einmal dahinrafft und herrliche Landschaften verwüstet, jeder Verkehrsunfall inmitten blühender Landschaften stellt uns Fragen und schlägt Wunden in Menschenherzen, die die Natur weder beantworten noch heilen kann.

Ein Beispiel nur aus jüngster Zeit: Da setzt sich eine Familie in

der Frühe eines herrlichen Sommertages ins Auto, um in die langersehnten Ferien zu fahren. Aber nach zwei Stunden Fahrt gibt es einen schweren Unfall: die Eltern sind auf der Stelle tot; ein Kind stirbt nach einigen Tagen; die beiden übriggebliebenen Kinder stehen weinend an der Bahre ihrer Eltern. Die Sonne ging an jenem Tage weiter ihre Bahn, die Vögel sangen wie immer, die Blumen prangten in ihrem Schmuck. Aber nichts von dem konnte die weinenden Herzen stillen. Die Natur draußen hatte für das, was hier an Not und Schmerz aufbrach, keine Antwort; sie blieb für diese Fragen stumm.
Ja, wer sagt: »Mein Gott ist die Natur!«, der gleicht in der Tat jenem Mann, der sich an ein leckes Boot auf einem reißenden Strom klammerte. Man rief ihm zu, er solle den Sprung ins Wasser wagen, um das sichere nahe Ufer zu erreichen. Er tat es nicht. Das Boot sank und riß ihn mit in die Tiefe. Denn die ganze sichtbare Schöpfung ist der Vergänglichkeit unterworfen, sagt die Bibel. Und jede welke Blume und jedes fallende Blatt und das jährliche Sterben der Natur raunt uns zu: »Wir können dir, o Mensch, letzte Gewißheit nicht geben; wir sind selber Kinder des Todes. Für deinen Hunger nach unvergänglichem Leben mußt du schon andere Quellen suchen.« Gibt es denn solche für uns Menschen?
Diese Frage beantwortet uns der Sänger mit der 2. Strophe seines Psalms:

II.

Das Wunder des Wortes Gottes! Welch wunderbare Klänge brechen doch in dieser 2. Strophe auf! Was bei allem hohen Preis der Schöpfung in den ersten Versen fehlt – letzter Trost und tiefste Gewißheit –, hier leuchtet es in vielen Farben auf: »Das Gesetz des Herrn ist vollkommen und erquickt die Seele. Das Zeugnis des Herrn ist gewiß und macht die Unverständigen weise. Die Befehle des Herrn sind richtig und erfreuen das Herz. Die Gebote des Herrn sind lauter und erleuchten die Augen. Die Rechte des Herrn sind Wahrheit, allesamt gerecht. Sie sind köstlicher als Gold und viel feines Gold, sie sind süßer als Honig und Honigseim!«
So ist es. Weil wir Menschen mehr sind als ein Körper von Fleisch und Blut, mehr als ein Stück Natur, darum kann uns die

Natur nicht das geben, was unser Herz braucht, um seines Lebens froh und gewiß zu werden. Sondern um unser Herz zur Ruhe zu bringen und ihm frohmachende Gewißheit zu geben, hat Gott einen anderen Weg beschritten. Das ist der Weg, von dem die Bibel vom ersten bis zum letzten Blatt redet: daß nämlich dieser große und erhabene Gott Himmels und der Erde mit seinem Wort zu uns kommt und uns darin sein Herz offenbart. Und dieses Wort aus Gottes Munde sagt mir und dir: Du Menschenkind bist von Gott nicht vergessen und nicht verlassen. Gerade um deinetwillen hat Gott die Welt so schön gemacht. Und dieser Gott, der Himmel und Erde so wunderbar geschaffen und erhält, der die Sterne alle mit Namen nennt, der da weiß, »wieviel Mücklein spielen in der heißen Sonnenglut«, wie es in einem Kinderliede heißt, der »kennt auch dich und hat dich lieb!« Zwar lebst du auf einem sinkenden Schiff; denn über diese Welt sind Mächte der Sünde und des Todes hereingebrochen, aber der starke, ewige Gott hat sich aufgemacht und führt einen heiligen Krieg gegen diese Mächte, um uns aus ihrer Gewalt zu befreien. Denn dieser Gott der Bibel will von uns nicht lassen. Und was der Psalmist von fern schaut und was ihn so froh und gewiß macht, das hat Gott in Jesus Christus für uns sichtbar Gestalt nehmen lassen. In Christus Jesus hat Gott sich aufgemacht und hat den Mächten der Sünde, der Auflehnung gegen sein Regiment am Kreuz auf Golgatha aufs Haupt geschlagen. Er hat uns im Tode Jesu den Boden bereitet, auf dem uns die Sünden vergeben, die ganze Lebensschuld und Gottvergessenheit und Undankbarkeit, in der wir dahingelebt haben, abgenommen wird, und er hat uns in der Auferweckung Jesu Christi von den Toten die Tür zu einer neuen Welt aufgetan und, wie es der Apostel sagt, »Leben und unvergängliches Wesen ans Licht gebracht.« Und wenn du dich von Gottes Liebe rufen läßt, von deinem gottvergessenen Leben umkehrst und ihm die Ehre gibst, dann bist du mit deinem kleinen, aber vor Gott wertgeachteten Leben schon jetzt und hier so von seiner Macht und Fürsorge umschlossen, daß ohne seinen Willen, wie Jesus sagt, kein Haar von deinem Haupt fallen kann, und alle Leiden dieser Zeit müssen dann mithelfen, dich für deine ewige Bestimmung zuzubereiten. Ja, dann muß dir alles, auch das Schwerste, auch der Tod, auch der Tod im stürzenden Flugzeug oder im zertrümmerten Auto zum

Besten dienen, weil er dich buchstäblich vom Glauben zum Schauen der Herrlichkeit Gottes bringt.
O laßt uns doch noch eifriger eindringen in diese herrliche Welt des Evangeliums von der Gnade Gottes, die sich in Jesus offenbart; in die Welt der Bibel, um hier zu sammeln, zu nehmen, zu lernen, ja um Menschen zu werden, die wissen, was sie glauben, auch dann noch, wenn die Sterne einmal vom Himmel fallen und die Sonne ihren Schein verliert und der große Tag des Herrn anbricht, von dem die Bibel sagt, daß er nahet und eilet und an dem Gott Gericht halten wird über alles, was Menschenantlitz trägt, um dann die neue Welt heraufzuführen, die er uns in Jesus aufgetan hat.
Damit stehen wir bei der letzten Strophe dieses Psalms.

III.

Ihr Inhalt: *Das Wunder des Lebens aus Gott, der Gemeinschaft mit ihm.* »Wer kann merken, wie oft er fehlet? Verzeihe mir die verborgenen Sünden! Bewahre auch deinen Knecht vor den Stolzen, daß sie nicht über mich herrschen, so werde ich ohne Tadel sein und rein bleiben von großer Missetat. Laß dir wohlgefallen die Rede meines Mundes und das Gespräch meines Herzens vor dir, Herr, mein Fels und mein Erlöser.«
Welch ein inniges, vertrauensvolles Gebet zu Gott spricht hier ein Menschenherz und Menschenmund. Ja, die Himmel erzählen die Ehre Gottes! Und die Bibel und der Name Jesus bezeugen uns die Liebe Gottes zu uns Menschen hell und klar. Aber die hellste Sonne am Himmel bleibt mir dunkel, wenn mir das Auge fehlt, das ihre Strahlen faßt. Die wunderbarste Musik rührt mich nicht, wenn mir das hörende Ohr fehlt.
Sieh, darum stehen die Worte von Missetat, Sünden, Vergebung und Erlösung am Schluß dieses erhabenen Liedes von Gottes Herrlichkeit, um uns zu lehren: Zu all dem Großen, was dir die Werke der Schöpfung von Gott sagen, und zu dem Wunder der Liebe Gottes, die sich in Jesus offenbart und die uns sein Wort bezeugt, muß eines dazukommen: das sehende Auge, das heißt: das reine, von Sündenschuld befreite Herz. Denn hier gilt Jesu Wort: »Selig sind, die reines Herzens sind; denn sie werden Gott schauen.« Der Gott der Bibel, sein Heil

und seine Liebe, kann auf Erden nur mit dem Herzen erfahren und geschaut werden.
Der Sänger David hat deshalb Angst vor der Blindheit und Taubheit des Herzens, die Gott nicht sieht und nicht hört. Darum bittet er: Herr, laß auf meinem Leben doch nichts liegen, keine unvergebene Sünde, keinen Flecken, der mir den Blick zu dir verdunkeln müßte. Verzeihe mir auch die verborgenen Sünden!
Wenn aber schon die verborgenen Sünden, die uns gar nicht bewußt sind, das innere Auge trüben und die Freude an Gott rauben müssen, wieviel mehr dann erst die Dinge, von denen du genau weißt, daß sie wegmüssen, daß sie in Ordnung kommen müssen, weil du so vor Gott nicht bestehen kannst. Wahrlich, um Gottes Liebe und Herrlichkeit zu fassen, um uns seiner Gnade im Leben und im Sterben zu getrösten, brauchen wir ein reines Herz, das heißt: Wir brauchen Vergebung der Sünden und Reinigung unsres Herzens und Wesens im täglichen Umgang mit Jesus, dem Tilger unsrer Schuld.
Sind wir Sehende oder Blinde? Das ist nun die Frage, auf die alles ankommt. Gehen wir noch als oberflächliche oder neunmalkluge Leute stumm vorbei an der Offenbarung Gottes in seinen Werken, seinem Wort und in seinem Sohn, dann sind wir auch noch arme, blinde Menschen, ohne letzten Trost und Halt. Und kommt dann, vielleicht schon morgen, dein letztes Stündlein, armer Mensch, was dann?
Darum laßt uns die Bitte Davids, des Mannes nach dem Herzen Gottes, wie ihn die Bibel einmal nennt, zu der unsrigen machen: »Schaffe in mir, Gott, ein reines Herz, und gib mir einen neuen, gewissen Geist!« Und: »Verzeihe mir auch die verborgenen Sünden!« Denn »Wo Vergebung der Sünden ist, da ist auch Leben und Seligkeit« (Luther). Da kann uns der Herr auf Schritt und Tritt erfahren lassen: »Es ist etwas, des Heilands sein; ich dein, Herr Jesu, und du mein, in Wahrheit sagen können!« Ihm nachfolgen, unsrem Heiland Jesus Christus, das ist auch heute wahrhaftig keine Fahrt ins Blaue, sondern ein gewisses Gehen an Gottes starker Vaterhand. Denn »die Wege des Herrn sind richtig und erfreuen das Herz!« Amen.

Gebet: Ja, so wollen wir es vor Dir bekennen, lieber himmlischer Vater, daß Deine Gebote und Deine Wege richtig sind und unser Herz erfreuen. Das Kreuz auf Golgatha macht es deutlich: Du hast uns lieb. Du wirst nicht ruhen, bis wir Dich in Deiner neuen Schöpfung loben werden durch Jesus Christus, unsern Heiland und Herrn. Dafür danken wir Dir! Amen.

Lied: Schönster Herr Jesu, Herrscher aller Enden . . .

22. Sonntag nach Trinitatis

Mein Nächster

Und siehe, da stand ein Schriftgelehrter auf, versuchte ihn und sprach: Meister, was muß ich tun, daß ich das ewige Leben ererbe? Er aber sprach zu ihm: Was steht im Gesetz geschrieben? Was liest du? Er antwortete und sprach: »Du sollst den Herrn, deinen Gott, lieben von ganzem Herzen, von ganzer Seele, von allen Kräften und von ganzem Gemüt und deinen Nächsten wie dich selbst.« Er aber sprach zu ihm: Du hast recht geantwortet; tu das, so wirst du leben.
Er aber wollte sich selbst rechtfertigen und sprach zu Jesus: Wer ist denn mein Nächster? Da antwortete Jesus und sprach: Es war ein Mensch, der ging von Jerusalem hinab nach Jericho und fiel unter die Räuber; die zogen ihn aus und schlugen ihn und machten sich davon und ließen ihn halbtot liegen. Es traf sich aber, daß ein Priester dieselbe Straße hinabzog, und als er ihn sah, ging er vorüber. Desgleichen auch ein Levit: als er zu der Stelle kam und ihn sah, ging er vorüber. Ein Samariter aber, der auf der Reise war, kam dahin; und als er ihn sah, jammerte er ihn; und er ging zu ihm, goß Öl und Wein auf seine Wunden und verband sie ihm, hob ihn auf sein Tier und brachte ihn in eine Herberge und pflegte ihn. Am nächsten Tag zog er zwei Silbergroschen heraus, gab sie dem Wirt und sprach: Pflege ihn; und wenn du mehr ausgibst, will ich dir's bezahlen, wenn ich wiederkomme. Wer von diesen dreien, meinst du, ist der Nächste gewesen dem, der unter die Räuber gefallen war? Er sprach: Der die Barmherzigkeit an ihm tat. Da sprach Jesus zu ihm: So geh hin und tu desgleichen! Lukas 10,25–37

»Wer ist denn mein Nächster?« Das ist die Frage, von der wir hier ausgehen wollen; eine Frage, die manchem von uns vielleicht überflüssig erscheint. Denn ist nicht in unsrer Zeit der Nächste endlich und richtig entdeckt worden und zu Ehren gekommen? Mitmenschlichkeit, Brüderlichkeit, Völkerverständigung – das sind Losungen unsrer Tage. Große Aktionen laufen unter »Brot für die Welt«, »Entwicklungshilfe«, »Unterstützung der unterdrückten Völker in Afrika« und anderes

mehr. Vielerorts hat man eingesehen, daß ein Mensch für den anderen und ein Volk für das andere einzutreten hat, weil sie nun einmal zusammengehören und keiner ohne den anderen auf die Dauer bestehen kann. Solche Erkenntnis ist gewiß eine große Sache.
In keinem Buch und keinem Gesetz der Welt ist aber die Stellung und Bedeutung des Nächsten so hell beschrieben und herausgestellt, die er für unser Leben hat, gerade auch für uns Christen, wie in der Bibel mit ihrem göttlichen Gebot: »Du sollst den Herrn, deinen Gott, lieben von ganzem Herzen, von ganzer Seele, von allen Kräften und von ganzem Gemüt und deinen Nächsten wie dich selbst.« Schon auf Erden hängt von unsrem Umgang mit dem Nächsten für unser Glaubensleben so viel ab. Unsre Gebete, belehrt uns die Bibel, erreichen nicht das Ohr Gottes, wenn der Nächste mit Recht über uns seufzen und klagen muß. Viel Segen, Freude und Frieden von Gott geht uns also verloren, wenn es in unsrem Verhältnis zum Nächsten nicht stimmt. Er wird aber auch noch am Tag des Gerichts, dem die ganze Menschheit entgegengeht, eine große Rolle spielen. Denn im Angesicht derer, die Gott uns auf Erden als Nächste zuordnete, will der Weltrichter über uns das Urteil sprechen, das uns entweder zu ihm ruft in sein ewiges Herrlichkeitsreich oder uns von ihm weist in das ewige Feuer, wie wir es Matthäus 25 lesen.
Übersehen wir darum auch hier nicht den Zusammenhang. Entzündet hat sich der Unterricht Jesu über den Nächsten an der Frage eines Schriftgelehrten: »Meister, was muß ich tun, daß ich das ewige Leben ererbe?« Darauf hat ihm Jesus geantwortet: Du hast doch eine Bibel! Wie lautet denn da Gottes Wegweisung zum ewigen Leben? Und auf einmal weiß es der Mann: Gott, den Herrn, über alles lieben und den Nächsten wie sich selbst! Nun also, »tu das, so wirst du leben«, antwortet ihm Jesus. Der Frager aber will sich selbst rechtfertigen, das heißt: er will dem Herrn zeigen, daß seine Frage doch berechtigt ist, denn so klar sei doch nicht alles, was Gott in seinem Wort über den Weg zum Leben sagt. »Wer ist denn mein Nächster?« fragt er.
Tun wir da nicht einen Blick in das aufsässige Menschenherz überhaupt? Die Frage: »Was muß ich tun, daß ich das ewige Leben ererbe?« ist für uns alle längst beantwortet. »Denn es ist

in keinem andern Heil, ist auch kein andrer Name unter dem Himmel den Menschen gegeben, darin sie sollen selig werden« als allein der Name Jesus. Aber der Mensch will das nicht gelten lassen; er möchte auf alle Fälle darüber diskutieren, er möchte nachweisen, daß Gott manches eben doch auch trotz Jesus recht unklar und unverständlich gesagt habe. Der Mensch von heute möchte deshalb andere Begriffe, moderne Verkündigung, neue Ideen; er möchte nach jedem Gottesdienst diskutieren, in Frage stellen, abwägen, was in unsre Zeit paßt und was nicht mehr, damit am Schluß der Debatte jeder sagen kann: Was ist nun Wahrheit? Der eine sagt es so, der andere so, und genau weiß es keiner. So rechtfertigen sich auch heute viele Menschen in ihrer Glaubenslosigkeit und Ungewißheit über den Weg zum Leben. Das ist der Mensch!
Und siehe, das ist Jesus: Er läßt auch diesen Menschen nicht stehen. Er fertigt ihn nicht abweisend ab. Sondern er sagt ihm anhand einer Geschichte aus dem Leben vollmächtig, wie klar doch auch diese Frage nach unsrem Nächsten von Gott längst beantwortet ist, so klar, daß jeder Mensch sie schon in seinem Gewissen finden kann, wenn er nur darauf hören wollte. Nein, Gottes Wort und Wille ist nicht dunkel; dunkel ist aber das böse, widerspenstige Menschenherz.
Lassen wir uns durch Jesus nun die Frage beantworten: Wer ist denn wirklich mein Nächster? Wo oder wer ist der Mensch oder sind die Menschen, von denen so viel in meinem Leben abhängt und nach denen mich Gott auch am Tage der Ewigkeit und des Gerichts fragen wird. Ein dreifaches entnehmen wir seiner Antwort an den Schriftgelehrten:

I.

Du brauchst deinen Nächsten nicht lange zu suchen, den du liebhaben sollst. Du mußt nur auf Gottes Führung in deinem Leben achten: Der Nächste ist der, den Gott dir an die Seite gestellt hat und den er dir in den Weg führt. Dem gib, was du ihm geben kannst: die Aufmerksamkeit, die Wertschätzung, wie du sie für dich selbst begehrst; dem gönne dieselbe Liebe und Gabe, die dein eigenes Leben erhält und füllt. Die Nächsten, das sagt die Bibel an anderer Stelle – und das weiß jeder Heide –, sind also deine Hausgenossen, dein Mann, deine

Frau, deine Kinder, deine Eltern, deine Nachbarn, deine Mitarbeiter an deinem Arbeitsplatz. Im Umgang mit ihnen soll und wird es sich zeigen, wessen Geistes Kind du bist und sein willst. Wer da, im kleinen und kleinsten Kreis, nicht lernt, Nächstenliebe zu üben und als wahrer Christ zu handeln, wird auch im Großen nicht als solcher erfunden werden.

Wir spüren schon an dieser Stelle: Nächstenliebe im Sinn der Bibel ist mehr, als was wir uns manchmal darunter vorstellen. Denn die in ihrem Alter vielleicht etwas schwierig gewordenen Eltern lieben, tragen, ihnen dienen, das ist für den jungen Menschen, auch für den Christen, vielleicht schwerer als einen Menschen lieb haben, den man sich als seinen Freund nach eigenem Geschmack ausgesucht hat. Und einen leicht reizbaren Mann lieben oder eine schwermütige Frau in Liebe tragen ist schwerer als gelegentliche Besuche bei kranken Freunden machen oder eine Spende für die Innere und Äußere Mission geben. Da können wir auch als Christen noch viel versagen und schuldig werden. Verstehen wir jetzt, warum das Gebot der Nächstenliebe nicht einsam dasteht, sondern daß ihm erst das andere vorausgeht: »Du sollst Gott, deinen Herrn, lieben von ganzem Herzen, von ganzer Seele, von allen deinen Kräften und von ganzem Gemüt.« Nur dann, wenn dein Verhältnis zu Gott in Ordnung gekommen ist, wenn du bei ihm die Quelle des Lebens und der Liebe gefunden hast, kannst du auch im Verhältnis zu deinem Nächsten nach Gottes Sinn und in seiner Liebe handeln.

Dazu sagt uns Jesus noch ein zweites: Der Nächste, das ist in jedem Fall der Mensch, der deine Hilfe braucht, der mit Recht gerade auf dich warten darf und mit dir rechnen darf, weil Gott ihn dir gleichsam vor die Füße gelegt hat. Das kann ein bis dahin dir ganz unbekannter Mensch sein, wie hier in der Geschichte, die Jesus erzählt, ein Fremdarbeiter, einer, der bei einem Verkehrsunfall zu Schaden gekommen ist, ein weinendes Kind am Wege, ein Bettler vor deiner Tür, ein von Not und Leid heimgesuchter Nachbar in deiner Straße. Wir wollen darum beachten, wie Jesus die Frage des Schriftgelehrten umkehrt. »Wer ist denn mein Nächster?«, so hat der Mann gefragt. Er will nur Liebe üben, wo er wirklich muß. Darum muß erst klar sein, wen er denn nach Gottes Willen zu lieben hat. Aber Jesus sagt: Wer wirklich Gottes Liebe erfährt und in seinem Herzen trägt und sich als Gottes Kind und Erbe auf Erden beweisen und bewähren will, der liebt und hilft und dient, wo immer zu helfen ist; der fragt deshalb nicht nur: Wer ist mein Nächster?, sondern er fragt: Für wen bin ich der Nächste; wer darf von mir erwarten, daß ich ihm Güte und Treue erweise, mich seiner annehme und ihm Hilfe und Beistand gewähre?

So hat Jesus selbst gehandelt und uns ein Vorbild hinterlassen: Er wußte sich als Heiland für die ganze Welt von Gott bestellt. Er hielt treu zu seinem Volk. Aber dabei verlor er nicht den Blick für den einzelnen, für den oder die, die der Vater ihm jeweils in den Weg führte. Dann war in solchem Augenblick dieser einzelne Mensch, den er bis dahin nicht gesehen hatte, der Nächste, hinter den alle andern Menschen und Aufgaben zunächst zurücktreten mußten, weil eben dieser eine Mensch jetzt vor ihm stand und seine Hilfe brauchte: der Blinde am Wege; die Aussätzigen, die sich ihm näherten mit ihrem Hilferuf; die große Sünderin; die weinende Witwe am Stadttor zu Nain; Zachäus auf dem Maulbeerbaum. Dabei machte es für Jesus keinen Unterschied, ob der eine ein angesehener Theologe – wie Nikodemus – war, oder die andere eine Samariterin am Jakobsbrunnen mit ihrem üblen Ruf. Für beide war er da. Beiden war er jetzt der Nächste.

Seht, das ist die Gesinnung, die Jesus auch bei uns sucht. Die Nächsten, denen wir ein Leben lang dienen sollen, sind nicht in erster Linie die, die wir gern haben, mit denen wir uns besonders verbunden wissen, sind auch nicht so pauschal die vielen Millionen Menschen auf Erden, an die wir freilich auch denken und für die wir beten dürfen und sollen, sondern die Nächsten, die Allernächsten im Sinne Jesu sind jeweils immer die wenigen oder einzelnen, die uns für dauernd oder für einen ganz bestimmten Augenblick von Gott anvertraut sind und in den Weg geführt werden. Wir erfüllen diesen hohen Auftrag der Nächstenliebe deshalb auch noch nicht mit einem Beitrag, den wir vielleicht einmal im Jahr für »Brot für die Welt« geben, oder einem weiteren Beitrag für Mission und Bibelverbreitung – so gut das auch ist und mit zur Nächstenliebe gehört –; nein, wir erfüllen diese große und segenbringende Aufgabe unsres Lebens nur, wenn wir Jesu Wort beherzigen: »Wer im Geringsten treu ist, der ist auch im Großen treu.« Wer sich täglich

gerufen weiß und rufen läßt zum Dienst der Liebe an denen, die neben uns sind, die uns brauchen, die auf uns warten, der wird einmal aus dem Munde des wiederkommenden Herrn das Wort hören: »Was ihr getan habt einem unter diesen meinen geringsten Brüdern, das habt ihr mir getan!«
Und wieder sage ich: Bei solchem Dienst am Nächsten kann man nicht mit der Losung daherkommen: »Ich tue recht und scheue niemand«, sondern da wird man klein und demütig werden. Denn Gott allein weiß – und es wird auch uns oft genug bewußt –, an wie vielen Menschen wir achtlos vorübergegangen sind, die er uns in den Weg geführt hatte, daß wir ihnen dienen möchten. Gott allein weiß, wieviel Schaden Menschen an ihrer Seele genommen haben, weil wir ihnen diesen Dienst schuldig blieben. Ach, wer will sie zählen an unsrem Lebensweg, denen wir nicht Samariter wurden, sondern ein Anstoß zu ihrem Rückgang und ihrem Verderben. Ist es nicht beschämend für uns alle, daß Jesus gerade fromme Menschen braucht, um solches Versagen deutlich zu machen? Priester und Levit, das waren Leute, die im Tempel dienten. Vom Gottesdienst in Jerusalem kommend zogen sie heim; ihr Haus lag in der frommen Priesterstadt Jericho. Von hohen, frommen Gedanken waren sie vielleicht noch bewegt; und gingen doch vorüber an dem, dem sie nach Gottes Willen zu dienen hatten.
Ist das nicht auch immer wieder unser Bild? Wir suchen Wissen und Erkenntnis, Kirche und Gemeinschaft, große Gedanken, saubere Predigten, fröhliche Feste und Feiern, aber wir suchen nicht den stillen Dienst der Liebe, den Dienst, der unter Umständen auch etwas kostet an Mühe, Zeit und Geld. Am Sonntag sind wir fromme Leute und auf dem Weg nach Jericho, in der Woche, beginnt schon das Versagen. Vielleicht geht da sogar manch böses Wort über den Nächsten über unsre Zunge. Muß das so sein? Ist da nichts zu ändern möglich? Wenn sich da nichts ändert, sind wir verlorene Leute. Denn mit den Worten: »Was ihr nicht getan habt einem unter diesen meinen geringsten Brüdern, das habt ihr mir nicht getan«, schickt Jesus, der kommende Weltrichter, die Verdammten in die Hölle: »Geht hin, ihr Verfluchten, in das ewige Feuer, das bereitet ist dem Teufel und seinen Engeln.« So ernst ist das.
Aber seht, es gibt noch eine andere Möglichkeit für uns, und

dazu steht diese Geschichte in der Bibel, daß wir sie hören und danach tun:

III.

»Ein Samariter aber, der auf der Reise war, kam dahin; und als er ihn sah, jammerte er ihn; und er ging hin zu ihm, goß Öl und Wein auf seine Wunden und verband sie ihm, hob ihn auf sein Tier und brachte ihn in eine Herberge und pflegte ihn.« *Es ist ein großes Geheimnis um diesen Samariter;* Samariter galten damals bei den Juden als unfromme Leute, die man verachtete. *Und doch ist er und sein Dienst das Herz der ganzen Geschichte.* Was tat er eigentlich? Etwas ganz Selbstverständliches. Er hilft; er geht nicht vorüber. Er kann nicht anders; das Elend des Mannes, der da halbtot am Wege liegt, greift ihm ans Herz. Ganz einfältig, still und selbstverständlich handelt er im Dienst der Barmherzigkeit, wie er es gewiß immer und überall nach seinen Kräften und Möglichkeiten auch sonst getan hat. Und das ist es, was Gott will und was Gott sucht, was Gott ehrt und was Jesus an seinem Tage lohnen will mit seinem Reich und seiner Herrlichkeit.

Und solche Menschen will Jesus aus uns machen; darum hat er diese Geschichte erzählt. Darum liegt auf ihr auch ein so wunderbarer Glanz. Denn seit altersher hat die gläubige Gemeinde in diesem barmherzigen Samariter ein Abbild des großen barmherzigen Samariters gesehen, von dem es im Neuen Testament heißt: »Da er das Volk sah, jammerte ihn desselben; denn sie waren verschmachtet wie die Schafe, die keinen Hirten haben.« Jesus ist der große, von Gott gesandte, von den Menschen verkannte und verachtete barmherzige Samariter, der uns sucht, uns aufhebt, unsre Wunden wäscht mit seinem Blut, uns mit seinem Geist beschenkt und uns in die Herberge bringt, wo wir geborgen sind. Jesus ist der große Samariter, der uns damit das größte Geheimnis enthüllt, das es auf dieser Erde für uns Menschen gibt, nämlich: daß Gott Liebe ist.

Weißt du, was wir nun zu tun haben, damit wir das ewige Leben gewinnen? fragt uns Gott in diesem Wort. Wir müssen uns diesem barmherzigen Samariter, Jesus, ergeben, daß er einmal Grund schaffe in unsrem Leben durch seine vergebende und reinigende Gnade, die uns von allen unsren Sünden wäscht;

und daß wir unter seiner Pflege gewandelt und erneuert werden und unser Herz aufgeht für Gottes Liebe und wir anfangen, ihn, Jesus, und durch ihn den großen Gott im Himmel zu loben und in solchem neuen Leben zu handeln und zu wandeln und unsren Nächsten zu dienen »ohn Eigennutz und Heuchelschein und, wie du mir erwiesen, aus lauter Lieb allein.« Das ist es. Das geht aber wirklich nicht ohne Anschluß an Jesus. Nur durch ihn kommen wir dahin, daß uns der Nächste, den wir vernachlässigt haben, dem wir zum Anstoß wurden, am Tage des Gerichts nicht verklagen kann und Gott uns nicht verdammen muß, weil Jesus für uns eintritt. Nur durch Jesus, durch seine Liebe und seinen Geist und durch innigen Umgang mit ihm im Wort und Gebet können wir auch dahin kommen, daß aus unsrem Herzen und Leben diese Liebe herauswächst, durch die wir uns »Freunde machen im Himmel«, wozu Jesus an anderer Stelle uns auffordert, die uns einmal in der ewigen Welt Gottes willkommen heißen, weil wir ihnen auf Erden wohltun durften in Jesu Namen und sie dadurch auch auf diesen Weg gewiesen und auf diesem Weg gestärkt wurden durch unsere Nähe, unsre Liebe, unser Gebet und unsern Dienst. Es geht nicht ohne Jesus! Aber er hat sich dieses Ziel mit uns gesteckt, daß wir durch Anschluß an ihn das ewige Leben ererben sollen. Er führt auch alles herrlich hinaus bei denen, die sich ihm ergeben. Gott helfe uns allen zu solch einem Leben mit Jesus! Amen.

Gebet: Herr Jesus, Du hast Dich zu uns herabgelassen. Deine Liebe hat Dich zu uns getrieben. Du sahst uns am Wege liegen, nackt und bloß, hilflos und vom Tod gezeichnet. Da hast Du uns aufgehoben und unser Herz gewaschen von allen Sünden und uns auf den Weg gebracht, der zum ewigen Leben führt, auf dem Du selbst als der gute Hirte mit uns gehst. Hilf uns, daß wir unterwegs Deinen Namen bekennen, zu Dir rufen und an allen, denen wir begegnen, üben, was Du an uns getan, damit wir auch an Deinem großen Tag als die Deinen erfunden werden und eingehen dürfen zu Deines Reiches Freuden. Amen.

Lied: Es kennt der Herr die Seinen und hat sie stets gekannt . . .

Geduld – das Echtheitszeichen des Glaubens

So seid nun geduldig, liebe Brüder, bis auf den Tag, da der Herr kommt. Siehe, ein Ackermann wartet auf die köstliche Frucht der Erde und ist geduldig darüber, bis sie empfange den Frühregen und Spätregen. Seid auch ihr geduldig und stärket eure Herzen, denn der Herr kommt bald. Seufzet nicht widereinander, liebe Brüder, auf daß ihr nicht gerichtet werdet. Sehet, der Richter ist vor der Tür. Nehmet, liebe Brüder, zum Vorbild des Leidens und der Geduld die Propheten, die geredet haben in dem Namen des Herrn. Siehe, wir preisen selig, die erduldet haben. Von der Geduld Hiobs habt ihr gehört und habt gesehen, wie's der Herr hinausgeführt hat; denn der Herr ist barmherzig und ein Erbarmer. Jakobus 5,7–11

»Auf dieser Welt muß entweder geduldig gelebt werden oder bald gestorben sein«, sagt Martin Luther einmal und fährt dann fort: »Ich muß Geduld haben mit dem Papst, ich muß Geduld haben mit den Schwärmern, ich muß Geduld haben mit den Scharrhansen, ich muß Geduld haben mit dem Gesinde, ich muß Geduld haben mit Katharina von Bora, und der Geduld ist soviel, daß mein Leben nichts sein will als Geduld.« Luther lernte und übte sie, wenn auch durch viel Kampf und Streit und Rückschläge hindurch. So trug sein Leben und sein Dienst durch Gottes Barmherzigkeit reiche Frucht.

Zu solch einer Glaubenshaltung will uns auch das verlesene Wort anleiten: »So seid nun geduldig, liebe Brüder, bis auf den Tag, da der Herr kommt!« Im Grundtext steht an dieser Stelle ein Wort, das meist nur von der Geduld Gottes gebraucht wird und deshalb oft mit »Langmut« übersetzt wird. Gott ist ein Gott der Langmut. Auch dort, wo er über ein gottvergessenes Geschlecht klagen muß, daß es sich nicht mehr strafen lassen will von seinem Geist, fügt er hinzu: »Ich will ihnen noch Frist geben hundertundzwanzig Jahre.« Und im letzten Buch der Bibel lesen wir, wie Gott auch im Abrollen der endzeitlichen Gerichte immer wieder Haltepausen einfügt, um den Men-

schen Gelegenheit zur Umkehr zu geben, ehe das letzte Gericht hereinbricht.
Wo Menschen durch den Glauben an Jesus in Gemeinschaft mit dem lebendigen Gott gekommen sind, da soll auch in ihrem Leben etwas von dem Geist ihres himmlischen Vaters, dem Geist der Langmut und Geduld, offenbar werden. Da sollen wir ein weites, großes, starkes Herz bekommen, wie man das Wort Langmut sinngemäß auch übersetzen kann; ein Herz, das tragen, warten, geduldig hoffen kann. Das geduldige Herz ist das Herz, das über alle augenblicklichen Hindernisse hinweg eine große, gewisse Befreiung sieht und auf diese Hilfe wartet. Das geduldige Herz im Sinne der Bibel weiß etwas davon, daß hinter allem Erdendunkel eine Herrlichkeit liegt, die über all unser Ahnen und Verstehen weit hinausgeht und doch so gewiß ist, daß, wie Luther sagt, man tausendmal darüber sterben könnte.
Solches Warten-, Tragen- und Durchhaltenkönnen bis ans Ende gehört daher zum Christenlauf. Ohne Geduld kommen wir in unsrem Glaubensleben nicht zurecht und können wir diese Welt nicht überwinden, sondern müssen und werden wir aus einer Aufregung in die andere, aus einer Enttäuschung oder Verzagtheit in die andere fallen. Aber »Wer beharret bis ans Ende, der wird gerettet werden«, sagt Jesus und mahnt daher seine Gläubigen: »Fasset eure Seelen mit Geduld.« In unsrem verlesenen Schriftwort wird uns das Wort von der Geduld nach drei Seiten ausgelegt:

I.

Geduld – das ist das große wegweisende Wort unsres Herrn für unsern Weg durch die begonnene Endzeit. Ohne Geduld, ohne den Willen und die Kraft durchzuhalten, werden wir die Versuchungen und Nöte der Endzeit nicht überwinden. »Darum seid auch ihr geduldig und stärket eure Herzen; denn der Herr kommt bald.« Diese Mahnung klingt hinüber zu jenem Wort im letzten Buch der Bibel, das zweimal an entscheidender Stelle steht. Da sieht der Seher Johannes eine Zeit heraufkommen, in der nur noch die nackte Gewalt regiert und Hand in Hand damit die Ungerechtigkeit, die Lüge, die Bosheit, die Dämonie auf Erden. Ja, diesen Mächten von unten wird es gegeben werden, mit den Heiligen, das heißt mit den Menschen, die sich zu Jesus bekennen, »Krieg zu führen«, sie also zu verfolgen, äußerlich auszuschalten und mundtot zu machen und sie so »zu überwinden«. Denn durch große Zeichen und Wunder, das können auch große technische Erfindungen und Errungenschaften sein, werden diese Mächte die Welt in ihren Bann schlagen. Dann wird die Gemeinde Jesu dastehen wie eine einsame, verlassene Witwe, arm, bedrängt, allen Mächten dieser Welt und ihrem Spott preisgegeben. Und gerade an dieser Stelle hört der Seher von oben her die Mahnung des Herrn an seine leidende Gemeinde ergehen: »Hier ist Geduld und Glaube der Heiligen!« Hier kommt nur durch, aber hier kommt auch wirklich hindurch, wer im Aufblick zu dem Mann von Golgatha tragen, dulden und bis in den Tod hinein hoffen kann, weil er weiß: Jesus lebt! Ihm ist das Reich über alle Welt gegeben. Mit ihm werd auch ich zugleich ewig herrschen, ewig leben.

So meint es auch Jakobus hier. Er mahnt nicht nur: Seid geduldig, sondern er sagt: »Seid geduldig, denn der Herr kommt bald!« Das will sagen: Seit Golgatha und Ostern eilt die ganze Weltgeschichte unaufhaltsam jenem Tag entgegen, der Jesu Sieg am Kreuz auf Golgatha über alle Mächte des Verderbens hell ans Licht bringen wird. Auf nichts anderes haben wir jetzt vom Himmel her zu warten als auf die Wiederkunft unsres Herrn.

Wie alle Zeugen des Neuen Testaments, so erwartet deshalb auch Jakobus den Sieg der Gerechtigkeit und der Wahrheit nicht schon in dieser Zeit, sondern erst von der Wiederkunft Jesu. Auch zur Erfüllung alles dessen, was Jesus den Seinen verheißen hat – daß sie satt werden sollen an der Gerechtigkeit Gottes; daß sie getröstet werden sollen, indem auch die letzte Träne von ihren Augen abgewischt werden wird; daß die Sanftmütigen das Erdreich besitzen werden; daß Krankheit und Tod von ihnen genommen werden wird –, zur Erfüllung aller Gottesverheißungen gehört der Anbruch der neuen Welt, gehört das Wiederkommen Jesu. Das bedeutet nicht, daß Kinder Gottes sich bis dahin in alles Widerwärtige flügellahm ergeben müßten. Christen sind nicht bloß Menschen, die da hungert und dürstet nach der Gerechtigkeit, sondern die auch schon in dieser Zeit, wo sie immer können, für Gerechtigkeit

eintreten, vor allem selbst Gerechtigkeit üben und Wunden heilen und Hilfe leisten an ihrem Platz. Aber wir sollen nicht verzweifeln, wenn trotz allem in dieser Welt Ungerechtigkeit und Gewalt und Bosheit dennoch immer wieder durchbricht und schließlich überhand nimmt. Das soll uns nicht aus der Bahn werfen, sondern um so mehr ausschauen lassen nach dem Tag, da der Herr kommt und an dem Gottes Gerechtigkeit wie die helle Sonne aufgehen wird über allem Dunkel dieser Erde. Bis dahin mutet der Herr den Seinen noch mancherlei zu tragen und zu dulden zu. Denn bis dahin muß auch die Sünde in ihrer ganzen Bosheit offenbar werden als das, was sie ist: Aufruhr gegen den lebendigen Gott und seine Gebote, und damit der Leute Verderben.
Darum noch einmal: Geduld – das ist das große leuchtende und mahnende Wort für den Weg der gläubigen Schar durch die Endzeit, das uns die Bahn weist durch alle Wirrnisse, Ängste und Nöte der Zeit hinein in Gottes Reich und Herrlichkeit, die der wiederkommende Herr uns bringt.

II.

Geduld – das ist auch der Weg zu einer reichen Ernte am Tage des Herrn. »Siehe, der Ackermann wartet auf die köstliche Frucht der Erde und ist geduldig darüber, bis sie empfange den Frühregen und den Spätregen.« Jakobus setzt bei dieser Mahnung voraus, daß die Gläubigen wissen, wozu sie auf Erden leben, nämlich, daß »sie bekehrt sind zu dienen dem lebendigen und wahren Gott« und daß sie alle, also auch wir, einmal »offenbar werden müssen vor dem Richterstuhl Christi, auf daß ein jeglicher empfange nach dem er gehandelt hat bei Leibesleben, es sei gut oder böse.« Und daß es dabei nach dem unbestechlichen Gesetz Gottes gehen wird: »Was der Mensch sät, das wird er auch ernten.« Ziel und Wunsch und Bitte jedes wahren Christen kann und muß deshalb sein, mit Gebet und Gaben und Opfern, ja mit seinem ganzen Leben Zeugnis abzulegen von dem, was er in Jesus gefunden hat, um so mitzuhelfen, daß Menschen, wie Gott es will, »zur Erkenntnis der Wahrheit kommen«.
Aber auch solche Mitarbeit im Reiche Gottes bleibt fruchtlos ohne Geduld, ohne Warten-, Hoffen- und Durchhaltenkön-

nen. Denn alles andere läßt sich auf Erden eher erzwingen, ertrotzen oder auch im Sturm gewinnen, nur nicht die Gewinnung von Menschenherzen für Gottes Reich und seinen König Jesus. Alle anderen Dienste auf Erden lassen sich messen, wiegen, auf ihre Nützlichkeit prüfen und berechnen, nur nicht der Dienst des Gebets, der Fürbitte, des Zeugnisses von der Gnade Gottes, den uns Jesus aufgetragen hat. Ein Prediger des Evangeliums sagte einmal: Ich gehe ganz bewußt manchmal in den Garten, um da ein Beet umzugraben oder einen Weg herzurichten. Wenn ich fertig bin, dann sehe ich doch, was durch meine Arbeit geworden ist. Aber wie anders geht es auf dem Acker des Reiches Gottes zu. Da predigen wir Sonntag für Sonntag und sehen nichts. Da beten wir herzlich und anhaltend für einen Menschen, der uns am Herzen liegt, vielleicht für die eigenen Kinder oder den Mann oder die Frau, daß sie doch auch in Jesus ihren Heiland und Herrn erkennen möchten – und es ändert sich nichts bei ihnen. Da möchten wir es erleben, daß unsere Bibelstunden und Gottesdienste an Besucherzahl zunehmen, und wir erfahren bei aller Mühe, die wir bei Hausbesuchen und Traktatverbreitung aufwenden, wie es zahlenmäßig nicht vorwärts, sondern durch den Heimgang treuer Gemeindeglieder eher rückwärts geht. Wie können wir da den Mut verlieren! Von einem gesegneten Prediger des Evangeliums sagt man, daß er an gebrochenem Herzen gestorben sei, weil er so wenig Frucht seines Wirkens gesehen habe.

In all solche Nöte und Anfechtungen hinein fällt hier die Mahnung: Sieh doch den Ackermann: Wenn die Zeit da ist zum Säen, dann sät er. Und wenn er die Saat gesät hat, muß er warten. Und er wartet auch. Du siehst ihn nicht nervös werden oder hoffnungslos, wenn es kalt wird und der Schnee das Land bedeckt! Er hört auch nicht mit der Arbeit auf, wenn es in einem Jahr eine schlechte Ernte gegeben hat. Nein, er kennt das Gesetz: »Solange die Erde steht, soll nicht aufhören Saat und Ernte, Frost und Hitze, Sommer und Winter, Tag und Nacht.« Darum tut er das Seine und nützt die Zeit und Gelegenheit zur Aussaat und empfängt so, wenn die Zeit gekommen ist, immer wieder die köstliche Frucht seiner Arbeit und Geduld.

So aber sollen wir es auch machen! Auch du, Jünger Jesu, sollst es wissen, warum du auf eine Ernte hoffen und warten darfst, wenn du das Deine tust. Über allem Dienst der Liebe auf Erden, der im Namen Jesu geschieht, steht die göttliche Verheißung, daß er nicht vergeblich getan wird, sondern seinen ewigen Lohn finden wird am Tag des Herrn. Darum sollst du zuversichtlich hoffen und warten auch dann, wenn zunächst vieles, was du tust und worum du ringst und betest, verborgen bleibt und vergessen wird. Hat Gott nicht gerade dem, was im Verborgenen geschieht, besonders deutliche Verheißungen gegeben: den verborgenen Taten der Liebe, dem verborgenen Gebet im Kämmerlein, der Treue im Kleinen! Wir denken an das, was Jesus darüber in der Bergpredigt und auch anderwärts sagt.

Wer so »auf den Geist sät«, wie der Apostel im Galaterbrief sagt, das heißt: wer so mit Gottes Verheißung rechnet und auf das hofft und sieht, was am Tag des Herrn offenbar werden wird, wer dem Wort des Herrn mehr traut als dem eigenen Augenschein und deshalb nicht aufhört, an seinem Platz im Sinne Jesu zu handeln, ihn zu bekennen, für seine Sache auf Erden einzustehen, wie immer die Zeit auch werden mag, der wird – so der Apostel – »vom Geist das ewige Leben ernten«. Er wird erfahren, wie bei Gott kein Dienst vergessen wurde, sondern wie Gott zu seiner Stunde alles lebendig machen und ihm jene Frucht schenken wird, die ihn in alle Ewigkeit ausweisen wird als einen, der auf Erden Gott geglaubt und seinem Herrn Christus gedient hat an dem Platz, an den er sich gestellt sah, auch wenn es nur der Platz eines Sklaven gewesen war. Denn so buchstäblich heißt es in einer Mahnung an die Sklaven in der Zeit der ersten Christenheit: »Alles, was ihr tut, das tut von Herzen als dem Herrn und nicht den Menschen und wisset, daß ihr von dem Herrn zum Lohn das Erbe empfangen werdet. Ihr dient dem Herrn Christus« (Kol. 3,24).

Geduld, Warten- und Durchhaltenkönnen, das ist der Weg zu einem gesegneten Leben und Dienst auf Erden und zu einer reichen Ernte am Tage des Herrn.

III.

Geduld – das ist auch die Vorbedingung für unser persönliches inneres Wachstum und Reifen. Über allem Dienst auf Erden und Warten auf den Herrn vergißt die Bibel niemals, uns an die

Sorge um unsere eigene Seele zu erinnern. Denn die erste Seele, die der Herr uns anvertraut hat und die er einmal von uns fordern wird, ist unsere eigene. »Was hülfe es dem Menschen, wenn er die ganze Welt gewönne, und nähme doch Schaden an seiner Seele«, sagt Jesus. Unsere Seele, also das, was an uns unsterblich ist, wir selbst, sollen am Tage des Herrn dastehen als Frucht seines Sterbens für uns, rein und reif geworden für den Eingang in die Welt der Herrlichkeit. Auch all unser Dienst auf Erden für den Herrn, alle Gaben und Opfer, alle Gebete und Fürbitten gewinnen nur dann Keimkraft, aus der Frucht hervorgehen kann, wenn sie aus einem mit Jesus verbundenen Leben kommen. Und das heißt vor allem: daß sie aus der Liebe kommen, aus der Liebe zum Herrn selbst und zu seinem Werk auf Erden, der Liebe zu den Brüdern und Schwestern, der Liebe zu den Verlorenen. Denn »Wenn ich mit Menschen- und mit Engelzungen redete und hätte der Liebe nicht, so wäre ich ein tönend Erz oder eine klingende Schelle . . . Und wenn ich alle meine Habe den Armen gäbe und ließe meinen Leib brennen und hätte der Liebe nicht, so wäre mir's nichts nütze«, sagt der Apostel.

Auf diesen unseren eigenen Glaubensstand beziehen sich auch die Worte in unserem Text: »Seufzet nicht widereinander, liebe Brüder, auf daß ihr nicht gerichtet werdet.« Also hat es auch in der ersten Christenheit schon manche Dinge gegeben, bei denen es an Liebe fehlte. Und im Blick auf die Endzeit, in der wir leben, sagt unser Herr: »Weil die Ungerechtigkeit wird überhandnehmen, wird die Liebe in vielen erkalten.« Und wer unter uns wüßte nicht, wie oft er es an Liebe hat fehlen lassen im Umgang schon mit den Nächsten in Haus und Familie, in der Gemeinde und an Freundlichkeit in der Begegnung mit den Menschen hier und dort. Wie oft könnten wir an uns selber verzagen, weil wir über Menschen geseufzt haben, weil sie uns vielleicht ungelegen kamen und wir lieblos waren, wo wir doch Menschen der Liebe sein sollen nach dem Willen unsres Herrn und es auch gern sein möchten. Es darf aber allen Widerwärtigkeiten und allem Versagen und allen Enttäuschungen in unsrem Leben nie gelingen, in uns die Liebe und das Verlangen, immer völliger in Jesu Liebe hineinzuwachsen, zu ertöten. Wo wir die Liebe verlassen, werden wir untüchtig für den Eingang in die neue Welt.

Geduld sollen wir also auch im Blick auf uns selbst haben. Das heißt, wir sollen und dürfen gewiß sein, daß der, der in uns »angefangen hat das gute Werk, es auch vollführen wird bis auf den Tag Jesu Christi«, wie wir es im Philipperbrief lesen. Daß wir ihm nur stillehalten und ihm nicht aus der Schule laufen, sondern auch da Geduld üben, wo er uns Kreuz und Leid auferlegt und Wege führt, die uns nicht gefallen. Die Bibel weiß nichts davon, daß wir alles Drückende und Schwere, alle Prüfungen, in die uns Gott hineinnimmt, wegglauben und wegbeten könnten oder sollten. Auch unser Wort rechnet damit, daß wir in Lagen kommen können, da die Versuchung groß wird, mit Gott zu hadern und gegen Gott selbst zu seufzen. Deshalb erinnert uns das Wort hier an den Weg der Propheten und an die Geduld Hiobs. Wie hat Gott seit altersher auch und gerade seine treuesten Knechte in Prüfungszeiten hineingenommen und sie manchmal warten lassen, daß diese schier am Leben verzagen wollten. Bei Hiob ist das besonders deutlich. Aber ebenso deutlich wird auch das andere, nämlich wie keiner zuschanden wird, der sich an Gott klammert und ihn nicht läßt, auch dort, wo er ihn und seine Führung, seinen Weg mit ihm nicht versteht. Das tat Hiob. So gewann er den Sieg, so ging er geläutert aus der Anfechtung heraus und erfuhr es am Ende überreichlich, daß der Herr barmherzig ist und ein Erbarmer. So soll und so wird auch der Weg jedes Jüngers Jesu enden.
Solche Mahnung zur Geduld ist im tiefsten Grunde auch ein Aufruf zum Gebet, zum beharrlichen Gebet. Denn wie und wo anders sollen wir Mut gewinnen, immer neu zu säen, zu handeln, zu hoffen und zu warten, als im innigen Umgang mit unsrem Herrn. Er selbst hat es uns in seinen Erdentagen vorgelebt, und alle seine gesegneten Knechte und Mägde auf Erden waren Menschen des Gebets. Laßt uns ihnen nachfolgen, damit auch wir durch Glauben und Geduld zum Ziel gelangen! Amen.

Gebet: Wir bitten Dich, lieber Vater im Himmel, im Namen Jesu, der Du so viel Geduld mit den Menschen, auch mit Deinen Kindern hast: Gib uns Kraft für unsern Weg durch die Zeit, gib uns immer neuen Mut, das herrliche Evangelium von Deiner Gnade in dieser Welt zu bezeugen! Vergib uns all unser

Versagen und hilf uns zu einem Leben und Dienst auf Erden, dem Deine Verheißung gilt: »Wer da sät im Segen, der wird auch ernten im Segen.« Wir danken Dir, o Gott, daß Du uns lieb hast. Amen.

Lied: Ach, mein Herr Jesu, dein Nahesein bringt großen Frieden ins Herz hinein . . .

24. Sonntag nach Trinitatis

Blicke in die kommende heile Welt

Und ich sah einen neuen Himmel und eine neue Erde; denn der erste Himmel und die erste Erde sind vergangen, und das Meer ist nicht mehr. Und ich sah die heilige Stadt, das neue Jerusalem, von Gott aus dem Himmel herabkommen, bereitet wie eine geschmückte Braut für ihren Mann. Und ich hörte eine große Stimme von dem Thron her, die sprach: Siehe da, die Hütte Gottes bei den Menschen! Und er wird bei ihnen wohnen, und sie werden sein Volk sein, und er selbst, Gott mit ihnen, wird ihr Gott sein; und Gott wird abwischen alle Tränen von ihren Augen, und der Tod wird nicht mehr sein, noch Leid noch Geschrei noch Schmerz wird mehr sein; denn das Erste ist vergangen. Und der auf dem Thron saß, sprach: Siehe, ich mache alles neu! Und er spricht: Schreibe; denn diese Worte sind wahrhaftig und gewiß! Und er sprach zu mir: Es ist geschehen. Ich bin das A und das O, der Anfang und das Ende. Ich will dem Durstigen geben von der Quelle des lebendigen Wassers umsonst. Wer überwindet, der wird es alles ererben, und ich werde sein Gott sein, und er wird mein Sohn sein. Die Feigen aber und Ungläubigen und Frevler und Mörder und Unzüchtigen und Zauberer und Götzendiener und alle Lügner, deren Teil wird sein in dem Pfuhl, der mit Feuer und Schwefel brennt; das ist der zweite Tod.
Und es kam zu mir einer von den sieben Engeln, die die sieben Schalen mit den letzten sieben Plagen hatten, und redete mit mir und sprach: Komm, ich will dir die Frau zeigen, die Braut des Lammes. Und er führte mich hin im Geist auf einen großen und hohen Berg und zeigte mir die heilige Stadt Jerusalem herniederkommen aus dem Himmel von Gott, die hatte die Herrlichkeit Gottes. Offenbarung 21,1–11

Hier stehen wir vor dem höchsten Gipfel alles dessen, was Gott uns in seinem Wort an zukünftigem Geschehen offenbart hat, und zugleich vor dem höchsten Ziel, zu dem Gott hinaus will bei allem, was er durch die Sendung seines Sohnes, unsres Heilandes Jesus Christus, ins Werk gesetzt hat; dem Ziel, das uns in der Bibel so oft von fern grüßt und dann doch immer wieder hinter den dunklen Wolken dieser Erdenzeit mit ihrem Kampf und Leid, ihren Aufgaben und Anfechtungen verschwindet. Hier aber tritt es in voller Klarheit ans Licht. Dieses Ziel heißt: Herrlichkeit! »Er zeigte mir die heilige Stadt Jerusalem herniederkommen aus dem Himmel von Gott, die hatte die Herrlichkeit Gottes.«

Herrlichkeit im Sinne der Bibel meint ursprünglich – und das wird auch hier ganz deutlich – den strahlenden Lichtglanz, der Gottes Thron umgibt und vom ihm ausgeht. Herrlichkeit, das ist also Gottes Nähe, Gottes Liebe, Gottes Friede, Gottes Herrschaft. Herrlichkeit, das ist hier die neue Welt, in der keine Spur von Bösem, Trübem, Unvollkommenem gefunden werden wird; es ist die Welt des ewigen Friedens, der ewigen Gerechtigkeit und Glückseligkeit. Herrlichkeit sagt an dieser Stelle auch: Nun ist für alle Ewigkeit wieder vereint, was durch den Sündenfall des Menschen zerbrochen war: Gott und Mensch, Himmel und Erde.

Nur wer von diesem hohen Ziel weiß, das Gott sich gesetzt hat, kann und wird sich im Dunkel der anbrechenden Endzeit und in den mancherlei Leidenstälern dieser Welt zurechtfinden. Nur wer mit seinem Glauben und Hoffen in dieser ewigen heilen Welt verankert ist, wird nicht mitgerissen werden von dem unheimlichen Sog der letzten Tage unserer Weltzeit, sondern gewisse Tritte tun und auch anderen den Weg zum Leben weisen können.

Laßt uns nun darauf achten, was uns der verlesene Abschnitt im Zusammenhang mit der ganzen Heiligen Schrift über diese kommende neue Welt sagt, und zwar über

1. ihre Wirklichkeit
2. ihre heilige Mitte
3. ihre Größe und Grenze

I.

Ihre Wirklichkeit: Wir fragen nämlich beim Hören dieser Botschaft: Sind das alles nur Bilder, wenn der Seher Johannes von einem neuen Himmel und einer neuen Erde spricht; wenn er das neue Jerusalem herabkommen sieht auf eine neue Erde; wenn er diese Stadt sogar genau beschreibt nach ihrer Länge und Breite und Höhe, nach ihren Toren und Gassen und ihrem Glanz; wenn er in der Fortsetzung des gelesenen Abschnittes vom Strom des lebendigen Wassers spricht und von Bäumen des Lebens, die zwölfmal im Jahr Früchte tragen, und anderem mehr? Sind das alles nur Bilder für das, was noch kein Mensch sehen und beschreiben kann, und über das wir deshalb auch nicht weiter nachdenken sollen?

Gewiß gilt hier: »Was kein Auge gesehen und kein Ohr gehört hat und was in keines Menschen Sinn gekommen ist, was Gott bereitet hat, denen, die ihn lieben.« Die Wirklichkeit wird also noch viel herrlicher sein, als es auch diese Worte des Sehers darzustellen vermögen. Das gibt uns aber nicht das Recht, das, was hier steht, so zu vergeistigen, daß nichts mehr übrig bleibt, was greifbar, schaubar und faßbar wäre. Leider geschieht das oft in der Betrachtung der zukünftigen Dinge, soweit sie uns Gott offenbart hat. Aber solche einseitige Vergeistigung alles Zukünftigen kommt nicht aus der Bibel, sondern aus der griechischen Philosophie, die sich schon früh in das christliche Denken eingeschlichen hat. Die Bibel spricht anders von der christlichen Hoffnung.

So auch hier: Es hat Gott nun einmal gefallen, nicht bloß einen Himmel, sondern auch eine Erde mit unzähligen Kreaturen und Bäumen und Pflanzen und Blüten und Früchten zu schaffen und auch dem Menschen nicht bloß eine Seele, sondern auch einen Leib zu geben. Und diesen seinen Schöpferwillen läßt Gott sich auch durch Sünde, Tod und Teufel nicht durchkreuzen. Er rettet deshalb nicht nur unsre Seele ins Leben hinein, sondern schenkt uns in der Auferstehung auch einen neuen Leib. Er schafft nicht nur einen neuen Himmel, sondern wirklich auch eine neue Erde. Aber so, wie der neue Leib der Erlösten nach dem, was Gott in seinem Wort sagt, viel herrlicher und kraftvoller sein wird als der alte, sterbliche Leib, so wird auch die neue Schöpfung unsagbar herrlicher sein, als es die alte in ihrem schönsten Blütenschmuck jemals war. So spricht auch Jesus von einer »Wiedergeburt« der alten Welt (Matth. 19,28). Ein Ausleger des prophetischen Wortes beschreibt diese Wiedergeburt so: »Die Welt, in die wir kommen in der Zukunft Jesu Christi, ist also keine andere Welt, sie ist diese Welt, dieser Himmel, diese Erde, aber beide vergangen und neu geworden. Diese Wälder, diese Felder, diese Städte, diese Straßen werden es sein, die der Schauplatz der Erlösung sein werden. Jetzt sind es Schlachtfelder; dereinst werden es Siegesfelder sein.« Das sind ausdrucksstarke Worte, aber sie betonen mit Recht die biblische Wahrheit: Gott gibt seine Schöpfungsgedanken nicht auf, sondern vollendet und überhöht sie noch weit durch das Werk der Gnade.

Darum sollen wir auch schon diese alte Schöpfung im rechten Licht sehen: Jedes Blümlein und jede Frucht, die Gott wachsen läßt, und jedes Lebewesen auf Erden ist ein Schöpfungsgedanke Gottes. Von allem Geschaffenen gilt: »Der Herr hat Wohlgefallen an seinen Werken.« Und so schwer das Dunkel und die Angst und die Gerichte Gottes auf unsrer alten Erde noch lasten, vom Kreuz und von der Auferstehung Jesu her leuchtet doch ein helles Morgenrot über unsrer Welt, das Morgenrot der kommenden großen Weltwiedergeburt. Auch hier gilt das Wort Luthers: »Und ob gleich alle Teufel hier wollten widerstehn, so wird doch ohne Zweifel Gott nicht zurückegehn.« Denn »des Herrn Rat ist wunderbar, und er führt alles herrlich hinaus.«

II.

Die heilige Mitte der neuen Welt: »Und ich sah die heilige Stadt, das neue Jerusalem, von Gott aus dem Himmel herabkommen, bereitet wie eine geschmückte Braut für ihren Mann.« Und weiter: Und er redete mit mir und sprach: Komm, ich will dir die Frau zeigen, die Braut des Lammes. Und er führte mich im Geist auf einen großen und hohen Berg und zeigte mir die heilige Stadt Jerusalem herniederkommen aus dem Himmel von Gott, die hatte die Herrlichkeit Gottes.«

Was ist es also um dieses neue Jerusalem? Das neue Jerusalem ist aufs erste die Residenz Gottes. Denn er selbst, Gott, will buchstäblich wohnen unter den Menschen. Auch Gott selbst ist ja nicht Geist in dem Sinne, daß er nirgends zu sehen wäre. Die Bibel spricht vielmehr deutlich von Gottes Thron und Wohnung, von Gottes Angesicht und Glanz und stellt es als das Höchste dar, was einem Menschen geschenkt werden kann: Gottes Angesicht zu schauen und an seinem Bilde satt zu werden. Das wird nun hier Wirklichkeit: Gottes Thron und

Gottes Stadt senkt sich auf die neue Erde herab, um hinfort ihr strahlender Mittelpunkt zu sein.
Noch mehr: Das neue Jerusalem ist zugleich die ewige Heimat der Kinder Gottes, das heißt: die Gemeinde Jesu; es ist das Vaterhaus mit den vielen Wohnungen, von dem Jesus gesprochen hat; es ist die Stadt, die schon Abraham von fern sah bei seiner Wanderung auf Erden, »deren Baumeister und Schöpfer Gott ist«; es ist das große Haus des Herrn, das der Sänger des 23. Psalms im Blickfeld hat, wenn er sagt: »Ich werde bleiben im Hause des Herrn immerdar.« Es ist offenbar auch die Stätte in der ewigen Welt, in die die in Christus Entschlafenen einziehen dürfen, wenn sie von dieser Welt scheiden, und dort dem großen Tag der Auferstehung entgegenharren. Darum wird in unsrem Bibelabschnitt die Gemeinde Jesu mit diesem neuen Jerusalem gleichgesetzt, so wie wir auch, wenn wir etwa von Berlin sprechen, die ganze Stadt mit all ihren Bauwerken und zugleich alle Einwohner mit meinen.
Dieses neue Jerusalem, diese Stadt Gottes, diese Heimat mit den vielen Wohnungen ist, wie hier ausdrücklich bezeugt wird, der leuchtende Mittelpunkt der neuen Welt. Von hier gehen die Lebensimpulse aus in alle Lande der neuen Erde. Zu diesem neuen Jerusalem kommen die Völker der neuen Erde und ihre Könige, um ihre Dankopfer und ihre Anbetung dort darzubringen, wie es am Schluß dieses Kapitels der Offenbarung heißt. Daraus geht auch hier deutlich hervor, daß die Gemeinde Jesu, die sich in dieser Weltzeit zu Jesus rufen und zubereiten läßt, in alle Ewigkeit eine Sonderstellung in der neuen Welt einnehmen wird. Darum wird die Gemeinde ja auch die Braut und die Frau des Lammes genannt, auch die Gemeinde der Erstgeborenen. Das will doch offenbar sagen: Wer immer noch aus allen Gerichten heraus gerettet und in die neue Welt eingehen wird: in alle Ewigkeit sollen nach dem Willen des Herrn die mit besonderer Herrlichkeit beschenkt bleiben, die jetzt und heute ihr Leben dem ausliefern, der für sie starb, und ihm durch Not und Tod nachfolgen und bis zuletzt seinen Namen bekennen und ihm dienen.
Hier kann uns etwas von dem Geheimnis aufgehen, warum der Herr seine Gemeinde, die er in dieser Weltzeit bis zu seiner Wiederkunft sammelt, so tiefe Leidenswege führt. Die Gemeinde der Erstgeborenen soll ihrem Haupt ähnlich werden.

Sie soll gerade im Leiden ihre Liebe zum Herrn und ihren Gehorsam und ihre Treue bewähren, wie Jesus selbst seine Liebe und seinen Gehorsam gegenüber dem Vater in der Tiefe des Leidens und Sterbens bewährt hat. Es ist deshalb ein großer Vorzug und eine große Gnade, die der Herr jedem von uns heute anbietet, wenn er uns zu der Gemeinde der Erstgeborenen ruft. Wie traurig, wenn auch Gläubige sich heute blenden lassen von dem betrügerischen Glanz dieser Welt und sich vom Irdischen so gefangennehmen lassen, daß sie immer weniger Zeit für ihn, für sein Wort und für sein Werk auf Erden haben, auch immer weniger Zeit für den stillen Umgang des Herzens mit ihrem Herrn. Eine Braut will nur einem gehören, dem, der sie erwählt hat. Liebäugelt sie noch mit anderen, dann ist sie Dirne und nicht Braut. Die gläubige Gemeinde, die der Herr an seine Seite ruft, wenn er kommt, muß ihm ganz gehören. Und wenn du, lieber Leser, dabeisein willst, dann mußt du ihm ganz gehören. Nichts darf dir über Jesus und seine Sache auf Erden gehen!

O welche Enttäuschung wird das einmal geben, wenn der Herr die törichten Jungfrauen, die meinten, mit einem bißchen Frömmigkeit werde man schon durchkommen, und die treulosen Knechte und Mägde, die mehr der Welt dienten als ihrem Herrn, von sich weisen wird: »Ich kenne euch nicht!« Brautleute wollt ihr sein? Aber eure Liebe gehörte nicht mir, sondern der Welt und eurem Wohlleben! So groß unsre Hoffnung aufgrund der Heiligen Schrift für alle ehrlich suchenden Heiden sein darf, die das Evangelium nie gehört haben, so ernst ist auch an dieser Stelle das Wort von allen treulosen, feigen, im Herzen unentschiedenen Menschen unter den Geladenen.

Das wird uns in einer dritten Schau noch besonders deutlich gemacht, die wir noch dazunehmen wollen:

III.

Die Schau über die Größe und Grenze der neuen Welt. Von der Größe der neuen Erde wird uns nichts gesagt, außer daß »das Meer nicht mehr« sein wird, wohl aber von der neuen Welthauptstadt, dem neuen Jerusalem. Von ihr lesen wir: »Und die Stadt ist viereckig angelegt, und ihre Länge ist so groß wie ihre

Breite. Und er maß die Stadt mit dem Rohr: zwölftausend Stadien. Die Länge und die Breite und die Höhe der Stadt sind gleich.« Die Stadt ist also wie ein riesiger Würfel, ein großer Lichtpalast der neuen Welt. Mit unserem heutigen Maß gemessen, beträgt ihre Länge, Breite und Höhe je 2200 Kilometer. Ausleger sagen, daß man in solch einer Stadt bequem alle Menschen, die je auf Erden gelebt haben, unterbringen könnte. Und sie ist ja nur der Mittelpunkt der neuen Welt; um sie her lagert sich die neue Erde und über ihr wölbt sich der neue Himmel, der mit der neuen Erde offenbar eine Einheit bildet. So reich, so groß ist Gottes neue Welt und damit auch das Erbe seiner Kinder, von dem der Apostel schreibt: »Sind wir denn Kinder, so sind wir auch Erben, nämlich Gottes Erben und Miterben Christi, so wir anders mit ihm leiden, damit wir auch mit zur Herrlichkeit erhoben werden.« Schon von dem heutigen Weltall sagt ein gläubiger Naturforscher: »Man macht sich schwer eine Vorstellung von der Größe des Weltalls. Gott könnte jedem Menschen, der je gelebt hat, nicht nur eine Erde wie die unsrige schenken, sondern ein ganzes Sternensystem mit vielen Millionen erdenähnlicher Planeten.« Die kommende heile Welt wird gewiß nicht kleiner sein.

Wieviel herrliche Aufgaben und Möglichkeiten werden sich da für die Erben Gottes und Miterben Christi ergeben! Wie wird da auch das tiefe Verlangen nach unsrer eigenen Vollendung erfüllt werden! Wieviel Menschen klagen darüber, daß sie im Leben zu kurz gekommen seien; es blieb ihnen so vieles versagt, was sie nach ihrer Anlage und ihrem tiefsten Herzenswunsch so gern geworden wären. So kamen manche nicht zu dem ersehnten Familienglück; sie blieben einsam. Ja, schließlich sind wir alle auf Erden in unsrer Entfaltung begrenzt. Wir möchten auch als Kinder Gottes ganz anders wirken und schaffen, ihm zu Ehren, auch noch ganz anders in die Tiefe der Gnade eindringen. Aber schon die Schwachheit unsres Leibes setzt uns Grenzen. Von der vollendeten neuen Menschheit aber gilt: »Seine Knechte werden ihm dienen und sehen sein Angesicht und sein Name wird an ihren Stirnen sein.« Wer also sagen darf: »Unsre Heimat ist im Himmel«, darf auch wissen: Es geht mir nichts verloren, was Gott als gute Gabe und Anlage in mein Innerstes hineingelegt hat; es wird alles zur

herrlichen Vollendung kommen nach seiner Verheißung: »Habe deine Lust am Herrn, der wird dir geben, was dein Herz wünschet.«
Wenn wir auch nicht auf alles eingehen können, was dieses herrliche Kapitel der Offenbarung über die neue Welt sagt, so laßt uns doch noch auf einiges achten:
Die Stadt hat zwölf Tore: von Osten drei, von Norden drei, von Süden drei und von Westen drei Tore, durch die, wie schon bemerkt, die Könige und die Völker der neuen Erde ein- und ausgehen dürfen, um teilzunehmen an der Herrlichkeit und dem Leben, das von dem neuen Jerusalem ausgeht. Bei den Völkern auf der neuen Erde dürfen wir wohl an all die ehrlich suchenden Menschen in der weiten Völkerwelt denken, die auf Erden nie etwas von Jesus gehört haben, aber durch das wenige Licht, das Gott ihnen durch die Werke der Schöpfung leuchten ließ, und durch die Stimme des Gewissens sich dazu rufen ließen, den wahren Gott zu suchen und zum ewigen Leben zu gelangen, indem sie das Gute wollten und das mögliche taten. Von ihnen spricht der Apostel in Römer 2 und Jesus selbst in Matthäus 25. Denn Jesus hat durch sein Sühnopfer auf Golgatha vor Gott das Recht erworben, auch im letzten Gericht, anzunehmen, wen er will.
Und noch eines wollen wir beachten, nämlich die Engel, die auf den zwölf Toren stehen: »Die Stadt hatte zwölf Tore und auf den Toren zwölf Engel.« Diese heiligen Boten Gottes waren schon bei der Schöpfung der Welt dabei, sie waren innig beteiligt und bewegt, als das Wunder von Bethlehem geschah; sie begleiteten den Weg Jesu über diese Erde bis zum Kreuz und zum Ostermorgen und zu seiner Erhöhung zum Thron Gottes; sie wachen heute über dem Weg der Gläubigen auf Erden; sie werden bei Jesu Wiederkunft dabei sein. Nun nehmen sie auch teil an der herrlichen Vollendung des Reiches Gottes und bilden zusammen mit den hohen Geistern an Gottes und des Lammes Thron und der vollendeten Gemeinde und den Völkern der neuen Erde den neuen Gottesstaat. Sie sehen mit Wohlgefallen, wie sich die Geschichte der Weisen aus dem Morgenland nun in ihrer ganzen Tiefe erfüllt: Die Völker der neuen Erde kommen mit ihren Königen, um den Mann von Bethlehem und Golgatha als ihren Heiland und Herrn anzubeten und dem, der ihn gesandt hat, die Ehre zu

geben. »Man wird die Ehre und die Herrlichkeit in sie bringen«, nämlich in die Stadt Jerusalem.
Dürfen wir nun schließen mit unseren Blicken in die neue heile Welt? Nein, denn auch das herrliche 21. Kapitel der Offenbarung schließt nicht so, sondern fügt das ernste Wort an: »Es wird nicht hineingehen irgendein Unreines und keiner, der Greuel tut und Lüge, sondern allein die geschrieben sind in dem Lebensbuch des Lammes.« Und schon im 8. Vers heißt es: »Die Feigen aber und Ungläubigen und Frevler und Mörder und Unzüchtigen und Zauberer und Götzendiener und alle Lügner, deren Teil wird sein in dem Pfuhl, der mit Feuer und Schwefel brennt; das ist der zweite Tod.« So groß und weit die neue Stadt, dieses ewige Vaterhaus, auch ist und so weit ihre Tore auch offen stehen – hier hat es ihre Grenze: Nichts und niemand geht dort hinein, der unerlöst geblieben ist; niemand ohne Jesus, ohne Vergebung der Sünden, sondern »Der Weg zum Paradiese geht über Golgatha.« Nicht ein einziger wird dort wohnen oder ein- und ausgehen, der auf einem andern Weg zu ihr gelangt wäre.
Wozu zeigt uns der Herr also dieses hohe und herrliche Ziel, zu dem Gott in Gnade und Gericht hinaus will? Damit wir alle erkennen möchten, was zu unsrem Heil und Frieden dient; damit wir lernen, unser Leben auf Erden in diesem Licht zu sehen und durch den Glauben an Jesus uns auf den Weg machen zu dieser ewigen Stadt der Herrlichkeit Gottes und der neuen heilen Welt. Solch ein Ausblick macht unser Leben auf Erden zu einer hohen Vorschule für unsere ewige Bestimmung an dem uns von Gott zugedachten Platz. Es soll uns groß werden, welch ein hohes Vorrecht es ist, dem Herrn angehören zu dürfen, den Gott uns zum Heiland gegeben hat und in dem er seinen Liebesratschluß durchführt und herrlich vollendet. Das Leben wird anders, und das Sterben wird anders, wenn wir uns zu Jesus rufen lassen und mit ihm verbundene Leute sind. Laßt uns darum in solcher Hoffnung fröhlich, in allen Prüfungen und Trübsalen geduldig sein und anhalten am Gebet, daß Gottes Reich bald komme, in dem sein Wille geschieht wie im Himmel so auch auf Erden, und daß wir in ihm bewahrt werden zu solcher Seligkeit! Amen.

Gebet: Herr, unser Gott! Wir können über das Geschaute nur stammeln, aber wir vertrauen Deiner Gnade, daß Du zu Deiner Stunde diese Welt anbrechen lassen wirst, die über all unser Denken und Sinnen geht, von der wir aber spüren, daß sie all unser Sehnen auf ewig stillen wird, weil wir Dich von Angesicht schauen werden und den, der für uns starb! Hilf uns, daß wir uns dieses Ziel durch nichts verrücken lassen, sondern unser Leben klaren Kurs habe und unser Sterben eine selige Heimkehr werde in Dein großes, herrliches Vaterhaus durch Jesus Christus, unsern Herrn! Amen.

Lied: Wachet auf, ruft uns die Stimme . . .

25. Sonntag nach Trinitatis

Unsere Zeit im Licht des prophetischen Wortes

Und er spricht zu mir: Versiegle nicht die Worte der Weissagung in diesem Buch; denn die Zeit ist nahe! Wer Böses tut, der tue weiterhin Böses, und wer unrein ist, der sei weiterhin unrein; aber wer gerecht ist, der übe weiterhin Gerechtigkeit; und wer heilig ist, der sei weiterhin heilig. Siehe, ich komme bald und mein Lohn mit mir, einem jeden zu geben, wie seine Werke sind. Ich bin das A und das O, der Erste und der Letzte, der Anfang und das Ende. Selig sind, die seine Gebote halten, daß sie teilhaben an dem Baum des Lebens und zu den Toren hineingehen in die Stadt. Draußen sind die Hunde und die Zauberer und die Unzüchtigen und die Mörder und die Götzendiener und alle, die die Lüge lieben und tun. Ich, Jesus, habe gesandt meinen Engel, euch dies zu bezeugen für die Gemeinden. Ich bin die Wurzel des Geschlechts Davids, der helle Morgenstern. Und der Geist und die Braut sprechen: Komm! Und wer es hört, der spreche: Komm! Und wen dürstet, der komme; und wer da will, der nehme das Wasser des Lebens umsonst.

Offenbarung 22,10–17

Vom Ziel und Ende der Wege Gottes mit seiner Gemeinde und der Welt spricht das letzte Buch der Bibel. Das Ende der Wege Gottes mit seiner Gemeinde heißt: Herrlichkeit! »Ich sah einen neuen Himmel und eine neue Erde; denn der erste Himmel und die erste Erde sind vergangen . . .« und weiter: »Und er« – der Engel Gottes – »führte mich hin im Geist auf einen großen und hohen Berg und zeigte mir die heilige Stadt Jerusalem herniederkommen aus dem Himmel von Gott, die hatte die Herrlichkeit Gottes«, so schreibt der Seher Johannes in dem vorhergehenden Kapitel der Offenbarung.
Immer, wenn wir uns anschicken, solche Themen wie diese zu behandeln, müssen wir mit dem Einwand rechnen: »Das ist alles gut und schön, aber was hilft mir solch ein Blick in die ferne Zukunft in meiner Lage heute, in meiner Sorge und Not in der Familie, in der Ehe, in meinem Alltag und Beruf? Ich brauche Lebenshilfe für hier und heute!« Als ich aber einmal in

einer Gemeinde eine Bibelwoche über dieses letzte Buch der Bibel hielt, bekannte mir ein Hörer am Schluß: »Als sie anfingen, fragte ich mich: Ist das die Botschaft für unsere Zeit? Ist das wirklich die Antwort auf die brennenden Fragen und Nöte und Ängste, die uns heute bewegen? Ist das die Lebenshilfe, die wir brauchen? Aber nun muß ich ihnen gestehen: Es ist mir hell aufgegangen, daß das doch die über alle Maßen große Lebenshilfe ist, wenn man im Licht des Wortes Gottes erkennt, wohin unsre Lebensreise denn wirklich geht, was unsres Lebens Zweck und Ziel überhaupt ist und worauf es für uns ankommen wird, wenn Gott vielleicht schon morgen den Schlußstrich unter unser Leben setzen wird; daß es gerade auch auf meinen Alltag, mein ganzes Lebenswerk ankommen wird: wie ich meinen Platz ausgefüllt, mein Leid getragen, mein mir anvertrautes Gut verwaltet habe und meinem Nächsten begegnet bin, weil das alles zählen wird, wenn er kommt, den Gott zum Herrn und Richter über alle eingesetzt hat, und sein Lohn mit ihm, »zu geben einem jeden, wie seine Werke sein werden«, wie also sein Glaube, sein ganzes Christenleben wirklich ausgesehen hat. Dann kann ich doch keinen Morgen mein Tagewerk beginnen, ohne Gott um seine Kraft und Leitung zu bitten, und keinen Abend zu Bett gehen, ohne den Tag zu überdenken und den Herrn zu bitten, er möge mir alles vergeben und mit seinem Blut bedecken, was ich gefehlt, versäumt und gesündigt habe. Ich sehe jetzt mein Leben, meine Zeit, meine Aufgaben und alle Prüfungen mit andren Augen an: als Anmarschweg zur Ewigkeit und Vorbereitung für das ewige Leben, nach dem wir uns doch alle sehnen.« So etwa sprach der Bruder. Er hatte gut zugehört und die Botschaft des letzten Buches der Bibel recht verstanden, ohne daß ich jedes Bild in der Offenbarung und jeden Satz gleich auf das praktische Leben angewendet hatte; das kann man nämlich beim prophetischen Wort nicht. Aber die helle Botschaft, die durch die ganze Offenbarung geht: »Er kommt!«, die will auf unser ganzes Leben angewendet werden und unsren Weg erleuchten. Das hatte der liebe Hörer voll begriffen.
Ja, dazu ist uns in der Tat das letzte Buch der Bibel gegeben: nicht daß wir in falscher Ewigkeitssehnsucht unsere Tage auf Erden verträumen, weil sie uns angesichts kommender Herrlichkeit etwa unwichtig werden müßten mit ihren täglichen

Anforderungen und Sorgen oder auch ihrem Einerlei und ihren Kleinarbeiten, sondern im Gegenteil: daß wir vom Ziel her erkennen, wie wichtig unser Leben auf Erden mit seinen Möglichkeiten und Gelegenheiten tatsächlich ist, auch warum Gott auf die mancherlei Glaubensprüfungen noch nicht verzichten will. Und ist das nicht gerade die besondere Not unserer Tage, daß so viele Menschen kein Ziel mehr kennen, das über ihren Alltag hinausragt und doch wieder in ihr Leben hereinleuchtet und es erhellt, so daß sie gerade von daher immer neuen Mut erhalten und den Willen, alles auf dem Wege, den Gott uns führt, glaubend und hoffend und betend zu überwinden, was uns aufhalten will.

Das macht auch die letzte Seite der Bibel noch einmal deutlich, wenn sie, nachdem sie uns die kommende Herrlichkeit Gottes in hellen Farben beschrieben hat, doch nicht mit dieser Schau schließt, sondern den Weckruf aufnimmt, der durch das letzte Buch geht, um uns ein letztes Mal und nun mit letzter Dringlichkeit aufzurufen:

1. Es ist letzte Zeit, durch die ihr geht; darum kaufet die Zeit aus!
2. Es ist noch Gnadenzeit, die Gott währen läßt; darum nehmt sie wahr!
3. Es ist Bekehrungszeit und Saat- und Reifezeit; du kannst noch alles gewinnen!

I.

Es ist letzte Zeit, durch die wir gehen! »Letzte Zeit!«, das gilt in weitem Sinn des Wortes, wie wir wissen, schon von der ganzen Zeit seit Christi Himmelfahrt bis zu seinem Wiederkommen in Kraft und Herrlichkeit. Auf keine andere Offenbarung Gottes vom Himmel her haben wir sonst noch zu warten, auf kein neues Weihnachten, kein neues Ostern, auch kein neues Pfingsten. »Er kommt!« – das ist das große weltbewegende Ereignis, dem wir entgegengehen. Darum geht seit Christi Himmelfahrt durch das ganze Neue Testament der Ruf: Es ist letzte Zeit; kaufet sie aus!

Aber nun spricht die Bibel von der letzten Zeit auch noch im engeren Sinn, der Zeit nämlich, von der Jesus in seinen Erdentagen gesagt hat: »Wenn solches zu geschehen anfängt,

dann erhebt eure Häupter, weil sich eure Erlösung naht!« (Luk. 21,28). Davor hat Jesus gesagt: »Und es werden Zeichen geschehen an Sonne, Mond und Sternen, und auf Erden wird den Völkern bange sein, und sie werden verzagen vor dem Brausen und Wogen des Meeres, und die Menschen werden vergehen vor Furcht und Erwartung der Dinge, die kommen sollen über die ganze Erde; denn die Kräfte des Himmels werden ins Wanken kommen. Und alsdann werden sie sehen den Menschensohn kommen in einer Wolke mit großer Kraft und Herrlichkeit.« Und danach hat Jesus noch hinzugefügt: »Hütet euch aber, daß eure Herzen nicht beschwert werden mit Fressen und Saufen und mit täglichen Sorgen und dieser Tag nicht plötzlich über euch komme wie ein Fallstrick; denn er wird über alle kommen, die auf der ganzen Erde wohnen. So seid allezeit wach und betet, daß ihr stark werdet, zu entfliehen diesem allen, was geschehen soll, und zu stehen vor dem Menschensohn.«
Wir treiben keine Schwärmerei, wenn wir sagen, daß diese Zeit ganz offenbar zu laufen begonnen hat. Das spürt heute beinahe die ganze Welt. So wurde auf einer Tagung von Wissenschaftlern, Technikern und Politikern offen zugegeben: Die fortschreitende Technik gibt uns viel mehr Grund zur Angst als zur Hoffnung auf bessere Zeiten. Wenn nicht eine innere Umkehr und Wandlung des Menschen geschieht, wird es innerhalb der nächsten hundert Jahre zum Zusammenbruch unsrer Zivilisation kommen. Erschöpfung der Rohstoffvorräte, Umweltverschmutzung, die Möglichkeit eines atomaren Krieges, dazu Zunahme der Rücksichtslosigkeit der Menschen, Vergewaltigung der Gewissen: das alles steht auf der düsteren Liste der Dinge, die wir zu erwarten haben. Gerade, als ich über diesen Bibelabschnitt nachdenke, lese ich in der Pause, daß laut einer stattgefundenen Umfrage 71 Prozent der deutschen Bevölkerung der Auffassung sind, daß wir der Generation, die nach uns kommt, eine kaputte Erde – so wörtlich steht es da – hinterlassen werden. Jesu Wort, »daß die Menschen vergehen werden vor Furcht und in Erwartung der Dinge, die kommen sollen über die ganze Erde«, beginnt sich zu erfüllen.
Nun, wir, denen die Bibel das untrügliche Wort Gottes ist, wissen noch mehr zu sagen: Wir achten auch auf die Zeichen der Zeit, die uns Jesus für die letzte Weltstunde nennt, von

denen man nichts in der Zeitung liest und die auf Tagungen von Wissenschaftlern naturgemäß nicht behandelt werden, auf die Jesus aber ebenso zu achten lehrt:

Da ist einmal die Sammlung des Volkes Israel im Land seiner Väter. Von diesem Geschehen sprechen buchstäblich alle Propheten des Alten Testaments. Auch Jesus selbst hat in seiner Endzeitrede aufgefordert, darauf zu achten, wenn der Feigenbaum Blätter gewinnt. Dieser Hinweis ist seit jeher auf Israels Sammlung und Neubelebung gedeutet worden. So heißt es auch in unsrem Text: »Ich bin die Wurzel des Geschlechts Davids.« Damit nennt Jesus das Thema, das vor seinem Wiederkommen die Welt noch besonders bewegen wird, nämlich die Not und das Schicksal des Volkes Israel, das als erstes berufen war, den Weltheiland zu empfangen, zu dem Jesus auch kam und das ihn verwarf. Doch, so sagt der Herr: »Ich, Jesus, bin und bleibe die Erfüllung aller Sehnsucht des in der Endzeit hart bedrängten Volkes Israel.« Und wir erleben es schon heute, wie das Fragen nach Jesus in Israel aufbricht und die Gemeinde dort im Entstehen ist, die den wiederkommenden Herrn mit dem Jubelruf empfangen wird: »Gelobt sei, der da kommt, im Namen des Herrn!«

Da ist zum andern die weltweite Verkündigung des Evangeliums in unsren Tagen zu nennen. Darauf hat der Herr in seiner Endzeitrede in Matthäus 24 ausdrücklich hingewiesen, wenn es dort heißt: »Und es wird gepredigt werden das Evangelium vom Reich in der ganzen Welt zum Zeugnis für alle Völker, und dann wird das Ende kommen«, das heißt: das Ende der alten Weltzeit und der Anbruch einer neuen Weltzeit. Wir wissen, wie die Weltmission heute auf vollen Touren läuft wie nie zuvor.

Ein drittes Zeichen wird heute immer deutlicher sichtbar, das der Apostel Paulus im 1. Thessalonicherbrief nennt: »Wenn sie werden sagen: Friede, Sicherheit!« – so wörtlich –, »dann wird sie das Verderben schnell überfallen wie die Wehen eine schwangere Frau, und sie werden nicht entfliehen.« Ist das nicht das Thema, um das sich heute die ganze Weltpolitik dreht: Friede und Sicherheit!? Es geht eine so tiefe Friedenssehnsucht durch die ganze Völkerwelt, die sich der kommende Antichrist zunutze machen wird, um sich der Welt als ihr Friedensbringer anzubieten und sie zu gewinnen.

Abschließend sei noch auf die zunehmenden Erdbeben, die Hungersnöte in der Welt, die Seuchen und die überhandnehmende Gesetzlosigkeit hingewiesen; alles Zeichen, auf die Jesus als Merkmale der Endzeit achten lehrt.
Wie reich beschenkt an Hoffnung hat Jesus seine Gläubigen aber dadurch, daß sie wissen dürfen, was hinter all diesen Zeichen steht: der große Tag des Herrn. »Ich bin der helle Morgenstern«, so heißt es hier. So wie der Morgenstern am Himmel das Kommen eines neuen Tages ankündigt und garantiert, so steht über allem Weltgeschehen auch in seiner dunkelsten Stunde der Name Jesu als der Bote und Garant eines neuen Tages. Sind wir mit Gott im reinen, haben wir Jesus als unsern Heiland und Herrn angenommen, dann dürfen wir uns gerade auch im Anblick der Zeichen der Zeit freuen auf das Kommen unsres Herrn. Aber auch nur dann! Denn der Tag des Herrn wird auch alles anzünden und verdammen, was nicht in Christus Jesus gegründet ist. Darum: Kaufet die Zeit aus, im Wachen und Beten, im Mitdabeisein im Werk des Herrn auf Erden, der Sammlung seiner Gemeinde und der Verkündigung des Evangeliums! Von dieser letzten Zeit sagt uns die Bibel immer wieder, daß ihr Höhepunkt und ihr Ende sehr schnell und ganz plötzlich eintreten werden, ja, daß der Herr auch für die Seinen ganz überraschend kommen wird, um sie abzuholen.
Damit haben wir das zweite schon berührt:

II.

Unsere Zeit ist noch Gnadenzeit, Heilszeit! Denn so sehr auch das alles gilt, was die Bibel über die letzte Zeit sagt, daß sie eine Zeit der großen Mächte, der »großen Tiere« und am Ende die Zeit des Antichristen, des Menschen der Bosheit, sein wird, so bleibt sie doch bis auf ihre letzte Seite dabei: Die Zeit bis zum Hereinbrechen der Zorngerichte Gottes über die Welt unmittelbar vor Jesu Wiederkunft steht im Zeichen der rufenden und rettenden Gnade Gottes, der da »will, daß allen Menschen geholfen werde und sie zur Erkenntnis der Wahrheit kommen.« Darum schließt auch das letzte Buch der Bibel mit dem großen »Komm!« der Gnade Gottes: »Und der Geist und die Braut sprechen: Komm! Und wer es hört, der spreche: Komm!

Und wen dürstet, der komme, und wer da will, der nehme das Wasser des Lebens umsonst.« An diesem Retterwillen Gottes ändern alle vorlaufenden Gerichte nichts, nichts das Sündenverderben auf Erden, nichts die Atombombenarsenale, nichts die Angst und das Dunkel und nichts die Zeichen dieser Zeit. Sie sollen nach Gottes Willen nur immer neu deutlich machen, wie erlösungsbedürftig die ganze Welt bei all ihrem sogenannten Fortschritt doch ist und wie unfähig, sich selbst aus ihren Nöten zu befreien und sich zu erneuern. Darum geht es bis zuletzt um dies eine: daß Menschen durch die Verkündigung des Evangeliums gerufen werden aus der Finsternis zum Licht, aus der Gottesferne zur Umkehr, zur Buße und zum Glauben an Jesus, den Welterlöser, und damit aus dem Tod zum Leben, aus aller Vergänglichkeit dieser Welt zu dem unvergänglichen Reich unsres Herrn.

In solchem Licht, das vom Worte Gottes her auf unsre Zeit fällt, findet auch so manches Warum?, das bei uns noch so oft aufbrechen will, seine Antwort: Warum läßt Gott das alles zu, was an Schrecklichem und an Bosheit und Ungerechtigkeit auf Erden geschieht? Und warum muß auch seine gläubige Gemeinde noch solche tiefen Leidenswege gehen? »Ich bin das A und das O, der Anfang und das Ende, der Erste und der Letzte«, so heißt es hier. Das ist ein unermeßlich tiefes Wort. Es erinnert uns an Jesu Erklärung vor seiner Himmelfahrt: »Mir ist gegeben alle Gewalt im Himmel und auf Erden« und macht eines ganz deutlich: Der erhöhte Herr umspannt Himmel und Erde nicht so, daß der einzelne Mensch darin verschwände, sondern in seinem großen Machtbereich ist alles gezählt und voneinander unterschieden, auch der einzelne Mensch. Das heißt auch an dieser Stelle: Die Zeit von Bethlehem und Golgatha bis zur Wiederkunft Jesu ist Heilszeit, Gnadenzeit und wird deshalb vornehmlich von seiner Geduld und Langmut getragen und durchwaltet. Aber es entläuft diesem Herrn niemand, auch von denen nicht, die sein Gnadenangebot ablehnen. Er braucht auch nicht alle Schuld auf Erden zu rächen; im Gegenteil: Er kann und will in seiner Gerechtigkeit auch die Bosheit auf Erden reif werden lassen.

Einmal aber geht auch die Zeit der Gnade, der Langmut und Geduld Gottes buchstäblich zu Ende. Darum nehmt sie wahr, die letzte Gnadenzeit, ehe die Gerichte Gottes einsetzen! Das Los der törichten Jungfrauen sagt deutlich, was auf die wartet, die ihre Gnadenzeit nicht ausgenützt oder aus der teuren Gnade, die unserm Herrn Blut und Leben gekostet hat, eine billige Sache gemacht haben, die ja immer noch zu haben sei, wenn es aufs Letzte kommt. Es gibt auch ein Zuspät im Reiche Gottes. Das will uns das dritte in unsrem Abschnitt noch besonders deutlich machen:

III.

Unsere Zeit, die uns Gott auf Erden schenkt, ist Bekehrungszeit, Saat- und Reifezeit für die Ewigkeit. Darum werden uns hier am Ende der Bibel nochmals die beiden Wege gezeigt, die in die Ewigkeit führen. Es stehen da die beiden Worte nebeneinander: Drinnen und Draußen! Betrachte das »Drinnen« und das »Selig« in der Stadt Gottes! Achte, wer durch die offenen Türen eingeht in die ewige Stadt der Herrlichkeit Gottes! Es sind Menschen, die ihre Kleider gewaschen haben im Blut des Lammes. Es steht hier im Grundtext die Zeitform, die besagt, daß diese Menschen nicht nur einmal bei ihrer Bekehrung im Blut des Lammes Vergebung gesucht und gefunden haben, sondern daß seither ihr ganzes Leben bis zuletzt von der Kraft des Blutes Jesu getragen, gereinigt und gewandelt wurde, so daß Leib und Seele und Geist geheiligt wurden für den Eingang in die Welt der Herrlichkeit Gottes. Das Sterben Jesu für sie am Kreuz auf Golgatha war und blieb bis zuletzt der Grund, auf dem sie mit ihrem Glauben und Hoffen und mit ihrem ganzen Leben standen. Sie werden nun willkommen geheißen als Bürger und Erben der neuen Welt an der Seite ihres Herrn.

Und besieh dir das »Draußen« des Todes und der Hölle und achte darauf, wer alles draußen bleibt. »Draußen sind die Hunde und die Zauberer und die Unzüchtigen und die Mörder und die Götzendiener und alle, die die Lüge lieben und tun«: Die Hunde – so nennt Gottes Wort die Gottlosen, die keinen Heiland wollten und darum auch keinen Heiland hatten und so in ihren Sünden starben; die Zauberer, das sind Leute, die statt auf Gott zu hören und seinem Wort zu vertrauen, sich mit Kartenlegerei, Horoskopstellen und anderen dunklen Dingen einließen, Spiritismus trieben und das sogenannte 6. und 7. Buch Mose in ihrem Hause hatten; die Hurer, das sind Menschen, die die freie Liebe predigten, die unverbindliche Partnerschaft, bei der man jeden Tag wieder auseinandergehen kann, die also Gottes Gebote für überholt hielten und mit Füßen traten; die Mörder, also auch die, deren Taten auf Erden nie aufgeklärt wurden, auch die, die Jesus in der Bergpredigt nennt und der Apostel Johannes in seinem 1. Brief: »Wer seinen Bruder haßt, der ist ein Totschläger!«; weiter auch die Abgöttischen, das sind Menschen, die Geld und Gut für ihr höchstes Glück hielten, die Geizigen und Habsüchtigen, Leute mit hohen Bankkonten auf Erden, die aber für die Not und Armut auf Erden, gar für die Mission nichts übrig hatten; »und alle, die die Lüge lieben und tun«, also Menschen, auf deren Wort man sich nicht verlassen konnte, die hinter dem Rücken ganz anders redeten als in den Augen. Mit alledem wird uns hier zum letzten Mal in der Bibel gesagt: Menschen ohne Buße und Bekehrung und ohne Heiligung ihres Lebens und Wesens in der Kraft des Blutes Jesu bleiben draußen!

Sieh dir die beiden Wege an, mahnt uns der Herr, das Drinnen und das Draußen, zu denen sie führen, und die beiden Möglichkeiten, die du hast: zum Himmel hinauf an der Hand dessen, der für dich starb – oder zur Hölle hinab mit deinem unerlösten bösen Wesen!

Und so wahr es bleibt, daß unsre Zeit noch Gnadenzeit ist, so kommt doch einmal der Punkt für jeden Menschen, wo Gott nur noch sagen kann: »Wer Böses tut, der tue fernerhin Böses, und wer unrein ist, der sei fernerhin unrein!«, das heißt: der reife nun voll aus in seiner Gottlosigkeit und Bosheit für den Tag des Gerichts! Aber auch das andere gilt; es gilt bis zuletzt: »Wer aber gerecht ist, der übe weiterhin Gerechtigkeit, und wer heilig ist, der sei weiterhin heilig!«, das heißt: Wer gerecht geworden ist durch den Glauben an Jesus, wer in seinem Blut Vergebung der Sünden hat, der bleibe an diesem Gnadenquell, und halte, was er hat; er nehme auch bis zuletzt jede Gelegenheit auf Erden wahr, Gutes zu tun, Liebe zu üben und also die Gerechtigkeit auszuleben, die er in Jesu Tod gefunden hat.

So massiv spricht der Herr auch am Schluß der Bibel von den zwei Möglichkeiten, die uns offen stehen, von Himmel und Hölle, von Gerechtigkeit und Bosheit, vom Blut Christi und

dem Gericht, dem der anheimfällt, der Gottes Angebot in Christi Blut und Wunden als zu primitiv und unannehmbar oder als unnötig abwies. Und so liebevoll läßt Gott am Schluß der Bibel ein letztes Mal seinen Gnadenruf erschallen: »Wen dürstet, der komme, und wer da will, der nehme das Wasser des Lebens umsonst!«
Laßt uns doch Menschen sein oder jetzt noch werden, die sich unter dem Kreuz Jesu sammeln und aus Dank und Liebe zu dem, der unser aller Heiland ist, ihn bekennen und ihm zu dienen suchen, bis er uns ruft! Amen.

Gebet: Herr Jesus Christus! Du wirst wiederkommen als Retter der Deinen und als Richter der Welt. Die Zeichen der Zeit sagen uns: Dein Kommen ist nahe! Hilf uns, daß wir unser Leben im rechten Licht sehen möchten und in allen Dingen die rechte Entscheidung treffen, um Dir zu gehören in Zeit und Ewigkeit! Amen.

Lied: Herr, wir stehen Hand in Hand, die dein Hand und Ruf verband . . .

26. Sonntag nach Trinitatis

Das Weltgericht

Wenn aber der Menschensohn kommen wird in seiner Herrlichkeit, und alle Engel mit ihm, dann wird er sitzen auf dem Thron seiner Herrlichkeit und alle Völker werden vor ihm versammelt werden. Und er wird sie voneinander scheiden, wie ein Hirt die Schafe von den Böcken scheidet, und wird die Schafe zu seiner Rechten stellen und die Böcke zur Linken. Da wird dann der König sagen zu denen zu seiner Rechten: Kommt her, ihr Gesegneten meines Vaters, ererbt das Reich, das euch bereitet ist von Anbeginn der Welt! Denn ich bin hungrig gewesen, und ihr habt mir zu essen gegeben. Ich bin durstig gewesen, und ihr habt mir zu trinken gegeben. Ich bin ein Fremder gewesen, und ihr habt mich aufgenommen. Ich bin nackt gewesen, und ihr habt mich gekleidet. Ich bin krank gewesen, und ihr habt mich besucht. Ich bin im Gefängnis gewesen, und ihr seid zu mir gekommen. Dann werden ihm die Gerechten antworten und sagen: Herr, wann haben wir dich hungrig gesehen und haben dir zu essen gegeben?, oder durstig und haben dir zu trinken gegeben? Wann haben wir dich als Fremden gesehen und haben dich aufgenommen?, oder nackt und haben dich gekleidet? Wann haben wir dich krank oder im Gefängnis gesehen und sind zu dir gekommen? Und der König wird antworten und zu ihnen sagen: Wahrlich, ich sage euch: Was ihr getan habt einem von diesen meinen geringsten Brüdern, das habt ihr mir getan.
Dann wird er auch sagen zu denen zur Linken: Geht weg von mir, ihr Verfluchten, in das ewige Feuer, das bereitet ist dem Teufel und seinen Engeln. Denn ich bin hungrig gewesen, und ihr habt mir nicht zu essen gegeben. Ich bin durstig gewesen, und ihr habt mir nicht zu trinken gegeben. Ich bin ein Fremder gewesen, und ihr habt mich nicht aufgenommen. Ich bin nackt gewesen, und ihr habt mich nicht gekleidet. Ich bin krank und im Gefängnis gewesen, und ihr habt mich nicht besucht. Dann werden sie ihm auch antworten und sagen: Herr, wann haben wir dich hungrig oder durstig gesehen oder als Fremden oder nackt oder krank oder im Gefängnis und haben dir nicht gedient? Dann wird er ihnen antworten und sagen: Wahrlich ich

sage euch: Was ihr nicht getan habt einem von diesen Geringsten, das habt ihr mir auch nicht getan. Und sie werden hingehen: diese zur ewigen Strafe, aber die Gerechten in das ewige Leben. Matthäus 25,31–46

Das ist ein Abschnitt aus der Bibel, der die Christenheit im Lauf der Jahrhunderte immer wieder stark bewegt hat – und gebe Gott, daß er auch die Christenheit von heute neu fassen und bewegen möchte –, nämlich das Wort unsres Heilandes vom großen Gericht und einer kommenden ewigen Scheidung aller Welt, aller Völker, aller Menschen. Künstler haben dieses Bild zu malen versucht, Bildhauer des Mittelalters haben es über den Eingängen zu unsren Domen in Stein gehauen, Liederdichter haben davon gesungen. Sie alle haben den heiligen Ernst empfunden, der über diesem Wort unsres Heilandes liegt.

Und doch gehört das Wort vom letzten Gericht zum Evangelium von der Gnade Gottes, also zur frohen Botschaft der Bibel, die seit den Tagen von Bethlehem und Golgatha durch die Welt getragen wird. Das verlesene Wort sagt uns nämlich: Die Unvollkommenheit unsrer Welt, dieses Nebeneinander von gut und böse, Licht und Finsternis, Wahrheit und Lüge, von sündhaftem Reichtum und himmelschreiender Armut, diese Vergewaltigung des Rechts auf Erden, diese Unterdrükkung der Kleinen durch die Großen und Starken in der Welt, wie wir sie auch in unsern Tagen sehen und erleben – das alles wird nicht in alle Ewigkeit so fortbestehen. Nein, sondern es kommt ein Tag, der alles klar machen wird, an dem geschieden werden wird, auf ewig geschieden zwischen gut und böse, Recht und Unrecht, Licht und Finsternis, Gottes Reich und Satans Reich. Unser Weltlauf ist so wenig wie unser Leben auf Erden ein Kreislauf ohne Ziel und Ende, sondern er verläuft in einer Geraden. Da ist ein Anfang: »Am Anfang schuf Gott Himmel und Erde«; da ist eine Mitte: »Als die Zeit erfüllet war, sandte Gott seinen Sohn . . ., damit wir die Kindschaft empfingen.« Und da ist ein Ende und Ziel: »Ich sah einen neuen Himmel und eine neue Erde.« Denn Jesus kommt wieder als der Vollstrecker und Vollender aller Ratschlüsse Gottes mit seinem Volk und seiner Welt.

Haben wir Jesus als unsern Heiland und Herrn angenommen,

dann dürfen und dann sollen wir uns schon jetzt freuen, daß einmal alles Böse und Dunkle, das uns auf Erden noch so oft bedrängt, ja Not und Tod auf ewig abgetan sein werden und eine neue Welt in Erscheinung tritt, in der man, wie die Bibel sagt, der alten nicht mehr gedenken noch sie zu Herzen nehmen wird. In diesem Sinne hat Martin Luther gern vom »lieben Jüngsten Tag« gesprochen.
Für manchen Bibelleser und Schriftforscher haben sich bei diesem Abschnitt auch einige Fragen ergeben, auf die wir hier aber nicht näher eingehen wollen, etwa die Frage: Wer sind die Gesegneten, die Jesus hier so herzlich an seinem Tage zu ihrer großen Überraschung willkommen heißt, und wer sind die geringsten Brüder, auf die er hinweist? Sind die Gesegneten Christen, die jedermann auf Erden wohlgetan haben? Oder sind die Gesegneten Nichtchristen, die aber den Christen, vielleicht in der Zeit der letzten Verfolgung vor der Wiederkunft Jesu, gedient, sie aufgenommen, gespeist und beherbergt haben, da sie selber weder kaufen noch verkaufen durften? Oder sind die Gesegneten sogar Heiden, die keine Bibel kannten und nichts von Jesus wußten, aber mit dem wenigen Licht, das ihnen im Gewissen leuchtete, das Gute, das Ewige, die Wahrheit und das Leben suchten und dementsprechend auf Erden handelten, wo immer Gelegenheit dazu war, wie ein Ausleger es sieht. Vergessen wir nicht: Jesus hat die Sünden der ganzen Welt auf sich genommen. Er darf aufgrund davon jeden Augenblick, auch noch am Tage des Gerichts, freisprechen, wen er will. Dazu hat er von Gott Recht und Vollmacht empfangen. Wir wollen jedoch, ohne uns bei solchen Fragen aufzuhalten, auf die eine Wahrheit zugehen, die hier wie an vielen andern Stellen der Bibel wie ein helles Leuchtfeuer im Dunkel der Nacht auflodert, an der wir alle unser Leben und unsern Dienst auf Erden immer neu ausrichten können, um so vor allen Irrwegen und einem großen Leerlauf unsres Lebens bewahrt zu bleiben und das uns von Gott gesteckte hohe Ziel unserer Berufung erreichen: den gesegneten Eingang in sein ewiges Friedensreich. Diese Wahrheit heißt: Es geht zur Vollendung aller Wege Gottes mit der Welt und mit seiner Gemeinde durch ein Gericht hindurch, an dem jeder, der Menschenantlitz trägt, sein ewiges Urteil empfängt. Mit drei Stichworten sei diese Wahrheit vorweg verdeutlicht:

1. der letzte Thron
2. die letzte Frage
3. der letzte Spruch

I.

Der letzte Thron: »Wenn aber des Menschen Sohn kommen wird in seiner Herrlichkeit und alle Engel mit ihm, dann wird er sitzen auf dem Thron seiner Herrlichkeit . . .« So also endet einmal unsre Weltgeschichte, das Kommen und Gehen der Geschlechter, das Auf und Ab der Jahrhunderte, alles Kriegsgeschrei und Kriegsgeschehen: daß am Ende alle Großen, alle Könige, Fürsten und Helden von ihren Thronen heruntersteigen müssen und nur ein Thron übrig bleibt und sichtbar wird und sich in seiner ganzen Herrlichkeit offenbart, nämlich der Thron, auf dem der Eine sitzt, den Gott gesetzt hat zum Herrn und Richter über alle Welt: Christus Jesus!
Es ist sehr tröstlich, dann aber auch sehr ernst, was das Wort »des Menschen Sohn« an dieser Stelle sagt: »Wenn aber des Menschen Sohn kommen wird . . .« Das heißt: Der als Kind in der Krippe zu Bethlehem geboren wurde, als Jesus von Nazareth helfend, heilend, Gottes Liebe zu allen Menschen bezeugend über die Erde ging, von der Welt ans Kreuz geschlagen wurde und für sie dort verblutete, dann von Gott auferweckt und zu seiner Rechten erhoben wurde – der ist der Weltenrichter auf Gottes Thron. Der wird also das Urteil über jeden Menschen sprechen, der diese Welt und dieses Leben mit all seinen Nöten, Versuchungen und Anfechtungen aus eigner Erfahrung genau kennt und darum auch weiß, was wir auf Erden konnten und nicht konnten; der die Gewähr dafür bietet, daß es ein absolut gerechtes Urteil sein wird, – »Er wird sitzen auf dem Thron seiner Herrlichkeit, und es werden vor ihm versammelt werden alle Völker, und er wird sie voneinander scheiden.«
Das ist ein Bild voll majestätischer Ruhe und Erhabenheit. Es will uns sagen: Nun ist aller Kampf auf Erden beendet, aller Lärm verklungen, von dem die Welt, gerade auch in ihren letzten Tagen voll war; ihre Zeit ist nun vorbei. Alle Streitgespräche über Gott, über Jesus, über die Bibel haben aufgehört. Es bedarf keiner Evangelisationsvorträge mehr mit Themen:

»Gibt es ein Fortleben nach dem Tode? Gibt es ein letztes Gericht? War Jesus Gottes Sohn oder nur ein ›hochgejubelter‹ Rabbi? Ist Jesus leibhaftig auferstanden? Ist die Bibel Gottes Wort?« Sonnenhell ist es an den Tag gekommen: Ob freudigen Herzens, ob mit bebenden Knien, alles, was Odem hat, auch der größte Spötter, muß es gelten lassen: Herr, wirklicher Herr und König aller Welt ist Jesus!

O, wer das weiß, weil er dem Worte Gottes glaubt, und diesen Thron schon heute im Geiste schaut, für den erscheinen alle Throne und Thrönlein auf Erden in einem andern Licht. Nicht daß wir den Herrschenden auf Erden den nötigen Respekt versagen wollten, solange ihre Zeit noch währt; das hat auch Jesus nicht getan, als er vor Pilatus stand. Aber was sind sie schon alle gegenüber diesem letzten Thron? Wie nachdrücklich hat Gott das gerade unsrer Generation schon gezeigt. Was ist in den letzten Jahrzehnten nicht alles geschehen! Wir haben stolze Könige sitzen sehen auf ihrem Thron. Wir haben Diktatoren reden hören, so vermessen und lästerlich, daß es uns unheimlich wurde. Und wie hat einer nach dem andern herunter müssen, als seine Stunde gekommen war. Und bei vielen erfüllte sich dabei das Wort der Bibel: »Wie werden die Gottlosen so plötzlich zunichte. Sie gehen unter und nehmen ein Ende mit Schrecken.«

Dazu will uns Jesus hier die Augen öffnen für seinen Thron, damit wir uns nicht blenden lassen von allem Glanz auf Erden, uns auch nicht zu sehr fürchten sollen vor dem Schnauben und Drohen der Gewaltigen mit ihren Atombomben und Raketen, auch nicht vor dem Spott und Witz vieler Verblendeter auf Erden über Gott und alle heiligen Dinge. Sie werden einmal alle verstummen vor dem, der »sitzen wird auf dem Thron seiner Herrlichkeit.« Denn diesem Herrn entrinnt niemand. Darum kann er so lange warten und alle Bosheit auf Erden zuletzt noch so mächtig werden lassen. Er kann warten, bis alle seine Feinde ihr Pulver verschossen haben. Er kann in schier endloser Geduld zusehen, wie Gottes Gebote auf Erden mißachtet und mit Füßen getreten werden. Er braucht nicht ängstlich darauf bedacht zu sein, daß sich alle Schuld schon auf Erden rächen muß. O nein, diesem Herrn steht eine Ewigkeit zur Verfügung. Darum kann er alles reif, ja wie die Offenbarung sagt, »dürr« werden lassen auf Erden.

O möchten wir dieses Bild vom letzten Thron doch mitnehmen in unser Leben und Denken und Tun, damit wir uns zurechtfinden auf Erden und alles im rechten Lichte sehen. Das letzte Wort ist noch über kein Volk und keinen Menschen, auch keinen unter uns gesprochen. Das letzte Wort wird Jesus sprechen. Der letzte Thron gehört ihm!

II.

Die letzte Frage, vor die dann jedermann gestellt wird. »Dann wird der König sagen zu denen zu seiner Rechten: Kommt her, ihr Gesegneten meines Vaters! Ererbt das Reich, das euch bereitet ist von Anbeginn der Welt. Ich bin hungrig gewesen, und ihr habt mich gespeist, ich bin durstig gewesen, und ihr habt mich getränkt; ich bin nackt gewesen, und ihr habt mich gekleidet . . .« Wie heißt also die letzte Frage, an der sich unser ewiges Schicksal entscheidet? Wenn diese letzte Scheidung anhebt, werden wir nicht gefragt werden, was wir auf Erden im Herzen gedacht, geplant und uns immer wieder vorgenommen hatten, sondern die Frage wird heißen: Was und wer bist du wirklich gewesen an deinem Platz auf Erden? Die Christen werden gefragt werden: Wie sah dein Glaube nun wirklich aus? Wie standest du wirklich zu Gott und zu dem, den er der Welt zum Heiland gab, und zu seinem Wort, seinen Verheißungen und Geboten? Haben sie dich gefaßt und dein Leben bestimmt?
Jesus sieht hier die ganze Welt, in der wir leben, in einem einzigen Bild; er sieht sie mit Gottes Augen: Es ist eine Welt voll Leid und Not und Tod, eine Welt, wie wir sie alle kennen und in der es, wie Gottes Wort sagt, zum Ende hin noch immer schrecklicher werden wird, bis der Herr kommt! Jesus sieht in dieser Welt ein Heer von Hungernden, Gefangenen, Heimatlosen, Nackten und Kranken. Wir mögen unter diesen Leidenden verstehen, wen wir wollen: Jesus fragt uns nach ihnen, und Jesus steht grundsätzlich auf der Seite der Armen, der Entrechteten, der Heimatlosen, der Leidenden und Verfolgten, auch der verfolgten Juden und Christen und aller Witwen und Waisen!
Aber eben darum ist diese Welt auch wie keine andere dazu geeignet, Prüfstein und Vorbereitungsschule für die ewige

Welt zu sein. Denn in einer solchen Welt wie der unsern muß sich schließlich bei jedem Menschen herausstellen, was sein wirkliches Wesen und sein tiefstes Begehren ist, was er ist und bleiben will: kalt, lieblos, ichhaft, über Leichen gehend, sich selbst lebend – oder ein Mensch voll Mitleid, Barmherzigkeit und Liebe. Ob er nach der Losung lebt und leben will: »Lasset uns essen und trinken, denn morgen sind wir tot – und dann ist alles aus!«, oder ob er im Innersten seines Herzens sich nach einer ewigen Welt sehnt voll Gerechtigkeit und Frieden und Seligkeit, und darum schon auf Erden seinem Gott leben und dienen möchte.

Darum spricht Jesus hier auch nicht von allen möglichen oder unmöglichen Taten, sondern von dem, was jeder Mensch an seinem Platz tun kann.

Jesus spricht nicht von Kirchen und Sälen, die diese Leute auf Erden gebaut, von Missionsvereinen oder -gesellschaften, die sie gegründet haben, von Millionen, die sie gespendet haben, obwohl auch das alles am rechten Ort und im rechten Geist getan, segenbringende Taten sein können und sind. Nein, hier redet Jesus von den kleinen und geringen Dingen unsres Lebens, die täglich geschehen können. Das Geringe, täglich in Treue getan, ist ausschlaggebend für Jesu Urteil über uns. Denn »wer im Geringsten treu ist, der ist auch im Großen treu«, sagt Jesus an andrer Stelle. Der wird, wie wir es alle aus Erfahrung wissen, auch da nicht fehlen, wo es einmal um große Dinge geht, um »Hilfe für Brüder« oder »Brot für die Welt«.

Auch das kann für uns sehr tröstlich sein, uns aber auch sehr nachdenklich machen: daß die kleinen, unbewußten Dinge im großen Rahmen der Ewigkeit solch ein entscheidendes Gewicht haben: das Stückchen Brot, das wir mit Hungernden teilten, ein Viertelstündchen Aufmerksamkeit am Krankenbett, das liebe Wort, das tröstliche Verstehen, der liebevolle Zuspruch, die hilfreiche Hand – nicht nur einmal im Jahr oder gar nur einmal im ganzen Leben, sondern als göttlichen Dauerauftrag von uns verstanden und übernommen und im täglichen Leben praktiziert, das alles sind gewichtige Dinge auf der Waage am Tage des Gerichts. Gerade an diesen geringen Dingen, in Treue getan, wird die Gesinnung der Herzen am hellsten offenbar.

Ach daß wir doch alle uns hier sagen ließen: Die letzte Frage, die Jesus stellt, heißt nicht: Welcher Gemeinde hast du angehört auf Erden? Wie sah der Katechismus aus? Welche Lieder habt ihr gesungen? – obwohl jeder gläubige Christ auf Erden irgendwo seine geistliche Heimat haben soll und haben wird. Die letzte Frage aber heißt: Hat Christi Geist Raum in dir gehabt? Hat er dich prägen und gestalten können an dem Platz, den er dir gab? Hast du priesterlich gelitten unter der Not und der Ungerechtigkeit auf Erden und hast du gehungert und gedürstet nach Gottes Gerechtigkeit? Hast du Fürbitte getan für das Heer der Armen und Entrechteten, der Heilandslosen? Hast du an deinem Teil mit der Tat dazu beigetragen, daß ihre Not gelindert und ihnen geholfen wurde nach Leib und Seele. Oder warst und bliebst du ein unerlöster Ichmensch, vielleicht ein wenig fromm angehaucht, aber im Grunde des Herzens der alte Mensch, lieblos, geizig, verschlossen, nur auf das Deine bedacht, ohne Sinn für göttliche und ewige Dinge! Die letzte Frage, auf die es ankommen wird, geht auf den Glauben, »der in der Liebe tätig ist«, wie der Apostel sagt, und das von innen heraus, ohne pharisäische Prahlerei, ohne Zeitungsberichte. Diese Leute hier wissen nichts von ihren Taten. So selbstverständlich war ihnen ihr Dienst der Liebe. Wer aber so handelt, daß er an Armen, Kranken, Hungernden einfach nicht teilnahmslos vorübergehen kann, der handelt in Christi Sinn und Geist. »Wer aber Christi Geist nicht hat, der ist nicht sein.«

III.

Der letzte Spruch: Dann wird der König sagen zu denen zu seiner Rechten: »Kommt her, ihr Gesegneten meines Vaters, ererbet das Reich, das euch bereitet ist von Anbeginn der Welt: Ich bin hungrig gewesen, und ihr habt mich gespeist, ich bin durstig gewesen, und ihr habt mich getränkt, ich bin nackt gewesen, und ihr habt mich gekleidet . . .« Wir spüren alle: Das ist ein Wort voll Liebe und Zartheit, wie es eben nur Jesus sprechen kann. So segnen und so erfreuen kann nur Jesus. Denn wo ist auch unter den frömmsten Christen ein Mensch, der *nur* Liebe geübt und *nur* Gutes getan hätte in seinem ganzen Leben, ohne jedes Mißgeschick, ohne jedes Versäumen und Versagen? Ist es nicht vielmehr so, daß auch der

älteste Christ sich immer wieder eingestehen muß: »Hier habe ich versagt und dort habe ich gefehlt; dies hätte ich doch tun können und jenes besser machen. Hier kam ich zu spät mit meinem Besuch; der Kranke hatte schon die Augen für diese Welt geschlossen, und dort habe ich einen Bettler an der Tür abgefertigt, ohne ein Gespräch mit ihm zu suchen. Ich bin so oft schuldig geworden an meinen Mitmenschen!«
Aber sieh, Jesus spricht an seinem Tage mit keinem Wort über das, was auch im Leben der Gesegneten noch unvollkommen war, was auch sie noch hier und da versäumt haben. Er spricht kein Wort mehr über ihre Sünden. Für sie hat er gebüßt und bezahlt am Kreuz auf Golgatha. Er sieht das Herz an. Und wo ein Herz auf ihn und auf das Ewige und Bleibende gerichtet war, da hat er alle Unvollkommenheit bedeckt, alle Sünden weggenommen und läßt nun nur das stehen, was in ihrem Leben gut war, womit sie andern dienen und wohltun wollten aus Dank für das, was sie von Gott empfangen hatten. Nun dankt Jesus diesen Menschen, daß sie in einer Welt voll Leid und Not Barmherzigkeit geübt und so seine Diener gewesen sind und so ihm selber wohlgetan haben. Er sagt ihnen, daß er ihnen das in Ewigkeit nicht vergessen will. Er dankt ihnen damit, daß er sie als Bürger und Erben seines ewigen Reiches willkommen heißt und sie auf ewig zu Erben und Regenten jener neuen Welt erklärt, von der es heißt: »Und der Tod wird nicht mehr sein noch Leid noch Geschrei noch Schmerz wird mehr sein; denn das Alte ist vergangen, siehe, es ist alles neu geworden!«
Seht, so will Jesus die Seinen »richten«! Wer unter uns möchte nicht solchen Spruch, solches Urteil des Herrn an seinem Tage hören? Jesus sagt: Du kannst es haben, du sollst es haben! Dazu rede ich ja davon, damit du dein Leben und dein Herz mir öffnest, so daß ich mit meinem Geist bei dir einkehren und bei dir wohnen kann und es dir eine Freude wird, mir schon auf Erden zu leben, zu dienen und mir mit einem Glauben zu danken, der in der Liebe tätig wird, weil du nun weißt, wozu du lebst und wohin es mit dir geht und worauf du hoffen darfst!
Doch so herrlich das eine Wort, so ernst ist das andere. »Dann wird der König sagen zu denen zu seiner Linken: Geht hin, ihr Verfluchten, in das ewige Feuer, das bereitet ist dem Teufel

und seinen Engeln. Ich bin hungrig gewesen, und ihr habt mich nicht gespeist, ich bin durstig gewesen, und ihr habt mich nicht getränkt, ich bin nackt gewesen, und ihr habt mich nicht bekleidet . . .« Dieser Spruch ist so ernst, daß es Menschen gibt, die meinen, so etwas könne Jesus nicht gesagt haben. In der Tat: Es ist das einzige »Verflucht« über Menschen, das aus dem Munde Jesu kommt. Und auch das erst am Tage des letzten Gerichts. Bis dahin gilt: Jesus nahm am Kreuz auf Golgatha unsern Fluch, den Fluch der Sünde der ganzen Welt auf sich, damit alle Menschen verschont werden möchten. Nun aber wird jeder, der diese Gnade nicht wollte, sondern diesen Heiland durch sein Handeln und Wandeln auf Erden verleugnete und verwarf, von Jesus verworfen und von seinem Fluch getroffen. Wir brauchen uns diesen Fluch Jesu und die Hölle nicht weiter auszumalen. Denn wenn der Eine, der sein Blut und Leben für die ganze Welt hingegeben hat, der nicht wollte, daß jemand verlorengehe, wenn der Eine, der allein retten und selig machen kann, Menschen verflucht und in das ewige Feuer schickt, dann erlischt für solche Menschen auch der letzte Hoffnungsschimmer.

Überhören wir auch nicht, daß Jesus diesen Menschen nicht einmal die großen Sünden des Lebens vorhält: Mord, Ehebruch, Zauberei; sondern eitel Unterlassungssünden. Aber eben diese lange Kette der nicht genützten Gelegenheiten, die Gott ihnen auf Erden gab, in einer Welt, die nach Barmherzigkeit schrie, macht offenbar, wes Geistes Kind sie waren und blieben trotz Bethlehem und Golgatha. Wer aber sein Herz dem Bringer der Liebe verschließt oder aus Gottes Liebe eine billige Sache macht, die zu nichts verpflichtet, so daß man an den Nöten und Leiden auf Erden herzlos vorübergehen kann, gehört mit dem Teufel und seinen Engeln zusammen, die sich gegen Gott empört und sein Werk auf Erden gehindert haben. Jesus macht auch hier wie an andern Stellen deutlich: Wir Menschen können durch unsre Gleichgültigkeit und Lieblosigkeit und Eigensucht und Habgier die höchste Berufung Gottes an uns vereiteln.

Überhören wir auch nicht, daß Jesus ausdrücklich sagt: Das ewige Feuer, die Hölle, ist eigentlich nur dem Teufel und seinen Engeln bereitet gewesen, nicht den Menschen. Den Menschen stand der Himmel offen, das Vaterhaus mit den

vielen Wohnungen. Aber wer sich in keiner Weise rufen und ziehen ließ zu diesem Herrn, wer den Himmel den Spatzen und den Engeln überließ, wie einer gespottet hat, der gehört mit dem Teufel auf ewig zusammen und teilt sein Los.
Wir kehren zum Anfang zurück: Sind wir mit Gott versöhnt, haben wir Jesus als unsern Heiland und Herrn angenommen, dann dürfen wir auch diesem letzten großen, ernsten Tag getrost entgegengehen. Er wird uns nicht verleugnen, der für uns starb! Ja, wie ein Arbeiter am Wochenende seine Arbeit schon tun darf in der Vorfreude auf den ruhebringenden Sonntag – oder gar auf seinen Ruhestand –, so dürfen auch wir, wenn wir unser Leben ihm, dem Herrn Jesus Christus, ausgeliefert haben, auch im Anblick der Zeichen der letzten Zeit an unsrem Platz stehen, ihn in Wort und Werk und allem Wesen zu bekennen und ihm zu dienen suchen in der frohen Gewißheit: »Alle Herren dieser Erde gehen, unser Herr aber kommt« und mit ihm auch die ewige Vollendung seines Reiches und seiner Gemeinde. Ja, wir haben allen Grund, uns auf sein Kommen zu freuen. Denn – so sagt die Bibel an andrer Stelle im Blick auf jenen Tag: »Vor dir wird man sich freuen, wie man sich freut in der Ernte, wie man fröhlich ist, wenn man Beute austeilt.«
Darum laßt uns ihm dienen, treuer als bisher. Der Herr kommt bald! So werden wir schon auf Erden im Vorgeschmack, dann aber am Tag der Ewigkeit im tiefsten Sinn erfahren:

Wer kann so segnen, wer so erfreun?
Keiner als Jesus, Preis ihm allein!

Gebet: Herr Jesus Christus, Du wirst wiederkommen auch als der unbestechliche Richter aller Welt. Vor Dir gibt es kein Entfliehen. Ach, daß wir alle das doch beizeiten bedenken möchten und unser Leben danach einrichten! Wir flehen zu Dir, daß Du aus unsrem Leben alles wegnehmen mögest, was noch als unvergebene Schuld auf uns liegt, und uns Kraft verleihst, in einem Leben zu wandeln, über das Du Herr bist und in dem wir nach Deinem Willen fragen und Deinen Willen tun. Ja, wenn der Tag erscheint, da Dich die Welt wird sehn, dann laß uns als die Deinen zu Deiner Rechten stehn! Amen.

Lied: Es ist gewißlich an der Zeit, daß Gottes Sohn wird kommen . . .

27. Sonntag nach Trinitatis

Du kannst noch alles gewinnen!

Dann wird das Himmelreich gleich sein zehn Jungfrauen, die ihre Lampen nahmen und gingen aus, dem Bräutigam entgegen. Aber fünf unter ihnen waren töricht, und fünf waren klug. Die törichten nahmen ihre Lampen; aber sie nahmen nicht Öl mit sich. Die klugen aber nahmen Öl in ihren Gefäßen samt ihren Lampen. Da nun der Bräutigam lange ausblieb, wurden sie alle schläfrig und schliefen ein. Zur Mitternacht aber ward ein Geschrei: Siehe, der Bräutigam kommt; gehet aus, ihm entgegen! Da standen diese Jungfrauen alle auf und schmückten ihre Lampen. Die törichten aber sprachen zu den klugen: Gebt uns von eurem Öl, denn unsre Lampen verlöschen. Da antworteten die klugen und sprachen: Nicht also, auf daß nicht uns und euch gebreche; gehet aber hin zu den Krämern und kaufet für euch selbst. Und da sie hingingen, zu kaufen, kam der Bräutigam; und die bereit waren, gingen mit ihm hinein zur Hochzeit, und die Tür ward verschlossen. Zuletzt kamen auch die anderen Jungfrauen und sprachen: Herr, Herr, tue uns auf! Er antwortete aber und sprach: Wahrlich, ich sage euch: Ich kenne euch nicht! Darum wachet! Denn ihr wisset weder Tag noch Stunde, in welcher des Menschen Sohn kommen wird.

Matthäus 25,1–13

Mit einem in die Zukunft weisenden »Dann« beginnt Jesus hier. Es ist das Dann, auf das die ganze Weltgeschichte seit dem ersten Kommen Jesu zu Weihnachten von Gottes starker Hand hin gesteuert wird, das Dann der Wiederkunft Jesu in großer Kraft und Herrlichkeit.

Unsre Welt und Zeit schreit geradezu nach solch einem »Dann«, d. h. nach einer großen Wende unsres Weltlaufs. Jeder besinnliche Mensch spürt es allmählich: So wie es jetzt geht, kann es nicht sehr lange weitergehen. Dieses Wettrüsten der Großmächte, diese schrecklichen Massenvernichtungswaffen, dieses Mißtrauen und diese Angst der Völker voreinander, auch die zunehmende Gesetzlosigkeit und die freche Herausforderung Gottes auf okkultem Gebiet durch Satansmessen und anderes mehr – das alles ist ein gerader Weg in den Abgrund. Wer soll ihn aufhalten? Die Kräfte in unsrem Volk und in der Welt, die sich noch dagegenstellen – werden sie nicht bald überflutet werden von den Mächten der Bosheit, den Mächten von unten, die sich da melden? »Ach, daß du den Himmel zerrissest und führest herab!«, so möchten wir mit dem Propheten ausrufen und dabei hinzufügen: »Denn auch wir Christen richten dagegen nichts mehr aus. Dein Wort, o Herr, prallt bei den Menschen ab. Es wird übertönt von dem großen Stimmengewirr auf Erden. Du, Gott, mußt etwas tun, etwas ganz Großes, das die Blicke der Menschen nach oben reißt und sie sehen läßt, daß du, Gott, noch da bist und am Werke bist und dein Gericht naht!«

Gott sei gedankt, daß wir es aus Jesu Munde schwarz auf weiß haben: Auf alles Jetzt und Heute wird, wenn Gottes Stunde schlägt, durch seine Macht und Herrlichkeit wirklich ein gewaltiges, ewigkeitsträchtiges Dann kommen. Denn wenn die Nöte der Welt aufs Höchste gestiegen sein werden, wenn es selbst gottvergessenen Menschen bange werden wird »vor Furcht und Erwarten der Dinge, die da kommen sollen«, »*dann* wird erscheinen das Zeichen des Menschensohnes am Himmel«; »*dann* werden die Gerechten leuchten wie die Sonne in ihres Vaters Reich«; das heißt: dann werden die Menschen, die es mit Jesus halten, die große Rechtfertigung ihres Glaubens und Hoffens vor aller Welt erfahren.

Von diesem hohen Ziel her schaut Jesus hier auf den Weg seiner Christenheit auf Erden. Wie nimmt sich unser jetziges Leben aus in diesem Licht des kommenden Tages unsres Herrn?

I.

Der Glaube an Jesus, den uns von Gott gesandten Heiland und Herrn, macht unser Leben auf Erden zum Vorabend eines großen und herrlichen Festes. Und wie geladene Hochzeitsgäste sich normalerweise schon vorher auf den großen Festtag freuen und entsprechend vorbereiten, so darf der Christ sich in lebendiger Hoffnung und Gewißheit auf dem Weg durch die Zeit freuen auf das Kommen seines Herrn und die neue Welt, die er bringt. »Fröhlich zieh ich meine Straße hier durch dieses

Pilgertal«, das darf und soll die Grundstimmung des Jüngers Jesu auf Erden sein bei allem, was er nach Gottes Willen zu tun, zu tragen und zu leiden hat. Sein Leben hat von daher Richtung, Hoffnung, Zukunft, Ziel; denn »sie gingen aus, dem Bräutigam entgegen«. Das Leben aller Jesusjünger auf Erden ist ein Unterwegssein zu einem großen und seligen Ereignis, der Begegnung und Vereinigung mit ihrem vom Himmel her wiederkommenden Herrn und dem Anbruch seines ewigen Friedensreiches.
Und dem Kommen dieses großen Tages des Herrn muß alles dienen, auch die welterschütternden Nöte und Umwälzungen bis zur Ausreifung des Bösen auf Erden, wie wir es im vorhergehenden Kapitel des Matthäusevangeliums lesen. Sie haben alle ihre große endzeitliche Bedeutung; sie müssen offenbar machen, daß der gefallene Mensch durch seine Vernunft und Kraft die Folgen des Sündenfalls nicht heilen kann, sondern ohne Rückkehr zu Gott nur noch immer tiefer in Sünden und Schaden und in die Fänge der teuflischen Mächte sinkt, und er unter ihrem Einfluß aus dieser ihm von Gott anvertrauten Erde eine Wüste macht. Der letzte Sinn aber der ganzen Weltgeschichte, die Gott steuert, wird uns auch hier deutlich gemacht: Es ist die Geschichte, in deren Mitte die Krippe von Bethlehem und das Kreuz von Golgatha stehen und an deren Ende eine neue Menschheit in einer neuen Welt um den lebendigen Gott und ihren Herrn und Heiland steht und ihm zujubelt: »Du hast uns Gott erkauft mit deinem Blut und hast uns zu Königen und Priestern gemacht vor Gott« (Offb. 5,10). Dieses hohe Ziel leuchtet auf in dem Satz: »Sie gingen aus, dem Bräutigam entgegen.«
Welch ein wundersames Licht fällt doch für das Auge des Glaubens auch hier auf unsere Welt und Zeit! In diesem Licht vermag ich jeden Tag zu lesen und zu hören, was die Großen dieser Welt, ihre Politiker und Wissenschaftler sagen, und sie sagen viel Ernstes. »Ich sehe keine Hoffnung für einen dauerhaften Frieden«, sagt einer. Und ein andrer meint: »Aus dem menschlichen Dilemma gibt es keinen Ausweg mehr.« Und ein dritter: »Die heutige Welt, wie sie ist, hat keine Chance, die nächsten 100 Jahre zu überleben.« Ganz offen spricht man schon von der Möglichkeit eines Atomkrieges. Das alles müssen wir hören und dürfen uns dann immer neu darauf besinnen:

Ja, das wäre in der Tat das Ende, wenn die Welt sich selbst überlassen bliebe und der Mensch die letzte Größe auf Erden wäre! Aber – er kommt! Jesus kommt! Und er kommt, um sein herrliches Werk zu vollenden und jene Welt heraufzuführen, in der kein Leid und kein Geschrei und kein Schmerz, weil kein Tod mehr sein wird, sondern Gerechtigkeit und Friede das Zepter führen werden, und Freude die Fülle immer und ewiglich (Offb. 21 u. 22). Und welch tröstliches Licht fällt von daher auch auf mein eigenes Leben und meinen Alltag: Ich spüre, wie die Zeit dahineilt. Ich muß mir eingestehen, daß ich älter und älter werde und die Kräfte nachlassen – und brauche darüber nicht zu verzagen, weil ja auch das andere gilt: Je mehr die Zeit eilt, je älter ich werde, desto näher komme ich auch jenem frohen Tag der Heimkehr in die himmlischen Wohnungen und der ersten Auferstehung und Entrückung dem Herrn entgegen!
Das ist die große Christenfreude, die Jesus in diesem Satz aufleuchten läßt: »Sie gingen aus, dem Bräutigam entgegen.« Kennen wir schon alle diese Freude, die aus dem Glauben an Jesus kommt? Jesus hat auf Erden buchstäblich bittere Tränen geweint über Menschen, die taub blieben und bleiben wollten für diesen Ruf der Liebe Gottes an uns.

II.

Aber nun gibt es wirklich nicht bloß draußen in der Welt, sondern auch in der sogenannten Christenheit Menschen, die bringen sich um dieses hohe Glück. »Aber fünf unter ihnen waren töricht.« Hören wir es recht: Jesus denkt bei den Törichten also nicht an die Menschen draußen in der Welt, für die Gott überhaupt nicht existiert oder für die Jesus nur ein »hochgejubelter« Rabbi, im Grunde aber ein Mensch ist wie wir alle. Jesus denkt nicht an Menschen, die um die Kirche und Versammlungshäuser einen weiten Bogen machen, sondern er spricht hier von Menschen, die das Wort Gottes gehört, und zwar so gehört haben, daß sie davon ergriffen und bewegt wurden und sich dem Herrn Jesus zuwandten und sich auch seiner Gemeinde auf Erden anschlossen. »Sie zogen aus, dem Bräutigam entgegen«, zusammen mit den klugen Jungfrauen. Sie sangen unterwegs dieselben Glaubens- und Hoffnungslieder. Sie hörten dasselbe Evangelium, sie redeten dieselbe Sprache.

Dennoch erleben sie am Ende eine große Enttäuschung und eine tiefgehende Scheidung. Im entscheidenden Augenblick, auf den alles ankommt, verlöschen ihre Lampen. Um das zu verstehen, müssen wir wissen, daß im Orient die Hochzeitsfeier am Abend beginnt. Die Freundinnen der Braut, die ausziehen, um den Bräutigam zu empfangen, müssen also mit dem Einbruch der Dunkelheit rechnen, auch mit möglicher Verzögerung, die so oder so eintreten könnte. Die klugen nehmen deshalb außer ihrer Lampe noch ein Gefäß mit Öl mit, aus dem die Lampen nachgefüllt werden können. Die törichten halten das nicht für nötig. Und eben diese Bequemlichkeit, dieser Mangel an rechter Vorbereitung erweist sich in der entscheidenden Stunde als sträfliche Torheit. Denn die brennende Lampe war Ausweis und unerläßlicher Schmuck für die Begegnung mit dem Bräutigam und den Eintritt in den Hochzeitssaal. Die brennende Lampe hat hier das gleiche Gewicht wie das hochzeitliche Kleid, von dem Jesus an andrer Stelle spricht.

Ohne Bild heißt das für uns: Die hohe Berufung, die Gott in Jesus Christus an uns ergehen läßt, will uns nicht nur glücklich, sondern auch tüchtig und bereit machen für den Eingang in das kommende Reich der Herrlichkeit unsres Herrn. Und das bedeutet praktisch für uns vor allem zweierlei: Wir müssen auf dem Weg dem Herrn entgegen auch mit Zeiten rechnen, die so dunkel, so schwer, so lang sein können, daß wir gleichsam nicht mehr weiterkommen. Das können Zeiten persönlicher Leiden und Anfechtungen sein, da uns der Blick auf den wiederkommenden Herrn verdunkelt ist und wir erfahren, was der Dichter sagt: »Oft wird man im Laufe so müd und so matt, daß manchmal die Seele kaum Leben mehr hat . . .« O, was kann der Herr seinen Gläubigen auf Erden an Prüfungen, an Kreuz und Leiden, an Wartezeiten zumuten! Wir dürfen weiter bei der langen Nacht und Mitternacht an die große Trübsal denken, die der Wiederkunft unsres Herrn vorangehen wird. Ja vielleicht denkt Jesus hier auch oder sogar vornehmlich an die Menschen, die seine glorreiche Wiederkunft nicht zu ihren Lebzeiten auf Erden erfahren werden, sondern erst durch die bange Todesnacht hindurchmüssen, und das sind ja die meisten Gläubigen. Denn die Posaune, die den Anbruch des Tages des

Herrn einleitet, wird auch ins Reich der Toten dringen und die im Herrn Entschlafenen zur ersten Auferstehung rufen (1. Kor. 15,52; 1. Thess. 4,16–17).
Ob so oder so: Der Weg zur Herrlichkeit geht durch Nacht zum Licht, durch Kampf zum Sieg, durch Sterben zum Leben. Jesus nennt Menschen töricht, die das überhören und übersehen und meinen, mit einem bißchen christlicher Begeisterung und einem bißchen frommen Singsang und einem äußeren Dabeisein in einer Gemeinde sei schon alles getan, was für den Eingang in Jesu Königreich vonnöten ist. Doch das ist ein schwerer Irrtum; denn aus ihm folgt, wie Jesus hier deutlich macht, der zweite Fehler; er heißt: »Sie nahmen nicht Öl mit sich.« Öl ist das, was die Lampe am Brennen erhält. Mit der Lampe wird an andrer Stelle unsre Seele verglichen, die, wenn sie leuchten soll, wie jene der steten Verbindung nach oben bedarf. Also denkt Jesus hier an das, was unser Innerstes im Glauben und in der Liebe zum Herrn nährt und erhält, auch in den dunkelsten Stunden der Anfechtung, auch in der letzten dunklen Endzeit, auch dann, »wenn mir am allerbängsten wird um das Herze sein« (P. Gerhardt). Mit gutem Grund ist deshalb das Öl immer auf die Kraft des Heiligen Geistes gedeutet worden, der uns allein »bei Jesus Christus erhält im rechten, einigen Glauben« (M. Luther) und der allein am Tage, da der Herr kommt, uns als sein Eigentum ausweisen wird. Denn »wer Christi Geist nicht hat, der ist nicht sein« (Röm. 8,9).
Der Heilige Geist wird uns gegeben, wenn wir unter dem Ruf des Evangeliums uns für Jesus entscheiden und durch Buße und Glauben betend ihm unser Leben ausliefern. Aber wenn das geschehen ist, dann will der Geist von oben auch unser Leben regieren, will uns im Glauben wachsen lassen, stärken, kräftigen und gründen. Er will uns ausrüsten für den Kampf des Glaubens und für unsere Aufgaben auf Erden, Jesu Bekenner zu sein. Er will uns vor allem Jesus selbst immer größer und unentbehrlicher machen. Dazu will er uns Gebetserhörungen und Glaubenserfahrungen schenken; »denn er vertritt die Heiligen, wie es Gott gefällt« (Röm. 8,27).
Aber wie das Öl nicht einfach aus der Erde oder vom Baum direkt in die Lampe fließt, sondern über ein Gefäß, so kommen auch die Zuflüsse, Kräfte und Gaben des Heiligen Geistes nur

auf dem Wege immer neu und vermehrt in unser Herz, den Gott dazu geordnet hat. Zu diesem Weg gehört das Wort Gottes, also der treue Umgang mit der Bibel; es gehört dazu das Gebet, ein treues Gebets*leben;* es gehört dazu auch die Gemeinschaft der Gläubigen und die Teilnahme am Tisch des Herrn. Denn so lesen wir es von den ersten Christen: »Sie blieben aber beständig in der Apostel Lehre, in der Gemeinschaft, im Brotbrechen und im Gebet.«

Wenn Jesus von den Törichten sagt, daß im entscheidenden Augenblick ihre Lampen erloschen, weil es an Öl gebrach, dann bedeutet das offenbar: Es lagen bei den Zurückbleibenden auf dem genannten Gebiet schwere Versäumnisse vor, die sich jetzt bitter rächten. Denn nun fehlte es ihnen an Glaubenskraft und Festigkeit, es fehlte ihnen an dem hochzeitlichen Schmuck, an dem in Jesu Blut gereinigten Herzen und Gewissen, das ihm freudig entgegenschlagen konnte; kurz: es fehlte ihnen an der Verankerung und Verwurzelung ihres Lebens in der Welt des Evangeliums. Nervös geworden, verlieren sie den letzten Grund unter den Füßen.

Was hat Jesus damit auch uns gesagt? Es kommt der Augenblick, sagt Jesus, da rächt sich bitter alle Untreue, Gleichgültigkeit und Saumseligkeit im Christenleben, also die Torheit, die da meint: Wenn man sich für Jesus entschieden habe, dann gehe alles von selbst weiter; dann könne einem im Grunde ja nichts mehr passieren. Nein, sagt Jesus. Es geht im Christenleben nichts von selbst weiter, wie auch eine Lampe nicht von selbst endlos weiterbrennt; von selbst geht sie aus. So muß auch der glaubende Mensch stetige Verbindung nach oben haben und pflegen, sonst stirbt der Glaube. Und dann kommt einmal der Augenblick, da kann er Versäumtes nicht mehr nachholen. Zwar greifen die Törichten nach den Händen der Klugen: »Gebt uns von eurem Öl!« Aber es geht nicht. »Nicht also, auf daß nicht uns und euch gebreche«, antworten die Klugen. War das nicht hart und lieblos geredet? Nein, denn Jesus will mit diesem Zug nur sagen: In jener entscheidenden Stunde der Erscheinung des Herrn gibt es keine Hilfe mehr von anderen, keine Stellvertretung, keine Erhörung von Gebet und Fürbitte für andere. Was versäumt ist, bleibt versäumt. Daran ändert auch die Aufforderung der Klugen nichts: »Gehet hin zu den Krämern und kaufet für euch selbst!« Auch dieser Zug im

Gleichnis will nur deutlich machen: Und wenn es noch eine Möglichkeit gäbe, Versäumtes nachzuholen, dann nützte das doch nichts, wenn die Tür zum Hochzeitssaal verschlossen ist und bleibt. Es gibt auch ein Zuspät im Reiche Gottes!

III.

Es liegt in diesem herrlichen Gleichnis von der Größe unserer Berufung nicht nur eine unerhört ernste Warnung, sondern auch eine herzandringende Mahnung des Herrn an uns. Habt acht!, ruft Jesus uns zu. Es kann sein, daß ein sich für fromm haltender Mensch in der Stunde, auf die es ankommt, völlig zuschanden wird. Die Lampe ist erloschen. Man kann sie auch nicht mehr zum Brennen entfachen. Was noch da ist, ist ein leeres Gefäß, ist nur noch Form und Gewohnheit, der Anschein eines Christenlebens, ohne Saft und Kraft.

Worauf kommt es also für uns an? Wovon hängt der Endsieg unseres Glaubens ab? Nicht bloß von einem rechten Anfang, den wir gemacht haben. Ein rechter Anfang ist freilich ein großer entscheidender Schritt. Wer sich nie wirklich auf die Seite Jesu stellt, hat von vornherein keine Aussicht, dabeizusein, wenn der Herr seine Gemeinde zu sich ruft und abholt. »Sie zogen aus, dem Bräutigam entgegen«, das heißt: sie ließen sich rufen! Das muß sein. Aber der Endsieg, die Krönung deines Glaubens und Hoffens, hängt noch von etwas anderem ab, nämlich davon, ob deine Seele so an deinem Herrn hangt und mit ihm verbunden ist, daß du auch dort, wo es dunkel wird, durchstehen kannst und wenn der Ruf erschallt: »Sieh, der Herr kommt!«, es in deiner Seele aufflammt: »Ja, komm, Herr Jesu!«

Um das zu können, müssen wir schon heute in Geduld und Treue die Wege gehen, die er uns führt, und uns in allen Anfechtungen üben. Auch dann kann es zuletzt noch durch harte Proben gehen, aber dann gilt uns der Trost: »Wer will uns scheiden von der Liebe Gottes? Trübsal oder Angst oder Hunger oder Blöße oder Fährlichkeit oder Schwert? . . . Denn ich bin gewiß, daß weder Tod noch Leben . . . weder Hohes noch Tiefes noch eine andre Kreatur kann uns scheiden von der Liebe Gottes, die in Jesus Christus ist, unsrem Herrn?«

Kluge Jungfrauen, sagt Jesus, sind Menschen, die wissen, wem sie gehören. Es sind Menschen, in deren Herzen das Licht der ewigen Welt zu leuchten angefangen hat. Diese Menschen wissen auch, daß das neue Leben aus Gott, das sie bei Jesus fanden, nur erhalten und reifen kann durch ständige innere Verbindung mit ihm, durch Treue bis in den Tod. Deshalb stehen sie auch lebenslang in einer demütigen und dankbaren Abhängigkeit von ihm, wie es Jesus auch in dem tiefen Gleichnis vom Weinstock und den Reben beschreibt. Und wenn dann der Tag des Herrn anbricht, dann stehen sie mit brennender Lampe auf und freuen sich von Herzen, daß er kommt.

Und die Törichten? Wir finden sie im Gleichnis nicht sofort in der Hölle. Sie bleiben aufs erste zurück in der Freiheit. Sie suchen noch Öl zu beschaffen. Ob es ihnen wirklich gelingt, sagt der Herr nicht. Auf jeden Fall bleiben sie draußen. Und aus dem Inneren des Hochzeitshauses ertönt die Stimme des Bräutigams: »Ich kenne euch nicht!«

Offenbar spricht Jesus in diesem Gleichnis vornehmlich von der Entrückung und ersten Auferstehung seiner Gläubigen am Morgen des Jüngsten Tages. Denn wenn der Jüngste Tag anbricht – den wir ja nicht als einen Tag von 24 Stunden zu verstehen haben –, wird Jesus zuallererst seine gläubige Gemeinde zu sich erheben und sich mit ihr auf ewig vereinen. So lehrt uns das letzte Buch der Bibel, die Offenbarung. Und dann wird Jesus zusammen mit seiner verklärten Gemeinde zum Gericht über den Antichristen und seinen Anhang erscheinen. Darum ist an dieser Stelle auch schon die Meinung aufgekommen: Die Törichten sind zwar bei der Entrückung nicht dabei; sie bleiben zurück und müssen im Unterschied von den Klugen durch die ganze antichristliche Trübsal hindurch, um aber im Endgericht doch noch gerettet zu werden.

Auch wenn es so wäre, wäre das für die Betroffenen doch schon ein bitteres Los, zu wissen: Viele, mit denen ich auf Erden zusammen war in der Gemeinde, im Chor, im Jugendkreis und wo es auch sei, sind in die Herrlichkeit erhoben und haben dort teil an Jesu Friedensregiment über die Welt; ich hätte auch dabeisein können, wenn ich mich hätte zubereiten lassen. Und nun beten und rufen sie, der Herr möge sie doch nachholen. Und es geschieht nichts; der Himmel bleibt verschlossen. Nun

bleibt ihnen nur ein langes Warten bis zum Jüngsten Gericht am Abend des Jüngsten Tages übrig.
Doch mit solch einer eigenmächtigen Auslegung machen wir ein anderes Gleichnis als das, das uns Jesus hier sagt; auf jeden Fall nehmen wir damit Jesu Worten hier den heiligen Ernst. Und ein heiliger Ernst liegt über diesem Schluß von der verschlossenen Tür und dem »Ich kenne euch nicht!« Denn was Jesus uns überall deutlich macht, gilt auch hier: Er will von uns ganz ergriffen oder ganz gemieden sein. Laues, halbes Christentum, Tändelei und Spielerei mit der hohen Berufung, die er an uns ergehen läßt, sind dem Herrn zuwider. Von Menschen, die das üben, sagt Jesus in dem Sendschreiben an die Gemeinde zu Laodicea: »Ich will dich ausspeien aus meinem Munde!«
Statt solcher eigenmächtigen Ergänzung des Gleichnisschlusses wollen wir vielmehr die Mahnung Jesu zu Herzen nehmen, die er an seine Gläubigen hier richtet. Denn dazu hat uns Jesus dieses Gleichnis gesagt, um uns vor solchem Schicksal zu bewahren, uns daher auch hier zu warnen und zu mahnen, zu locken und aufzurufen: Kaufet die Zeit aus! Kehrt zur ersten Liebe zurück! »Siehe, ich stehe vor der Tür und klopfe an!« Du kannst noch alles gewinnen! »Wer überwindet, dem will ich geben, mit mir auf meinem Thron zu sitzen, wie ich überwunden habe und mich gesetzt mit meinem Vater auf seinen Thron!« Diese herrliche Verheißung, mit der der Herr sein Sendschreiben an die laue Gemeinde in Laodicea schließt, gilt auch heute! Sie gilt auch hier.
Möge doch keiner von uns, wenn diese entscheidende Stunde schlägt, von der Jesus gesprochen hat, das Wort hören müssen: »Ich kenne euch nicht!«, sondern vielmehr das andere sich an uns herrlich erfüllen: »Die bereit waren, gingen mit ihm hinein zur Hochzeit!« Amen.

Gebet: Herr Jesus, laß uns dieses Dein herrliches Wort und Deine ernste Mahnung nicht vergeblich gehört haben! Du weißt, daß wir in eigner Kraft nicht durchhalten können auf dem Weg zum Ziel; darum hast Du uns die Quelle Deiner Gnade aufgetan, aus der wir nehmen dürfen, was wir an Kraft und Trost für des Glaubens Kampf und Sieg brauchen. Hilf uns, darin nicht laß und lau zu werden, die Zeichen der Zeit recht zu beachten und Deinen Ruf: »Siehe, ich komme bald«, zu vernehmen und unser Leben danach zu richten. Bewahre uns, Herr, vor dem Los derer, die draußen bleiben, wenn Du kommst! Amen.

Lied: Wachet auf, ruft uns die Stimme . . .

Erntedankfest

Wohlhabende Narren?

Und Jesus sagte ihnen eine Gleichnis und sprach: Es war ein reicher Mensch, dessen Feld hatte gut getragen. Und er dachte bei sich selbst und sprach: Was soll ich tun? Ich habe nichts, wohin ich meine Früchte sammle. Und sprach: Das will ich tun: ich will meine Scheunen abbrechen und größere bauen, und will darin sammeln all mein Korn und meine Vorräte und will sagen zu meiner Seele: Liebe Seele, du hast einen großen Vorrat für viele Jahre; habe nun Ruhe, iß, trink und habe guten Mut! Aber Gott sprach zu ihm: Du Narr! Diese Nacht wird man deine Seele von dir fordern; und wem wird dann gehören, was du angehäuft hast? So geht es dem, der sich Schätze sammelt und ist nicht reich in Gott. Lukas 12,16–21

Das ist eine Geschichte, die uns wohl allen von Kind auf bekannt ist. Weniger bekannt ist wahrscheinlich, daß sie uns alle hautnah angeht. Denn in einem Punkt gleichen wir, wenigstens wir Erwachsene, alle und von vornherein dem Kornbauer hier: Wir haben nämlich alle geerntet! Und wir in der Bundesrepublik, einem der reichsten Länder der Erde, haben auch reichlich geerntet. Stellen wir uns einmal vor: Unser Gehalt oder unsere Rente, die uns doch kraft Gesetzes garantiert ist und die wir auch im vergangenen Jahr immer bezogen haben, würde uns in harter kleiner Münze – wie dem Bauern seine Ernte in einzelnen Früchten – auf einmal aufgeschüttet werden: würden unsre Schubladen und Geldkassetten nicht auch zu klein sein, um alles unterzubringen? Oder denken wir nur daran, was wir in einem Jahr verzehrt haben an Speise und Trank, was wir uns vielleicht an Anschaffungen, Reisen und Urlaubswochen leisten konnten: gibt das nicht eine reiche Ernte? Solche Überlegungen stellen die meisten unter uns mit dem Kornbauer hier in eine Reihe: Wir sind, verglichen mit den armen Völkern auf Erden oder verglichen mit unsrer Lage in den Kriegs- und Nachkriegsjahren, reiche, wohlhabende Leute geworden.
Aber darum wird nun auch das andere so wichtig, nämlich die Frage, ob wir diesem Bauern am Ende auch in dem Stück

gleichen, das Jesus hier ans Licht zieht, in dem Verhalten nämlich, das ihn in Jesu Augen zu einem Narren, einem reichen, wohlhabenden, aber eben doch zu einem Narren machte, weil ihm durch seine Schuld sein ganzer äußerer Besitz nicht zum Segen wurde, sondern zu seinem ewigen Verderben beitrug.

Jesus hat in der Bergpredigt uns davor gewarnt, einen Menschen einen Narren zu nennen. »Wer zu seinem Bruder sagt: Du Narr! der ist des höllischen Feuers schuldig!« Denn wer wirklich ein Narr ist, kann nur Gott sagen. Aber hier sagt er es auch. Er sagt es durch den Mund seines Sohnes, unsres Herrn Jesus Christus. Wann sind wir bei allem Wohlstand und bei allem gesicherten Einkommen und aller vermeintlichen Klugheit doch arme Narren in Gottes Augen? Dann sind wir es, wenn wir die entscheidenden Größen übergehen, mit denen wir unbedingt rechnen müssen, wenn aus unsrem Leben etwas herauskommen soll, das da bleibt, und wir nicht einmal am Tor der Ewigkeit dastehen wollen als solche, die vergeblich gearbeitet und sündhaft gesammelt haben und so dem ewigen Verderben anheimfallen. Und das sind vor allem diese drei Größen: Gott, der Nächste und die Ewigkeit!

Wir wollen uns das durch Jesu Wort deutlich machen lassen:

I.

Die erste und entscheidende Größe, die im Leben, Denken und Handeln dieses sonst offenbar tüchtigen Landwirts fehlt, ist der lebendige Gott! Der Gedanke an Gott kommt bei all seinem Planen im Blick auf seine Ernte überhaupt nicht vor. Es heißt nur immer: Meine Früchte, mein Korn, meine Güter. Wenn in den Planungen eines Unternehmens ein wichtiger Posten, der unbedingt hineingehört, übersehen wird, stimmt die ganze Rechnung nicht. Wenn zum Beispiel ein Statiker bei einem Brückenbau einen Faktor vergessen hat, stimmt seine ganze Berechnung nicht. Die Brücke wird eines Tages einstürzen.

Gott, der lebendige Gott, ist die entscheidende Größe, die in jedem Menschenleben stehen muß. Wer meint, diese Größe in seinem Leben übersehen und übergehen zu können, plant falsch und baut von vornherein schief. Er bleibt bei all seiner sonstigen Tüchtigkeit eben doch ein Narr. Denn was er allein in Gott haben könnte und haben würde, das sucht der Mensch dann allein in den vergänglichen Gütern und Dingen dieser Erde: Glück, Frieden, Geborgenheit, Zukunft; genau so, wie wir es hier den Kornbauer bei sich selbst sagen hören: »Liebe Seele, du hast einen Vorrat auf viele Jahre . . .!« Seine Seele redet er an, sein Innerstes, jenen Hauch aus Gott, von dem ein Beter der Bibel sagt: »Meine Seele dürstet nach Gott, nach dem lebendigen Gott! Wann werde ich dahin kommen, daß ich Gottes Angesicht schaue?« Der Mann hier aber tut so, als ob diese seine unsterbliche Seele in ihrer Sehnsucht nach wahrem Leben und letzter Geborgenheit mit Korn und Wein, mit Geld oder Gemüse sich stillen und sättigen ließe! Als ob es nicht Gottes alleiniges Vermögen ist, unsre Seele zur Ruhe zu bringen und froh und frei und glücklich zu machen! Welch eine Narrheit!

Aber dazu steht dieses Wort in der Bibel, um jeden von uns zu fragen: Bist du wirklich von solcher Torheit frei? Oder suchst du am Ende deinen Lebenshunger auch mit all den äußeren Gaben und Gütern zu stillen, die Gott dir in großer Treue Jahr für Jahr zukommen läßt? Oder geht der Gedanke, daß du eine Seele hast, die Gott einmal von dir fordern wird, im Genuß aller irdischen Freuden überhaupt unter? Welche Rolle spielt der lebendige Gott in deinem Leben? Spielt er überhaupt eine Rolle? Weißt du, daß wir Menschen allzumal mit all unsrer Klugheit und Technik nicht imstande sind, auch nur ein einziges Weizenkorn zu schaffen, das man in die Erde legen könnte, damit daraus Frucht erwachse? Daß es allein Gottes Güte und Treue ist, daß er auch in diesem Jahr trotz aller Umweltverschmutzung und aller Undankbarkeit und Gottvergessenheit der Menschen in aller Stille, ohne Lärm und Geschrei, wieder eine Ernte hat wachsen lassen, die ausreichen wird, eine Welt zu ernähren, wenn sie weise verteilt wird? Nochmals: Welchen Platz nimmt dieser große Gott in deinem Leben und in all deinen Überlegungen ein?

Wir kennen vielleicht alle, wenigstens dem Namen nach, die weltbekannte Fuggersiedlung in Augsburg. Das ist jene aus dem Mittelalter stammende Siedlung, in der arme, in unverschuldete Not geratene Bürger fast umsonst Wohnung erhalten. Wie ist es zu dieser Stiftung gekommen? Nun, im Mittelalter hatten die Kaufleute, die Christen waren, in ihrem Wirtschaftsbuch auch ein festes Konto für ihren Gott stehen. Von jeder Einnahme wurde ein bestimmter Betrag auf dieses Konto gebucht. Ja, als ein Handelshaus, so liest man, einmal in Schwierigkeiten geriet, wurde von der Stadt ein Treuhänder eingesetzt, der darüber zu wachen hatte, daß das für Gott eingerichtete Konto nicht zu kurz komme! Diese Kaufleute rechneten mit Gott als mit einer ganz gewissen Wirklichkeit. Und es ruhte ein erstaunlicher Segen auf diesen Handelshäusern. Aus solchen Konten entstanden dann auch jene berühmte Fuggersiedlung und andre gesegnete Einrichtungen; wie ja auf ähnliche Weise, nämlich aus Gaben und Opfern der gläubigen Gemeinde alle gesegneten Missionswerke bis heute entstanden sind und erhalten werden.

Bei diesem Mann, von dem Jesus erzählt, kommt ein Gedanke an Gott nicht vor. Jedenfalls ist Gott für ihn keine Größe, mit der ein Mensch rechnen müßte oder der er gar für die Ernte und das tägliche Brot danken müßte. Darum erscheint er in seiner Wirtschaftsrechnung auch gar nicht. Erscheint er in deiner Haushaltsrechnung?

Da wurde ein Mann einmal gefragt: »Sagen sie, wie kommt es, daß sie so wohlgemut durch die Tage gehen, obwohl sie doch auch mancherlei zu tragen haben?« – »Das will ich ihnen sagen«, antwortete der Gefragte. »Sehen sie, wenn ich morgens erwache, dann falte ich meine Hände und danke Gott, daß ich durch seine Gnade, die ich in Jesus, meinem Heiland gefunden habe, sein Kind und Erbe sein darf. Das gibt an jedem Tag von vornherein den festen Grund unter meinen Füßen.« Sieh, das heißt den lebendigen Gott und den, den er uns zum Heiland gegeben hat, Jesus Christus, in unsern Lebenslauf, in unser planen, sorgen und überlegen, auch wenn der Monatserste gekommen ist und wenn Erntedankfest gefeiert wird, als erste Größe einsetzen; den Gott, der da sagt: »Wer Dank opfert, der preist mich, und da ist der Weg, daß ich ihm zeige das Heil Gottes.« Ein Narr, sagt Jesus, ist der, der das nicht tut und dann, wenn einmal seine Seele von ihm gefordert wird und er in die ewige Welt eintritt, erkennen muß, daß ihm bei all seinem Reichtum, seinem guten Einkommen, seinem gesicherten Leben auf Erden doch das Beste gefehlt hat und daß sein ganzes Leben ein großer Leerlauf blieb.

II.

Die zweite wichtige Größe, die in der Rechnung dieses Mannes fehlt, ist der Nächste. Auch er muß einen Platz in unsrem Leben haben, sonst stimmt unsre ganze Lebensrechnung in Gottes Augen nicht. Jesus erzählt vier Kapitel weiter im Lukasevangelium eine ernste Geschichte, wie es einem Mann ergangen ist, der einen armen Menschen vor seiner Tür liegen hatte – Lazarus mit Namen –, über ihn beinahe jeden Tag stolperte und ihn doch nicht sah, weil er ihn nicht sehen wollte. Dieses sündhafte Übersehen eines Menschen, der seine Hilfe brauchte, brachte den reichen Mann in die Hölle. So ernst ist die Frage nach unsrem Nächsten und unsrem Dienst an ihm.
Das nötigt uns zu ernster Selbstprüfung: Es ist Gottes klarer Wille, daß alle seine Gläubigen auf Erden sich denen verpflichtet wissen sollen, die das Evangelium noch nicht kennen. So sagt Jesus: »Es muß das Evangelium vom Reich verkündigt werden in der ganzen Welt zu einem Zeugnis über alle Völker.« Wer anders sollte es aber verkündigen als die gläubige Gemeinde? Allen ihren Gliedern gilt aber auch seine Verheißung, daß sie durch solchen Dienst an anderen sich Freunde machen in der himmlischen Welt und sie einmal Menschen im Reich Gottes begegnen sollen, die durch ihren Dienst auf Erden, ihre Mitarbeit in Gottes Erntefeld gesegnet wurden und so den Weg ins himmlische Vaterhaus fanden. Als solche warten sie nun auf ihre Wohltäter, um sie in der himmlischen Gemeinschaft willkommen zu heißen und vor dem Herrn Zeugnis abzulegen, daß sie Frucht der Arbeit und des Dienstes dieser Mitarbeiter Gottes auf Erden sind. So praktisch und gewiß spricht Jesus über den Dienst der Liebe an unsren Nächsten auf Erden.
Aber ein Narr, sagt Jesus, ist der, der das alles beiseiteschiebt und Gottes Willen und Verheißung mißachtet. Der Mann, von dem Jesus hier spricht, dreht sich nur um sich selbst. Das erste Wort, das ihm im Blick auf seine Ernte über die Lippen kommt, heißt: Ich! »Ich habe nicht, wohin ich meine Früchte sammle!« Er hat also doch noch nicht genug; denn nun fehlen ihm die Scheunen, die Keller- und Vorratsräume. Statt eines Lobliedes zu Gott hin, stimmt er ein Klagelied an. Von seinem ichhaften Denken ist er ganz und gar gefangen. Da ist auch kein Platz für den Nächsten, für die Armen, für die Mission, für die Werke

des Reiches Gottes auf Erden. Seine Scheunen hätten vielleicht ausgereicht, wenn der Nächste den ihm gebührenden Platz in seinem Leben gehabt hätte. Aber daran fehlte es ganz und gar. Was wird das für ein schreckliches Erwachen gegeben haben über allen versäumten und verträumten Gelegenheiten, die Gott ihm auf Erden gab, Gutes zu tun an seinen Nächsten! Und wie steht es an diesem Punkt bei uns?, fragt uns Jesu Wort. Was für eine Rolle spielt der Nächste in deinem Leben? Zu den Nächsten im Sinne Jesu gehören nicht immer nur deine Kinder und engsten Blutsverwandten, die vielleicht sogar sehr gut versorgt sind, sondern wirklich auch die Hungernden auf Erden, die Notleidenden, die Kranken, die heilandslosen Menschen, die auf das Evangelium warten. Oh, sie werden eine wichtige Rolle spielen, diese Nächsten, am Tag des Herrn, wenn er kommen wird in der Herrlichkeit seines Vaters. Im Blick auf diesen Tag hat er auf Erden schon gesagt: »Selig sind die Barmherzigen, denn sie werden Barmherzigkeit erlangen.« Und so wird der Weltenrichter einmal denen sagen, die den Nächsten übersehen haben: »Was ihr nicht getan habt einem unter diesen meinen geringsten Brüdern, das habt ihr mir nicht getan« und sie von sich weisen in das ewige Feuer.
Sieh zu, mahnt uns Jesus, daß in deiner Lebensrechnung der Nächste nicht fehle! Du kannst mit all deinem Glauben und aller Erkenntnis in die Verdammnis fahren, wenn dein Glaube nicht in der Liebe tätig wird auf Erden. An der Liebe zum Nächsten, an der Liebe zu dem großen Werk der Gnade Gottes auf Erden, der Heimrufung einer verlorenen Welt in Gottes Reich, will der ewige Richter einmal ablesen, welcher Art unser Glaube auf Erden war: ob er lebendig oder tot war.

III.

Der dritte Posten, der im Leben dieses Mannes fehlt, ist der Gedanke an die Ewigkeit. Er plant für viele Jahre, er rafft, als ob er ewig auf Erden leben würde. Daß »den Menschen gesetzt ist, einmal zu sterben, danach aber das Gericht« – das läßt der Mann gar nicht an sich herankommen. Das wäre ja ein schrecklicher Gedanke. Und doch stand das Gericht schon vor der Tür. Denn »Gott sprach zu ihm: Du Narr, diese Nacht wird man deine Seele von dir fordern, und wem wird dann gehören, was du angehäuft hast?«

Zur wahren Lebensklugheit gehört nach Gottes Willen auch der Gedanke an Tod und Ewigkeit. »Herr, lehre uns bedenken, daß wir sterben müssen, auf daß wir klug werden«, so betet deshalb ein Glaubensmann der Bibel. Es gibt keinen Gedanken, der uns auch für unser praktisches Leben auf Erden so klug machen könnte, wie der Gedanke an die Ewigkeit. Denn das Ende bedenken heißt ja wirklich nicht, den Kopf hängen lassen, an unsrem Leben auf Erden keine Freude mehr haben dürfen oder vom Morgen bis zum Abend nur Sterbelieder singen, sondern es heißt im Gegenteil: sein Leben als Gottes Gabe wertschätzen und es deshalb dem ausliefern, der für uns gestorben und auferstanden ist und der auch der Herr der Ewigkeit und der kommende Weltenrichter ist. Unter seiner Führung erkennen, daß unser Leben auf Erden die einmalige herrliche, uns von Gott bereitete Gelegenheit ist, den zu finden, den er uns zum Heiland gegeben hat, ihm fröhlich zu leben und mit Freuden zu dienen an dem Platz, an dem wir stehen, um in ihm einmal auch selig zu sterben und durch ihn das Himmelreich zu erben – das heißt klug werden.
An die Ewigkeit aber hat der Mann hier nicht von fern gedacht. An alles mögliche hat er gedacht: an teure Zeiten, schlechte Erntejahre, Hungersnot, nur nicht an die Ewigkeit. Und sie stieß schon an sein Haus. Und der, dem es auf Erden vermeintlich an nichts fehlte, stand nun bettelarm am Tor zur Ewigkeit. Und wo jetzt die Tür zur Herrlichkeit Gottes hätte aufgehen können, stand er nackt und bloß da, ohne das hochzeitliche Gewand, das zum Eintritt in Gottes Reich und Herrlichkeit berechtigt und das er hätte haben können. Und statt daß Engel Gottes ihn nun abgeholt hätten zu den himmlischen Wohnungen, stellten sich andere Geister ein, um ihn in die Welt der Gottesferne zu bringen, wo nach Jesu Worten Heulen und Zähneklappen ist. Und über das hinterlassene Gut stritten vielleicht habgierige Erben.
Und so brauchte es doch nicht zu enden, das Leben auf Erden. Auch heute nicht und bei keinem. Denn »Gott will, daß allen Menschen geholfen werde und sie zur Erkenntnis der Wahrheit kommen.« Darum sagt auch Jesus am Schluß: »So geht es dem, der sich Schätze sammelt und ist nicht reich in Gott.« Reich sein in Gott – darauf möchte Gott mit uns hinaus. Dazu hat er in Jesus alle Voraussetzungen für uns geschaffen, so wie es der

Apostel sagt: »Ihr wisset die Gnade unsres Herrn Jesu Christi, daß, ob er wohl reich ist, wurde er doch arm um euretwillen, damit ihr durch seine Armut reich würdet.« Auch hinter den Früchten des Feldes, von denen wir täglich leben, steht die Güte Gottes, die unser Bestes will; dieselbe Güte und Treue, die er uns in der Sendung seines Sohnes Jesus Christus zugewandt hat. Um des Sühneopfers Jesu willen, das er für uns am Kreuz auf Golgatha dargebracht hat, steht diese Welt noch und werden noch Menschen aus Not und Nacht, aus Schuld und Sünde gerufen zu einem Leben mit und unter Gott. Aber die heraufziehenden Gewitterwolken am politischen Horizont sagen uns: Die Zeit ist kurz. Sehr schnell kann für jeden von uns die Nacht anbrechen, da niemand mehr wirken kann. Doch ebenso der Tag der Ernte, der alles hell machen wird, auch das Wort, das über dem Leben und Sterben und jedem Dienst der Jünger Jesu auf Erden steht, auch noch in schweren Tagen: »Die mit Tränen säen, werden mit Freuden ernten. Sie gehen hin und weinen und streuen edlen Samen und kommen mit Freuden und bringen ihre Garben.«
Wohlhabende Narren – oder Mitarbeiter Gottes und reiche Erben und Miterben Christi? Was wollen wir sein? Amen.

Gebet: Herr, unser Gott! Du hast uns wieder eine Ernte geschenkt, die ausreichen wird, alles, was da lebt, zu nähren. Dafür sagen wir Dir von Herzen Dank. Aber Du hast den Menschen die Aufgabe gestellt, alles recht zu teilen und zu verteilen. Daraus kommt soviel Not und Elend auf Erden, weil Menschen nicht nach Deinem Willen fragen und handeln, sondern auch an Deinen guten Gaben schuldig werden. Vergib uns unsre Schuld und hilf uns zu einem Wandeln und Handeln nach Deinem Gebot! Dazu hast Du uns in Deinem lieben Sohn das Brot des ewigen Lebens bereitet, damit wir auf Erden schon Deine Liebe erkennen und Kraft gewinnen, in Deinen Wegen zu wandeln, um dann, wenn Du uns rufst, zu Deinem himmlischen Reich einzugehen. Für alles sagen wir Dir, Du treuer Gott und Vater, von Herzen Lob und Dank. Amen.

Lied: Sei Lob und Ehr dem höchsten Gut, dem Vater aller Güte . . .

Folget ihrem Glauben nach!

Gedenket an eure Lehrer, die euch das Wort Gottes gesagt haben; ihr Ende schauet an und folget ihrem Glauben nach! Jesus Christus gestern und heute und derselbe auch in Ewigkeit.

Hebräer 13,7.8

Man hat Martin Luther, sicher mit Recht, auch den Vater des evangelischen Glaubens genannt. So sagt Philipp Spitta, einer der Väter des Pietismus, von ihm: »Den Artikel vom Glauben und seinen Früchten hat seit der Apostel Zeit niemand so klar behandelt wie Luther.« Und solchen Glauben hat er nicht nur gelehrt, sondern auch gelebt. »Sein ganzes Wesen«, so berichtet ein Zeitgenosse von ihm, »trug die Kennzeichen eines freudigen und gewissen Christentums.« Und das trotz vieler Anfeindungen und Anfechtungen, durch die Luther gehen mußte. Was später in unseren Glaubens- und Erweckungsliedern an Freude über erfahrene Errettung und Heilsgewißheit aufbricht, das finden wir schon in Luthers Liedern. Überall wird das hell, was er in seiner kraftvollen Sprache einmal in Prosa so sagt: »Der Glaube ist eine lebendige, verwegene Zuversicht auf Gottes Gnade, so gewiß, daß man tausendmal darüber stürbe, und solche Zuversicht und Erkenntnis göttlicher Gnade macht fröhlich, trotzig und lustig gegen Gott und alle Kreaturen.« In solchem gewissen Glauben an die rettende Gnade Gottes in Christus Jesus ist Luther auch gestorben.

Aber wie fand Luther zu solchem wahrhaft weltüberwindenden Glauben, und wie können wir zu ihm gelangen? Das ist die Frage, die uns obiges Wort nahelegt, wenn es uns mahnt, dem Glauben der uns von Gott geschenkten Lehrer seines Wortes nachzufolgen. Worauf gründete sich Luther in solchem Glauben?

Es sind vor allem drei starke Säulen, auf denen Luthers Glaube ruht und auf denen aller wahrhaft evangelische, das heißt biblische Glaube stehen muß.

I.

Die erste Säule in Luthers Glauben ist das Überzeugtsein von Gottes lebendiger Wirklichkeit und das unbedingte Ernstnehmen Gottes. Der lebendige Gott und Schöpfer Himmels und der Erde ist für Luther die gewisseste aller Wirklichkeiten; eine Überzeugung, die er schon vom Elternhause mitbringt, die ihn aber auch als jungen Menschen außerhalb des Elternhauses in seinem Suchen und Wollen bestimmt. Die Gottesfrage ist und bleibt die Frage Nummer eins in seinem Leben.
Was das heißt, kann uns aufgehen, wenn wir an uns denken. Wir anderen haben von Natur doch alle die starke Neigung, über die Gottesfrage, und das heißt auch über die Frage nach dem Ursprung, Zweck und Ziel unsres Lebens, unheimlich schnell hinwegzugehen. Wir lassen uns stattdessen allein von der Wirklichkeit bestimmen, die uns täglich greifbar umgibt, nämlich von der Wirklichkeit dieser sichtbaren, irdischen Welt. Sie ist für die meisten Menschen sogar nur die einzige Wirklichkeit, die sie überhaupt gelten lassen. Darum meint auch der junge Mensch von heute, soweit er überhaupt tiefer nachdenkt: Wenn ich nur erst eine angemessene Ausbildung und Existenz gefunden habe, einen Job, der mein Leben sichert und ausfüllt, dann habe ich auch meines Lebens Sinn gefunden, und es wird sich nun auch alles dazugesellen, was zum Leben gehört: Freude, Glück und Wohlbefinden. Und wenn es einen Gott im Himmel gibt und ein jenseitiges Leben für uns Menschen, dann wird am Ende auch mein Verhältnis zu Gott auf diese Weise ganz von selbst in Ordnung kommen. Denn mehr als seine Pflicht kann doch kein Mensch auf Erden tun. Darum hinein ins Leben, wie es nun einmal ist, und das Beste daraus machen!
Ganz anders bei Luther. Luther weiß zwar auch schon in jungen Jahren: Meine Lebensarbeit an meinem Platz ist ganz gewiß wichtig; denn Schaffen und Streben gehört schon schöpfungsmäßig zum Menschsein. Aber zuallererst wichtig und entscheidend ist mein Verhältnis zu Gott, der mich schuf, der darum auch ein Recht an mir hat und der mich auch einmal vor seinen Richterthron rufen wird, um sein ewiges Urteil über mein Leben zu sprechen. Die Gewißheit über Gott, ja die Versöhnung unsrer Seele mit dem heiligen, gebietenden und

fordernden Gott ist nach Luther darum gleichsam das Fundament unsres Lebens. Unsere Aufgabe in Familie und Beruf, ja unser ganzes Lebenswerk ist das Haus, das sich auf solchem Fundament erheben soll. Beides gehört zusammen. Aber anfangen muß es mit dem Fundament. »Denn« – so Luther – »ich kann doch erst dann an meinem Platz wahrhaft freudig stehen, meinen Weg tapfer gehen, den Kampf des Lebens unverzagt kämpfen und auch dem Letzten getrost ins Auge schauen, wenn ich weiß, daß ich einen gnädigen Gott habe und sein Gericht nicht zu scheuen brauche.« Einige erschütternde Erlebnisse, besonders der plötzliche Tod eines Freundes, hatten ihn unmittelbar vor den Ernst der Ewigkeit gestellt. »Was würde aus dir, wenn es dich so träfe?«, so fragte er sich dabei. Dieses Wissen um die Majestät Gottes und sein kommendes Gericht auf der einen Seite und das Gefühl der angeborenen Sündhaftigkeit und der daraus folgenden Unzulänglichkeit seines ganzen Wesens und Tuns – Mangel an gebührender Ehrfurcht vor Gott und herzlichem Vertrauen zu ihm, auch Unlust zum Guten – führt ihn je länger desto mehr in einen inneren Kampf, der ihn bis an den Rand der Verzweiflung über sich selbst treibt.
Dieser verzweifelte Kampf um einen gnädigen Gott fand sein Ende, als Luther in Jesus zur Erfahrung der rettenden Gnade Gottes kam und er dann den gefürchteten Gott um so mehr von Herzen lieben und loben lernte. Aber eine heilige Ehrfurcht, ja Scheu vor Gottes Unausforschlichkeit und Majestät hat ihn sein Leben lang bei aller Glaubensfreudigkeit nicht verlassen. In all seinem theologischen Denken und tiefschürfenden Forschen weiß Luther stets um die Grenze, die uns in bezug auf Gott und Gotteserkenntnis gezogen ist. Allem Philosophieren und Vernünfteln über Gott und göttliche Dinge wird und bleibt er feind. Als man ihn z. B. einmal fragt, was Gott denn vor der Erschaffung der Welt getan habe, antwortet Luther beißend: Gott habe erst einmal dagesessen und Ruten geschnitten, um mit diesen später die Menschen zu züchtigen, die solche unbotmäßigen Fragen stellen würden. »Wir sollen Gott fürchten und lieben«, so leitet er auch als der seines Heils gewiß und froh gewordene Zeuge der Gnade Gottes jede Erklärung der Zehn Gebote ein. Tiefe Ehrfurcht vor Gottes Hoheit und Heiligkeit und das Bewußtsein der Unzulänglichkeit alles

eigenen Wesens und Tuns spricht auch noch aus seiner letzten Aufzeichnung vor seinem Tod, die bekanntlich mit dem Satz schließt: »Wir sind Bettler, das ist wahr.«

»Ihr Ende schauet an und folget ihrem Glauben nach!« Nehmen wir heutigen Christen Gott noch so ernst? Seine Wirklichkeit und Heiligkeit, seinen Anspruch an uns und sein kommendes Gericht? Wir erinnern uns der Worte, die der Dichter Wolfgang Borchert uns Christen gewidmet hat, als er schwerkrank und innerlich zerbrochen aus dem letzten Krieg heimgekehrt war: »Sie gaben uns keinen Gott mit, der uns hätte halten können, als uns die Winde der Welt umwirbelten.« Borchert spricht dabei von einem »Bilderbuch-lieben-Gott«, den man ihn gelehrt habe und der ihm im Sturm der Kriegsjahre zerbrach. Ein Bilderbuch-lieber-Gott, das ist eben der Gott, den man seiner Heiligkeit und seiner Richterhoheit entkleidet hat, der gar nichts anderes könne als lieben und vergeben, und der deshalb auch aller Bosheit im Leben der Menschen tatenlos zuschaue; der auch z. B. mit dem Heraufziehen endzeitlicher Weltkatastrophen, vor der die Menschheit heute bangt, nichts zu tun habe, sondern unbedingt und von vornherein auf der Seite der Protestierenden und Demonstrierenden stehen müsse, da sein Geschäft ja das Vergeben, Zudecken und Friedenhalten in der Welt um jeden Preis sei.

Aber der wahre Gott, das ist der Gott der Bibel, ist ein anderer. Er ist der Gott, der wahrhaftig auch zürnen, strafen und bis in die Hölle hinunter verdammen kann; der sich nicht für tot erklären und seiner nicht spotten läßt. Von ihm sagt sein Wort mit heiligem Ernst, daß gerade auch die endzeitlichen Entwicklungen und ihre verderbenbringenden Geschehnisse nicht nur von ihm zugelassen werden, sondern schließlich als seine Zornesschalen senkrecht von oben über eine unbußfertige und gerichtsreif gewordene Welt ausgegossen werden (Offb. 16). Von ihm sagt sein Wort auch nach Bethlehem und Golgatha im Blick auf alle Gottesverächter und Unbußfertigen weiter: »Schrecklich ist's, in die Hände des lebendigen Gottes zu fallen.« Wer diese Züge aus dem Gottesbild der Bibel entfernt, macht sich in der Tat einen Bilderbuch-lieben-Gott und wird sich in den Wirren und Vorgerichten der atomaren Endzeit nicht zurechtfinden, sondern am Glauben Schiffbruch erleiden müssen.

Liegt es vielleicht auch daran, daß unsere Verkündigung heute so wenig greifen will, daß wir nichts mehr von Gottes Zorn, von Ewigkeit und dem kommenden Gericht zu sagen wagen oder die Zeichen der Zeit nicht zu deuten wissen und so ein anderes Evangelium verkündigen als unsere Väter, nämlich ein Evangelium, das zuallererst und hauptsächlich unser Leben auf Erden »schöner« machen will, und nicht mehr das, das uns vor dem zukünftigen Zorn und Gericht Gottes befreit? Aber es gilt bis ans Ende auch für uns: »Heilig, heilig, heilig ist Gott der Herr Zebaoth« und »Die Furcht des Herrn ist der Weisheit Anfang.« Sie ist auch der Anfang und der Begleiter wahrer evangelischer Frömmigkeit bis ans Ende. So sagt Luther einmal: »Wenn du das Staunen und Wundern, die Furcht und das Zittern nicht kennst, so meine nur nicht, daß du Gott kennst.«

Damit stehen wir aber schon vor der zweiten Frage: Wie hat Luther gelernt, Gott nicht bloß zu fürchten, sondern ihn noch mehr zu lieben, sich kindlich an ihm zu freuen, über sein Tun zu staunen und ihm von Herzen zu lobsingen? Das sagt die zweite Erkenntnis, auf der Luthers Glaube ruht; sie heißt:

II.

Jesus Christus, der gekreuzigte und auferstandene Herr. In ihm erkennt Luther das aus der unausforschlichen Tiefe der Ewigkeit heraus leuchtende, zu unserem Heil und Leben uns zugewandte, Angesicht Gottes. Als Luther vor seiner Bekehrung an dem heiligen und fordernden Gott verzweifeln wollte, weil er sich mit der Frage quälte, daß Gott ihn in seiner Souveränität auch von vornherein zur ewigen Verdammnis bestimmt haben könnte, weil er bei allem Ringen und Kasteien das Gute nicht zu vollbringen vermochte, war es sein seelsorgerlicher Freund Johannes Staupitz, der ihm sagte: »Wenn man über die Vorherbestimmung disputieren will, so hebe man bei den Wunden Christi an. Präge dir das Bild Christi recht ein, der von Gott dazu vorherbestimmt ist, für unsere Sünden zu leiden, so ist die Prädestination (Vorherbestimmung) zur Verdammnis schon weg. Man muß den Mann sehen, der Christus heißt.« Mit solchen Worten wies Staupitz als einer der ersten dem verzweifelnden Luther den Weg zum Herzstück des Neuen Testaments, dem Kreuz von Golgatha. Dieses Herzstück der Bibel wurde nun nach seiner Bekehrung auch das Hauptstück seines Glaubens.

Wir müssen darauf verzichten, aus Luthers Schriften und Liedern eingehender darzulegen, was ihm Jesus wurde und bis in den Tod hinein blieb. Es mag nur an die Erklärung zum zweiten Glaubensartikel erinnert werden, die wir hoffentlich alle kennen.

So kann nur jemand sprechen, der Jesus mit allen Fasern seines Herzens ergriffen hat, nachdem er sich von ihm ergriffen weiß. Noch heute nennt man Luthers Theologie »Die Theologie des Kreuzes«. Denn im Kreuze Jesu, da ging ihm wie die helle Sonne auf: Gottes Heiligkeit und seine Liebe, seine Gerechtigkeit und sein Erbarmen, seine Unausforschlichkeit und seine Nähe. Im Kreuz von Golgatha erkennt Luther das Wunder der rettenden Gnade Gottes. Es wird ihm hell und tröstlich, daß Gott auf Golgatha keinen faulen Frieden mit uns geschlossen hat, sondern eine Versöhnung, die alle Anforderungen seiner Gerechtigkeit erfüllt. Da hat einer stellvertretend für uns gestanden, auf den alle Blitze des Zornes Gottes über unsere Sünden niedergegangen sind. Nun ist unsere Schuld hier erloschen, weil unsere Sünden durch Jesu Sühnetod gebüßt sind. Was der Glaubende hier empfängt, ist darum »Gerechtigkeit, die vor Gott gilt«. Jesus als der Gekreuzigte bleibt nun Mittelpunkt seines Glaubens, Lebens und Lehrens. So schreibt er einmal einem angefochtenen Mann: »Darum, mein Lieber, lerne Christum kennen, und zwar den Gekreuzigten. Lerne ihm lobsingen und zu ihm sprechen: »Du, Herr Jesus, bist meine Gerechtigkeit, ich aber bin deine Sünde. Du hast das Meine genommen und mir das Deine gegeben.« Ein andermal sagt er: »Wer Gott erkennen und ohne Gefahr auf ihn rechnen will, der schaue in die Krippe, auf den, der in der Mutter Schoß liegt und danach am Kreuze hängt . . . Hüte dich ja, auf den hohen und fliegenden Gedanken hinauf in den Himmel zu klettern, ohne diese Leiter, nämlich den Herrn Jesus Christus . . . Nur so ergreifst du Gott recht.«

»Folget ihrem Glauben nach!« Den sogenannten Pietisten, das heißt: den Menschen, die durch Buße und Bekehrung an Gott gläubig geworden sind, wurde früher einmal der Vorwurf gemacht, bei ihnen drehe sich alles nur um Jesus. Sie sängen fast nur Jesuslieder, beteten meist nur zu ihm und predigten von ihm. Ob das heute auch noch überall so gesagt werden kann? Sind das nur Einzelfälle, daß man auch in unseren Gemeinschaften schon Predigten von einer halben Stunde hören kann, in denen auch nicht einmal der Name Jesus fällt, und eine suchende Seele einmal klagen muß, sie besuche schon längere Zeit eine landeskirchliche Gemeinschaft, aber sie habe noch nicht gewußt, warum wir außer der Liebe Gottes auch Jesus brauchen! Man spricht offenbar – besonders bei alttestamentlichen Texten – zwar von Gottes Liebe, Gnade, Treue und Geduld, aber man sagt nicht mit der erforderlichen Klarheit, wo wir diesem Gott begegnen und ihn erfahren. Liegt etwa auch hier ein Grund dafür, daß unser Zeugnis heute oft nicht greift? Denn Jesus sagt nicht nur: »Ich bin der Weg ... Niemand kommt zum Vater denn durch mich.« Er sagt auch: »Ich bin die Tür zu den Schafen« und »sie werden meine Stimme hören« (Joh. 10,7.16). Das heißt doch: Alle aufrichtig die Wahrheit und das Leben suchenden Menschen warten im Grunde auf Jesus. Darum muß er auch verkündigt werden, und zwar zuallererst in seiner Kreuzesgestalt, als der, der sein Leben gelassen hat für die Schafe. Wem die Tür zu dem heiligen und gnädigen Gott nicht bei Jesus aufgeht, dem geht sie überhaupt nicht auf und er gehört bei aller Religiosität nicht zu der Gemeinde Jesu.

Daß solcher Glaube an Jesus uns nicht schon ins Leben mitgegeben wird wie unsere Sündhaftigkeit und unsere Erbanlagen, sondern daß wir zu solchem Glauben erst kommen müssen, hat Luther selbst erlebt und darum auch immer wieder betont. So bemerkt er einmal: »Viele sind, die um meinetwillen glauben, aber jene allein sind die Rechtschaffenen, die im Glauben an Jesus bleiben, auch wenn sie hörten, daß der Luther verleugnete und abträte; denn sie glauben nicht an Luther, sondern an Christus selbst. Den Luther lassen sie fahren, er sei ein Bub oder heilig.« Wie klar tritt auch hier die Wahrheit hervor, daß jeder Mensch persönlich durch Buße und Bekehrung zum Glauben kommen muß.

Eine letzte Frage steht auf: Wie kennt Luther Jesus? Damit stehen wir vor dem dritten Pfeiler, auf dem sein Glaube ruht und aller lebendige Glaube ruhen muß. Er heißt, wie wir es auf dem ersten Blatt seiner Bibelübersetzung lesen:

III.

»Die Bibel oder die ganze Heilige Schrift.« Nicht durch eine besondere Offenbarung, sondern durch das Lesen der Bibel, vor allem des Römerbriefes, ging Luther das Auge für das Wunder des Evangeliums, die Herrlichkeit Gottes im Angesichte Jesu Christi, auf. Nun wurde sein Leben von Stund an ein »Hangen an der Bibel« und blieb es bis zuletzt. Denn noch in späten Jahren sagt er: »Ich habe nun etliche Jahre her die Bibel zweimal gelesen. Und wenn sie ein großer, mächtiger Baum wäre und alle Worte wären Ästlein und Zweiglein, so habe ich doch an allen Ästlein und Zweiglein angeklopft und gern wissen wollen, was daran wäre . . . und ich habe allezeit noch ein paar Äpflein und Birnen heruntergeklopft.« An anderer Stelle bezeugt er: »Die Seele hat kein ander Ding, weder im Himmel noch auf Erden, darinnen sie lebe, fromm, frei und Christ sei, als das heilige Evangelium, das Wort Gottes, und ohne das Wort Gottes ist ihr mit keinem Wort geholfen. Wo sie aber das Wort hat, hat sie genug Speise, Freude, Friede, Licht, Kunst, Gerechtigkeit, Wahrheit, Weisheit, Freiheit und alles Gut überschwenglich. Ich will für mich nur Gottes Wort haben und frage nach keinem Wunderzeichen, begehre auch keines Gesichts, will auch nicht einem Engel glauben, der mich anders lehret denn Gottes Wort.«

Evangelisch sein heißt mit der Bibel leben. Und wieder fragt uns die Mahnung des Hebräerbriefes: Wie sieht es in diesem Stück bei euch Heutigen aus? Müssen wir da nicht ehrlich bekennen, wie erschreckend gering der Zug zum Worte Gottes und darum auch die Bibelkenntnis bei vielen ist, die doch mit Ernst Christen sein wollen? »Biblische Ansprachen von vierzig Minuten – wer hört die heute noch? Bibelarbeiten von drei Seiten Länge oder darüber – wer liest das heute noch?« – das sind beinahe geflügelte Worte in unsern Reihen geworden. Heute muß alles im Schnellverfahren gehen: Kurzandachten, kurze Gottesdienste und Versammlungen. Aber die Frage ist, ob Gott mit seinem Heiligen Geist solches Schnellverfahren mitmacht. Wir entschuldigen heute solche Haltung gern mit dem Mangel an Zeit und Aufnahmefähigkeit der Menschen. Aber ist sie nicht viel mehr eine Frage der Liebe zum Herrn und seinem Wort? Jesus selbst mahnt seine Jünger in diesem für ihr

Glaubensleben so entscheidenden Stück: »Seht zu, was ihr hört! Mit welchem Maß ihr messet, wird man euch wieder messen« (Mark. 4,24). Das heißt: Es besteht nach Gottes gerechter Ordnung ein fester Zusammenhang zwischen dem Hören und Lesen des Wortes Gottes und dem Wachstum seiner Gläubigen am inwendigen Menschen. Widmen wir als oberflächliche und träge Hörer dem Worte Gottes nur wenig Zeit, so empfangen wir auch nur wenig und bleiben an Erkenntnis, Geist und Kraft arme Menschen. Sind wir aber treue und dankbare Hörer des Wortes, »so braucht auch Gottes Gnade ihr reiches Maß, gibt dem inwendigen Menschen ein kräftiges Wachstum, schenkt uns gedeihende Arbeit und wendet unsren Lauf mit lebendigem Glauben nach oben«; so sagt ein gesegneter Ausleger zu dieser Stelle.

Luther empfing Kraft, einer ganzen Welt zu trotzen und seinen Herrn zu bekennen, weil er mit, in und aus der Bibel lebte. Deshalb hat Gott sein Lebenswerk auch segnen können – trotz mancher von Luther selbst eingestandenen Mängel, die heute mancherorts groß herausgestellt werden, als ob Luther das gewesen wäre oder hätte sein wollen, was er gerade nicht sein wollte: ein evangelischer Papst, unfehlbar in allem, was er dachte, sagte und tat. Aber ein Zeuge der Gnade Gottes wollte er sein, ein Künder des Evangeliums, der deshalb sogar einmal wünschte, alle seine Schriften möchten untergehen, damit die Leute sich allein an das reine und lautere Wort Gottes hielten.

Lassen wir uns nicht täuschen! Auch aus unsrem Leben wird nur dann etwas zu Gottes Lob herauskommen, wenn es von seinem Wort regiert und genährt wird. Es naht die Stunde der Versuchung, in der, wo es möglich wäre, auch die Auserwählten Gottes verführt werden sollen. Verheißung, sie zu bestehen, hat nach Jesu Worten nur der, der sein Wort bewahrt hat und daraus lebt. Die Jüngerin Jesu ist auf rechtem Wege, die mir kürzlich sagte: »Ich höre und lese heute am liebsten und fast nur noch Bibelauslegungen. Das ist doch das, was wir in unsrer Zeit brauchen. Alles andre ist doch so brüchig und hohl.« »Fast nur noch«, sagte die Schwester, das heißt: Sie weiß, daß wir als Menschen, die noch in diesem Leben stehen, auch noch einiges andere lesen dürfen oder gar müssen. Aber alles, was täglich auf uns einstürmt an Eindrücken und Versuchungen von seiten des verführerischen Geistes der Endzeit, werden wir in der Tat nur dann verkraften und überwinden können, wenn wir auch täglich zurückfinden zu der Quelle aller Wahrheit, Weisheit und Kraft: dem Wort der Bibel, und das heißt auch: zum Kreuz von Golgatha und dem reinigenden und heiligenden Blut Jesu, das allein uns vor allen Nachstellungen des altbösen Feindes deckt und uns am Ende unsträflich eintreten läßt »in seines Reiches Freuden« (P. Gerhardt).

»Prüfet euch selbst, ob ihr im Glauben seid!« so mahnt der Apostel. So fragt uns auch Luthers Weg und Zeugnis: Kennt deine Seele das heilige Zittern vor dem lebendigen Gott, vor dem kein Sünder von Natur aus bestehen kann? Weiß sich deine Seele deshalb um so tiefer geborgen in den Wunden Christi? Ist dein Leben ein Hangen an seinem Wort?

Durch Luthers Glauben wird allein Luther selig. Willst auch du selig werden, dann glaube, wie Luther durch Buße und Bekehrung hindurch geglaubt hat, ganz persönlich und von Herzen; ja, laß deinen Glauben an Gott Hingabe an den für dich gekreuzigten, auferstandenen und wiederkommenden Sohn Gottes, den Herrn Jesus Christus, sein. So folgst du dem Glauben derer nach, die uns in Gottes Auftrag und Vollmacht sein Wort gesagt haben, und bist auf dem Weg zu seinem ewigen Reich. Dazu mahnt uns das Gedenken an Martin Luther. Gott segne es an unser aller Herzen! Amen.

Gebet: Wir danken Dir, dem treuen Gott und Vater unsres Herrn Jesus Christus, an diesem Tage, daß Du uns zu Deinem Evangelium von der für uns vollbrachten Erlösung im Kreuzestod Jesu auch treue Boten geschenkt hast, denen Du Deinen Heiligen Geist gabst, damit sie uns Dein herrliches Wort lauter und klar überbringen konnten. Wir danken Dir für das Geschenk der Reformation, durch die uns Dein gnadenvolles Wort so hell auf den Leuchter gestellt wurde, daß wir heute noch in seinem Schein stehen dürfen – trotz aller Versuche des altbösen Feindes, es zu verdunkeln und zu verfälschen. Wir bitten Dich, schenke uns vollmächtige Lehrer und Prediger Deines Evangeliums auch in unsren Tagen und segne diejenigen, die Du uns schon geschenkt hast, daß sie nicht müde werden im Kampf um das lautere Evangelium. Hilf uns allen, den guten Kampf des Glaubens zu kämpfen und den Sieg zu erlangen durch Jesus Christus, unsern Heiland und Herrn, bis Du uns aus dem Glauben zum Schauen bringst. Amen.

Lied: Ein feste Burg ist unser Gott . . .

Können wir noch Buße tun?

Denn wie es in den Tagen Noahs war, so wird auch sein das Kommen des Menschensohnes. Denn wie sie waren in den Tagen vor der Sintflut – sie aßen, sie tranken, sie heirateten und ließen sich heiraten bis an den Tag, an dem Noah in die Arche hineinging; und sie beachteten es nicht, bis die Sintflut kam und raffte sie alle dahin –, so wird es auch sein beim Kommen des Menschensohnes. Dann werden zwei auf dem Felde sein; der eine wird angenommen, der andere wird preisgegeben. Zwei Frauen werden mahlen mit der Mühle; die eine wird angenommen, die andere wird preisgegeben. Darum wachet; denn ihr wißt nicht, an welchem Tag euer Herr kommt.

Matthäus 24,37–42

Zu einem indischen Bischof – so las ich es in einem Missionsblatt – kam ein Brahmane, der ihm erklärte, daß er nun auch Christ werden wolle. Als ihn der Bischof fragte, was ihn dazu bewege, antwortete der Brahmane, er habe das Leben der Christen beobachtet und dabei sei ihm aufgegangen, daß Christus die Menschen verwandeln könne. Der Bischof meinte dazu: »Das wundert mich sehr. Vor kurzem waren einige Missionare bei mir, die klagten über das Leben der Christen, die immer wieder die Gebote Gottes verletzten und ihrem Herrn Schande bereiteten.« Darauf der Brahmane: »Die Fehler der Christen kenne ich genau, vielleicht noch besser als die Missionare, die bei dir waren. Und dennoch sind die Christen anders. Sie sind selbst im Sündigen noch anders. Denn sie können Buße tun.« Dieser Heide hatte mit Recht das als eine große Sache, ja als das Entscheidende bei den Menschen empfunden: Sie können Buße tun!

Können wir das wirklich noch? Sind wir das auch: Menschen, die Buße tun können, das heißt, die Sünden erkennen, bekennen und bereuen können; Menschen, die umkehren und ein Neues beginnen können? An dieser Frage hängt wirklich unser Leben, unsere Zeit und unsere Ewigkeit. Von den Vollendeten an Gottes Thron und in Gottes Herrlichkeit wird im letzten

Buch der Bibel gesagt: »Sie haben ihre Kleider gewaschen und haben ihre Kleider hell gemacht im Blut des Lammes. Darum stehen sie vor Gottes Thron und dienen ihm Tag und Nacht in seinem Tempel; und der auf dem Thron sitzt, wird über ihnen wohnen. Sie wird nicht mehr hungern noch dürsten; es wird auch nicht auf sie fallen die Sonne oder irgendeine Hitze; denn das Lamm mitten auf dem Thron wird sie weiden und leiten zu den lebendigen Wasserbrunnen, und Gott wird abwischen alle Tränen von ihren Augen.« Das heißt also: Diese jubelnde Schar der Erlösten besteht aus Menschen, die auf Erden Sünder waren wie alle andern. Aber in einem unterschieden sie sich von allen anderen: Sie ließen sich von ihrer Verlorenheit überführen und suchten und fanden bei Jesus Vergebung ihrer Sünden und wurden gläubig an ihn; sie duldeten aber dann auch als Gläubige keine unvergebenen Dinge in ihrem Leben; sie beugten sich, wo sie gefehlt und versagt hatten; sie konnten nicht ruhig werden, bis sie vor dem Herrn und gegebenenfalls auch vor Menschen ihre Verfehlung bekannt, bereut und weggeräumt hatten; sie blieben bis zuletzt eine bußfertige Schar und standen so auch bis zuletzt unter der vergebenden und reinigenden Gnade ihres Herrn.
Von den Verdammten aber heißt es wiederholt: »Sie taten nicht Buße!« Es hätte auch ihnen vergeben werden können wie jenen, aber sie suchten das nicht und begehrten das nicht. Die einen gaben überhaupt nichts auf Gottes Gebote; sie wollten nach ihrer Fasson selig werden. Die anderen lebten von einer billigen Gnade, hatten sich an die Botschaft von der Liebe Gottes gewöhnt und die Mahnungen der Bibel überhört: »Jaget der Heiligung nach, ohne welche wird niemand den Herrn sehen!« So konnte ihnen Gott nicht helfen.
In unserem verlesenen Bibelabschnitt spricht Jesus mit tiefem Ernst von solcher Unbußfertigkeit. Wir haben allen Grund, auf sein Wort zu hören, ganz gleich, ob wir schon im lebendigen Glauben an ihn stehen oder noch nicht stehen. Ein dreifaches wollen wir seinem Wort entnehmen:

I.

Unbußfertigkeit wird das besondere Kennzeichen der Endzeit sein. »Denn wie es war in den Tagen Noahs, so wird auch sein das Kommen des Menschensohns . . .: sie aßen, sie tranken, sie heirateten und ließen sich heiraten bis an den Tag, da Noah in die Arche hineinging; und sie beachteten es nicht, bis die Sintflut kam und raffte sie alle dahin.« Nicht das war die Todsünde der Menschen in den Tagen Noahs, daß sie aßen und tranken, heirateten und sich heiraten ließen und – wie es bei Lukas noch heißt: – kauften, verkauften, pflanzten und bauten. Das alles gehört zu den natürlichen Lebensordnungen, in die Gott uns gestellt hat. Das alles hat er uns erlaubt und sogar geboten. Und gegen Luthers Satz, er würde noch heute einen Apfelbaum pflanzen, wenn er wüßte, daß morgen der Herr käme, läßt sich nichts einwenden. Denn wenn der Herr kommt, will er uns wirklich an dem Platz und in den Ordnungen finden, die er uns gegeben hat, wie er es auch hier deutlich macht, wenn er von den Arbeitern auf dem Felde und den Frauen an der Mühle spricht, die von seinem Kommen überrascht werden.

Sondern was war das Verderbliche bei allem Tun und Treiben der Menschen in den Tagen Noahs? Das war verwerflich, daß sie das alles ohne Beziehung zu Gott taten, daß sie Gott völlig aus den Augen verloren hatten und in einer immer größeren Steigerung des irdischen Lebensgenusses ihr ganzes Glück und ihre Seligkeit suchten. Dieses Kreisen ihrer Gedanken, Wünsche und Ziele um das reine Diesseits, dieses Immer-mehr-haben- und genießen-Wollen, das war die Sünde, die sie nach und nach stumpf und unempfänglich machte für den Ruf zur Besinnung und zur Hinkehr zu dem lebendigen Gott. So achteten sie auch nicht auf die Zeichen der Zeit – den Bau der Arche, sondern schlugen alle Mahnungen Noahs in den Wind. Und so brach dann das Gericht Gottes plötzlich über ein ahnungsloses Geschlecht herein und brachte alle um.

Ist es nicht so, als ob Jesus mit diesen Worten gerade auch unsere Welt und Zeit beschrieben hätte? Eine oberflächliche, ganz auf das Diesseits gerichtete Lebenseinstellung greift immer mehr um sich bis in die christlichen Kreise hinein. Irdische, sinnliche Interessen, Verdienst und Vorwärtskommen, Genuß und Wohlstand, Lebensqualität und Lebenssicherung auf Erden – das alles füllt das Denken und Wollen der Menschen unserer Tage. Zu einer gründlichen Besinnung über sich selbst, seines Lebens Sinn und Ziel hat der Mensch von heute in seinem Jagen und Gejagtwerden keine Zeit mehr. Je schneller die Maschinen laufen, die Autos jagen, die Flugzeuge fliegen und die Raketen sausen und je mehr freie Tage – desto weniger Zeit hat er und nimmt er sich für die Dinge, auf die es im Leben und im Sterben wirklich ankommt.

So leiden ja auch heute mitten im Wohlstand viele, besonders auch junge Menschen unter der Sinnlosigkeit ihres Lebens. Der deutsche Schriftsteller Erich Kästner hat sie mit folgenden Worten beschrieben: »Man lebt, man liebt, man schuftet und frißt und fragt sich, wozu dies auch nötig ist?« Man weiß nicht mehr, wozu man lebt und arbeitet, weil der tiefste Sinn und die Mitte des Lebens verlorengegangen ist: Gott, Ewigkeit! Aber Jesus sagt: Über solch einer vermeintlich sinnlosen Zeit liegt ein ungeheurer Ernst. Denn solch eine Zeit der Welttrunkenheit und der inneren Leere auf der anderen Seite kommt nicht von ungefähr über die Welt, sondern sie ist die Folge davon, daß wir schon viele, viele Rufe Gottes überhört haben; daß wir viele, viele Male unser Gewissen niedergehalten und Gottes Gebote wissentlich übertreten haben und über die Frage nach Gott und Ewigkeit leichtfertig dahingegangen sind. Auf solchem Wege aber kann, wenn kein Halt und keine Umkehr geschieht, nicht bloß der einzelne Mensch, sondern eine ganze Generation, ja eine ganze Welt dahin kommen, daß sie »untüchtig« wird zum Glauben, weil ihr jeder Sinn für Gott und Ewigkeit, also für die tiefsten und letzten und höchsten Fragen und Werte des Lebens, endgültig verlorengeht.

O wie dringend wird der Ruf Jesu deshalb auch an seine Gemeinde, die in der Gefahr steht, in solchen Sog der Endzeit hineingezogen zu werden: »So sei nun fleißig und tue Buße!« (Offb. 3,19). Und an andrer Stelle: »Hütet euch aber, daß eure Herzen nicht beschwert werden mit Fressen und Saufen und mit täglichen Sorgen und dieser Tag nicht plötzlich über euch komme wie ein Fallstrick; denn er wird über alle kommen, die auf der ganzen Erde wohnen. So seid nun allezeit wach und betet, daß ihr stark werdet, zu entfliehen diesem allen, was geschehen soll, und zu stehen vor dem Menschensohn« (Luk. 21,34f.).

Christen sind Menschen, die Buße tun können, sagte der Heide. Können wir das noch, auch an diesem Punkte: Buße tun über unsere Verweltlichung, unsere Gleichgültigkeit, unsern Mangel an Sehnsucht nach dem großen Tag des Herrn, Buße gar über Unversöhnlichkeit in unseren Reihen, den fehlenden Missionssinn? Ein Bruder sagte im Blick auf letzteres: Man sollte doch eigentlich das Letzte hergeben für das Werk des Herrn! Aber in den Missionsveranstaltungen und Sammlungen finden sich noch immer Kupferpfennige. Sind wir noch in der Lage zu erkennen, wie beschämend das ist für Christen, die in ihren Wohnungen oft die modernsten Möbel und Teppiche und Lampen haben, aber unruhig reagieren, wenn es ans Geben und Opfern für die Sache ihres Herrn geht? Christen sind Menschen, die können Buße tun, sie lassen sich durch Gottes Wort überführen, mahnen, strafen, von wunden Punkten heilen. Können wir das noch?

II.

Unbußfertigkeit ist deshalb so ernst, weil sie ein Nein zu Jesus ist! Unbußfertigkeit hat es gewiß zu allen Zeiten gegeben. Wenn Jesus aber gerade die Zeit Noahs besonders heraushebt, so hat das sicher auch seine besondere Bewandtnis. In jenen Tagen baute nämlich Noah auf Gottes Geheiß vor den Augen der weltseligen Menschen die Rettungsarche. Diese Arche war ein hochaufgerichtetes Zeichen Gottes, ein Vorzeichen des kommenden Gerichts. Diese Arche konnte Noah nicht still und stumm bauen. Dazu brauchte er Leute, Handwerker und Handlanger. Er mußte also darüber reden; er mußte den Leuten sagen, was das zu bedeuten hatte; er mußte Zeugnis ablegen und von Gottes Gericht reden. Und er hat es getan. Die Bibel nennt ihn deshalb einen »Prediger der Gerechtigkeit« (2. Petr. 2,5). Aber nicht ein einziger gab etwas darauf. Sie machten alle weiter wie bisher, und das im Anblick der Arche und unter dem Zeugnis des Noah! Plötzlich aber kam, als Gottes Stunde da war, die Sintflut und brachte sie alle um. Ohne die Arche vor ihren Augen, ohne die Predigt des Noah wären die Menschen damals noch irgendwie entschuldigt gewesen. Sie hätten geltend machen können, daß sie von einem kommenden Gericht nichts gewußt und Gottes Ruf zur Umkehr nie gehört hätten. Aber das machte ihre Unbußfertigkeit und ihre Gottvergessenheit so ernst und schwer, daß sie die

Arche sahen, wie sie gebaut wurde, und das Zeugnis Noahs hörten und doch alles täglich in den Wind schlugen.
Das aber ist der große Ernst der Unbußfertigkeit auch in unseren Tagen. Sie ist ein Nein zur Gnade Gottes, die er in Christus Jesus uns anbietet, ein Nein zum Kreuz von Golgatha, das in dieser Welt aufgerichtet ist, ein Nein zu Jesus. Jesus ist aber das rettende Wort Gottes an uns, an die ganze Welt. Wer dazu nein sagt, wer jetzt unbußfertig bleibt, hat nichts anderes mehr zu erwarten, sagt die Schrift, als das schreckliche Gericht Gottes, »das die Widersacher verzehren wird«. Für alle wahrheitsuchenden Menschen, die keine Bibel hatten, die im finstern Heidentum geboren wurden und darin lebten und starben, läßt uns die Bibel hoffen, daß sie einen gnädigen Gott finden werden am Tag des Gerichts; daß Jesus auch als ihr Heiland für sie eintreten wird. Aber für Menschen, die im Blickfeld des Kreuzes von Golgatha lebten, das Wort von Jesus hörten und immer wieder hörten und doch nicht umkehrten und Jesus als ihren Heiland und Herrn annahmen, gibt es nichts zu hoffen. Sie können nicht mehr zu den Heiden gestellt werden, die von Jesus nichts wußten, nichts gehört hatten, sondern sie gehören zu den Menschen, die nicht wollten, daß Jesus über sie Herr sei!
Das ist der große Ernst, der über den Völkern Europas liegt, auch über unserem Volk: Sie können nicht mehr zurück ins unwissende Heidentum. Zu lange ist das Evangelium bei ihnen gewesen. Sie können nur noch hinein ins Antichristentum, in die gewollte Ablehnung Jesu, seines Wortes, seines Reiches! Und das wiegt schwerer. Und das gilt auch für jeden einzelnen unter uns: Du kannst, wenn du den entscheidenden Schritt zu Jesus nicht tust oder dahintenbleibst, also unbußfertig wirst oder bleibst, niemals mehr zu den Unwissenden zurück. Du kannst dann nur zu denen gestellt werden, die nicht wollten, zu denen, die verloren gehen. Das führt uns auf das dritte in unsrem Bibelabschnitt:

III.

Unbußfertigkeit führt ins ewige Verderben! Das gilt genauso wie das, daß Buße und Glauben ins Leben führt. Noahs Generation aß und trank, kaufte und verkaufte, heiratete und ließ sich

heiraten – wie lange? ». . . bis die Sintflut kam und brachte sie alle um!«
»Sie alle« – das ist ein inhaltsschweres Wort. Denn wer sind diese »alle«? Es sind alle außer den acht der Familie Noah. Ganz sicher gab es unter den anderen manche und große Unterschiede, Unterschiede, wie es sie immer unter den Leuten gegeben hat und auch heute gibt. Da gab es sicher arme Leute in jenen Tagen, die schwer um ihr tägliches Brot arbeiten mußten. Aber Armut ist noch keine Garantie für den Himmel. »Die Sintflut kam und brachte sie alle um.« Da gab es gewiß auch manche reiche und wohlhabende Leute, die wohl auch manches Gute getan hatten. Aber die Flut kam und nahm sie alle hinweg. Sicher gab es auch noch religiöse Leute in jenen Tagen, wie zu allen Zeiten; aber Noah war ihnen zu fromm. Es mag sogar Leute gegeben haben, die Noah irgendwie in Schutz nahmen und für Glaubensfreiheit, für Toleranz eintraten. Es gab wahrscheinlich auch Leute, die Noah nicht nur verteidigten, sondern ihm gegen Bezahlung auch halfen, das Holz zu sägen und die Bolzen einzutreiben und die Arche zu bauen. Aber keiner von ihnen wurde gerettet, sondern die Sintflut kam und brachte sie alle um.
So wird es auch sein am Tag des Herrn. Du magst arm und krank und elend sein und dich nach besseren Tagen sehnen. Das alles ist noch keine Garantie für den Himmel! Du magst den frechen Spott der Leute in der Welt über Gott und die Bibel nicht mitmachen – auch das ist noch kein Bürgerbrief für den Himmel. Du magst ein bißchen Religion in Ehren halten, ja du magst sogar die Kirche, die Mission, die sozialen Einrichtungen auf Erden nach Kräften unterstützen, wie die Bauleute Noah unterstützten bei seinem Bau – das alles bringt dich nicht in den Himmel.
Gerettet wurden nur die, die in die Arche gingen. Was außerhalb der Arche stand, kam um. So auch jetzt, so auch, wenn der Herr kommt. Jesus, er ist die große, sichere Rettungsarche, die Gott uns gegeben hat. »Es findet keine Verdammung statt bei denen, die in Christus Jesus sind«, heißt es in Römer 8,1. »In Christus sein«, das heißt: ihn als seinen Heiland ganz und völlig angenommen haben, weil man sich als verlorener und verdammter Sünder erkannte, Gottes Wort ernst nahm, auch das Wort vom zukünftigen Gericht, und nun

ein neues Leben unter seiner Führung begonnen hat. »In Christus sein«, das heißt nun auch, alles meiden, was ihn in meinem Herzen verdunkeln kann, was ihm mißfällt, dafür nach seinem Willen fragen, um danach sein ganzes Leben auszurichten. »In Christus sein«, das heißt deshalb auch, sein Wort und Gebot, seine Verheißungen und Weisungen höher achten als alle Menschenmeinungen und Zeitströmungen.
Ja, »in Christus sein«, das heißt auch lebenslang ein Mensch sein, der Buße tun kann, der sich immer neu sagen läßt, was noch unvollkommen ist an ihm, der sich seine Missetaten und Verfehlungen aufdecken läßt, sich darum aber auch im Blute Jesu immer neu reinigen läßt. »In Christus sein«, das heißt darum auch ein Fremdling sein auf Erden, wie auch Noah ein Fremdling, ein Sonderling in den Augen der Welt war, und sich dieser Fremdlingschaft nicht zu schämen, weil man weiß: Unser Herr kommt! Und mit ihm nicht bloß das Gericht, sondern auch das Bleibende, Ewige, Himmlische, das Reich der Gerechtigkeit und Herrlichkeit Gottes!
Möge es doch von uns allen gelten, was der Hebräerbrief sagt: »Wir aber sind nicht von denen, die da weichen und verdammt werden, sondern die da glauben und die Seele erretten!« Amen.

Gebet: Herr, unser Gott, laß Du uns ja nicht versinken in Weltsinn und -seligkeit, sondern gebrauche jedes Mittel, uns immer neu aufzuwecken aus aller fleischlichen Sicherheit, aus aller Gleichgültigkeit gegenüber Deinem Wort, aus aller Ahnungslosigkeit über den Ernst unsrer Zeit und des kommenden Gerichts! Lehre uns tun nach Deinem Willen und Wohlgefallen und Christus Jesus, Deinem lieben Sohn, als unsrem Heiland und Herrn von Herzen untertan sein hier zeitlich und dort ewiglich! Amen.

Lied: Wach auf, wach auf, du deutsches Land . . .

Zum Leben willig – zum Sterben bereit

Denn Christus ist mein Leben, und Sterben ist mein Gewinn. Wenn ich aber weiterleben soll im Fleisch, so dient mir das dazu, mehr Frucht zu schaffen; und so weiß ich nicht, was ich wählen soll. Denn es setzt mir beides hart zu: ich habe Lust, aus der Welt zu scheiden und bei Christus zu sein, was auch viel besser wäre; aber es ist nötiger, im Fleisch zu bleiben, um euretwillen. Und in solcher Zuversicht weiß ich, daß ich bleiben und bei euch allen sein werde, euch zur Förderung und zur Freude im Glauben.

Philipper 1,21–25

»Ich lebe jetzt viel lieber als früher und freue mich gleichzeitig unsagbar auf die Ewigkeit«, so schloß eine junge Christin ihr Zeugnis, nachdem sie aus dem Neuheidentum kommend in Jesus ihren Heiland und Herrn gefunden hatte. Das ist genau der Ton, auf den das Zeugnis des Apostels Paulus gestimmt ist. Auf diesen Ton sollte jedes wahre Christenleben gestimmt sein. Ja es sollte keiner von uns ruhig bleiben, wenn er das noch in keiner Weise sagen kann. Denn nichts ist gewisser als dies, daß unsre Jahre auf Erden gezählt sind. Das gilt schon seit dem Sündenfall des Menschen. Aber heute steht die Vergänglichkeit alles Lebens auf Erden noch unter einem besonderen Zeichen, dem Zeichen der Endzeit und des Wetterleuchtens des Tages des Herrn und des Gerichts über eine gerichtsreif werdende Welt, das nach Jesu Wort plötzlich über eine ahnungslos gewordene Welt hereinbrechen wird.
Woher rührt es aber, daß auch Christen so ungern an diesen Tatbestand erinnert werden wollen? Ja, es gibt Christen, alte Christen, die sich sträuben, etwa ein Testament zu machen und ihr Haus rechtzeitig zu bestellen, weil das alles sie zu sehr ans Sterben erinnert; und das mögen sie nicht. Durch solche Einstellung schaden wir uns selbst und machen das Evangelium unglaubwürdig. Denn das Evangelium von der Gnade Gottes sagt: »Christus Jesus hat dem Tode die Macht genommen und das Leben und ein unvergängliches Wesen ans Licht gebracht.«

Bei dem gefangenen Paulus ist es deshalb auch anders. Er hat beides vor Augen: Der Tod schaut ihn an; denn demnächst wird der Kaiser Nero das Urteil über ihn sprechen, und er kann die Todesstrafe über ihn verhängen. Doch es besteht auch noch die Möglichkeit, daß Paulus mit dem Leben davonkommt. Was sollte er wählen, wenn es auf seinen Wunsch ankäme? Beides setzt ihm hart zu: Er hat Lust, aus der Welt zu scheiden und das wäre auch das bessere Teil. Schließlich aber entschied er sich doch freudig für das Leben auf Erden, weil ihm auch das lohnend erscheint.
So soll es sein, so darf es bei uns allen werden: freudig das Leben bejahen, solange es uns Gott schenkt, aber ebenso bereit sein, aus der Welt zu scheiden, wenn unsere Stunde schlägt und wir davonmüssen. Wie geht das zu? Wie können wir uns darin üben?

I.

Wir fragen zunächst: *Was gibt denn dem Apostel, der offenbar noch in den besten Mannesjahren ist, die große Sterbefreudigkeit?* Hat er noch nie gehört, wie schwer diese Stunde doch auch für die Kinder Gottes noch werden kann, wie groß die Schmerzen, wie bitter die Trennung von denen, die einem auf Erden die Liebsten waren, wie groß die Anfechtungen, durch die oft auch sie noch hindurchmüssen, bis der letzte Seufzer getan ist? O doch! Über diese Seite des Heimgangs ist der Apostel sich, wie andere Stellen seiner Briefe es ausweisen, vollkommen im klaren. Mit Unwissenheit über den Ernst des Sterbens hat die Sterbefreudigkeit des Paulus nichts zu tun. Sie hat auch nichts gemein mit jenem Lebensüberdruß oder jener Weltmüdigkeit, aus der heraus Menschen auch in unseren Tagen manchmal sprechen: »Am besten wäre es, wenn man am Abend die Augen schließen könnte, um nicht mehr aufzuwachen. Das Leben ist gar zu trübe und die Welt zu böse.« Es ist ja das Merkwürdige und Alarmierende in unserer Zeit des gepriesenen Wohlstandes, daß solcher Lebensüberdruß sich gerade auch bei jungen und wohlhabenden Leuten findet: Kleine Schwierigkeiten in der Schule, im Beruf, in der Ehe und Familie, und man wirft das Leben von sich in der so irrigen Annahme, daß der Tod das bessere Teil für sie sei. Mit

all diesen Dingen hat das Zeugnis des Apostels gar nichts gemein.
Sondern was gibt ihm die große Sterbefreudigkeit? Es ist das, was hinter Grab und Tod auf ihn wartet. Es ist seine Zugehörigkeit zu Christus, seine Liebe zu Jesus, dem Heiland der Welt. »Christus ist mein Leben!«, das steht wie die helle Sonne über seinen Erdentagen, auch über seiner Todespforte. Seit den Tagen von Damaskus gehört sein Leben dem, der ihn zuerst geliebt, gesucht, gefunden und überwunden hat. In dem gekreuzigten Jesus von Nazareth hat er den erkannt, den Gott der Welt zum Heiland und Herrn gegeben hat: den Sündentilger und Todesüberwinder, den Bringer ewigen Lebens. Jesus ist nun die erfahrene Wirklichkeit, in der er lebt und atmet. Diese Verbundenheit des Herzens, diese erfahrene Liebe seines Herrn und seine Liebe zu ihm, ist nun das, was ihn wie ein Magnet mächtig nach oben zieht, wo Christus in seiner Herrlichkeit ist. Es ergeht ihm ähnlich, nur viel tiefer und nachhaltiger, wie es jener Mutter erging, die auf einem Schiff über den großen Ozean fuhr, um die neue Welt zu erreichen. Man sah es ihr an, daß sie zum ersten Mal diese Reise machte. Aber über ihrem Angesicht lag ein stilles Leuchten froher Erwartung. Als man sich nach ihrem Weg und Ziel erkundigte, kam es heraus: Ihr einziger Sohn, an dem sie sehr hing, war schon vor Jahren ausgewandert, hatte es in der neuen Welt zu einer angesehenen Stellung gebracht und nun seine alte Mutter eingeladen, doch zu ihm zu kommen und bei ihm zu bleiben; es sei für sie alles aufs beste vorbereitet. Diese Liebe des Sohnes zu seiner Mutter und die Liebe der Mutter zu ihrem Sohn war es, in der sie über alle Strapazen der Reise erwartungsvoll und froh hinüberschaute in der Gewißheit: Ich werde erwartet und am anderen Ufer von ihm empfangen! So schaut der Apostel hinüber zum anderen Ufer jenseits des Todesstromes und freut sich auf die Begegnung mit seinem Herrn und die ewige Bleibe bei ihm.
So erhebt sich aus dem Zeugnis des Apostels für uns alle die Frage: Wie steht es in diesem Stück bei dir? Kennst du schon Jesus als deinen Heiland und Herrn, und zwar so, daß er deines Herzens Freude und Trost geworden ist? Ohne Jesus kann es solche Sterbebereitschaft nicht geben. Denn Jesus ist der Herr auch der ewigen Welt. Wer ihn nicht kennt und ihn nicht

liebhat, der täuscht sich sehr, wenn er meint, daß Sterben ihm in jedem Fall Gewinn bringe. Das ärmste Leben auf Erden ist gewiß immer noch besser als ein Leben ohne Jesus in der Ewigkeit und damit im Schatten des letzten Gerichts und der ewigen Verdammnis. Aber »bei Christus zu sein« – was kann es für einen Menschen Besseres und Höheres geben! Denn wo Christus ist, da ist Leben; wo er ist, da ist Herrlichkeit; wo er ist, da ist Geborgenheit; wo er ist, da ist Friede und Seligkeit immer und ewiglich. Ja, wo Christus ist, da ist tiefste Erfüllung aller Verheißungen Gottes an seinen Kindern und damit auch seligste Erfüllung aller Sehnsucht unsres Herzens nach unvergänglichem Leben und ewiger Freude.
Wenn aber Christus unser persönlicher Heiland und Herr geworden ist, dann macht es keinen Unterschied, unter welchen Umständen wir aus dieser Welt scheiden: Ob es bei uns nach dem Dichterwort geht: »Du kannst durch des Todes Türen träumend führen und machst uns auf einmal frei« oder ob es noch durch schmerzvolle Leiden und Anfechtungen geht; ob wir in ruhigen Zeiten, umgeben von den Liebsten, die um unser Bett stehen, die Augen schließen, oder unterwegs bei einem Verkehrsunfall zu Tode kommen; ob wir gar in Kriegszeiten von Bomben zerrissen werden oder im sinkenden Schiff untergehen, was viele Kinder Gottes unserer Generation erlitten haben, oder um Jesu willen den Märtyrertod sterben sollten, was heute in der Welt so vielfach geschieht: von *allen* Wegen und Weisen gilt für Kinder Gottes:

Jesus lebt! Nun ist der Tod
mir der Eingang in das Leben!
Welchen Trost in Todesnot
wird es meiner Seele geben,
wenn sie gläubig zu ihm spricht:
Herr, Herr, meine Zuversicht!
(Christ. Fürchtegott Gellert)

Und von solchem Leben jenseits der Todespforte lesen wir im letzten Buch der Bibel: »Sie werden nicht mehr hungern noch dürsten; es wird auch nicht auf ihnen lasten die Sonne oder irgend eine Hitze; denn das Lamm mitten auf dem Thron wird sie weiden und leiten zu den Quellen des lebendigen Wassers, und Gott wird abwischen alle Tränen von ihren Augen« (Offb. 7,16.17).

Auf nichts anderes wird es auch am Ende unserer Tage ankommen, auf keine großen Gedanken, kein glänzendes Wissen, kein anderes Gut, als allein darauf, daß wir Jesus kennen und ihm von Herzen anhangen.

II.

Und woher kommt die große Lebensfreudigkeit des Apostels, die doch genauso stark aus seinen Worten spricht? Schaut er doch noch aus dem Gefängnis mit hellen Blicken in die Welt! Er hat noch Pläne, dieser gefangene Paulus. Kommt er frei, dann will er sich aufs neue auf den Weg machen, will auch seine Philipper besuchen und von dort aus weitere Reisen unternehmen. Bei aller Bereitschaft zu sterben, lebt und webt alles in ihm. Ja, dieser Wille zu leben ist so stark, daß er es schließlich doch vorzieht und wünscht, noch in dieser Welt bleiben zu dürfen.
Und das ist das Geheimnis seiner freudigen Lebensbejahung: Das Leben dient ihm dazu, »mehr Frucht zu schaffen«. Sein Leben auf Erden liegt vor ihm wie ein großes, von Gott ihm anvertrautes Ackerfeld, das er besäen darf mit der Saat des Evangeliums von der Gnade Gottes, um einmal, wenn die Ewigkeit anbricht, eine reiche Ernte zu erleben. Sein Leben liegt vor ihm als die einmalige große Gelegenheit, die der Herr ihm gibt, an der Heimrufung einer verlorenen Welt mitzuarbeiten, um einmal als treuer Knecht von seinem Herrn willkommen geheißen zu werden und eingehen zu dürfen zu seines Herrn Freude. Von dieser hohen Aufgabe und Bedeutung unsres Lebens ist das Herz des Paulus ganz erfüllt.
Kennen wir das auch schon?, so werden wir wieder gefragt. Oder wie steht es an diesem Punkt bei uns? Wahrscheinlich möchten wir alle, die wir diese Zeilen lesen, doch noch lieber leben als sterben. Und das ist auch für einen Christenmenschen ganz normal. Aber warum ist das auch für ihn normal, wenn doch das Schönste für ihn gerade jenseits von Tod und Grab liegt? Warum hoffst du in deiner Krankheit auf Genesung und rufst den Arzt und greifst zur Arznei? Warum freust du dich so, daß der Herr dir nach schwerer Krankheit wieder aufgeholfen hat? Weil du die Freuden des Lebens noch ein wenig genießen kannst: die gute Stellung, die nette Wohnung, die gesicherte

Rente? Das allein sind doch aber im rechten Licht gesehen armselige Gründe für ein Kind Gottes, dem der Himmel aufgetan ist; auch wenn wir für die genannten Dinge als Gottes gute Gaben täglich und von Herzen dankbar sein dürfen. Für Kinder Gottes gibt es aber Höheres: am Leben bleiben wollen, weil man noch so gern aus Dank für die empfangene Gotteskindschaft, auch für die neu erfahrene Hilfe in den Tagen der Krankheit und Not etwas für den Herrn tun möchte; weil man Zeit und Kraft, auch Geld noch so gern für des Herrn Sache auf Erden einsetzen möchte; weil man im Dienst der Liebe noch gern etwas verrichten möchte zu Gottes Lob auf Erden – sieh, das ist nach den Worten des Paulus der höchste Lebensinhalt auf Erden.

Gilt dieses hohe Vorrecht aber vielleicht doch nur dem Paulus als besonders berufenem Apostel und nur einigen wenigen besonders begnadeten Zeugen Jesu? Ganz gewiß hat der Apostel seinen besonderen Auftrag auf Erden gehabt. Aber gerade er sagt es in seinen Briefen überall so nachdrücklich: Diese Berufung, etwas zu sein zu Gottes Lob auf Erden, das ist die Würde, die Jesus vom Kreuze her auf jedes Menschenleben legen möchte, die Würde nämlich, von Gott geliebt zu sein, deshalb aus dem Schlaf der Sünde aufstehen zu dürfen, ein neues Leben beginnen, ein neues Ziel ins Auge fassen zu dürfen, um dann die erfahrene Liebe Gottes weiterzusagen und andere zu Jesus zu rufen. Das heißt Frucht schaffen, die da bleibt und die uns einmal nachfolgen soll über die Schwelle zur Ewigkeit, um dort auszuweisen, daß Gottes Gnade an uns nicht vergeblich gewesen ist (Offb. 14,13). So ist das Wort vom »Fruchtschaffen« gemeint. Darum mahnt der Apostel auch gleich hinterher: »Wandelt nur würdig des Evangeliums Christi.« Und was kann ein würdiger Wandel anders sein als ein Wandeln und Handeln in der dienenden Liebe.

Wie reich kann also ein Leben in der Nachfolge Jesu schon auf Erden werden! Wie reich auch noch die letzten Jahre und Tage durch Gebet und Fürbitte für andere! Wie reich, wenn wir mit Paulus lernen, unser Leben im Licht der Ewigkeit zu sehen und zu leben als die uns von Gott geschenkte Aussaatzeit und Vorschule für das ewige höhere Leben, zu dem Gott uns berufen hat in Christus Jesus, unserem Herrn. Aber ob es wirklich reich wird, ob wir wirklich einmal vor ihm erscheinen werden als seine Gesegneten, oder ob wir als unfruchtbare Reben erfunden werden, die ins Feuer geworfen werden müssen, – das hat der Herr in unsere Wahl und Verantwortung gelegt; denn das hat er auch an unsern Glauben, unsere Liebe, unsere Treue gebunden. Das hat er davon abhängig gemacht, was wir aus unserem Leben mit all seinen Möglichkeiten machen, die Gott uns schenkt, und was wir vor allem mit dem machen, den Gott uns zum Heiland und Herrn für Zeit und Ewigkeit geschenkt hat. Paulus bekennt: »Christus ist mein Leben!« Ihm gehöre ich und will ich gehören für Zeit und Ewigkeit. Das brachte die große Wandlung des Lebens und des sonst so bitteren Sterbenmüssens über ihn. O daß wir es alle bekennen und geloben möchten:

> Liebe, die für mich gelitten und gestorben in der Zeit,
> Liebe, die mir hat erstritten ewge Lust und Seligkeit:
> Liebe, dir ergeb ich mich, dein zu bleiben ewiglich.
>
> Liebe, die mich wird erwecken aus dem Grab der Sterblichkeit,
> Liebe, die mich wird umstecken mit dem Laub der Herrlichkeit:
> Liebe, dir ergeb ich mich, dein zu bleiben ewiglich.
> (J. Scheffler) Amen.

Gebet: Herr Jesus Christus! Du hast dem Tode die Macht genommen und Leben und unvergängliches Wesen ans Licht gebracht. Nun können wir, gestützt auf Dein Verdienst und Deine Verheißung, auch dem Letzten hoffnungsfroh entgegensehen. Wir danken Dir, o Herr, für Deine Liebe, die nicht von uns läßt. Darum können auch wir nicht von Dir lassen, sondern sehnen uns danach, Dich zu schauen und ewig, ewiglich bei Dir zu sein, wenn Du uns rufst. Amen.

Lied: Auf dem Lamm ruht meine Seele, betet voll Bewundrung an . . .

INHALT

Predigttexte

Personalien

Der Verfasser, Nachkomme einer 1732 vertriebenen und in Ostpreußen angesiedelten Salzburgerfamilie, ist am 5. 8. 1906 im Memelland geboren. Nach dem Schulabschluß trat er in den Dienst der memelländischen Justizverwaltung ein und ging von dort drei Jahre später in den Dienst des Deutschen Generalkonsulats in Memel über. Mit neunzehn Jahren kam er zum persönlichen Glauben an Jesus Christus. Der Ruf seines Herrn in den unmittelbaren Dienst der Evangeliumsverkündigung wurde nach und nach so stark von ihm empfunden, daß er seine Laufbahn aufgab und 1930 in das Missions- und Predigerseminar St. Chrischona eintrat. Nach einer vierjährigen Ausbildung war er in seiner ostpreußischen Heimat – Bartenstein und Königsberg – in der landeskirchlichen Gemeinschaftsarbeit tätig. 1939 wurde er zum Heeresdienst eingezogen und geriet gegen Ende des Krieges in russische Gefangenschaft. Dort war er zuletzt als Lagerpfarrer eingesetzt. 1948 kehrte er zu seiner inzwischen aus Königsberg evakuierten und in der Lüneburger Heide untergekommenen Familie heim. Bald darauf trat er in den Dienst der Evangelischen Gesellschaft für Deutschland ein und fand sein Arbeitsfeld im Industriegebiet. In dieser Zeit war er auch langjähriger Mitarbeiter am Evangeliums-Rundfunk und zuletzt Schriftleiter des evangelischen Monatsblattes »Der feste Grund«. Er lebt jetzt im Ruhestand.

Das Zeugnis der Väter für Menschen von heute

Bekenntnistreue und erweckliche Schriften der Kirchenväter
herausgegeben im
Missionsverlag der Evgl.-Luth. Gebetsgemeinschaften e.V.
4800 Bielefeld 11

Johannes Evangelista Goßner (1773 - 1858)

Schatzkästchen

Tägliche Andachten in Form einer Wortbetrachtung mit beigefügtem Lied
560 Seiten, biegsamer Einband

In schlichter Form, aber mit großem Tiefgang wird in diesem Buch die Gnade Gottes in Christus Jesus verkündigt und zur Nachfolge auf dem »Weg des Lammes« ermahnt.

M. Immanuel Gottlob Brastberger (1716 - 1764)

Die Ordnung des Heils

Eine Reihe von 35 Predigten über die Buße zu Gott und den Glauben an Jesus Christus
672 Seiten, fester Balacron-Einband

Nach seinem Studium war Brastberger zunächst Vikar in Stuttgart und Garnisonsprediger in Ludwigsburg, obwohl noch unbekehrt. Erst nach einigen Jahren im Verkündigungsdienst erlebte er seine Bekehrung und wurde fortan zu einem gesegneten Zeugen. Besonders nahm er sich der Jugend an und durfte es erleben, wie Gott unter diesen jungen Leuten mächtig wirkte. Gesegnete Instrumente seines Wirkens waren auch seine beiden Predigtbände, die vor allem in den schwäbischen Kreisen bis heute noch gerne gelesen werden.

In diesem Buch wird nicht nach neuen Wegen gesucht; vielmehr wird hier der Weg des Heils aus dem Worte Gottes heraus neu aufgezeigt. Hier wird nicht ergebnislos hinterfragt, sondern klar geantwortet. Für alle Stände des geistlichen Lebens versucht Brastberger Wegweisung zu geben mit dem Ziel, Menschen durch das Wort Gottes zu erwecken und zur Erkenntnis des Heils in Christus Jesus zu führen.

Ludwig Hofacker (1798 - 1828)

Predigten

Ungekürzte Ausgabe in zwei Bänden
832 bzw. 872 Seiten, Kunstledereinband

Eines bleibt ein Geheimnis: die Vollmacht, in der Ludwig Hofacker predigte. Die Art, wie der Herr selbst diesen Verkündiger zum Mittel machte, Menschen aus der falschen Sicherheit aufzurütteln und der im Wort gegründeten Heilsgewißheit zuzuführen (G. Maier).